新 视 界

始于未知　去往浩瀚

遥望关河

安介生 著

中国边塞
环境 与
历史文化

上海远东出版

图书在版编目（CIP）数据

遥望关河：中国边塞环境与历史文化 / 安介生著. —上海：上海远东出版社，2023
ISBN 978-7-5476-1917-9

Ⅰ.①遥… Ⅱ.①安… Ⅲ.①历史地理－民族地理－地理环境－研究－中国 Ⅳ.①K928.6

中国国家版本馆 CIP 数据核字（2023）第 091531 号

出 品 人　曹　建
责任编辑　陈　娟
封面设计　李孝红

本书由上海市促进文化创意产业发展财政扶持资金资助出版（项目号：2022360245）

遥望关河：中国边塞环境与历史文化

安介生　著

出　　版　上海远东出版社
　　　　　　（201101　上海市闵行区号景路 159 弄 C 座）
发　　行　上海人民出版社发行中心
印　　刷　上海锦佳印刷有限公司
开　　本　635×965　　1/16
印　　张　35.25
插　　页　2
字　　数　490,000
版　　次　2023 年 7 月第 1 版
印　　次　2023 年 7 月第 1 次印刷
ISBN　978-7-5476-1917-9/K·197
定　　价　128.00 元

序　言

老友安介生教授所著《遥望关河：中国边塞环境与历史文化》即将出版，来函索序。我真心为老友的成果出版感到高兴，也愿意谈谈拜读后的一些感想，权当祝贺并推荐给学界同人！

首先，本书的书名显然出于作者长期的思考，学术性强且耐人寻味。环境史在当前中外学术界都受到了越来越多的关注，已成为当代学术领域的研究热点与"亮点"。环境史与现代环境演变问题直接相关，研究自然很有现实启发意义，由此也可以预见，这门前沿学科的吸引力会持续下去，前景也十分广阔，潜力巨大。而作为环境史一部分的边塞环境史，在中国环境史研究中具有特殊的意义与价值。这不仅因为边塞地区在中国历史时期的政治变迁中发挥了非常关键的作用，产生了重要影响，而且，也因为中国边塞地区面积广袤，自然条件千差万别，甚至许多边塞地区处于农牧业交界地区，自然生态脆弱，环境变迁更为显著。这些对于当代的环境变化都具有极大的研究价值。

其次，特别值得说明的是，安介生教授的著作名称强调"边塞"二字，显然出于作者深入的思考与严谨的态度。因为"边塞"是中国古籍中的常用词，通常指与中原地区相对的边远地区，但是，又不能完全等同于当今的"边疆"。"边疆"二字虽然早在先秦时期就已经出现，但严格意义上的"边疆"概念是近现代才发展出来的政治地理名词，而在中国古代的大部分时期，不仅很难用"边疆"一词来代指广大边远地区，且其涵盖的范围呈现逐渐向外拓展的情况。就当今中国而言，青海、贵州等省虽然在清代以前属于"边疆"地区，但已经不在当今边疆学界所认定的"边疆"范围之内。就研究意义而言，"边塞"一词可以分解成"边疆""边裔"及"关塞"等多种内涵，研究"边塞问题"，一方面可以突出中国边疆史地研究的特殊性与复杂性，其中，"关塞"在中国传统政治地理中发挥了核心或关键性的作用；另一方面，"关塞"的消失也能够凸显"边疆"的"内地化"过程，而与"边塞"相关的记忆也往往成为民族精神的重要内容。所以，谈论中国传统时代的政治与军事问题、中华民族优秀传统文化等，肯定离不开对"关塞"问题的研究与分析。

安介生教授具有很强的学术敏感度，长期从事边远及边塞地区环境史研究，不仅有着满腔热情，而且也有很多新的见解。《遥望关河：中国边塞环境与历史文化》一书可以说是安介生教授多年从事边塞环境史研究学术成果的一个集中汇总，既承载着安介生教授的真知灼见，同时也是其研究历程的真实体现。《遥望关河：中国边塞环境与历史文化》全书相当厚实，涉及主题也相当多，共分十六章，又按其研究旨趣与地域分为"综论篇""长城内外篇""秦晋共同体与无定河篇""松潘地区篇"等几个部分，都是安介生教授持续关注的重点区域与研究的突破口，更体现了安介生教授研究实践的不少特点。可以略举一二如下。

一是注重学术理论与概念的提升。这在"综论篇"中有充分表现，如在第一章的讨论中，安介生教授就提出了传统时代的"边疆意识"问题，认为将现代的"边疆"概念用于历史时期的史地研究显然是不甚妥当的，而将中国古文献中类似概念进行系统性的回顾与研究，则是很有必要的。这样不仅可以看到古今的差异，中外学术研究的差异也在比较研究中凸显出来。又如虽然目前研究中国传统时期"关塞"问题的论著不少，但安介生教授则在书中提出了"关塞格局"问题，这显然是对单个关塞独立研究的拓展，并能够清晰看出单个关塞研究的价值和意义，因为单个关塞的作用往往是通过"关塞体系"来实现的。不同时代，古人的政治理念不同，中华古人对于疆域问题的看法也发生了巨大的变化，关于这方面的研究需要耐心地梳理与分析相关文献，如安介生教授以明代士人所著《图书编》为例，讨论了当时"疆域观"形成的背景及其特征。西方学界擅长理论研究似乎是学界共识。在环境史研究中，当然不能忽视西方学术界的贡献。安介生教授非常重视法国"年鉴学派"的研究，对于其理论体系更是进行了深入研究，并灵活运用在自己的研究工作中，其中《"长时段"研究理论与中国历史民族地理格局及演变趋势之解析》一文，无疑是这方面的代表成果，对当今乃至今后的环境史研究无疑具有重要的指导意义。

二是在环境史研究中，安介生教授能够充分发挥地理学研究的特点与优势。如在这部著作中，系统性、综合性的自然及生态历史的研究内容占据了很大比重，凸显安介生教授深厚的地理学研究功力，对学科发展也有着极大的推动作用。如在对蒙古高原历史时期自然环境的研究中，安介生教授以古籍所载的"瀚海"一词为线索，系统总结与分析了各个时期对于蒙古高原戈壁地区的认知，从而极大地提升了学术界对于蒙古高原自然环境变迁的认知水准。此外，安介生教授注重人与自然之间依存关系的研究，《河流与民族——清代内蒙古各部分布的地理基础探析》一章就是将文献记载的蒙古高原河流水文状况与游牧民族生存问题结合起来进行分析，更能够说明自然环境对人类生存的重要影响，得出的结论自然更具有说服力。

三是在综合研究的同时更有具体的区域研究，分区探讨的特征也十分明显。如蒙古高原、山陕地区以及松潘地区等，都是具有典型意义的自然地理区域，在中国历史变迁中的影响与地位都非常特殊。如松潘地区地处四川盆地与青藏高原之交界地带，民族结构复杂，但是，在中国历史地理变迁中，松潘地区的影响又是相当特殊及重要的。安介生教授充分发挥历史地理学的优势，从文献记载中细致爬梳其变迁脉络，从而让人们充分认识到这一地区变化的阶段性、复杂性与曲折性。区域之间的辨证关系，也是地理学研究关注的焦点问题。安介生教授一直致力于山西地方史地研究，而历史时期山西与陕西两地的关系，受到世人格外推崇。而正是这种特殊的地域关系引发了安介生教授的研究兴趣。因此，从早期的"秦晋之好"到后来的"山陕共同体"，该书对地域关系的论述大概也是以往研究中较为少见的，让人耳目一新。

拜读书稿后，我本人最大的感受便是安介生教授在"环境史"研究中对概念及方法论的"突破"，或称之为"独特"见解，这也是让我本人感到有些意外的地方。比如"环境"一词，人们联想到更多的是自然及生态因素，而在这本书的相关研究中，我看到的是更广阔的观察视野与考量因素，诸如政治、民族、经济以及社会等多方面的内容，均被纳入了"环境史"的研究要素之中，大大超出了一般学者的认知。这种多元素构成的"环境"当然是自然与人文综合的结果，而不单单是自然及生态的过程。如果有学者对此持不同的意见，也属正常现象，所谓"仁者见仁，智者见智"罢了。不过，我个人倒是很欣赏这种研究尝试，并很自信地认为这种做法对于环境史在中国的发展是很有参考价值的。

中国环境史研究方兴未艾，而边塞环境的变化与中国历史时期的民族分布格局、地方社会变迁等问题又是密不可分的，综合性考察是必须的。安介生教授的研究成果将二者巧妙结合，通过具有典型意义的个案研究，对中国环境史的一些重大课题，如历史上的中国边塞（边远）地区环境变迁、区域政治沿革以及社会变迁、人文环境与自然环境相互作用等，都作出了审慎的思考与细致的分析，可以说是做出了很好的示范。相信《遥望关河：中国边塞环境与历史文化》一书出版之后，会对书中涉及的研究有积极的推动作用，更相信该书会受到学术界同人与关心边塞问题的读者们的热烈欢迎与积极反响。

是为序。

李大龙

2023 年 6 月

注：《序言》作者为中国社会科学院中国边疆研究所国家与疆域理论研究室主任，《中国边疆史地研究》主编、编审、博士生导师；中国社会科学院大学特聘教授，云南大学、西北大学兼职教授，中国民族史学会副会长，中国辽金史学会顾问。

目　录

长城内外篇

秦晋共同体与无定河篇

松潘地区篇

综论篇

遥望关河：中国边塞环境与历史文化

第一章　中国古代边疆意识的形成与发展
——基于历代王朝边疆争议的分析

引言　边疆意识的时段性

所谓"边疆意识"，应包括什么是"边疆"，"边疆"的实际范围在哪里，"边疆"的重要性与价值体现在哪些方面，如何处理与"边疆"相关的问题等等，涉及一个时期整个社会对于边疆及相关问题的认知、评价与应对之策，具体包括边界划定、边疆防守政策、边疆民族社会、边疆区域经济开发等诸多问题。中国自古边疆地域广大，边疆意识的相关记录相当丰富，古文献中与"边疆"相类及相关的词汇就有不少，如"边疆""边圉""边地""边界""边陲""边方""边鄙""疆场""封疆"等。

不同时代有不同的边疆意识。中国古代边疆意识经历了复杂的演化过程，是中国古代政治思想史、国防史与地理认知史的重要组成部分。边疆意识，实质上是一种特殊形态的国土意识，切实考验一个政权与民族对于自己疆土的关切程度与责任感。边疆形态与边疆意识，具有很强的因承性。研究与重新思考中国边疆争议及疆域意识问题，对于研究及应对当今的边疆建设及相关问题，具有不可或缺的参考价值与意义。

在本书中，笔者试图在前辈学者研究与讨论的基础上，以历

代重要的边疆争议事件为线索，对中国古代边疆意识的形成过程、特征及演变趋势作一番勾勒与分析，着重突出各种历史、地理等主客观因素对于边疆意识的影响，以就教于高明。①

先秦时期：边疆意识的萌芽及初创阶段

先秦时期是中国政治与政权建设的草创及调整时期，也是边疆意识的萌芽与初创时期。就政体形态而言，万邦并存，小国林立，是先秦时期政权形态与政治地理最突出的特征之一，故而先秦时期也被研究者称为"万邦时代"②。划野分疆，是政权建设的基础与主要途径之一，故而有"疆理天下"或"疆理南北"之说。唐颜师古释曰："疆理，谓立封疆而统理之。"③

明确的边界线划定，是国与国之间和睦相处的基础。疆界意识的建立，是先秦时期政治及政权建设的一个重要成就。"天下之立国宰物，尚矣，其画野分疆之制，自五帝始焉。"④ 孟子也指出："夫仁政，必自经界始。经界不正，井地不钧，谷禄不平。是故暴君污吏必慢其经界。经界既正，分田制禄，可坐而定也。"⑤ 疆界不分，产权不明，自然会引起一系列矛盾与冲突，疆界与土地的分割，本质上就是现实政治权利与经济利益的划分及分割。

夏、商、周三代在名义上都是一统的王朝，特别是西周初期

① 现代中国边疆史地研究成果丰硕，不少论著涉及边疆争议与边疆意识问题，代表性的成果如李大龙：《传统夷夏观与中国疆域的形成》，《中国边疆史地研究》2004 年第 1 期；李大龙：《"中国"与"天下"的重合：古代中国疆域形成的历史轨迹》，《中国边疆史地研究》2007 年第 3 期；李大龙：《试论中国疆域形成和发展的分期与特点》，《中国边疆史地研究》2011 年第 3 期；于逢春：《论中国疆域最终奠定的时空坐标》，《中国边疆史地研究》2006 年第 1 期；毕奥南：《历史语境中的王朝中国疆域概念辨析——以天下、四海、中国、疆域、版图为例》，《中国边疆史地研究》2006 年第 2 期；等等。

② 参见安介生：《中国古史的"万邦时代"——兼论先秦时期国家与民族发展的渊源与地理格局》，《复旦学报》（社会科学版）2003 年第 3 期。

③ 参见《汉书》卷一〇〇下注文，中华书局 1997 年"二十四史"合印本，第 4244 页。

④ 杜佑撰，王文锦等点校：《通典》卷一七一《州郡部》，中华书局 1988 年版，第 4450 页。

⑤ 焦循：《孟子正义》卷五《滕文公章句上》，岳麓书社 1996 年版，第 222 页。

实行"封建"之制,影响深远。"封建"之本义,是"封邦建国";
"封"字之本义,即垒土为界。"封者,聚土之名也。天子之建诸
侯,必分之土地,立其疆界,聚土为封以记之,故建国谓之封
国。"①"封邦建国"的理论依据,便是《诗经》所云:"溥天之
下,莫非王土;率土之滨,莫非王臣。"②然而,这种不免空幻的
"一统"理想,不得不让步于现实中的疆土争夺。随着政权与国家
的发展,各国的疆域处于不断变化之中,故而,边疆形态也处于
不断变化之中。如大国兼并小国的春秋时代,"四大强国",即齐
国、晋国、秦国、楚国,都历经了一个由小到大、开疆拓土的过
程。晋国原来只是一个拥有"百里之地"的小国,后来逐渐成为
春秋霸主及"四大强国"之一。

　　之所以称先秦时期为边疆意识萌芽及初创时期,还因为实体
化的疆界,如长城、河界堤防等,已在战国后期出现。战国时期
为抵御匈奴入侵,沿边国家已开始广筑长城。如《史记·匈奴列
传》载云:"……于是秦有陇西、北地、上郡,筑长城以拒胡,而
赵武灵王亦变俗胡服,习骑射,北破林胡、楼烦,筑长城,自代
并阴山下,至高阙为塞。……燕亦筑长城,自造阳至襄平,置上
谷、渔阳、右北平、辽西、辽东郡,以拒胡。当是之时,冠带战
国七,而三国边于匈奴。"此外,各个政权为了维护本国利益往往
不择手段,"以邻为壑"。《汉书·沟洫志》载云:"盖堤防之作,
近起战国,雍防百川,各以自利。齐与赵、魏,以河为竟。赵、
魏濒山,齐地卑下,作堤去河二十五里。河水东抵齐堤,则西泛
赵、魏,赵、魏亦为堤,去河二十五里。"显然,当时堤防的意义
不仅限于水利工程,还主要作为疆域分界线的标志。

　　先秦时期边疆意识形成的基本地理格局,应是所谓的"中国"
与"四海"。而古文献中所谓的"四海",并非指位于四个不同方
位的"海",如《尔雅·释地》云:"九夷、八狄、七戎、六蛮,
谓之四海。"当时的民族分布特征是所谓"华夷五方格局",即中

---

　　①　魏了翁撰:《春秋左传要义》卷十三下,清文渊阁四库全书本。
　　②　高亨注:《诗经今注》,上海古籍出版社1980年版,第315页。

夏、东夷、西戎、北狄、南蛮，是当时人们对于天下民族地理分布状况的基本认知。①《释名·释水》云："海，晦也，主承秽浊，其水黑如晦也。""四海"一词清楚地表明，当时人们对于所谓"中国"以外广袤区域的认知是极为模糊的，或者说知之甚少。"中国"与"四海"之间自然谈不上什么疆界争端及划界争议了，因此，我们在文献中所看到的只是"中国"内部诸国的疆界争端、疆界冲突。然而，随着各国实力的增强，向外拓展的条件渐渐成熟，晋、齐诸国疆域拓展的历史都充分证明了这一点。"狄之广莫，于晋为都。晋之启土，不亦宜乎？"② 就是当时各国疆域发展状况最准确的说明。不过，其扩展范围也仅限周边地区而已，与后世疆域比较，先秦时期所谓"中国"的总体面积是相当有限的，诚如北宋学者洪迈在《容斋随笔》中所指明的情形："成周之世（即东周时期），中国之地最狭，以今地里考之……盖于天下特五分之一耳。"③ 这里必须说明，洪迈所谓的"天下"，也仅指北宋的疆域范围而已。

从两汉至隋唐时期：边疆意识初步形成时期

外在敌对势力的威胁，是边疆意识形成与强化的主要催化剂，古今中外，都是如此。从秦汉到隋唐前期，中原王朝最大的威胁，都来自塞北，如匈奴、鲜卑、高车、铁勒、突厥、回纥等。因此，长城一线，不仅是中原王朝所建的防御工程，也是中原王朝与北方民族政权之间最重要的边界标志。正如《史记·匈奴列传》所载汉文帝所云："先帝制：长城以北，引弓之国，受命单于；长城以内，冠带之室，朕亦制之。""南有大汉，北有强胡（也可泛指

---

① 参见安介生：《"华夷"五方格局论之历史渊源与蜕变》，《历史教学问题》2000 年第 4 期。

② 晋国臣子之语，《春秋左传正义》卷九《庄公二十八年》，载《十三经注疏》（下册），中华书局 1980 年影印版，第 1781 页。

③ 洪迈：《容斋随笔》卷五《周世中国地》，中华书局 2005 年版，第 64 页。

其他非汉民族）"，在相当长的时间里成为中国民族与政治地理格局的最主要特征。①

关于长城的重要作用，西汉人侯应曾经作出比较翔实的论述。汉元帝时期，汉匈关系缓和，呼韩邪单于入朝，昭君出塞和亲。为感谢汉朝的恩德，呼韩邪单于提出"罢塞"之请，一时朝臣附和者不少。而熟悉边事的郎中侯应却明确表示反对，上书陈述罢塞"十不可"的理由。首先，阴山以南的地区，位于长城以北，土地广袤，水草丰美，对匈奴人的生存至关重要。汉朝军队经过浴血奋战，已占据其地，并形成重要的战略缓冲地带，这对于维护汉朝北边的防御体系至关重要，而"罢塞"则意味着放弃这大片来之不易的土地，也会从根本上打破汉朝原有的防御体系。其次，汉匈关系并非"铁板一块"，时刻存在着变数，应"安不忘危"，若撤除边塞防御体系，一旦汉匈关系有变，悔之已晚。再次，即使单于恭顺，也难以避免匈奴部众的南下抢掠，没有长城之防，沿边百姓必受其祸。最后，中原王朝建立完整的关塞体系，不仅有着边防方面的考量，也出于内部治安的需要，而边塞长城之建，也并非单纯的防御匈奴之需，边疆地区还有为数众多的其他民族的武力威胁，等等。简而言之，关系和睦，政权之间或许可以废除壁垒森严的防御工事，但却绝不能废除边界线。侯应有理有据的言论最终让汉元帝及朝臣们打消了"罢塞"的想法。②

秦朝的统一，开创性地在中国境内实现了较大地域范围的政治统一，而统一政权的维护与稳定，则需要建立一体化的边疆管理与武装防御体系。疆域广大的王朝政权，为开拓边疆、维护疆域、保护边疆而修建规模宏大的军事防御工事，往往会付出巨大的代价，其中较为显著的就是加重广大百姓的经济及劳役负担。因此，在维护广大疆域的政治理想与现实的社会生存及人力资源之间，往往存在剧烈的对立与冲突，在这一方面，秦朝便是一个典型。秦朝在极短的时间里，在疆域建设方面取得了巨大成就，

---

① 《汉书》卷九四上《匈奴传上》，中华书局 1997 年"二十四史"合印本，第 3780 页。

② 《汉书》卷九四下《匈奴传下》，第 3803—3805 页。

但也为此付出了高昂的代价。在这方面最经典的评论，是西汉贾谊的《过秦论》。在这篇长论中，贾谊充分肯定了秦始皇开疆拓土的功业，如云："……及至始皇，奋六世之余烈，振长策而御宇内，吞二周而亡诸侯，履至尊而制六合，执敲扑以鞭笞天下，威振四海。南取百越之地，以为桂林、象郡。百越之君，俯首系颈，委命下吏。乃使蒙恬北筑长城而守藩篱，却匈奴七百余里，胡人不敢南下而牧马，士不敢弯弓而报怨。"但是，在陈胜、吴广起事后，秦朝的显赫功业又在很短的时间里土崩瓦解，贾谊从中总结出一些重要的政治理念，如"仁义不施，而攻守之势异也"，"牧民之道，务在安之而已"。① 秦朝在疆域建设方面的功过得失，成为后人不惮其烦、反复引述的"前车之鉴"，而贾谊据之导出的政治理念，也对中国传统边疆意识的形成与发展产生了深远的影响。

西汉建立伊始，受到塞外匈奴部族集团的严峻威胁。起初，限于经济与军事实力，西汉朝廷妥协退让，以求自存。时至汉武帝时期，始变退避防御为主动反击，在边疆建设方面取得重大进展。然而，汉廷内部关于边疆问题的争议也由此产生，如位列三公的御史大夫公孙弘先是坚持"盛毁西南夷无所用"，反对开拓西南边地；而当汉朝建置朔方郡与苍海郡之后，他又表示反对："以为罢敝中国，以奉无用之地。"② 汉武帝派出朱买臣等人与之相驳，公孙弘最终赞同建设朔方郡，但依然不同意建置苍海郡，开拓西南。更为甚者，一些朝臣对于汉武帝反击匈奴的行动也提出了批评意见。其中，最著名的反对言论来自主父偃、徐乐、严安三人。主父偃等人引述《司马兵法》之语："国虽大，好战必亡；天下虽平，忘战必危"，以秦朝之亡败为例，强调"夫务战胜，穷武事者，未有不悔者也"，以此反对汉朝主动讨伐匈奴。③ 当然，我们也可以看出，三人言论之所以能够打动汉武帝，更在于他们

---

① 《过秦论》内容，参见《史记》卷六《秦始皇本纪》后所引，中华书局1997年合印本，第276—284页。

② 《史记》卷一一二《平津侯主父列传》，第2950页；《汉书》卷五八《公孙弘传》，中华书局1997年"二十四史"合印本，第2618—2619页。

③ 参见《史记》卷一一二《平津侯主父列传》，第2954页。

指出了汉朝所存在的严重内患问题。正如徐乐所云："天下之患在于土崩。""土崩"就是指天下百姓的反叛。"间者关东五谷不登，年岁未复，民多穷困，重之以边境之事，推数循理而观之，则民且有不安其处者矣。不安故易动。易动者，土崩之势也。"① 这些"非战"的观点虽然强调以民生为重、爱惜百姓，但是并没有全面分析说明当时外来侵略对边疆地区的威胁及伤害程度，将穷兵黩武的战争与守护疆土的行动不加区别或简单地等同起来，这显然简单又粗疏，而且也只会在内患严重的特殊条件下才为皇帝所接受。但是，无法否认，主父偃等人的"非战"言论，同样对后世边疆观念的形成产生了影响。②

必须指出，"非战"思想的盛行，不可避免地动摇了边疆戍守的意志。如西汉前期，匈奴与汉朝曾因屯田问题在西域车师地区（在今新疆吐鲁番与吉木萨尔之间）展开激烈争夺，至元康年间，汉宣帝与赵充国等人商议，准备乘匈奴内部损耗之际，北征匈奴，以解除袭扰问题。而大臣魏相却上书表示反对，认为车师屯田争端不足以兴兵征伐，劳民伤财，并指出："今边郡困乏，父子共犬羊之裘，食草莱之实，常恐不能自存，难以动兵。'军旅之后，必有凶年'，言民以其愁苦之气，伤阴阳之和也。出兵虽胜，犹有后忧，恐灾害之变，因此以生……"魏相的主旨即主张将国内百姓的生计问题摆在对外征伐之前，否则，祸乱起于萧墙之内，将会产生难以预料的后果。汉宣帝最终接受了魏相的劝谏，放弃攻击匈奴的打算。③ 以至于后来，匈奴又派遣骑兵猛攻车师城，西域校尉郑吉向朝廷请救，增加屯兵，但却遭到朝臣们的强烈反对，"公卿议以为道远费烦，可且罢车师屯田者"。最后，汉朝军士只好将车师国民众迁出，在相当长的时间里退出了这一地区。④

---

① 参见《史记》卷一一二《平津侯主父列传》，中华书局 1997 年合印本，第 2956—2957 页。

② 如据《后汉书》卷九〇《乌桓鲜卑列传》所载，蔡邕上书反对讨伐鲜卑，即引述主父偃之语"夫务战胜，穷武事，未有不悔者也"，中华书局 1997 年版，第 2990—2993 页。

③ 《汉书》卷七四《魏相传》，中华书局 1997 年"二十四史"合印本，第 3136 页。

④ 《汉书》卷九六下《西域传》（下），第 3922—3924 页。

当然，西汉时期影响最大的边疆争议及让步，还是弃守珠厓
等郡。西汉平定南越国之后，在岭南地区设置了不少"初郡"，其
中包括位于今天海南岛的珠厓、儋耳等郡。时至元帝初年，珠厓、
儋耳等地的民众不断反叛，连年动荡的问题也惊动了中央朝廷。
针对上述情况，汉朝朝廷形成两种对立的意见：一种主张用兵镇
压叛乱，以维持原有政区建置，可称为"固守派"；另一种则主张
撤回官吏，放弃这些地区，可称为"放弃派"。贾捐之就是"放弃
派"的代表，并为此撰写了长篇奏疏，全面阐述其观点。贾捐之
为贾谊之曾孙，他在论疏中首先简要回顾了中原王朝的疆域发展
史，着重指出上古三代时期所辖地域范围是相当有限的。"以三圣
之德，地方不过数千里。""武丁、成王，殷、周之大仁也。然地
东不过江、黄，西不过氐、羌，南不过蛮荆，北不过朔方。"即使
是在秦朝大力开拓疆域之后，也只是"南不过闽越，北不过太
原"，疆域范围并非如想象中那般广大。其次，贾捐之对汉朝开拓
疆土的历程及功过得失进行了评述。如汉武帝在国力强盛之时，
大举反击外来侵袭，疆域面积空前拓展，"东过碣石，以玄菟、乐
浪为郡，北却匈奴万里，更起营塞，制南海以为八郡"。但是，西
汉朝廷也为此付出了令人痛心的代价，严重影响了广大民众的生
活。"父战死于前，子斗伤于后，女子乘亭障，孤儿号于道，老母
寡妇饮泣巷哭，遥设虚祭，想魂乎万里之外。"再次，贾捐之还强
调当时汉朝国内灾荒严重，形势堪忧，不宜兴师远征，否则后果
难以设想。"今天下独有关东，关东大者独有齐、楚，民众久困，
连年流离。离其城郭，相枕席于道路……此社稷之忧也。"在这篇
长论结尾，贾捐之甚至提出了几条边疆拓展的"标准"或"原
则"："臣愚以为非冠带之国，《禹贡》所及，《春秋》所治，皆可
且无以为。愿遂弃珠厓，专用恤关东为忧。"① 也就是说，非冠带
之国、《禹贡》所论及、《春秋》诸国曾经建治的地方，均可弃之
不取。贾捐之关于"弃珠厓"的论述，可谓中国传统时代颇具代

---

① 《汉书》卷六四下《贾捐之传》，中华书局 1997 年"二十四史"合印本，第 2831—
2834 页。

表性和影响力的"边疆论"之一。

从上述史料可以看出，魏相、贾捐之等人的"边疆论"是以中原王朝的核心利益为主导，爱惜百姓的生命财产，中国为主，内忧为先，强调以德柔远，不以拓边而扰民、伤民。这些观点不乏可取之处，值得统治阶层高度注意。但是，安抚内地百姓与保卫边疆，并不总是处于绝对矛盾及冲突中，边境冲突与外来侵略，往往会对边疆地区百姓的生命财产安全造成巨大威胁与破坏，保卫边疆，也就意味着保护包括边疆人民在内的百姓整体的利益与生命财产安全，因此，保护内地百姓利益，不能以牺牲边疆百姓的利益为代价。再者，贾捐之提出的疆域取舍标准，无疑过于消极，甚至有些荒谬、荒唐了，根本没有可操作性。其主旨即以先秦时期所谓的"中国"疆域范围来限定两汉时期的疆域发展，完全排斥疆域自然与合理的发展趋势，以及反击外来侵略所获得的成果。与先秦时期相比，两汉时期的岭南、西域、西南等重要地区，并没有出现于《禹贡》《春秋》等先秦典籍之中，如按贾捐之的观点全部放弃，那么西汉疆土恐怕就要丧失大半了。我们也可以看到，汉元帝进行了相当艰难的抉择，而接受贾捐之建议的根本原因，还是当时汉朝国内灾荒严重，"万民之饥饿"，"关东大困，仓库空虚"。放弃珠厓等地，实际上是一种无可奈何的权宜之计。[1] 事实上，海南岛地区在之后相当长的时间里与中原王朝失去了归属关系。[2]

从两汉到隋唐前期，中原王朝关于国家与政治地理的基本理念，是所谓"中国"与"四裔"（同"四夷"）之论。"中国"与"四裔"之间不存在对等或平等关系。中原王朝盲目的优越感，极大地限制了其对于边疆政治与民族问题的认知。而国势强盛，往往又会激发与强化这种优越感。盛唐之时，四方归附，盛况空前，因此，朝廷开始尝试在"四裔"地区推行"羁縻府州"制度。羁

---

① 参见汉元帝诏书内容，《汉书》卷六四下《贾捐之传》，中华书局 1997 年"二十四史"合印本，第 2835 页。

② 参见谭其骧：《自汉至唐海南岛历史政治地理——附论梁隋间高凉洗夫人功业及隋唐高凉冯氏地方势力》，载《长水集》（续编），人民出版社 1994 年版，第 88—114 页。

縻府州的出现，是一个伟大的创举，标志着中国疆域发展史进入
了一个重要过渡阶段。"四裔"地区之行政管理，虽有"羁縻"性
质，但仍以建立"府州体制"为目的，这也拉开了边疆地区与中
原地区实现全面政治一体化的序幕。

　　但是，唐朝的边疆建设与疆域维护，同样面临着巨大的挑战，
边疆之争也是唐朝政治史的一大主题。边地战事不断，民族政权
间的战争频繁。唐朝在捍卫边疆方面功绩卓著，社会上形成了尚
武之风，当时人崇尚投身边疆，建功立业，大量的边塞诗便是印
证。但在边疆意识问题上，唐朝君臣之间也存在着重大分歧，如
神功元年（697），狄仁杰所上罢撤"四镇"之疏议，也是一篇富
有影响力的关于边疆意识的文献。时值唐朝已夺回安西四镇的控
制权，狄仁杰却主张放弃戍守安西四镇及安东等地。通过比较可
知，狄仁杰援引了贾捐之、魏相之例，因为不少观点及论证确实
与贾捐之所论十分相似。如狄仁杰在奏书中首先提出了"中国"
与"四夷"之间天然的地理阻隔："臣闻天生四夷皆在先王封疆之
外，故东拒沧海，西隔流沙，北横大漠，南阻五岭，此天所以限
夷狄而隔中外也。"言下之意，"中国"的疆域就不能超出这些自
然阻隔之外。其次，狄仁杰反复引述秦皇、汉武开拓边疆的事例，
强调穷兵黩武的严重后果。再次，对于唐朝大力开拓边境的行动，
他提出了批评，并指出唐朝面临着严峻的国内形势。最后，他顺
理成章提出放弃戍守安西四镇及安东等地的建议。[1]

　　毋庸置疑，狄仁杰与贾捐之等人提倡关注民生、爱惜民力的
思想是无可非议的，以国内稳定安全为主，放弃无谓战事的想法
也是值得尊重的。但是，将"中国"与边疆以及"四夷"地区对
立起来的观点，将所谓"中国"疆域固定化的看法，却是经不起
推敲的。边疆地区涉及问题相当复杂，并不是简单弃守就能解决
的。况且，从魏相、贾捐之、狄仁杰等人提出的"边疆论"中不
难看出，其最大或最根本的缺陷之一，就是强调所谓"中国"与

---

[1]　《旧唐书》卷八九《狄仁杰传》，中华书局 1975 年版，第 2889—2891 页。

"四夷（裔）"之别，即所谓"内中国，外四夷者，王道之用"①。这种鄙视"四夷"土地与人民的态度，甚至成为这些人士所持"边疆论"的理论基础，如公孙弘认为边外为"无用之地"，贾捐之也认为珠厓郡"弃之不足惜，不击不损威，其民譬犹鱼鳖，何足贪也"。同样，唐朝狄仁杰所云："竭府库之实，以争硗确不毛之地。得其人不足以增赋，获其土不可以耕织。""况绥抚夷狄，盖防其越逸，无侵侮之患，则可矣。何必穷其窟穴，与蝼蚁计校长短哉！"② 这些在现在看来狭隘且荒谬的见解所滋生的背景，当然是因当时人对边疆地理及民族的无知与漠视。狄仁杰的论调遭到崔融等人的强力驳斥。崔融着重强调丧失边疆必然带来的危险后果，显然切中要害，他指出："夫四镇无守，胡兵必临西域，西域震则威慑南羌，南羌连衡，河西必危，且莫贺延碛袤二千里，无水草。若北接虏，唐兵不可度而北，则伊西、北庭、安西诸蕃悉亡。"③ 唐代各边镇之间业已形成唇齿相依之密切关联，丧失安西四镇，就意味着唐代整个西北边疆防御体系的震荡与破裂。高宗时期，吐蕃曾经一度攻占河西地区，造成的严重后果，也充分证明了安西四镇在唐代边防中的重要战略价值。

不难看出，历史时期中国境内东西民族政权之间，并没有建筑像"长城"这样规制宏大的、具有界线意义的边界工程，而主要通过会盟及树立盟碑的形式来处理划界事宜。形成这种状况的主要原因，不仅在于东西地区自然地理的阻隔较为突出，还在于长期以来东西政权之间的边界争端与冲突，远远不及南北政权间的边境争夺那样频繁与酷烈。如以吐蕃与唐朝的关系为例，自唐代开元年间始，唐朝与吐蕃政权关系和睦，已明确通过划界树碑的方式确立双方边界线。"吐蕃又请交马于赤岭（即今青海湟源县西日月山），互市于甘松岭（在今四川松潘县境）。宰相裴光庭曰：甘松，中国阻。不如许赤岭。乃听以赤岭为界，表以大碑，刻约

① 参见胡安国撰：《春秋胡氏传》卷一，四部丛刊本。
② 《旧唐书》卷八九《狄仁杰传》，中华书局 1975 年版，第 2889—2891 页。
③ 《新唐书》卷二一六上《吐蕃传》（上），中华书局 1997 年版，第 6078—6079 页。

其上。"① 这表明双方是通过自然地理标志来划分疆域界线的。这种相对稳定的状况在"安史之乱"后发生了剧变。"（肃宗）乾元之后，吐蕃乘我间隙，日蹙边城，或为虏掠杀伤，或转死沟壑。数年之后，凤翔（今陕西凤翔县）之西，邠州（今陕西彬县）之北，尽蕃戎之境，湮没者数十州。"② 为此，唐朝展开了强有力的反击，故而此后，唐朝与吐蕃又有"清水会盟""平凉会盟""长庆会盟"等盟约活动。这些会盟活动都曾试图确定双方之间的界线，以结束残酷的战争，其中尤以"清水会盟"的资料最为翔实。③ 虽然这些盟约并没有终结唐蕃之间的战争，但在中国古代政治及民族关系史上却有着重要影响。④

两宋至明清时期：边疆意识深化
及逐步成熟时期

在中国古代历史中，各个割据分治政权之间的边疆矛盾，要远远大于统一王朝与周边民族政权的划界之争。而在分裂时期，各个政权对于国土及疆界的重视及敏感程度，也远远大于大一统时期。更为重要的是，从宋、辽、金、西夏时期开始，政治地理与民族地理观念均发生了重大变化，这标志着关于中国及周边地理环境的认知水平进入了一个新的阶段。以华夏为唯一正统的观念，已不可避免地为现实状况所冲淡或改变，"外国"观念已进入了正统史家的视野。如宋朝学者薛居正等人所撰《旧五代史》始列《外国列传》，将契丹、吐蕃、回鹘、高丽、渤海靺鞨、黑水靺鞨、新罗、党项、昆明部落、于阗、占城、牂牁蛮等部的传记列入其中。此外，在元朝大臣脱脱等人所编撰的《宋史》中，则将

---

① 《新唐书》卷二一六上《吐蕃传》，中华书局 1997 年版，第 6085 页。
② 《旧唐书》卷一九六上《吐蕃传》（上），中华书局 1975 年版，第 5236 页。
③ 参见《旧唐书》卷一九六下《吐蕃传》（下），第 5247—5248 页。
④ 参见崔明德、马晓丽：《吐蕃民族关系思想初探——以吐蕃与唐朝关系为例》，《文史哲》2009 年第 4 期。

夏国、高丽、交趾、大理等 28 个边疆及域外政权列为"外国"。《金史》则仅将"西夏""高丽"列为"外国"。显然，与《史记》《汉书》所载所谓的"外国"所带域外奇特色彩有着很大的区别，这些"外国"似乎已与"中朝"存在着更为平等而密切的关系。这无疑标志着中国政治观念史上的一次重大转折。由此引发的边境争端更为激烈，而频繁的边疆争端自然促使边疆意识发生转变。

　　频繁的边疆争端，也意味着更频繁、更大范围的疆土变更与易主。然而，中国古代史上影响巨大的一次疆土交割，竟是一场荒唐无耻的交易，也就是所谓的"燕云十六州"的归属。五代时期，后唐河东节度使石敬瑭为争取外援以称帝，不惜向契丹国屈辱称臣，并做出割让"燕云十六州"的举措。① 石敬瑭"割地求荣"之举，成为后世人屡屡抨击的奇耻大辱。更为可怜可笑的是，后晋政权并没有因此换来江山稳固，逃脱迅速覆灭之厄运。后晋王室最终全数为契丹人所俘虏，最早上演了中国王朝史上皇室"北狩"的惨剧，史臣斥之曰："自古亡国之丑者，无如帝（指后晋少帝石重贵）之甚也。"② 而割让"燕云十六州"的行为，也彻底改变了中国南北民族以长城为界的攻防战略形势，其深远影响难以估计。正如清人查慎行在诗中所云："已割燕云十六州，雄关形势笑空留……长江南北天难限，一线何烦指白沟（即拒马河，辽朝与北宋之界河）？"③

　　北宋时期，中原王朝与辽、西夏以及吐蕃都存在不同程度的疆域纠纷，其中，与所谓"西、北二边"（即指辽国与西夏）的边界争端呈胶着状态，朝廷内部也围绕疆域问题频繁上演"放弃派"与"固守派"的激烈争论。如咸平年间，北宋朝廷上下便围绕灵州（今宁夏灵武市西南）守御问题展开争论。灵州为北宋西北重镇，而当时遭到党项部族势力的围攻，形势岌岌可危。然而，朝

---

① 《资治通鉴》卷二八〇《后晋纪一》，中华书局 1997 年版，第 9154 页。

② 《旧五代史》卷八五《晋纪十一·少帝纪五》，中华书局 2015 年版，第 1126—1129 页。

③ 《敬业堂诗集》卷十《自雄县至白沟河感辽宋旧事慨然作》，清文渊阁四库全书本。

臣杨亿等人引述公孙弘等人的边疆言论，坚决主张放弃灵州："平津（即公孙弘）所言'罢敝中国以奉无用之地'，正为今日也。臣以为存之有大害，弃之有大利。"① 而何亮、刘综等人则上疏极力反对，刘综指出："……今或轻从群议，遂弃灵州，是纵贼之奸计矣。且灵州民淳土沃，为西陲巨屏，所宜固守，以为扞蔽，然后于浦洛河建军城，屯兵积粮，为之应援，此暂劳永逸之势也。况镇戎军与灵州相接，今若弃之，则原、渭等州益须设备，较其劳费十倍而多，则利害之理昭然可验矣。"② 最终，宋真宗采纳了刘综、何亮等人的建议，派兵支援灵州。驰援灵州的举措，后来也得到不少有识之士的赞赏。从何亮与刘综的分析中可以看出，他们更看重整个西北的军事防御形势，灵州关系到整个西北防御体系，灵州失守，则意味着西北防线的破防，即"舍灵武而戎狄之患未可量者"③，这显然是北宋王朝上下所不愿看到的。

　　但是，放弃派大臣在北宋朝中的影响与作用也是不可低估的，他们将"固守派"人士斥为"徼幸之人"。如宋神宗熙宁八年（1075），张方平在回复神宗"御戎对策"时，就激烈批评道："近岁，边臣建开拓之议，皆行险徼幸之人，欲以天下安危试之一掷，事成则身蒙其利，不成则陛下任其患。不可听也。"④ 北宋与契丹关于河东边界的争端也曾掀起轩然大波。宋神宗熙宁年间，宋辽双方就河东北部的蔚、应、朔三州地界发生争议。最初负责谈判的刘忱、许大忠等人因坚持己见，不肯答应辽方要求而被罢免。王安石坚持"将欲取之，必固与之"之论，完全答应辽方之请求，"凡东西失地七百里"⑤。时隔十年之后，宋哲宗元祐元年（1086），苏辙上表弹劾当年宋朝方面谈判的主持者韩缜，让我们看到了这次弃地之举给广大边民带来的苦难。"……访闻河东当日割地与敌，边民数千家，坟墓、田业皆入异域，驱迫内徙，哭声

① 《续资治通鉴长编》卷五〇《真宗咸平四年》，中华书局1992年版，第1096页。
② 《续资治通鉴长编》卷五〇《真宗咸平四年》，第1099页。
③ 何亮《安边书》的内容，参见《续资治通鉴长编》卷四四，第947—951页。
④ 《续资治通鉴长编》卷二五九《神宗熙宗八年》，第6321页。
⑤ 洪迈：《容斋随笔》（下册）五笔卷一《王安石弃地》，中华书局2005年版，第835页。

振天，至今父老痛入骨髓。而沿边险要，举以资敌，此乃万世之深虑，缜以一死为谢，犹未塞责。"①

现实胶着的疆土争端，让人不得不反思贾捐之的"边疆论"。又如元祐二年（1087），西夏使者要求割让边地城寨，殿中侍御史林旦就提出"十不可"论，较为全面地梳理了古今"边疆论"的演变。如林旦指出："古者，敌国争尺寸之地，至竭帑鏖战而不悔，此等事故不足以为法，然以古校今，理亦可见。且以积年经营之功，因其一请而与之，似亦太率易也。今世俗之论，往往以贾捐之弃朱崖（厓）事为口实。夫朱崖隔绝大海，屡烦远击，已臣而复叛，又方为蛮夷所据，劳弊中国，故捐之以不击为便。今西人所谓，乃在吾地，非绝大海也，非劳攻取也。而谬以朱崖为比，不亦异乎？"林旦还严肃批评道："第恐边臣姑息苟安，趣了目前之患，幸无近忧，不恤后患；又疏远之人妄意朝廷都弛边备，遂以必弃为说。此言先入，上误圣听，反使西戎得计，边民失所，可不虑耶？况守之以困敌，与之以资敌，一损一益，利害明甚，此诚不可以不察也。"② 林旦的论列，旨在反驳与澄清贾捐之言论对于后世边疆认识的误导，有理有据，显著地提升了说服力。

北宋末年，北宋朝廷与女真人联合灭辽。北宋方面的条件是收复"燕云十六州"，但是，北宋与女真族联手攻辽的行动，并没有得到辽朝境内汉族人士的理解，收复之举甚至受到"燕云十六州"境内人士的抵制，以左企弓为代表。完颜阿骨打曾有意遵守盟约，将"燕云之地"归还宋朝，左企弓却献诗反对，其诗云："君王莫听捐燕议，一寸山河一寸金。"③ "一寸山河一寸金"言论的出现，极为突出地反映出分裂时期人们对疆土的高度重视与最新认知。这应该是中国边疆意识演变史上不可忽视的一大亮点，对后世的影响也是不可低估的。

放弃边疆、割让疆域的危害，绝不止于部分疆土的丧失，而是会不可避免地引发国家与民族的分裂。因为在边疆问题上无底

---

① 《续资治通鉴长编》卷三六九《哲宗元祐元年》，中华书局 1992 年版，第 8902 页。
② 《续资治通鉴长编》卷三八二《哲宗元祐元年》，第 9319 页。
③ 《金史》卷七五《左企弓传》，中华书局 1975 年版，第 1724 页。

线的退避与苟且，无疑宣告对国家与民族利益的全面放弃。南宋
权臣秦桧便是一个典型。据《宋史·秦桧传》记载：为讨得金人
的欢心，以秦桧为首的投降派大臣在对金朝的谈判中，不惜任何
代价，全力议和，甚至置广大南迁臣民的安危于不顾，公然提出
"欲以河北人还金国，中原人还刘豫"的处置原则。就连宋高宗赵
构对这一做法也感到难以接受："桧言南人归南，北人归北，朕北
人，将安归？"秦桧等人为了苟安求和，竟然不惜分裂民族与国
家。尽管赵构等人表示不满，但事实上在秦桧等人的直接干预下，
确有不少南迁汉人被迫北迁。① 从这一点上来看，昔人所云"奸
臣之恶，莫甚于宋之秦桧"②，应该是恰如其分的评价。

　　明代在边疆建设上付出了巨大的努力，也取得了显著的成就。
此外，在边疆意识培育上，明代也有着了不起的进步，特别值得
肯定。首先，迁都北京，实为边防考虑。这在历代建都史上都是
富有远见的抉择之一。正如著名学者丘濬指出："臣按：秦汉以
来，建都于关中、洛阳、汴梁，其边围皆付之将臣。惟我朝都于
幽燕，盖天子自为守也。前此都此者，若金，若元，而我朝则居
中国之尽处，而北临边夷。我之所以控而制之者，固重而要，而
彼之所以来而侵者，亦速而近。所以思其患而预为之防者，比汉、
唐、元，宜倍加意焉？"③ 其次，"九边"之建，为历史时期北部
边疆建设之巅峰时段，也是明朝坚决捍卫边疆领土理念的最充分
表达。再次，疆界争端的剧烈与胶着，迫使人们重新思考历史时
期带有局限性的边疆认知，如不同于贾捐之的"边疆论"，明代学
者丘濬提出了新的"边疆论"："臣按：捐之谓非冠裳之国，《禹
贡》所及，《春秋》所治，皆勿以臣为。窃以为凡今日境土，非祖
宗所有者则可用捐之之策？若夫祖宗初得天下即入版图者，其可
以与人乎？况本中国膏腴之地，要害之塞，昔人所谓'一寸山河
一寸金'者哉？非至于甚不得已，而存亡安危之决在此，不可轻

---

① 参见安介生：《山西移民史》，山西人民出版社1999年版，第252—262页。
② 参见《中庸衍义》卷五所引之语，清文渊阁四库全书本。
③ 《大学衍义补》卷一五四，清文渊阁四库全书本。

言弃也。"① 丘濬"边疆论"的主旨为"不可轻言弃也",全面反驳与否定贾捐之"边疆论",理据是赞同"一寸山河一寸金"的观点。这种理论性的提升,应该是明朝维护边疆、捍卫国土奋斗历程的绝好总结。

清代疆域建设之重大成就,集历代王朝之大成。更为重要的是,清代维护疆域付出了艰巨的努力,实现了真正意义的"大一统",完成了"历史上的中国"疆域的全面建构。已故著名历史地理学家谭其骧先生在《历史上的中国和中国历代疆域》一文中指出:"我们既不能以古人的'中国'为历史上的中国,也不能拿今天的中国范围来限定我们历史上的中国范围。我们应该采用整个历史时期,整个几千年来历史发展所自然形成的中国为历史上的中国。我们认为 18 世纪中叶以后,1840 年以前的中国范围是我们几千年来历史发展所自然形成的中国,这就是我们历史上的中国。"② 短短几句话,却包含了相当精辟而深刻的理念,即中华民族的发展与历史时期中国疆域的形成具有不可阻挡的内在必然性。因此,在论述历史时期政治发展及疆域建设中,不能随意将某一政权的疆域用来代表"中国"的疆域与边疆。这种理念也是今天我们论述历史时期疆域建设与边疆问题的基石。而迄今西方不少学者仍然固执地以所谓"内地十八省"的范围来代表"中国"的疆域范围,表明其对中国疆域发展史的愚昧无知以及政治偏见。

当然,不可否认,清代在边疆意识上仍存在很大的局限性,"藩属"观念仍然在处理中外关系中发挥着十分重要的作用。如雍正三年(1725)乙巳四月己丑,雍正皇帝在谕旨中谈到与安南(交趾)的领土之争时反复强调:"……安南自我朝以来,累世恭顺,深属可嘉,方当奖励是务,宁与争尺寸之地?……其地果有利耶? 则天朝岂宜与小邦争利? 如无利耶? 则又何必与之争?"③这种以邻国为"藩属",代天下立言的帝王心态,很容易将复杂的

---

① 《大学衍义补》卷一五三,清文渊阁四库全书本。
② 谭其骧:《长水集》(续编),人民出版社 1994 年版,第 4 页。
③ 《世宗宪皇帝圣训》卷三五,清文渊阁四库全书本。

疆界问题简单化与随意化，显然是极不可取的。国土不是皇帝的
"私有领地"，也不是一个朝廷用以讨价还价的"政治本钱"，而是
天下苍生赖以生存的家园。"家天下"或"朝廷天下"的观念，会
削弱天下士民维护疆土、捍卫家园的动力。究其根本，这种"家
天下"与"朝廷天下"的观念，是对天下政治地理与民族地理形
势无知的体现，以及对于亿万百姓生存权益的漠然。这种并不高
明的"藩属"观念在西方列强到来之后面临着更为严峻的挑战。①

结　语

　　中国古代的边疆意识产生并强化于频繁、复杂的边疆争端及
争议之中，边疆争端、边境争议，是历史时期边疆意识形成与发
展的最大动力源。边界与边境建设是政治建设的核心环节之一，
边疆意识与边境争端密切相关，边疆争端不止，关于边疆问题的
争论也就不会停止。从两汉到两宋，在边疆问题的争论中，"放
弃"与"固守"两种对立观点一直存在。影响边疆意识的主客观
因素是相当复杂的。其中，不可忽视的重要因素之一，便是地理
环境及各时代关于地理的认知水准。边疆意识形成的基础取决于
各个时代关于地理环境的认识水准。如果以边境地区为毫无价值
的蛮荒之地，那么自然不会激起保护边疆的热情。

　　"任何的民族都有发展。"② 中国古代边疆意识有着自身独有
的特征及局限性。中国传统边疆意识中最大的缺陷之一，便是所
谓的"家天下"或"朝廷天下"观念。这也就是石敬瑭为何能够
随意割让"燕云十六州"之症结所在。封建时代"家天下"与
"朝廷天下"之观念，将国土利益与百姓利益分割开来，实际上是
疆土维护的最大问题。我们也能看到，许多放弃边疆的建议之所

---

① 关于清代藩属与领土问题，参见孙宏年：《清代藩属观念的变化与中国疆土的变迁》，《清史研究》2006年第4期。

② ［美］弗里德里克·杰克逊·特纳：《美国边疆论》，董敏等译，中国对外翻译出版有限公司2012年版，第2页。

以被采纳，主要是其引发了皇帝与朝廷对自身统治稳定问题的担忧。

　　国家之实力是维护边疆的保障，直面争议，才能找出解决之道，绝对没有单靠妥协、乞求而得到的和平与稳定。疆土之争，便是现实利益之争，是生存资源与发展权利的争夺。摒弃"内地"与"边疆"之别，没有边疆的稳定，就没有国家整体疆域的稳定，也就没有民族生存及延续的基础。"弱国无外交"，懦夫也没有外交，没有强有力的国家实力作基础，没有誓死捍卫国土的牺牲精神，所谓的"和平"都是谎言而已。爱国精神与国土意识可以成为维护国家领土的强大支撑。正如《游击队歌》歌词所云："我们生长在这里，每一寸土地都是我们自己的。无论谁要抢占去，我们就和他拼到底！"只有确立"国家为全体国民的国家"与"国土为民族世世代代的家园"的权益意识，才能真正唤起"天下兴亡，匹夫有责"的国民意识，维护每一寸无数先烈用鲜血与生命换来的国土，守护住中华民族子孙万代的家园。

第二章　先秦至唐代关塞格局构建的时空进程

引言　"关塞"缘起：中国传统政治的地理控制

"雄关漫道真如铁，而今迈步从头越。"关塞，是中国传统时代一种相当独特而复杂的地理景观，既有地理基础，又具人文底蕴。悠久的历史变迁塑造出许许多多闻名遐迩的关塞，因此，提到"雄关""名关"之名，总能激起中国人心中复杂而强烈的情愫。

关于"关塞"或"关隘"的功能，古人已有明确的界定，如"关，闭也"，或如"关者，境上门也"；又如"塞，边塞也"，"险阻曰塞"。与"关塞"相类或相似的词语还有不少，如"关防""关禁""关隘""关卡""险关"等。在不少古代文献中，常常将"关口""关津""关梁"列为一类，不免令人困惑，因为就其本义及实际功能而言，"关"与"口"，"关"与"津"，"关"与"梁"，恰恰是相矛盾的。"口""津"与"梁"的目的在于沟通，而"关""塞""隘"则在于控御与阻遏，即古人所称"关以阻陆，津以通水"。将其归为同类的做法，恰恰显示出中国传统交通建设中的一大特征，即疏通与钳制相结合的艺术，而非单一的疏通或钳制。

　　关卡建置最早起于人为之建构，而非自然之天设。关卡的经济管理功能——收税，更早于它的政治及军事功能，《周礼》中的"九赋"之中便有"关市之赋"，而"司关"便是主要负责征收关税的官员："掌国货之节，以联门市，司货贿之出入者，掌其治禁，与其征廛。""关税"之名称一直沿用至今。先秦时期，各国已着手制订并实施相关严密的门关管理法则，即所谓的《关法》。如《三秦记》云："函谷关，去长安四百里，日入而闭，鸡鸣则开，秦法也。"这种"关法"得到了相当严格的执行，于是，便出现了后人耳熟能详的"鸡鸣狗盗"的故事。

　　以经济管理为主旨的关卡起初与自然险要并没有必然的关联，故而《周礼》中的"司关"与"司险"是分开的，而非合一的。而"司险"的职责便着重于地理控制："掌九州之图，以周知其山林、川泽之阻，而达其道路。设国之五沟、五涂（同途），而树之林以为阻固，皆有守禁，而达其道路。"

　　然而，随着时间的推移，关卡被赋予了更多更重的军事控御功能，其设置也不局限于都城、关市等狭隘的范围内，而更多与山川险要结合在一起。桑弘羊在《盐铁论》中指出："古者为国，必察土地、山陵、阻险、天时、地利，然后可以王霸。"而将关卡建置与地理险要相结合，便是利用天然阻险与地利的最佳方式之一。蔡邕的《月令章句》记曰："关在境，所以察出御入。"元人胡三省对于历代关塞建置的地理特征进行了分析："关梁，设于水陆要会之处。因山峡而设塞，以讥陆行者为关；或立石，或架木，或维舟，绝水以讥舟行者为梁。"

　　关隘的建置着重利用山川险要，于是，雄关名塞往往又成为地理险要的代名词，地理控制的功能实现了极大的强化。故而，唐人崔融明确指出："天下之关必险道。"甚至在后人眼中，关卡的经济管理功能已显得微不足道了，如宋人王应麟在《玉海》中总结道："关之大小不同，其藩塞、岨隘、捍御邦域则一也。"①

　　当然，对于早期关塞建设问题，历代学者也有不同的视角与

---

①　王应麟：《玉海》，清嘉庆十一年刻本。

观点。如唐人徐坚在《初学记》中指出："按春秋之时，骑境皆有关门，以察行李。鲁有六关，楚有昭关，秦地西有陇关，东有函谷关、临晋关，南有峣关、武关，为关中。"唐人刘知几在《史通》也提到："当春秋之时，诸侯力争，各闭境相拒，关梁不通。"徐坚与刘知几将春秋时代列为关塞建设的开创时期，似乎不难理解，因为在政治纷争的年代，各国统治者为了保护本国的安全，重视关塞功能，积极推动关塞建设为必然取向。

而西汉桑弘羊却将战国时期视为关塞建设真正的发轫阶段，如他在《盐铁论》中提出："诸侯之有关梁，庶人之有爵禄，非升平之兴，盖自战国始也。"与之相呼应，清人顾栋高更提出了"春秋列国不守关塞论"："春秋时，列国用兵相斗争，天下骚然。然其时林禁防疏阔，凡一切关隘阨塞之处，多不遣兵设守，敌国之兵平行往来，如入空虚之境，其见于《左传》者，班班可考也。"可见，同一关塞，在不同时代的价值与意义是不同的，人们对于关塞地理控制功能的利用水准也有一个逐步提升的过程，这与不同生产力水平、地理认知水平以及交通建设状况紧密联系。被后世视为雄关要塞之处，在上古时代恐怕还没有利用的价值。

西汉侯应曾经一针见血地指出："自中国尚建关梁以制诸侯，所以绝臣下之觊觎也。"通过对早期关塞建设历程的回溯，我们可以发现其功能转型的清晰轨迹，即从经济管理到地理控制的转变。疆域广大，人口众多，往往是一个政权与国家实力强盛的典型体现。然而，疆域的广大、人口的众多，与政治控制的难度是成正比的。因此，如何在广大的疆域上实现有效掌控，是摆在统治集团面前的头等大事。关塞建设便是中国历代政权在充分利用自然地理特征的基础上，在广阔的国土上实现政治控御与军事防卫需求的主要途径之一，因此，关塞建设不仅是中国政治史的重要内容，而且这种政治经验与"智慧"在世界各国的政治发展史上也是举足轻重的。

关塞或关隘，是中国历史上独具特色的地理景观之一，在中国政治史、军事史与景观发展史上都占有十分重要的地位。关塞景观融自然与人文因素为一体，不仅具有高度的景观观赏价值与地理标志意义，而且在不同的历史时期，关塞还被赋予了关键性的军事防御、内部治安以及关税征收等职能。因此，关塞及关塞体系的研究理应成为中国政治史、军事史、景观文化史以及历史军事地理研究的重要组成部分。有鉴于此，古今学者对于关塞问题的研究都十分重视，其中一些关于重要关塞的研究成果，数量相当可观。① 但是，迄今为止，从历史军事地理与政治地理的角度对关塞格局演变所进行的整体性与系统性的探讨还较为少见。笔者认为，先秦至唐代是中国古代关塞格局逐步形成并充分发展的重要历史阶段，因此研究价值极高。在本章节中，笔者试图在前人研究的基础上，从历代军事、政治形势发展等宏观角度出发，对这一时段关隘格局构建与变迁的状况及其历史地理背景进行一个较为全面的梳理与评述。

先秦至两汉时期关隘体系的初步形成

在中国古代文献中，"关"与"塞"都是内涵十分丰富且连缀能力很强的单字，以"关"或"塞"字为词根的组合词语相当丰富，其含义也相当繁富，这些词语构成了一组颇具中国传统文化特色的历史语言学符号。但是，为了保证基本概念的严密性与研究内容的确定性，有必要对笔者所研究的"关塞"的定义进行明确的限定。本书中所谓的"关塞"主要指以下三大类地理景观形态：第一类是所谓的"关隘"，即处于交通要道中地理形势险要之

---

① 历史上最早对中国关塞体系进行全面考察的研究者，当属南宋著名历史地理学家王应麟。在所编著的《玉海》中，王应麟不仅特设"地理"一门，又在"地理"下创"关塞"一类，将先秦至唐朝出现的重要关隘进行了简明勾勒与说明。明清以后的地理总志与方志中多列有"关津"或"关梁"的门类，对其境内的关梁进行了较全面的记述。清代学者顾栋高在《春秋大事表》中对先秦时代各国山川险要及其功用作了精辟的说明。顾祖禹在名著《读史方舆纪要》中对历史时期各地的山川险要进行了全面而深入的梳理。不过，在古今学者的研究成果中，最重要且最具影响力的一部著作无疑是严耕望先生的《唐代交通图考》(台北"中研院"历史语言研究所 1985 年版)，皇皇十大卷，二百余万言。严先生在文中对唐代各地关隘进行了详尽的源流考证与地理定位，为后来的研究奠定了坚实的基础。

关口或关卡。《尚书·秦誓序》注云："筑城守道谓之塞。"汉朝人高诱注释《吕氏春秋·有始览》云："险阻曰塞。"又《仲夏纪》注云："关，要塞也"。《广雅·释诂》云："关，塞也。"第二类是所谓"边塞"，即位于边界或边境（包括长城）之上的重要关口或过道。《礼记·王制》注云："关，竟（同境）上门也。"东汉人蔡邕《月令章句》云："关在境，所以察出御人。"《仪礼·聘礼》注云："古者，竟（同境）上为关，以讥异服，识异言。"《广韵·代韵》记云："塞，边塞也。"从秦汉时期开始，作为最为显赫的边境建筑，长城就被当时人通称为"塞垣"。边塞甚至被当作"边境"与"边界"的同义词，"塞外"即等同于"境外"。而"关塞"则是边境上的重要出入关口。《礼记·月令》注云："要塞，边境要害处也。"① 第三类是所谓的"城关"或"门关"，即以商贸管理为主要功能的关卡或门关、城关，服务于封建政权关税征收与商贸管理的需要，"关市之赋"是古代"九赋"之一，凡有城就有城关，一些极为显赫而重要的关塞在本质上也是城关，也会相应承担赋税征收的任务。关隘的征税功能以及仅具商贸功能的关卡并不是本书探讨的内容，但是，自先秦时期开始，各个政权都建立起了较为严密的门关管理制度，一般而言，这种制度在任何关塞或关口都是适用的，而这种关塞管理制度（即"关法"）又是我们在关塞研究中不得不涉及的内容。

实际上，自先秦时期开始，关塞体系的建设已经逐步形成了两套既有联系但又不能取代的、具有不同功能的关塞系统，即以征税及商贸管理功能的城关或门关系统，与以军事防御及镇守功能为主的关塞或关隘系统。而后者也是本书探讨的重点内容。

较之整体性的关塞系统，城门或门关系统更早建立并完善起来。最早建立起来的关卡或门关系统，如西周时期建立的"周十二关"体系，即围绕周朝王畿之地建立起来的门关体系。关于"十二关"制度，儒家经典《周礼》中有简要记载，如"司关"条云：

----

① 上述经典注释均见阮元等编：《经籍纂诂》，成都古籍书店 1982 年版。

司关，掌国货之节，以联门市，司货贿之出入者，掌其
治禁，与其征廛。凡货不出于关者，举其货，罚其人。凡所
达货贿者，则以节传出之。

唐代学者贾公彦解释"司关"职能时提出了"周十二关"问
题："司关，总检校十二关，所司在国内……王畿千里，王城在
中，面有五百里，界首面置三百，则亦十二关，故云：界上门
也……又十二国门关谓十二关门出入皆有税。"① 我们不难发现，
当时的"关"专指门关，或城关，"司关"的职能主要在于商贸管
理与关税征收。

先秦时期是国家与民族观念逐步形成的时期，在秦国统一中
国之前，广袤的中原大地之上并没有统一的政治管理体系，因而，
也没有形成统一的政区建置与文化形态，小国林立，数量繁多，
此消彼长，争斗不休，令后人回顾起来颇有目不暇接之感。可以
说，在群雄逐鹿、天下分裂的原始状况下，整体性的、全国性的
军事防御体系尚未建立起来，建立满足拱卫中央王朝防御需求的
关塞体系在当时还只能是一个遥远的"梦想"。同时，当时人们的
地理认知水平尚处较为原始童稚的阶段，当时人们对中国境内名
山大川、雄关隘道的军事功能与战略价值还知之甚少。因此，只
有极少数名山大川的奇伟形态与军事功能进入了人们的视野，早
期这些关于关塞的粗略认识构成了人们心目中关塞体系的
"雏形"。

最早出现的、颇有影响的全国性关塞体系雏形，当属《吕氏
春秋》等著作记录的所谓"九塞"（见"九塞方位简表"，即
表 2-1）。《吕氏春秋·有始览》称：

天有九野，地有九州，土有九山，山有九塞，泽有九薮，
风有八等，水有六川……何谓九塞？大汾、冥厄、荆阮、方
城、殽、井陉、令疵、句注、居庸。

---

① 参见《玉海》"周十二关"条。

表 2-1　九塞方位简表

关塞名称	所在方位（括号为今地）	后世通用名称
大汾（或称太汾）	晋（疑今太原市汾河谷地）	不详
冥厄（或称冥阸、渑陀、渑隘）	石城山（今河南信阳市西南）	平靖关
荆阮	楚（今湖北荆山）	不详
方城	楚（今河南方城县东北）	方城
殽（殽阪）	渑池（今河南陕县与洛宁县交界处）	函谷关
井陉	常山（今河北井陉县西北）	井陉关
令疵	辽西（今河北迁安市）	不详
句注	雁门（今山西代县西北）	雁门关
居庸	上谷（今北京市昌平区西北）	居庸关

资料来源：①王应麟撰：《通鉴地理通释》卷八至十；
　　　　　②徐应秋撰：《玉芝堂谈荟》卷二二；
　　　　　③宫梦仁编：《读书纪数略》卷八。

　　而《淮南子·墬形训》所记述的"九塞"，只是名称稍有不同。

　　　　天地之间，九州八极，土有九山，山有九塞，泽有九薮，风有八等，水有六品……何谓九塞？曰太汾、渑厄、荆阮、方城、殽阪、井陉、令疵、句注、居庸。

　　先秦"九塞"方位，便是古今学者著述与考察各地关塞沿革的渊源所在。但是，关于先秦时期"九塞"的具体地理方位以及与后世诸关塞之间的关系，古今学者长期争执不休。如宋代学者王象之在《舆地纪胜》中称："天下九塞，雁门为首。"雁门关，即当时的句注关。尽管"九塞"中的个别关塞位置无法精确认定，但从军事防御形势来看，"九塞"体系的核心应该在后世人所称的中原地区或关东地区，初步推断，这一体系的提出者应该也是关东六国之人或中原人士，即居于今天河北、河南、山西以及山东地区的人士，九塞拱卫中原的基本轮廓已初步形成。进一步说，根据笔者的推断，如果说"九塞"格局早在《吕氏春秋》中初见端倪，那么这套格局的描述者最有可能是进入秦国的晋国人士提出，"九塞"环绕的中心正是晋国，如宋朝人士魏了翁《尚书要义》卷二〇称："崤，晋塞也。"又"崤山，险厄，是晋之要道关塞也"。作为鼎盛一时的强国，晋国在春秋时代展现了举足轻重的影响，关于晋国的建设成就与地理形势，清代学者顾栋高在《晋疆域论》中有论述。

> 盖天下之无王，自晋始。及势既强大，乃复勤王，以求诸侯，周室之不亡，复于晋重有赖焉。自灭虢据崤、函之固，启南阳，扼孟门、太行之险，南据虎牢，北据邯郸，擅河内之殷墟，连肥鼓之劲地，西入秦域，东轶齐境，天下扼塞巩固之区，无不为晋有，然后以守则固，以攻则胜，拥卫天子，鞭笞列国，周室借以绵延者二百年……①

可见，在相当长的时间里，晋国几乎占据了当时中原地区所有险要之处，成为维持东周王室最重要的力量，因此，其成为"九塞"拱卫的中心也是势所必然的（见图2-1）。

先秦时代，相对于较为稀少的人口状况而言，土地过于辽阔，导致各个诸侯国的控御能力过于薄弱，因此，关塞的意识相对淡薄。这种特殊现象在春秋时代反映最为显著。如唐人刘知几在《史通·烦省第三十三》中指出："当春秋之时，诸侯力争，各闭境相拒，关梁不通。其有吉凶大事，见知于他国者，或因假道而方闻，或以通盟而始赴，苟异于是，则无得而称，鲁史所书，实用此道。"②又"案春秋之时，诸国错峙，关梁不通，史官所书，罕能周悉"③。对此，清代学者顾栋高还提出了"春秋列国不守关塞论"（见《春秋大事表》卷九上）。他指出：

---

① 《春秋大事表》卷四，中华书局1993年版，第518页。
② 刘知几撰，浦起龙释：《史通通释》卷九，上海古籍出版社1978年版，第264页。
③ 刘知几撰，浦起龙释：《史通通释》卷九，第210页。

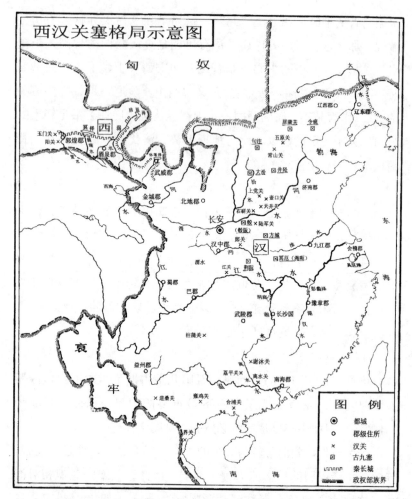

图 2-1 西汉关塞格局示意图

  春秋时，列国用兵相斗争，天下骚然。然其时禁防疏阔，
凡一切关隘陁塞之处，多不遣兵设守，敌国之兵平行往来，
如入空虚之境，其见于《左传》者，班班可考也……天下之
险，必待纷纭有事而后遣将设守，重书于册，则其平日之漫
无闲御可知矣……是盖列国皆然，主者无设险固围之谋，敌
人无长虑却顾之志，处兵争之世而反若大道之行，外户不闭，
历敌境如行几席，如适户庭。主人能则有秦穆之丧师，主人
不能则为楚昭之失国。春秋之所以日寻于多事者，以此也。

　　顾氏将春秋时代战事迭起、纷争不已的状况归咎于关塞意识的麻痹与防御体系的松懈，未免言过其实，这种现象乃是一个时代的特征。诸国人口有限，军力不足，诸国之间路途遥遥，互不相接，想要构建起严密的、全面的关塞防御体系，恐怕实在是心有余而力不足。

　　其实，先秦时期人们对于地理形势及关塞的认知处于不断进步之中。关于先秦时期关塞的功能，王应麟在《玉海》中有精辟论述：关塞"五伯时诸大侯国皆有之。楚有昭关，鲁有六关，赵有井陉、高阳关，魏有漳关，秦有榆中、临晋，峣、武二关。关之大小不同，其藩塞岨（同阻）隘、捍御邦域则一也"。也就是说，先秦时期关塞最重要的功能是捍卫国土，国与国之间的关塞特别受世人的关注。在"九塞"之外，先秦时期还有不少关隘在战争中发挥着重要的军事防御作用，特别是那些作为国界标志的关塞。关塞的政治分界功能，在先秦时期有最明确的反映。唐人徐坚所编的《初学记》总结称："按春秋之时，骑境皆有关门，以察行李，鲁有六关，楚有昭关（伍子胥逃楚，关吏拘之），秦地西有陇关，东有函谷关、临晋关（今蒲津关所在），南有峣（音遥）关、武关，为关中（武关即秦诈楚之处）。"如楚国的扞关（又称捍关）、昭关、武关等。扞关是古代巴国与楚国的分界关隘。《史记·楚世家》载云：楚肃王四年（周安王二十五年），蜀伐楚，取兹方，楚为扞关以距之。《水经注·江水注》称："捍关，廪君浮夷水所置也，弱关在建平、秭归界。昔巴、楚相攻伐，借险置关以相防捍。"昭关则是先秦吴国与楚国的边境关塞，"伍子胥过昭关"的故事通过民间传说及戏曲的方式传播而变得家喻户晓。

　　战国时期是中国关塞建设取得重大进展的阶段。《盐铁论·险固篇》曾记云："诸侯之有关梁，庶人之有爵禄，非升平之兴，盖自战国始也。"这里所称关梁，当然不是指普通的城关。其实，关塞或关梁的出现，肯定早于战国。但是，无法否认，在争雄称霸的角逐中，战国时代的各个国家都更充分且清醒地意识到自然地理形势对于国防的重要意义，并着意充分利用自然地理形势进行军事防御。一些纵横家在游说中更是特别强调或夸大山川险阻的重大意义，积极推动古代形势学思想的发展。

关塞成为各国治安与防御体系中不可或缺的重要环节。如
《吕氏春秋》卷一〇《孟冬纪》载："戒门间，修（楗）闭，慎关
钥，固封玺（玺读曰移徙之徙，门间，里门，关钥固坚，玺印封
也），备边境，完要塞，谨关梁，塞蹊径。"汉人高诱注文云："要
塞所以固国也，关梁所以通涂也，塞绝蹊径为其败田。"《礼记·
月令·孟冬章》所记与之相类似："命百官……固封疆，备边竟
（同境），完要塞，谨关梁，塞徯径。"又根据《周礼》等书的记
述，当时的官员中除了司关之外，还有"司险"之职衔。关于
"司险"的职能，《周礼》又记云：

> 司险，掌九州之图，以周知其山林、川泽之阻，而达其
> 道路。设国之五沟、五涂（同途），而树之林以为阻固，皆有
> 守禁，而达其道路。国有故，则藩塞阻路而止行者，以其属
> 守之，唯有节者达之。

在"司险"职能之中，我们可以十分清晰地发现古人在处理
道路疏通与关塞建设中的矛盾心态。这也可以说是中国古代交通
建设的一个突出特征，即"疏通"与"节制"并存，相辅相成。
一方面努力发展道路建设，"达其道路"；但另一方面又在想方设
法"以为阻固，皆有守禁"，在国内有重大变故之时，还会"藩塞
阻路"，即以人力手段断绝交通。显然，"畅通无阻"只是人们的
美好愿望而已。

疆土争夺与战争需要，都促使战国时代的人们重视与发掘自然
地理中的有利因素，特别是对战争与治理都非常重要的"关塞"。如
在当时，战国一些著名的纵横家，都在其游说中大力渲染地理形势
与关塞的重要价值。如苏秦赞扬齐国的形势时讲道："齐南有太山，
东有琅邪，西有清河，北有渤海，此所谓四塞之国也。"[1] "四塞
之国"的出现，应该说是战国时代关塞建设的一项重要成就。所

---

[1]　《战国策》卷八《齐一》，上海古籍出版社1998年版，第337页。

谓"四塞之国"，即国家疆界四周都有要塞拱卫，是较为完整的区域性关塞体系。"四塞之国"的出现，完全是适应战国时代对外战争与防御的需要。又苏秦在称赞韩国的形势中指出："韩北有巩、洛、成皋之固，西有宜阳、常阪之塞，东有宛、穰、洧水，南有陉山，地方千里，带甲数十万。"① 楚国的险要形势也备受纵横家们的赞许："楚，天下之强国也。大王（指楚威王），天下之贤王也。楚地西有黔中、巫郡，东有夏州、海阳，南有洞庭、苍梧，北有汾、陉之塞、郇阳。"② 关于战国时期关塞格局认知及总体建设的状况，西汉时期的桑弘羊曾指出：

> 　　古者为国，必察土地、山陵、阻险、天时、地利，然后可以王霸……楚自巫山起方城，属巫、黔中，设扞关以拒秦。秦包商、洛、崤、函，以御诸侯。韩阻宜阳、伊阙，要成皋、太行以安周、郑。魏滨洛筑城，阻山带河，以保晋国。赵结飞狐、句注、孟门以存荆、代。燕塞碣石，绝邪谷，绕援辽。齐抚阿、甄，关荣、历，倚太山，负海、河。关梁者，邦国之固，而山川者，社稷之宝也。③

可以说，时至先秦晚期，相对于古老的"九塞"体系而言，以各国疆域为拱卫中心的、各自分离的关塞格局得到了相当充分的发展，这也标志着关塞格局构建历程中的一个新时代的到来。在当时天下关塞之中，作为各国彼此之间分界与防御的关塞受到格外的关注。作为合纵与连横的最后趋势，战国纷争的结果演变为关中（即秦）与关东（即六国）两大地域政治集团的对峙与角逐。而函谷关作为关东与关中集团的分界标志，在秦国崛起以及与关东诸国形成对峙之时发挥着极为重要的作用。有些古代学者甚至以崤、函之地的得失作为军事成败之决定性因素。如云："春秋时，崤、函，晋有也，故能以制秦；秦得崤、函，而六国之亡，

①　《战国策》卷二六《韩一》，上海古籍出版社 1998 年版，第 930 页。
②　《战国策》卷一四《楚一》，第 500 页。
③　见《盐铁论·险固第五十》。

始此矣。"(见顾祖禹《读史方舆纪要》卷五二)当然,作为战国征伐的最后赢家,秦国的关塞体系建设也受到后世的高度推崇,不少人甚至将秦国的最终胜利归结于著名的区域性关塞体系——"关中体系"的贡献。其实,这未免言过其实,因为关塞的功能仅在于阻截与防御,是不可能决定战争双方的最后胜负的。

为了适应关塞管理的需要,战国时期各国已出台了关塞管理的法律,即所谓的"关法",如《三秦记》载云:"函谷关,去长安四百里,日入则闭,鸡鸣则开,秦法也。"与关税征收与城关管理密切相关,"关法"在先秦晚期已经相当完善。先秦时代,与"关法"相关的关隘故事也流传甚广,较为脍炙人口的就有"鸡鸣狗盗""老子出函谷关""伍子胥过昭关"等。凭节过关已经成为通例,《周礼·掌节》对此进行了较详细的解释。

> 掌节,掌守邦节,而辨其用,以辅王命。守邦国者用玉节,守都鄙者用角节。凡邦国之使节,山国用虎节,土国用人节,泽国用龙节,皆金也,以英荡辅之。门关用符节,货贿用玺节,道路用旌节,皆有期以反节。凡通达于天下者,必有节,以传辅之。

秦汉时代是伴随着最重要、最宏伟的人工边塞工程——万里长城的全面修建而拉开序幕的。其实,早在战国后期,燕、赵、秦等已经开始修建长城,秦朝的万里长城是以往各国长城建设的全面整合与拓展。从此,在中国历史上,长城也就成为中国境内的军事与战略防御体系中不可或缺的重要组成部分。其原因很明显,长城以北的游牧民族已成为中原王朝最危险与最主要的外来威胁之一,中原王朝的整体国防体系的重心也因此发生了重大改变,即由拱卫关中、防卫关东,而转变为重点防备北方匈奴族的进犯。

长城的修建与关隘的关系是极为密切的。长城,常又被古人称为"塞垣",又"关,境上门也"。长城的不少重要关口后来逐渐发展为声名显赫的关塞。但在早期建设中,长城的功能在于阻挡与抵御，长城用作交通往来的关口极为少见。① 长城尽管是人造的边塞工程，但在建造中还是充分利用了自然地理因素，如西汉武帝时大行令王恢说："及后蒙恬为秦侵胡，辟数千里，以河为竟（同境），累石为城，树榆为塞，匈奴不敢饮马于河，置烽燧然后敢牧马。"② 西汉元帝时郎中侯应也曾指出："起塞以来百有余年，非皆以土垣也。或因山岩石，木柴僵落，溪谷水门，稍稍平之，卒徒筑治，功费久远，不可胜计。臣恐议者不深虑其始终，欲以一切省徭戍，十年之外，百岁之内，卒有它变，障塞破坏，亭隧灭绝，当更发屯缮治，累世之功不可卒复……"③

　　其实，除了防御塞外匈奴进犯之外，长城在当时的军事与政治功能是相当复杂多样的。汉元帝竟宁年间，匈奴呼韩邪单于内附，愿意为汉朝保塞，请汉朝罢黜守塞官吏，对此，郎中侯应上书表示反对，提出了所谓的长城"十大功能"。可以说，这是中国古代关塞认知上的一个重大冲破，即强调关塞在抵御外来军事威胁的同时，更具内部的治安功能。侯应指出："自中国尚建关梁以制诸侯，所以绝臣下之觊欲也。设塞徼，置屯戍，非独为匈奴而已……"对此，汉元帝也不得不慎重对待，并将此作为回绝呼韩邪的主要理由："中国四方皆有关、梁、障、塞，非独以备塞外也，亦以防中国奸邪放纵，出为寇害，故明法度以专众心也。"④ 即使就万里长城而言，对外防御与对内治安的功能都是同等重要的。正是鉴于长城如此重要的作用，长城一线成为统一王朝下关塞格局的基本骨架与基础，这也是关塞格局演变中的一次重大变革。

　　就内部关塞体系而言，秦与西汉两朝均定都长安，京畿之地即所谓的"关中"，成为统一王朝内部关塞体系的核心部分，这也

---

　　① 关于长城的研究成果极多，如张维华：《中国长城建置考》，中华书局 1979 版；史念海等：《中国长城遗迹调查报告集》，文物出版社 1981 年版；黄麟书：《秦皇长城考》，台北造阳文学社 1972 年版。

　　② 《汉书》卷五二《韩安国传》，中华书局 1997 年版，第 2401 页。

　　③ 《汉书》卷九四下《匈奴传下》，第 3803—3804 页。

　　④ 《汉书》卷九四下《匈奴传下》，第 3804 页。

是中国关塞建设史上"关中"体系声名特别显赫的关键原因。"关中",究其本意,即为"四关之中"。"关中"的显赫,还在于其地理形势之险与关隘之固。"关中"的得名,就来源于周边的关隘,即所谓的"四关之中",这也是关中地区关隘体系的突出特征。唐代学者张守节的《史记正义》释"关中"时称:

> 东有函谷(关)、蒲津,西有散关、陇山,南有峣山、武关,北有萧关、黄河,在四关中,故曰关中。

古人称赞关中形势"最为完固",是非常恰当的。可以说,"关中体系"在秦汉时期得到了最大限度的完善,因为关中四面所设关隘都有其特定的防御指向与功能。首先,潼关—函谷关一线是扼制关东地区的咽喉所在,战略地位最为重要。潼关,即远古所称"桃林塞",也是《吕氏春秋》与《淮南子》所记"九塞"中之"崤坂"。秦国崛起之时,最大的对手便是"关东六国","关中"与"关东"形成当时天下政治军事形势的"两极",正好构成天下逐鹿的掎角之势。因此,潼关—函谷关一线便成为关系秦国存亡的咽喉要地。秦朝与西汉中央朝廷面临的最大威胁,还是潼关以东地区,因此,函谷、崤山一线就成为拱卫关中地区最重要的防御重心,潼关或函谷关,也就成了秦汉时代的"天下第一险关"。关于函谷关地理形势,《水经·河水注》称函谷关:

> 邃岸天高,空谷幽深,涧道之峡,车不得方轨,号曰天险,故《西京赋》曰:岩险周固,衿带易守,所谓秦得百二,并吞诸侯也。

其次,关中南面的武关(今陕西丹凤县东南),是关中地区通往古代楚国(包括今河南南部及两湖地区等)的必经之路,故称"秦、楚之衿要"。《史记集解》引应劭之语云:"武关,秦南关,通南阳。"武关山,又称少习山。《关中胜迹图志》描述武关形势称:"山道险厄,北接高山,南临绝壑,为自楚入秦要隘。"其次,西南的散关，是秦地通往巴蜀地区的必经之路。散关，地处今陕西宝鸡市西南大散岭上，关在岭上，故名大散关，为秦、蜀交通之襟要。明人陆深的《知命录》记云：

> 大散关，在宝鸡南二十里，和尚原在焉。山自西来，即秦岭一支，不独为秦、蜀之界，亦中国南北之界也。

清人顾祖禹也对散关的战略地位给予了高度评价。

> （终）南山至蓝田而西，至此方尽。又西则陇首突起，汧、渭萦流，关当山川之会，扼南北之交，北不得此，无以启梁益，南不得此，无以图关中，自禹迹已来，恒为孔道矣。

最后，西北方向的萧关，又称陇山关，位于关中地区通往河西走廊地区的交通要道之上。萧关，在平凉府镇原县西北百四十里，关中四关之一也。（《括地志》：萧关亦名陇山关。）襟带西凉，咽喉灵武，故被视为关中地区北面之险要。

秦汉时期，又可谓全国性关隘体系的初步建设时期，除关中地区外，汉代的著名关隘已不在少数，如玉门关、阳关、白水关、天井关、美阳关、常山关、五原关等（见表2-2）。玉门关、阳关的建设，无疑是西汉关隘建设中的突出成就，阳关、玉门关也从此成为中国历史上影响最大且最为著名的"汉关"。在历代文学作品中吟咏阳关、玉门关的诗词歌赋也洋洋大观，不计其数。

玉门关与阳关的出现及重要意义，都基于西汉时期内地与"西域"的关系。"西域"的认知与内属，是西汉与东汉王朝在疆域建设与民族关系方面取得的重大进展，无论是广义的"西域"（包括今中亚）还是狭义的"西域"（即今新疆维吾尔自治区），其与中原地区的分界点，就是阳关与玉门关。

通常，研究者都十分重视探究玉门关与阳关在中西交通史上的地位与贡献，但玉门关与阳关的战略地位与军事价值同样是不可忽视的。因为打开西域大门的首要功臣——西汉人张骞，当初被汉武帝派遣出使的目的，就在于突破匈奴人对西汉王朝的战略封锁，时人喻为"断匈奴之右臂"，即切断匈奴与西边部族的归属及结盟关系。之后，河西四郡的建设，真正起到了阻隔匈奴与西边少数民族联系的作用。而玉门关与阳关正是河西四郡之一——敦煌郡的西部边界。

纵观秦汉时代关塞体系的发展历程，我们可以看出，秦汉时代内部关塞体系的建设重点，主要就是"关中体系"的一枝独秀。这也可以称得上是大一统王朝关塞建设的一个突出特征，因为与战国时代相比，除京畿地区外，其他地域性的、封闭性的关塞体系都不复存在了。但是，必须承认，在实际上，秦汉时期"关中体系"已经在经历着一个被逐渐淡化乃至忘却的过程。如《汉书·地理志》在关隘的记载方面（见表 2-2）十分简略了。原来以"四塞之国"著称的关中即三辅地区竟然没有一关入录，包括那些大名鼎鼎、如雷贯耳的巨关，如潼关、函谷关、萧关、武关等。难道这些关塞在西汉之时已经被撤废不用了吗？这显然说不通，而且也是笔者在考察西汉时期关隘格局演变所面临的一大困惑。针对这种情况，笔者认为以下几点因素都起到了不小的作用。

表 2-2 《汉书·地理志》所列关隘简表

郡县名称	治所今地	关隘名称
弘农郡陆浑县	河南嵩县东北	陆浑关
上党郡	山西长子县西南	上党关、壶口关、石研关、天井关
汉中郡长利县	湖北郧西县西南	郧关
牂牁郡	贵州瓮安县	柱蒲关
牂牁郡进桑县	云南屏边苗族自治县	进桑关
巴郡鱼复县	四川奉节县东	江关
敦煌郡龙勒县	甘肃敦煌市西南	阳关、玉门关
代郡	河北蔚县东北	五原关、常山关
上谷郡居庸县	北京延庆县	居庸关
郁林郡雍鸡县	广西龙州县北	雍鸡关

郡县名称	治所今地	关隘名称
苍梧郡	广西梧州市	离水关
苍梧郡谢沐县	湖南江永县西南	谢沐关
苍梧郡荔浦县	广西荔浦县西南	荔平关
合浦郡合浦县	广西浦北县西南	合浦关
九真郡	越南清化省西北	界关

首先，这其中最重要的原因是在统一王朝内部关隘作用被弱化。经过长期的压制与人口外迁，关东地区对于关中的威胁已经大大削弱。如秦与西汉的政治核心区——关中地区常被称为"四塞之国"或"四塞之地"，唐代学者张守节的《史记正义》对此解释称：关中"东有黄河，有函谷、蒲津、龙门、合河等关，南有南山及武关、峣关，西有大陇山及陇山关、大震、乌兰等关，北有黄河南塞，是四塞之国也"。但是，显然，此时的"四塞之国"，已完全无法与战国时代相提并论，只不过是因袭古人的陈言而已，早已失去了其原有的地位与价值。

其次，秦朝及西汉时期最宏伟的军事防御工程或称关塞工程，是战国后期就开始建造的万里长城，东汉名臣蔡邕曾云：

> 天设山河，秦筑长城，汉起塞垣，所以分别内外，异殊俗也。其外则分之夷狄，其内则任之良吏。

长城的功能在于阻挡塞外非汉民族的侵袭，这也是当时军事防御体系的重中之重。长城建成后，成为中原王朝整体防御体系的主干，完全取代了"关中体系"。用进废退，也是事物发展的普遍规律。

最后，自先秦时期开始，"山川之险不可恃"或"在德不在险"的军事政治思想初见端倪，至两汉时期，这种思想甚至变成一种时代思潮，对于关塞建设的影响是不容忽视的。如战国时期，

与苏秦、张仪重视山川险要的论调形成鲜明对照，在举出若干极
具说服力的事例之后，吴起明确强调："河山之险，信不足保也，
是伯王之业，不从此也……地形险阻，奚足以霸王哉?"① 这也就
是后世为政"在德不在险"思想的由来。战国时代结束、秦朝时
代全面开启之时，世人对于秦国山河关塞险要的鼓吹也达到了极
致，然而，秦朝二世而亡的悲剧却让人们不得不反思关塞险要对
于国家及王朝安全的真正价值与作用。如贾山《至言》：

> 昔者，秦政力并万国，富有天下，破六国以为郡县，筑
> 长城以为关塞，秦地之固，大小之势，轻重之权，其与一家
> 之富、一夫之强，胡可胜计也。然而，兵破于陈涉，地夺于
> 刘氏者，何也，秦王贪狼暴虐，残贼天下，穷困万民，以适
> 其欲也。

《淮南子》卷一二又称：

> 秦皇帝得天下，恐不能守，发边戍，筑长城，修关梁，
> 设障塞，具传车，置边吏，然刘氏夺之若转闭锤（高诱注：
> 闭锤，格也，上之锤，所以编薄席，反覆之易）。

这些思想对于纠正片面强调关塞建设的趋向具有积极意义。
东汉以后，关塞建设逐渐转入低潮。东汉时期的军事防御形
势发生了重大变化，这在长城建设中有明显反映。其中最主要的
因素是塞外与边塞地区非汉民族的大规模内迁。南匈奴入居塞内，
西部氐、羌等民族大量内迁，形成东汉时期民族发展的重要趋势。
另如彻底击溃北匈奴之后，匈奴部族南迁进入塞内的趋势根本无
法遏制，到西晋时期同样出现塞外部族大量内迁的状况。在这种
时代背景下，长城的修建与维护已经完全不合时宜了。这种状况
的长期延续，必然极大地动摇与削弱了中国境内统一王朝关塞体

---

① 《战国策》卷二二《魏策一》，上海古籍出版社 1998 年版，第 782 页。

系的基础架构。作为关塞建设低落时期的证明，司马彪的《续汉书·郡国志》记载的关隘相当稀少，而这些关口也往往是以往著名关口的遗存，不见得在当时发挥了重要的功用。如河南尹谷城有函谷关，缑氏有轩辕关；南阳郡析县有武关；巴郡鱼复县有扞关等。

同时，东汉朝廷定都洛阳，也在很大程度上改变了秦及西汉以来的国内军事防御格局。为了保障中央政府的安全，必然需要在京畿地区建立起新的防御体系，其中关隘的建设便是重要的一环。有趣的是，与关中地区相仿，东汉洛阳四周同样有"四大关隘"。《说郛》引晋人陆机的《洛阳记》称："汉洛阳四关，东成皋关，南伊阙关，西函谷关，北孟津关。"伊阙关，为洛阳的南大门，位于今河南洛阳市南面的伊阙山口。伊阙山，又称为阙塞山、龙门山。龙门山山势奇特，《水经·伊水注》记载："两山相对，望之若阙，伊山历其间北流，故谓之伊阙矣。春秋之阙塞也。"乾隆《大清一统志·河南府》称："伊阙关，在洛阳县南二十五里伊阙口，后汉灵帝时为河南八关之一。"成皋关，又称为虎牢关，为洛阳的东大门，位于今河南荥阳县西北汜水镇。宋代诗人陈与义在《美哉亭》一诗中对成皋关的雄奇形势作出了生动的刻画。

> 西出成皋关，土谷仅容驼。天挂一匹练，双阙斗嵯峨。忽然五丈缺，亭构如危窠。青山丽中原，白日照大河。下视万里川，草木何其多。临高一吐气，却奈雄风何。辛苦一生快，造物巧揣摩。险易终不偿，翻身下残坡。

孟津关，是洛阳的北大门，位于今河南孟津县东。轩辕关，位于今河南偃师市东南轩辕山上。自春秋时代起，轩辕就是兵家虎视的险关要道，"轩辕之险"也是管子论述军事地理问题时所列举的典型。《史记正义》引《括地志》称："轩辕故关，在洛州缑氏县东南四十里。《十三州志》云：轩辕道，凡十二曲（一说九十二曲），是险道。"《元和郡县图志》进一步引《左传》注释为：

"缑氏县东南有轩辕关，道路险隘，凡十二曲道，将去复还，故曰轩辕。"① 即谓道路曲折多变，使人如置身于迷阵之中。

其实，在"四关"之外，又有更为名噪一时的河南"八关"。《后汉书·灵帝纪》："中平元年（184）春二月，巨鹿人张角自称黄天，其部师有三十六万，皆著黄巾，同日反叛。安平、甘陵人各执其王以应之。三月戊申，以河南尹何进为大将军，屯都亭，置八关都尉官。"注云：八关谓函谷、广成（城）、伊阙、大谷（又称太谷）、轩辕、旋门、小平津、孟津也。很明显，设置八关最直接的目的，是为了抵御汉末攻势强劲的黄巾起义军。这八关的建置，同样也是围绕首都洛阳地区展开的。元代学者胡三省在《资治通鉴音注》中综合学者的考订，对八关的方位进行了全面说明。

> 函谷关在河南谷城县。（唐代李）贤曰：太谷在洛阳东，广成在河南新城县。京相璠曰：伊阙在洛阳西南五十里。轩辕关在缑氏县东南。《水经注》曰：旋门坂在成皋县西南十里。孟津在河内河阳县南。小平津在河南平县北。贤曰：在今巩县西北。（唐）杜佑曰：洛州新安县（治今河南新安县）东北有汉八关城。

然而，"八关"最终也无法挽救东汉王朝的衰亡命运，只不过再一次印证了国家治理"在德不在险"这句名言而已。

魏晋至唐代关隘体系的建设

魏晋南北朝是一个民族大迁移与大融合的时代。从东汉时期开始，周边民族大规模内迁，已成为一股奔腾汹涌、难以阻挡的洪流。来自塞北的匈奴族，来自东北地区的"东胡"族后裔乌桓、

---

① 李吉甫：《元和郡县图志》卷五《河南道一》，中华书局 1983 年版，第 133 页。

鲜卑族及西北的氐、羌族，都在陆续向塞内迁徙。随着内迁人口的增加，各个民族都在努力追求政治权利与民族生存空间，西晋以后出现的五胡十六国，正是东汉以来民族大内迁、大发展的结果。

在这种民族大迁移与大融合的时代，关塞格局最显著的变化首先是长城的废弃。《晋书·地理志》为我们提供了一条重要线索。

> （三国魏文帝曹丕）黄初元年（220），复置并州，自陉岭以北并弃之，至晋，因而不改。

黄初元年，正是魏文帝曹丕正式登基称帝之年。陉岭是雁门关之所在。也就是说，早在三国伊始，雁门关以北地区已划归塞外民族之势力范围，不再受中原政权的管辖了，这种状况一直持续到西晋，而雁门关以北地区正是北魏政权创建的根基之地。可以说，当时的陉岭便是重要的南北分界线。

作为第一个由塞外民族建立起来的王朝，北魏立国的根基之地恰恰是被中原王朝所放弃的并州雁门关以北地区。北魏京畿之地紧毗长城，而塞外"匈奴故地"上依然活跃着强悍的游牧部族——柔然与高车。因此，早在泰常八年（423），北魏便开始大规模修建长城，如《魏书·太宗纪》载："（泰常八年正月）蠕蠕（即柔然）犯塞。二月戊辰，筑长城于长川之南，起自赤城，西至五原，延袤二千余里，备置戍卫。"然而，北魏统治者意识到，就代都平城地区的防御而言，以长城为防御屏障显然是不合时宜的，因此，北魏统治者积极建立起以北方六镇为核心的北边防御体系，这六镇分别是：沃野镇（今内蒙古五原县东北）、怀朔镇（今内蒙古固阳县西南）、武川镇（今内蒙古武川县西）、抚冥镇（今内蒙古四子王旗东南）、柔玄镇（今内蒙古兴和县境内）、怀荒镇（今河北张北县）。为了维护六镇防御体系，北魏官府还迁徙大量中原豪族与鲜卑贵族及其家眷驻守六镇，并由此形成了数量庞大的六镇军事集团，在北朝后期历史中发挥了举足轻重的作用。

与此同时，南朝在关塞建设方面的进展似乎是相当有限的。
《宋书·州郡志》与《南齐书·州郡志》中关于关塞的记载都寥寥
可数。长淮一线成为南北政权的分界线。因此，当时最出名的关
隘群是地处南北交界地区的"义阳三关"。《南齐书·州郡志》称：

> 司州，镇义阳……（宋）泰始中，立州于义阳郡，有三
> 关之隘，北接陈、汝，控带许、洛。自此以来，常为边镇。

南北朝时期的"义阳三关"通常指平靖关、黄岘关与武胜关。
关于"义阳三关"的重要价值，清代学者顾祖禹在《读史方舆纪
要》一书中指出：

> 自魏、晋以后，黾阨之地常为南北重镇，所谓义阳有三
> 关之塞也。三关者，一曰平靖关，即《左传》所谓冥阨也，
> 其关因山为障，不营濠隍，故以平靖为名；一曰武阳关，亦
> 名沇山关，即《左传》之大隧也。在信阳州东南一百五十
> 里……一曰黄岘关，亦名百雁关，俗讹为白雁，又谓之九里
> 关，即《左传》之直辕也，在信阳州南九十里……义阳城与
> 三关势如首尾。

平靖关，位于今河南信阳市西南，即先秦时期有名的"黾阨
（冥厄）之塞"，地处中原南下之要道。其关所在地有大、小两个
石门，凿山为道，林木茂密，崎岖难行。黄岘关又称为白雁关、
百雁关、黄土关，位于今信阳市南面。武胜关，又称为武阳关、
澧山关，即先秦时期所谓的"大隧直辕"要道，因地处三关之东，
故又被称为"东关"。雍正《湖广通志》赞其形势云："雄据上游，
俯瞰诸方，险厄之地，用武之所。"

但是，就军事防御而言，北方六镇体系存在相当明显的缺陷。
如北魏孝文帝在位时，高闾在上书中极力鼓吹修建长城之利。

> 北狄悍愚，同于禽兽，所长者野战，所短者攻城。若以

狄之所短，夺其所长，则虽众不能成患。虽来不能内逼。又狄散居野泽，随逐水草，战则与室家并至，奔则与畜牧俱逃，不赍资粮而饮食足，是以古人伐北方，攘其侵掠而已，历代为边患者，良以倏忽无常故也。六镇势分，倍众不斗，互相围逼，难以制之。昔周命南仲，城彼朔方，赵灵、秦始，长城是筑，汉之孝武，踵其前事，此四代之君，皆帝王之雄杰，所以同此役者，非智术之不长，兵众之不足，乃防狄之要事，其理宜然故也。《易》称："天险不可升，地险山川丘陵，王公设险以守其国。"长城之谓欤？今故宜于六镇之北，筑长城以御北虏，虽有暂劳之勤，乃有永逸之益，如其一成，惠及百世……计筑长城，其利有五。罢游防之苦，其利一也；北部放牧，无抄掠之患，其利二也；登城观敌，以逸待劳，其利三也；省境防之虞，息无时之备，其利四也；岁常游运，永得不匮，其利五也……

时至北朝后期，为了抵御强大的突厥部落联盟的侵袭，北齐与隋朝又开始大举修建长城。据《北齐书·文宣帝纪》记载，北齐建立起了相当完善的长城沿线防御工程，如天保六年（555），"是年，发夫一百八十万人，筑长城，自幽州北夏口，至恒州九百余里"。天保七年（556），"先是，自西河总秦戍，筑长城，东至于海，前后所筑，东西凡三千余里，率十里一戍，其要害置州镇，凡二十五所"。天保八年（557），"是年，于长城内筑重城，自库洛拔而东至于坞纥戍，凡四百余里"。出于同样的防御需要，隋朝也致力于修复长城。如隋文帝开皇年间就开始大修长城，开皇六年（586）二月，"丁亥，发丁男十一万修筑长城，二旬而罢"；开皇七年（587）二月，"是月，发丁男十万余，修筑长城，二旬而罢"。[1] 隋炀帝即位后，更是大兴土木，如大业三年（607）七月，"发丁男百余万筑长城，西距榆林，东至紫河，一旬而罢，死者十五六"[2]。隋代

---

[1]　《隋书》卷一《文帝纪》，中华书局1973年版，第25页。
[2]　《隋书》卷二《炀帝纪》，第70页。

"长城之役"的规模可直逼秦嬴之时，也是民怨沸腾、国祚短促的
一大原因。令人深思的是，历史的事实屡屡昭示出这样一个结论：
从先秦至隋唐，凡是大规模修建长城的王朝，往往都成了速亡王
朝的典型，秦朝如此，北齐如此，隋朝也是如此。而唐朝初期虽
然也有修建长城之举，但最终是依靠自身强大的军事力量击败塞
外突厥族部落集团，而塞外威胁的消退与长城一线的宁谧，也为
唐代关塞体系飞跃性的发展提供了前提条件。

　　唐朝关隘体系建设的成就是空前的，因此，唐代应被视为全
国性的关隘体系全面建成或初见规模的时代（表 2-3）。唐代关塞
格局的形成，主要分为两个组成部分。

　　第一部分是建设核心城关体系。据《新唐书·百官志》记载
可知：唐朝同样全面继承了战国以来的关塞检核制度，建立起了
相当严密的门关检核制度。刑部下设有"司门郎中、司门员外郎
各一人"，其职责是"掌门关出入之籍及阑遗之物。凡著籍，月一
易之。流内，记官爵、姓名；流外，记年齿、状貌。非迁解不
除"。唐朝门关检核制度的核心内容还有：

　　　　天下关二十六，有上、中、下之差。度者，本司给过所；
　　出塞逾月者，给行牒；猎手所过，给长籍，三月一易。蕃客
　　往来，阅其装重，入一关者，余关不讥。

　　又唐朝境内"凡关二十有六，京四面有驿道者为上关，无驿
道者为中关，余为下关"。各关分别置有关令与关丞等职，职责
是："掌禁末游，察奸慝。凡行人车马出入，据过所为往来之节。"
《唐六典》将当时设关卡的目的讲得更为透彻："所以限中外，隔
华夷，设险作固，闲邪正暴者也。"根据《唐六典》的记载，唐代
所置二十六处关隘分别为：

　　　　上关六：京兆府蓝田关、华州潼关、同州蒲津关、岐州
　　散关、陇州大震关、原州陇山关；
　　　　中关一十三：京兆府子午、路谷、库谷，同州龙门，会

州会宁，原州木峡，石州孟门，岚州合河，雅州邛崃关，彭
州蚕崖，安西铁门，兴州兴城、谓津关；

　　下关七：凉州甘泉、百牢，河州凤林，利州石门，延州
永和，绵州松岭，龙州涪水。

　　就地理分布格局而言，这二十六个重要关口构成了唐代关塞
格局的核心骨架，实行最严格的关梁管理制度，其中关隘最集中
的区域还是关中（即京畿道或关内道南部）。如六个上关均在京畿
道，十三个中关中也有六个在关内道，下关中也有一个在关内道，
数量正好占总数的一半。众关拱卫关中的格局非常明显（见
图 2-3）。不难看出，就这些关隘的地理分布而言，关内道是关隘
最集中的区域，也就是说，京城所在之地即关中地区，也是唐朝
关隘防御体系拱卫的核心。

表 2-3　唐代重要关口简表

关隘等级	关隘名称	所在府州	治所今地	所属道名
上关	蓝田关	京兆府	陕西西安市	京畿道、关内道
	潼关	华州	陕西华县	京畿道、关内道
	蒲津关	同州	陕西大荔	京畿道、关内道
	散关	岐州	陕西凤翔	京畿道、关内道
	大震关	陇州	陕西陇县	京畿道、关内道
	陇山关	原州	宁夏固原市	京畿道、关内道
中关	子午关	京兆府	陕西西安市	京畿道、关内道
	骆谷关	京兆府	陕西西安市	京畿道、关内道
	库谷关	京兆府	陕西西安市	京畿道、关内道
	龙门关	同州	陕西大荔	京畿道、关内道
	会宁关	会州	甘肃靖远	京畿道、关内道

（续表）

关隘等级	关隘名称	所在府州	治所今地	所属道名
中关	木硖关	原州	宁夏固原市	京畿道、关内道
	孟门关	石州	山西吕梁离石区	河东道
	合河关	岚州	山西岚县北	河东道
	邛崃关	雅州	四川雅安市	剑南道
	蚕崖关	彭州	四川彭州市	剑南道
	铁门关	安西都护府	新疆库车	陇右道
	兴城关	兴州	陕西略阳	山南西道
	渭津关	兴州	陕西略阳	山南西道
下关	甘泉关	凉州	甘肃武威市	陇右道
	百牢关	凉州	甘肃武威市	陇右道
	凤林关	河州	甘肃临夏市	陇右道
	石门关	利州	四川广元市	山南西道
	永和关	延州	陕西延安市	京畿道、关内道
	松岭关	绵州	四川绵阳市东	剑南道
	涪水关	龙州	四川江油市	剑南道

第二部分是致力于构建全国性的关隘网络，盛唐时期可以说是全国性关隘体系全面建设并初具规模的时期。唐朝依据山川形势，将天下分为十道及十五道，这是唐代政区规划中的一个创举，也开创了中国地方政区沿革"道路时代"之先河。宋代学者王应麟根据新、旧《唐书·地理志》，曾对唐代关隘体系进行了细致的考订，清晰地勾勒出当时关隘体系的全貌。他指出："今考《（新唐书）地理志》，凡十道，有关一百四十三。"其中关内有 31 处、河南 15 处、河东 33 处、河北 24 处、山南 5 处、陇右 6 处、淮南 12 处、剑南 12 处、岭南 4 处。参照《新唐书·地理志》，其地理分布状况详见表 2-4。

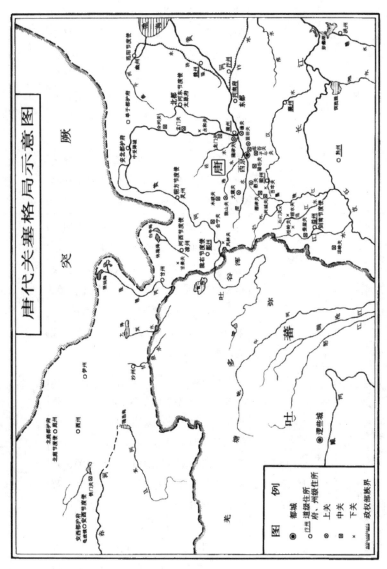

图2-2 唐代关塞格局示意图

表 2-4 关塞地理分布

区域名称	区域界限	关塞名称	数量
关内	潼关以西，秦岭以北	京兆府蓝田关（故峣关）、库谷关、大横关、华州潼关、渭津关，同州龙门关，商州武关，凤翔府大散关、骆谷关、陇州安戎关（故大震关）、安夷关，原州水峡关、石门关、驿藏关、制胜关、石峡关、木靖关、瓦亭关，渭州六盘关，武州萧关（陇山关），宁州定安故关，丹州乌仁关，延州合岭关、芦子关，会州会宁关、乌兰关，绥州魏平关，胜州榆林关、河滨关，丰州中受降城关，单于大都护府云伽关	31
河南	黄河以南、淮河以北，包括今河南与山东二省之地	河南府河阳故关、轩辕故关、陆浑故关、伊阙故关、高门关、松阳故关、鹈鹕故关、大谷故关，汝州鲁山故关，陕州大阳故关（故茅津关）、古函谷关、湆津关、虢州潼关、大谷关、凤陵关、朱阳关，郓州碻磝津故关、齐州鹿角故关、濮州灵津关、沂州穆陵关	15 (20)
河东	太行山以西、黄河中游以东	河中府风陵关、蒲津关、龙门关；晋州府城关，绛州武平故关、太平关；隰州马斗关、永和关，太原府白马故关、井陉故关、盘石故关、苇泽故关、赤塘关、天门关；汾州阴地关、长宁关；沁州柴店关，岚州之楼烦关、合河关、蔚汾关；宪州雁门关，石州孟门关，忻州石岭关，代州东陉关、西陉关、石门关；云州牛皮关，蔚州孔岭关（另有直谷关），潞州井谷故关、壶口故关、昂车关；泽州天井关（又名太行关）、长平关	33 (34)

（续表）

区域名称	区域界限	关塞名称	数量
河兆（应为北）	太行山以东、黄河以北	孟州河阳关、虎牢关、成皋故关、旋门故关、故轵关，怀州大斛故关，博州四口故关，卫州故延津关、故临清关、黎阳关（白马津），澶州卢津关（高陵津），镇州白马关、故井陉关（土门关），德州张公故关，定州安阳故关、八度故关、倒马故关、委粟故关，幽州纳款关（军都关、居庸故关），平州明坚关、临渝关（临闾关）、大海关，妫州居庸塞、铁门关	24
山南	秦岭以南、长江上游以北	邓州鲁阳关，（又有金州房山关），兴元府之甘宁关、百牢关，利州石门关，兴州兴城关	5（6）
陇右	陇山以西	秦州大震关，河州河蓝（可蓝关）、凤林关，兰州金城关，沙州阳关、玉门关	6
淮南	淮河以南、长江中游以北	庐州故东关，光州木陵故关、定城故关，安州故黄岘关、故武阳关、故百雁关、故平靖关，黄州大活关、白沙关、木陵关、阴山关，申州故平靖关	12
江南	长江中下游以南	虔州横浦关，羁縻庄州桂岭关	2
剑南	剑阁道以南，包括今四川、云南、贵州诸省	彭州静塞关、蚕崖关，汉州鹿头关，嘉州平羌关，嶲州青溪关（清溪关）、泸津关，雅州灵关、鸡栋关、邛崃关，茂州古桃关，绵州松岭关，龙州涪水关	12
岭南四	五岭以南	广州洭浦故关，贺州荔平关，连州故秦湟溪关，容州鬼门关	4
总计			144（151）①

资料来源：《新唐书·地理志》。

---

　　① 经过认真核对，王应麟的统计结果有疏漏之处，表格中括号内文字与数量为笔者核定后的结果。

　　根据笔者的核定,《新唐书·地理志》中记录的关隘数量应为151处,这个数量往往是故关与今关并存合计。就地理分布而言,当时天下关隘数量最集中的区域是河东道,其次是关内道。两道关隘合计达65个,几乎占全国关隘总数的一半。这其实也是唐朝军事防御体系的主要特征。关内道有上京长安,河东道有北京晋阳,而河东道增置关隘的原因在很大程度上也是为了拱卫关中。如据严耕望先生考证,关内道与河东道以河为界,河上竟有九关之置,这九关分别是榆林关、河滨关、合河关、孟门关、永和关、马门关、乌仁关、龙门关、蒲津关。① 但是,令人费解的是,唐代江南道地区幅员广大,却仅有二关之设。就地理形势而言,当时江南道地区可设关之处不计其数,看来,关隘的设置,既要服从于全国整体建设的需要,还要得到中央朝廷及天下士人的确认,各种主客观因素都会产生不可忽视的影响。

　　笔者认为,推动关塞建设最重要的动力之一,是唐朝地理认知与交通建设事业的非凡成就。可以说,唐代是中外交通事业大发展、大飞跃的时期,同时也是关塞建设实现巨大突破的时期。如《新唐书·地理志》结尾部分引述著名学者王忠嗣、贾耽等人的研究成果,对当时中外交通路线进行了简要的介绍:"其入四夷之路与关戍走集最要者七:一曰营州入安东道,二曰登州海行入高丽渤海道,三曰夏州塞外通大同云中道,四曰中受降城入回鹘道,五曰安西入西域道,六曰安南通天竺道,七曰广州通海夷道。"相比之下,今天保留下来的《太白阴经》的相关论述更具体、更简明。

　　唐人李筌所著《太白阴经》是一部重要的军事著作,该书完成于唐乾元二年(759),其中特列《关塞四夷篇》,对于唐代关塞格局以及与周边民族、国家的交通状况进行了相当精当的论列,代表了当时唐代关塞与交通发展的认知水平,史料价值相当高,故特转引如下。

―――――――――――

　　① 参见《唐代交通图考》第一卷《篇拾　关内河东间河上诸关津及其东西交通线》,上海古籍出版社2007年版,第289—313页。

经曰：关塞者，地之要害也，设险守固，所以乖蛮隔夷，内诸夏而外夷狄，尊衣冠礼乐之国，卑毡裘毳服之长。是以荒、要、侯、甸，从此别矣。

关内道：自京西（应为西京）出塞门镇，经朔方节度，去西京一千三百五十里，去东京二千里，五原塞表，匈奴之故地，以浑邪部落为皋兰都督府，斛律部落为高关州，浑卜焦部为浚稽州，鲁丽塞下置六胡州，党项十四（州）——拓拔、舍利、仆固、野刹、桑乾、节子等部落，牧其原野。

黄河北道：安北旧去西京五千二百里，东京六千六百里，今移在永清，去西京二千七百里，东京三千四百里。大漠以北，回纥部落为瀚海都督府，多览部落为燕然督都府，思结部落为卢山都督府，同罗、拔曳古部落为幽陵都督府，同罗部落为龟林都督府，匐利羽为稽（应为鸡）田州，奚结部落为鸡鹿州。道历阴山、羊那山、龙门山、牛头山、铁勒山、北庭山、真檀山、木剌山、诸真山，涉黑沙，道入十姓部落故居地。

河东道：自京西（应为西京）东出蒲津关，经太原，抵河东节度，去西京二千七十五里，去东京一千六百四十五里，关榆林，塞北以颉利左渠地置定襄都督府，管（阙字）等六州；以右渠地置云中都督府，管阿史那等五州。道历三川口，入三山母谷，道通室韦、大落泊，东入奚，西入默啜故地。

陇右道：自西京出大镇关，经陇西节度，去西京一千四百里，去东京一千二百七十五里。南出关，党项杂羌置据（应为崌）、丛、麟、可等四十州，分隶缘边等诸州，西距吐番（蕃），去西京一万二千里，北去凤林关，渡黄河，西南入郁标、柳谷、彰豪、清海、大非海、乌海、小非海、星海、泊悦海、万海、白海、鱼海，入吐番（蕃）。

河西道：自京西（应为西京）西北出萧关、金城关，自河西节度，去西京二千一十里，去东京二千八百一十一里。（疑阙字）北海，抵日亭海、弥娥山、独洛河，道入九姓、十箭、三屈故居地。

北庭道：自北京西北出，经河西节度，出玉门关，涉河关、菖蒲海，东出高昌故地，置西州。以突厥处密部落为瑶池都督府，以杂种故胡处部为庭州，为北庭都护。去西京一千七百五十六里，去东京六千八百七十六里，北抵播塞、厥海、长海、关海、曲地，以突结骨部落置坚昆都督府，管拘勃都督府，为烛龙州，北抵瀚海，去西京二万余里。

安西道：自西京出，涉交河，出铁门关，至安西节度，去西京八千五十里，去东京八千八百五十里，路入疏勒、鄢耆、碎叶、于阗、黑海、雪海、大宛、月支、康居、大夏、奄蔡、黎轩、条支、乌孙等国。

剑南道：自东京西南出大散关，经甘亭关、百牢关，越剑门关、松岭关，至剑南节度。去西京二千三百七十里，去东京三千二百一十六里，出蚕涯关，过筰道。杂羌六十四州分列山谷，路入吐蕃，南出邛棘，开通越巂，渡泸河、云南关，西南徼外杂蛮置冉、蒙、弄、览六十州，路入甘河、夜郎、滇池、身毒、五天竺国，去西京三万五千里。

范阳道：自西京出潼关，至范阳节度。去西京二千五百二十里，去东京一千六百八十六里，北去居庸关、卢龙塞、塞外东胡故地。以契丹蕃长置饶察（应为乐）都督府，回纥五部落分为五州，以白霅部落为居延州，黑霅部落为寘颜州，北至乌罗浑，去西京一万五千里。

平卢道：自西京经范阳节度，东至榆林关，至平卢节度。去西京三千七百里，东京三千里，抵安东，渡辽水，路接奚、契丹、室韦、勃（渤）海、靺鞨、高丽、黑水。

岭南道：自西京南出蓝田关，涉汉江，越大庾岭，经南海节度，去西京五千六百里，去东京四千二百七十里，路入铜柱、林邑、九真、日南、高真腊、铜勒、交趾等国。

河南道：自西京出潼关，经东莱节度，去西京二千七百六十里，去东京一千八百五十三里，东涉沧海，距熊津都督府、北济国，又东抵鸡林都督府、新罗国，又东南经利磨国，属罗涉海，达倭国，一名日本，其海行，不计里数。①

笔者以为，《太白阴经》的这段记载具有相当突出的代表性，对于我们了解唐代关塞格局演变与交通发展的关系具有重要的参考价值。首先，上述文献所列共计十二道，即关内道、黄河北道、河东道、陇右道、河西道、北庭道、安西道、剑南道、范阳道、平卢道、岭南道、河南道。虽然名称多有重合，但《太白阴经》所谓的"道"，并非作为唐代监察区的"道"，即所谓"贞观十道"与"开元十五道"，都是重大交通干线的代称。其次，每条交通干线都是由三京（即西京长安、北京太原、东京洛阳）出发，由此可知，"三京"在全国交通网络中的核心位置。此外，从这些交通干线的空间跨度来看，从起点到终点，长达数万里之遥，充分展现出唐代在中外交通史中取得的宏伟成就。最后，我们可以看到，几乎每条交通干线都始自关口，每条道线之上也大都置有关口，关口也由此成为交通路线的节点与路标。交通建设与关隘建置之间既相互制约又相辅相成的特点也有突出的反映。

结　语

通过对先秦至唐代关塞格局构建过程的探讨，我们关于中国古代关塞格局建设与演变问题可以得出以下几点认识。

第一，中国历史上的关塞体系自出现之日起，就不完全依附于自然地理构造，自然地理构造无法满足封建王朝军事与内部治安的需要，因此，关塞并不是自然地理的简单附着物。正如任何关城都是人工筑造的一样，无论是王朝境内的城关还是边境线上的关塞，都主要出于人力的创造以及对自然地理形势的利用。如

---

① 《中国兵书集成》第2册，解放军出版社与辽沈书社出版社联合出版1988年版，第508—513页。

长城作为中国古代最重要与最宏大的军事防御工程，也是一个人工制造的关塞工程。

第二，关塞体系的现实功能主要体现在两个方面，即对外的防御功能与对内的治安功能。在不同时代，关塞体系建设主要取决于其功能是否适应当时的政治与军事需要，适用所谓的"用进废退"原则。秦汉时期与东汉时期相比，长城的功用与兴废便是一个典型。整体性的关塞格局，与政治的关系是相当密切的。在天下分裂之时，关塞的战略及军事功能便会受到特别的重视；而在长期和平的环境中，具有军事功能的关塞往往会被淡忘乃至废弃。

第三，就其本义而言，关塞建置与交通发展，是一对矛盾体。关塞建设与交通体系建设往往同步进行，从某种程度上讲，古代关塞建设是作为交通系统的必要管理约束方式而出现的，对于封建王朝的交通体系建设而言，其目绝非简单的畅通无阻。在这种状况下，关塞体系便成为控制天下吏民以及维护王朝内部安全的层层网络。

第四，自然地貌特征是客观存在的，且可以维持长时期的稳定。然而，历史时期交通的拓展与关塞建置却在逐步推进，可以说，关塞建置的推进与新的关塞格局的形成不会单纯局限于对已知自然地理特征的利用，而是更依赖人们对于更大范围的地理区域、自然地理状况的认知。

第三章　明代士人的疆域观
——以章潢《图书编》为主要依据

引言　一个传统知识分子的视角

所谓"疆域观"，其内涵是相当广泛而复杂的。通常而言，"疆域观"不仅指人们对于当时国家整体或局部的疆域建设与疆域变迁状况的认知、理解及评价，也包括对于疆域维护及未来发展趋势提出的应对之策。古文献中的"疆域"的内涵，与今天专指国家疆域情形的"疆域"有所不同，往往既指一个政权与王朝的疆界及国土范围，也泛指任何区域的外在界限之内的辖域范围。疆域观不仅存在时代性的差异，而且就一个时代而言，也存在群体性或阶层性的差异，但在总体上呈现更多的共性，而其核心应该是官方对于当时疆域范围的权威认定，即研究者所称的"国家疆域观"。①

一个时代疆域观的形成，是一个相当复杂的过程。明代是中国疆域发展史上一个重要时期，故而其疆域认知问题具有极高的

---

① 据笔者检索，迄今为止关于明代疆域观问题的研究成果主要有：栾凡：《明朝治理边疆思想的时代特征》，《学习与探索》2006 年第 3 期；韩蕾蕾：《明代陆地边疆治边方略的论争研究》，西南大学硕士论文，2008 年；陆韧：《明朝的国家疆域观以及明初在西南边疆的实践》，《云南师范大学学报》(哲学社会科学版)2010 年第 5 期；等等。

研究价值。其重要性表现在以下几点：其一，这一时期关于疆域问题的冲突与矛盾极为突出，复杂性与艰巨性在中国历史上也是较为罕见的；其二，明代在疆域建设与维护方面取得的成就也不可低估；其三，尽管明代的疆域规模与今天中国的疆域现状有着较大差异，但对于当时疆域观的研究依然有着较强的现实借鉴意义；其四，一个时代的疆域观念与疆域建设存在着积极的互动关系，因此，我们如果不了解一个时代疆域建设状况，就不可能了解其疆域观念形成的缘由，反之，如果不了解一个时代疆域观念的真正内涵，也就无法全面认知疆域建设的时代特征与局限性；其五，一个时代的疆域观不可能是孤立的，而与国防观、民族观密切联系，彼此影响。总体而言，疆域观不仅有历史变迁的印记，更多是现实疆域关切的写照。

明代留存至今的文献资料浩繁，为今人的研究提供了良好而充实的条件。其中章潢[①]所辑《图书编》是明代一部具有代表性的重要历史地理学著作，全书共 127 卷，其中第 29—67 卷为"地道"类，涉及丰富的疆域变迁内容，其学术价值早已为学术界所公认。[②] 正如评论者所云："《图书编》引据古今，详赅本末，虽儒生之见，持论或涉迂拘，然采摭繁富，条理分明。浩博之中，取其精粹；于博物之资，经世之用，亦未尝无百一之裨焉。"[③] 本章节主要通过分析章潢《图书编》的核心观点，参照其他明代士人的著作、文章，对明代士人的疆域观及其相关问题的认知状况进行初步的梳理与研讨。

---

① 章潢，字本清，南昌（今江西南昌市）人，生于嘉靖六年（1527），卒于万历三十六年（1608）。其学识渊博，在诸多领域均有建树，具有很强的代表性，在明代学术界有较大影响，"构洗堂于东湖，聚徒讲学，聘主白鹿洞书院"，被称为"江右四君子"之一。参见明黄宗羲撰：《明儒学案》卷二四《征君章本清先生潢》（清文渊阁四库全书本）与《明史》卷二八三《儒林传》（中华书局 1997 年版）。

② 参见辛德勇撰：《章潢》，谭其骧主编：《历代地理学家评传》（三），山东教育出版社 1993 年版。

③ 参见《钦定四库全书总目》卷一三六，清文渊阁四库全书本。

明代士人疆域观之评析

　　明代士人疆域观的形成与变化，与明朝疆域变迁的历程直接相关。有明一代，在疆域的建设与维护方面作出了巨大的努力。疆域的冲突与争夺，是明王朝政治极为重要的组成部分。疆域问题或疆域危机贯穿明朝始终。与此相呼应，明代士人的疆域观也呈现了一些值得关注的特点。

　　首先，明朝士人的边境及疆域意识已相当强烈，为形成较为全面而稳定的疆域认知观念奠定了基础。其表现之一便是，在当时文献中关于"疆域""疆理""疆土""疆界""疆场""边疆""边境""边界""边务"等相关问题的奏疏与讨论文章相当繁多，表明当时士大夫阶层对这些问题的敏感与思虑。如白圭在《覆万翼安边疏》中指出："故事：边境封界之外，军民不得擅出耕牧。"① 这说明明朝承继了以往的做法，同样建立了相当严格的边境管理制度。又如陆粲在《处置边防疏（筑边墙）》中强调："臣闻设险守国，经世之要务；有备无患，保邦之远图。古之有国家者，未始不以城郭、沟池为固，其在边疆所系尤重，不可一日缺焉者也。"② 又如丘濬在《守边议》中指出："……至于固封疆，备边境，完要塞，谨关梁，塞徯径，则专为边境言焉。然边境之中，亦其城郭，而其城郭也，则有门闾焉，门闾之或启或闭，则有键闭管钥以司之。故既坏其城郭之阙簿，使之坚而厚，而又戒其门禁之出入，于键闭管钥也，则又修而理之，慎而守之，所以防内之出而外之入也。"③ 章潢则对明朝疆域的构成特征有着更为宏观的认知与把握。

　　　　概而论之，地理疆域其可以弗究乎？……吾以是益知九　　边要害。譬大家门户，利在关防。设使大门不严而守仪门，

---

　　① 《明经世文编》卷四二《白恭敏奏疏》，明崇祯平露堂刻本。
　　② 《明经世文编》卷二八九《陆贞山集疏》。
　　③ 《明经世文编》卷七三《丘文庄公全集》。

角门不固而守房门，可使暴客不入吾院宇及吾房舍乎？今宣府、大同，国朝大门也；辽东、延、夏、甘、凉，角门也；山海、居庸、紫荆、雁门之类，仪门也。缓大门而急仪门，不可以言计；无故而退守，不可以言武；纵大门失守，独责仪门，不可以言法。深谋远虑者，可不加之意哉？①

笔者以为，这种宏阔而精致的疆域地理观念是值得高度重视的。这种观念立足于全面而准确地了解边疆地区自然地理特征与战略地位。章潢本人精于"形势论"，这一特点在其疆域观中也显露无遗。

其次，就整体而言，我们看到，在相当长的时间里，明代不少士人对于明朝疆域建设的成就充满了自豪感，虽然其中不乏天朝大国歌功颂德、自我夸饰的色彩与成分，但是，总体而言，各位士人的论述，不可能是纯粹的"空穴来风""无根之谈"，明朝边政建设的成就需要肯定。明朝前期，朱元璋、朱棣等皇帝关注国防，花大力气构建了相当严密的、全国一体的疆域防御体系，这种努力与成果受到了明朝士人们的高度评价。因此，在很多明朝士人的论列中，边防防御体系，即国防观，是与疆域观关系最为密切的、谈论最多的内容。明代的边防体系，可以概括为：北有九边诸镇，南有万里海防。如章潢在《天下各镇各边总说》中较全面地勾勒了当时天下国防体系的地理结构。

我高皇帝克定前元，统一寰宇，经邦画野，设官分职，居中制外，小大相维，奚啻众星拱北辰哉？！即于辽东、宣府、大同、延绥，建立四镇，后于蓟州、甘肃、宁夏，分布三镇。列圣相承，又以山西巡抚统三关，陕西巡抚统固原，共为九边。然又合蓟、辽，合宣、大，合宁、固、庄、肃，为三大总督。沿边屯聚兵马，修筑墙堡，设立烽堠，所以防北边者，亦何备哉！他如云南、两广、南赣、郧阳，各设督

---

① 《图书编》卷三二，清文渊阁四库全书本。

府。两直隶十三省，各设都司；万全、东昌等处，各设行都司。或于各郡邑、险隘所在，各设卫所，并设兵备以统辖之。要皆因其地方要害、轻重。故屯兵多寡，以抗其吭而抚其背耳。若夫沿海自琼州以达辽东，又各设卫所，以扼其岛屿，所以备南倭也。近于浙直，亦建督府以总海防。惟淮扬总府虽专司河漕，而岁集运军数万，亦以豫为临清、江淮之防焉。此其建置，扼险据要，棋布星列，如臂指相使，枝干相承，可谓极周密矣！①

又如在疆域面积方面，明朝也取得了令人瞩目的成就。周叙在《复仇疏》中所云："堂堂天朝，疆域万里，兵甲数百万。"②

在一些明朝士人看来，在西南及西北等部分边疆地区，明朝疆域范围甚至远胜汉、唐两朝，如云："我太祖抚有滇南、贵州诸夷，施亦服属，既我成祖复郡县，其地任土作贡，服徭役与诸甸服同，其大一统之盛，远过三代，何汉、唐足云乎？"③ 这也是符合历史事实的。又如马文升在《为预防边患以保重地事疏》中指出："甘、凉地方，诚为西北之重地也，汉、唐之末，终不能守，而赵宋全未能得。至我朝复入职方，设立都司，屯聚重兵。故我太宗文皇帝深谋远虑，首命内臣总兵，以镇守其地，边境晏然，无事干戈。"④ 章潢对于朱元璋与朱棣两位皇帝在边疆开拓上取得的成就推崇备至。

> 我太祖诞膺宝命，振天维而总坤络。既奠基江左，表率万方，一六合而光宅，乃经营四方。东北起辽海，西尽张掖，以要会为镇，咸建强宗。东南命东瓯，环海置戌；西南委黔宁，永绥滇服。东收朝鲜，为守礼之藩。盖开济维新，而万叶之鸿谟大定，兼乎保业矣。成祖法天枢以定鼎，揽天下之

---

① 《图书编》卷四三《天下各镇各边总说》，清文渊阁四库全书本。
② 《明经世文编》卷二五《周学士奏疏》，明崇祯平露堂刻本。
③ 《图书编》卷四八《贵州夷总论》，清文渊阁四库全书本。
④ 《明经世文编》卷六三《马端肃公奏疏》，明崇祯平露堂刻本。

吭而摭其背，亲御六飞，三犂边庭，至视斗杓而还，于挞伐
不靖，时联络诸塞，势如控御，靡不顺从。封哈密以控诸番，
定交趾，复汉唐故壤，西南建官府，以慰抚称者。牙错而居，
使臣航海，重译而款三十六国。盖纂绍重光而堂构之，固特
劳兼乎创造矣。皇朝舆图之广，际天匝地，书文通被，几将
日所出入，神农所称，禹迹所被，曷以侈兹?!①

再次，较之前朝，明代疆域维护与国防形势的任务更为艰巨，
其过程可谓艰苦卓绝，士人阶层对疆域安危充满了忧患意识。就
具体方位而言，明朝的边防形势可谓四面受敌，疆域安全受到全
方位威胁。北有蒙古，南有交趾，东有倭寇，西有哈密与吐鲁番。
因此，明朝士人的疆域观始终与疆域安全相联系，始终与边防建
设相联系。如商辂在《边务疏》中指出："方今急务，守边为上，
守关次之。若徒守京城，此为下策，何也? 若边方失守，则关隘
紧急；关隘失守，则腹里人民望风流移，人心摇动，变故百端。
纵有京师军马，强寇在远，亦何所施……"② 在这里，我们看到
了明代国防体制的基本格局，即存在边方—关隘—腹里三个层级，
边疆地区自然是首当其冲。又如大明王朝诞生于与蒙元政权的争
夺及对抗之中，这种争夺与对抗，最终演变为南北疆域的争夺与
抗衡。为此，明朝建设了宏大的边境防御工程——"九边"。即便
如此，塞外蒙古骑兵的频繁侵袭，依然是明朝边防最大的威胁。
章潢对于北疆安危十分担忧："或有问于论者曰：'今天下之患何
居?'论曰：'北边最可忧，余无患焉。'曰：'何以为可忧也?'
曰：'我太祖皇帝迅扫之后，百余年来，生聚既蕃，侵噬渐近。开
平、兴和、东胜、河套之地，皆为所据。额森和硕之后，益轻中
国，恃其长技，往往深入。风雨飘忽，动辄数万。我军御之不过，
依险结营，以防冲突，仅能不乱，即为万全，视彼驱掠，莫敢谁
何……'"③ 可见，塞外蒙古骑兵势不可挡的兵威，给中原士人

① 《图书编》卷三四《古今方舆总论》，清文渊阁四库全书本。
② 《商文毅疏稿》，清文渊阁四库全书本。
③ 《图书编》卷四三《九边总论》，清文渊阁四库全书本。

留下了相当深刻的印象。

而杨一清在《一为乞留方面贤能官员共济时艰事》一文中特别强调陕西在明代边防体系中的重要地位："照得陕西地方，乃边境之枢衡，中原之锁钥。北有河套之敌，警报无时；西有回贼之寇，奸谋罔测……"① 又如"照得陕西八府所属州县，皆地临边境，烽火兵戈之虞，沙塞苦寒之惨，故选斯地者多不乐为，见任官员多复求去，其勉强在任，勤敏可托者，十无二三；庸猥不堪者，十常八九，势使然也。"② 明代的陕西（即陕西布政使司及陕西行都司）地域广大，包括了今陕西、甘肃、宁夏等地，边防任务极其繁重。关于西北地区的疆域维护问题，章潢曾经特别强调河套地区的重要价值，并对此进行了分析。

> 洪武之初，西北边防重镇，曰宣府，曰大同，曰甘肃，曰辽东，曰大宁。永乐初，革去大宁，惟存四镇。宁夏守镇，肇于永乐之初；榆林控制，始于正统之世。其余花马池等堡，皆是边境多事之秋创置者也。方今处置，固已严密，但所谓黄河套者，尚若阙焉。何也？前代所以废弃之者，以其边城之防守在内，而其地在外故也。今日吾之守镇，顾有在河套之外者，秋高马肥，风寒河冻。彼或长驱而入，屯结其中，以为内地之扰。幸其素无深谋，忽往忽来，有获即去，似若无足为意者。然患贵乎先防……③

章潢的眼光是相当锐利的，蒙古部落占据河套后，对西北边防形成了非常严重的威胁。"（蒙古部落）掳中国人为乡导，抄掠延绥无虚时，而边事以棘。"④

根据不同的外来威胁，明代士人对于不同方位边疆的重要性的评估与认识存在明显的差异。例如南北相较，明人认为北疆防

---

① 《关中奏议》卷一二，清文渊阁四库全书本。
② 《关中奏议》卷一七《一为举用边方官员事》。
③ 《图书编》卷四三《边防考》，清文渊阁四库全书本。
④ 《明史》卷三二七《鞑靼传》，中华书局 1997 年版。

守重于南疆，但南疆防守更急于北疆，"今天下言防御之略者，北固重而尤必急于南也"①。这种评估显示出明代对于疆域问题认知的复杂性。可以说，南北边疆都非常重要，难分伯仲。明朝首都北京位于北方，距离长城边塞较近，因此，这种区位特点决定了北方边塞之重要地位。"我朝之都燕也，盖与古不同，稍北于周、汉，而大胜于东汉、赵宋矣。"② 从军事防御的角度看，北京坐北朝南，控驭南面腹地，九边则为京师的后防，其重要性不言而喻。"京师天下根本，论天下形胜，当推本京师……虽宣、大、蓟、辽、保定，俱为近辅，宣、大最急，尚为外蔽，而蓟镇独处京师之背，其关系不尤重乎？"③ 更加值得注意的是，明人对于西北陆疆的防御十分重视，但是，对于东部海疆则是较为中庸平和的态度，对于来自滨海邻国的祸患，重视程度严重不足。如朱元璋指出："朕以诸小蛮夷阻越山海，不侵中国，无烦用兵，惟西北最强，世为中国患，不可不谨备，卿等记此言知朕意。"④ 朱元璋又曾在诏书中借用隋炀帝征伐琉球的例子来告诫群臣："古人言：地广非久安之计，民劳乃易变之源。隋炀帝妄兴师旅，征讨琉球，荼毒生民，徒慕虚名，反疲中土，载诸史册为后世讥。"⑤ 应该说，这些言论，对于明代士人疆域观的形成具有十分直接的影响。

最后，明代的疆域维护与外来威胁具有明显的时段性差异，我们可以看到，明朝在不同时期有不同的外来威胁，疆域争端也存在着十分明显的时空差异。而前朝疆域维护中的失误及失败，为后代学者们每每提及，并引发深刻反思，故而对于疆域政策与疆域认知的影响十分突出。章潢曾经相当沉痛地总结道：

> 又国家边防之制，西起甘肃以跨宁延，连亘宣大，东尽辽海。而又于甘肃之西，封哈密以制西域；大同之西，表东

① 《图书编》卷四九《广东总镇图叙》，清文渊阁四库全书本。
② 《图书编》卷四三《边防形胜》。
③ 《图书编》卷四四《蓟州总叙》。
④ 《图书编》卷五〇《制御四夷典故》。
⑤ 《图书编》卷五〇《制御四夷典故》。

胜以控河套；辽阳之西，辟大宁以遏山戎。国初之规画备矣。
自乌梁海以义从而割大宁，则畿辅之屏蔽始撤。东胜以广漠
失备，而北门之锁钥始疏。哈密以土番侵据，西域之藩篱始
剖。暨乎大同之大边既失，而内边之内弃为王庭，则门庭之
寇深矣。西番之求援甚切，而边方之臣置而不应，则肘腋之
患生矣。此其失也，失地险也。①

东胜（今内蒙古托克托县）、大宁（今内蒙古宁城县西）、哈
密（今新疆哈密县）均是明代早期具有标志性的边境要地，此三
地之丧失，大大削弱了明朝对河套、东北及西北边地的防御能力，
可谓明朝疆域防御过程中的重大失误。

明代南方疆域的争夺聚焦于交趾问题。明朝初年，今天的越
南境内存在两个国家：北部为安南，中部为占城。起初，安南与
占城均与明朝保持着遣使朝贡的关系，而为了得到明朝的支持，
即位的安南国王经常请求明王朝的册封。但是，随着国力增强，
安南一方面与明朝广西土司发生领地冲突；另一方面又试图攻灭
占城国，于是明朝与安南的关系陷入了僵持的阶段。永乐年间，
明朝军队大举南征安南，一度将安南纳入明朝疆域之内，并设置
郡县。但是，安南境内反叛力量并没有因此停息，而是乱象丛生，
明朝又数次派出军队镇压，因此矛盾愈发复杂尖锐。自宣德初年，
明朝撤回了官员与守军，安南恢复独立建国，但是，明朝与安南
之间的冲突与矛盾却没有因此平息。基于这种复杂的历史变迁过
程，明朝士人对于安南的态度也显得复杂且矛盾。章潢在《图书
编》中重点引述了丘濬的观点，沉痛地指出：

　　呜呼，自秦并百郡，交趾之地已与南海、广东、桂林同
入中国。汉武立岭南九郡，而九真、日南、交趾与焉。在唐
中叶，江南之人仕中国，显者犹少，而爱州人姜公辅已仕中
朝，为学士宰相，与中州之人相颉颃矣。奈何世亘五代，为

①　《图书编》卷四三《北部欸塞制御由我议》，清文渊阁四库全书本。

土豪所据，宋兴不能讨之，遂使兹地沦于要荒之域，而为侏
儺蓝缕之俗，一何不幸哉！①

然而，章潢又不得不承认现实。

> 莫氏之于安南，亦由是也。其得民深矣，其自卫固矣。
> 征之则失春秋"详内略外"之体，因而与之，又非天王"正
> 名定分"之心。……吾故曰：征之，不若弃绝之为得策也。②

可见，章潢十分清楚交趾曾经归属中原王朝的历史，但是，
他更清醒地意识到，莫氏政权深得民心，已成为安南国难以撼动
的主宰力量，在这种情况下，擅起兵端，兴兵征伐，必然没有什
么好的结果。

明代士人疆域观形成的历史地理背景

一个时代疆域观念的形成，是一个相当复杂而客观的过程，
不仅受历史文化经验的影响，而且也受这个时期与疆域发展相关
的地缘政治关系、人文及自然地理环境的影响。综而观之，影响
明代士人疆域观的主要因素有以下几个方面。

历史疆域认知之传承

中国具有悠久的史学传统，崇尚祖先，"以古为尚"。章潢明
确强调历代王朝疆域的承袭关系。"天下舆地，古今一也。其在古
也，诸侯之封土不一；其在今也，畿省之郡县不齐。"③ 同时，历
史时期强盛王朝的疆域规模，往往成为后世人们评价所处王朝成

---

① 《图书编》卷五一《安南总论》，清文渊阁四库全书本。
② 《图书编》卷五一《安南总论》。
③ 《图书编》卷三四《舆地总论》。

就的主要依据与标尺之一。明朝士大夫也习惯于将本朝疆域规模
与前朝相比较，如丘濬在《边防议·复河套》中指出：

> 自昔守边者，皆袭前代之旧，汉因秦，唐因隋，其边城、
> 营堡往往皆仍故迹。惟我朝守边则无所因袭，而创为之制焉。
> 盖自唐天宝以后，河朔以北，多为方镇所有。其朝廷所自御
> 者，突厥、吐蕃、南诏而已。五代以来，石晋以燕云赂契丹，
> 而河西尽属拓跋氏，宋人以内地为边境。金、元以夷乱夏，
> 无有所谓边者。我圣祖得天下于中国，盖当夷狄极衰之际，
> 遍于西北边城，立为藩府，统重兵，据要害。然皆在近边，
> 而未尝远戍境外，如汉、唐之世也。①

这种评价是相当公允的。章潢也曾指出："学士大夫尝言我朝
疆域，过于宋，敌于唐，不及于汉。盖以朔方、大宁、交趾，及
开平、兴和、玄菟、乐浪、炖（敦）煌不足故也。"② 可以说，这
种比较的观点在明朝知识界中具有很强的代表性。

又如明人力主收复河套。一方面是出于历史继承的观念。河套
自古就地处"夷夏"分界之地，明代前期曾占据其地。"夫河套自三
代以迄于今，中国所守以界夷夏，又我圣祖之所留也，一统故疆，
三边沃壤，其理宜复。"③ 另一方面，河套地区在明朝北方防御系统
中的地位十分重要。"若距榆林以为边，则河套永弃，边患何时而息
乎？"④ 因此，对于失去河套地区，明人普遍感到极为痛心，难以接
受。章潢曾郑重提出"复河套议"，强调河套之地是"祖宗之疆
理"⑤，并反复呼吁："唐张仁愿犹能筑三受降城于北，以绝敌南寇
路，而我朝不能因河为固，以守河南，而使敌得入据以游牧，以为

---

① 《明经世文编》卷七三《丘文庄公全集》，清文渊阁四库全书本。
② 《图书编》卷三四《皇明舆图四极》，清文渊阁四库全书本。
③ 《图书编》卷四六《曾总督复河套疏》。
④ 《图书编》卷四六《曾总督复河套疏》。
⑤ 《图书编》卷四六《复河套议》。

关陕无穷之害，我朝将有愧前代矣。"① 显然，历史责任感，事实上成为明代士人考量边疆问题时不能忽视的驱动因素之一。

明朝中后期，西方地理学思想的输入，对于中国士人世界观与地理观的影响是不可忽视的。西方中世纪地理学传入中国，要归功于利玛窦等早期来华耶稣会传教士。例如利玛窦于1582年进入中国内地，那时，章潢已55岁，利玛窦于1610年去世，而此时，章潢去世仅两年。可以说，章潢与利玛窦、熊三拔、邓玉函等耶稣会传教士是同时代之人，这些传教士均有天文、地理等著作行世。我们不难发现，章潢已在很大程度上接受了西方地理学的一些主要观点。如"地球说"，《图书编》中有"地球图说"，绘制有《舆地山海全图》与《舆地图》，上面明确标示出"赤道""北极""南极"等地理名词。他还解释道："地与海本圆形，而同为一球，居天球之中。诚如鸡子黄在青内，有谓地为方者，乃语其定而不移之性，非语其形体也。"② 从这个意义上讲，章潢可谓传统时期最早的一批初步具有"全球视野"的中国士人。但遗憾的是，因为传统思想的深刻影响，以及对当时中国之外的世界整体地理认知的匮乏，章潢依然习惯以先秦时期形成的所谓"四海"的观念来统论周边形势，固执地以"夷"来称呼中国境内非汉民族及境外民族，绘有《四海华夷总图》，并说："……今日地势，东南已极于海，至矣，尽矣！惟西与北尚未底于海耳！然视之前代，奄甸已弘，彼大荒绝漠之险，地气既恶，人性复犷，非复人居之处，其有与无，固不足为重轻也。"③ 固守传统"夷夏"观，可以说，章潢这种滞后的民族观、地理观在很大程度上影响并决定了他的疆域观。

"慎战谨备"与"祥和博爱"之主导思想

明朝开国皇帝朱元璋很早就边疆问题立下训示，即"祖训"，

---

① 《图书编》卷四六《河套事宜》,清文渊阁四库全书本。
② 《图书编》卷二九《地球图说》。
③ 《图书编》卷三四《皇明舆图四极》。

旨在告诫后世子孙不可轻易以开疆拓土为由而发起战争，以"无故兴兵"为不祥，这种思想在明朝士人中影响深远。章潢的《图书编》便将"皇明祖训"列在了"制御四夷典故"之首。

> 皇明祖训曰：四方诸夷，皆限山隔海，僻在一隅，得其地不足以供赋，得其民不足以供役。若其自不揣量，来扰我边，则彼为不祥。彼既不为中土患，而我兴兵轻伐，亦不祥。吾恐后世子孙，以中国富强，贪一时战功，无故兴兵，致伤人命，慎勿为也。但诸部在西北边境，互相密迩，累世战争，必选将练兵，时谨备之。①

"皇明祖训"虽然以王朝自身利益作为考量的主要依据之一，但是，其中包含了爱惜百姓生命、倡导和平的积极内容，为后世朝野士大夫所普遍接受。如丘濬在《大学衍义补》中指出："窃惟今日疆域，远过有宋，并于唐，而不及汉者，以失岭外此三郡（即九真、日南、交趾）也！幸而得之，而又失之，似若可惜，然守祖宗之训，而不愆不忘，此继述之大孝、守成之大体也。所可惜者，一方之民重不幸耳！"②又如王家屏在《答蔡龙旸年丈·田州疆土》一文中提出："拓疆易，守疆难，守疆而无后患尤难。"③类似认识相当深刻，在明朝士人中具有普遍意义。

章潢本人则更是将博爱思想贯彻于其疆域观中，表达出较为强烈的反战思想。

> 至于后世之君，或雠疾而欲殄灭之；或爱悦而欲招徕之。是二者皆非也。何则？彼虽夷狄，亦犹中国之民也，趋利避害，欲生恶死，岂有异于人乎？王者于天地之间，无不养也。鸟兽草木，犹当爱之，况人类而欲残之乎？残之，固不可，况不能胜而残其民乎？仁人之所不为也。为之者，秦始皇是

---

① 《图书编》卷五〇《制御四夷典故》，清文渊阁四库全书本。
② 转引自《天下郡国利病书》第2811册，四部丛刊本。
③ 《明经世文编》卷三九三《王文端公文集》，明崇祯平露堂刻本。

也。山川之所限，风气之所移，言语不通，嗜欲不同，得其地不可居，得其民不可使，列为州县，是崇虚名而受实弊也。且得之既以为功，则失之必以为耻。其失不在于己，必在于子孙。故有征讨之劳，馈饷之烦，民不堪命，而继之以亡，隋炀帝是也。且中国地非不广也，民非不众也，曷若自治，修其礼乐刑政以惠养吾民，使男有余粟，女有余布，兵革不试，以致太平，不亦帝王之盛美乎？①

章潢之分析与总结，以倡导博爱、维护和平为主旨，是对"皇明祖训"更为全面的解读与发展，这是相当难能可贵的。

现实疆域建设之困境

古人与今人所处环境毕竟存在巨大的差异，所谓"此一时也，彼一时也"。即使在一个王朝的不同时期，自身国力的强弱、敌对势力的消长，都会对疆域的维护与发展造成难以预料的影响，因此，承认现实的困难与无奈，往往成为后代人们的最终选择。如除安南问题外，西北地区的边防问题也十分棘手，令章潢颇感无奈。

夫古称河西之盛，控制羌胡。今按方舆，什得五六耳……国初置内属番夷，为罕都、察逊、安定、鄂端等卫，北连哈密，南隔诸羌，河首盐池，大称藩翰。自正德四年，额布勒以获罪酋长逃遁而西，乞地内附。我仓卒无以为应，遂溃边，掠内地，入西海，破安定等卫，诸番散亡，因据其地，南牧之渐，此实厉阶。当时经略诸臣，如彭泽、金献民、杨一清、王宪、王琼、赵载、唐龙等，为剿为抚，不遗余画，然竟不得其要领……②

---

① 《图书编》卷五〇《东夷总论》，清文渊阁四库全书本。
② 《图书编》卷四七《西事画余》。

一时之失策，竟造成日后难以回转的困境，难怪乎章潢会反复提及河套问题，难以释怀。

空间距离、地理环境及交通状况之阻碍

疆域的开拓与维护，并非只是不同政治势力角力与博弈的简单结果，其过程实际上受空间距离、自然地理环境以及交通状况等客观因素的直接影响。在社会生产力与政治空间控制力相对脆弱的古代，这种影响会显得更为突出。政治建设中的空间距离，主要是指边疆与政治中心区之间的距离。所谓"天高皇帝远"，正是指这种影响因素。当时最典型的区域莫过于云贵、两广及交趾地区等，例如云南。

> 若滇则孤悬万里，恃中国以为声援，其地辽阔广远，实东则西虚，南顾则北单，不患无地，而患无人以守。外有窥伺之虞，而内有负固之渐。如秦之函谷，蜀之剑门，一夫当关，万夫莫开。非如中州之四通五达，一号召之间，士马云集，无仰哺待救之难也。[1]

自然环境之恶劣，有时对人们的生存与生活造成了极严重的影响，这种恶劣的自然环境让当时的人们畏难而退，进而导致疆域建设出现空白之地。其影响是直接的，这在岭南地区表现得相当突出。"夫两广，极南地也。故其气候常多暑少寒。少寒故霜雪不降，多暑故瘴毒间作。梧以西则渐甚。盖由山势局促，层峦迭嶂，茂林深箐，居人如坐甑中。热郁薰蒸，故瘴疟作焉。炎荒之地，大抵然也。"[2] 不得不承认，这种困境是客观的，并非主观意愿所能轻易改变。

考虑到恶劣的自然环境与残酷的战争创伤，章潢对于明代在

[1]　《图书编》卷四二《入滇之路》，清文渊阁四库全书本。
[2]　《图书编》卷四九《两广总图》。

南方民族地区所进行的军事征伐行动表达了强烈反对。

> 今日湖南、广右、云贵，其山箐之瘴疠，苗僚之情状，
> 省民之受害，实与汉时无异也。明主在上，以天地为量，以
> 宇宙为境，遇有远人梗化，则如（刘）晏言，以方寸之印，
> 丈二之组，镇抚方外，不劳一卒，不烦一戟，而威德并行，
> 以一使之任，代千万之师，毋使中国之民，惧蝮蛇猛兽之毒，
> 染呕泄霍乱之病，亲老涕泣，孤子啼号，迎尸千里之外，弃
> 骨无人之境，如晏所虑者，非独远夷之幸，实中国之幸也！[1]

章潢以民为本、爱惜百姓的观点，自然无可厚非。但是，我们看到，明朝在南方地区的一些军事征伐行动也并非全部是好大喜功所致，不少边地事件具有非常复杂的社会历史背景及广泛影响，显然不如汉朝大臣陆贾安抚南越的典故那般轻易平定。

结　语

疆域认知与疆域观不仅是传统时代地理认知发展的一部分，也是王朝政治思想体系的重要组成部分。事实上，前朝学者的认知与观点，成为"崇古"倾向的中国士人最主要的观念渊源。这在疆域观问题上表现得十分突出。在章潢所编撰的《图书编》中，历史的回溯与历史地理的探讨内容占据相当大的比重。章潢的观点并不完全是他个人的"创造"，同样是参考及总结了其他前辈或同辈学者的意见，如丘濬等人的论述对章潢的影响就很大。当然，深厚的历史积淀，也为后世学者的选择提供了较大空间。虽然难以避免"书生论政"与"事后诸葛亮"的不足与偏颇，但明朝士人的论著依然是我们了解那个时代边疆政治与地理思想发展的重要依据。疆域观与国防观一体，为明代士人边疆史地思想的一大

---

[1] 《图书编》卷三四《百粤总论》，清文渊阁四库全书本。

特点。明朝所建立的庞大的边防体系，对于明朝的疆域维护居功至伟，而这种边防建设，对于增强普通士人的边防意识与疆域观念具有十分直接的影响。

　　一个时代的社会存在与社会意识，实为十分积极的互动关系。社会理念源自社会现实，不会空穴来风，而社会理念形成之后又会直接影响现实行动。社会理念相对滞后的问题，在明朝士人疆域观中也得到了证明。以章潢所论为例，尽管已有西方地理学知识的传入，但其疆域观并没有出现跨越性的飞跃，可以说，疆域观作为社会理念的一部分，在社会总体世界观与民族观没有发生根本性转变之前，其疆域观的调整与改进是相当有限的。一方面，明朝士人对于边疆地区通常缺乏实地调查，始终难以摆脱传统"夷夏"民族观的消极影响；另一方面，由于生产力水平及交通条件的限制，明朝士人对于边远地区采取较为漠视或可有可无的态度，非常显著地表现出时代的局限性。

　　"疆以世殊，名以时易。"① 中国历史时期的疆域问题，不仅是一种客观地域上的划界分疆的问题，而且可以被视为一种民族文化表征与地理认知进展。中国历代王朝疆域之变迁极为复杂，与之相关的文化心态、地理环境的认知等问题同样极为曲折复杂。"前事不忘，后事之师。"分析与研究传统时代的疆域观念与疆域思想，对于今天疆域理论与思想的形成及完善也是至关重要的。历代疆域观，与当时的国防建设、边疆地区的认知与管理以及疆域维护系统直接相关，理应成为当代疆域研究、边疆研究以及国防教育的宝贵借鉴。

---

① 《图书编》卷三四《舆地总论》,清文渊阁四库全书本。

第四章 "长时段"研究理论与中国历史
民族地理格局及演变趋势之解析

引言 年鉴学派的启示

法国年鉴学派所倡导的"长时段"研究理念,核心内容便是地理环境与社会结构之间的内在关联。这对于中国历史民族地理研究具有极大的参考价值与启示意义。

历史时期中国民族地理格局的形成与演变,在很大程度上受中国地理环境的多样性及内在关联性的影响。历史时期中国民族的空间发展,也由此经历了"格局形成"到"格局演化",再到"新格局形成"的曲折过程。频繁的民族迁徙,最终成为决定民族地理格局调整与演变的最重要的推动力。

年鉴学派理论的核心

"长时段"研究理论,是当代法国年鉴学派领军人物布罗代尔等人所倡导的重要学术主张,也被称为 20 世纪法国"新史学"思想之基石。该理论主张,按照某一指标将历史演变过程划分为不同的阶段,并作为历史学家着手研究的基本切入点,选取的参照指标通常有年代、王朝、社会性质等等。布罗代尔指出："历史学是时段的辩证法。通过时段，也因为有了时段，历史学才能研究社会，研究社会整体。"① 布罗代尔试图通过"长时段"理论来与传统历史学进行一种切割，树立自己的学术特征与取向。"传统历史学关心的是短时段、个人与事件。"② 针对历史学所运用的时间性质，布罗代尔提出了"时间三分法"，分别为"地理时间""社会时间"与"个人时间"，与之相对应的则为长时段、中时段与短时段。在布罗代尔看来，不同时段的研究价值是不同的。"短时段是所有时段中最变化莫测、最具欺骗性的。"③ 他强调"长时段"，正是为了超越"短时段"研究的狭隘与局限，进而大大拓展历史学研究的视野与水平。

> 其目的在于高瞻长瞩，更好地评估它们（指历史事件），而不至于完全身陷其中。从短时段转向较长的时段，然后转向深远的视域（只要它存在，它肯定是智者的时段——原注），这时就可以重新思考一切，重新建构周围的一切。历史学家怎么会不被这种前景所吸引！④

"地理（空间）作用—结构变化"正是"长时段"研究理论所提出的最根本的研究路径。"长时段"着眼于相对稳定的社会结构，换言之，长时段的历史，即"结构"演变的历史。"长时段是无穷尽、无止境的结构和结构组合的历史。"⑤ 布罗代尔提出的"长时段"理论，并非空穴来风，或有意的标新立异，而是相当广泛地汲取了社会学与人类学等相关学科的理论精髓。"这种时段并非事件与年代这一传统组合中的时段，而是能够制约永恒结构的

---

① ［法］费尔南·布罗代尔：《论历史》，刘北成等译，北京大学出版社2008年版，第76页。
② 布罗代尔：《论历史》，第29页。
③ 布罗代尔：《论历史》，第31页。
④ 布罗代尔：《论历史》，第52页。
⑤ 布罗代尔：《论历史》，第83页。

长时段。而永恒结构恰恰是人类学家所推崇的。"① 必须指出，布罗代尔等人并不是最早在历史研究中运用"长时段"理论的学者。如马克思主义史学同样倡导历史社会的"长时段"研究，布尔代尔本人对此给予了高度评价："马克思的天才及其影响的持久性的秘密，在于他第一个在历史长时段的基础上构造了真正的社会模式。"② 同样是年鉴学派代表人物之一的勒高夫更是明确指出："马克思主义是一种长时段理论。在很多方面（如带着问题去研究历史、跨学科研究、长时段和整体观察方面），马克思是新史学的大师之一。马克思和马克思主义的历史分期学说（奴隶社会、封建社会、资本主义社会）虽在形式上不为新史学所接受，但它仍是一个长时段理论。"③

然而，与以往"长时段"理论有较大差异的是，布罗代尔提出的"长时段"研究理论，特别强调地理环境等因素对于历史演变的影响，这也是其"地理历史学"思想的核心概念之一。对地理（环境）影响及历史结构研究高度重视，是年鉴学派学术思想的一大亮点及特征之一。而布罗代尔则将这种思想特征推向了极致。"要理解长时段，最简单的方法就是联想到地理的制约。"④所谓"长时段"，也就是地理时间之谓。研究者一针见血地指出："在费尔南·布罗代尔看来，地理是解读社会的工具，是人类赖以生存的根基。因此，他的着眼点主要是空间，而不是时间。"⑤ 因此，空间模式又是布罗代尔所云"结构"中最为重要的一种。"空间模式是社会现实借以形象化的图表，通过它，社会现实至少可以部分地变得清楚了。它们是真正适用于各种不同时间运动（特

---

① ［法］弗朗索瓦·多斯：《碎片化的历史学：从〈年鉴〉至"新史学"》，马胜利译，北京大学出版社 2008 年版，第 102 页。

② ［法］费尔南·布罗代尔：《论历史》，刘北成等译，北京大学出版社 2008 年版，第55 页。

③ ［法］J·勒高夫等主编：《新史学》，姚蒙编译，上海译文出版社 1989 年，第 35页。相关论述参见张正明：《年鉴学派史学范式研究》，黑龙江大学出版社与中央编译出版社 2011 年版。

④ ［法］弗朗索瓦·多斯：《碎片化的历史学：从〈年鉴〉至"新史学"》，马胜利译，北京大学出版社 2008 年版，第 128 页。

⑤ 多斯：《碎片化的历史学：从〈年鉴〉至"新史学"》，第 123 页。

别是长时段——原注）、各种社会范畴的模式。"① 不过，尽管自然地理形态具有相当长久的稳定性，但是，随着时间的推移，任何一种社会格局都会发生变化，而不会是一成不变的。就目前的研究成果而言，"长时段"研究理论对于社会格局之演变或跨越时段的问题提及较少，"地理时间"变成了静止不变的时间，这成了这一研究理论的薄弱之处。

年鉴学派理论的中国实践

"他山之石，可以攻玉。"学习与借鉴西方理论，是为了更好地引导及促进我们的研究实践。笔者以为，运用"长时段"研究理论来重新审视中国历史地理研究，是大有裨益的。在中国漫长的历史演变过程中，民族地理格局应该是影响最为深远的基本社会结构之一，而民族地理格局是一种空间结构，与中国自然地理（空间）形态有着更为直接的联系及影响。当然，在谈到中国民族发展与地理环境问题时，必须清晰地了解中国民族发展与中国疆域之间的密切依存关系。著名历史地理学家谭其骧先生在《历史上的中国和中国历代疆域》中指出：

> 我们既不能以古人的"中国"为历史上的中国，也不能拿今天的中国范围来限定我们历史上的中国范围。我们应该采用整个历史时期，整个几千年来历史发展所自然形成的中国为历史上的中国。我们认为 18 世纪中叶以后，1840 年以前的中国范围是我们几千年来历史发展所自然形成的中国，这就是我们历史上的中国。②

---

① ［法］费尔南·布罗代尔：《论历史》，刘北成等译，北京大学出版社 2008 年版，第 56 页。

② 见谭其骧：《长水集》（续编），人民出版社 1994 年版，第 4 页。

　　短短几句话，却包含了相当精辟而深刻的理念，即中国民族的发展与历史时期中国疆域的形成具有不可阻挡的内在必然性。这种理念也是今天我们论述历史时期中国民族发展与疆域建设问题的基石。

　　深刻认清中国疆域即民族生存空间的地理环境状况，对于理解历史时期中国民族与国家的发展过程是不可或缺的。中国广袤的国土，地表形态复杂，从塞北茫茫大漠到岭南暑热之地，从天高云淡的青藏高原到河网密布的江南水乡，区域性结构以及区域间差异十分突出。然而，还必须看到，中国境内各个所谓的"自然区域"又非"铁板一块"，彼此之间又存在着相互联系与沟通的可能性与现实性，这也就构成了民族地理格局形成以及演变的地理基础。关于这一点，著名学者张其昀的长篇论文《中华民族之地理分布》与美国学者拉铁摩尔的著作《中国的亚洲内陆边疆》都有相当详尽的阐述。① 然而，历史时期，中国境内民族地理分布格局的形成及演变问题还需要更多的关注。

　　越是原始的时代，越是受到自然地理环境的影响或限制，而这种地理环境的制约与限制又在很大程度上决定了中国各族先民的原始文化形态。如果从最早的人类祖先（如元谋人）出现于中国境内算起，在上百万年的历史长河之中，真正有文献记载的时段也只有数千年的历史。可以说，蒙昧蛮荒时期仍是人类历史上最为漫长的一个时段。先秦时代无疑是中国境内各民族的初步形成时期。当时，幅员辽阔的中华大地上生活着众多民族，族群交错分布的态势显露无遗。限于原始的生产生活水平，部族及政权规模较小，然而数量繁多，于是便有了研究者们所称的"万邦并立"的状态。② 黄河中下游地区及黄土高原地带，是华夏（汉）族发源及最早繁盛的区域。创立夏、商、周上古三代的夏人、商人与周人来源各异，但最终汇聚于以黄河中游河道为标志界限的

_____

　　① 前者连载于《地理学报》1935 年第 2 卷第 1 期和第 2 期，后者中文版由唐晓峰译，江苏人民出版社 2005 年版。
　　② 参见安介生：《中国古史的"万邦时代"——兼论先秦时期国家与民族发展的渊源与地理格局》，《复旦学报》（哲学社会版）2003 年第 3 期。

"三河"地区，而"三河"地区便是古文献中所谓的狭义"中国"最初的地域范围。在所谓的狭义"中国"之外，非华夏族占据着更为广大的地域空间。当时的学者按照不同的方位，归纳出"北狄""东夷""西戎""南蛮"等不同族群的分布状况，这也就构成了所谓的"华夷"五方格局理念。这一种族群地理观念的出现，虽然不能准确表达当时族群分布的真实状况，但可以说是民族发展状况的空间化阐释。[①]

随着时间的推移，以"戎""夷""蛮""狄"命名的非华夏族势力的逐渐崛起，对华夏族集团的生存构成了相当严重的威胁，周平王东迁，可以说是这种族群较量的结果。而自东周（即春秋战国时期）开始，以秦国与楚国为代表的非华夏族国家的兴起之势锐不可挡，在地理方位上则代表着西部及南部民族的发展与壮大，由此最终塑造了民族地理的新格局，出现了秦朝一统天下的新时代。秦朝的统一，在历史时期中国民族发展与疆域建设中具有里程碑式的地位，标志着战国分裂分治格局的结束，不仅凝聚成全新的"华夏（汉）族"，也构造出更广大的"中国"地域规模。

秦朝疆域建设的成就是巨大的，不仅突破了所谓"华夷"五方格局的藩篱，奠定了新的民族地理格局，而且极具说服力地展示了中国实现"大一统"理想的宏大前景与可能性。从秦汉时代开始，以位于北方农牧交错带的"长城"为分界标志的区域界线，成为民族地理格局中最重要的分界线之一，"北有匈奴，南有大汉"成为当时民族地理格局中的最重要特征之一，塞北游牧民族区与中原汉族农耕区成为中国境内最具影响的两大民族区域。疆域拓展的过程，也是对边疆地区与边疆民族的认知过程。秦汉时期疆域的拓展与民族地理格局的重构，表现在多个地理方位，表现为对于多种自然地理阻碍的突破。如张骞出使西域，突破玉门关，开通了中原地区与西域地区的交通往来，为日后中原王朝在西域地区设置管理机构创造了条件。秦汉时代疆域建设的最伟大

---

① 参见安介生：《"华夷"五方格局论之历史渊源与蜕变》，《历史教学问题》2000年第4期。

成就之一，是在岭南地区的拓展与开发，南越、东越、闽越诸政权的消亡，促使南岭以南的越民地区与中原汉族地区合为一体。位于巴、蜀两郡以西、以南的"西南夷"地区（即今云贵高原地区）归服中原王朝，也是秦汉时期疆域建设的重大突破。时至西汉中期以后，中国境内由几大民族区板块构造的地理格局逐渐清晰起来。除汉族聚居区外，非汉民族区域主要有：分布于大漠南北的匈奴分布区，分布于东北的东胡民族区，位于西南地区的"西南夷"民族地区、南越地区以及西域地区等。

东汉以及三国时期，实为民族地理结构发生重大改变及过渡的时段。塞外南、北匈奴的分裂以及南匈奴部众的南迁，在事实上突破了长城一线的阻隔，成为当时改变民族地理格局的最主要的推动力之一。与此同时，西部氐族、羌族势力的崛起，以及向关中地区的内迁，在很大程度上改变了西部民族地区的构成状况。另外，生活于东北地区的乌桓、鲜卑也大批归附中原王朝，成为"附塞"或"保塞"民族，从而为日后的进一步内迁作了准备。还必须指出的是，东汉及三国时期发生的民族间的战争与冲突，不但没有阻遏边塞民族的内迁步伐，而且在很大程度上起到了促进作用，最明显的事例便是大批非汉族的民众在战事结束之后被强遣内迁。

两晋南北朝时期同样是中国历史上民族大变动与大融合的时代。在这一时期形成了两个具有突出代表性的但又有明显差异的民族分布版图。第一个分布版图出现于西晋及十六国时期，当时主要民族区域有：（一）以并州地区为核心的匈奴聚居区；（二）覆盖河北、山东及辽东地区的慕容鲜卑区与雁北拓跋鲜卑区；（三）聚集于西部关陇地区的西北氐羌区；（五）由"西南夷"区演变而来的西南僰族与爨族分布区；等等。第二个分布版图出现于南北朝对峙时期，在当时有重要影响的非汉民族区域有：（一）塞外柔然与高车分布区；（二）以并州西部为核心的稽胡分布区；（三）以白马国为核心的氐人分布区；（四）西北及西域民族区；（五）西南地区蛮僚族分布区；等等。边塞民族向中原地区的大规模内迁，不仅直接影响汉族中央政权的统治，也为民族政权的建立创造了客观条件，于是形成了所谓的"五胡十六国"状况。而在这一时期，内迁的塞外民族政治建设最重要的成就，莫过于拓跋鲜卑所创立的北魏政权。

整体而言，不同民族的迁移运动是彼此影响的，难以割裂。塞外民族的内迁，不可避免地引发中原汉民的迁移运动。而汉族中原王朝的衰弱以及政治中心的南迁，促使原本生活于中原地区的汉族民众开始大批向南方地区迁移。汉民南迁，不但为长江以南地区的开发注入了巨大动力，进而对南方汉族政权的稳固也起到了重要的保障作用。因此，不能将魏晋南北朝时期简单视为"大分裂""大动荡"或"大崩坏"时期，因为在一定程度上这也是民族地理格局大调整与南北经济新的大开发时期。

隋唐五代时期，强盛的统一中央王朝，为中国境内民族地理格局的重塑提供了契机。如在强盛的中央王朝的感召下，边塞民族在盛唐之际形成了难以阻挡的内附热潮，而"羁縻府州"制度的全面实施，标示着用统一行政区形态管理不同民族区域创举的形成。总体而言，当时中国境内的众多民族发展势头强劲，奠定了新的民族分布格局，如当时主要的非汉民族区域有：北方大漠民族区（包括突厥、回纥、铁勒等族分布区）、西域民族区（包括吐蕃地区）、南方及西南民族区（包括南诏地区）、东北民族区（包括渤海地区）等。其中，西部吐蕃民族政权的强大，成为影响民族历史演变的关键性因素之一。时至中唐以后，西部吐蕃地区的崛起甚至影响到民族地理格局的整体构造特征，强盛的吐蕃政权与大唐王朝互不相让，形成了"东有大唐，西有吐蕃"的东西对峙政治局面。

在唐朝及五代后期，契丹与党项族的崛起与内迁，成为促成民族地理格局演变的重要力量。与其将辽、宋、西夏、金时期视为一个"分裂"时期，倒不如将其视为民族政治地理格局重新调整的新阶段来的准确。这些政权强盛之时，往往占据了幅员辽阔的疆土，或南北分立，或鼎足而三。不难发现，这种政治地理格局的形成，与当时各主要民族人口规模及分布有着密切甚至是根本性的联系。如辽、金、西夏等政权都是由较纯粹的民族政权转化而来，都有其作为基本统治力量的核心民族或主导民族。但必须指出，具有明显民族特征的几大重要政权，内部民族构成复杂，在严格意义上绝非纯粹的民族政权。

在历史时期的中国疆域范围内，第一次全面性的大统一，是由蒙古民族来主导完成的。创立元朝的蒙古民族在疆域建设上的成就可谓是空前绝后的。《元史·地理志》在回顾元代政治建设成就时指出："盖岭北、辽阳，与甘肃、四川、云南、湖广之边，唐所谓羁縻之州，往往在是，今皆赋役之，比于内地；而高丽守东藩，执臣礼惟谨，亦古所未见。"也就是说，元朝的疆域建设成就，远远超过了唐朝，这段话虽然有夸大之处，然而，在辽、金、宋、西夏等各个政权长期的对峙分裂之后，元朝能够取得前所未有的统一局面，是极为难能可贵的，特别是以往汉族民众视为"绝域"的岭北、辽阳等地与中原地区合为一体，这无疑是中国民族关系史与疆域变迁史上的一次伟大飞跃。元朝"大一统"局面的出现，充分显示了突破中国境内任何地理阻碍的可能性与现实性。但遗憾的是，元朝国祚不长，时至明朝，由多个军事防御重镇（时称"九边"）构建的北边分界线，重新塑造出南北民族对峙的格局，也充分证明了地理因素对民族地理格局影响的内在性与持久性。

清朝在中国疆域之内完成了前所未有的政治统一局面，在中国疆域建设及民族发展史上占有极为重要的地位。总体而言，清朝境内的主要民族区域有：（一）以满族为主体的东北民族区（东三省）；（二）以蒙古族为主体的大漠南北区（内、外蒙古区）；（三）以回族及维吾尔族等为主体的西北民族区（甘肃、新疆）；（四）以藏族及蒙古族为主体的青藏高原区（青海、西藏）；（五）南方土司民族区（湖广、云、贵、川及广西）；（六）海岛民族区（台湾岛与海南岛）等。然而，可以看到，民族地理格局在有清一代处于不断的调整与重新塑造的进程中，其中变化最明显的区域当属边疆民族区域，长城南北实现真正意义上的政治一体化，为民族融合与发展创造了千载难逢的机遇。

清朝建立以后，大批原来居留于东北地区的满族军士及眷属进入关内地区，与此同时，边疆地区地广人稀的局面与内地高密度的人口状况形成了鲜明的对比，来自内地的汉族民众开始涌向塞外地区从事农耕及商贸活动，最终形成了声势浩大的"闯关东"与"走西口"移民热潮，并成为改变长城南北民族分布格局最重要的力量。

结　语

总之，广袤的国土为中华民族提供了共同生活、长久繁衍的地理空间。不同的地域环境孕育出多姿多彩的民族文化特征。出于微观地理环境的独特性与共通性，一些民族区能够在数百年内保持相对的稳定，如西部藏族及"藏彝走廊"地区，岭南苗族、瑶族、壮族地区等。而与此同时，一些民族地区却发生了频繁的变化，最突出的区域便是塞外大漠南北地区，匈奴、鲜卑、高车、柔然、突厥、回纥、蒙古等民族都曾建立起影响巨大的游牧民族政权。我们看到，在漫长的历史演变中，或者说，在超越"长时段"的更为长久的历史过程中，地理结构终究无法阻挡社会发展与社会冲突的"暗潮涌动"，地理上的壁垒与阻隔无法遏止民族发展与求存的脚步。以发展和图存为主要目的的民族迁徙运动，在实际上构成了中国民族发展历史的重要内容之一。而与此相呼应，历史时期中国民族的空间发展，也由此经历了"格局形成"到"格局演化"，再到"新格局形成"的曲折过程。频繁的民族迁徙最终成为决定民族地理格局的调整与演变的最重要的推动力。[①]而就其大趋势而言，从"万邦"归于一统，由"多元"融汇为一体，可谓历史时期中国民族发展与疆域建设历程的最好提炼与总结，进而也预示着中国民族与国家发展的美好未来。[②]

---

① 参见安介生：《民族大迁徙》，江苏人民出版社 2011 年版。

② 笔者认为：费孝通先生提出的"多元一体"理论，同样是将"长时段"理论运用于中国民族史研究的成功范例，"多元一体"代表着一种典型的结构性变化。费先生在论述中同样强调了地理环境的重要影响。参见费孝通：《中华民族的多元一体格局》，《北京大学学报》(哲学社会科学版)1989 年第 4 期。

　　不可否认，"长时段"研究理论可以深化我们对中国历史民族地理格局及演变的理解与认知；反过来，中国民族地理格局的复杂演变过程，也可以为"长时段"研究理论的丰富及发展提供更为充实的材料与佐证。这种尝试对于中国历史地理学学科建设的意义与价值是不可低估的。

第五章 一代学者的养成与规模
——写于《张穆全集》出版之际[①]

引言 一个学者与一个时代

《张穆全集》是迄今为止编校者所收集到的清代著名学者张穆在历史地理及学术史方面著作的一个汇总与集成，其中包括《蒙古游牧记》《魏延昌地形志》《月斋文集》《月斋诗集》《顾炎武年谱》《阎若璩年谱》等多部著述。这些著述虽然大多已经以单行本的形式整理出版，但是，由于散落各处，不便查阅，故而编校者认为有必要进行整理集中出版。这不仅利于对张穆学术成就进行深入、系统研究，也便于读者系统学习及使用。

著名学者张穆是清代学术界的杰出代表，其著作及成就不仅是清代学术界的重大成就，也为中国古代学术发展作出了卓越贡献，在中国学术史上占有十分重要的位置。自清代中叶以来，很多研究者对张穆的学术成就与贡献都给予了高度评价，其中《蒙古游牧记》《魏延昌地形志》等堪称清代历史地理与边疆史地研究

① 《张穆全集》由著名学者张正明先生与笔者共同主编，全书分四册，第一册《蒙古游牧记》，第二册《魏延昌地形志》存稿辑校》，第三册《月斋文集》《月斋诗集》，第四册《顾亭林先生年谱》《阎潜丘先生年谱》《附先伯石州公年谱》，李嘎、罗凯、胡哲等参加编校。《张穆全集》的整理工作得到国家古籍整理出版专项经费资助，由三晋出版社（原山西古籍出版社）于 2019 年出版。

的巅峰之作，为其后诸多史地研究者及文献典籍的编撰者提供了
参考，也启发了众多学者。编校者认为，张穆的著述固然是中国
传统学术宝库中的珍贵财富，而更重要的贡献在于，他天资聪颖、
领悟能力强且勤于学习、善于学习，很好地研究并汲取了中国古
代学术史，特别是乾嘉以来清代学者们实事求是、事必有证的研
究理念与学术方法，又甘于协助他人，善于团队合作，且能独立
思考，勇于创新，敢于突破固有藩篱，将前人科学的理念与方法
积极运用于自己的治学活动之中，共同开辟了新的研究领域，这也
是他取得卓越成就的根本所在。因此，研究《张穆全集》，可以总结
其历史地理方面的学术成就，让我们更好地梳理与研究其学术发展
历程，学习与领悟其学术理念与方法来源、形成及特征，从而为研
究中国现代学术的发展提供一些珍贵的启示与指引。

儒 学 世 家

张穆，字诵风，又字石州（或署为石舟、硕洲），谱名瀛暹，
字蓬仙，又别署季泄、季翘、惺吾、月斋等，清代山西平定州
（治今山西平定县）人。张穆故居在今山西阳泉市义井镇大阳泉
村，为市级文保单位。根据《石州年谱》的记载，张氏家族原本
是一个普通的官宦家庭，兼有耕读传统。其祖上自明代开始出任
过一些地方官职，然不甚显耀。但是，至其先祖张佩芳与其父张
敦颐时，家族地位与风尚有了很大的改观。

张穆著有《先大父泗州府君事辑》一文，即为其祖父张佩芳
生平事迹之概要。① 张佩芳，字荪圃，号卜山。初名公路，生于
雍正十年（1732）。其时，张家已迁居平定州之大阳泉村。张佩芳
幼时即有"神童"之名，年十五时进入省城太原的晋阳书院读书，
因成绩优异深得师生器重。乾隆丙子（二十一年，1756）中举人，

---

① 《月斋文集》卷八。笔者按：注释出自《张穆全集》所收各种著述，不再标定版本
与页码，下同。

次年（二十二年，丁丑）中进士。张佩芳先后出任徽州府歙县知县、凤阳府寿州知州、泗州直隶州知州，以及江南乡试同考官、朝议大夫等职。所至之处，他兴学重教，惠政良多，政绩优秀，广受称道。程翼垣曾在《步矩德政颂序》中高度评价张佩芳，如其突出之政绩得到称颂者有八项："其一曰新学官，其二建书院，其三立社仓，其四修邑志，其五惩奸慝，其六禁淫祀，其七折疑狱，其八恤穷民。"① 其名字后被载入《平定州志》之《儒林》《宦绩》二门与《山西通志·乡贤录》。② 可见，此时的张佩芳已不仅仅是一位普通的乡贤或名宦，而是在平定州以及山西历史上富有影响的人物。其墓志又称："乐乡居，不殖生业，惟蓄书数万卷，尤喜读史，以为可以镜得失，观成败。尝语其子曰：'汝辈能读书，吾虽贫，乐已。'临殁，犹谆谆勖以勤学。"③ 可以想见其对张氏家风塑造所付出的努力，勤学也成为日后张氏子孙崇尚的家风。

张佩芳喜于治学，读书精深有得，故而在为官从政之余，颇有著述之志。平生著述数量丰富，巍巍然堪成一代大学者。其著作有《希音堂集》6 卷、《翰苑集注》24 卷、《歙县志》20 卷、《黄县志》2 卷、《平定州志》10 卷、《平定州志考误》1 卷、《公余杂录》1 卷、《义仓考》1 卷、《春秋世系懿行》等。④ 张佩芳卒于乾隆五十八年（1793），就其所处时代而言，张佩芳也可以说是乾嘉时代学者中之佼佼者。

先祖张佩芳对张穆的影响不仅体现在好学家风的养成，还体现在学术理念与治学方法上。如《翰苑集》是唐代名臣陆贽（宣公）的文集，而《翰苑集注》24 卷是张佩芳最重要的著述之一，凝聚了他毕生的心血。张穆曾经指出，就在乾隆二十五年（1760）从外地归里之后，张佩芳即全面开始了《翰苑集》的研究及注释工作。

---

① 《月斋文集》卷八《先大父泗州府君事辑》"乾隆三十二年"下。
② 参见《先伯石州公年谱》(简称《石州年谱》)"嘉庆十年"下。
③ 参见《月斋文集》卷八《先大父泗州府君事辑》"乾隆五十八年"下引。
④ 参见《石州年谱》"嘉庆十年"下引。

　　府君既成进士，归里，即谋为陆宣公《翰苑集》注，至是，读书（平定州城西南）冠山①，遂依文排纂，付诸从学者写之。今草稿之藏于家者，尚十数巨册，丹黄涂乙，灿然可观。②

　　其后又历经八年，《翰苑集注》最终于乾隆三十三年（1768）刊刻完成。张佩芳在《自序》中高度评价陆贽的功业以及《翰苑集》的价值，同时也道出了自己的治学理念与方法。他写道：

　　……（陆贽）既为相，乃益殚所学，区大计，决大疑，以体国之忠为不刊之论。洞察时变，折衷古今。虽当时不能尽用，迫其后皆可见诸施行而有裨于治道，视夫以空文自见者不侔矣。佩自授书，即嗜公集，十余年来不自分其不类，爰据新、旧《唐书》《通典》《通鉴》，考其世，详其时事、其故事、古语，间引他书，第释事而不加义，放（仿）李善注《文选》例也。自汉唐诸儒专门著述，沿至于今，诗赋词章之学、阴阳占候之书皆有注释，称详博矣，然其可传于后而足与古人发明者盖鲜，然则余之为，是其不能无费辞也欤？而又何敢自信哉？③

　　张佩芳之所以崇敬陆贽，钦佩《翰苑集》的巨大价值，正在于其"有裨于治道"，而不是泛泛空论，这一点也反映了张佩芳处世为政与研究学术的出发点与落脚点。在著作方法上，《翰苑集注》则是仿效唐代学者李善注释南朝萧统所辑《文选》的做法，详考其事，且"释事而不加义"，即翔实考证历史事件的来龙去脉，而少加自己的评论与意见。重考证而轻发挥，重实事而轻议论。张氏对自己著作的期许很高，希望不要沦为平庸之作，而能与古人比肩。

---

　　①　在今阳泉市平定县城关镇内，现有冠山森林公园。
　　②　《月斋文集》卷八《先大父泗州府君事辑》"乾隆二十五年"下。
　　③　参见《月斋全集》卷八《先大父泗州府君事辑》"乾隆三十三年"下引。

　　同时代的不少学者对于《翰苑集注》的成就给予了很高的评价。如郑虎文在序文中称："歙侯张君苏圃所注宣公《翰苑集》，征引繁博，考核精密，于唐事尤详焉。"刘大櫆也在序文中称："平定张君苏圃，其生平读书穷极幽远，于古之硕德、名贤、嘉言、美行，无不跂而望之，以为不可及。而所心仪不置则尤在唐之陆相一人。读君之注，恍然如置身有唐之世，亲见陆公，而与之上下其议论。"① 张穆自幼耳濡目染，对于《翰苑集注》的成书过程有着更深切的感受与认识："府君注《翰苑》成，抵歙任，复引其邑之学人汪君肇龙、程君瑶田、汪君梧凤、方君榘参订之，乃登剞劂。"② 可见，《翰苑集注》并非张佩芳个人闭门造车之作，不仅有其学生、亲眷辈之协助，也加入了其他学者的辛劳。当时张佩芳所赴任之歙县（治今安徽黄山市歙县）隶属于徽州府，不仅为"徽商"聚集之地，而且在清代学术史上，"皖派"赫赫有名，徽州府在清代也是著名的学者会集之地。③ 汪肇龙、程瑶田等都是当时享誉全国的著名学者，④ 他们都为《翰苑集注》的研究工作付出过努力，更可见张佩芳在当时学术界的影响力。

　　中国传统学术界以注释为著述之风尚，兴盛于南北朝时期，直至隋唐时期，成为一种备受推崇的著书路径，集大成之作就有郦道元的《水经注》、裴松之的《三国志注》、刘孝标的《世说新语注》以及李善的《文选注》等。这种著述风尚以崇古为号召，以古代经典为宗，对于古代经典中的费解之处详加注释，引征繁富，特见功力，又因所引著述后世往往散佚，故极具史料价值。⑤ 据《石州年谱》记载，张穆对于先祖这部著作进行了较深入的研

---

　　① 参见《月斋全集》卷八《先大父泗州府君事辑》"乾隆三十三年"下引。

　　② 参见《月斋全集》卷八《先大父泗州府君事辑》"乾隆三十三年"下引。

　　③ 陈其泰、李廷勇：《中国学术通史（清代卷）·引言》，张立文主编：《中国学术通史（清代卷）》，人民出版社 2004 年版，第 4 页。

　　④ 汪肇龙，字松麓，歙县人，为著名学者江永之弟子，曾著有《石鼓文考》，为著名的古文字学家与篆刻家。程瑶田，字易田，号让堂，安徽歙县人，他与著名学者戴震共同师事江永，后成"一代通儒"，著述宏富，是徽派代表性学者之一。

　　⑤ 根据现代学者陈垣先生的研究，这种著述风尚应导源于南北朝时期西域佛经的翻译注释工作。参见陈垣：《云冈石窟寺之译经与刘孝标》，《陈垣史学论著选》，上海人民出版社 1981 年版，第 264 页。

究。如《翰苑集注》原稿藏于张宅，张穆自幼即可日夜观摩，领悟其祖的治学之道；如道光四年（1824），张穆年仅 20 岁，"是年，点定《翰苑集注》并修改凡例数条（原注：书存中谭李氏）"①。足见张穆对先祖著作的研究之用心，并对其中不妥之处提出了修订意见。又如他在《先大父泗州府君事辑》一文后讲到：

> 谨案府君有著述垂世，有实政被民，出处本末见于朋友赠言及家藏文稿者，谨排比其略如右，以备国史采择。若无旧文可录，概从阙如，盖不敢以子孙私言阑入一字也。
>
> 道光二十六年六月朔日，孙穆编并识②

根据《石州年谱》记载，从道光四年（1824）"点定《翰苑集注》"，至道光二十六年（1846）编次泗州公《事辑》（即《先大父泗州府君事辑》），再到道光二十七年（1847）"刻泗州公《希音堂集》六卷工竣"，张穆对于先祖著述的整理与研究，可谓终其一生。张穆之处世风骨与为学风范，与其祖父颇多相似之处，可以说，其学术能力与趣味的培育，就根植于祖父著述的长期浸润与系统的整理研究之中。清代学者何秋涛在《张穆墓志》中特别强调："初，泗州（即张佩芳）以文学、循吏名天下，先生绳祖业，尤留心经世务，然淡于进取。"③ "绳祖业"，即指明张穆一生，有心继承先祖张佩芳的事业与功德，以著述为重，且崇尚经世致用。这种至友的"盖棺之论"足以说明，张穆的处世与治学风范的楷模之一就是其祖父张佩芳。

张穆著有《显考晓沂府君暨显妣王宜人李宜人行述》，对其父母的生平事迹进行了回溯。④ 张穆之父张敦颐，初名敦来，字复之，号晓沂，乾隆三十七年（1772）生于合肥县官署，为张佩芳之季子。张敦颐自幼聪慧，记忆力超群，年十四时，默诵《十三

---

① 参见《石州年谱》"道光四年甲申二十岁"下引。
② 参见《月斋文集》卷八。
③ 参见《石州年谱》卷末附《张穆墓志》。
④ 参见《月斋文集》卷五。

经》内容，竟"矢口孰（熟）诵如流水"，大为塾师所赞赏。张敦颐在科举应试之途上颇为顺畅，而家学传统在他身上也有所发扬。"自大父之以终养归也，府君复受学于大父者八年。"① 只是张敦颐从小体质不佳，因过于勤奋读书，导致很早积劳成疾。大病痊愈后，张敦颐奉母命进入京师（今北京），有幸跟从程兰翘、曹顾崖等人继续学习。

> 二先生皆大父（即张佩芳）江南（即任歙县知县时）所得士，而府君之从顾崖先生游者为最久。嗣顾崖先生督学山左，约府君同行，阅卷所刻试牍，率府君笔也。府君数载游学，每腊必归省，春出冬返，岁以为常。②

可见，张佩芳在世（特别为歙县知县）之时，很多学者受到过他的提携与帮助，张敦颐也由此得到恩惠，得到许多师友的帮助。如程昌期，初名昌明，字兰翘，歙县人，嘉庆甲戌（十九年，1814）进士，官至学士。当初，张佩芳出任歙县知县时，对程昌期颇有知遇、养护之恩。③ 程家对其感恩至深，以后，程昌期之子程恩泽在北京同样对张穆呵护有加，情谊深厚。张穆曾经编辑、校订《安玩堂藏稿》④。曹城，字仲宣，号顾崖（固厓），也是歙县人，乾隆辛卯科（1771）进士，曾任翰林院庶吉士、编修、山东学政、内阁学士及礼、兵两部左、右侍郎等职。⑤

年轻时的张敦颐游学在外，视野甚为开阔，也得到很多进学的机会。嘉庆二年（1797），张敦颐得到山西学政莫晋（宝斋）赏

---

① 参见《月斋文集》卷五《例授奉政大夫丞林院编修记名御史显考晓沂府君暨显妣王宜人李宜人行述》。
② 参见《月斋文集》卷五《例授奉政大夫丞林院编修记名御史显考晓沂府君暨显妣王宜人李宜人行述》，又见《月斋文集》卷八《诰授奉政大夫翰林院编修记名御史张君配王宜人李宜人合葬碑铭》。
③ 参见《程兰翘学士〈安玩堂藏稿〉后跋》下注文，参见《石州年谱》"道光十六年"下。
④ 《石州年谱》"道光十六年"下。
⑤ 光绪《重修安徽通志》卷一八七引《歙县志》，清光绪四年刻本。

识，同样进入太原晋阳书院读书。学政莫晋十分赏识他，备加称道："三晋多才，对此皆当頫（同俯）首。"① 其后，还将自己的表妹许配给张敦颐为继室。嘉庆六年（1801），张敦颐中举人。莫晋将其带入京师，并在其府上继续学习。数年学习之后，张敦颐学识精进，才华横溢，深得京都学者们的赏识，由此声誉日隆。嘉庆十一年（1806），张敦颐应太平县（治今山西襄汾县西南）知县顾玉书之聘，主讲太平书院，奖掖后进，嘉惠士林，乡民称道不已。嘉庆十六年（1811），张敦颐高中进士，入选庶吉士，开始了其人生最为显赫的阶段。嘉庆十九年（1814），张敦颐被授职翰林院编修，并担任武英殿纂修《治河方略》馆总纂。嘉庆二十四年（1819），张敦颐受命担任福建乡试正考官，但行经杭州时染疾，不久即卒于浙江建德县，年仅四十七岁。

张佩芳、张敦颐父子两代皆中进士，张佩芳出宰歙县，官至四品，当时在学术界很有声望，而张敦颐虽未得长寿，但做到了"翰林院庶吉士""翰林院编修"这类被天下文人（或学术圈）视为最为荣耀的官职，这种"父子共荣同耀"的情况在整个中国科举史上也是不多见的，而在科举并不发达的山西更是相当罕见。这也确实是张氏家族值得夸耀的殊荣。而这种家庭环境对于张穆的成长、学问特征及性格形成的影响也是极大的。首先，先祖张佩芳已经以"名宦"驰名天下，而父亲张敦颐又做到翰林院编修及主考官之类的高官，由纯粹读书或学术成就而达到令人尊崇的政治地位，这在传统社会是无比光荣的。这种成就是极为难得的，也受到社会各阶层极大的尊重，更是普通读书人最为向往的。这种崇高而纯正的社会地位，自然有利于张家影响的扩大以及其后裔得到学术界师友的援助。张穆后来的诸多师友，也都是其父、祖的故交或亲眷、后裔，即为明证。其次，先祖张佩芳作为一代著作等身的著名学人，可谓乾嘉学派的代表性学者之一，而其喜于提拔后进，在当时已极有声望。其为人与著述不仅是张穆毕生

---

① 参见《月斋文集》卷八《诰授奉政大夫翰林院编修记名御史张君配王宜人李宜人合葬碑铭》。

研究的对象，更是他平生学习与效法的典范；其学术理念与治学方法对张穆的影响更是最为直接的。同时，张佩芳遗泽深远，其交游与赏识的朋友及学生，很多又是当时造诣高深、富有影响的学者，张穆在日后的学习及研究活动中，又与这些学者交游、请教，自然获益匪浅。

早期学习与环境

张穆生于嘉庆十年（1805），年幼接受启蒙教育时并非特别聪颖。张穆所作《祭叔正三兄》一文曾回忆自己年少时学习书法不如其兄，因而受到其父教训的往事。①　十岁（嘉庆十九年，1814）时，由于父亲张敦颐高中进士，并授职编修，张穆遂随其父进入京师（即今北京市）生活。笔者以为，长期在京师的生活对于张穆的个人成长与学术发展极为关键，即如何秋涛所言"旅食京华二十余载"②，也就是说，张穆平生几乎一半以上的时间都在京都（北京）居留，因此可以说，从进入北京生活与学习开始，张穆就不再是僻居山西一隅的乡间读书人，而开始成为一位直接进入京师乃至全国学术界、具有全国性影响乃至世界性视野的学者。

虽然张穆之父张敦颐不幸早逝，但继母李宜人在张穆成长过程中起了重要作用。李氏为清代浙江山阴（治今浙江绍兴市）人，是著名学者莫晋的表妹。张敦颐死后，她携带年幼的张穆等又进入京师生活与学习，而莫晋又是一位影响张穆教育及学术发展的重要人物。莫晋，字锡三，别号宝斋，生于乾隆二十六年（1761），卒于道光六年（1826），享年六十六虚岁。他于乾隆五十九年（1794）考中举人，乾隆六十年（1795）高中进士，始授翰林院编修等职。与张穆的祖辈、父辈生平轨迹相仿，莫晋同样是一位通过科举考试取得重要官职的读书人，只是更接近皇权核心，

①　参见《石州年谱》"嘉庆十五年"下引。
②　参见《月斋文集》之何秋涛《序》。

政治地位更崇高、更稳固。莫晋先后担任过国史馆纂修、山西学政、侍讲学士、侍读学士、太常寺卿、江苏学政、通政使等重要官职，本人也特别受嘉庆皇帝的赏识与重用。"公被仁宗（即嘉庆）眷笃，由翰林不十年擢至三品，三典乡闱，两任学政。"①莫晋也曾应浙江巡抚阮元之聘，担任蕺山书院（在今浙江绍兴市）讲席。可见，莫晋不仅政治地位崇高，而且学殖渊博。张穆在生活与学业上深受其影响，对其极为钦佩。

据《石州年谱》，道光二十四年（1844），张穆著成《故内阁学士前仓场侍郎会稽莫公事略》，实为莫晋生平小传。其中，张穆详述莫晋对于张家的帮助、扶持以及对他个人的影响，感恩戴德之情溢于言表。

　　……（莫晋）两任学政，指舌俱瘁，奇文欣赏，老犹在口。山西所拔贡生，尤极一时之选，硕学、名臣多出其中。先君子（即张穆之父张敦颐）受公知最深，壬戌（嘉庆七年，1802）会试，即馆公家。比入翰林，遭先妣丧，公起，复入都，遂为主婚，以李太夫人之姪归先君子。未几，先君子见背，公迎先继妣（即张穆继母李宜人）于家，（张）穆因得受教于公，所以诲谕奖进之者，有逾子姓。顾惟顽钝，辜公厚望。追念旧恩，痛其有极！②

除对张穆一家的私恩外，莫晋的学术造诣与为学理念对张穆也有重要影响，张穆所言"受教"于莫晋，并非虚言。据《晓沂公行述》记载：嘉庆二十五年（1820）春，"宝斋先生复以书来招，时杨氏妹已及笄，吾母遂并挈入都"③。而《补庵公（即张穆长兄张晋遑）行述》又称：张敦颐去世后，"李宜人亦自京师携瀛遑（即张穆）归视葬事。葬既毕，复同奉板舆入都，依莫宝斋表

---

① 参见《月斋文集》卷七《故内阁学士前仓场侍郎会稽莫公事略》。
② 参见《月斋文集》卷七《故内阁学士前仓场侍郎会稽莫公事略》。
③ 参见《月斋文集》卷五《例授奉政大夫翰林院编修记名御史显考晓沂府君暨显妣王宜人李宜人行述》。

舅于潞河督署。维时舅方以性命之恉提呼后进，而吾师吴朴庵先生实馆其家"①。根据蔡恫等人的注释，吴朴庵，名实，字朴庵，浙江萧山（治今浙江萧山市）人，时驻莫晋府上为塾师，张穆从其学习，尊称"先师"。莫晋与吴实交情甚笃，虽在思想观念上并非完全契合，但能彼此尊重，和而不同。

> 公以积学能文章闻天下，四十后乃专意理学，不复措意文词，晚年益深造自得。与先师萧山吴朴庵先生交修邃密。先师笃慕蕺山，而公则一以姚江为宗，即龙溪亦不厚非也。②

蕺山，即明朝大学者刘宗周，绍兴山阴（治今浙江绍兴市）人，是浙东蕺山学派的创始人。姚江，即指姚江学派（又称阳明学派），为明代大思想家王守仁（阳明先生）所开创，以倡导"阳明心学"而驰名天下。龙溪先生是指明朝学者王畿，也是山阴人，为王守仁的学生。莫晋虽崇尚理学，但是十分重视学者史与学术史的研究。他曾经刊刻明末大思想家黄宗羲的《明儒学案》，对明代学术发展路径十分熟悉，且见解精到。

> 《学案》一书，言行并载，支派各分，择精语详，钩元（玄?）提要，一代学术源流，了如指掌。要其微意，实以大宗属姚江，而以崇仁为启明，蕺山为后劲。凡宗姚江与辟姚江者，是非互见，得失两存，所以阐良知之秘而防其流弊，用意至深远也。窃谓学贵真修实悟，不外虚、实两机。病实者救之以虚，病虚者救之以实。古人因病立方，原无成局，通其变，使人不倦，故教法日新。理虽一而言不得不殊，入手虽殊而要归未尝不一。读是书者，诚能不泥其迹，务求自得之。③

---

① 参见《石州年谱》"嘉庆二十五年"下引。
② 参见《眉斋文集》卷七《故内阁学士前仓场侍郎会稽莫公事略》。
③ 参见《眉斋文集》卷七《故内阁学士前仓场侍郎会稽莫公事略》。

当时莫晋为贴近皇帝的高官，地位尊崇且学识通达，让年幼的张穆仰慕不已；加上长期在莫府生活与学习，受莫晋影响极大。祁寯藻在《月斋文集序》中就提到："石州少孤，依母党莫宝斋先生居，即喜观儒先学案诸书，言之甚悉。"张穆的喜爱不只是停留在口头上，而是对明代思想家们的著述下过些苦功的。据其侄张继回忆："继少时从友人处获睹先伯（即张穆）节录《姚江王阳明集》《吕语集粹》《蕺山刘子语录》《祝渊王毓蓍传》《漳浦黄道周传》，即庚辰、辛巳手钞本也。"① 庚辰、辛巳分别是嘉庆二十五年（1820）与道光元年（1821），当时张穆只有十六七岁。张穆本人后来也曾作诗回忆在莫府学习的情形，感念莫晋对他早年成长的帮助与鼓励。

> 总草出见客，谈论俨成人。
> 词馆旧名辈，赏我气不驯。
> 会稽舅氏行，宏识镜人伦。
> 讲德抉根奥，听倦客欠伸。
> 幼眇欣有会，请辨恒断断。
> 赏我具夙慧，汝器天庙珍。②

显然，在莫府的学习及与前辈学者的交流，实际上开启了张穆平生学术训练之门。一则是因为对学术史的了解与研究，是从事学术研究的第一步，如果不熟悉学术史脉络，或不了解前辈学者的学术成就，那么开展学术研究就无处着手、无从谈起。有明一代是中国学术思想史发展剧变的时代，特别是明末清初的一些著名思想家与学者，影响巨大，到了清代前期及中期，学术界便面临着如何继承与发展的问题。莫晋本人崇尚阳明理学，但张穆并没有走研究理学之路。然而，莫晋所崇尚的一些理念是十分高明的，应该对年幼的张穆很有启发意义，如云"学贵真修实悟，

---

① 参见《石州年谱》"道光元年辛巳十七岁"下注。
② 参见《月斋诗集》卷三《述怀感旧六十韵，为老友安邱王毋（贯）山先生寿》。

不外虚、实两机"。显然，张穆没有选择"虚谈"，即哲学及思想
史之途，而选择了"实修"，即乾嘉以来历史考据学之路。又如
"不泥其迹，务求自得之"，这又可与"实悟"相对应，实证之学
又须领悟其真义，独立思考，务求得到真知灼见。二则因为张穆
在学术研究方面展现了特殊的颖悟，而且勤于思考、善于思辨的
特点此时已相当突出，并得到前辈的高度赞赏与肯定。这无疑对
张穆在学术研究方面形成明断与自信的态度是极有益处的。应该
说，这种肯定与鼓励对于其下定以学术研究为终生事业的决心起
了很大的促进作用。

　　当然，我们也要看到，因为莫晋其时政治地位崇高，来往的
至友亲朋的夸赞难免有恭维附和之嫌，当时张穆的年龄不足弱冠，
刚刚接触社会，而身居高位的莫晋即赠以"汝器天庙珍"的高度
赞许，虽出于真心嘉赏，但是，这对于张穆的性格形成与日后成
长未必是一件好事。传统社会崇尚温良谦俭让的处世态度，学术
界同样如此。谦逊宽容之品格会被高度赞许，而明辨是非与独立
自信、敢于批评的精神在学术研究中又是必需的、可贵的，或者
说是有利于学术进步的，但是，在交游生活中往往会被理解为倨
傲不恭、目空一切或不近人情。这样的处世性格在崇尚人际关系
的传统社会里常会招来意想不到的灾祸与坎坷。

　　道光三年（1823），张穆因继母病逝，丁忧回乡，后来，其兄
张晋暹又弃世，迭遭家族变故，张穆因此留居山西生活、学习长
达九年时间，故而有"九载困乡井，凶丧丁一身"的感慨。他曾
回忆道："穆自癸未（道光三年）夏侍母西归，奉讳家居，庚寅
（道光十年，1830）仲兄殁。壬辰（道光十二年，1832）正月始复
入都。"① 笔者以为，这段留居山西的时间，不仅是张氏家族陡然
陷于不幸以及困顿的阶段，同时也是张穆在学术道路上的苦闷、
彷徨以及重新选择的时期。

　　在家族及个人生活方面，张家也由显赫的官宦之家沦入中落
状态，以至于家计艰难。虽然有悲喜交错，但是总体而言，悲哀

---

① 　参见《月斋诗集》卷三《述怀感旧六十韵，为老友安邱王毌（贯）山先生寿》。

大于快乐，张穆内心不免苦闷与挣扎。张穆曾回忆："瀛暹家世寒素，鲜封殖。洎叠遭大变，产益落，而食指之繁则视昔有加。"①这些变故让张穆领悟到人生的艰难以及他所肩负的责任。而在中国传统社会，读书人进取的最主要途径，就是通过科举考试进入仕途，对于张穆而言，这也是躲不开的历史命运。在祖父与父亲相继过世的不利情况下，张氏兄弟经过苦读，首先在科试中取得成功，从而为家族复兴燃起了希冀。后来，张穆又凭借优贡生的资格得以重返京都学习，并得到"待铨知县"的资格。

但是，张穆在这九年中内心同样充满了复杂的矛盾斗争。在那个时代，似乎没有纯粹学者成长与存在的空间。张穆在学术方面的早熟、才华以及前辈学者的大力鼓励，让他对于学术研究始终无法舍弃。再加上祖父辈的影响，他虽不喜欢科举应试类的文章，但又无法完全无视。他在诗中曾经感慨："囊颖时一露，激叹不逡巡。斯时意气阔，章句未肯循。高心蹴姬姒，世儒陋辕申。"② 因此，张穆即使在困居乡井的九年中，也没有放弃对于学术研究事业的追求。如道光四年（1824），年仅二十岁的张穆即"点定《翰苑集注》，并修改凡例数条（原注：书存中潭李氏）"③。对于前人文献的整理研究，要求具有深厚的学术积累与广阔的学术视野，以及敏锐的学术洞察力与评价能力，能够对前人著述的优缺点提出自己的看法及纠正意见。事实证明，张穆在这方面的训练与才能是特别值得称道的。他早前在莫晋府中致力于明代学术史的学习与研究，再加上回到山西对自己先祖张佩芳著述的研究，因此在学术史视野与眼光方面远远超过了同时代的学者，也由此获得了极高的赞誉。正所谓"能者多劳"，张穆对于诸多学者的著述进行的整理、研究与总结，成为其学术生涯相当重要的一部分。从小的方面来讲，张穆是笃诚于友情，高风亮节，"甘为人作嫁"；从大的方面来讲，他对于清代学术史的贡献是不可磨灭的。

大学者的成功，当然离不开特殊的机缘。在自感"困居乡井"

---

① 参见《月斋文集》卷五《先兄补庵府君行述》。
② 参见《月斋诗集》卷三《述怀感旧六十韵，为老友安邱王毋（贯）山先生寿》。
③ 参见《石州年谱》"道光四年二十岁"下引。

的日子里，张穆遇上了一位终生知己式的恩人——祁寯藻。祁寯藻，字叔颖，一字淳甫，山西平定州寿阳县（治今县）人，是清代著名大臣、学者祁韵士之子。祁家与张氏不仅是同县老乡，与张氏家族又有联姻之谊。祁寯藻生于乾隆五十八年（1793），比张穆年长十余岁。祁寯藻作为名臣之后，在科举入仕的道路上还是相当顺利的，嘉庆十九年（甲戌，1814）中进士，曾任庶吉士，官至体仁阁大学士，是清代中叶德高望重的名臣。祁寯藻在学术上也是很有成就的，著有《馤斟亭集》《马首农言》《勤学斋笔记》等。①《馤斟亭集》中有多首与张穆唱和的诗文，表明两人之间情谊深厚，如《次韵答张石州（原注：穆，初名瀛暹）见赠》一诗云：

> 不作凌云赋，偏闻下里歌。
> 故交真落落，高论尚峨峨。
> 老觉乡心重，诗怜壮岁多。
> 莫辞今夕醉，离索尚云何？②

又如《题张石州〈小栖云亭图〉》有云：

> ……
> 嗟余与君共州里，游宦归心都未免。
> 馤斟亭接绵蔓水，结伴登临尚堪勉。
> 胡为栖栖感羁旅，白首箸（著）书不遑宴。
> 君看妙画径飞去，造物相怜意殊善
> ……③

祁、张二人交情极深。祁寯藻本人虽政治地位很高，但是虚心向学，爱惜人才，对于张穆的赏识、提携与帮助是多方面的。他在

---

① 《石州年谱》"道光十一年"注引。
② 《馤斟亭集》卷二十，清咸丰刻本。
③ 《馤斟亭集》卷二九，清咸丰刻本。

学术事业上的指引与帮助，在很大程度上影响了张穆学术发展的方向，甚至在张穆去世后，主动出资雕版刊行《月斋文集》。

师友学术圈

道光十一年（1831），二十七岁的张穆"以优行贡成均"，有机会重返北京，并进入当时最高学府——国子监深造。在重返京师后的数年时光中，张穆虽然没有在科举入仕之路上取得长足的进步，然而，这几年却是他步履坚实的学术事业的"上升期"。自此，张穆真正进入学术研究领域，成果显著，其学术地位与影响也得到了公认。京都北京是当时举足轻重的文化中心与学术研究中心，拥有丰富的历史及学术研究资料；同时大批学养深厚的学者聚集在当时的京师学术圈，共同切磋学问。在学术研究上锋芒初露的张穆在此真是"如鱼得水"，其才华与学术旨趣得到了不少师友的赞赏与鼓励，而不少师友同时成为其学术发展的引路人与重要伙伴。这期间张穆在学术事业上取得了非凡的进步，参与并完成了多项重要的学术工作。

> 何秋涛曾在《张穆墓志》中专门提到张穆在京师时有学术交游的师友们。惟阮文达公（元）、莫宝斋（晋）侍郎、程春海（恩泽）侍郎、祁淳甫（寯藻）协揆与为师友。尝与俞君正燮、魏君源、赵君振祚论诸史，陈御史师、许君瀚、王君筠讲六书，罗君士琳、郑君复光、徐君有壬明九数，徐君松、沈君垚考西北边塞地理。诸君皆专门业，咸推服焉。①

当然，这一总结未必全面，然于此可见，张穆学问广博，涉猎广泛，在许多专门之学（如历史学、古文字音韵学、数学、西北边疆史地等）上均有研究，精深有得，其见识水平得到了学者

---

① 《石州年谱》卷末附。

们的公认。也正如祁寯藻在《月斋文集序》中称："其学不专主一家，而皆能得其精诣，涉历世故，益讲求经世之学，于兵制、农政、水利、海运、钱法尤所究心。"中国传统社会并无培养学术研究人才的专门机构，诸多学术人才的培育与成长，在于求师、访友、自律与自修，交游的过程，就是学习与研究的过程。笔者以为，当时对张穆学术研究发展有着重要影响的师友主要有以下诸位。

苗夔。苗夔，字仙麓（或称先路、先麓），清代肃宁（治今河北肃宁县）人。苗夔当初同样取得优贡生资格，与张穆同时进入京都国子监学习，因学术研究的趣味相投而关系亲密，过从频繁。他在《使黔草叙》中称："余辛卯（即道光十一年，1831）举优贡。壬辰（1832）应朝考。至都，同年咸集，独与何子贞（绍基）、张石州（穆）以说经、讲小学最相得。"① 在这里，我们看到，张穆等人虽然以科举之名进入京师学习，然而，他们的兴趣却在讲经（即古代经学）、讲小学（即古文字、音韵学研究）。苗夔日后成为一代古文字学家，著有《说文声韵表》《说文声读考》《集韵经存韵补正》等书，《清史稿》有传。因为是优贡同年的关系，再加入学术兴趣与个人友谊，苗夔与张穆、何绍基又被时人称为"古学三先生"。曾国藩曾在《苗先麓墓志铭》中称："子贞（何绍基）尝命工图己及石舟及君三人貌，襄立而处田间。三人者，皆同年优贡，又皆有逸士之风，谓宜与负耒者伍也。"② 张穆曾有《苗先路同年〈寒灯订韵图〉》一诗称：

> 不是研经熟，谁知正始音？
> 四声排沈约，十部法亭林。
> 俗说迷通转，精思纵绎寻。
> 沮仓如可作，应鉴夜灯心。③

① 参见《石州年谱》"道光十二年"下引。
② 参见《石州年谱》"道光二十八年"下引。
③ 参见《月斋诗集》卷二。

张穆又有《苗先路同年〈寒灯订韵图〉，即送游沭南》一诗，
高度赞赏苗夔在音韵学上的重要成就。

> 河间古君子，葩经少研寻。
> 独于六义内，得其不传音。
> 清庙有大瑟，空山余断琴。
> 一弹复再鼓，泠泠韶頀心。
> 绝学溯原始，才老（吴棫）初钩沉。
> 又越六百载，魁儒出亭林（顾炎武）
> ⋯⋯①

应该说，传统经学、古文字学或音韵训诂学都是进入中国古
典及古代文史研究的基础，通过这样的钻研与交流，张穆在经学
及古文字音韵学方面打下了深厚的基础，学术造诣也大有长进。
关于中国学术的发展，张穆在《重刻吴才老〈韵补〉缘起》中特
别强调音韵学的重要作用。"才老（即吴棫），孟子所谓'豪杰之
士'也。北宋以来，学者溺于凭虚吊诡之风，实学不讲久矣。才
老独能不囿习俗，奋然订古音，疑伪书，为后学开辟榛莽，启涂
（塗）先驱。盖自才老后，绵绵延延又五六百年，至我圣清而后，
亭林、潜丘相继挺起，尽才老未尽之业，《诗》《书》古经昭然若
日月复明也。"② 才老（或称材老），即宋代学者吴棫，所撰《韵
补》五卷，被选入清代《四库全书》，为传统音韵学的早期重要著
作之一，吴棫本人更为清代考据学派的重要引导者。评论者称：
"棫书虽抵牾百端，而后来言古音者皆从此而推阐加密，故辟其谬
而仍存之，以不没筚路缊（蓝）缕之功焉。"③ 关于吴棫对于清代
学术发展的贡献，还体现在《古文尚书》的考辨之上，如最早对
《古文尚书》提出质疑的学者正是吴棫。清初著名学者阎若璩曾指
出："《（尚）书》古文出魏晋间，距东晋建武元年，凡五十三四年，

---

① 《月斋诗集》卷四。
② 引自《月斋文集》卷三。
③ 参见《韵补》提要，《景印文渊阁四库全书》。

始上献于朝，立学官。建武元年下到宋南渡初，八百一十一年，有吴棫字才老者出，始以此书为疑，真可谓天启其衷矣！"① 可以说，苗夔、张穆等人对于吴棫的推重，不仅限于其对于古音韵学的贡献，对其敢于质疑前贤的学术理念与治学路径也甚为崇尚。

许瀚。许瀚，字印林，清代日照（治今山东日照市）人。许瀚是学养深厚的收藏家、古文字音韵学家、校勘学家，曾被人誉为"北方学者第一"，是近代北方区域文化发展史上有着重要影响力的人物。② 许瀚与张穆是在古文字学及训诂学上志同道合的挚友，曾校刊《〈说文〉义证》等书，其在古文字学与训诂学上的造诣深为张穆所敬重。张穆曾与许瀚共同校订整理俞正燮《癸巳存稿》十五卷。③ 张穆在《日照许肃斋先生（即许瀚之父）寿序》一文中称："印林幼承庭诰，复以专精许、郑，受知于高邮王文简（引之）、道州何文安（凌汉）及萧山协揆（朱筠）师。是三公者，今代之在位通人也。文安诸公子皆喜与印林游，而长君子贞（即何绍基）与相投契尤深。"④ 王引之是清代著名古文字学及经学大师，著有《经义述闻》《经传释词》等书。许瀚为王引之的入室弟子，很受器重。许瀚又受到道州何凌汉（字文安，何绍基之父）、学士朱筠等人的高度赞赏，同时与何绍基等人过往甚密。许瀚在书信中曾强调："两君（即何绍基与张穆）皆瀚平生至交"，足见他们的学术兴趣、造诣与人生品格是相似的。⑤ 张穆在诗文中多次提到许瀚，反映出两位之间深厚的友情，如"许君起日照，家法浚长遵。视我十年长，蛩距两相因"⑥，又如"京国十年游不归，繁霜上发风生衣"⑦。

---

① 《尚书古文疏证》卷八，《景印文渊阁四库全书》。
② 参见范晓娟：《许瀚学术研究》，扬州大学硕士论文，2010 年；田琦：《许瀚交游考述》，西北师范大学硕士论文，2013 年；孟娜：《许瀚的训诂贡献研究》，曲阜师范大学硕士论文，2014 年；等等。
③ 《石州年谱》"道光十三年"下。
④ 参见《月斋文集》卷二。
⑤ 参见《月斋文集》卷二《日照许肃斋先生寿序》。
⑥ 参见《月斋诗集》卷三《述怀感旧六十韵，为老友安丘王毋（贯）山先生寿》。
⑦ 引见《月斋诗集》卷一《己亥冬十二月送许印林归日照》。

王筠。王筠，字贯山，号篆友，清代山东安丘（治今山东安丘市）人，道光元年（1821）举人，也是一代古文字学大家，著述十分丰富。"博极群书，邃于经学，尤精《说文（解字）》，积数十年之力，为《说文释例》二十卷、《说文句读》三十卷、《说文系传校录》《说文韵谱校》《说文属》《说文广训》。又著《四书说略》《禹贡正字》《礼记读》《礼记一得录》《仪礼读》《仪礼郑注句读刊误》《史记校》《鄂宰四稿》《徐沟笔记》《篆友肊说》《篆友杂著》《文字蒙求》《正字略》《蛾术编》等书。"① 其中，王筠的《说文释例》与严可均的《说文校证》、段玉裁的《说文解字注》、桂馥的《说文解字义证》，被誉为"说文学"之四大名著。②

王筠虽比张穆年长二十岁，却喜与张穆交往，成为忘年交。据张穆回忆："安丘时示过，间隔无兼旬。自言赋性狷，未能泾渭泯。老年结新欢，相杖如戈矜。"③ 王筠为当时说文学大家，张穆对其文字学造诣也十分敬佩，时时请益、讨论。张穆后曾为王筠新著《说文解字句读》写序，表明张穆在古文字上的造诣已非初学者可比，而堪与当时一流学者比肩。张穆在《〈说文解字句读〉序》中对王筠的学术成就给予了高度评价。

> ……安丘王贯山先生初治《说文》，段书（即段玉裁《说文解字注》）尚未行，融会贯通，既精既熟。乃得段书，而持择其然否以语人，多骇不信。而先生之学则因以益密，精神所独到，往往轶出许君之前。本古籀以订小篆，据遗经以破新说，瓜分豆剖，衢交径错，于诸言《说文》者得失，如监市履豨而况其肥瘠也。生平精诣所萃在《说文释例》一书，标举邮暌、扶翼表褤之功，视段、桂（馥有《说文解字义证》）为伟。穆每用夸于人曰："贯山之于《说文》，如亭林之于音韵，后有作者补苴焉、匡救焉可以矣，必无更能过之者也。"④

---

① 咸丰《青州府志》卷五十，清咸丰九年刻本。
② 参见《说文解字句读》之《出版说明》，中华书局1988年版。
③ 参见《㐆斋诗集》卷三《述怀感旧六十韵，为老友安丘王毋（贯）山先生寿》。
④ 《㐆斋文集》卷三《〈说文解字句读〉序》。

其实,《说文解字句读》撰写的起因,也与张穆的建议相关。张穆在与王筠讨论时提出:"古人著书,将使不知者知之,则今人注书,亦将使不读者读之。桂书迻,颇有大力者谋为刊行,工既匀矣,以有所挠而罢。段书多逞臆武断,不便初学,曷更厘为善本,以诒世之治许学者乎?"该书初成之后,王筠即请张穆作序,因为"以《句读》之作发端于穆,属(嘱)即条列缘起,弁之书首"①。在这篇长序中,张穆详细阐明了该书的重要意义与发明,充分显示了其在文字学方面的造诣与认识水平。

何绍基。何绍基,字子贞,晚年自号猿叟(一作"蝯叟"),清代湖南道州(治今湖南道县)人,后流寓苏州。道光乙未(1835)举人,第二年丙申(十六年,1836)进士,曾任翰林院庶吉士、编修、四川学政等职,后曾主讲于山东泺源、长沙城南等地书院,是清代中叶著名的政治家、学者、书法家。"绍基幼慧能文,于诸经、《说文》、考订之学,耆(嗜)之最深,旁及金石、图画、篆刻、律算,博综罩思,识解超迈。"②他"学问淹博,著作甚富,而尤以书法名于世焉"③,著有《东洲草堂文钞》《东洲草堂诗文集》等。④何绍基也是张穆的毕生至交,曾有诗怀念张穆云:

> 借书一日几回来,农父东西共好怀。
> 尚友顾、阎如奉手,纵横万里小厈斋。⑤

何绍基与苗先麓(或写仙露)、张穆被时人称为"古学三先生"。何绍基在《邨谷论心图记》一文中记述三人的交谊道:"余与河间苗仙露、平定张石舟以皆以道光辛卯充优贡生,明年壬辰,十八行省与斯选者,以朝考咸集京师,同岁生一聚各散去,惟此

① 《厈斋文集》卷三《〈说文解字句读〉序》。
② 同治《苏州府志》卷一一二,清光绪九年刊本。
③ 光绪《道州志》卷九,清光绪三年刊本。
④ 《清史稿》卷五六三《何绍基传》,民国十七年清史馆本,第5225页。
⑤ 《怀都中友人》之一,《东洲草堂诗钞》卷十三,清同治六年长沙无园刻本。

三人者志相合，学相砥，闲冷野逸，性相似也。"① 何绍基曾刻印
诗文集——《使黔草》，张穆在《序》中高度评价何绍基的书法及
诗文成就，"古人之文、之诗、之书，所以能造极诣微，随其才大
小，卓然自成一家者，无它，自本学问、识力所到而正出之、奇
出之、迂回出之，务肖其性情。无所谓法而法自立，无所谓格而
格自高。……今天下何太史书布满屋壁，无人不矜赏郑重之。至
其构一文，根节磊落，制一诗，真气坌涌，世或不知，而穆独倾
到不已者。谁无性情？独读子贞之文、诗，如见子贞之性情"②。

何绍基与张穆为学风格、学术兴趣与经世态度特别契合，不
尚虚言，两人于道光二十三年（1843）联手修缮顾亭林祠。这次
修缮活动堪称当时学林的一大盛事，也是一次学术理念的宣言。
至此，顾炎武崇高的学术地位与理念被学界重新认识，并成为学
者们顶礼膜拜的精神"偶像"与效法楷模。张穆曾经撰写《亭林
先生祠落成公祭文》一文，高度评价顾亭林的学术成就及其对后
世学林的影响。③ 苗先露也曾回忆道：

> 岁癸卯（1843），子贞集同人勾资，创建亭林顾先生祠于
> 城西慈仁寺西隙地。岁春秋及先生生日，皆举祀事。余与
> 石舟（州）、子贞每举咸在。余之学私淑亭林，子贞、石州则
> 读亭林之书而仰止行止者也。④

何绍基有《别顾先生祠》一诗纪念这次活动，其诗谈
到："……功名与文章，因时见陶谏。惟兹下学事，万古有继禅。
儒林道学分，宋史妄矜衔。六艺天道枢，传例重班掾。先生冠儒
林，狂澜植厓堰。君亲鉴我身，学行须贯穿。愿从实践入，敢恃
虚谈便……"⑤ 应该说，诗文完全表明了何绍基等人的建祠宗旨，

① 《东洲草堂文钞》卷四,清光绪刻本,第33页。
② 《月斋文集》卷三《〈使黔草〉序》。
③ 参见《月斋文集》卷六。
④ 《石州年谱》"道光二十三年"下引苗先露《〈使黔草〉序》。
⑤ 《东洲草堂诗钞》卷九,清同治六年长沙无园刻本。

他们将顾炎武推崇为学术界的"精神领袖"，强调学习其经世致用的研究态度。

俞正燮。俞正燮，字理初，为清代徽州府黟县（治今县）人，同样是清代学术史上一位十分重要的著名学者。① 鉴于其在学术史上的影响，也有研究者称其为"理初学派"的开创者。② 俞理初生于乾隆四十年（1775），比张穆年长三十岁，但与张穆相识后，对其人品与才华非常赏识，后请张穆整理其文集《癸巳存稿》。俞正燮在科举考试中遭受挫折，坎坷一生，然而学识高深，深为学者们所盛赞，因此，他的赏赞与鼓励对于张穆的成长是十分重要的。张穆对于俞理初的赏识与鼓励同样是深怀感激的，他在回忆诗中写道："俞君黟大儒，精博兰陵荀。客邸一解后，过从辄频频。"③ 张穆又在《〈癸巳存稿〉序》中讲述了他们交往的机缘："先是，壬辰（道光十二年，1832）冬，理初馆新城陈硕士侍郎所，为校顾氏《方舆纪要》。穆一再过之，颇多请益。理初赏之曰：'慧不难，慧而能虚，虚而能入为难。'因与订交。然理初年长于穆者倍，穆礼事之，尊为先生，不敢与齿也。"④ 可见，张穆与俞正燮相识，起因于《读史方舆纪要》。明末清初学者顾祖禹所著《读史方舆纪要》是历史地理方面的重要研究著作。我们知道，张穆最终是以地理学家及历史地理名家而名垂学术史的，⑤ 对于《读史方舆纪要》等名著的学习与研究，无疑是张穆进入地理学及历史地理学研究领域的关键性"台阶"，对于其学术造诣的进步有着很重要的意义。张穆曾有诗《通州道中喜逢俞理初孝廉》云：

① 参见余敏辉：《俞正燮生平学行述评》，《黄山学院学报》2009 年第 6 期；贾艳艳：《俞正燮学术研究》，华中师范大学硕士论文，2011 年；钟金才：《俞正燮考据学研究》，苏州大学硕士论文，2012 年；等等。

② 舒习龙：《理初学派的历史地理研究——以俞正燮、程恩泽为例》，《淮南文理学院学报》（社会科学版）2008 年第 4 期。

③ 参见《斋诗集》卷三《述怀感旧六十韵，为老友安丘王毋（贯）山先生寿》。

④ 参见《斋文集》卷三。

⑤ 参见王守春：《张穆》，谭其骧主编：《中国历代地理学家评传》（3），山东教育出版社 1993 年版，第 156—172 页。

老作诸侯客，著书难疗贫。

感君垂素发，令我倦黄尘。

身世扁舟隘，江皋夜雨新。

喜逢兼惜别，蛟鳄尚横津。①

可以肯定，编辑、整理《癸巳存稿》对于张穆学术发展而言又是一次极好的学习与磨砺机会。俞正燮的学术理念、治学风范与为人风格对张穆影响至深。张穆对于俞正燮的治学作风有过这样的描述。

> 理初足迹半天下，得书即读，读即有所疏记，每一事为一题，巨册数十，鳞比行箧中。积岁月，证据周遍，断以己意，一文遂立。读其书者，如入五都之市，百货俱陈，无不满之量也。②

俞正燮视野开阔，十分重视地理研究，故而《癸巳存稿》中涉及域外、边疆与地理的篇章相当多。例如《癸巳存稿》中有关于俄罗斯早期历史问题的篇章——《俄罗斯佐领考》《俄罗斯事辑》《俄罗斯长篇稿跋》等，后张穆又作《俄罗斯事补辑》，正是为了补充俞正燮著述之缺略及遗漏的内容。因此，没有俞正燮著述的启发，也不会有张穆的继作。他对此作了明确说明："黟俞君正燮著《俄罗斯事辑》，颠末倮详。瀛暹读而嘉之。既得文清公松筠《绥服纪略》，图、诗、注载南北两边情形颇悉，其述俄罗斯事，有足补俞君之阙者，因条列而文，缀之箸（著）于篇。盖文清驻劄库伦，经纪通市事阅八年，闻见既真，纪录自备矣。题曰《补辑》，凡俞君所已详者，不复征也。"③又如《癸巳存稿》中又有《驻扎大臣原始》《阿拉善》《蒙古》等多篇关于边疆史地方面的研究文章，据研究者称，"为后来魏源撰《圣武

---

① 参见《月斋诗集》卷二。

② 《月斋文集》卷三《〈癸巳存稿〉序》。

③ 《月斋文集》卷二《俄罗斯事补辑》。

记》、张穆撰《蒙古游牧记》、何秋涛撰《朔方备乘》提供了素材
与借鉴"①。

程恩泽。程恩泽，字云芬，号春海，也为歙县（今县）人。
早年师从著名学者凌廷堪，嘉庆十六年（辛未，1811）进士，曾
任贵州学政、侍读学士、内阁学士、工部及户部侍郎等官职。与
普通读书人不同，程恩泽不仅官居高位，深得皇帝器重，而且学
识卓越，著有《国策地名考》《程侍郎遗集》等著作，在清代学术
史上地位与影响备受学者称道，是当时与阮元齐名的学界领袖
人物。②

程恩泽也是一位特别赏识张穆的高官，年轻的张穆对其赏识
也十分感激。程家与张家的友情始于张佩芳官任歙县知县之时。
张穆曾整理《程侍郎遗集》，并在《序》中深情回忆两家的交情
道："先大父（即张佩芳）宰歙，遍交其邑之名儒，而春海程公之
考兰翘学士（程昌期）以僮子从。公后肄业斗山亭，特为大父赏
拔。"③ 可见，张佩芳对程昌期（兰翘）有知遇、赏拔之恩，而程
恩泽本人又与张穆之父张敦颐为同年进士，两家交谊非同一般。
张穆特别提到程恩泽对他的照顾："穆于癸巳（道光十三年，
1833）之春，初侍公直园，情好之洽，久愈挚，不三五日，必召
过饮。投巾振袂，议论交错，寒士之被礼者，殆无与比。"④

应该说，程恩泽的认可与鼓励对于张穆的影响是极大的。祁
寯藻在《月斋文集序》中指出："及长，程春海司农许其得汉学渊
源。既而司农见其所为文，惊曰：'东京崔（寔）、蔡（邕）之匹
也！'"这表明张穆的文章水平已经达到古代大文学家的水平。凭
借程恩泽当时的地位与影响，这种评价顺理成章地成为当时学界
的公论。同时，程恩泽对于张穆的学术研究方向也是肯定与支持

---

① 舒习龙:《理初学派的历史地理研究——以俞正燮、程恩泽为例》,《淮南文理学
院学报》(社会科学版)2008 年第 4 期,第 75 页。
② 参见舒习龙:《程恩泽的交谊与〈国策地名考〉的撰著》,《青岛大学师范学院学
院》2009 年第 2 期,第 91—95 页。
③ 参见《月斋文集》卷三《〈程侍郎遗集初编〉序》。
④ 参见《石州年谱》"道光十三年"下引。

的，即"得汉学渊源"。所谓的"汉学"与"宋学"相对，清代著名学者江藩曾在《国朝汉学师承记》一书中总结其特点道："事必有征，义必有本，臆说武断，概不取焉。"① 梁启超也曾说过：

> 　　其治学根本方法，在"实事求是""无征不信"；其研究领域，以经学为中心，而衍及小学、音韵、史学、天算、水地、典章制度、金石、校勘、辑逸，等等；而引证取材，多极于两汉，故亦有"汉学"之目。②

　　这段话虽然是对乾嘉时期学术全盛状况的总结，但也基本涵括了张穆早期的学术研究领域与治学特征。张穆平生所敬重的前辈及同时代学者治学均有这些特点，如黄宗羲、顾炎武、顾祖禹、阎若璩等。程恩泽去世后，张穆与许瀚、何绍基等人担起了编定《程侍郎遗集》的任务，他在该书《序》中高度评价了程恩泽的学识与成就。

> 　　公负奇气，博观强诵，于经训史笑、天象地舆、金石书画、壬遁太乙、脉经格学，莫不穷极要眇，究析发皇之。而精神所到，冠绝一时。卓然可传于后者，则其有韵诗文也。③

　　而程恩泽"尤喜为地理之学"，在历史地理学方面造诣最深，其最重要的成就是《国策地名考》一书，在学界广受赞誉。④ 《国策地名考》一书初成于道光十二年（1832），为程恩泽与狄子奇二人合作之成果。程恩泽在《序》中称："一日，谈及地理之学，我朝称最，然皆详于春秋、《史》《汉》，而不及战国。惟阳湖张君琦《国策释地》差为可据，而语尚简质，未见赅备。"对该书的成书过程，程恩泽进行了详细说明。

---

① 　参见江藩：《国朝汉学师承记》卷一，中华书局 1983 年版，第 5 页。
② 　梁启超：《清代学术概论》，中华书局 2020 年版，第 20 页。
③ 　《㐌斋文集》卷三《〈程侍郎遗集初编〉序》。
④ 　阮元：《〈国策地名考〉叙》，《国策地名考》卷首，清道光二十年刻本。

余乃集其大成，以资排纂。先原文，次正史，次杂录，次本朝诸名家所著。参伍考订，为之折衷，而以现在府厅州县实之。又参考各家图说，绘为十二图，使战国形势，如聚米画沙，了然尺幅，凡十阅月而书成。①

程恩泽所著《国策地名考》以体例的严谨、完密与考证精详而为研究者所称道。② 如该书《凡例》称："是书于各国地名，皆先列都城，次及山川、关隘，次及大都，次及小邑，次及宫观、台榭。以地之方位为叙，不以文之章句为叙。"又云："是书于标题下，先列原文，次列原注，次加案语，次详众说，次列今名。皆以我朝现定府厅州县为断，务取核实，不尚假借。"③ 笔者以为，张穆虽未直接参与该书的撰写，但是程恩泽与张穆交谊深厚，过从极密，这本书反映出来的治学精神、体例与方法，或可称"著书之道"，对张穆的学术影响也是不可忽视的。类似的著作体例在日后张穆的著作中也有不少体现。

沈垚。沈垚，字敦三，号子敦（惇），清代浙江湖州府乌程县（治今浙江湖州市）人，生于嘉庆三年（1798），道光十四年（1798）优贡生，卒于道光二十年（1840），享年仅四十三岁。沈垚作为一代很有成就的历史地理学家，却科举失意，仕途无望，一生贫寒，相当不幸。其与张穆的生活境遇有颇多相似之处。可以说，道光时代的朝野习尚对于普通学者而言，并不友善，俞正燮、沈垚等人的境遇都相当坎坷。后来，沈曾植曾经对此发表议论。

道光之季，文场庋契，颇有幽歧。其还往常集于津要之途，巧宦专之。而公卿大夫方直者，举子谨厚、步趋守绳墨者，士以学问自负者，恒闻风而逆加摈弃。其名士而擅议论者，尤干时忌，张石洲（即张穆）、张亨甫之流，困踬当时，

① 《国策地名考》，清道光二十年刻本。
② 参见舒习龙：《程恩泽的交谊与〈国策地名考〉的撰著》，《青岛大学师范学院学报》2009年第2期。
③ 参见《国策地名考》卷首。

士林所共记也。①

　　相同的境遇与相近的学术追求，使沈垚与张穆一见如故，交谊深厚，十分投缘。沈垚曾在与友人的书信中称："垚于知名之士，不敢妄相投契，而必求有真性情者乃与订交。数年来，仅得平定张石舟一人，以此故耳！"② 沈垚年寿不永，张穆便毅然承担起沈垚《落帆楼文稿》的整理与编订工作。而沈垚在学术上以地理学及历史地理学研究见长，这对张穆有着极为深刻的影响。张穆曾在《〈落帆楼文稿〉序》中回忆两人交往的情形，道："穆与子惇交，以谈艺深相契也……子惇以道光十五年入京师，馆徐星伯先生家，先生数为言其地理之精。越一年，乃相遇于道州何子贞同年所。即承以《〈长春真人西游记〉金山以东释》见示，并读其《落帆楼文稿》，此所刻前二卷是也，由是来往遂密。又越四年，而子惇遘瘵疾，卒于会邸……至始终经纪其丧，则星伯先生一人而已。"③ 沈垚曾是著名学者徐松府上的塾师，极受徐松的器重。沈垚的地理学造诣也为当时不少学者所叹服，如程恩泽称赞道："地学如此，遐荒万里，犹目验矣！我辈粗材，未足语于是也。"张穆对他们当时的交游生活及沈垚的学术旨趣有过细致的描述。

　　　　子惇留京师，为桐城姚伯昂总宪校国史地理志，寓内城，间旬出相访，则星伯先生为烹羊炊饼，召余共食。剧谈西北徼外地里（理），以为笑乐。余尝戏谓："子惇生鱼米之乡，而慕莙者（嗜）麦；南人足不越关塞，而好指画绝域山川；笃精汉学而喜说宋辽金元史事，可谓三反。"子惇闻而轩渠，以为无以易也。④

---

① 沈曾植：《〈落帆楼文集〉序》，《吴兴丛书》，民国嘉业堂校刊本。
② 沈垚：《与王騋轩书》，《落帆楼文稿》，《石州年谱》"道光十六年"下引。
③ 《月斋文集》卷三。
④ 《月斋文集》卷三《〈落帆楼文稿〉序》。

后来，张穆为灵石杨氏裒辑《杨氏丛书》，于是将《落帆楼文稿》编入其中。① 沈垚作为一位卓有建树的历史地理学家，编集《落帆楼文稿》对于张穆学术发展与导向有着至关重要的影响。《落帆楼文稿》中涉及大量历史地理的研究内容。如该书卷一为《六镇释》《新疆私议（附葱岭南北考）》，卷三为《漳北滱南诸水考》，卷四有《泥水考》，卷六为《〈长春真人西游记〉金山以东释》，卷十二为《〈后汉书注〉地名录》《〈水经注〉地名释》《〈元史·地理志〉释》《西北地名杂考》，卷十四至二十四是《地道记》，实为其所撰的清代各省地理志。其中，《〈长春真人西游记〉金山以东释》广受学术界赞誉，成为研究边疆史地的重要参考书。②

校刊的过程，也是学习、思考与探讨的过程。笔者以为，张穆对于北魏历史地理及《水经注》的研究就受到了沈垚的直接指引。如张穆十分看重沈垚对他最后的嘱托："庚子（道光二十年，1840）十月，忽手录所撰《漳南滱北诸水考》见贻，其意恳恳然，若有所谆属（嘱）者。未及一月，而子惇病且死矣。"③ 如沈垚的著述中有一篇《〈水经注〉地名释》，后来张穆也撰写了《水经注表》。④ 沈垚曾写有一篇《〈魏书·地形志〉注》，注者曰："子惇为徐星伯先生松撰，书未成，遗稿未见。"⑤ 正因此稿未成，徐松又就相关问题邀请张穆予以解决，这也就是张穆研究《魏书·地形志》的直接缘由。

徐松。 徐松，字星伯，清代顺天府大兴（治今北京市）人，生于乾隆四十六年（1781），嘉庆十三年（1808）进士，后官至翰林院编修、文颖馆总纂、湖南学政等职。徐松在清代学术史上地位非凡，几乎与阮元、程恩泽相埒，堪称一个时代的学术领袖人

　　①　《月斋文集》卷三《〈落帆楼文稿〉序》。
　　②　参见马正林：《沈垚》，谭其骧主编：《中国历代地理学家评传》(3)，山东教育出版社1993年版，第173—188页。
　　③　《月斋文集》卷三《〈落帆楼文稿〉序》。
　　④　《石州年谱》"道光二十一年"下。
　　⑤　参见汪刚木编校：《沈子敦著述总录》，《落帆楼文稿》卷首，民国嘉业堂校刊《吴兴丛书》。

物，平生著述甚多，如《登科记考》《唐两京城坊考》等，是后乾嘉时代的重要代表性学者之一，尤以在历史地理学上的深厚造诣为学界所尊崇。嘉庆十七年（1812），徐松遭人弹劾，被遣戍伊犁，但官场之不幸却给了徐松实地考察新疆山川的机缘。这对一位地理学家而言，是极为重要的。"先生于南北两路壮游殆遍，每所之适，携开方小册，置指南针，记其山川曲折，下马录之。至邮舍而进仆夫、驿卒、台弁、通事，一一与之讲求。"① 而更为巧合的是，嘉庆十八年（1813），松筠出任伊犁将军，特请徐松协助继续编写新疆地方志。经过多年的努力，至道光元年（1821），该书被赐名《新疆识略》。② 这也是历史上关于新疆最早、最全面的方志典籍。其后，徐松从新疆回京，并成为京都学术界的领袖级人物，"无形中徐氏成一中心，成一泰斗"③。徐松与张穆交情甚好，过往频繁，对于张穆的学术发展与导向帮助极大，可以说也是张穆地理学研究的引路人，历史地理学家沈垚曾经就是徐松府内延请的塾师或幕宾，张穆在文章中屡屡提及徐松，尊称其为"星伯先生"。

　　徐松在边疆史地研究方面最著名的成果就是《大兴徐氏三种》，即《西域水道记》《汉书西域传补注》与《新疆赋》。④ 徐松也由此成为与祁韵士并称的清代西北边疆史地研究的开创者与践行者。其中，《西域水道记》成为新疆历史地理研究的巨著。该书成书于道光三年（1823），资料翔实，体例谨严。关于其成书情况，研究者称：徐松对于新疆地理的研究"积之既久，绘为全图。乃遍稽旧史，《方略》及案牍之关地理者，笔之为记。记主于简，所以拟《水经》也。又自为释，以比（郦）道元之注。即用郦氏

────────────────

　　① 参见龙万育：《西域水道记·龙序》（外二种），徐松：《西域水道记》，中华书局2005年版，第9页。

　　② 参见朱玉麒：《西域水道记·前言》（外二种），徐松：《西域水道记》，中华书局2005年版，第1—17页。

　　③ 赵俪生：《徐松》，谭其骧主编：《中国历代地理学家评传》（3），山东教育出版社1993年版，第121页。

　　④ 参见朱玉麒：《西域水道记·前言》（外二种），徐松：《西域水道记》，中华书局2005年版，第1—17页。

注经之例。记则曰导、曰过、曰合、曰从、曰注；释于经水曰出、曰迳、曰会、曰自、曰入，于枝水曰发、曰经、曰汇。又以图籍所纪，异文踌驳，使夫览者叹其混淆，一以《钦定西域同文志》写之，而释其可知者，斯诚有条不紊矣。每卷之后，各附以图"①。徐松延续了《水经注》严谨的体例，却能用于不同的区域，并附加崭新的、丰富的内容，因此，这部巨著不啻为一种伟大的创造。现代研究者又称："这部书是精心仿照郦道元《水经注》的写法写出来的。总纲是按水系，再将山脉、城堡、战争痕迹、民族语言及风俗，甚至山水景物，统统综合地写了进去。"在关注历史变迁的同时，"也显露出这一广袤的游牧地逐渐被开发的过程"。② 徐松在历史地理学上的造诣与著作水平是极其高超的，而他本人又极其谦逊严谨，成稿之后，不断修改。③ 可以说，在这样的严师益友、如此宏大巨著的影响下，张穆受到的感动、震撼与启发是可想而知的。

在长期的学习、钻研以及师友间的切磋、砥砺中，张穆逐渐形成了自己的学术特色。笔者以为，正是在程恩泽、沈垚、徐松、祁韵士等人的引导下，张穆全面开始了地理学以及历史地理学的探索与研究工作。张穆的学术造诣与成就是多方面的，然而，其在边疆史地方面的才能与贡献则是最为突出的。其弟子吴履敬指出：张穆"尤长于舆地、小学，异域山川，了若指掌。诸经说同异，有问难者，应答如流。文字之交遍海内，诗酒之会冠京师"④。但是，提到张穆在历史地理及边疆史地方面的学习、研究与建树，则必须要提到祁韵士与祁寯藻父子。

祁韵士。祁韵士，字鹤皋，清代山西平定州寿阳县（治今县）人，为祁寯藻之父。乾隆戊戌（四十三年，1778）进士，曾任翰

---

① 参见龙万育：《西域水道记·龙序》（外二种），徐松：《西域水道记》，中华书局2005年版，第9页。
② 赵俪生：《徐松》，谭其骧主编：《中国历代地理学家评传》（3），山东教育出版社1993年版，第124—126页。
③ 朱玉麒：《西域水道记·前言》（外二种），徐松：《西域水道记》，中华书局2005年版，第12页。
④ 参见《月斋文集》之吴履敬《序》。

林编修等职。祁韵士是公认的清代中叶以来边疆史地研究热潮的开创者，平生著述丰富，如《钦定外蕃蒙古回部王公表传》《皇朝藩部要略》《西陲总统事略》《西域释地》《西域要略》《万里行程记》等。① 如果说，张穆一生在边疆史地上的学术成就是因为"站在巨人的肩膀上"，那么，这位"巨人"应该就是祁韵士。张穆对祁韵士著述的学习、研究与整理，不仅对自身学术造诣、学术理念及取向有着莫大的影响，而且其日后的重要学术著述，如《蒙古游牧记》等也直接受祁氏著作的启迪。

张穆对于祁韵士事业的继承，首先体现在对西域（新疆）历史地理研究文献的审订、整理之上。如道光十六年（1836），年仅三十二岁的张穆即接受祁寯藻的委托，覆核、审定祁韵士所著的《西域释地》与《西域要略》两书。② 对这两部著作的审定工作，是张穆接触与研究边疆史地开始，对张穆而言也算是重要的启蒙，其体例与内容应该对张穆有很大的启发。

《西域释地》与《西域要略》可以说是典型意义上的地理类或方志类著作，这是祁韵士对于西域地理情况的研究成果。祁韵士被谪新疆，更早于徐松，这自然是人生道路上的一大坎坷，然而与徐松一样，这又让他有机会开展关于新疆历史地理情况的考察与研究。乾隆时代实现了中国历史疆域的空前统一，疆域的广袤却也会显露出学术研究之不足。宋元明清以来，内地各省份地方志著述得到了很大发展，水平也有极大的提升，其数量之庞大可以用汗牛充栋来形容。相比之下，边疆地区的地理志著述却是相当贫乏的，这也正是清中叶以来边疆史地研究兴起的契机，对此，祁韵士有着明确的认识："考历代史所称，中国号令班于西域者，莫如汉唐，都护、校尉兼置，都督、节度递设，纪载綦详矣！……孰若我国家建不拔之基，规模宏远若此，允宜垂诸方册，昭示来兹者矣！"③ 与纯粹的历史学家不同，祁韵士对于地理著述有着自己独特的见解与取向，"夫记载地理之书，体裁近史，贵乎

---

① 参见祁韵士著，刘长海整理：《祁韵士集》，三晋出版社 2014 年版。
② 《石州年谱》"道光十六年下"。
③ 祁韵士著，刘长海整理：《祁韵士集·西域释地》，三晋出版社 2014 年版，第 47 页。

简要。倘不足以信今以证古，是无益之书，可以不作"。《西域释地》与《西域要略》之所以拥有极高的价值，这与当时祁韵士特殊的身份地位及经历是分不开的。

> 余既得亲履其地，多所周历，得自目睹，而昔年备员史职，又尝伏读御制文集、诗集，及《平定准噶尔回部方略》二书，故于新疆旧事，知之最详，颇堪自信。适松湘浦（筠）先生驻节边庭，以伊江为总统南北两路之地，亲事丹铅，创为《事略》十二卷，已又奉有续辑《同文志》之命，将汇送各城故实事迹，余获总司校核，参证见闻，益觉信而有据，爰就要者考而录之，备存其略，凡四卷。①

可以说，祁韵士关注新疆已久，对于乾隆皇帝及诸官员所作新疆史志非常熟悉，又应松筠之邀请，协助撰写新疆地方志，《西陲总统事略》应该是新疆地方志的崭新尝试。后来，祁韵士又负责汇编《同文志》，接触到大量地方官员上报的第一手资料。这些可以说都是《西域要略》与《西域释地》等著作的质量保证。这种实事求是的介绍性文字，不仅让我们看到了一位真正历史地理学家的坦荡胸怀与执着精神，也看到了一位学者从事学术研究时的切入路径与详细步骤，十分难能可贵，也令人印象深刻。张穆学识广博，见解独到，故被祁寯藻选中，覆核祁韵士重要的地理学著作，而这种覆核工作也将张穆全面引入了地理学以及边疆史地的研究之中。

创 作 巅 峰

道光十九年（1839），年届三十五岁的张穆遭遇了人生中最严

---

① 祁韵士著，刘长海整理：《祁韵士集·西陲要略·自序》，三晋出版社2014年版，第63页。

重的挫折，因在科举考试中被斥违规而被永久剥夺考取功名的资
格。这个挫折对于张穆的打击无疑是巨大的，或者说是灾难性的，
但是，对张穆的学术事业而言，似乎并不完全是件坏事。何秋涛
曾言：张穆"以负气忤贵人，罢去不顾。闭户人海中几十载。左
右图书，日以讨论为事，盖其志专欲以文学名世也"①。其弟子吴
履敬也曾言：张穆并没有被挫折所击垮，而是越挫越勇。"……而
师之学与识，乃因以益进。既已息意仕宦，闭户读书，百家之学
无不洞其原委。"② 可以说，此后的张穆绝意于仕宦之途，而以纯
粹的学者自任，以追求"文学名世"为自己的最终目标，更加全
身心地投入学术事业之中。在经历多年积淀之后，厚积而发，张
穆由此走上了其学术事业的"巅峰期"与"高产期"，完成了一部
又一部的重要著作，从而奠定了其在清代乃至中国学术史上的地
位与影响。尤其是在历史地理学领域，更达到了前人未至的巅峰。
如两年之后，即道光二十一年（1841），张穆就完成了数部重要的
学术著作，如《魏延昌地形志》《水经注表》以及辑录《元秘史译
文》《元经世大典·西北地图》等。

　　张穆撰写《魏延昌地形志》，缘起于对《水经注》与《魏书》
诸书的研读，同时也得自于俞正燮、徐松等人的点拨。"穆初读
《水经注》，即谋博征典籍，撰为义疏。"然而，《义疏》之作，并
非易事。俞正燮提醒张穆："是当先治《地形志》。"然而，"取而
读之，苦其芜乱"。魏收所作《魏书·地形志》素以取材杂乱、遗
漏甚多、内容难懂著称，因此，历代学者均视其研究为畏途。徐
松即提出《魏书·地形志》分卷理据的问题，张穆感到无言以对。
而经过苦思，张穆恍然大悟："此非北魏之志也。"以往学者研究
北魏疆域，均根据《魏书·地形志》，而遇到抵牾差异之处，都以
为是史料或后人的问题，这实在是极大的误解！③ 至此，可以说，
张穆发现了古人未曾提到的《魏书·地形志》的关键问题，即这

_____

① 参见《石州年谱》卷末附《张穆墓志》。
② 参见《月斋文集》之吴履敬《序》。
③ 参见张穆著，安介生辑校：《〈魏延昌地形志〉自序》，《〈魏延昌地形志〉存稿辑
校》，齐鲁书社 2011 年版，第 6 页。

部《地形志》很难说是北魏王朝的地理志，"且（魏）收虽云'据永熙（即北魏王朝的最后一个年号，532—534）缉籍'，而分、并、建、革，一以天平、元象、兴和、武定为限，则收是《志》，纯乎东魏之志而已，纯乎籍（借）东魏以表高氏受命之符而已"①。其实，该《志》最明显的谬误，莫过于司州之定。《魏书·地形志》在开篇即明言："今录武定之世以为《志》焉。"武定年号在543—550年，而早在531年（即北魏普泰元年），东西魏实际已分裂。因此，魏收将邺城（河北临漳县西南邺镇）之地定为司州，下注云："魏武帝国于此，太祖天兴四年（401）置相州。天平元年（534）迁都改。"②众所周知，北魏的国都先是平城（今山西大同市），后迁至洛阳（今河南洛阳市），在东西魏分裂之前，再没有迁都。而孝静帝元善见之迁都邺城，完全是高欢等人胁迫的结果。而魏收定邺城之地为司州，以武定之时为地理志之断限，虽然也有此前资料散佚的客观困难，但似乎更多地是为了阿谀高氏皇族。这可谓"千古未发之覆"，至此被张穆一举揭穿。

当然，揭示《魏书·地形志》的根本谬误，只能说是天才头脑一时的"灵光闪现"，是对善于思考的聪明学者的褒奖或回馈，而《魏延昌地形志》的撰写却是高屋建瓴、功夫深厚且费尽心力之杰作。在揭示《魏书·地形志》的根本谬误之后，张穆没有自得而止步于此，而是积极地提出重大修改举措，即以北魏延昌年间为时间断限，重新撰定一部北魏地理志。在事隔千百年之后，重新撰写北魏地理志，重新梳理北魏时代政区及地理类文献资料，这需要多么大的勇气与毅力，多么深邃的智慧啊！关于《魏延昌地形志》的价值认同，又不得不提及当时学界的一位领袖级人物——大学者阮元。

阮元。阮元，字伯元，号芸台、雷塘庵主、研经老人、怡性

---

① 张穆著，安介生辑校：《〈魏延昌地形志〉自序》，《〈魏延昌地形志〉存稿辑校》，齐鲁书社2011年版，第5页。
② 《魏书》卷一〇六上《地形志上》，中华书局1997年校勘合订本，第2455—2456页。

老人等,清代扬州府仪征县(治今江苏仪征市)人。乾隆五十一年(1786)进士,历任兵部、礼部等诸部侍郎,后又曾出任山东学政、浙江巡抚、体仁阁大学士等。一生历仕高位,荣耀至极,且学问高深,著述宏富,蔚为一代学界泰斗,门客众多,被称为"乾嘉汉学殿军"①。张穆对于阮元的人品及学识极其仰慕,道光二十三年(1843),张穆至扬州后,专程拜谒阮元。阮元赠送张穆联语称:"讲学是非求实事,读书愚知在虚心。"② 寓意深刻,耐人寻味。既表达了阮元对张穆学识的许可,也饱含其对后辈学者的期望。当时,张穆已完成《魏延昌地形志》初稿,即请阮元为《序》,他在《复谢阮芸台相国书》中深切表达了对阮元的敬仰之情。

> 穆夙揽鸿文,心仪古学,积思愿见者,垂二十年。虽久承奖借,曲荷招徕,终以潢潦细流,难语河海之大,望门却步,诚自量也……③

阮元见到张穆之著作后,叹为"天下奇作"④,称其"精博之至……乃博采旁稽,重事厘定,凡古书及金石遗文有涉及魏事者,必详采之……洵属(为)实事求是之书"⑤,又云"二百年无此作也"⑥。以阮元当时的地位,其评价的影响力自然是十分巨大的。这也印证了何秋涛在《张穆墓志》所提到的时人评价:"识者谓先生之学,盖全氏谢山(祖望)、钱氏辛楣(大昕)之俦,非它家所可拟云。"即张穆之学术成就,完全可与大学者全祖望、钱大昕等人相提并论,即大师级的水准。应该说,就张穆的学术贡献而言,

---

① 参见尚小明:《学人游幕与清代学术》第二章第二节之"阮元幕府",东方出版社2018年版,第218—230页。

② 《石州年谱》"道光二十三年下"引。

③ 《月斋文集》卷三《复谢阮芸台相国书》。

④ 《月斋文集》之祁寯藻《序》。

⑤ 张穆著,安介生辑校:《〈魏延昌地形志〉自序》,《〈魏延昌地形志〉存稿辑校》,齐鲁书社2011年版,第1页。

⑥ 《山西通志·文学录》,《石州年谱》后引。

这样高度的评价并非虚言，而是实至名归、十分公允的。

今天我们讲到张穆的学术成就，当然要特别感谢另外一位前辈大学者——何秋涛。何秋涛，字巨源，号愿船，福建光泽县（治今县）人。生于道光四年（1824），道光癸卯（二十三年，1843）举于乡，明年（1844）成进士，曾官任刑部主事，卒于同治元年（1862），年仅三十八岁。何秋涛自幼聪颖，年长后却不喜媚俗之学，"后益肆志于汉学，与当时名士何绍基、张穆等讨论，讲贯于经史，百家训诂，考证钩析，不遗余力"①。与张穆辈学者相比，虽然出生之年较晚，又英年早逝，但是何秋涛在边疆史地方面的成就却相当突出，备受推重。他最著名的成就就是撰成《朔方备乘》（原名《北徼汇编》）一书，为边疆史地研究的一代名著。②

张穆与何秋涛两人学术理念与兴趣极为相近，非常投缘，因此，很快成为学术上的合作伙伴。何秋涛曾深情回忆道："顾自念以年家子谒先生，一见如故，辱以同居游，知最深。"③ 张穆在校对《元朝秘史译文》、吴棫《韵补》等书稿时，就邀请何秋涛一起参与校核工作，也非常欣赏他的才华。何秋涛完成《〈王会〉篇笺释》一书后，张穆也欣然作《序》，高度称赞何秋涛著作之精湛，同时也表达了自己对于地理学著作的认知："（何）愿船比部精心研核，博稽详校，成《笺释》一书，观者咸复其赅博精深，拟诸裴氏之注《三国》、郦氏之注《水经》。"④ 张穆去世后，《魏延昌地形志》初稿散乱，并未全部完稿，何秋涛慨然担负起整理遗稿的重任。"先生既殁，秋涛偕何编修绍基编次其稿曰《㐆斋文集》《靖阳亭剳记》各若干卷，编修为缮治成帙。《蒙古游牧记》若干卷、《延昌地形志》若干卷杂涂乙，未脱稿，秋涛将为理而成之。

---

① 光绪《重纂邵武府志》卷二一，清光绪二十六年刊本。

② 参见陈得芝：《何秋涛》，谭其骧主编：《中国历代地理学家评传》（3），山东教育出版社1993年版，第141—155页。

③ 《石州年谱》卷末附《张穆墓志》。

④ 《㐆斋文集》卷三补遗《〈王会篇笺释〉序》，同见《石州年谱》"道光二十八年下"引。

其已行世者，惟顾亭林、阎潜邱两《年谱》云。"① 可惜，在何秋涛死后，《魏延昌地形志》仍未逃脱厄运，幸亏有《总目》与《分目》的留存，我们得以管窥这部巨著的轮廓。②

作为一位重要学者，张穆关注的不仅仅是个人的著述事业，也更关心学术事业的发展。而一个时代学术事业的发展，在很大程度上取决于学者们的群体取向与兴趣。那么，在传统时代，如何促进中国学术健康发展，而避免走弯路乃至歧途呢？"以复古为解放"或"以复古为创新"，就是一条可行的线路，或者可说是"不二法门"，即向方向正确的、成功的前辈学者学习，重新发现其宝贵的经验与教训，虚心学习，继承其学术精旨，再加入自己创新的内容，扩充之，光大之，这也是清代学术史的宝贵经验。③ 在清代学术史的研究整理中，张穆又发挥了独特的作用，其所著《顾亭林先生年谱》《阎潜邱先生年谱》不仅是对顾炎武、阎若璩两位伟大学者的崇高礼赞，将其树立为"精袖领袖"，更是对于其科学研究方法论的高度认可，同时也表明张穆等学者对他们学风与治学路径继承与宣扬的决心。张穆对顾炎武的学术态度极为推崇："谨案本朝学业之盛，亭林先生实脯启之。而洞古今，明治要，学识赅贯，卒亦无能及先生之大者。"④ 道光二十三年（1843），张穆与何绍基等人在京师创建顾炎武祠堂，他在《亭林先生祠落成公祭文》中特别提到，期盼"儒林精神不朽"⑤。张穆又在《〈潜邱年谱〉题词》中指出：

> 癸卯（即 1843 年）夏，穆改订《亭林年谱》既卒业，念国朝儒学，亭林之大，潜邱之精，皆无伦比，而潜邱尤北方学者之大师。因取杭大宗（世骏）、钱晓征（大昕）所为

① 《石州年谱》卷末附《张穆墓志》。
② 参见安介生：《辑校说明——兼论张穆〈魏延昌地形志〉存稿的学术价值》，《〈魏延昌地形志〉存稿辑校》，齐鲁书社 2011 年版，第 1—14 页。
③ 梁启超：《清代学术概论》，中华书局 2020 年版，第 22 页。
④ 《月斋文集》卷三《〈亭林年谱〉题词》。
⑤ 《月斋文集》卷六。

《传》及《劄记》，疏证诸书，排次岁月，为《潜邱年谱》。将以诏吾乡后进，兴起其向学之心。①

　　经张穆倡导，"亭林之大，潜邱之精"自此成为清代学术史上难以更易的评价之语。而张穆撰写顾炎武与阎若璩年谱的目的，更是为了激发后代学人的向学之心。其谆谆之意，的确令人无比感动。何绍基也曾高度评价张穆所撰年谱的学术价值及其严谨的著述态度，"张石州据车秋舲、徐星翁（松）所撰《亭林年谱》，合为定本，增益办（辨）正甚博且精，携稿至山东、江南，蒐得遗事、诗文颇多"②。

　　道光二十六年（1846），张穆撰成《蒙古游牧记》。这部巨著同样可以看作是张穆对祁韵士研究事业的继承与发扬。《钦定外藩蒙古回部王公表传》是祁韵士主持编纂的最重要的边疆史地著作之一，编入《四库全书》，被学者们视为"19世纪西北边疆史地学研究的奠基之作"③。根据《鹤皋年谱》记载，祁韵士在通过传统科举考试之后，又加入了满文（文献中称"清文"或"清书"）的学习。如乾隆四十三年（1778），祁韵士考取进士之后，"引见，改翰林院庶吉士，寻派习清书。（教习师分别有德保、阿桂、钱载、富炎泰等人）……是科状元戴莲士先生衢亨亦习清书，约余同学"④。乾隆四十七年（1782），祁韵士充任国史馆纂修官之后，正是因为"谙习清文"，奉令接纂此书。"余既任事，通核立传体例，计因内札萨克凡四十九旗，外札萨克若喀尔喀土谢图汗、车臣汗……多至二百余旗，以至西藏及回部，均应立总传、分传。"因所需录入的内容极多，征引文献繁多而庞杂，编纂工作极为艰苦。经过八年的努力，该书终于完成。虽然这是一项集体性的大工程，参与者多达二百余人，但主要负责者就是祁韵士、郭可之二人。

---

①　《月斋文集》卷三。

②　见《别顾先生祠》注文，《东洲草堂诗钞》卷九。

③　参见黄兴涛：《祁韵士集·序》，祁韵士著，刘长海整理：《祁韵士集·卷前》，三晋出版社2014年版。

④　祁韵士著，刘长海整理：《祁韵士集·鹤皋年谱》，第590页。

……于是各按部落条分缕析，人立一传，必以见诸实录
红本者为准。又以西北一带山川疆域，必先明其地界方向，
恭阅《皇舆全图》，译出山水地名，以为提纲。其王公等源流
支派，则核以理藩院所存世谱，订正勿讹。①

乾隆皇帝对于这项工作相当重视，因为清朝的统一，为该书
的完成奠定了现实基础。"我国家开基定鼎，统一寰区，蒙古四十
九旗及外扎萨克喀尔喀诸部，咸备藩卫，世笃忠贞。中外一家，
远迈前古。"② 其政治意义是无与伦比的。

现收录于《四库全书》的《钦定外蕃蒙古回部王公表传》共
计一百二十卷，就其总体例而言，分为《表》与《传》两大类，
"将各蒙古扎萨克事迹、谱系详悉采订，以一部落为一《表》
《传》，其有事实显著之王公等即于部落表传后，每人立一专传，
则凡建功之端委，传派之亲疏，皆可按籍而稽"③。列传与立传内
容互相印证，表格内容扼要地提供部落历史关键数据及部族王公
世袭情况。如卷一云：《科尔沁部》下记载："天命九年来归，旗
六、爵十七。"如卷二《喀喇沁部》下载："天聪三年来归，旗二、
爵六。"表格内容共计十六卷。立传内容则有《总传》与《列传》
（或称《专传》《分传》）之别。《总传》为各部历史地理状况的简
单介绍，《列传》则是重要王公的传记，《总传》部分也包含了极
其重要的地理信息。如在《科尔沁部总传》下称："科尔沁部，在喜
峰口外，至京师千二百八十里。东西距八百七十里，南北距二千有
百里。东界扎赉特，西界扎噜特，南界盛京边墙，北界索伦。元太
祖起和林，削平西北诸国，建王驸马等世守之，为今内外扎萨克
蒙古所自出。"这里仅提到该部的方位及疆域四至，内容简略。

《钦定外藩蒙古回部王公表传》终究是一项集体性的工程，不
能算是个人著述，学者个人的意见与见解也很难体现在该书的文
字之中。作为个人辛勤劳动的成果，祁韵士本人的工作成果有不

① 祁韵士著，刘长海整理：《祁韵士集·鹤皋年谱》，三晋出版社 2014 年版，第 591 页。
② 《钦定外蕃蒙古回部王公表传》之《卷首》，《景印文渊阁四库全书》。
③ 《钦定外蕃蒙古回部王公表传》之《卷首》，《景印文渊阁四库全书》。

少遗稿保留，研究者对此有极大的兴趣。为了不让其心血付之东流，其子祁寯藻专门邀请不少学者（其中包括张穆）协助整理，最后又成《皇朝藩部要略》与《皇朝藩部世系表》两书①。祁韵士卒于嘉庆二十年（1815），当时张穆年仅十岁，未能直接向祁韵士学习边疆史地方面的研究成果，而其子祁寯藻最终将整理祁韵士遗著的重任交给了张穆，张穆担任了《皇朝藩部要略》与《皇朝藩部世系表》两书的最后覆校工作。而据祁寯藻所记，张穆最重要的著作——《蒙古游牧记》的撰作意愿，正是在整理祁韵士的遗稿时产生的。祁寯藻指出：

> ……又越七年，平定张石州复为校补讹脱，乃墨诸版。石州又以先大夫之创为各传也，先辨其地界方向，译出山水地名，以为提纲，而是编疆域未具，读者眩之，爰以《会典》《一统志》为本，旁采各书，别纂为《蒙古游牧记》若干卷，它日卒业，将附梓以行。②

可以说，如果没有《皇朝藩部要略》诸书的前期工作，也就不会有《蒙古游牧记》。张穆正是发现了以前著述的不足，才萌生撰写《蒙古游牧记》的想法。张穆也希望《蒙古游牧记》与祁韵士的著作相伴刊行。"昔吾乡祁鹤皋先生著有《藩部要略》一书，穆曾与雠校之役。其书详于事实而略于方域，兹编或可相辅而行。"③ 当然，《蒙古游牧记》的撰写有着更为深刻的历史背景及更为巨大的学术意义，张穆对此有明确说明。

> 我皇清受天眷命，统一天下，薄海内外，悉主悉臣，治道之隆，登三咸五。而北戴斗极，西届日所入，廓疆畛三万

---

① 参见吕文利：《历史书写与藩部政治——〈皇朝藩部要略〉研究》，黑龙江教育出版社 2009 年版。

② 祁韵士著，刘长海整理：《祁韵士集·皇朝藩部要略·卷后语》，三晋出版社 2014 年版，第 335 页。

③ 《月斋文集》卷三《〈蒙古游牧记〉自序》。

余里，靡不服属奔走。礼乐、朝会、赋役、法制、条教、号
令，比于内地。盛矣哉，古未尝有也！然内地各行省、府、
厅、州、县，皆有志乘，所以辨方纪事，考古镜今……独内、
外蒙古隶版图且二百余载，而未有专书。钦定《一统志》《会
典》虽亦兼及藩部，而卷帙重大，流传匪易，学古之士尚多
懵其方隅，疲于考索，此穆《蒙古游牧记》所为作也。①

中国很早就有撰修地方志的传统，自宋元明清以来，内地地
方志事业得到了很大的发展，著述数量繁多。而在清代王朝疆域
大一统的背景之下，边疆地区地方志或地理志阙漏的情况就显得
格外突出了。其中，地处中国北方农牧分界线以北的蒙古地区地
方志的修撰最为缺乏，也最为困难，学术界更是翘首以待。而撰
修处于游牧状态的蒙古地区的地方志，不啻是一种前无古人的创
举。内地地方志的撰修，大多依郡县系统，早有成规。而对于长
城以北的游牧地区，又将如何处理？其方志撰写体例如何确立？
这些问题更是其解决困难的关键。而《蒙古游牧记》完善的撰修
体例，正是该书最大的成功，也是最大价值所在。可以说，在此
体例的创设中，张穆显示出了非凡的创造性。

今之所述，因其部落而分纪之。首叙封爵、功勋，尊宠
命也；继陈山川、城堡，志形胜也；终言会盟、贡道，贵朝
宗也。详于四至八到，以及前代建置，所以缀古通今，稽史
籍，明边防，成一家之言也！②

为保证《蒙古游牧记》一书的质量，张穆可谓竭尽全力，呕
心沥血，而其运用各种科学的研究方法，也值得后辈学人认真领
悟与学习。"致力十年，稿草屡易。凡国家丰功伟烈见于《方略》
诸书者，罔不敬录而阐扬之。其近年兴建，则又询诸典属，访诸

① 《月斋文集》卷三《〈蒙古游牧记〉自序》。
② 《月斋文集》卷三《〈蒙古游牧记〉自序》。

枢垣，以祈精详而备讨论。"① 可见张穆之作，不仅在引述清代早期历史研究与记录方面极其深入、极其翔实，而且为核实嘉庆、道光年间的边疆记述，遍访当事官员，以避免传闻之讹脱。著述态度之严谨与求实，令人惊叹。如果轻易苛责前辈学者"嗜古成癖"或"一味考古"，或者以为重视实地调查访谈，重视当事人的口述历史，只是现代学者才懂的玩艺儿，就显得荒唐可笑了。

《蒙古游牧记》的最终成功，还是仰赖何秋涛的无私襄助。刊行后的《蒙古游牧记》共有十六卷，张继曾加案语称："《游牧记》刻于咸丰九年（1859），前十二卷，先伯（即张穆）撰，后四卷，何秋涛补辑。"② 可以说，《蒙古游牧记》一书为张穆与何秋涛两人合作之结晶。吴履敬回忆张穆遗稿经历的神奇遭遇，曾说道："《游牧记》末四卷尚未排比，《地形志》'夏州'以后未得草稿，皆赖愿船先生编校缀辑，约略完善，与诗文集可相继付梓。师之精心卓诣未坠于地，后学之士得有所寻绎沾丐焉！"③《蒙古游牧记》刊行两年之后，何秋涛即不幸谢世。古人之高谊与心血，共同树立了不朽之丰碑，为后人留下了宝贵的文化财富，书写了一段中国学术史上的精彩华章。

结　语

清代乾隆、嘉庆以来，中国学术发展事实上迎来了一个"新学"兴起，或"新旧交替"的历史转折时期。在以传统古文字学、音韵学、历史学、校勘学为代表的所谓"乾嘉学术"继续兴盛的同时，又有一些新式学科兴起，如西方算学、天文学等。④ 其中，

---

① 《月斋文集》卷三《〈蒙古游牧记〉自序》。
② 《石州年谱》"道光二十六年下"引。
③ 《月斋文集》之吴履敬《序》。
④ 参见陈其泰、李廷勇：《晚清新学的兴起与传统学术的新发展》，《中国学术通史（清代卷）》，人民出版社2004年版，第493—495页。

西北边疆史地研究的兴起被现代研究者称为"第一次边疆研究高潮"①。在当时边疆史地研究的热潮中，以祁韵士、徐松、沈垚、张穆、何秋涛等学者构成的学者群体起到了核心性的、不可或缺的重要作用。②

乾嘉以来学者群体的出现，早就引起了研究者的注意。而在当时学者群体的组建中，阮元、程恩泽堪称学者之翘楚、学界之领袖。何绍基曾回忆当时学术界盛况，道："京师，才士之薮，魁儒硕生，究朴学能文章者辐凑鳞比，日至有闻。至网罗六艺，贯弗百家文，巍然有声名、位业，使天下士归之，如星戴斗，如水赴壑，在于今日，惟仪征（阮元）及司农（程恩泽）两公而已。"而在阮元、程恩泽两位大学者的周围又聚集着一群志同道合的学者。

> 然（何绍）基久处京师，所及交若刘丈申甫（逢禄）、潘丈少白（谘）、陈秋舫（沆）、龚璱人（自珍）、魏默深（源）、陈硕甫（奂）、江铁君（沅）、徐廉峰（宝善）、管异之（同）、陈东之（潮）、徐君青（有壬）、郑芝香（不详其名）、俞理初（正燮）、汪孟慈（喜孙）、陈颂南（庆镛）、张彦远（不详其名），许印林（瀚）、沈子敦（垚）、黄蓉石（玉阶）、张石州（穆）诸君，大抵两公所识习而矜赏者也，（何绍）基自为弟子，出司农（程恩泽）门下……③

其中，以阮元本人长寿，从乾隆到道光，盛名满天下，大力扶持学界后起之秀，边疆史地之学至道光年间成为显学，而他们同时大多喜治"小学"（即古文字音韵学）。"清儒以小学为治经之

---

① 马大正：《当代中国边疆研究》(1949—2014)，中国社会科学出版社 2016 年版，第 53 页。
② 参见郭丽萍：《绝域与绝学——清代中叶西北史地学研究》，生活·读书·新知三联书店 2007 年版。
③ 《东洲草堂文钞》卷四《龙泉寺检书图记》，清光绪八年刻本，第 31 页。注释为笔者所加。

（塗）途径，嗜之甚笃，附庸遂蔚为大国。"① 曾国藩曾指出："道光之末，京师讲小学者，卿贰则有祁公（寯藻）及元和吴公钟骏，庶僚则道州何绍基子贞、平定张穆石舟、晋江陈庆镛颂南、武陵胡焯光伯、光泽何秋涛愿船。"② 近代大学者梁启超在《中国近三百年学术史》中指出："盖道光中叶以来，地理学之趋向一变，其重心盖由古而趋今，由内而趋外。以边徼或域外地理学名家者，寿阳祁鹤皋（韵士）、大兴徐星伯（松）、平定张石洲（穆）、邵阳魏默深（源）、光泽何愿船（秋涛）为最著。而仁和龚定庵（自珍）、黟县俞理初（正燮）、乌程沈子敦（垚）、固始蔚（蒋）子潇（湘南）等，其疏附先后者也。此数君者，时代略衔接，相为师友，而流风所被，继声颇多。兹学遂成道光间显学。"③ 又称："自乾隆后，边徼多事。嘉（庆）、道（光）间渐留意西北边新疆、青海、西藏诸地理，而徐松、张穆、何秋涛最名家。松有《西域水道记》《汉书西域传补注》《新疆识略》，穆有《蒙古游牧记》，秋涛有《朔方备乘》，渐引起研究元史的兴味，至晚清尤盛。"④ 在这里，梁启超着重讲到了这群学者不仅时代相近，且互为师友，相互影响，进而共同造就了一代学术风尚。

笔者以为，当时的学者群体确实有不少自身的特点，值得后来学者思考与借鉴。

其一，边疆史地研究者官方与半官方的色彩非常浓厚，效力于王朝政治发展的宗旨也十分明确。无论什么朝代，边疆事务与边疆问题都是经国之大政，非寻常学术研究问题可比，其研究内容或涉及"机密"，或涉及王朝处理边疆事宜的重大决策，也非普通学者力所能及。当时学术领袖或宗师如阮元、程恩泽、祁韵士、徐松等人本身就是朝廷高官，有机会接触或得到第一手边疆情况的资料。最典型的就是祁韵士、徐松二人，虽然被谪斥边疆，却有缘在地方最高官员的支持下创始编辑新疆地方志书，并又借助

①　梁启超：《清代学术概论》，中华书局 2020 年版，第 89 页。
②　参见《苗先麓墓志》，《石州年谱》"道光二十八年下"引。
③　梁启超：《中国近三百年学术史》，商务印书馆 2011 年版，第 380 页。
④　梁启超：《清代学术概论》，中华书局 2020 年版，第 96 页。

在同文馆等处供职的便利，能够得到各地上交的第一手资料。俞正燮、沈垚、张穆等学者虽未做官，但是通过自己的努力及与官员的做幕、交游、请教，弥补了这方面的缺陷。徐松负责编撰的《新疆识略》、何秋涛的《朔方备乘》更是直接得到皇帝的赐名，获得了官方的许可，与传统官方政书无异。因此可以说，边疆研究热潮的形成与学者的崛起，不仅具有王朝疆域变迁的时代大背景，也有客观的人为便利条件，真实而全面地反映了时代的需要。一方面，许多边疆史地的著作其实是在藏于大内的"王朝机密"的官方文件与学术界及普通读者之间搭起的"桥梁"，对于当时知识界了解边疆与认识边疆起到了很大的作用；另一方面，这些著述后来又因撰写质量高超，而为官方所接受，成为后来官方政书撰写的主要参考书。如《清史稿·地理志》的许多相关官方著述与张穆《蒙古游牧记》的内容有诸多吻合或类似之处。

其二，这群学者在学术理念与主张、治学方法与著述路径，以至于在研究内容方面高度相关或相近，相互襄助，取长补短。近代学者梁启超曾指出："在乾嘉学派为中坚之清代学者，一反明代空疏之习，专从书本上钻研考索，想达到他们所谓'实事求是'的目的。"① 罗振玉在《清朝学术源流概略》中也简略概括了清代学者的研究方法，主要有六条：一、征经；二、释词；三、释例；四、审音；五、类考；六、捃佚。② 这些方法原本集中在古文字学、古音韵学以及经学中，后来推广至其他学术领域。笔者以为，在研究具体内容上，清代学者围绕《说文解字》与《水经注》两本书的研究，实际上在清代学术活动中扮演着极其重要的作用，占据着十分显赫的地位。本来，文字学与音韵学是研修古代典籍的基础，而清代"小学"研究达到极盛，号称"诸学之冠"，③ 而当时的文字学与音韵学又主要围绕许慎的《说文解字》一书开展的。自段玉裁之后，"自是，《说文》学风生水起，占了清学界最

---

① 梁启超：《清代学术概论》，中华书局 2020 年版，第 216 页。
② 罗振玉述，[日]松琦鹤雄、穆传金译注：《清朝学术源流概略》，商务印书馆 2018 年版，第 66—69 页。
③ 梁启超：《清代学术概论》，中华书局 2020 年版，第 258 页。

主要的位置"①。张穆、苗夔、何绍基等人都是从《说文解字》的研究入手开始古代文史研究的，且都有深厚的造诣，均有相关学术著作，王筠更是一代《说文》学大家，因此，这群学者也会被人称为"汉学家"或"小学"学者。

而对于地理学或边疆史地的研究者而言，对《水经注》一书的研究则更有突出的意义。现代研究者指出，《水经注》研究至清代达到了高峰。②《水经注》内容宏富，一方面其中包括南北朝历史地理研究的珍贵资料；另一方面《水经注》又是一代地理学经典，研习《水经注》的过程，也是系统地学习与研究全国范围内历史地理演变状况的过程。徐松的《西域水道记》不愧是借鉴《水经注》著述范式的伟大作品，而张穆也深受前辈学者的启发，在《水经注》研究上痛下苦功。我们可以看到，《魏延昌地形志》与《蒙古游牧记》的撰写，都离不开《水经注》一书的启发。

其三，这群学者不仅能够在生前相互帮助，相互请益，相互借鉴，相互鼓励，共同探讨，且往往在友人去世后，千方百计，不辞辛劳，整理编辑其遗著。这种高风亮节的人格，足堪典范，对于中国传统学术延续与发展作出了卓越贡献。同时，这群学者也能坦诚布公，相互批评，指出彼此不足，这对于当时学术质量的提高以及严谨学风的塑造，都是相当重要的。在当时学风的塑造中，张穆又起到了独特的作用。张穆去世后，祁寯藻对于其论学风格记忆犹新，印象深刻。

> 顾石州不自挠屈，有以所著书或诗、古文辞进者，无问其人位望，有不可于意，即指疵颣，口龂龂辨，折角陷坚，不遗余力，以是慕名而来者，或稍稍引去。然其于学深博无涯岸，遇奇士，虽素出己下，辄折节推之。③

---

① 梁启超：《清代学术概论》，第252页。
② 陈桥驿：《郦道元》，谭其骧主编：《中国历代地理学家评传》(1)，山东教育出版社1993年版，第230页。
③ 《月斋文集》之祁寯藻《序》。

张穆与陈颂南本为同道好友，交谊深厚，持续一生，而张穆对陈颂南的批评意见却在当时学术圈广为流传，如张穆《与陈颂南（先生）书》相继被选入《续古文辞类纂》《清经世文续编》等书，成为学界传颂之名篇。陈庆镛，字乾翔，号颂南，福建晋江（治今福建晋江市）人，道光壬辰（十二年，1832）进士，官至御史，以正直敢谏驰名天下。同时，他也是一位学识丰富的学者，著有《籀经堂文集》《三家诗考》《说文释》《古籀考》等，也是何秋涛的老师，与张穆私交甚笃。张穆十分佩服陈颂南的为人，曾言："先生以直谏闻天下，天下仰望风采，以一瞻颜色为幸。"然而，各人性格不同，陈颂南身居高位，交游应酬，不免耗费时间过多，作为至友，张穆惋惜道："窃见先生年来日以招呼名士为事，苟有闻于世，必宛转引为同类，从无闭户自精、读书味道之时。穆蒙不弃，不四五日辄示过，乃不闻以新知相觇，所谈者皆泛泛不关痛痒之言，何以自了？深为先生惧之。"① 从这些言词中我们可以看到，张穆治学要求很高，自律很严，对于交游对象的选择十分严格。而要求一位在职官员在恪尽公职之余，静心从事学术研究，未免有些苛责了。不过，张穆却坚持认为，读书研究，即使对于当世为官从政，也是必不可少的，同样是有很大益处的，此诚为千古名训！该书信中所论及读书及研究之方法，更具参考价值。

> ……古今必无徼幸之名臣、循吏也。愿稍敛征逐之迹，发架上书，择其切于实用者一二端，穷原竟委，单心研贯，一事毕更治一事。然后于朋友中明白事理，如印林（许瀚）、伯厚（赵振祚）比者，相与讨论之，如此则取友自然不滥。它日出而宰世，亦不至贸贸而行，令人有言行不相顾之疑也。②

---

① 《月斋文集》卷三《与陈颂南先生书》。
② 参见《月斋文集》卷三《与陈颂南先生书》。

应该说，自太史公司马迁开始宣称其著述的理想："究天人之际，通古今之变，成一家之言，"① 影响至为深远，这一理想成为日后中国古代读书人的向往与至高追求。张穆也不例外，他用勤勉而无悔的一生完成了卓越的著述事业，称得上是太史公之言的恪守者，为中国学术事业的建设作出了不可磨灭的贡献。名山事业，彪炳史册！张穆曾经指出：

> 昔太史公纂述，藏之名山，极郑重也。而所望后世者，惟好学深思、心知其意之人。盖天下文人多，学人少，不得学人，则著述之事几乎息矣！②

尽管张穆学术声名极盛，然而在其死后，著作散落。虽然一些重要著作被单独整理后出版，如《蒙古游牧记》《顾亭林先生年谱》等，但是，总体而言，学术界一直缺乏对于张穆学术成果进行较为系统的整理与全面的研究。这对于继承古代学术遗产，总结张穆学术研究成就是极为不利的。编辑《张穆全集》，全面总结与宣传张穆的学术成就与贡献，是对这位伟大学者最好的纪念，也是笔者多年的梦想。在多年从事张穆研究的过程中，笔者又感到全面总结张穆的学术贡献是何其之难！除他本人独立完成的著述之外，张穆为其他学者所做的学术方面的工作又是何其之多！

首先，张穆学识渊博，著述等身，其学术成就体现在多个领域，一时被推为学林"祭酒"③。如祁寯藻所言："道光间，有以文学名都下者，则平定张石州先生。"④《郎潜纪闻》又称："石州渊博，无涯涘，世以东京崔（寔）、蔡（邕）目之！"⑤ 关于张穆一生的学术路径，何秋涛指出："幼好学，慕古作者，长诵六艺、百家之言，固而存之。胶罅擘坚，无蔽于前。乃沉思溯经诂，贯

---

① 《汉书》卷六二《司马迁传》。
② 《月斋文集》卷三《〈校正元圣武亲征录〉序》。
③ 《山西通志·文学录》，《石州年谱》后附。
④ 参见《月斋文集》之祁寯藻《序》。
⑤ 《郎潜纪闻二笔》卷十三，清光绪刻本。

史策，核天算，图地志，钩伏剟舛，敁古铸今，以为学无时代，惟其是尔。故研习皆朴学，非世所好也。"① 可见，张穆不仅有自己坚定的学术路径，同样有明确的学术理念与主张。"学无时代，惟其是尔!"这句格言尤其能凸显张穆极其可贵的科学求是精神，这种精神贯穿其一生的学术历程。同时，何秋涛也曾较为全面地总结了当时学术界对于张穆的评价。

> 曩者，旌德吕文节公推先生为直谅多闻之友，且为余言："石州研经似贾长头（东汉学者贾逵），考史似刘子元（唐代学者刘知几），谭（谈）地理似郦善长（北魏学者郦道元）、王伯厚（宋代学者王应麟），论治体似陆敬舆（唐代名臣陆贽）、白居易，行谊卓绝、文词瑰（瓖）伟则似萧颖士（唐朝名士）、徐仲车（宋朝名士）。"此非阿其所好，盖天下之公言也。②

可以说，张穆不仅是卓有成就的历史地理学者，也是声名显赫的文学家与书法家，更在古文字音韵、文物鉴定及校勘学等方面有着精深的造诣，深孚众望。因此，其一生的研究成果与成就是多方面的，是相当丰富的，③ 其中，书法作品据说留存不少，而这部分作品的蒐集，就是我们编校者无能为力的部分了。

其次，值得高度赞赏的还有张穆的高远识见，豁达心胸，珍惜他人的学术成果，笃诚于友情，为师友们编集成果及遗作不遗余力，费尽苦心。正如何秋涛曾称赞的那样："先生一介寒士，而以流通古籍，扬抃前贤自任，其于师友著述，表章尤不遗余力。若俞氏理初、沈氏子敦，皆同志之友，先生尝钞其所著《癸巳存稿》《落帆楼（文）稿》，藏箧中，及其人殂谢后，悉为谋诸有力者校刊传世。又程春海侍郎，为平生知己。莫宝斋司农，为婚姻尊行。二公胜流显宦，宾客盈门，而身没以后，诗文、奏议零落

---

① 何秋涛：《张穆墓志》，《石州年谱》后附。
② 参见《月斋文集》之何秋涛《序》。
③ 张继曾在《石州年谱》后较全面的蒐集张穆著述，可参看。

殆尽。先生百计搜罗，付之剞劂，其笃于风义如此。"① 因此，研究张穆的学术发展过程与学术成就，不能忽视这些著作。如以张穆主持刊行的《连筠簃丛书》为例，其内容丰富，质量精审，可谓浸透了张穆的心血。《连筠簃丛书》又称《杨氏丛书》，实为杨氏兄弟出资刊印。根据《清续文献通考》的记载，《连筠簃丛书》共有十二种、一百十一卷，杨尚文编。杨尚文，字墨林，山西灵石县人，与何绍基、张穆等人交情很好。何绍基曾回忆他们的交往道："墨林虚怀敬友，既遍交一时贵俊，因命（其弟）子言师事余及颂南、石舟……家计中落，墨林好事，益不衰，刻《连筠簃丛书》十余种，皆发明经史，裨益实用之书，张石舟实为经理。"②《连筠簃丛书》包括：

> 《韵补》五卷，（宋）吴棫著，附《韵补正》，（清）顾炎武著。
> 《元朝秘书》十五卷，（元）无名氏著。
> 《两京城坊考》五卷，（清）徐松著。
> 《长春真人西游记》二卷，（元）李志常著。
> 《汉石例》六卷，（清）刘宝楠著。
> 《勾股截积和较算例》三卷，（清）罗士琳著。
> 《椭圆术》一卷，（清）项名达著。
> 《镜镜詅痴》五卷，（清）郑复光著。
> 《癸巳存稿》十五卷，（清）俞正燮著。
> 《群书治要》五十卷，（唐）魏徵编。
> 《湖北金石诗》一卷，（清）严观著。
> 《落帆楼文稿》六卷，（清）沈垚著。③

因此，《张穆全集》远远无法囊括张穆学术成就之"全"，只

---

① 《月斋文集》之何秋涛《序》。
② 何绍基撰：《灵石杨君兄弟墓志铭》，《东洲草堂文钞》卷十七《碑志》，清光绪刻本。
③ 《清续文献通考》卷二七二《经籍考十六》，民国景十通本。

是仅就编校者目前的能力与专业视野而言。编校者以为，张穆在历史地理与学术史方面的成就影响巨大，因此，《张穆全集》最重要的关注点就在于其边疆史地、历史地理与学术史方面的著作。

综观张穆的一生，一方面，我们可以说张穆是相当不幸的。他在崇尚科举入仕的时代，饱读诗书，才华卓越，却未能进入仕途大展拳脚，最终坎坷一生，贫病交加，英年早逝。在近代化大学及专门学术研究机构出现之前，张穆纯粹的学者之路是异常艰辛的，种种艰难，难以名状。另一方面，张穆又是非常幸运的，他生于科举取士的时代，却没有被俗氛所左右，变成那个时代学术思想上的"囚徒"。他遇到了一个难得的机遇，一个中国传统学术急需拓展的特殊时代，而他在这方面又具备特殊的才能与趣味。他遇到了诸多学术上的师长与至友，得到了他们可贵的指引与帮助，相互砥砺，其个人由此也得到了著书立说的宝贵机缘。当然，明辨是非的勇气与坚忍不拔的毅力，又是张穆最后取得巨大成就的关键所在。

今天我们总结与整理前人的学术成就与文化遗产的主要任务，不是为了致敬"灰烬"，料理古董，炫耀财富，而是要传递智慧与思想的"火种"。[①] 中国拥有悠久而优秀的学术研究传统，无数古代学者创造并继承了许多优秀的学术理念、学术体例、学术方法与路径，创作出极其丰富灿烂的学术文化典籍，成为祖国文化宝藏中的一部分，也是我们后代学人需要继承的宝贵财富。其中，经世致用的入世态度、实事求是的科学精神、"事必有据"的考据方法、摈弃"耳食"及空言的务实作风等，都是十分值得珍视的、优秀的学术研究理念与方法论，更是中国传统文明与智慧的核心组成部分。学古而不泥古，明辨是非以求真知灼见，拒绝虚妄吊诡，拒绝武断臆说。张穆用一生的努力，用卓越的学术成就给予我们以最深切的昭示与启迪，《张穆全集》的编纂工作正是想表达这一点。

---

① 奥地利作曲家马勒之言："继承传统意味着传递火种，而不是膜拜灰烬。"笔者最早从著名建筑学家、东南大学特聘教授夏铸九先生发言中闻听此言，深有同感。

长城内外篇

第六章 "瀚海"新论——历史时期对
蒙古荒漠地区认知进程的研究

引言 古地名的环境史

关于蒙古荒漠与"瀚海"（或称"翰海"）问题的认知，对于北方边塞地区历史地理研究的意义是不言而喻的。历史时期对蒙古荒漠地区的认识经历了一个相当曲折而漫长的过程。我们可以发现，这一认知过程似乎始终与"瀚海"一词的认定与解析分不开。但是，迄今为止，古今学者对"瀚海"一词的解释不尽相同，对"瀚海"景观的认定尚没有明确的结论。或以为指贝加尔湖；或以为"瀚海"乃"杭爱"一词的异译，为杭爱山之别称；或以为"瀚海"即"旱海"，即为戈壁沙漠之泛称。[①] 事实上，一方面，在漫长的历史时期里，自然地貌景观本身不可能一成不变；另一方面，不同时代人们的认知能力与认知水平又相差悬殊，因

---

① 据笔者查阅所及，自 20 世纪 80 年代以来，关于"瀚海"问题研究的主要论文有：傅金纯、纪思：《"瀚海"、"狼山"今何在》，《固原师专学报》1985 年第 1 期；王廷德：《翰海考辨》，《内蒙古大学学报》1989 年第 3 期；胡和温都尔：《翰海是何之名》，《内蒙古社会科学》（汉文版）1990 年第 4 期；王廷德：《翰海是湖不是山》，《学术研究》1990 年第 2 期；俞士玲：《高适〈燕歌行〉"校尉羽书飞翰海，单于猎火照狼山"考释》，《古籍整理研究学刊》2000 年第 4 期；赵永成：《"瀚海"不是海》，《咬文嚼字》2002 年第 10 期；汪明远：《"瀚海"本是海》，《咬文嚼字》2007 年第 8 期；应晓琴、黄珅：《瀚海考》，《华东师范大学学报》（哲社版）2006 年第 5 期；等等。

此，即使对同一片自然区域，不同时代及不同视角所得到的定义或内涵也可能存在较大差异，而后世研究者据之所作出的单一性的、片断式的认定与诠解，很难全面系统地反映出自然景观的历史风貌变迁的客观过程。

笔者以为，地理认知或地理知识体系的构建，本身就是一个长期而复杂的发展过程。"瀚海"一词，正是从一个侧面非常典型地反映出不同时期人们对蒙古荒漠地区认知的进展状况。考释"瀚海"一词，全面而系统地揭示这一认知历史的复杂演变过程，反映出不同时代人们的地理认知状况与水平，远比简单的归纳与判定工作更为重要，这也就是历史地理诠释学（The Hermeneutics of Historical Geography）与传统地名考据学之间最大的差别。

历史时期对于"瀚海"及蒙古荒漠地区的认知进程是相当曲折与复杂的，而"瀚海"（或"翰海"）一词也在不同的时段承载了截然不同的内涵与限定。两汉至南北朝时期，中原地区主要通过军事远征行动来探知长城以北的地理状况。"瀚海"作为塞外荒漠间的巨大水体，与"大幕""大漠""大碛"等荒漠词汇存在明确的差异，有着较为明确的方位。唐代在漠北地理探知方面取得了突破，但"瀚海"一词也出现了指代宽泛化的倾向，成为漠北地域与所居部族的代名词。而时至宋明时期，"瀚海"则有了指代"旱海"即荒漠的趋向，出现了认知上明显的"迷失"与倒退。因各种有利的主客观因素的结合，清代在荒漠探知方面取得了重大进展，不少研究者不仅实地踏勘了蒙古荒漠地区，而且力求从语源及成因等诸多方面进行深入探究，从而大大促进了关于蒙古荒漠地区的认知程度。另外，清代研究者不仅开始广泛运用"戈壁"一词，还有意在实际运用中与"瀚海"区别开来，分别指代西北（新疆）与内、外蒙古之间的两大荒漠地带。

笔者试图在全面梳理历史文献以及总结前人研究工作的基础上，从地理知识论（Geosophy）的角度出发，以"瀚海"一词内涵的变迁为线索，力求系统翔实地展现历史时期中国知识界对蒙古荒漠地区复杂而曲折的认知历程，通过对"瀚海"问题的全面考释，力求展现历史地理诠释学与传统地名考据学之间的显著差异，并以此作为推动传统地名考订与文献考据学向符合当代学术发展趋势的历史地理诠释学转变的一个尝试。

唐代以前的北征行动与"瀚海"认知

对于地理区域的认知，理应本于实地考察及由实地考察获取的相关资料，即所谓"实践出真知"，对蒙古高原荒漠地区的认识也应如此。然而，出于时代及地域的局限，在中国古代历史上，对于蒙古荒漠地区的早期认知却主要是通过军事征伐的途径获得的。这在唐代以前尤为典型，史籍记载的三次著名的北征行动，实际上成为三次横穿大漠的实地踏勘之举，而中原人士对蒙古沙漠及"瀚海"景观的认知与记述，也主要源于这三次北征的经历及见闻。

西汉武帝元狩四年的北征

"瀚海"，在中国古籍中原本作"翰海"，最早出现于《史记》关于元狩四年（前119）汉朝军队北征匈奴的记载之中。据《史记·匈奴列传》记载：汉武帝元狩四年，汉朝军队北征匈奴，汉武帝"令大将军（卫）青、骠骑将军（霍）去病中分军，大将军出定襄，骠骑将军出代，咸约绝幕击匈奴"①。此次北征获得重大战绩，如（卫青部）"行斩捕匈奴首虏万九千级，北至阗颜山赵信城而还"。阗颜山（或称阗颜山、窴颜山），大致在今蒙古高原杭爱山南面的一支。又如"汉骠骑将军（即霍去病）之出代二千余里，与左贤王接战，汉兵得胡首虏凡七万余级，左贤王将皆遁走。骠骑封于狼居胥山，禅姑衍，临翰海而还"②。狼居胥山，为今蒙古国境内的肯特山。

因为蒙古地区地域广袤，地形复杂，行程中所见景观在很大程度上取决于选取的路径。据相关文献关于这场战役的描述可知，

①　《史记》卷一一〇《匈奴列传》，中华书局1997年版，第2910页。
②　《史记》卷一一〇《匈奴列传》，第2911页。

当时，在汉武帝的直接指挥下，卫青与霍去病率汉朝军队兵分两路：卫青所率汉军自定襄郡（治今内蒙古和林格尔县西北）出发北上，可称为"西路"或中路。又据《史记·卫将军骠骑列传》《史记·李将军列传》的记载，卫青部又有"东道"之分。"大将军之与单于会也，而前将军（李）广、右将军食其军别从东道，或失道，后击单于。"西汉名将李广当时跟随卫青北征，奉命自"东道"北行。"东道少回远，而大军行水草少，其势不屯行。"结果，李广部在北行途中迷路失期，因此并没有深入漠北腹地，与匈奴正面作战。霍去病"出代（郡，治今河北蔚县东北）、右北平（郡，治今天津蓟县）二千余里，直（匈奴）左方兵，所斩捕功已多于青"，应称为"东路"。

与《匈奴列传》相印证，"翰海"也见于《史记·卫将军骠骑列传》，汉武帝在褒奖霍去病的诏书中对霍去病的征程与功绩作了更为细致的说明。

> 骠骑将军去病率师，躬将所获荤粥之士，约轻赍，绝大幕，涉获章渠，以诛比车耆，转击左大将，斩获旗鼓，历涉离侯，济弓闾，获屯头王、韩王等三人，将军、相国、当户、都尉八十三人，封狼居胥山，禅于姑衍，登临翰海。执卤获丑七万有四百四十三级……

由东、西两路的行程比较可知，与霍去病东路军最大不同的是，卫青所率西路军并没有"登临瀚海"的经历。由此可推知，当时文献中所指"瀚海"应在蒙古荒漠的东部地区。

与漠北地区自然景观直接相关的记录，是《史记》等史籍中关于"幕"的记载。我们可以发现，在汉武帝的诏谕中，东路之霍去病部行程又有"绝大幕"的记录，征程较为漫长。而西路之卫青部兵出定襄后，只有"度幕"之经历，而匈奴单于布阵于幕北，卫青部出塞千余里，即与单于兵相遇。以此推想，从西路北上，"幕北"匈奴部距离汉朝西部边塞仅有千里之隔。卫青部又向西北追二百余里，则至寘颜山，即已行至今蒙古国杭爱山南面。

东汉永元元年的北征

东汉时期横贯大漠的北征，是永元元年（89）窦宪等率领军队征讨南匈奴部众的大规模北伐行动。此次北征也是大获全胜，取得了相当辉煌的战绩。据《后汉书·窦宪传》记载，当时东汉军队北征，同样兵分两路，一出鸡鹿塞（在今内蒙古杭锦后旗西），一出稒阳塞（在今内蒙古包头市东），首先会师于涿邪山（在今蒙古国阿尔泰山东南部一带），后又经稽落山，最后抵达私渠比鞮海，并登燕然山，"去塞三千里，刻石勒功"。燕然山，即指今蒙古国境内的杭爱山，私渠比鞮海应为今蒙古国境内的本查干湖。

当时从征人员中有著名史学家班固，班固在奉命撰写的纪功铭文中提及了军队的征程往返路径。

> ……遂陵高阙（塞，在今内蒙古乌拉特中后联合旗西南），下鸡鹿（塞），经碛卤，绝大漠……于是域灭区单，反旆而旋，考传验图，穷览其山川。遂逾涿邪，跨安侯，乘燕然，蹑冒顿之区落，焚老上之龙庭……①

据此可知，东汉军队的这次大规模北征，由于大获全胜，因而得以较为从容地凯旋，并非来去匆匆，走马观花。窦宪、班固等人因此有较为充裕的时间参照以往文献与图籍，较为全面地考察漠北地区的地形与地貌。就北征距离而言，窦宪所率东汉军队的北征已超过了西汉，但是，据文献资料判断，其选取的路线应属西路或中路。应该特别注意的是，在这条路线上，窦宪等人并没有遇到"瀚海"，更没有登临"瀚海"之举，这就再次证明"瀚海"应在蒙古高原东部区域。

班固在铭文中没有指明"大幕"，也没有提及"瀚海"，却提出了两个后世极为通行的蒙古沙漠的名称——"大漠"与"碛卤"。

---

① 《后汉书》卷二三，中华书局1997年版，第814—815页。

北魏太武帝时期的北征

北魏时期，分布大漠南北的柔然人（即"蠕蠕"）强盛一时，对北魏边境地区形成了严重威胁。向漠北地区的最大规模的北征，发生于太武帝拓跋焘在位时期。拓跋焘于神䴥二年（429）亲自统率北魏军队北征柔然，取得重大胜利。据文献记载，当时北魏军队也是兵分两路：一路由拓跋焘亲统，出东道向黑山（在今内蒙古包头市北）；另一路由大将长孙翰统领，从西道向大娥山。五月，次于沙漠南，舍弃辎重，向北奔袭，行至栗水之时，柔然酋长大檀率部仓皇西逃。"世祖缘栗水西行，过汉将窦宪故垒。六月，车驾次于菟园水，去平城三千七百里。分军搜讨，东至瀚海，西接张掖水，北渡燕然山，东西五千余里，南北三千里。"①《魏书·崔浩传》对于此次北征的记载又有补充，如云："世祖沿弱水西行，至涿邪山。"栗水为今蒙古国境内的翁金河，菟园水为推河（或以为图拉河）。弱水即张掖水，即今内蒙古西部的额济纳河。

与《史记》《汉书》《后汉书》等书可相互印证，拓跋焘的北征路线，与东汉窦宪的路径最为接近，最远距离也相仿，即距塞三千余里。然而，北魏军队进入漠北地区后，东西纵贯，征程覆盖面更为广阔。《魏书》所载的"瀚海"，当时已被视为一个重要的地域分界标志。"东至瀚海，西接张掖水"，"东西五千余里"，显然，"瀚海"位于蒙古高原东部边缘地带，张掖水（弱水）与"瀚海"之间的距离应超过五千里。《魏书·蠕蠕传》又载：正光四年（523），柔然部落发生饥荒，故入塞寇抄。肃宗派遣李崇率大军出讨，"出塞三千余里，至瀚海，不及而还"。此处记载较为简略，并没有标示瀚海的位置，只是说明瀚海在距塞外三千余里之地。

我们不难发现，古今中外的学者关于"瀚海"问题的争论，主要集中于唐朝以前所见的"瀚海"相关文献资料的诠释。关于

① 《魏书》卷一〇三《蠕蠕传》，中华书局1997年版，第2293页。

这个"翰海"（瀚海）之意义解析，又可以《史记》三家注为代表。首先，唐代及唐代以前学者的意见可归纳为以下两大类。

第一类意见是将翰海等同于"北海"，如《史记集解》引如淳之言曰："翰海，北海名。"[①] 不少中外研究者同意这一观点，将"北海"解释为今天西伯利亚的贝加尔湖。[②] 塞外之"北海"，最早见于《史记·匈奴列传》。如汉武帝时，匈奴单于将汉朝使者郭吉扣留，"迁之北海上"。《史记正义》称："北海即上海也，苏武亦迁也。"晋人张华《博物志》卷一对此进行了说明："汉［漠］北广远，中国人尠有至北海者。汉使骠骑将军霍去病北伐单于，至瀚海而还，有北海明矣。（原注：周日用曰：余闻北海，言苏武牧羊之所，去年德甚迩，秖一池，号北海。苏武牧羊，常在于是耳。此地见有苏武湖，非北溟之海。）"

关于"北海"的风貌，我们从《汉书·苏武传》中可窥其一斑。苏武也是西汉时期曾经长期生活于匈奴地区的汉族官员之一。该《传》载称：匈奴威逼苏武降服未果，"乃徙武北海上无人处，使牧羝，羝乳乃得归。……武既至海上，廪食不至，掘野鼠去草实而食之。杖汉节牧羊，卧起操持，节旄尽落。积五六年，单于弟于靬王弋射海上。武能网纺缴，檠弓弩，于靬王爱之，给其衣食"。既然苏武在"海上"既可以游牧，又可以掘野鼠充饥，那么可以肯定，苏武所居之"北海"，并不是碧波万顷的沙漠湖泊，而更像是牛羊繁衍的广阔草原。

第二类意见是将"瀚海"认定为沙漠中的宽阔水域。如①唐代张守节《史记正义》云："案翰海，自一大海名，群鸟解羽，伏乳于此，因名也。"[③] 仅就"登临"一句文义上讲，《史记集解》又转引张晏云："登海边山以望海也。"[④] "瀚海"无疑是一个面积广大的水域景观。②唐代司马贞《史记索隐》按语称："崔浩云：

① 见《史记》卷一一〇《匈奴列传》注解，中华书局1997年版，第2911页。

② 参见［日］内田吟风：《北方民族史与蒙古史译文集》，余大钧译，云南人民出版社2003年版，第17页注云："似为贝加尔湖。"

③ 见《史记》卷一一〇《匈奴列传》注解，中华书局1997年版，第2911页。

④ 见《史记》卷一一一《卫将军骠骑列传》注解，第2937页。

'北海名，群鸟之所解羽，故云翰海。'《广异志》云'在沙漠北'"。虽然如淳将瀚海释为"北海"，并不同于张晏、崔浩等人将"翰海"释为群鸟聚集的大海，而两者相同之处便在于都将"瀚海"范定为面积广大的水域景观。

其次，在《史记》三家注之外，清代及现代学者对汉唐以前的"瀚海"主要又有两种认定意见。

第一种意见就是以"瀚海"为蒙古大沙漠区的代称。这是清代学者最具代表性的观点。如齐召南在《汉书》注释中云："按：翰海，《北史》作'瀚海'，即大漠之别名，沙碛四际无涯，故谓之海。张晏、如淳直以大海、北海解之，非也。本文明云去病出代、右北平二千余里，则其地正中大漠，安能及绝远之北海哉？且塞外遇巨泽大湖，通称为'海'。如苏武牧羊北海上，窦宪追至私渠北鞮海，皆巨泽大湖，如后世称阔滦海之类，非大海也。"[①]稍加比对可以看出，齐召南的解释本身就包含了两种含义：一方面认定"瀚海"为大漠之别名，另一方面又确认塞外巨泽大湖可以称为"海"。只是因为霍去病等人出塞仅二千余里，正好处于沙漠之中，所以不可能到达绝远之"北海"。齐召南的立论显然是缺乏说服力的。一方面，他并没有搞清"北海"的真实面貌；另一方面仅以距离来判定"瀚海"的特质。既然塞外之巨泽大湖可以称为"海"，那么为何"瀚海"不可以是当时面积相当可观的湖泊呢？即使在今天的中国内蒙古与蒙古国境内，面积广大的高原内陆湖泊并不罕见，并非只有"北海""私渠北鞮海"等。

第二种意见是以现代学者岑仲勉先生为代表的解析。在《自汉至唐漠北几个地名之考定》一文中，岑仲勉先生对"翰海"（瀚海）地名进行了相当细致而全面的考订。然而，在文章中，岑先生所用文献，并不局限于汉唐之际，其最终结论主要受元代刘郁（《西使记》的作者）、清代李文田（《元朝秘史注》的撰著者）等人的启发，认定"瀚海"既不是沙漠，也不是湖泊，而为"杭爱

---

① 见《前汉书》卷五五考证引，影印文渊阁四库全书本。

山"之别译。①

笔者以为，隋唐以前对"瀚海"的认定与解析工作，对我们今天了解"瀚海"问题具有很大的启发性与辅助价值，同时，也显示出传统历史地名考订工作的诸多特征与局限性，具有相当的代表性与典型性。

首先，对于同一地理名称，出现如此多样的解释，最重要的原因是各位解释者均受时代限制，即每位解释者不可避免地受到所处时代地理认知总体水平与趋向的影响。由于年代久远，且文献记载较为有限，唐代以前的"瀚海"景观留给后世人的印象已变得相当模糊，后代学者在注解中往往容易将后世的认知水平直接加于古人身上，其实，对于这种做法要特别慎重，因为这不一定符合原文之意。不少解释者并没有亲自深入蒙古地区，他所听到及领悟到的，均源自当时学者与士大夫的群体性认识。这种群体性认识在很大程度上决定了解释者的观点。这一点在齐召南的解释中是相当突出的，因为将蒙古高原荒漠统称为"瀚海"，是清代学者们的通行看法，故而非常容易忽略其他意义的分析。

其次，从求实求真的角度出发，在历史时期地名及地理景观的考订问题上，应尽量适用"时间就近"原则。如就唐以前所见"瀚海"的地理风貌言之，是水体而非沙漠，这一点是较为肯定的。如班固在《汉书·叙传》有"述卫青霍去病第二十五"条中有"饮马瀚海，封狼居山；西规大河，列郡祁连"之语，班固本人有横穿沙漠的经历，但没有登临"瀚海"，然而，在他的诠解中，"瀚海"显然是可以饮马的水体景观，这一带有文学色彩的意象性诠解，对于后世的影响是相当深远的。又以如淳及北魏名臣崔浩为代表的唐以前学者们的意见也值得充分重视。因为从西汉至北魏不仅有对大漠南北地区的北征活动，更有与蒙古地区各民族的频繁交往，这些对于崔浩等人了解"瀚海"的实际风貌都是有很大帮助的。北魏作为一代强盛的北族王朝，当朝人士获得了更多关于蒙古荒漠地区的信息与认识。其中，北魏名臣崔浩更是拓跋焘北征柔然行动的出谋

---

① 参见岑仲勉：《中外史地考证》(上)，中华书局 2004 年版，第 67—72 页。

划策者，对于漠北自然地理环境有较为深入的认识与理解。① 在当时人心目中，"瀚海"不是荒漠，而是一类水体景观，是可以确定的。如淳、崔浩所云"北海名"，完全可以理解为某个北方大型内陆湖泊的名称，即"漠北之海"，并不一定就是专指贝加尔之古名——"北海"。可与崔浩意见相佐证的是，如北魏人士张伦在熙平年间有关柔然问题的奏表中又有"饮马瀚海之滨，镂石燕然之上"之语，显然在当时人心目中，"瀚海"绝不是荒无人迹的沙漠。而这种表述并没有受到时人的反驳，显然说明与实际情况没有太大出入。② 又如宋代学者吴仁杰在《两汉刊误补遗》卷八"北海"条中指出："……匈奴中有翰海、勃鞮海、私渠海、伊连海，与于阗、条支所谓'两西海'及北匈奴所谓'两北海'，皆薮泽或海曲耳，非真西海、北海也。"这同样肯定了唐代以前"瀚海"作为水体景观的地理特征与风貌。

再次，唐代以前与蒙古沙漠地貌相关的词语有"幕"或称"大幕"，以及"幕南""幕北"及"沙幕""大碛"等。而我们可以证明：从两汉到南北朝时期，"瀚海"或"翰海"一词，与"大幕"或"大漠""碛""大碛"等词语，是无法等同或相互取代的。如西汉元朔六年（前123），汉朝军队北征，"夏四月，卫青复将六将军绝幕，大克获"。对此"幕"字，诸家之解释基本相同。如《史记集解》引应劭曰："幕，沙幕，匈奴之南界也。"又引臣瓒曰："沙土曰幕，直度曰绝。"③ 颜师古对此补充道："应、瓒二说皆是也，而说者或云是塞外地名，非也。幕者，即今突厥中碛耳。李陵歌曰：'径万里兮渡沙幕'。"④ 可见，此"幕"应为一个具有阻隔作用的沙幕地带。又如汉元帝在位时，郎中侯应曾上书论边事云："臣闻北边塞至辽东，外有阴山，东西千余里，草木茂盛，多禽兽，本冒顿单于依阻其中，治作弓矢，来出为寇，是其苑囿

① 参见《魏书》卷三五《崔浩传》所记崔浩为北征行动所作辩护之语，中华书局1997年版，第815—818页。
② 《魏书》卷二四《张衮传》，第619页。
③ 参见《史记》卷一一〇《匈奴列传》注释，中华书局1997年版，第2908页。
④ 参见《汉书》卷六《武帝纪》注释，中华书局1997年版，第172页。

也。至孝武世，出师征伐，斥夺此地，攘之于幕北。建塞徼，起亭隧，筑外城，设屯戍，以守之，然后边境得用少安。幕北地平，少草木，多大沙，匈奴来寇，多所蔽隐，从塞以南，径深山谷，往来差难。边长老言匈奴失阴山之后，过之未尝不哭也。"① 推其语意，从边塞到阴山东西千余里之地，应是所谓"幕南"的地域，汉朝军队斥夺这一地区，就将匈奴驱入幕北，阴山一带是幕南地区的核心所在。又据《史记·匈奴列传》，汉武帝时，在汉朝军队的反击下，"是后匈奴远遁，而幕南无王庭。汉度河自朔方以西至令居，往往通渠置田，官吏卒五六万人，稍蚕食，地接匈奴以北"。《史记正义》解释说："匈奴旧以幕为王庭。今远徙幕北，更蚕食之，汉境连接匈奴旧地以北也。"②

那么，"瀚海"与"沙幕"之间存在什么样的关系呢？显然，在古人眼中，"瀚海"与"沙幕"根本不能简单等同起来。如从文献记载可推知，因为面积广大的沙幕横亘在幕南与幕北之间，为南北交通的必经之处。霍去病率军是在"绝幕"后才登临瀚海的，而卫青在往返"绝幕"之后也没有看到瀚海。西汉著名文士扬雄曾在上书中回顾当时北征的盛况："于是浮西河，绝大幕，破寘颜。袭王庭，穷极其地，追奔逐北，封狼居胥山，禅于姑衍，以临翰海。"③"绝大幕"之后方至"翰海"，"翰海"与"大幕"并列，"瀚海"只是幕北地区的一处特殊地理景观而已。因此，后人（特别是清代学者）将"瀚海"解释为整个漠北沙漠，显然与古人的本意是有较大差距的。

从南北朝后期开始，与蒙古荒漠地貌相关，"碛""沙碛""大碛"等名称也逐渐为中原人士所熟知，与"瀚海"之名不同，"碛""沙碛""大碛"的地貌特征从一开始便是相当明确的。对于"碛"字的本义，元代学者熊忠所编《古今韵会举要》的解释最为明晰："虏中沙漠曰碛。"如《魏书·太祖纪》载：登国六年"冬

---

① 《汉书》卷九四下《匈奴传下》，中华书局 1997 年版，第 3803 页。

② 《史记》卷一一〇《匈奴列传》，中华书局 1997 年版，第 2911 页。笔者按：此处注释前一个"幕"字之下似脱一"南"字，匈奴以往王庭均在幕南，而不在"幕"中。

③ 《汉书》卷九四下《匈奴传下》，中华书局 1997 年版，第 3813 页。

十月戊戌，北征蠕蠕，追之及于大碛南床山下，大破之，班赐从臣各有差"。关于大碛南床山的方位，元代学者胡三省释云："是时魏盛，跨有代北。柔然西奔南床山，盖在大碛之西。《北史·帝纪》作'南商山'。"① 对于当时的中原人士而言，这个"大碛"的方位是相当明确的，如《魏书·陆俟传》又载云："世祖亲征赫连昌，诏俟督诸军镇大碛，以备蠕蠕。"

明代学者陆楫曾比较"沙幕""大漠"与"大碛"诸词之间的差异："汉赵信既降匈奴，与之画谋，令远度幕北，以要疲汉军。故武帝必欲越漠征之，而大漠之名始通中国也。幕者，漠也，言沙碛广莫，望之漠漠然也，汉以后史家变称为碛，碛者，沙积也，其义一也。"② 事实上，我们看到，除"大幕"外，在两汉以后相当长的时间里，"大漠"与"大碛"两词是并行的，然而，相对于"大幕"或"大漠"而言，大碛的方位似乎是偏西的。如北魏神龟末年，柔然国内发生内乱，国主阿那瑰、婆罗门南下降附，袁翻提出对策，建议将柔然降众安置于西海地区，而这一地区毗连"大碛"。他在上表中称：

　　……愚谓蠕蠕二主，皆宜存之。居阿那瑰于东偏，处婆罗门于西裔，分其降民，各有攸属。那瑰住所，非所经见，其中事势，不敢辄陈。其婆罗门请修西海故城以安处之。西海郡本属凉州，今在酒泉直抵、张掖西北千二百里，去高车所住金山一千余里，正是北虏往来之冲要，汉家行军之旧道，土地沃衍，大宜耕殖。非但今处婆罗门，于事为便，即可永为重戍，镇防西北。宜遣一良将，加以配衣，仍令监护婆罗门。凡诸州镇应徙之兵，随宜割配，且田且戍，虽外为置蠕蠕之举，内实防高车之策。一二年后，足食足兵，斯固安边保塞之长计也。

　　愚见如允，乞遣大使往凉州、燉煌及于西海，躬行山谷

---

① 《资治通鉴》卷一〇七《晋纪二十九》胡注，中华书局1997年版，第3401页。
② 见《古今说海》卷十"大漠"条，上海古籍出版社1997年版。

　　要害之所，亲阅亭障远近之宜，商量士马，校练粮仗，部分
见定，处置得所。入春，西海之间即令播种，至秋，收一年
之食，使不复劳转输之功也。且西海北垂，即是大碛，野兽
所聚，千百成群，正是蠕蠕射猎之处。殖田以自供，籍兽以
自给，彼此相资，足以自固……①

　　文中所言"西海"含义较为复杂。通常，古文献中的"西海"
指青海湖，所谓"西海郡"，即为西汉王莽时期所置。而此处所谓
"西海郡"在酒泉、张掖以北千余里，显然是指居延海，即今内蒙
古额济纳旗境内的居延泽。而这个所指"大碛"显然是今天蒙古
国西南部的戈壁荒漠地区。又据《魏书·蠕蠕传》记载，当酋长
社仑为可汗时，柔然国力最为强盛，其地域范围为"其西则焉耆
之地，东则朝鲜之地，北则渡沙漠，穷瀚海，南则临大碛"②。在
这里，"沙漠""瀚海""大碛"三个概念并没有被认为是同义词，
而是并列在一起，显然为不同的地理与地貌景观，而其空间位置
应是大碛最南，沙漠次之，瀚海最北。

　　最后，即使是同一个"瀚海"名称，也可能指代不同区位的
地理景观。另一方面，到底各位学者所解释的地理景观，是否为
同一地理景观，本身也存在很大的问题。如在《魏书·蠕蠕（柔
然）传》中，多次出现"瀚海"一词，很难用单一区位或景观加
以诠解。如日本学者内田吟风在笺注中就给出了不同的答案：一
种是作为柔然地区的北界，指贝加尔湖，而在当时贝加尔湖又被
称为"于巳尼大水"；一种是北魏太武帝远征行动之东界，是指达
来诺尔湖，在今内蒙古克什克腾旗境内，又称达里泊，并解释：
"中国古代人常称贝加尔湖为瀚海，此瀚海当是蒙古东部大湖。"③
其实，蒙古地区东部最著名的大型湖泊则非今天呼伦贝尔湖群莫
属，即齐召南所提到的"阔滦海"。

　　①　《魏书》卷六九《袁翻传》，中华书局 1997 年版，第 1542—1543 页。
　　②　《魏书》卷一〇三《蠕蠕传》，第 2291 页。
　　③　［日］内田吟风：《北方民族史与蒙古史译文集》，余大钧译，云南人民出版社
2003 年版，第 56—61 页。

笔者同意这种经由"一分为二"分析法得出的结论：无论从历代进程推断还是当时学者的结论分析，用单一性的地理及地貌景观来定义唐代以前文献记载中所提到的"瀚海"，肯定是行不通的，当时文献中所指"瀚海"至少应包含两处水体景观：一处位于漠北之东部，为东部标识性景观，也就是霍去病、拓跋焘等人所登临之处，最接近今天内蒙古地区东部的呼伦贝尔湖泊群，当时的湖泊群的面积应该比今天的范围更为广袤；另一处"瀚海"则应在漠北高原北部，接近于今天俄罗斯境内的贝加尔湖区，也就是北朝时期柔然族分布区的北部界限。后来，这一分布区为铁勒族群及回纥部族所占据，于是，"瀚海"在隋唐时代很自然成为这一区域及所居部族的代名词。①

唐宋元明时期的"瀚海""大漠"与"大碛"

唐代是中原地区对蒙古荒漠地区认知发生飞跃性进展的重要阶段，其中，最重要的推动力莫过于唐代政治与疆域建设的巨大成就。正是在唐代，蒙古漠北地区第一次全面归入汉族中原王朝的统辖之内，这就为漠北地区的地理认知创造了前所未有的有利条件。为安置南迁的漠北部族，唐朝在边缘地区创设羁縻府州，而瀚海都护府与瀚海都督府均为当时所设立的重要羁縻政区。南北民族间频繁的交往、迁徙运动以及交通路线的拓展，也极有力地促进了中原人士对漠北地区的认知。

"瀚海"是唐代北部边疆地区民族分布地划分的标志性景观之一。唐代前期居处与"瀚海"地域毗连的有西突厥、薛延陀及回纥（鹘）等。如《旧唐书·突厥传》称西突厥"其国即为乌孙之故地，东至（东）突厥国，西至雷翥海，南至疏勒，北至瀚海，在长安北七千里"。据此可知，"瀚海"为西突厥的北部界限。而

---

① 笔者按：《三国志·魏志·东夷传》记载倭国周边海域时也提到"瀚海"之名，因与漠北蒙古荒漠地区无关，故不作探讨。

西突厥占据"乌孙之故地",即今天新疆的天山以北地区,其与东突厥以阿尔泰山为中间分界线。薛延陀与回纥同属铁勒族群。《旧唐书·铁勒传》称薛延陀兴盛之时的疆域"东至室韦,西至金山,南至突厥,北临瀚海,即古匈奴之故地"。[①] "瀚海"也被视为薛延陀部分布地的北部界限。而回纥部正分布于薛延陀之北,与"瀚海"最为接近。而《旧唐书·回纥传》称:回纥"在薛延陀北境,居娑陵水侧,去长安六千九百里"。娑陵水即为今天蒙古国内发源于杭爱山,西北流,注入贝加尔湖的色楞格河。

当时从属于铁勒及回纥的骨利干部,方位更在回纥之北,如《旧唐书·天文志上》称:"又按贞观中,史官所载,铁勒、回纥部在薛延陁(即薛延陀)之北,去京师六千九百里。又有骨利干居回纥北方瀚海之北,草多百药,地出名马,骏者行数百里。北又距大海,昼长而夕短。"又《新唐书·回鹘传》也载称:"骨利干处瀚海北,胜兵五千。草多百合。产良马,首似橐它,筋骼壮大,日中驰数百里。其地北距海,去京师最远,又北度海,则昼长夜短。"《旧唐书·北狄·铁勒传》又称:"骨利干北距大海,去京师最远,自古未通中国。"多种文献相互佐证,可以确定当时的"瀚海"方位在回纥部与骨利干部之间,谭其骧先生主编的《中国历史地图集》之《唐时期全图》将今天俄罗斯境内的贝加尔湖标注为"小海"[②],笔者以为,将贝加尔湖标注为"瀚海",应更为妥帖。

正出于密切的地缘关系,唐朝前期,"瀚海"成为回纥部族的标识,瀚海都护府与瀚海都督府都是基于回纥部所建置。北朝晚期,塞外突厥部联盟空前强盛,其疆域也极其广袤。薛延陀、回纥等铁勒族群均臣属于突厥。强大的突厥部族对中原王朝的北部边疆构成严峻的威胁。其后,东、西突厥分裂,东突厥依然频繁侵袭唐朝边境。唐太宗即位后,国力充实,唐朝军队大举北征,有力回击了东突厥部族的南侵活动,并于贞观四年(630)生擒东突厥单于颉利可汗,大批突厥贵族及部众归降唐朝。然而,东突

① 《旧唐书》卷一九九下《北狄》,中华书局1997年版,第5344页。
② 参见谭其骧主编:《中国历史地图集》第五册,中国地图出版社1982年版,第32—37页。

厥败亡之后，薛延陀部重返漠北地区，势力复振，"胜兵二十万，立其二子为南北部"①。薛延陀强盛之后，不仅威胁到唐朝北方边庭的安全，而且与南迁至漠南地区的突厥部族发生矛盾。贞观十九年（645），薛延陀部众趁唐朝军队东征辽东之隙，南侵夏州（治今陕西靖边县北白城子），为唐朝守军所击溃，薛延陀诸部溃散，实力大损。贞观二十年（646），唐太宗派遣李道宗与阿史那·社尔为"瀚海道"安抚大使，率领各路大军北征薛延陀，取得重大胜利，原来依附于薛延陀的铁勒诸部均愿归属唐朝。唐太宗当时亲自前往灵州（治今宁夏灵武县西南）安抚，受到了前来入朝的数千名铁勒部众的热烈欢迎。他们"仍请列为州县，北荒悉平"。面对如此天下宾服的盛况，唐太宗在诏书中也感慨万千。

> ……铁勒诸姓、回纥胡禄俟利发等，总百余万户，散处北溟，远遣使人，委身内属，请同编列，并为州郡。收其瀚海，尽入提封；解其辫发，并垂冠带。上变星昴，归于东井之躔；下掩蹛林，袪入南山之围。混元以降，殊未前闻；无疆之业，永贻来裔。古人所不能致，今既吞之；前王所不能屈，今咸灭之。斯实书契所未有，古今之壮观……②

这份诏书，无疑是唐朝前期疆域建设成就的一次最自豪的表白，"收其瀚海，尽入提封"称得上是"前无古人"的伟大成就。"瀚海"至此已非域外之地，而演变成为统一王朝北部极边极具代表性的景观标识之一。

关于羁縻府州的地理建置，《旧唐书·北狄·铁勒传》又载云："（贞观）二十一年（647），契苾、回纥等十余部落以薛延陀亡散殆尽，乃相继归国。太宗各因其地土，择其部落，置为州府，以

---

① 《旧唐书》卷一九九下《北狄》，中华书局1997年版，第5344页。

② 《旧唐书》卷一九九下《北狄》，第5347—5348页。这份诏书又称为"破契丹幸灵州诏""破薛延陀告庙诏"，又见宋敏求编：《唐大诏令集》卷七九与卷一三〇，文字略有不同，中华书局2004年版。

回纥部为瀚海都督府……至则天时,突厥强盛,铁勒诸部在漠北者渐为所并,回纥、契苾、思结、浑部徙于甘、凉二州之地。"有唐一代,瀚海都督府的建置演变相当复杂,谭其骧先生曾对唐代设置于大漠地区的燕然与瀚海都督府的建置问题进行了非常精当的考证。根据谭先生的考订,唐代瀚海都督府的建置演变分为几个阶段,如贞观二十一年(647),设置燕然都护府,治于西受降城,统辖瀚海等都督府与皋兰等州。到永徽元年(650),为安置突厥与铁勒降众,重新厘定辖区,建置单于(燕然)都护府与瀚海都护府,瀚海都护府辖领金微、瀚海、新黎等七个都督府。金微府在今鄂嫩河流域,新黎府在今唐努山麓,瀚海府、仙萼州在今色楞格河流域。龙朔三年(663),燕然都护府移治回纥部落,改名瀚海都护府,瀚海都护府移治云中古城(今内蒙古和林格尔县西北),改名云中都护府;以碛为界,碛北悉隶瀚海,碛南隶云中。同时,谭先生还精辟指出:"龙朔三年以前,瀚海都护府跨有漠南北之地,燕然都护府则治所在漠南而所统府州皆在漠北。盖其时实突厥悉属瀚海,铁勒悉属燕然,划分之标准专问部落而不问地域。"[1] 简而言之,在龙朔三年之前,瀚海都护府辖区覆盖大漠南北之地,而在龙朔三年之后,瀚海都护府辖区仅限于大漠以北(即"碛北")地区。

对于漠北地区羁縻府州的管理,《旧唐书·回纥传》又载称:"太宗幸灵武,受其降款,因请回鹘已南置邮递,通管北方。太宗为置六府七州,府置都督,州置刺史,府州皆置长史、司马已下官主之。以回纥部为瀚海府,拜其俟利发吐迷度为怀化大将军兼瀚海都督。"可见,唐朝官府并没有因为这些区域为羁縻府州而放松或懈怠管理工作,如将交通的开辟作为行政管理实施的先决条件,无疑是十分明智的。另外,这些羁縻府州的日常事务由唐朝派遣长史、司马等官员进行打理。又《新唐书·地理志》"羁縻州"条指明:"其大者为都督府,以其首领为都督、刺史,皆得世袭。"然而,事实上,我们看到,瀚海都督府的最高长官并非全由

① 参见《唐北隆二都护府建置沿革与治所迁移——编绘〈中国历史地图集〉札记》一文,《长水集》(下),人民出版社1987年版,第263—277页。

回纥酋长担任，如《旧唐书·李素立传》载云："贞观中，累转扬州大都督府司马。时突厥铁勒部相率内附，太宗于其地置瀚海都护府以统之，以素立为瀚海都护。"可见，唐朝对于漠北地区羁縻府州的管理并没有仅停留在名义或形式上的"遥领"，而是实行了相当深入切实的管理措施。

政治的统一与民族交往的深入，都大大有利于当时中原人士对漠北地区的认知，其中交通路线的畅通更是极其重要的推动力。"因请回鹘已南置邮递，通管北方。"① 也就是说，从唐代前期开始，漠北至中原的驿路已经开通，而这种驿路必然穿越漠北荒漠地区。中原王朝派遣官员与入朝的北方部族均由此驿路往返于大漠南北。

唐朝前期对大漠地区的认知所取得的飞跃性进展，必然反映到学者们的著述之中。宋代学者欧阳修等所撰《新唐书·地理志》根据唐朝宰相贾耽的著述，记录了唐朝中外交通的主要路线："其入四夷之路与关戍走集最要者七：一曰营州入安东道，二曰登州海行入高丽渤海道，三曰夏州塞外通大同云中道，四曰中受降城入回鹘道，五曰安西入西域道，六曰安南通天竺道，七曰广州通海夷道。"七道之中，与"瀚海"方位最为接近的自然是"中受降城入回鹘（即回纥）道"。

　　中受降城（今内蒙古包头市西南）正北如东八十里，有呼延谷，谷南口有呼延栅，谷北口有归唐栅，车道也，入回鹘使所经。又五百里至鸊鹈泉（在今内蒙古杭锦旗西北），又十里入碛，经麚鹿山、鹿耳山、错甲山，八百里至山燕子井。又西北经密粟山、达旦泊、野马泊、可汗泉、横岭、绵泉、镜泊，七百里至回鹘衙帐（在蒙古国哈尔和林西北）。

　　又别道自鸊鹈泉北经公主城、眉间城、怛罗思山、赤崖、盐泊、浑义河、炉门山、木烛岭，千五百里亦至回鹘衙帐。东有平野，西据乌德鞬山（即燕然山，今杭爱山），南依嗢昆

---

　① 《旧唐书》卷一九五《回纥》，中华书局 1997 年版，第 5196 页。

水（即今鄂尔浑河），北六七百里至仙娥河（即今色楞格河），河北岸有富贵城。又正北如东过雪山松桦林及诸泉泊，千五百里至骨利干，又西十三日行至都播部落，又北六七日至坚昆部落，有牢山、剑水。

又自衙帐东北渡仙娥河，二百里至室韦。骨利干之东，室韦之西，有鞠部落，亦曰袜部落。其东十五日行有俞折国，亦室韦部落。又正北十日行有大汉国，又北有骨师国。骨利干、都播二部落北有小海，冰坚时马行八日可度。海北多大山，其民状貌甚伟，风俗类骨利干，昼长而夕短。

回鹘有延侄伽水，一曰延特勒泊（疑为今蒙古国库苏泊），曰延特勒郍海。乌德鞬山左右嗢昆河、独逻河皆屈曲东北流，至衙帐东北五百里合流。泊东北千余里有俱伦泊（即今内蒙古东部呼伦湖），泊之四面皆室韦。[1]

令人遗憾的是，在这数条道路记载中，提到了众多湖泊与河流，却没有提到"瀚海"名号及其方位。不过其提到的两个面积可观的重要湖泊值得特别关注，即延特勒泊与俱伦泊。[2]

唐人李筌所著《太白阴经》是一部重要的军事著作，该书完成于唐乾元二年（759），其中特列《关塞四夷篇》，对唐代关塞格局以及与周边民族、国家的交通状况进行了相当精当的论述，如列出数条中外交通路线，与《新唐书·地理志》所列相差较大，如其中有关内道、黄河北道、河东道、陇右道、河西道、安西道、剑南道、范阳道、平卢道、岭南道、河南道。其中有黄河北道直达回纥都督府，河西道可直抵"瀚海"。而这个"瀚海"距离西京长安（今陕西西安市）竟达二万余里，显然与回纥所居"瀚海"相去悬殊。

---

① 《新唐书》卷四三下《地理七下》，中华书局1997年版，第1148—1149页。
② 关于唐朝内地通往回鹘地区的交通路线的深入研究，参见严耕望：《唐代交通图考》第二卷《河陇碛西区》之下"篇拾伍 唐通回纥三道"，上海古籍出版社2007年版。但是，严先生在书中并没有对"瀚海"问题展开讨论，在所附"图十 唐代通回纥三道图"中在"内外蒙界"之北标注有"瀚海"字样，但是，这种标识显然是出于明清时代的"瀚海"观念。参见图6-1唐代通回纥三道图。

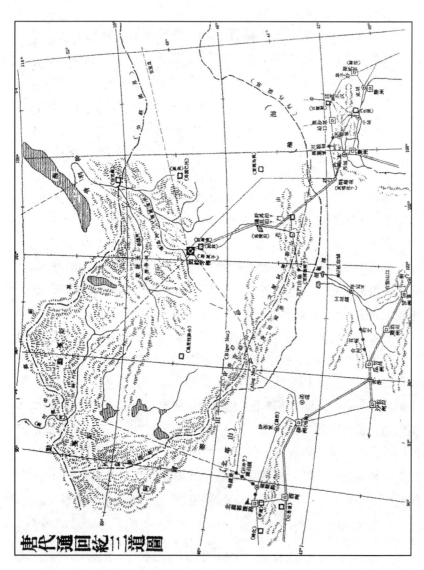

图6-1 唐代通回纥三道图(选自严耕望《唐代交通图考》)

　　黄河北道：安北旧去西京五千二百里，东京六千六百里，今移在永清，去西京二千七百里，东京三千四百里。关大漠以北，回纥部落为瀚海都督府，多览部落为燕然督都府，思结部落为卢山都督府，同罗、拔曳古部落为幽陵都督府，同罗部落为龟林都督府，匐利羽为稽（应为鸡）田州，奚结部落为鸡鹿州。道历阴山、羊那山、龙门山、牛头山、铁勒山、北庭山、真檀山、木刺山、诺真山，涉黑沙，道入十姓部故居地。

　　北庭道：自北京西出，经河西节度，出玉门关，涉河关、菖蒲海，东出高昌故地，置西州。以突厥处密部落为瑶池都督府，以杂种故胡处部为庭州，为北庭都护。去西京一千七百五十六里，去东京六千七百七十六里，北抵播塞厥海、长海、关海、曲地，以突结骨部落置坚昆都督府，管拘勃都督府为烛龙州，北抵瀚海，去西京二万余里。①

　　宋代学者乐史《太平寰宇记》较为全面地梳理了北宋以前留存下来的重要地理著作，保留了当时地理学发展及地理认知的宝贵成果。与《新唐书·地理志》及《太平阴经》不同，其所引证的《入塞图》《冀州图》等著作，非常注重与以往历史记载的联系与互证，在较为全面地记述塞北地区的交通路线及地理风貌的同时，也为我们展示了当时关于塞北地区地理认知的重要进展。

　　按《入塞图》云："从晋阳（今山西太原市西南）西北行百八十里至新兴（今山西忻州市），又西行二百五十里至马邑（今山西朔州市），又东北行二百五十里至平城（今山西大同市），又直东行二百二十里至高柳城（治今山西阳高县），又东行一百八十里至代郡城（治今河北蔚县东北）。又东北行一百七十里至大宁（在今河北张家口市）城，当涿郡怀戎县

────────────

① 见《中国兵书集成》第2册，解放军出版社与辽沈书社出版社联合出版1988年版。

（治今河北涿鹿县西南）北三百里也。从大宁西北行百里至怀
荒镇（在今河北张北县），又北行七百里至榆关（今内蒙古准
格尔旗东北），又北行二百里至松林（即平地松林，在今内蒙
古克什腾旗一带），又北行千里方至瀚海。又一道从平城（即
山西大同市）西北行五百里至云中（在今内蒙古托克托县东
北），又西北五十里至五原（今内蒙古包头市西北），又西北
行二百五十里至沃野镇（在今内蒙古五原县东北），又西北行
二百五十里至高阙（即高阙塞，在今内蒙古乌拉特中后联合
旗西南），又西北行二百五十里至郎君戍，又直北三千里至燕
然山，又北行千里至瀚海。自晋阳至瀚海有此路。"

　　又《冀州图》云："引入塞三道：自周、秦、汉、魏以
来，前后出师北伐，惟有三道，其中道正北发太原，经雁门、
马邑、云中，出五原塞，直向龙城，即匈奴单于十月大会祭
天之所也；一道东北发向中山，经北平、渔阳向日檀、辽西，
历平冈，出卢龙塞（在今河北迁安县西北），直向匈奴左地，
即左贤王所理之处；一道西北发自陇西，经武威、张掖、酒
泉、燉煌，历伊吾塞（在今新疆哈密市），匈奴右地，即右贤
王所理之处。"①

　　对《入塞图》与《冀州图》中这两段记载的发现，着实让笔
者大有欣喜若狂的感觉，可以说，困扰笔者多年的汉唐之间的
"瀚海"问题至此有了根本性的突破。《冀州图》与《入塞图》原
书已亡佚，《冀州图》之名，收入宋人郑樵《通志》卷七二《图谱
略》，宋人王尧臣所编《崇文总目》卷四"地理类"也录有《冀州
图》二卷。《入塞图》源流无考。但是，可以推论二书为北宋之前
出现的地理著作，也有研究者明确指定《冀州图》为唐代的著
作。②《冀州图》简略扼要地指出了周、秦、汉、魏以来的"入塞
三道"，即五原塞至龙城、卢龙塞至匈奴左地、伊吾塞至匈奴右

---

　　① 乐史撰，王文楚等点校：《太平寰宇记》（二）卷四九"河东道"下引，中华书局
2007年版，第1036页。
　　② 参见华林甫：《中国地名学史考论》，社会科学文献出版社2002年版，第114页。

地，无疑是对历代塞外交通状况的总结。《入塞图》明确标示出向晋阳抵达"瀚海"的两条道路，毫无疑问地指明了"瀚海"的真实存在。而从其路线分析，其所指的"瀚海"应该是两处：一处是地处燕然山（即今杭爱山）以北千余里的"瀚海"，这处"瀚海"与今天俄罗斯境内的贝加尔湖较为接近；另一处则是在（平地）松林以北千余里的"瀚海"，这处"瀚海"则接近于今天中国境内的呼伦贝尔湖泊群。以地望推断，这两处"瀚海"肯定不是指同一处水域景观，这与笔者在上文根据文献资料得出的结论是一致与吻合的。

相较之下，我们不得不承认，《史记》三家注所编集的观点，远远不能代表南北朝及唐代对于漠北地区认知的进展。以《史记》三家注所编集的观点来讨论当时人们对漠北地区的地理认知是极不全面、不准确的。

不难理解，出于唐代诗歌的伟大成就与巨大影响力，在目前关于"瀚（翰）海"问题的学术论著中，讨论最多的内容是唐诗中的"瀚海"记载。从南北朝后期开始，文士墨客在文学著作中描述的"瀚海"意象与荒漠景观在很大程度上代表了地理认知的普及状况，对于后世荒漠认知水平也产生了相当深远的影响。应该承认，诗赋中关于"瀚海"的景观描写及意象摹状，与当时人们的地理认知及通行说法不会相背离。如庾信在《周骠骑大将军开府侯莫陈道生墓志铭》中就有"沙穷瀚海，地尽皋兰"[①] 之语。与"大碛""大漠""大幕"等词汇相比，"瀚海"或"翰海"一词，似乎更受传统文人的偏爱，因而，诗词歌赋中的"瀚海"景观与意象资料相当丰富。唐代文学家王勃的《春思赋》中有"龙沙春草遍，瀚海春雪生"之语。这种想象色彩浓厚的"瀚海"及荒漠意象正是当时人们的地理认知状况的直接反映。在不少唐诗中，"瀚海"是一种水体，而非荒漠。最出名的佐证诗句之一，便是岑参的《白雪歌送武判官归京》一诗："瀚海阑干百丈（一作千尺）冰，愁云惨淡万里凝。"依据常识，没有水，何来冰？另外，

---

① 《庾子山集》卷一五，四部丛刊本。

大诗人李白的《塞上曲》同样告诉我们当时人们所知道的"瀚海"
是波浪汹涌的水体或水域。

> 大汉无中策，匈奴犯渭桥。
> 五原秋草绿，胡马一何骄。
> 命将征西极，横行阴山侧。
> 燕支落汉家，妇女无华色。
> 转战渡黄河，休兵乐事多。
> 萧条清万里，瀚海寂无波。

　　这种以塞外水体或水域景观为核心的"瀚海"意象，显然是唐
代及唐代以前关于"瀚海"认知与"瀚海"概念深远影响的体现。

> 驱马击长剑，行役至萧关。
> 悠悠五原上，永眺关河前。
> 北虏三十万，此中常控弦。
> 秦城亘宇宙，汉帝理旌旃。
> 刁斗鸣不息，羽书日夜传，
> 五军计莫就，三策议空全。
> 大漠横万里，萧条绝人烟。
> 孤城当瀚海，落日照祈（祁）连。
> 怆然苦寒奏，怀哉《式微》篇。
> 更悲秦楼月，夜夜出胡天。
>
> ——陶翰《出萧关怀古》

> 大漠风尘日色昏，红旗半卷出辕门。
> 前军夜战洮河北，已报生擒吐谷浑。
>
> ——王昌龄《从军行》之一

> 单车欲问边，属国过居延。
> 征蓬出汉塞，归雁入胡天。

大漠孤烟直，长河落日圆。

萧关逢候骑，都护在燕然。

——王维《使至塞上》

"大漠"之名，似乎是在南北朝时期逐步普及开来，至唐代已取代了"大幕"，即指内、外蒙古间的荒漠地区。如据《旧唐书·李靖传》记载，唐朝军队在攻逐东突厥颉利可汗之后，"斥土界自阴山北至于大漠"。一种则指今天新疆境内的沙漠地区。如《旧唐书·地理志》记唐朝疆域发展时称："自北殄突厥颉利，西平高昌，北逾阴山，西抵大漠。"但是，在当时人的观念中，"瀚海"与"大漠"的区别是十分明确的，在诸多唐诗中，双方并无法相互替代，如陶翰《出萧关怀古》一诗就将"大漠"与"瀚海"同列，并与祁连山对仗。另外，在唐代羁縻府州中，在瀚海都督府之外，又有大漠州都督府（或称大漠都督府）之置。据《新唐书·地理志》及《回鹘传》，大漠州都督府是以葛逻禄炽俟部（或称炽俟部）所置。大漠都督府的治所后来离开了大漠，通常认为迁至今天新疆境内的福海县。

唐代对于塞外荒漠地貌的一个代表性名称——"大碛"的认知，也同样进入了一个新的阶段。与北朝时期的定位一脉相承，在一些情况下，"大漠"与"大碛"指代相近，可以互相替代，即指今天蒙古国南部的戈壁荒漠地区，如"以碛为境，碛北州府皆隶瀚海，碛南隶云中"[①]。这里，"以碛为境"与"以大漠为界"是可以相通的。三受降城是唐代北边防御体系的重要组成部分，而三受降城以北就是"大碛"之所在。如《新唐书·张仁愿传》载称：三受降城"以拂云为中城（在今内蒙古包头市西），南直朔方，西城（在今内蒙古杭锦后旗乌加尔河北岸）南直灵武，东城（在今内蒙古托克托县南黄河之北）南直榆林，三垒相距各四百余里，其北皆大碛也，斥地三百里而远。又于牛头朝那山北置烽候千八百所。自是突厥不敢逾山牧马"。三受降城位于今天内蒙古中

---

① 《资治通鉴》卷二〇一《唐纪十七》，中华书局1997年版，第6333页。

部，云"其北皆大碛也"，可证其意指"大碛"即为横亘于今天内、外蒙古（蒙古国）之间的"大漠"地区。

但是，我们不难发现，在更多的情况下，文献中所提到的"大碛"的方位更为偏西，即涉及了中国西北部荒漠地区。如《旧唐书·地理志》称："伊吾（郡，治今新疆哈密市）在燉煌之北，大碛之外。秦、汉之际，戎居之。"此处所谓"大碛"，通常是指所谓的"莫贺碛"，是指今中国新疆哈密市以南的沙碛，包括今天新疆东部及河西走廊西北部的戈壁地区，这也是当时最为著名的沙碛地带，在唐朝西北边防建设中占有十分重要的战略地位。武则天在位期间，唐朝大将王孝杰击败吐蕃军队，一度收复安西四镇。但是，不少朝臣建议放弃四镇，崔融上书坚决反对，他指出："……夫四镇无守，胡兵必临西域，西域震则威慑南羌，南羌连衡，河西必危。且莫贺延碛袤二千里，无水草，若北接虏，唐兵不可度而北，则伊西、北庭、安西诸蕃悉亡。"[①] 可以说，莫贺延碛占据了唐朝内地通往西北边境地区的通道，得失之间，关系重大。唐长庆年间，大理卿刘元鼎奉诏出使吐蕃，《新唐书·吐蕃传》记载了他对路经地区自然环境的观察："……河源东北直莫贺延碛尾殆五百里，碛广五十里，北自沙州（治今甘肃敦煌市西），西南入吐谷浑寝狭，故号碛尾。隐测其地，盖剑南之西。"

根据当时人的实地观测，莫贺延碛的方位与地域范围是较为明确的。但是，当时人们所见的"大碛"却相当广袤，覆盖了今天陕西、甘肃、宁夏、新疆地区与内、外蒙古交界间之荒漠地区。如唐人陈子昂在《为乔补阙论突厥表》一文中指出："臣比在同城（即同城守捉，在今内蒙古额济纳旗东南哈拉哈图），接居延海西，逼近河南口，其碛北突厥来入者，莫不一一……臣伏见去某月日敕令于同城，权置安北都督府，以招纳亡叛，扼匈奴之喉……臣比住同城，周睹其地利，又博问谙知山川者，莫不悉备。其地东、西及〔南〕北，皆是大碛。碛并石卤，水草不生，突厥尝所大入，道莫过同城，今居延海泽，接张掖河，中间堪营田处，数百千顷

---

① 《新唐书》卷二一六上《吐蕃传上》，中华书局1997年版，第6069页。

……居延河海多有渔盐，此可谓强兵用武之国也。"① 在此，必须强调的是，居延海（泽）附近的沙漠地带，是古文献中时常出现的所谓"流沙"。

"流沙"是秦汉时期西部沙碛地区的一个著名景观，其内涵可分为广义与狭义两种。狭义的"流沙"位置较为确定，范围也十分有限。② 而唐及五代时期普遍用"大碛"取代"流沙"，这表明，当时人们已经意识到，西北荒漠地带面积广袤，无论是地貌特征还是地域范围，都已经难以用"流沙"一词来界定或摹状了。唐及五代时期，"大碛"的另一个别称是"沙陀"，如云："盖沙陀者，大碛也，在金莎山（阿尔泰山）之阳，蒲类海（今新疆巴里坤湖，在哈密市西北）之东，自处月以来居此碛，号沙陀突厥，而夷狄无文字传记，朱邪又微不足录，故其后世自失其传，至尽忠孙始赐姓李氏，李氏后大，而夷狄之人遂以沙陀为贵种云。"③横穿大碛之地的交通路线，在唐代又称为"大碛路"，据《旧唐书·西戎焉耆国传》载称："贞观六年，（焉耆国王）突骑支遣使贡方物，复请开大碛路以便行李，太宗许之。自隋末罹乱，碛路遂闭，西域朝贡者皆由高昌。"由此可知，这条大碛路直通焉耆，与高昌路并行，因而这个"大碛"就应是指今天新疆天山以南的沙漠地区。④

当时，"大碛"与"大漠"二词，虽可以并存，但又无法完全替代的状况表明：唐代在边疆地区荒漠认知问题上已经意识到蒙古高原荒漠地区与西北地区荒漠之间的差异。尽管这些地域客观上存在衔接之处，但是由于方位不同及过于广袤，统称为"大漠"或"大碛"显然不合适，因此有进行分别之必要。如清代学者胡

---

① 李昉：《文苑英华》卷六一四，中华书局1986年版，第3185页。

② 如《汉书·地理志》"居延"下注云："居延泽在东北，古文以为流沙，都尉治，莽曰居成。"又《续汉书·郡国志》载："居延有居延泽，古流沙。"（原注：献帝建安末立为西海郡）居延泽，又称为居延海，两汉居延县的治所在今内蒙古自治区额济纳旗东南哈拉哈图。

③ 《新五代史》卷四《庄宗纪上》，中华书局1997年版，第40页。

④ 这条大碛路具体行程无考，应大致相当于汉代西域之北道，参见严耕望：《唐代交通图考》第二卷，上海古籍出版社2007年版，第478—479页。

渭在《禹贡锥指》中曾指出："自云中至敦煌六郡，皆古雍州之域，后为戎翟所据，至秦、汉始收复者。其北皆临大碛。大碛即沙幕（原注云：汉人谓之幕，唐人谓之碛），东西数千里，南北远者千里，无水草，不可驻牧，虽禽兽亦不能居之。"[①] 其实，这种将"大幕"与"大碛"完全等同的看法是不准确的。如沙漠地带在唐代的另一个名称为"龙沙"，元代学者胡三省在《通鉴释文辩误》卷九中就提出了疑问："余谓龙沙，即指言沙漠也。自汉以来，匈奴单于所居，谓之龙庭，随水草迁徙无常处，故因谓沙幕为龙沙。此即阴山之外大漠，西尽居延，东极辽海者也。玉门关外之流沙介在西垂，非褚遂良所指之龙沙。耶律德光之死而北归也，赵延寿谓人曰：'我不复入龙沙矣。'亦谓沙漠。"[②] 这里，胡三省的质疑是有道理的。"阴山外之大漠"以蒙古高原为中心，覆盖面已经是相当广大，包括了两汉文献所指的"流沙"之地，但是，与玉门关外的"流沙"区域依然难以混淆。笔者以为，随着中西交通的发展，唐朝人士应该意识到了二者之间的差异，这也就是在唐代"大漠"与"大碛"无法完全等同的根本原因。

时至宋代，"瀚海"一词同样频繁出现在各种文献记载之中，但是，更值得注意的是，宋人眼中的"瀚海"，显然与汉唐时代的诠释及定位有一些差距了，或者可以说，在"瀚海"认知上出现了明显的"迷失"，甚至是"倒退"现象。毋庸置疑，产生这种认知"迷失"及倒退现象最直接的客观原因是，在石敬瑭割让"燕云十六州"之后，北宋的北方边界已离开长城一线，北宋军队也无北征进军大漠之举，因此无法直接获得当时大漠南北的真实情况。当时认知"迷失"或"倒退"现象最典型的表现之一便是，宋代学者往往将"瀚海"与"旱海"一词混同起来，甚至将当时西夏国所在地域统称为"瀚海"或"旱海"之区。如北宋著名文人秦观曾撰有《边防策》三篇（上、中、下），较为全面地回顾了

　　① 胡渭著，邹逸麟整理：《禹贡锥指》卷一〇，上海古籍出版社 1996 年版，第303 页。
　　② 《资治通鉴》附录《通鉴释文辩误》卷九，中华书局 1956 年版，第 128 页。

北宋与西夏的攻战形势，其中反复提到了"瀚海"。

> 昔咸平之时，海内初离分裂之祸，上下厌苦于兵，俱欲休息，而继迁之党以凶悍狡险之姿，据平夏之全壤，扼瀚海之要冲，故其攘清远而窃灵武也，朝廷置之度外而不复问……自灵武陷没八十余年，其地北距大河，南抵环、庆，瀚海七百里，舄卤无水泉……①

又如宋徽宗赵佶曾询问大臣钱即曰："大寨泉（同大砦泉）可取否？"钱即回答称："臣闻其地逼近灵武，曩时进取，号为得策，计虑不审，亟筑亟退，反为夏人所有，距汉界百余里地，皆舄卤，无水泉，古所谓'瀚海'也，间有之，不可饮，马口鼻皆裂，大兵不可往。"② 又如北宋至道二年（996）五月，张洎上奏详陈北征夏国的重重困难，其中有云："今继迁以党项余孽，边防黠虏，据平夏全壤，扼旱海要冲，倏往忽来，若居衽席之上……甲马行役，粮草飞挽，军须所急，莫若井泉。自环（洲，治今甘肃环县）抵灵，旱海七百里，斥卤枯泽，无溪涧川谷，荷戈甲而受渴乏，虽勇如贲、育，亦将投身于死地，又安能与贼群争锋哉？"③ 北宋时期"瀚海"一词的通行，又可在当时军事学名著《武经总要》中窥得一斑。如"邠宁环庆路"驻军"以州（即庆州，治今甘肃庆阳县）为治所，北控瀚海灵、盐一路，居要害之地。"④

与其他北宋史籍相参证可知，在宋朝人眼中，"瀚海"与"旱海"是可以相互取代的。如转运副使郑文宝建议于灵州南界积石岭筑城，号清远军（在今宁夏同心县东）。"在瀚海中，距灵、环皆三四百里地，不毛，无泉水。文宝大发民，版筑，益负粮水于

---

① 《淮海集》卷十八，四部丛刊本。
② 杨时撰：《龟山集》卷三三《钱忠定公墓志铭》，影印文渊阁四库全书本。又参见《宋史》卷三一七《钱即传》，中华书局1997年版，第10351页。
③ 《续资治通鉴长编》卷三九，中华书局1982年版，第835页。
④ 见《武经总要》前集卷十八上，《中国兵书集成》第三册。

数百里外，关右之民始皆恣怨。"① 而比照文献可以发现，《宋
史·郑文宝传》在记述同样事件时用"旱海"取代了"瀚海"：
"清远据积石岭，在旱海中，去灵、环皆三四百里，素无水泉。文
宝发民负水数百里外，留屯数千人，又募民以榆槐杂树及猫狗鸦
鸟至者，厚给其直。地舄卤，树皆立枯。西民甚苦其役，而城之
不能守，卒为山水所坏。"又如"文宝前后自环庆部粮越旱海入灵
武者十二次，晓达蕃情，习其语，经由部落，每宿酋长帐中，其
人或呼为父"。②

　　而经过长期的实地踏勘，北宋人士对于"旱海"的自然地理
特征与地域范围的认知已是相当清晰。如《宋史·药元福传》称：
"朔方距威州七百里，无水草，号旱海，师须赍粮以行。"又如元
丰四年（1081）十二月，李宪在上奏中称："若未拔兴、灵，其环
庆、鄜延克复之地，虽亭障环列，烽堠棋布，亦难守御，缘两处
土多沙脉，古称旱海，不可种艺，修置城垒，须近里辇运。"③ 元
代学者胡三省对宋代的"旱海"之名曾进行注解。

　　　　张洎曰：自威州（治今宁夏同心县东北韦州）至灵州
　　（治今宁夏灵武市西南），旱海七百里，斥卤枯泽，无溪涧川
　　谷……张舜民曰：今旱江平［坪？］即旱海，在清远军（治今
　　宁夏同心县东）北。赵珣《聚米图经》曰：盐（州，治今陕
　　西定边县）、夏（州，治今陕西靖边县北白城子）、清远军间，
　　并系沙碛，俗谓之旱海。自环州出青刚川，本灵州大路，自
　　此过美利寨，渐入平夏，经旱海中，难得水泉，至耀德清边
　　镇入灵州。④

　　后代学者对于宋代所称"旱海"的认知也是相当明确的，如

①　彭百川撰：《太平治迹统类》卷二，影印文渊阁四库全书本。
②　《宋史》卷二七七，中华书局 1997 年版，第 9425—9427 页。
③　《续资治通鉴长编》卷三二一，中华书局 1982 年版，第 7751 页。
④　《资治通鉴》卷二八五《后晋纪六》下引，中华书局 1997 年版，第 9309 页。

《读史方舆纪要》云:"旱海,在(宁州守御千户)所东南。"① 又如乾隆《甘肃通志》也指出:"旱海在(灵)州东南。"② 西夏国境位于蒙古荒漠地区之边缘,在以上引述的资料中,其所谓"旱海"大致涉及了今天内蒙古南部的腾格里沙漠以及与陕西、宁夏边界地区的毛乌素沙地。显然这里所谓"旱海"与前人所记"瀚海"相差甚远,绝难等同起来,将"旱海"与"瀚海"等量齐观,可谓一种富有时代特征的"认知迷失"。

当时蒙古高原中部的"大漠"在辽国境内,这也是当时各方人士的共识。如宋人韩琦曾在《论时事》一文中指出:"切以契丹宅大漠,跨辽东,据全燕数十郡之雄,东服高丽,西臣元昊,自五代迄今,垂百余年,与中原抗衡,日益昌炽。"③《辽史·营卫志》称:"大漠之间,多寒多风。"又云:"辽国尽有大漠,浸包长城之境。"

然而,即使对于同一个地名而言,各民族往往有着自己特殊的命名与使用习惯。创立元朝的蒙古民族崛起于漠北地区,在中国历史上又一次实现了大漠南北的统一。与唐朝不同的是,蒙元时代大漠南北统一,是由来自蒙古高原的北方非汉民族来完成的。这种历史应该说为蒙古高原地区的地理认知创造了相当优越的条件,当时确实也有不少中原人士横穿蒙古高原,留下了相当可贵的实地观测资料,一些行纪文字保存至今,为我们了解当时蒙古高原地区的地理状况提供了极有价值的素材。

如备受推重的中外交通史名著——《长春真人西游记》,记载了著名道士丘处机横穿蒙古及西北地区的经历及其见闻,较为细致地描述了途中所见蒙古高原的景观,留下了相当珍贵的实地踏勘的资料,称得上是留存至今最早的、完整的一部大漠南北地理行记。据此书记载,丘处机一行于辛巳年(1221)二月八日从宣德州(治今河北宣化县)出发,首先经过野狐岭(在今河北万全

① 顾祖禹:《读史方舆纪要》卷六二,中华书局 2005 年版,第 2952 页。
② 《甘肃通志》卷六,乾隆元年刻本。
③ 见《皇朝文鉴》卷四四,四部丛刊本。

县西北），"中原之风，自此隔绝矣"。接着，北过抚州（治今河北张北县），十五日后过盖里泊，"尽邱垤咸卤地"。东北行，"自此无河，多凿沙井以汲，南北数千里，亦无大山"。进入明昌地界（在今河北怀来县东）后，又行六七日，"忽入大沙陀，其碛有矮榆，大者合抱，东北行千里外，无［非?］沙处，绝无树木。三月朔，出沙陀，至鱼儿泺（又称为答儿海子，通常指今内蒙古自治区克什腾旗西达来诺尔），始有人烟聚处"。从鱼儿泺往东北，便进入蒙古游牧地区。"四旁远无人烟，皆黑车白帐，随水草放牧，尽原隰之地，无复寸木，四望黄云白草。"《长春真人西游记》所载路线是相当清楚的，且断以明确日期，弥足珍贵，所记载的漠北风物也是丰富多彩的。当时漠北最重要的地标性景观之一即为陆局河，又称为卢朐河、怯绿连河，即今天克鲁伦河。如四月二十二日，"抵陆局河，积水成海，周数百里，风浪漂出大鱼，蒙古人各得数尾。"另一个著名的地理景观则是金山（即今阿尔泰山），给丘处机等一行人留下了相当深刻的印象："其山高大，深谷长坂，车不可行，三太子出军，始辟其路。"①

元代流传下来的关于漠北荒漠景观的文献记载是较为丰富的，且真实可靠，但是，因为各自路线不同及语译等诸多方面的问题，这一问题显得较为复杂了。如丘处机有着较为深厚的文史素养，因而不可能不知道汉魏以来北临"瀚海"的典故，这也从其所作的《鱼儿泺》一诗中得到证明。

北陆初寒自古称，沙陁三月尚凝冰。

更寻若士为黄鹄，要识修鲲化大鹏。

苏武北迁愁欲死，李陵南望去无凭。

我今返学卢敖志，六合穷观最上乘。②

但是，丘处机、李志常等人对地理认知的态度是较为审慎的，

---

① 李志常述：《长春真人西游记》，《丛书集成》（初编），中华书局1985年版。
② 顾嗣立编：《元诗选》二集《丘真人处机》，中华书局1987年版，第1339页。

在实地观察中却没有轻易将所见景物与古文献的记载进行对接式地识读与辨别。因此，尽管丘处机一行路途漫长，经历为数不少的名山、大川、湖泊（海子）、沙陀等景观，但我们在《长春真人西游记》中并没有找到有关"瀚海"的认定。在丘处机所作的漠北游历诗篇中，《自金山至阴山纪行》对我们的探讨尤为重要。

> 金山东畔阴山西，千岩万壑横深溪。
> 溪边乱石当道卧，古今不许通轮蹄。
> 前年军兴二太子，修道架桥彻溪水。
> 今年吾道欲西行，车马喧阗复经此。
> 银山铁壁千万重，争头竞角夸清雄。
> 日出下观沧海近，月明上与天河通。
> 参天松如笔管直，森森动有百余尺。
> 万株相倚郁苍苍，一鸟不鸣空寂寂。
> 羊肠孟门压太行，比斯大略犹寻常。
> 双车上下苦敦撅，百骑前后多惊惶。
> 天海［只］在山头上，百里镜空含万象。
> 县（悬）车束马西下山，四十八桥低万丈。
> 河南海北山无穷，千变万化规模同。
> 未若兹山太奇绝，磊落峭拔如神功。
> 我来时当八九月，半山已上皆为雪。
> 山前草木暖如春，山后衣衾冷如铁。①

至此，我们不得不感叹，实地观察对于地理认知进步的意义无疑是巨大的。漠北之地，在那些未曾北游的中原人士看来，只是一片可怖的荒漠。其实，漠北地区地貌景观的构成同样是十分复杂多样的。就丘处机诗中所列，从金山（即今阿尔泰山脉）到阴山（指今天新疆境内的天山山脉）之间，地貌形态之复杂，令人惊叹。山势陡峭，森林茂密，河流、湖泊遍布。诗文特别提到

---

① 顾嗣立编：《元诗选》二集《丘真人处机》，中华书局 1987 年版，第 1340—1341 页。

成吉思汗时期开通金山、阴山道路之事（三太子修金山，二太子修阴山），两山开通之后，漠北及西北地区的交通状况得到了很大的改善，这对于漠北与西北地区的开发无疑具有重大意义。

而元人刘郁的认知态度与丘处机等人形成了鲜明的对比。因有实地踏勘经验，元人刘郁所作《西使记》在认知蒙古荒漠过程中也占有十分特殊的地位。该《记》记云："壬子岁（1252），皇弟旭烈统诸军，奉诏西征，凡六年，拓境几万里。己未（1259）正月甲子，常德（字仁卿）驰驿西觐，自和林出乌逊中，西北行二百余里，地渐高，入站，经瀚海，地极高寒，虽暑酷雪不消，山石皆松文。西南七日过瀚海，行三百里，地渐下，有河阔数里，曰罕穆纳……"与《长春真人西游记》相比，《西使记》的景观记述是相当简略的，而且，其中所提到的漠北山川景貌的内容并无多少特别之处，但是，作者在没有多少相关旁证的情况下却很明确地得出了结论："西域之开，始自张骞，其土地、山川固在也，然世代浸远，国号变易，事亦难考。今之所谓'瀚海'者，即古金山也，印毒即汉身毒也。"[1] 这一认定是相当大胆与奇特的，即将"瀚海"直接认定为金山，即杭爱山。

刘郁的这一奇特判定产生了十分深远的影响，不少学者对于这一认定作出了积极的回应。如元人王恽在《玉堂嘉话》卷三也附和云："瀚海，今杭爱。"又如清代学者李文田曾综合以上各种说法，对"瀚海"一词进行了考证。他指出：

《（元史）本纪》：太阳罕至自按台，营于沆海山。今案："按台"即"阿尔泰"山之对音，今谓之杭爱山者也。《水道提纲》曰：西北诸山，皆以阿尔泰山为祖，支峰绵亘北漠，东为杭爱，有色楞格、鄂尔浑诸河。东南挺为肯特，为大兴安，有黑龙江、克鲁伦诸水。"杭爱"即"康合"之对音也。然"杭爱"二字，又即古来"瀚海"二字之对音。《汉书》称

① 《西使记》见《秋涧先生大全文集》卷九四，四部丛刊本。又见陶宗仪辑：《说郛》卷五六，上海古籍出版社1988年版。

瀚海（翰海），又称大幕。《汉书注》谓瀚海为沙漠，唐人曰沙碛，又谓之莫延碛，又称为大患鬼魅碛，五代称沙陀，今谓之戈壁，无复瀚海之目。然唐代尚有瀚海都督府之设，即以沙碛为古瀚海，相沿名之，已成汉语。此一带沙漠最高之山，漠北亦沿称瀚海山，北语转变，遂为"沆海"，今又以蒙古语翻译，则为"杭爱"也。《元史》"沆海"二字，于汉语较近也。外蕃舆地，所在有之……凡诸山水，既成汉名，再转蕃音，遂同蕃语。今略考寻史传，厘厥旧名，俾硕学通材，相说以解，世多博雅，或无讥焉。①

这番解析，可以说是传统考据学者所能作出的最全面、最深入的诠解。但是，李文田的解析，又基于齐召南所著《水道提纲》中对漠北地区的认知，因此，其观点与齐召南并无太大差别，依然认为"瀚海"为沙碛之别称，杭爱山就是"瀚海山"的别译而已。不过，难能可贵的是，李文田并不满足于对于"瀚海"一词的简单解释，而是努力在理论及规律上有所突破，重点指出了各民族语言转译中带有普遍性的现象："凡诸山水，既成汉名，再转蕃音，遂成蕃语。"《元史》中有"沆海"，《元朝秘史》又有"康合尔合山"之语，都是"瀚海"一词的转译，这一观点是相当大胆且有启发性的。经过前后比照，我们也可以确定：现代学者岑仲勉先生提出的观点，即认定古今文献中出现的"瀚海"均为杭爱山之谓，主要信从或取材于刘郁《西使记》的说法，与齐召南、李文田的说法在实质上并不相同。

当然，元代人所认定的"瀚海"并非一处。如元代名臣耶律楚材在所著《西游录注》中也提到了"瀚海"，他在书中指出："其南有回鹘城，名别石把，有唐碑，所谓瀚海军，瀚海去城数百里，海中有屿，其中皆禽鸟所落羽毛。"别石把城，又称为别失八里，在今天新疆吉木萨尔县北破城子。这里的所谓"瀚海"，是水体，而非荒漠，显然是指当时在今新疆境内的一个内陆湖泊。

① 佚名撰：《元朝秘史》卷八，齐鲁书社 2005 年版，第 125—126 页注文。

　　与辽金时期相类似，在当时的通行语境中，"大漠""大碛"等语汇并没有被遗忘。如柳贯《跋虞司业撰岭北行省左右司郎中苏公墓碑文》云："自予游京，窃从廷臣知边事者一二。言：和林城，其地沃衍，河流左右灌输，宜杂植黍麦，故时屯田遗迹及居人井臼往往而在。盖阴山，大漠益南数千里，控扼形势，此为雄要，大德中，边庭尝一扰矣，亡几，天子为辍。"① 显然，由于缺乏实地探查的经历，柳贯等人对"漠北"及"大漠"的认识只能来自有实践经验的其他朝臣的转述，其局限性是相当突出的。而当时一些有亲身经历的人则在一些诗篇中谈论对荒漠地貌的感受。如刘秉忠有《大碛》一诗云：

> 漫川沙石地枯干，入夏无青雨露悭。
> 人马数程饥渴里，风程一月往还间。
> 侧横鳌背登高地，淡扫蛾眉见远山。
> 安得司春生物诀，桑田也似海东湾？②

　　明朝疆域建设的成就虽然无法与蒙元时代相颉颃，但是，比起此前重要的汉族王朝（如两宋）而言，明朝的疆域建设还是有不少引以自豪之处，如收复了燕云之地。当时的士大夫很明确地意识到了这一点，如著名文臣刘基便有《送僧家奴参政赴河东宣慰使》一诗，赞叹当时国势的强盛。

> 晨登晋阳山，西北望云中。
> 大漠造瀚海，重关阻飞鸿。
> 昔为征戍场，今见车轨同。
> 相公奉明诏，分符捻元戎。
> 赋诗睇行云，坐啸生长风。
> 霜浓曙角清，月出黄河空。

---

① 《柳待制文集》卷十八，四部丛刊本。
② 《藏春集》卷二，四部丛刊本。

细草卧牧马，虎服韬弧弓。

天子万岁寿，垂拱明光宫。①

又明代僧人宗泐撰有《送曹国公北征》一诗，也以北征沙漠之地来显示明朝军事力量的强大。

上将提军事北征，旌旗百万出南京。

直教大漠空沙碛，岂但先锋破敌营？

瀚海无冰堪饮马，天山有石可镌名。

由来卫霍多勋业，从此三边不用兵。②

特别值得一提的是，明朝初期，明朝在与蒙元残余势力的军事对抗中占据着明显的上风，最辉煌的战绩莫过于明成祖朱棣数次亲统大军突入塞北的北征，其中三次分别在永乐八年、十二年和二十二年。朝臣杨荣与金幼孜等随从朱棣北征，并对行程与所历山川进行了较为详细的记述，如金幼孜著有《北征录》《北征后录》，杨荣著有《北征记》，这几部行纪也成为有明一代了解蒙古高原地区地理状况的珍贵文献，对于提高中原王朝关于漠北的认识，有着相当大的帮助。如在永乐八年（1410）北征行动中，明军渡过胪朐河，直达斡难河畔。然按其行军路线，是从东线北上，途经重要的水体景观阔滦海子（又称为库楞海、捕鱼儿海，即今内蒙古东部的呼伦湖）、胪朐河等。金幼孜等人进行了实地探查。六月"初二日，发凝翠冈，午经阔滦海子，上令幼孜数人往观。去营五六里，有山如长堤，以限水。海子甚阔，望之者无畔岸，遥望水高如山，但见白浪隐隐，自高而下。天下之物，莫平于水。尝经江湖间，望水无不平者，独此水，远见有山之高，近处若极下，此理极不可晓。观毕复命。上曰：'此水周围千余里，斡难、胪朐凡七水注其中，故大也。'遂赐名曰玄冥池"③。

---

① 见《诚意伯刘文成公文集》卷一二,四部丛刊本。
② 《全室外集》卷六,《四库明人文集丛刊》,上海古籍出版社1991版。
③ 《北征录》,见内藤虎次郎等纂订《满蒙丛书》,日本大正八年(1919)版。

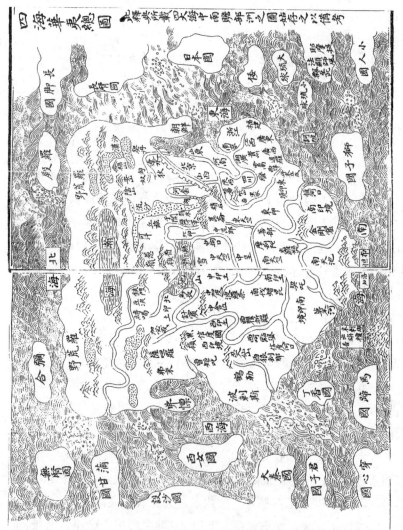

图6-2 《图书编》中的"瀚海"图

　　另据《明太宗实录》、明人劳堪所著《皇明宪章类编》等著作可知，当明军行至擒胡山（禽胡山）之时，朱棣有题铭刻石之举。永乐八年（1410）四月"壬子，车驾次禽胡山，上制铭刻石曰：'瀚海为镡，天山为锷，一扫胡尘，永清沙漠。'赐其泉名灵济。"① 镡、锷均指古代兵器，这种象征意义的指代对我们的地理认知缺乏实际价值。而我们翻检《北征录》《北征后录》（或称《后北征录》）及《北征记》诸书，均未发现朱棣、金幼孜、杨荣等人对"瀚海"的明确认定。这种穿越大漠的经历在当时是十分难得的，金幼孜等人也引以为自豪："予尝扈从北征，出居庸，历燕然，道兴和，逾阴山，度碛卤、大漠，以抵胪朐河。复缘流东行，经阔滦海子，过黑松林，观兵静虏镇。既又南行，百折入淙流峡，望应昌而至滦河，又自滦河西行，过乌桓，经李陵台，趋独石，涉龙门，出李老谷，迤逦纡徐，度枪竿岭，遵怀来而归。往复七阅月，周回数万里，凡山川道路之险夷，风云气候之变化，銮舆早晚之次舍，车服仪卫之严整，甲兵旗旄之雄壮，军旅号令之宣布，祠师振武之仪容，破敌纳降之威烈，随其所见，辄记而录之。"② 虽然我们承认金幼孜等人在地理认知上的审慎态度，但是，缺乏起码的解释与厘定，朱棣等人的北征以及金幼孜等人的行纪，对于明代"瀚海"问题的认知并没有多大的促进作用。倒是清代人徐兰从征出塞，故地重游，指出："瀚海，距独石口（在今河北赤城县北）二千里，有明太宗永乐八年御制碑，凡五十一字云。"③ 不过，这种事后认定，其实与金幼孜等人的意见并不一定相合。

　　总体而言，我们不得不承认，与两宋时期相类似，明代对于漠北地区的认知还是出现了十分显著的倒退。首先，明朝北方疆域以"大碛"为界，碛外即被视为域外。如《明史·地理志》指

　　① 《明太宗实录》卷一〇三，台北"中研院"历史语言研究所校订本，第1340页。《皇明宪章类编》所载文字稍有不同："永乐八年二月，上亲征布尼雅实哩。车驾发北京，夏四月，车驾次擒胡山，制铭刻石曰："瀚海为镡，天山为锷。一扫烽烟，永清沙漠。"引自《御定渊鉴类函》卷二四四，上海古籍出版社2008年版。
　　② 见金幼孜撰：《滦阳百咏集序》，引自《金文靖集》卷七，影印文渊阁四库全书本。
　　③ 参见王士禛：《居易录》卷二九所引，上海古籍出版社1993年版。

出：明朝初年疆域"东起朝鲜，西据吐番，南包安南，北距大碛，东西一万一千七百五十里，南北一万零九百四里"。明人顾起元在《说略》卷三中透彻地阐明了"大碛"在当时人心目中的地位与影响："汉史言匈奴漠南无王庭，谓阴山之南、黄河之北也。阴山在山西、陕西之北，绕河流，南折，横亘千里。西出贺兰，东逾燕蓟，而抵医无间。重山连阜，峻岭悬崖，隔阂北狄，过此山后，南北数千里，东西数千里，皆是砂砾，无水草，名为大碛，虏驻此，人畜皆乏食，若不得据阴山之南，必须逾此石碛而居其北，北即漠北也。漠南无王庭者，石碛之南，阴山前后也。"① 于是，阴山成为当时横亘在北方边疆地区的一个界标，如明人许论在《九边考》中指出："阴山在中受降城东北，自阴山而北，皆大碛。碛东、西数千里，南北亦千里，无水草，不可驻牧，中国得阴山乘高而望，（寇）踪迹皆见，故为御边要地。"②

其次，为了抵御蒙古部族的南下侵扰，明朝在北方及西北地区构建起宏大的军事防御体系——"九边"，即彼此联系，互为掎角的九个边疆重镇，而九大边镇之外，即为蒙古人分布之地。如明人章潢在《九边图叙》中指出："国家克定前元，混一寰宇，东至辽海，西尽酒泉，延袤万里，中间渔阳、上谷、云中、朔代，以至上郡、北地、灵武、皋兰、河西，山川联络，列镇屯兵，带甲六十万，据大险以制诸侯，全盛极矣。"③ 殊不知，这种"铜墙铁壁"般的边防系统在阻遏北方蒙古部族南侵的同时，也限制了中原人士北上的脚步，今天的内、外蒙古地区的绝大部分地域均在"九边"之外，而除内、外蒙古之间的荒漠区域外，内蒙古及其边缘地区也有不少沙漠地带，"九边"内外的隔绝，必然使中原人士对于荒漠地区的认知产生混淆及混同现象，可以说，明代的边防形势对于明朝中后期的地理认知产生了不容忽视的影响。

再次，地域的阻绝，最终造成明代人士对于"瀚海"的地理判定始终是相当模糊的。曾经亲历漠北的朱棣、金幼孜、杨荣等人并

① 顾起元撰：《说略》卷三，清文渊阁四库全书本。
② 引自穆彰阿等撰：嘉庆《大清一统志》卷五三四，四部丛刊（续编）本。
③ 《图书编》卷四三，上海古籍出版社1992年版。

没有对"瀚海"进行明确的认定，而其他没有亲历经验的人士就只能主观臆测了。如明代苏志皋（岷峨山人）所著的《译语》，是明代重要的边疆史地论著，但是，他对蒙古地区的理解与认知，均来自他人的著作与口述，不可避免地影响其认知的准确度与可信度。如云："曰黑河，疑即瀚海，去塞约五千余里，海滨多珠玑，胡姬常取以为饰。"① 在这里，苏志皋以"黑河"为瀚海，显指"瀚海"为水体景观。而这个"黑河"，在《北征录》及《北征后录》诸书中并没有著录，因此，苏志皋只能采取将信将疑的态度。

　　最后，还必须特别指明的是，笔者发现，在上述种种原因及客观背景之下，正是在明代，中原人士在"瀚海"的认知问题上发生了一个极其重要的转变，即指边塞之外的沙漠地带为"瀚海"。如章潢所撰《图书编》，是明代影响巨大的一部历史地理著作，该书卷三四《皇明舆图四极》中指出："……由西而北，则西域诸国、吐鲁番所居，而大碛、阴山、瀚海在焉，所谓沙漠者也。又西北数千里，有铁门关，过此则不可详矣。东北则由京师出居庸关，自北而东，过白浪山，抵女直，过黑松林，以达北海（原注：出居庸关至北海共四千余里）。"在此，章潢之意，明确以"瀚海"为沙漠之名，与"北海"并不相关。而关于"北海"的区位，章潢又指出："若北海则又甚远，如霍去病之封狼居胥山也，其山实临瀚海，即北海也，苏武、郭吉皆为匈奴所幽，实诸北海之上。唐史曰：突厥部北海之北，更有骨利干国，在海北岸也。"② 两相对照，章潢对于"瀚海"一词的认定并不是单一的，即包括两种区位与风貌均不相同的景观：一为沙漠，一为水体。

　　李贤等人奉旨编撰的《大明一统志》，是明代极有影响力的一部地理总志，该书卷八九明确指明"和卓"之地有"瀚海"，而这个"瀚海"与元人耶律楚材《西游录注》的"瀚海"迥然不同，指代沙漠而非水体："瀚海，在柳陈城东地，皆沙碛，若大风则行者人马相失，夷人呼为'瀚海'。《宋史》云：'沙深三尺，不育五

―――――――――

① 《译语》，《明代蒙古汉籍史料汇编》（第一辑），内蒙古大学出版社 2006 年，第223 页。

② 《图书编》卷七六《四海附》，上海古籍出版社 1992 年版。

谷，沙中生草，名登相，收之以食。'"① 和卓之地，即唐代交河县，治今新疆吐鲁番市西北。而这类西北地区荒漠，也被时人称为"旱海"，如明末清初查慎行《罪惟录》卷三六记云："柳陈，一名鲁陈，古柳中县。地去哈密千里，中经大川，砂碛无水草，马牛过此辄死。大风倏起，人马相失。道傍多骸骨，有鬼魅，行人失侣，白旦迷亡，彝（夷）人谓之旱海。"②

同一个"瀚海"名号，却至少有沙漠景观与瀚海景观两个相差悬殊的定位与含义，这不免引起了明代一些学者的疑惑。如明代学者周祈在所著《名义考》卷四中列有"瀚海"条目，明确表达出作者对"瀚海"认知问题的疑惑。

> 《博物志》：四海之外，皆复有海，南海之外，有涨海，北海之外，有瀚海，是以瀚海与涨海等，皆水也。不知瀚海在火州柳城东北，地皆沙碛，若大风则行者人马相失，夷人呼为"瀚海"。《宋史》云：瀚海沙深五尺，不育五谷，沙中生草，名登相，可食。以沙飞若浪，人马相失若沉，视犹海然，非真浊晦之海也。③

地理认知的道路不会是笔直向前的，随着时间的推移，中间免不了出现迷失与倒退的现象。前文已经提到，"旱海"一词通行于北宋时期，且其含义与"瀚海"相同，这本是宋人在认知问题上的一个迷失。显然，宋人的这种迷失变成明人认知的一个错误导向。宋人所认定的"旱海"是指西夏国境内的荒漠地区，位于今天陕西、甘肃、宁夏与内蒙古地区的交界地带，并没远至新疆地区。其实，《大明一统志》所引《宋史》内容，源自《宋史·高昌国传》，原文为："行入六窠沙，沙深三尺，马不能行，行者皆乘橐驼。不育五谷，沙中生草名登相，收之以食。"文中也没有指

---

① 《大明一统志》卷八九《外夷》，清文渊阁四库全书本。
② 《罪惟录》卷三六，四部丛刊（三编）本。
③ 周祈撰：《名义考》卷四《地部》，民国湖北先正遗书本。

明其地为"旱海"或"瀚海"。

另外，与《大明一统志》一脉相承，周祈在当时的"瀚海"认知问题上也提到了一个极其重要的渊源问题，"夷人呼为'瀚海'"，即这种地理认知来自"外夷之人"。这种情况似乎有些难以理解。因为"瀚海"一词为汉文史籍中沿用久远的地域词汇，并非古夷语之转译，而如今由"夷人"来进行认定，且无法分清是"瀚海"还是"旱海"。不过，这种转译状况似乎又印证了李文田有关"瀚海"问题转译现象的推论。

舆地图的编绘，是地理认知水平的一种集中体现。在舆地图的编绘中，不同方位的地理名目的辨别更为直观，至为关键，容不得过多的模糊与兼容。面对文献中的同一名目的混淆，舆地图的编绘者必须进行辨别并作出判定。而《舆地图》的判定与辨别又会成为新一轮地理认知成果的总结，其影响力之大又非普通地理著作所能比拟。如明代最有价值的地图著作之一，即在明人陈组绶所制《皇明职方地图》下卷中，列有一幅《朔漠地图》。其中标出的"沙漠"只是一条狭长的地带，从大兴安岭东侧自东北向西南方延伸，一直到今天甘肃玉门关及西域地区。[①] 陈组绶并没有在地图中标示出"瀚海"的具体方位，但是，在同卷《西域地图》中，他却明确注示："沙漠即瀚海。"这在清代以前的古代地图中是极为罕见的"瀚海"标识，对我们的探讨也有不容忽视的参考价值。如《广舆图》又是明清时期具有广泛影响的一部重要舆图著作，该书所存"西域图"完全认同了陈组绶的意见，同样注明"沙漠即瀚海"。而如果进一步仔细辨认，可以看出，明人所指"瀚海沙漠"与莫贺延碛、大流沙相连，其位置在蒙古瓦剌部之南，并非处于内、外蒙古之间，这种认知显然是明代的边防形势直接导致的结果（见图6-3）。[②]

无论如何，可以说，从明朝中后期开始，将"瀚海"与蒙古地区荒漠地带等同起来，已逐渐得到了学界人士的普遍认同。这一标识，为明代其他不少舆图作者所信从，不仅是清代人士认知

_____

① 陈组绶编制：《皇明职方地图》三卷，复旦大学图书馆藏明刊本。

② 朱思本原绘，罗洪先增纂：《广舆图》卷一《榆林边图》，清嘉庆四年（1797）章学濂重刊增补本。

图 6-3　《广舆图》沙漠"瀚海"示意图

"瀚海"即"荒漠"意象的主要渊源所在，也成为今人历史地图集编纂的重要依据。①

清代对"瀚海"及荒漠地区
认知的重大进展

　　清代对瀚海地区的认知取得了重要进展，其原因不仅在于大漠南北实现了真正意义上的统一，而且还在于大批研究者的实地

---

　　① 参见谭其骧主编：《中国历史地图集》第七册《元明时期》，中国地图出版社 1987
年版，第 40—41 页。

观测。清代的统一，真正将大漠南北归入王朝版图，这也为地理探知创造了良好的机遇与条件，不少学者亲身穿越"瀚海"及大漠地区，并将其经历记录下来，这些宝贵的实地踏勘记录成为当时人们对内、外蒙古间瀚海地区认知的真实反映。笔者试取《小方壶斋舆地丛钞》与《满蒙丛书》所集数种文献，作一概括分析。①

张鹏翮《奉使俄罗斯日记》

康熙二十七年（1688），张鹏翮奉使出访俄罗斯，曾横穿大漠。据其所著《奉使俄罗斯日记》，其旅行路线大致如下。他于当年五月初离京，十八日行五十里次归化城（今内蒙古呼和浩特市）北，"此蒙古语库库河屯也，城周围可三里"。二十一日行九里，入祁连山。"二十九日，行平沙中。一望无际，寸草不生，马前惟见沙堆累累，此古人所谓'大漠'也……六月初一日入喀尔喀界，石皋怪状，如齿牙戟剑，地尽沙石相杂，草木不生。行五十里，次哈呢哈达。亭午甚热，久旱之地，山童草枯，牧马无处，掘地数尺，不得水……"②张鹏翮自呼和浩特北行，至祁连山以北就开始进入沙漠地区，其所谓"大漠"区是位于漠北（即喀尔喀）以南，或位于漠北与漠南交界地带。这样一来，大漠主要分布于内蒙古地区。

钱良择《出塞纪略》

钱良择与张鹏翮同行，同样于康熙二十七年五月初离开北京，然途中所记、所感却不大相同。比较而言，钱良择所记内容更为细致生动。如"（五月）三十日，辛丑，早，晴，过土冈数重，平衍无石，土软，陷马没蹄，坡间有羊突出，其行如飞……此地为蒙古四十九旗（即内蒙古）极北边界，山巅堆石为炮台，累累如冢，乃外藩防御之所，过此入噶尔噶（即喀尔喀）国矣。（笔者

---

① 《小方壶斋舆地丛钞》，杭州古籍书店 1985 年影印本；[日]内藤虎次郎等纂订：《满蒙丛书》，大正八年刊本。

② 见《小方壶斋舆地丛钞》第三帙。

按：其时，外蒙古地区尚未归服清朝统治，故钱良择称其为噶尔噶国）两国于此分界，故曰喀鲁，译言边界侦探也。由张家口直北而行，不过千余里，十数日可至。……六月朔壬寅，大暑，轻骑进发，地多砂石，或赤如珠，或黑如铁，草根无萌蘗，以手撮之，飘散如灰，盖亢旱日久矣。入噶尔噶境，其冈原与蒙古无大异，惟沙深倍常，北荒古称沙漠，良有以也……（初二日）人行沙中，步缓即陷，绝无水泉，而间有青草，马稍得食，如是约三十里，沙乃尽，意即汉之所谓大漠，唐之所谓大碛也……自归化城以北，皆折而东北行，至是复稍而西北……其沙杂五色，随堀而塌，盖塞外有沙无土也"①。与张鹏翮的认定有很大的不同，钱良择将"大漠"的南部边缘定在内、外蒙古之界，意谓大漠主要分布于外蒙古地区。

内大臣马思哈《出师塞北纪程》

康熙二十九年（1690）四月，因准噶尔部入侵，康熙皇帝派遣裕亲王出征，马思哈随行。清军的行军路线为：先出东道古北口，辛巳抵塞下；壬午，出长城张家口；庚子，师行四十里，至歪风呼土下营。"是日，入瀚海边界，地尽陷沙，深者至三四尺，浅者亦一二尺，车不能前，凡军中辎重，尽改装驼马，空车尚需三四马力始出陷中。按瀚海周千余里，杳无人迹，其地乏水，故蒙古种类亦罕至焉……辛丑，师行三十里，至西勒布勒都下营。地无水，山尽童，野无他草，唯臭蒿、野葱二种……壬寅，师行六十里，至戈壁刻勒苏太下营。戈壁者，即蒙古瀚海别名。瀚海内禽兽不繁，羽族独有大雕及百灵二种，兽则唯有跳兔一种……壬子，师行五十里，至乌兰苦布流下营。为瀚海西北边，瀚海地至此尽。自经瀚海凡五百四十里，阅旬有二日，所见殊诡异，因以诗荟记之，得二十韵。"② 在张鹏翮与钱良择的行纪中，还没有

---

① 见《小方壶斋舆地丛钞》第三帙，杭州古籍书店 1985 年影印本。
② 《小方壶斋舆地丛钞》第二帙。

提及"大漠"与"瀚海"的关系，而马思哈则直接用"瀚海"替代了大漠，并提出了瀚海与大漠的一个蒙古别称——戈壁。

范昭逵《从西纪略》

清朝初年清军北征大漠地区，切实感到建置蒙古驿站系统的重要性。康熙三十四年（1695），兵部尚书范时崇等人受命北行，建置驿站，范昭逵随行。《从西纪略》记云：范时崇等人于己亥（康熙三十四年）四月二十四起程，五月二十一日驻归化城。"（八月）二十三日，风沙扑面，所行地已临瀚海，渐近低洼。自卯至午，约五十里，至那林海拉苏太。……明日（即二十四日）过瀚海。……二十八日，欲起营，闻站丁车辆犹滞瀚海边，牛马乏力不克径渡，因留不发。……（九月初二日）行至瀚海，马蹄沙没，几三十里，至滚河兔，有井无草，难于牧马，从人驼水前进……盖瀚海一片沙碛也，横亘几万里，莫可穷际，其径过处，宽狭不齐，少或一二百里，多至千里之外，沙中多石，石质不一，有美如水晶玛瑙者。……初三以后数日，俱在瀚海中。……初七日，驼马乏力，住瀚海沙碛中一日。初八日……抵舒鲁克十六台站，所计行八十里，至此，始过瀚海，入喀尔喀境。次年（1696）二月初八日蚤发，抵舒鲁克十六台，井枯泉竭，至三更始得一饭。在瀚海边，计算明日过郭毕事。初九日，身在瀚海中，风吹马尾，沙涌驼蹄，摇摇然，如张片帆，不能自主。未刻抵十五台。初十日辰刻启行，沙陷难走，驼马欲倒，从人舍骑而徒，拔足良苦，挂策勉行。行人尽鸠鹄。……十二日，抵哈拉乌苏十三台所，已过瀚海，出喀尔喀界。"[1]《从西纪略》较详细地记述了清朝康熙年间蒙古地区驿站系统的建设过程，对于了解当时内、外蒙古地区的自然地理状况有着重要的参考价值。更为可贵的是，《从西纪略》一书还制作了蒙古地区的地图，明确标示了"瀚海"的方位与四至，十分珍贵（图 6-4）。范昭逵也提到了瀚海的别称——郭毕，同为戈壁的音译。

---

[1] 《小方壶斋舆地丛钞》第二帙，杭州古籍书店 1985 年影印本。

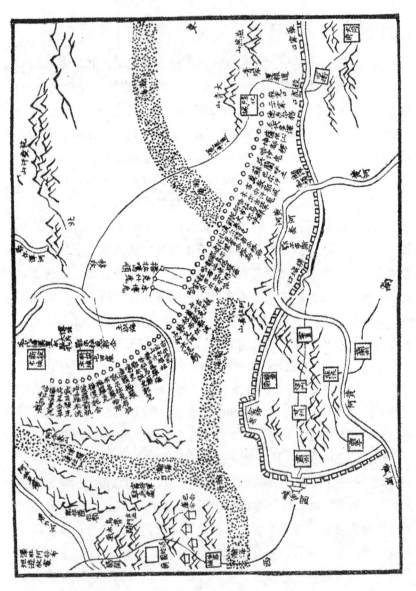

图 6-4　范昭逵《从西纪略》所附地图

提督殷化行《西征纪略》

殷化行在该文中简要回顾自己在康熙三十四年（1695）的征战历程："康熙三十四年乙亥任宁夏总兵。三十五年参加北征噶尔丹。二月二十五日辛亥，余乃率所部将士启行，循贺兰山而前。……日四五十里，或五六十里，循黄河行可十数日，遂舍河载水刍度戈必（原注云：戈必，盖华言'碛'也，浮沙无水草）。二百余里至两郎山（有古碣焉，题曰'两郎山'，无他字，不详所立人，或以为狼居胥云）。"① 由于蒙古及周边地区的荒漠地带相当广袤，如果选取不同的交通路线，那么所见到的荒漠景象必然存在很大的差异。殷化行所见，显然是蒙古地区西部边缘地带的景象，他也提到了戈壁的另一种译法——戈必。

图理琛《异域录》

图理琛为清代著名学者，于康熙末年出访俄罗斯，著录沿途所见，撰成《异域录》一书，也是清代一部非常有影响的边疆史地著作，然而，该书对于沙漠行程的记述是相当简略的。图理琛一行于康熙五十一年（1712）五月二十日自京师起程，出张家口，六月初三日越兴安岭，又行二里，至西拉布里地方，有十余里沙冈。"十六日至瀚海之南界阿里哈林图枯布尔地方，十七日至瀚海适中朱尔辉地方。此处产各色小石，有查克木丛生。其地方有流泉二三处，流聚成小泽，水清而甘，有水禽集其中，睹此，忘其为瀚海而目为内地。十八日至瀚海之北界哈囊布拉克地方。"② 图理琛注意到了瀚海中的流泉景象，也记录下瀚海的南界与北界，这些记录对于"瀚海"的定位是非常重要的。

---

① 见《圣武记》卷三《附录》，中华书局 1984 年版，第 130 页。又见《小方壶舆地丛钞》第二帙《西征纪略》，杭州古籍书店 1985 年影印本，注文云："戈必，盖华言'碛'也，浮沙，地无水，不生草处。"

② 《小方壶斋舆地丛钞》第三帙。

方观承《从军杂记》

雍正十一年（1733），雍正帝诏命平郡王为平西大将军，统帅清军从北路进剿准噶尔部，方观承以内阁中书的身份随军出征。方观承记载其行进路线为：当年六月，自张家口出发，行至博罗哈苏图，为第十六台。其后，"入瀚海，庐帐不居，凡七日程，于十月六日抵此。瀚海，即古流沙，蒙古呼为戈壁，东西亘万余里，径千里，或四五百里，沙石直杂，无草土，山色卢黑，焦赤无生气。诧怪卤莽，无起落、向背、分合之形。其通准噶尔者习里哈戈壁，人迹罕至，荒昧为尤甚焉"①。当时，蒙古驿站系统已经建立，因此，方观承明确标出瀚海始于第十六台。此外，他特别提到通准噶尔者为"习里哈戈壁"，即关注到了戈壁地带的内部划分问题。

宝鋆《佩蘅诗钞》

咸丰四年（1854），宝鋆（字佩蘅）奉旨出使外蒙古三音诺颜（即赛音诺颜）地区，沿途所见，吟咏不已，归来后汇为《奉使三音诺颜纪程草》与《塞上吟》等多种诗文集，其中撰有《瀚海赋》一篇，受到时人的高度评价。② 其文云：

> 咸丰四年，鋆衔天子命，出使喀尔喀三音诺颜部。八月癸亥，抵喀尔沁穆哈里喀顺境。译者曰：此瀚海界也。尔乃冈陵渺绵，沙黄际天，乍起乍伏，将断将连。闻走轮而响石，思饮马而无泉。讶出没于前旌。红低斜日，合空濛于大野，碧冷荒烟，远路迢迢，川原寂寥。至牧羊处，节著名标，云有苏武，传自汉朝。称霍尼契（原注：译言牧羊），或金元辽。地宽平而坟衍（原注：有土坟起如列冢，可千百计），刹

---

①　见《小方壶斋舆地丛钞》第二帙，杭州古籍书店 1985 年影印本。
②　参见符宝森：《寄心盦诗话》，《佩蘅诗钞》前附，《满蒙丛书》本。

俶诡而岩峣（有刹二，塔五六，皆番僧所经理）。凡百五十里
而戻止，亦可谓远哉遥遥矣！李陵居之，固应扼腕；江淹闻
此，当亦魂销。嗟乎！若苏子卿者，洵所谓豪杰之最也。十
九年中，八千里外，毡嚼冰霜，心坚松桧，非管敢所得同，
岂单于所能害！勋戚如卫霍，可云幸窃躬桓；阀阅如金张，
亦止滥叨冠盖。鸿雁书神，麒麟阁绘，迄今千余载，而地以
人传，于以见景慕之深，于以见声名之大。羌一望兮无涯，
谁九原兮可作。驰骤锋车，居停辇幕，忽大风之怒号，恍洪
涛之绎络。况玉雪之纷飞，又银潮之腾跃。傥疑海藻，时见
夫扎噶诸丛（原注：若扎噶，若布达拉噶那，皆木类。拂地
而生。若德勒苏、色白，若贺勒苏、色红，皆草类。多成丛
薄，时断时续，互相萦带）；何处海鸥，徒忆夫伽陵等雀（原
注：内大臣马思哈《行军瀚海纪程》颇详。据云：鸟有吉溜抓
蓝，如伽陵之鸟，具百鸟音。又有百灵一种，今则百灵有之，
余未之见）。迨毕勒格库，以及塞尔乌苏诸台，无非砂砾纵
横，山原盘错，横绝北溟，是名大漠。钦惟我圣祖仁皇帝，
平三汗之难，奠四部之居，万年带砺，一统车书。列圣屡加
以恩泽，皇上复广其储胥（原注：不忍外藩捐输，以示体恤，
见驳〔驳〕庄亲王封奏之旨）。联各盟而情达，币爱曼而欢
胪。小臣载持旄节，如在里闾。昼驱驺从，夜稳穹庐。虽来
异域，益感德舆。惭武库之无闻，时羡勋名于费扬古（原注：
平准噶尔时，费扬古为大将军）；幸词林之忝附，敢忘著述于
木元虚哉？

廓轩志锐《张家口至乌里雅苏台竹枝词》

光绪年间，廓轩志锐又被任命前往乌里雅苏台任职。他在行
程中就沿途所见撰成竹枝词，十分生动地记述了漠北风景与各族
风俗，特别是对各驿站的记录清晰且系统（见表6-1）。又如其中
有《鄂伦琥图克弟〔第〕十四台》一诗，明指自十三台始进入戈
壁地区，其诗云：

琥图克与胡都克，译语同为土井名。

自十三台入戈壁，黄沙白草暮云平。

原诗下注云："自十三台西北行，沙平如掌，水草枯浇，谓之戈壁。然数十里外有专生草处，有积水成湖处，牛马皆能牧放，与依（伊）犁一带戈壁不同，即圣祖仁皇帝征廓尔喀时，谕皇子曰：朕所经瀚海，非大瀚海者也。"志锐所指自十三台入戈壁，与方观承自十六台入戈壁的说法不同，显然，由于当时路径不同，人们所经的驿站名目也会有所不同。

以上这些亲历大漠的学者与旅行者较为翔实地记录自己的观察与踏勘感受，无疑大大促进了中原地区人士对蒙古中部荒漠地区的认知。这些实地观察者是相当认真仔细的，并得出了一些较为统一的结论，如将"瀚海"作为内、外蒙古间自然地理界限。同时，关于"瀚海"荒漠的特征，这些行纪中不乏细致、生动的描述与记录。这些记录包括复杂的自然地貌特征、动植物种类、水源问题、植被状况以及行人直观感受等等，这些都是只有通过实地观测才能获得的重要认知内容。此外，作者浮想联翩，吟诗作赋，也表现出"瀚海"在中国历史上的文化地理意义。

但是，这些亲历者与观察者毕竟不是训练有素的地理学者，由于缺乏精确的测量技术及统一的考察路线，加之蒙古"大漠"地区较为复杂的情况，这些行纪文字显露出了较为突出的"盲人摸象"式的局限性。因此，即使留给同时代其他学者们的印象也是不全面的。① 又如龚之钥《后出塞录》记云："瀚海在归化城西北，地无水泉，或七八百里，或五六百里，行人必兼程而过，间值些小泉水，方得稍息，诚行军之畏途也。海内产石殊佳，五色

_____

① 在外国旅行家那里也存在同样的"盲人摸象"般的情况，如蒙古学者穆尔札也夫指出，各个不同的旅行家对蒙古人民共和国戈壁部分的评价是非常矛盾和主观的。由于知道"戈壁"这个术语指的是荒漠，旅行家们往往一踏入戈壁的边缘以后，就立刻毫不加以分析地说它是荒漠或荒漠景观。参见［苏］穆尔札也夫：《蒙古人民共和国（自然地理）》，杨郁华译，生活·读书·新知三联书店1958年版，第278页。

俱备，玲珑明透，不畏琥珀。每晨旭初升，遥望大地如铺锦罽，亦异观也。"① 显然，这种模糊的标识，对于全面认识"瀚海"荒漠的真实面貌，并无太多的益处。

表 6-1 自张家口至乌里雅苏台驿站名目表

驿站序数	驿站名称	驿站序数	驿站名称
第一台	察罕拖罗海	第二十三台	图姑哩克
第二台	布尔哈苏	第二十四台	墨霍尔噶顺
第三台	哈留	第二十五台	霍尼齐
第四台	鄂洛胡都克	第二十六台	毕勒格库
第五台	奎苏图	第二十七台	哈稽布乞
第六台	扎哈苏	第二十八台	扎拉图
第七台	明垓	第二十九台	卓布哩
第八台	察察尔	第三十台	博罗鄂波
第九台	庆岱	第三十一台	库秃勒多伦
第十台	乌兰哈达	第三十二台	赛尔乌苏
第十一台	本巴图	第三十三台	默端
第十二台	锡蜡哈达	第三十四台	哈比尔噶布拉克
第十三台	布鲁图	第三十五台	遐勒希波图
第十四台	鄂伦琥图克	第三十六台	诺萨
第十五台	察罕琥图克	第三十七台	吉垳木
第十六台	锡拉穆勒	第三十八台	沙克舒勒噶
第十七台	鄂勒胡图克	第三十九台	察布察尔
第十八台	吉斯黄郭尔	第四十台	哈沙图
第十九台	喜拉穆呼尔	第四十一台	蔗林
第二十台	浑木布隆	第四十二台	翁格
第二十一台	奥吉布拉克	第四十三台	乌尼格特
第二十二台	托里布拉克	第四十四台	哈达图

① 《小方壶斋舆地丛钞》续编第二帙。

驿站序数	驿站名称	驿站序数	驿站名称
第四十五台	哈拉钮栋	第五十五台	札克
第四十六台	噶噜底	第五十六台	霍博勒车根
第四十七台	塔楚	第五十七台	乌兰本巴
第四十八台	胡图克乌尔图	第五十八台	鄂伯尔吉拉噶郎图
第四十九台	沙尔噶勒珠特	第五十九台	阿录吉拉噶朗图
第五十台	推河	第六十台	胡吉尔图
第五十一台	乌尔图哈喇拖罗海	第六十一台	达恩得勒
第五十二台	鄂罗盖	第六十二台	特穆尔图
第五十三台	乌塔	第六十三台	舒鲁克
第五十四台	白达拉克	第六十四台	花硕洛图

清代蒙古地区驿站体系的建立，对于这一地区的交通建设及地理认知具有重大价值与深远意义。[①] 驿站系统的建设，一方面本身就是地理探索与认知的结果，另一方面为日后的地理探知创造了良好的条件。更为重要的是，驿站系统为地理认知提供了一个明确可靠的地域标识"坐标"，为我们更准确地确定地域的方位奠定了基础。如余寀在《塞程别纪》中提到："自独石口五十里外，始专设官置递，曰台，台各去五、六、七、八十里不等，就水草之便也。……进次十八台，其地自此以北皆积沙如山……其地势则渐平坦，由沙碛而且入瀚海矣。又四十五里至胡鲁苏台……又五十里至喀尔伦，明成祖勒铭处。今十八台又曰额伦，四十八家蒙古部落界止此。"[②] 也许是人们选取的路线不同，因此，进入"瀚海"的驿站名各不相同。如就前引数部文献而言，以驿站名目为准，进入"瀚海"地区大致在十三台与十八台之间。

清代驿站建设问题涉及面极广，内容相当庞杂，而清人和珅

---

① 关于清代蒙古地区驿站的建置情况，参见韩儒林：《清代蒙古驿站》，《韩儒林文集》，江苏古籍出版社 1986 年版。

② 《小方壶斋舆地丛钞》第二帙，杭州古籍书店 1985 年影印本。

等人主持编纂的乾隆《钦定大清一统志》卷二四一《赛因诺颜部》下有"度漠驿站"一节,其注文相当详细介绍了当时横穿大漠地区驿站系统的建置状况,应该是那个时期有关蒙古驿站建设较全面也较权威的诠解。

明永乐八年,成祖北征,由万全、兴和,至胪朐河,其度漠之地曰:归化甸、杨林戍、禽狐山、香泉戍、广武镇、高平陆、怀远塞、捷胜冈、清泠泊、双秀峰、威卤镇、紫霞峰、元云谷、古梵场、长青塞、顺安镇,至胪朐河。其自阔滦海子回至开平,曰玉带河、碻武镇、清湖源、澄清河、青杨戍、苍松峡、飞雪壑、静卤镇、广汉戍、宁武镇、淳化镇、永宁戍、长乐镇、通川甸,至应昌、开平。

本朝康熙三十五年二月丙辰,驾亲征厄鲁特噶尔丹,三月丁卯,出独石口,特噶尔丹在克鲁伦河。圣祖闻之,兼程而进。四月戊戌,出喀伦边,次苏德图,己亥次呼鲁苏克插汉脑儿,辛丑次喀喇芒鼐哈必尔汉,癸卯次席喇布里图,丙子次西巴尔台,壬子次察罕布喇。五月丙辰朔次拖陵布剌克,庚申次阿敦齐陆阿鲁布剌克,辛酉次枯库车尔,壬戌次西巴尔台,癸亥抵克鲁伦河,此瀚海东北征时路也。

又西一路自归化城西北,至推河,抵阿尔泰之地,远近随地名,置三十余驿,曰昆都仑、克楚、爱毕哈、齐几尔汉、特木儿、布儿哈苏台、五郎厄鲁儿、古尔板哈沙图、察汉虾蟆儿、五尼图、波罗苏海、察汉厄尔几、马尼图、敖石喜、家哈巴尔哈孙、搜儿、察布雀儿、格得儿古、郭多理、奔巴图、厄尔衣图、魁吞巴札儿、你楚滚、库尔奇勒、图格里克、违(达)察、哈拉尼多、乌纳根乌苏、昏鄂、空兀勒塔奇、西拉布里多、阿尔博尔济、博济和朔,至推河,计二千余里。

谨按《平定朔漠方略》上谕曰:朕所经过之处,非大瀚海也,西之瀚海,较此更阔。然观之亦非平衍之地,山阜联绵,沙石间杂。自出喀伦,未见寸土,其沙亦坚硬,履之不陷。营中军士凿井甚易,一人可凿二三十处,因水泊中取水嫌远,咸于近帐房处凿之，可掘之地亦易认识，有谓之善达者，地洼而阔，未二尺即及泉。有谓之赛尔者，山涧沟泾，掘仅尺余即可及泉。有谓之布尔度者，乃丛草积潦水，虽有而佳者少；有谓之窥布尔者，水流地中，以手探之，泉即随出，故野骡以蹄抉之而饮。风土景况，一无所取，地尽碎石，下马偶仁立，可射之处亦少，草则丛生，而土高，所以萦绊马匹。又各种野鼠所穿之穴，较兴安一带鼢鼠之穴更深，殊觉可厌。草名颇多，有郁尔呼草，牛、羊、驼、马食之最宜，以此称佳。

又康熙二十二年十一月谕喀尔喀毋越噶尔拜瀚海之地游收。时喀尔喀土谢图汗、车臣汗等遣使入贡，奏言去岁蒙上谕，令各牧地设立汛哨，以警寇盗。但我等就草游牧，居止不定。上限以何处为界，请道旨行令停其置哨，限以噶尔拜瀚海为界，不得越此游牧。噶尔拜瀚海之地，距我边境有三日程，其瀚海尽界之东，亦须离我边境三日之地，不得内入，此喀尔喀未受封前与中国分界也。自（康熙）二十八年内附受封后，与四十九旗同列，东自瀚海之东布伊尔湖、克鲁伦河，西北至色楞格河、桑稽晋大来泊，迤西至扎布噶空格河。东西五千余里，南北三千里，皆为我边塞，瀚海犹内地矣。①

前面所引宝鋆、志锐等人的著述已经提到了圣祖仁皇帝（即康熙皇帝）北征事迹，而在上述注文中，我们可以发现，对于蒙古驿站建设而言，康熙帝统率清军于康熙三十五年（1696）横穿大漠的北征，起到了至关重要的作用。毋庸置疑，在清代亲身穿越瀚海的人士当中，地位最显赫的当属康熙皇帝，而并不夸张地讲，清代对"瀚海"问题认识最全面且最深刻的研究者也当属康熙。康熙本人曾多次巡行塞北地区，因而对塞外地理情况十分熟悉。② 康熙三十五年春，康熙皇帝亲率大军北征准噶尔部，这也是他唯一的一次穿越内、外蒙古间的"瀚海"地区。《亲征平定朔

① 嘉庆《大清一统志》卷五四四《喀尔喀》，四部丛刊续编本。
② 如法国传教士热比雍神甫（中文名张诚）就多次随从康熙出行蒙古地区，见《张诚日记》，《清史研究》第5辑，中华书局1984年版。

漠方略》一书详细记录了康熙及清朝军队穿越大漠远征的全过程。① 清代著名学者魏源曾对康熙皇帝的北征行动进行过考证，指出："圣祖三驾亲征，其出塞一由东路，再由中路，三由西路。东路由博洛河屯，仅在盛京西界，因准夷已内越乌穆秦而南，故未能度漠出边。中路即明成祖北征所行，由独石口、宣化府出边，度瀚海。瀚海亦非平地，沙冈绵亘，无寸土。惟插汉七老峰长二百里横亘瀚海之中，初出卡伦即逾此岭，圣祖勒铭其上。以后随地设驿，凡二十五日，度大漠至克鲁伦河。"②

康熙皇帝不仅亲征漠北，横穿瀚海，并通过认真观察与思考，对瀚海的成因问题有了重要发现与领悟，提出了自己的见解。

> 瀚海一望斥卤，无溪涧山谷，而沙中往往见螺蚌甲。蒙古相传云：当上世洪水时，此泽国也。水退而为壅沙耳。因思八卦之位，"坎"居于北，故天下水源大抵从北来。孟子云：洪水泛滥于中国。言泛滥者，指其委如此，知其源必有自矣。大凡水性就下，以东南为虚壑，故古来西北泽区水汇见之史册者，今考据《地志》已半为平陆，且以几千里枯泻而仍名曰"瀚海"，意其本来必非即沙碛也，洪水之说，近似有理，录之以补前人所未发。③

在这里，康熙皇帝如一位既睿智又严谨的饱学之士，实令人感慨。文中所显示真知灼见，比之任何一位同时代的学者毫不逊色。康熙皇帝试图以他的亲身观察来验证关于瀚海成因的"洪水"传说。而他提到的蒙古人中流传的"洪水"之说，正是在戈壁地理研究中重要的海相沉积理论。海相沉积理论影响相当深远，一些外国学者甚至以"瀚海"一词为依据来证明这一地区在远古时

---

① 温达等纂：《亲征平定朔漠方略》，《中国西北文献丛书》第三辑《西北史地文献》，兰州古籍书店1990年版。
② 《圣武记》卷三，中华书局1984年版，第122页。
③ 《圣祖仁皇帝御制文集》第四集二七卷"瀚海螺蚌甲"条，影印文渊阁四库全书本。

期为海洋所覆盖。直到十九世纪末，才有俄国学者提出"陆相学说"，即瀚海之地实由陆地湖泊干涸而成。另外，在"瀚海"的地域界定上，身历其地的康熙也发挥了决定性的作用。如他在《御批历代通鉴辑览》中对"登临瀚海"的注释曰："在苏尼特（旗）之北，喀尔喀之南，其西接伊犁界。"这一定位也成为许多清代学者引证的依据。康熙皇帝在谕旨中也指明：大兴安岭为瀚海之东界。汪灏《随銮纪恩》中"康熙四十二年塞外秋狝之典"记云："八月二十五日康熙谕：来日往兴安岭，尔等随羽林行，可到岭一眺。其岭东连长白山，西接五台，岭外为东四旗驻牧地，外为蒙古克什克屯部落，又北二百里即为沙漠，沙漠外即瀚海矣。"①

综合以上多种文献的记述，我们可以发现，清代对蒙古荒漠地区的认知有了重大进展，其认识水平已经达到了相当成熟、相当深入的程度。这些亲历瀚海的人士不仅自己积极地探讨了"瀚海"的认知问题，而且其所留下的丰富资料成为那些未曾实地踏勘的研究者研究蒙古地区自然地理状况的重要资料，从而为清代前中期一批有志于边疆史地研究的人士创造了较好的条件，间接地促成了一批重要的边疆史地著作的出现，这些著作包括魏源的《圣武记》、祁韵士的《皇朝藩部要略》、张穆的《蒙古游牧记》、何秋涛的《朔方备乘》等。如魏源在《圣武记》的附录中不仅摘录多种蒙古行纪资料，并多次提及"瀚海"，有些地方甚至特别注明其根据来自康熙等人的说法（圣谕）。如"瀚海绝地中央，莽亘数千里，天以界内外。汉、唐兵力盛时，或能有漠南，从无兼有漠北者。和林者，大漠之北，杭爱山之南，鄂尔坤河之西北，回纥旧建牙之所，自古北匈奴所庭也，为瀚海王气之区"②。又如"克鲁伦河者，起车臣汗西界，东北近黑龙江，横亘瀚海东北二千里，乃内外蒙古之界也"③。又"瀚海"下注文云："圣谕言：瀚海水草虽乏，然脉泉凿之甚易，一卒可得二三十井，又有郁尔草最宜马驼之食。瀚海亦非平地，沙冈绵亘，无寸土。惟插汗七老峰

---

① 见《小方壶舆地丛钞》第一帙，杭州古籍书店 1985 年影印本。
② 《圣武记》卷三，中华书局 1984 年版，第 102 页。
③ 《圣武记》卷三，第 119 页。

长二百里，横亘瀚海之中……其地距河套二千余里，是为瀚海中路。"① 张穆撰著、何秋涛辑补的《蒙古游牧记》，不仅在很大程度上代表了清代中国学者关于蒙古地区研究的最高水平，也是一部在国际学术界具有重要影响的著作。② 张穆、何秋涛二人对康熙北征之事极为熟悉，《蒙古游牧记》与《朔方备乘》二书均多处引证康熙北征记述，完全接受了康熙皇帝等人对于"瀚海"问题的认定，二书甚至分别在注释文字中引用了康熙皇帝在拖诺山上留下的铭文："瀚海荡荡，胪朐泱泱。亲御六师，我武维扬。震雷霆威，眚日月光。剪厥凶丑，安定遐荒。"③ 可以说，"瀚海"一词风靡整个有清一代的知识界，而由康熙北征所获取的"瀚海"（大漠）信息，也成为清代学者关于"瀚海"即大漠认知的最重要来源与依据之一。

与此同时，"瀚海"这一源远流长的中国古老语汇，对于西方学术界也产生了相当深远的影响。如著名德国地理学家李希霍芬在中国地貌与地质研究中取得的重大成就，在世界地理学界都占有重要的一席。李希霍芬提出了关于戈壁地区曾被认定的唯一第三纪内陆海——"瀚海"所掩盖的假说，瀚海即为"旱海""干海"，并建议用"瀚海"一词来命名亚洲的中心部分。这也就是所谓戈壁成因"海相沉积说"。这一假说一经提出，在世界地理学界产生了巨大的反响，于是，"瀚海沉积层"或"古瀚海区"甚至成为地理学界的学术专业语汇。如俄国地理学家契尔诺夫在探讨位于阿拉善沙地北边的果卓盆地特征时指出："没有任何标志能够表明这个盆地的某一地方上透露有比瀚海沉积更老的沉积。厚层的瀚海沉积大概填充了整个谷地……凡是瀚海地层不十分破碎的地方，地面都是荒凉的。在这里，流沙占着优势。"④ 另一位著名俄

---

① 《圣武记》卷三，中华书局1984年版，第122页。

② 光绪二十一年(1895)，《蒙古游牧记》被俄国驻北京总领事波波夫译成俄文出版。

③ 参见《蒙古游牧记》卷九注文，同治六年祁氏刻本；《朔方备乘》卷二四注文，光绪七年刻本。

④ 引自[苏]穆尔札也夫：《蒙古人民共和国（自然地理）》（上册），杨郁华译，生活·读书·新知三联书店1958年版，第172页。

国学者波塔宁在论述东部蒙古沙地时提到了"古瀚海区":"在毗连兴安岭西麓的草原上,掩盖有深厚的沙质冲积层。在沉积在古瀚海区的戈壁红色沙岩,在兴安岭附近并没有发现,似乎瀚海并没有伸入呼伦盆地和贝尔盆地及其附近的湖泊。"① 对照之下,不难发现,外国地理学家与地理学界对"瀚海"一词的认可与关注,与瀚海一词的历史渊源及清代前期中国学者的探知工作有着无法剥离的密切关联。

不同渊源的名目判别与较小尺度的地域划分,是地理认知深入化与精密化的重要体现。在大量实地踏勘活动及感性认识的基础上,清代人士自觉或不自觉地开始对"瀚海"的认知问题做进一步的精密化工作。概括而言,当时认知细化工作主要体现为两大进展:一是以"戈壁"一词为线索,推动了中外学术界对亚洲地区沙漠地貌问题的认知;二是分别以"戈壁"与"瀚海"两词为代表,区分西北(新疆)与蒙古地区两大荒漠地带。

"戈壁"一词在清代文献中大量出现。如《夜谈随录》记载曾长期转贩于蒙古的老仆李德之言云:"戈壁即瀚海也,内多奇石。"② "戈壁"一词源自蒙古语,在清代文献中的译法有多种,如以"戈壁"为"郭毕"。如嘉庆间进士赵慎畛《榆巢杂识》上卷"瀚海玛瑙"条称:"蒙古部落咸在郭毕,即瀚海也。其地多砂石,少草木,一望斥卤,无溪涧、山谷。沙中产玛瑙石子,五谷灿然……造化生物之巧,一至于此乎?"③ 又如以"戈壁"为"锅闭"或"锅陂"。如清代学者纳兰常安的《瀚海前集》中有"行国风土记",对蒙古地区的风土人情进行了较详细的记述。如其中"空谷罗厄伦记"称:"空谷罗厄伦去古尔班赛罕五六百里,地邻西尔哈锅闭。锅闭,华言瀚海,相传以为曩时征剿噶尔旦(即噶尔丹)大军所行西路也。锅闭地既不毛,又无滴水,茫茫漠漠,

① 引自[苏]穆尔札也夫:《蒙古人民共和国(自然地理)》(上册),杨郁华译,生活·读书·新知三联书店1958年版,第141页。
② 见《圣武记》卷三《附录》,中华书局1984年版,第108页。又见《小方壶斋舆地丛钞》第二帙《喀尔喀风土记》,杭州古籍书店1985年影印本。
③ 赵慎畛著,徐怀宝注解:《榆巢杂识》,中华书局2001年版,第89页。

填路积野，旱沙千余里，春、夏、秋不可行，惟隆冬雪积之后，蒙古有乘驼啮雪驰至者，地去准噶尔径直且近。"又如佚名所撰《西北域记》称："自归化城西北行，至杭爱山，所历皆蒙古部落喇嘛。东至乌朱穆秦，西至大流沙，横亘数千里，潆且涸，曰瀚海，即沙漠，俗名锅陂，北有地曰乌业乌苏，多诸色宝石。"①

"戈壁"一词，是蒙古文的汉译，英文为 Gobi，是一个并不十分严格的、单一质形态的地貌名称与景观名称。西方旅行家与学者们很早就注意到了戈壁地貌问题，从语源及地貌特征方面进行了相当深入的分析。如俄国旅行家阿·马·波兹德涅耶夫指出：根据蒙古人自己的解释，"即戈壁首先是具有绝对低的高度的地方，而其最主要的特点是土壤。一般说来，戈壁的土壤总是砾石土。土壤的多石性可能表现为矿层，也可能表现为砾石，但沙子与砾石是戈壁的必要条件。戈壁并非总是不毛的，不毛并不是戈壁的特征。有的地方，戈壁的土壤大概是'绍罗伊（尘土、黑土）'，这样的地方总是覆盖着青草，但如果在那里挖三四寸深（四五俄寸），就又出现沙子与砾石。很明显，蒙古人所说的戈壁就是在我们的科学中将被认为是从前覆盖蒙古的大海海底的地方"②。很显然，波兹德涅耶夫是戈壁"海相沉积说"的支持者，所谓"从前覆盖蒙古的大海"就是指汉文所称的"瀚海"。其观点与康熙皇帝的认识惊人地如出一辙，但他的考察活动已是在清朝末年了。

据现代地貌学的分类，荒漠地区大体分为四种类型，即岩漠（石质荒漠）、砾漠（砾质荒漠）、沙漠（沙质荒漠）、泥漠（泥质荒漠）。③ 如加上盐漠，即可分为五大类，而岩漠与砾漠，都属于蒙古语所称的"戈壁"④。可见，在地理学中，"戈壁"是一个特殊地貌或景观的概念，并不是一个特定地域的名称。亚洲地区的

---

① 《西北域记》，《丛书集成初编》，中华书局1985年版。
② ［俄］阿·马·波兹德涅耶夫：《蒙古及蒙古人》，刘汉明译，内蒙古人民出版社1983年版，第511页。
③ 参见刘南威主编：《自然地理学》，科学出版社2000年版，第347—349页。
④ 参见王涛、陈广庭：《中国的沙漠·戈壁》，上海科学技术文献出版社2008年版，第4—7页。

戈壁面积十分广袤，如法国学者加洛伊斯曾总结道："戈壁，并不是一个地理区域的专有名词，而是蒙古人用来指称某一特定地理特征的普通名词。戈壁是宽而浅的洼地，平坦的岩质底部上覆盖细沙、小鹅卵石，最常见的则是砂砾……戈壁沙漠是在东经104度附近所量的南北向距离，约为一千二百英里，在北纬44度附近所量的东西向距离，约为二千英里。这片沙漠向东触及兴安省中部之外约五百英里处，向西则远达名义上不叫戈壁的地方。事实上，这种地理现象不断伸展到准噶尔荒原和南疆的不毛之地，这两个地方被天山的肥沃丘陵带分隔开来。因此，很可以说，戈壁沙漠从帕米尔高原，一直延伸到满洲边界，横跨了三千六百英里。"① 可以说，依照近代地理学的定义，戈壁在一定程度上成为中亚地区荒漠的总称。②

既然戈壁地貌覆盖的面积极其广大，包括蒙古高原及新疆天山南北地区等，但是，地域名称毕竟无法用地貌名称来替代，换言之，在清代的疆域版图中，用一个单一地域名词来限定广大的戈壁地貌地区，显然是不合适的，在具体实践中也极易造成混淆。如康熙皇帝就提出了"东瀚海"与"西瀚海"之别："朕所经过之处，非大瀚海也，西之瀚海，较之更阔，然亦非平衍之地，山阜联绵，沙石间杂，自出喀伦，未见寸土，其沙亦坚硬，履之不陷，营中军士凿井甚易，一人可凿二三十处。"其他传统中国学者还提出了"南瀚海""北瀚海"的说法。嘉庆年间和宁等人所撰《回疆通志》卷十一称："瀚海地皆沙碛，无水草，赤地千里。《通志》云：经前庭县有大沙海，在柳中县东南九十里，亦名旱海。今考瀚海亦有二：《通鉴》：霍去病封狼居胥山，禅于姑衍山，登临瀚海。注：狼居胥山、姑衍山，在漠北喀尔喀地，瀚海在苏尼特之北，喀尔喀之南，其西则接伊犁之界，据此则回疆乃南瀚

---

① 转引自［法］蜜德蕊・凯伯、法兰西丝卡・法兰屈：《戈壁沙漠・前言》，黄梅峰译，中国青年出版社2002年版。

② 《中国，我的旅行结果和对中国的初步研究》（柏林，1877年），参见《蒙古人民共和国（自然地理）》的相关介绍，第286—287页。

海也。"①

　　特别值得关注的是，尽管"戈壁"一词源自蒙古语，但是，我们发现，在相当长的时间里，清代人士所认定的"戈壁"地带却集中于今天的新疆及周边地区。如《新疆四道志》卷一称："迪化城北境大戈壁，斥卤弥望，略同瀚海。（注：按《蒙古游牧〔记〕》补注，此戈壁东西广五百里，南北衺三百里，即唐所谓沙陀者也，逾戈壁，接迪化州界，即乌鲁木齐也）"② 又如乾隆二十五年（1760）四月，陕甘总督杨应琚等人在上奏中介绍了当时新疆地区戈壁地貌的状况："查南路一带，戈壁本多，自哈喇沙尔至库车千余里，内如哈喇布拉克至策得尔，计二百四十里，玉古尔城至托和鼐亦二百四十里，俱系戈壁。又东至硕尔舒克六十里，西至库尔勒七十余里，有山冈二十四处，马匹易于倒毙。臣等询知玉古尔城至托和鼐，戈壁十余里，外有阿尔巴特一处，可得水草。又距托和鼐七十里，有地名喀喇乌苏，颇饶水草。行八十里可至阿尔巴特，至库尔勒等处，山冈外沿河另有捷径，不过将山麓铲削，签桩补土，如栈道式，人马俱可安行，较之逾越山冈，计可省三十余里……"③ 嘉庆《回疆通志》卷十一又称："盐池山，此山之南，沙碛漫野，即希尔哈戈壁，所谓千里瀚海也。"《西域释地》又云："哈密东至安西州，西至土鲁番，俱有沙碛，乏水草，不毛之地数百里，谓之瀚海，今呼为戈壁。"④ 也许，正是在这种情况下，一些研究者甚至误认为"戈壁"一词源自"回语"（即维吾尔语）。⑤

　　关于清代人心目中"瀚海"景观的全貌，著名学者洪亮吉有《瀚海赞》一文，但细观其文，其所谓"瀚海"景观主要集中今天

　　① 和宁等撰：《回疆通志》，《中国西北文献丛书》第一辑《西北稀见方志文献》。
　　② 《新疆四道志》，光绪十二年刊抄本。
　　③ 傅恒等纂：《平定准噶尔方略》续编卷二，《中国西北文献丛书》第三辑《西北史地文献》。
　　④ 祁士韵撰：《西域释地》，清道光十六年刊本。
　　⑤ 如《钦定河源纪略》卷九注云："戈壁，回语大沙碛也，地多大沙碛，故名。"影印文渊阁四库全书本。其实，维吾尔语称荒漠地貌为"库姆"，与蒙古语"戈壁"同义，参见王涛、陈广庭：《中国的沙漠·戈壁》，上海科学技术出版社 2008 年版，第 3 页。

于的新疆境内，即西部戈壁地区。

> 自嘉峪关以外，皆属戈壁，古所云"瀚海"，亦曰"流沙"，亦曰大漠，亦曰盐碛，今略计之，玉门、敦煌、安西、哈密、巴里坤、奇台古城、萨木济、阜康、乌鲁木齐、玛瑙斯、呼图壁、绥来、精河、伊犁之头台、二台、三台，以迄镇堡，所在三道沟、疏勒泉、格子墩、长流水、松树塘、菩萨沟、肋巴泉、三个泉、木垒河、安济海、滋泥泉、四十里井、芦草沟等。有水草者，不过二十余处，余皆戈壁也，平沙漫漫，寸土不入，极目千里，殊无遁形，阴阳未分，霜雪不积，禽畜则四足二足以上，草木则一寸二寸以下。飞鸣杳然，萌蘗顿绝，水泉则远至三百里、五百里方可负汲，程途则久至二十日、三十日亦皆露宿。甚则怪火时出，光逾日星，阴风倏来，势撼天地。鸣沙逐人，则迅雷无其厉也；飞石击客，则霜刃无其铦也。乌乎！此亦天之所以限中外而域南北乎？盖凡不火食而露处，前后至六十日，方抵戍所，爰为之赞曰："沙行如龙，欲出天表，昆仑束之，怒气犹矫，冥冥日月，有暗无晓，人行着沙，如蚁之小，一风排空，车轴竟飞，十里五里，愁无据依，白气周匝，元云荡摩，时出丈火，曾无勺波。"①

洪亮吉在文中全面而翔实地描述了新疆地区戈壁地貌分布的区域与地貌外在特征，具有相当高的学术价值。笔者认为，洪亮吉提到的"自嘉峪关以外，皆属戈壁"一语极为重要，这应该是当时人们关于戈壁东部界限的一个共识，而这一界定的形成，应与乾隆皇帝于嘉峪关外赐建龙神祠有着直接的关联。如乾隆二十二年（1757）七月，乾隆敕命建龙神祠于嘉峪关外，对此，他解释道："嘉峪关外路多戈壁，从前并无水泉。今年大兵经过，凿井数处，俱得甘泉，水势腾涌，普济军行，往来商贾，亦多利赖，

---

① 参见《洪北江诗文集》卷一，四部丛刊本。

此实神明赞佑所致。"① 又如《勅建助顺昭灵龙神庙碑文》："惟嘉峪关，本酒泉故郡，素称天险。关门外为戈壁地，沙碛弥望，澶漫逶迤……"② 戈壁的东部界限的确立是极为重要的，这一界限很自然地成为当时学界划分"瀚海"与"戈壁"两大地带的界限。

可以说，有清一代关于"瀚海"及北方荒漠认知的问题取得了划时代的重大进展，当时进展的一个重要体现，便是"戈壁"一词的普通应用以及对"戈壁"地貌深入认知。但是，当时的认知也不可避免地存在认知上的"盲区"或"误区"，即简单地将"瀚海"与"戈壁"等同起来，以及将天山南北的荒漠也称为"瀚海"，或将蒙古地区的荒漠也统称为"戈壁"，若将这些区域不分彼此地通称为"瀚海"或"戈壁"，实际上是行不能通的。于是我们看到，随着时间的推移，在如何区别蒙古高原与天山南北的荒漠的问题上，清代学者逐渐形成了一种约定俗成的处理方式，即将蒙古境内的荒漠地区称为"瀚海"，而将嘉峪关外至天山南北的荒漠地区称为"大戈壁"。这在李兆洛所制《皇朝一统舆图》③、邹伯奇所制《皇舆全图》④、欻乃轩主人增辑《皇朝一统舆地全图》⑤ 以及严树森等编绘《皇朝中外一统舆图》⑥ 中都有明确的反映。这种处理方式也一直影响到中国现代地理与地貌研究。

然而，清代学者有关"瀚海"与"戈壁"的差异化工作，在一段时间里，似乎并没有引起研究者足够的重视与理解，因而在相当长的时间里，"瀚海"与"戈壁"混同的取向还是无可避免。如时至清末，不少学者依然将蒙古地区的全部荒漠地区或称为"瀚海"，或称为"戈壁"。就蒙古地区而言，荒漠面积也相当辽阔，于是不少学者将蒙古地区的荒漠总称为瀚海或戈壁。如光绪年间出版的《蒙古志》也对蒙古沙漠的地域范围与地貌特征进行

---

① 见《平定准噶尔方略》正编卷四一。
② 见《钦定西域图志》卷八，《中国西北文献丛书》第一辑《西北稀见方志文献》。
③ 《皇朝一统舆图》，清朝光绪丁酉年邻苏园刊本。
④ 《皇舆全图》，清朝同治甲戌刻本。
⑤ 《皇朝一统舆地全图》，光绪二十年鸿宝斋石印本。
⑥ 《皇朝中外一统舆图》共三十二卷，同治二年刊本。

了较为翔实的论述:"蒙古之沙漠,占全土殆三分之一。蒙古谓为戈壁,汉人称曰瀚海。东起兴安岭西麓,当内蒙古、外蒙古、黑龙江边境,西尽天山东端,当西套蒙古、外蒙古、新疆边境。自东北迆向西南,斜亘内、外蒙古间。长自东经四度至西经三十六度,凡三千六百里,阔自北纬三十七度至四十八度,或千二百里,或二千二百里,地势高于海面约四千尺,而平坦广阔,四边接天,道经其间,一望无际。然童岩秃丘,乍起乍伏,宛若大洋中岛屿。湖泽亦满布,若其中央,则数千里间不见一水,虽盛夏大雨后,不半日而尽涸,水迹难寻矣。其土性之干燥如此,以故无从耕种,不宜畜牧,景物凋零,杳无人迹。"遗憾的是这段文字却是来自编译的日文书籍,并非作者实地勘测的结果。①

在现代蒙古国的地理区划中,蒙古语所称"戈壁"包含了荒漠草原与荒漠两大地带,两大地带占据其国土面积的 41.6%。②戈壁荒漠的总面积超过四十万平方千米,内部分为中戈壁、外阿尔泰戈壁(或准噶尔戈壁)、东部戈壁、北部戈壁等几个部分。现代蒙古国全境共分为 18 个省、4 个市,其中境界涉及戈壁地带的省份有戈壁阿尔泰省、东戈壁省、中戈壁省、南戈壁省。这四个省的面积合计达到全国面积的 60% 以上。③ 南戈壁省为蒙古国面积最大的省份,为 16.5 万平方千米,恐怕也是人口最为稀少的省份,全省仅有 4.6 万人。④ 至 1994 年,蒙古国又划出了 3 个新省,其中将乔伊尔市改为戈壁顺博尔(苏木贝尔)省。⑤

---

① 姚明辉译辑,光绪三十三年(1907)刊本。这段记载应译自日本参谋本部所编《蒙古地志》(中文译本由启新书局光绪二十九年出版)的相关内容,如《蒙古地志》记云:"蒙古的沙漠大概占其全境的三分之一,从东部到西南部,横亘蒙古中央,南北从北纬三十七度黄河北岸起到四十八度的外蒙古库伦,东西从东经一百度的甘肃居延海起,直到满洲与蒙古的交界处。海拔四千尺左右,东西五百里,南北二百里到二百八十里。蒙古语称沙漠为戈壁,汉人称为瀚海。"
② [苏]穆尔札也夫:《蒙古人民共和国(自然地理)》(下册),杨郁华译,生活·读书·新知三联书店 1958 年版,第 259—260 页。
③ 参见西·泽各米得:《蒙古人民共和国》,中国青年出版社 1955 年版,第 76 页。
④ 《蒙古国投资、贸易、旅游指南》,内蒙古人民出版社 1994 年版,第 57 页。
⑤ 见《蒙古国投资、贸易、旅游指南》,第 70 页注解。并参见《世界分国地图·蒙古》,中国地图出版社 2004 年版。

结　语

就历史地名考订与景观研究而言，传统考据学的优势与贡献是不容否认的，但其局限性也是相当明显的，其结论往往是孤立定点式的、片断式的，这与其较为简单直接的、讲求实证的理念相一致。而现代历史地理诠释学则要求在实证研究基础上进行全景式地复原再现、分阶段式地、连续性地追踪求索，力求多角度、多层面地探索与总结其历史内涵。一方面，历史地名与景观风貌产生于特定的时空，有其特定的含义；另一方面，历史名称与历史景物本身都处于不断的发展演变之中，历史地理诠释学不仅仅关注其局限于某一时段的特定含义，既要看到同一名称随着时间的推移、人们的认知变化而发生的改变，也要关注历史景观本身发生的复杂变迁。更为重要的是，作为历史时期地理认识的表征，历史地名不仅是一个时段人们地理认知与地理观念的直接表达，而且还反映了一个时代的政治地理形势、文化心态、行政区划变迁等等。因此，历史地名的研究在很大程度上是一个时代政治地理、文化心态、行政区划、地理认知与地理观念等问题的综合性的、横断面式的剖析。与此同时，不同时代的军事政治形势、文化心态、认知水平等都存在着十分显著的差异，那么，跨越多个历史时段的历史地名考察，则必须要求实现贯穿多个时代的纵向性与差异性探求，而这些都是传统考据学所难以达到的要求。

从历史地理诠释学的角度出发，我们将汗牛充栋的古代文献记录视为一个庞大而特殊的"话语体系"（discourse system），那么，数量繁多的类似于"瀚海"的语汇，便是构建这一"话语体系"的"话语单位"（discourse unit）。如果说，传统考据学的目标在于范定某一地域名称（地名）明确扼要的内涵的话，那么，历史地理诠释学则力图立足于不同时段及不同角度，层层开掘出附着于特定"话语单位"之上的丰富而深刻的历史累积效应，展现不同时代所留下的时代"烙印"，并以此为线索，揭示出历史时期地理认知的特征与曲折进程。换言之，传统地名考据学的目的往往局限于剖析地名的"内核",而历史地理诠释学趋向于将数量丰富的"话语单位"当作一个个珍贵的历史遗存物与"多棱境"。

"瀚海"概念的内涵,随着时代在不断地更新,从一个侧面反映出人们对蒙古荒漠地区认知的逐步推进。在大漠南北以战争与仇视为主旋律的对立或对抗时代,地理认知不过是军事行动的一项"附属成果"而已,隔绝与阻挠成了地理认知的最大难题。金戈铁马、腥风血雨的残酷现实极大地压制了人们对于地理环境的探求。于是从西汉到南北朝的数百年时间里,中原地区对于漠北地区的认知是相当模糊与有限的,猜测与想象填补了很多认知的空白。由于缺乏统一的定位标识与严格的特质认定,从西汉至南北朝,中原王朝北征行动所涉足的塞外"瀚海"已经发生了定位偏离,不同时期的人们所认定的大漠之中的"瀚海",已经不可能用一个单一而笼统的地域范围来进行最终的范定,而至少应有"北方瀚海"与"东方瀚海"之差异。

地理认知的时代特征与时代性差异是极为突出的。时至唐代,随着帝国空前统一局面的出现,漠北民族的归附与南迁,以及南北交通状况的改善,中原地区对于大漠南北地区的地理认知出现了突破性的进展,《冀州图》《入塞图》等的出现,较全面地解决了唐代以前的"瀚海"认知问题。另外,从南北朝至盛唐,也是"瀚海"一词内涵发生重大转变的时期。"瀚海"开始从一个单纯的地名或地理景观名称演变为政区名称,而且指代过不同的区域乃至部族,而随着辖区与治所的方位以及所辖部众的变化,"瀚海"一词不可避免地出现了非常显著的泛指趋向,导致其本义及确切地域出现了偏离。这一泛指与偏离的影响也是不可低估的。

当然,仅凭"瀚海"(翰海)一词来全面反映历史时期对蒙古荒漠地区的认知状况,显然是远远不够的,换言之,"瀚海"这样一个古代文献体系中的"话语单位"所能承载的历史累积效应毕竟是有限的。汉唐之间的史籍中出现了多种蒙古荒漠地区的名称,如"大幕""大漠""大碛"等,大量史料证明,从两汉到盛唐,史籍记载中的"大幕""大漠""大碛"等荒漠名称,与"瀚海"之间的区别是非常显著的,二者难以混淆或取代。

这可以从反面来印证从两汉到唐代时期，文献中的"瀚海"应该是指一个漠北地区面积广大的内陆湖泊，而不会是代指整个荒漠地区（大漠或大碛）。这种认知结论，与清代学者的认知存在巨大的差异。

疆域建设的局限与交通往来的隔绝，会直接影响地理认知的水平，甚至导致地理认知的倒退与"迷失"，两宋时期对"瀚海"问题的认知证明了这一点。两宋人士的视野相当局限，因而对蒙古地区荒漠地带的认知只好采取"盲人摸象"式的断章取义，于是将"瀚海"等同于"旱海"，这与汉唐时期人们所认知的"瀚海"可谓大相径庭。在这种状况下，如果简单依据后世的认知来认同或否认前代认知的结论，肯定是十分危险的，甚至是荒谬可笑的。

客观认知条件的改善与知识界的艰苦努力，对于地理认知的进步是同样重要的。尽管辽、金两朝的疆域都包含了部分或大部蒙古荒漠地带，元代疆域建设的成就更是相当辉煌，然而，当时的知识界没有在大漠认知中取得很大的成就，其症结也在于此。将古之"瀚海"解释为杭爱山，应该是认知过程中的一个特例，不足以否认其他内容的解析。这一解释在逻辑及语源上都存在着严重的矛盾。如就语源时间性而言，"瀚海"或"翰海"一词出现于西汉，而且没有证据表明，这一词语来自匈奴或其他塞北民族语言的译音，早于元代一千余年。用元代人的观察结果来认定汉朝人所见的景观内容，这种"跨越式"的论证方式，本身就存在很大的不确定性，需要十分有力的证据。其次，蒙古语"杭爱"是一种景观名称，指中等高度的山地，具有发育良好的植物被覆、优美的牧场、丰沛的水流与稠密的人口及牲畜，与汉语词语"瀚海"内涵存在很大的差别，不可能简单相通。[1] 简单认定古文献中"沆海"与"杭爱"相通，即汉文献中"瀚海"之异译，是很难说通的。最后，正如李文田所云，"沆海山"同样可解释为地处

---

① 参见［苏］穆尔札也夫：《蒙古人民共和国（自然地理）》，杨郁华译，生活·读书·新知三联书店1958年版，第20—21页。

"沉海"之山，或邻近"沉海"之山，亦皆可通，而没有理由认定"沉海"或"瀚海"就是山脉本身。

迷失与内涵转移的现象，同样出现在明代关于塞北的地理认知之中。"九边"作为结构严密的防御体系却十分遗憾地演变成了地理认知上难以逾越的壁垒。虽然永乐年间明朝军队的北征对于了解蒙古地理状况起到了一定的积极作用，但是这种"空谷绝响"式的探究，最终无法抵挡长期军事对峙形成的隔膜，明代对于漠北地区的认知因而始终徘徊不前，最终不可避免地陷入"迷失"的境地，接受了两宋文献的"暗示"，将整个蒙古沙漠地带称为"瀚海"。

清代对于蒙古荒漠地区认知的重大进展，首先得益于可与盛唐媲美的优越条件。而清代人士在边疆史地研究中所投入的巨大热情同样是前所未有的。优越的客观条件与知识界的巨大努力，共同造就了清代包括蒙古地理认知在内的边疆史地研究的巨大进步。例如清代关于"瀚海"地区认知工作，首先完全来源于研究者反复的实地踏勘，这又是前代所无法企及的。而边境地区驿站系统的建立，也为人们的边疆地理探知提供了极大的便利。

在相当长的时间里，将古文献中的"大漠"及"大碛"，与"瀚海"一词完全等同起来，成为清代学术界在蒙古荒漠认知问题上的一大突出特点。但是，这里需要特别阐释的一点是，将"瀚海"指代"荒漠"，本来是中原人士地理认知上的一种"迷失"或意象性取向，但是清代学者却着意将这种意象化的地理概念进行了相当全面的范围限定与重新定义，也由此实现了令人称道的进展。这种进展主要表现在两个方面：一是借助蒙古传说故事提出了荒漠形成的"海相沉积说"，即蒙古荒漠曾经为大海所覆盖，"瀚海"一词与"海相沉积说"对西方地理学界也产生了重大影响；二是认识并广泛运用来源于蒙古语的"戈壁"一词，并对"瀚海"与"戈壁"二词进行了差异化辨析工作，即将嘉峪关外的荒漠地区称为"大戈壁"，而将内外蒙古及西北地区的荒漠地带称为"戈壁"，这种辨析工作的成果一直影响到现代中国地理学界。如直到今天，中国学术界还习惯于将西北及新疆地区的荒漠地带称为"戈壁"，这与蒙古国学术界的取向明显不同。

　　最后，笔者想要着重阐明的一点是，虽然清代在蒙古荒漠地区的认知工作上取得了重大进展，但是，与同时期国外学者（以俄国学者为代表）相比较，清代学者对于蒙古荒漠地区的研究还是存在明显不足。如以有清一代所跨越的时间为限，中外学者对于蒙古地区的认知工作均可分为前后两个阶段：一是从清代前期至同治九年（1870）左右；第二阶段则是从1870年到清末。在前一阶段中，中国方面对蒙古地区的探查主要是与军事行动相关的考察活动、朝臣们的外出游历以及其他学者根据相关考察记录而进行的分析与结合。而俄国方面的考察活动也是限于使节、传教士与商人游历活动。应该说，在这一阶段，中国学者对蒙古地区的认识程度并不逊于俄国，甚至在某些方面还略微超前一些。康熙皇帝可谓是中国学者的杰出代表。他根据实地踏勘所得，力图验证蒙古民族传说中关于瀚海成因的"海相沉积论"。这一观点为许许多多的西方研究者所信从，于是，"瀚海沉积层"与"古瀚海层"成为世界地理学界所通用的学术概念。直到十九世纪末，俄国学者所提出"陆相沉积理论"，"海相沉积说"才有被取代的迹象。再如张穆所著《蒙古游牧记》在相当长的时间里代表了中外学术界关于蒙古地区地理研究（特别是政区地理）的最高水平。但是，在第二阶段中，中国学者对蒙古地区的认识水平却长期处于停滞不前的状况，甚至出现了明显的倒退现象，真正涉足塞外进行地理考察的研究者十分少见，以至于清末乃至民国时期出版的一些著作，如光绪年间姚明辉的《蒙古志》、民国年间卓宏谋的《最新蒙古鉴》①、叶良辅的《瀚海盆地》② 等都是依据日本及美国的考察成果转译而成。而这一时期却被称为"俄国人的卓越考察时期"。一批又一批的俄国学者组成的蒙古考察队络绎不绝地进入蒙古地区，这些旅行家与学者发表了数以百计的考察报告、论文

与专著，为探知蒙古地理状况作出了很大的贡献。还必须指出，
俄国学者对蒙古的研究工作，其中包括了西夏黑水城文献的发掘
与掠夺，与当时沙俄政府对中国政治与经济侵略的步伐是一致的。
俄国地理学家们的考察工作，事实上为沙俄政府远东政治战略的
实施提供了十分坚实的学术准备。也可以说，在沙俄政治军事力
量涉足蒙古地区之前，俄国旅行家与地理考察者已将外蒙古地区
踏遍了、踩熟了，用"了如指掌"来形容一点也不为过。近代历
史上这种借"学术探索"之名为政治服务的事例屡见不鲜，也是
值得当代中国学术界深思的问题。①

_____

① 参见《蒙古人民共和国（自然地理）》第一篇第四章"地理研究史"。关于十九世
纪俄罗斯期探险家在蒙古地区的地理考察活动的评介，参见［俄］阿·马·波兹德涅耶夫：
《蒙古及蒙古人·序言》（第二版汉译本），刘汉明译，内蒙古人民出版社 1983 年版。

第七章　河流与民族——清代内蒙古各部分布的地理基础探析

引言　地理基础与游牧民族

历史发展的地理基础,不仅为历史哲学研究中的重大命题,也是历史地理学理论研究的主攻方向之一。然而,究竟什么是"地理基础"? 其核心内容又有哪些? 中外学者对此似乎并没有明确而系统的答案。德国大哲学家黑格尔在《历史哲学》中指出:"助成民族精神的产生的那种自然的联系,就是地理的基础。"① 这样的定义未免过于抽象与疏阔,几乎容纳了与人类生存有关的所有物质因素。中国古人对于地理基础问题有着相当深刻的认识,如《史记·周本纪》载伯阳甫(即大哲学家老子)之语云:"昔伊、洛竭而夏亡,河竭而商亡……夫国必依山川,山崩川竭,亡国之征也。"这显然是将山川完固作为王朝存亡的关键性因素。又如近代大学者梁启超就地理与人类生活的密切关系曾发表过多篇论文——《地理与文明之关系》《中国地理大势论与欧洲地理大势论》等,其中突出强调河流之作用,如云:"凡人群第一期之群

---

① [德]黑格尔:《历史哲学》,王造时译,上海书店出版社1999年版,第85页。

化，必依河流而起。此万国之所同也。"① 又说："文明之发生，
莫要于河流。"② 现代学者钱穆在《中国文化史导论》之《中国文
化之地理背景》中指出："中国文化发生，精密言之，并不赖借黄
河本身，他所依凭的是黄河的各条支流，每一支流的两岸，和其
流进黄河时两水相交的那一个角里，却是古代中国文化之摇篮。
那一种两水相交而形成的三角地带，这是一个水丫权，中国古书
里称之曰'汭'，'汭'是两水环抱之内的意思，中国古书常称的
'渭汭''洛汭'，即指此等三角地带。"③ 总结古今学者的论述，
我们可以发现，所谓"地理基础"内容繁复，是一个极端复杂又
环环相扣的地理环境系统，其中，山川结构之分析实为学者们研
究"地理基础"时所无法忽视的核心内容。

　　越是社会生产力较为原始的时代，人们越是被动地依赖于自
然环境，并与自然生态系统结成更为紧密的依存关系。相对于农
业生产而言，游牧方式对于自然生态环境的依赖程度要高得多。
水为生命之源，对于草原上的游牧民族而言，水草所在之处，正
为生存之寄托。如黑格尔曾强调以蒙古高原为代表的游牧民族
"居民的财产不在于土地——他们从土地上只能够得到些微的收
获——而在于和他们在一起漂泊的牛羊。他们在平原上游牧了一
个时期，等到草尽水涸，整个部落又移到别处去"④。马列经典作
家们对此也有相当精深的论述，如云："游牧，总而言之，流动，
是生存方式的最初的形式，部落不是定居于一个固定的地方，而
是在哪里找到草场，就在哪里放牧（人类不是天生定居的，只有
在特别富饶的自然环境里，人才可能像猿猴那样栖息在某一棵树
上，否则总是像野兽那样到处游荡）。"⑤ 美国学者 George Babcock
Cressey 在《中国的地理基础》一书中也对内蒙古地区的地理状况

---

① 梁启超：《论中国学术思想变迁之大势》，《饮冰室文集》之七（第一册），中华书
局 1989 年版，第 17 页。
② 梁启超：《中国地理大势论》，《饮冰室文集》之十（第二册），第 78 页。
③ 钱穆：《中国文化史导论》，上海三联书店 1988 年版，第 2 页。
④ ［德］黑格尔：《历史哲学》，王造时译，上海书店出版社 1999 年版，第 94—95 页。
⑤ 《马克思恩格斯全集》第四十六卷（上），人民出版社 1972 年版，第 472 页。

进行了较为深入的分析，他指出："理解荒漠地区的锁钥是水。没有水，这里的景观将会是空乏而毫无生意的，而有了水，荒漠就会变成布满绿草与鲜花的美丽家园。空旷的沙漠孤寂荒凉、怪石密布、颜色冷峻，似乎有一种特殊的美感与吸引力，但不是适合人类居住的地方。较为固定的居留地一般都局限于那些降水能够养育少许绿色植物，或者是可以从井、泉眼以及山涧溪流获得饮用水的地方。"①

除此之外，清人纳兰常安的分析给予了笔者更为明确的启发与指向，他曾极为精辟地指出："沙漠以水草为天，然地阔势迥，水道难艰，凡有一泉一湍，蒙古无不游牧其侧，以溪河之浩浩滚滚，逶迤千里，为亿万人畜所寄命哉？"② 也就是说，游牧民族四处游牧，寻找水草，并非完全四面出击，随机而遇，缺乏固定的线索与轨迹可循。按照纳兰常安的观察，蒙古部落的游牧轨迹往往徘徊于河、溪、泉、湍等天然水道周围，而这些天然水道正是这些部落人口与牲畜得以生存的基本要件。据此，笔者以为，对于游牧民族而言，河流、湖泊等地表水文状况，无疑是其生存之地理基础或地理要素的核心部分。由此可以推知，蒙古各部的分布与高原地表水文系统之间的密切关系，应是地理基础研究的一个关键性切入点。

关于清代蒙古部族的分类，清代学者魏源曾经指出："蒙古，诸游牧国之大名也……最其部类，大分有四：曰漠南内蒙古，曰漠北外蒙古，曰漠西厄鲁特蒙古，曰青海蒙古。"③ 现代研究者通常又将漠西厄鲁特蒙古与青海蒙古合称为漠西蒙古。清代内蒙古的全称为"内札萨克（又称为扎萨克，即旗长）蒙古"。据《清史稿·地理志》，内蒙古共有"部落二十有五，旗五十有

① George Babcock Cressey, *China's geographic Foundation*. Mcgraw-hill Book Company（New York London），1934，p. 254（该书相关内容复印本由台湾学者邱仲麟先生提供，特此致谢）。

② 《瀚海前集》卷五《行国风土记》"沙漠水道"条，中国社科院图书馆藏清刻本。

③ 《圣武记》卷三，中华书局 1984 年版，第 93—94 页。

一"①。关于蒙古内部组织形式之区分，光绪《蒙古志》卷二记云："每部之大区之为部，小区之为旗，部以氏族分，旗以政治分。"② 部与旗之上又有会盟之制。清代内蒙古分为六盟，即东四盟与西二盟。东四盟是指哲里木盟、卓索图盟、昭乌达盟与锡林郭勒盟，西二盟即乌兰察布盟与伊克昭盟。河套以西的阿拉善厄鲁特旗与额济纳土尔扈特旗本不属清代内蒙古范围，但为了与今天内蒙古自治区相对应，故也列入研究范围。③

在本章节，笔者以内蒙古地区水文状况的考察为线索，试图廓清各部分布与水文系统之间的依存关系，较明确地梳理出游牧部族分布的地理特征，从而为深入认识游牧民族的地理与生态基础问题提供参考。

东四盟各部地表水文状况

哲里穆盟（哲里木盟）

科尔沁、郭尔罗斯、杜尔伯特、札赉特四部合为一盟，其盟所在科尔沁右翼中旗境内哲里穆（或称哲里木，在今兴安盟科尔沁右翼中旗的哲里木苏木），其贡道经由山海关。

1. 科尔沁部，自清初即游牧于嫩江流域，故自称为"嫩江水滨科尔沁"。东接札赉特部，西邻札噜特部，南至盛京边墙，北达黑龙江。科尔沁部地域"广八百七十里，袤二千一百里"。所部下设六旗，各分左、右翼，其牧地位置与水文状况如表 7-1。

---

① 乾隆年间，将归化城土默特划归山西，此后内蒙古还余有二十四个部落、四十九个旗。

② 姚明辉辑：《蒙古志》，光绪三十三年刊本。

③ 今天的呼伦贝尔盟在清代尚属黑龙江地区，不在内蒙古诸部之列，故也不列入本文讨论的范围。

表 7-1　科尔沁部六旗牧地位置与水文状况

旗名	牧地位置与水文状况①
右翼中旗	牧地当哈古勒河、阿噜坤都伦河（今阿日混都楞郭勒）合流之北岸；哈古勒河即合河（蒙古名和尔，今霍林河），潴于因沁插汉池，旗北百十七里有阿尔达尔河（今阿力得尔河），二百三十里有榆河（蒙古名海拉尔苏台），二百六十里有鹤午河
左翼中旗	牧地当吉林赫尔苏边门外昌图厅界（今辽宁昌图县西），跨东、西二辽河；旗北百六十里有东天河（蒙古名准腾格里），旗西北百八十里有中天河（蒙古名都母达图腾格里），旗东南四百七十里有卓索河（今招苏河），自边内流入境
右翼前旗	牧地当索岳尔济山之南；陀喇河（即洮儿河）、归喇里河（贵勒尔河，今归流河）、榆河（今海勒尔台郭勒）于此处合流，注入嫩江，旗北二百里有落佗河，东流，入洮儿河
左翼前旗	牧地当法库门（今辽宁省法库县）外，养息地牧场（今辽宁省彰武县）之东，南至柳条边；旗东南十里有巴汉岳里泊，札萨克驻伊克岳里泊
左翼后旗	牧地当法库门外，东、西二辽河于此处合流；札拉图池在旗东三十里，旗东南百五十里有羊城泺（蒙古名尹儿哈台），源出边内，流入境
右翼后旗	牧地跨陀喇河；因沁插汉池（又称为因沁察鄂模）在右翼后旗东南百二十里②

2. 札赉特部，东至杜尔伯特界，西及南至郭尔罗斯界，北至黑龙江索伦界。下仅有一旗，即札赉特旗。牧地位于齐齐哈尔城（即卜魁城，今黑龙江齐齐哈尔市旧城）西南，东至嫩江，东南至嫩江。旗南百里有日月池（蒙古名纳喇萨喇），旗西南百里有洮儿

---

① 本文引述及表格内容主要出自以下几种文献资料：齐召南：《水道提纲》，清文渊阁四库全书本；张穆：《蒙古游牧记》，台北文海出版社 1965 年影印同治六年刊本；《清史稿》卷五一八至五二一《藩部传》与《清史稿》卷七七《地理志·内蒙古》，中华书局 1977 年版；周清澍主编：《内蒙古历史地理》第三章"清代的内蒙古地区"，内蒙古大学出版社 1993 年版。笔者想着重指出：数种文献资料之中，清人张穆所著《蒙古游牧记》是一部关于蒙古民族地理研究的集大成的杰出著作，内容宏富，如《清史稿》有关蒙古地理分布的记录大都出自该书的研究成果，笔者对清代蒙古地区地表水文系统的梳理也主要得益于这部杰出著作。

② 齐召南释云："沙漠中凡称海者，皆巨泽，停而不流，亦曰鄂模也。"笔者按：齐召南释语似有未尽之处。塞北俗语称泊、泺等水体为"海子"，蒙古语曰诺尔、淖儿或脑儿。纳兰常安《行国风土记》有"脑儿"条云："塞北北之北流者名曰乌苏，语言河也，流而聚者曰脑儿，译言海也，在在俱有脑儿。盖地势高低相间，阻滞不流，非如中华高低有节次也。"而蒙古语词后缀海字者，往往指山脉，如姑浑陀罗海山、札喇陀罗海、克色克陀罗海等。

河，入境，东南流，汇为日月池，东南流入嫩江。旗北八十里有绰尔河，源出兴安岭。旗西北二百里有伦新河，入境，东南流，会绰尔河。流经境内的河流还有骆驼河（今特默河）、哈达汉河（今罕达罕河）、雅尔河（今雅鲁河）等。

3. 杜尔伯特部，东及北皆达黑龙江界，西接札赉特界，南毗郭尔罗斯，北界黑龙江索伦部。该部仅有一旗，即杜尔伯特旗。牧地当嫩江东岸，齐齐哈尔城东南，呼兰城（今黑龙江巴彦县）西。西至嫩江，西北至嫩江，北至布台格尔池。旗东十里有乌叶尔河（又称呼雨哩河，今胡裕尔河），源出黑龙江，西南流经本旗，又南入郭尔罗斯部。旗东南七十里有讷赫尔池。

4. 郭尔罗斯部，南界盛京（今辽宁沈阳市）边墙，东邻吉林府（治今吉林吉林市），西及北与科尔沁部接壤。清人方式济《龙沙纪略》称："杜尔伯特以南，松阿里江（今松花江）北岸，蒙古郭尔罗斯地。"该部设有前旗与后旗。

表 7-2　郭尔罗斯部前旗、后旗牧地位置与水文状况

旗名	牧地位置与水文状况
前旗	札萨克驻地当嫩江与松花江（又称为混同江、吉林江）合流之西岸，牧地当嫩江、松花江相合之西岸。东至乌拉河，东北至嫩江，南至柳条边。旗南二百二十里有一秃河，源出永吉州境内，北流出边。东南二百二十里有伊尔门河，北流，出边，会一秃河，入松花江。旗西北五十里有鱼儿泺（蒙古名札哈苏台）
后旗	牧地当混同江北岸，嫩江东岸，东至阿勒克巴鲁，南至嫩江，西至嫩江。西北至嫩江。旗西十五里有乌叶尔江，西南流，入嫩江。旗南三十里有西讷河，由旗西之乌叶尔河分流，南入嫩江。旗西北十五里有牛川（蒙古名乌库尔），即嫩江之支流，东南会乌叶尔河

卓索图盟

土默特、喀喇沁二部为一盟，其盟所卓索图，在土默特右翼旗境内（约在今辽宁北票市境内）。①

---

① 关于盟旗的归属，《清史稿·藩部传》与《地理志》记述有所不同，今从《藩部传》。《地理志》将杜尔伯特部、郭尔罗斯部、喀喇沁部、土默特部归为卓索图盟。

1. 喀喇沁部，东接土默特及敖汉二部，西界察哈尔正蓝旗牧厂，南至盛京边墙，北邻翁牛特部。所部初设左、右二旗，后增一中旗，共有三旗。

表 7-3　喀喇沁部三旗牧地位置与水文状况

旗名	牧地位置与水文状况
右翼旗	牧场属承德府平泉州（今河北平泉县）东北境，当围场（今河北围场县）东①，跨老哈河。西南至气努瓦河，东北至察罕河，西北至果勒图河。旗东百五十里有落马河（蒙古名伯克尔），北流，入老哈河。旗南百四十里有呼查河，东流，会司札尔台河，入老哈河；百十里有上神水河（蒙古名布尔罕阿喇善河），东流，入老哈河；九十里有巴尔汉河，东南流，会神水河，入老哈河；有纳林坤都伦河，东北流，入老哈河；八十里有松吉纳河，东流，会纳林坤都伦河，入老哈河；四十里有巴苏台河，东流，会纳林坤都伦河，入老哈河；四十五里有哈奇尔河，北流，会锡伯河；百六十里有席尔哈河，南流，会桦子河；百九十里有桦子河，东南流，会察罕屯河；二百里有青龙河（蒙古名固沁河），南流，入边，入滦河。旗西百里有獐河（蒙古名锡尔哈，今舍路嘎河），东北流，入翁牛特部；八十里有细獐河（蒙古名纳林锡尔哈），北流，合獐河；百三十里有木垒喀喇沁河，南入滦河；百里又有艾里河，北流，会布屯河；百十五里有默沁河，西南流，会热河。旗东南十五里有和尔图河，东南流，入老哈河；百五里有伯克尔河，北流，入老哈河；百八十里有土河（蒙古名图尔根），东南流，入土默特旗。旗西南百二十里有赛因河（即热河东源）西南流，入承德府；有绰诺河，西流，会赛因河；百九十里有陶金图河，南入滦河；二百里有乌喇林河，西流，会陶金图河。旗西北百五十里有克尔河，东北流，会獐河。扎萨克驻锡伯河（即西白河，今锡伯河）庄
左翼旗	牧场在承德府建昌县（今内蒙古太仆寺旗西南）南境，当傲木伦河源（即今大凌河）。旗南三十里有摩该图河，东南流，会蒐济河；七十里有呼鲁伯楚特河，东南流，入蒐济河；八十里有额里叶河，南流，入宁远州（今辽宁兴城县）；百十里有宽河（蒙古名布勒图），东流，会额里叶河；百十五里有四道沟河，东流，入蒐济河。旗西十里有和尔图河，东流，入大凌河；四十里有僧机图河，东流，入大凌河。旗东南七十里有蒐济河，南流，入锦州府。旗西北六十里有赛因台河，东流，入大凌河；八十里有石塔河（蒙古名苏巴尔噶），东南流，入大凌河；九十里有神水河（蒙古名阿兰善），东南流，入大凌河
中旗	在左、右翼旗界内，牧地跨老哈河源

---

① 《蒙古游牧记》此处作"园场"，疑误，今据光绪《蒙古志》改。

2. 土默特部，东邻养息牧牧厂，西接喀喇沁部，南抵盛京边墙，北界喀尔喀左翼及敖汉部。所部下设左、右翼二旗。

表 7-4　土默特部二旗牧地位置及水文状况

旗名	牧地位置及水文状况
左翼旗	牧地在承德府朝阳县（今辽宁朝阳市）东北，当锡（口圬）图库伦喇嘛游牧之南，养息牧牧厂之西。东至岳洋河（今绕阳河），北至当道斯河。旗西二十里有汤图河，东南流，入边；八十里有石塔河（蒙古名苏巴尔噶），南流，入边。旗北三十里有大堤河（蒙古名苏尔哲），东南流，入广宁县东北境；七十里有阿哈里河，东流，会乌讷苏台河；八十里有乌讷苏台河，东北流，会库昆河（今厚很河）；百里有库昆河，东流，入养息牧河。旗东北八十里有岳洋河（蒙古名额里叶），东南流，入边。旗西北六十里有伊玛图河，入义州境，名细河；四十八里有马鞍河（蒙古名锡喇塔拉），西南流，会伊玛图河
右翼旗	牧地在朝阳县西南，跨鄂木伦河（敖木伦河），东南至鄂木伦河。旗东三十五里有石鸡河（蒙古名格尔库尔台），西北流，会什巴尔台河；八十里有翁额勒库河，东南流，入大凌河。旗南三十里有衮齐老河，东南流，入义州境为柳河、川河，又东流入大凌河；五十里有水獭河（蒙古名哈柳图），南流，入小凌河；有女儿河（蒙古名鄂钦），东南流，入小凌河。旗西百六十里有察罕河，东南流，入大凌河。旗北十五里有柞河（蒙古名巴图察），东南流，会图尔根河；三十五里有烂泥塘河（蒙古名什巴台），东流，会图尔根河；百里有卓索河（汉名红土河），东南流，会图尔根河。旗东南二百二十里有明安河，即小凌河。旗东北八十里有乌里雅苏台河，西南流，会图尔根河。旗西北百九十里有柳河（黑城子河，蒙古名布尔噶苏台），东南流，入大凌河

昭乌达盟

札鲁特、喀尔喀左翼、奈曼、敖汉、翁牛特、阿鲁科尔沁、巴林、克什克腾八部十一旗为一盟，其盟所在昭乌达，盟地在翁牛特左翼旗境内。

1. 敖汉部，东接奈曼部，西邻喀喇沁部，南界土默特部，北界翁牛特部。所部原仅有一旗，牧地在承德府朝阳县之北，建昌县之东北，跨老哈河。旗南有牛滕河屯，波罗台根河发源之地，东南流，入土默特右翼旗境内。旗东北九十里有横黑水泉（蒙古名坤都伦喀喇乌苏），南流入老哈河。宣统二年（1910），分置左、右二旗，二旗以老哈河为界。

2. 奈曼部，东界喀尔喀左翼旗，西邻敖汉部，南界土默特部，北界翁牛特部。该部仅有一旗。牧地在承德府朝阳县之东北，当潢河（西喇木伦河）、老哈河合流之南岸，东南至察罕河，西南至郭勒图河。旗南五十五里有图尔根河，又名土河，南流，入土默特右翼旗境内。张穆按语云："案敖汉、奈曼、巴林一带，濒河沃衍。《辽史·地理志》曰'上京地沃，宜耕种，水草便畜牧'是也。"

3. 巴林部，东邻阿鲁科尔沁部，西接克什克腾部，南界翁牛特部，北界乌珠穆沁部。该部下设左、右二旗，二旗同牧地。牧地当潢河（西喇木伦河）北岸。旗东北九十里有布雅鼐河，东面流，会乌尔图绰农河；百九十里有乌尔图绰农河，东流，入阿鲁科尔沁界。

4. 札（或扎）鲁特部，东邻科尔沁部，西界阿噜科尔沁部，南接喀尔喀左翼旗，北界乌珠穆沁部。该部设左、右二旗。流经境内河流干支流还有喀喇木伦河（今查干沐沦河）、乌尔图绰农河（今浩尔吐音郭勒）及雅鼐河（今沙里河）等。

表 7-5　札鲁特部二旗牧地位置与水文状况

旗名	牧地位置与水文状况
左翼旗	当哈古勒河（又名合河，今霍林河）、阿鲁坤都伦河（今阿日混都楞郭勒）之源，达布苏图河于此流入于沙，东南至潢河。左翼北百九十里有额伯尔坤都伦，东流，入科尔沁界；百八十里有天河（蒙古名都木达都腾格里河），南流，会阴凉河；二古九十里有沙河（蒙古名和尔），东流，入科尔沁界。左翼西北百六十里有阴凉河（蒙古名奎屯），东南流，入天河
右翼旗	西喇木伦河、阿里雅河（今艾勒音郭勒）与布颜河流经境内。右翼南五十里有黑水泺（蒙古名喀喇乌苏），东南流，会天河；百七十里有大鱼泺（蒙古名伊克札哈苏台）。右翼北百五十里有阿里雅河，西流，入阿鲁科尔沁界。右翼西北五十里有巴伦腾格里河，百九十里有它鱼河，南流，会阿里雅河

5. 阿鲁科尔沁部，东邻札鲁特部，西界巴林部，南接喀尔喀左翼旗，北界乌珠穆沁部。所部仅设一旗，牧地在西喇木伦河之北，当哈奇尔河（哈喜尔河，今哈黑尔郭勒）、傲木伦河合流处，二河合为达布苏图河流。旗北百八十里有柳泉（蒙古名布尔哈苏台），西北流，入乌珠穆沁界。东北八十里有阿里雅河，西南流，会哈奇尔河。西北百五十里有枯尔图河，西流，入巴林界；二百三十里有殷札哈河，东北流，入乌珠穆沁界。境内又有大布苏图鄂模。

6. 翁牛特部，东界阿鲁科尔沁部，西邻承德府，南界喀喇沁及敖汉部，北接巴林及克什克腾部。该部设左、右二旗。

表 7-6　翁牛特部二旗牧地位置与水文状况

旗名	牧地位置与水文状况
右翼旗	在热河围场东北，老哈河南岸，北至卓索图源。旗南四十五里有哈尔吉河，八十里有锡伯河，东流，会锡尔哈河，入英金河（阴河）。旗西百十五里有巴伦撒拉河，东南流，会乌拉岱河；八十里有车尔伯河，东南流，会獐河。旗北八十里有拜拉河，南流，会英金河；有落马河（蒙古名白尔格），东南流，入老哈河。旗西南有獐河，东北流，会英金河；百五十里有布屯河，西流，入滦河；百二十里有高凉河（蒙古名拜布哈），东南流，会布屯河。旗西北百二十里有乌拉岱河，东北流，会锡尔哈河；百五十里有英金河（又名颖河、英格河），东南流，会锡尔哈河，至建昌县，与老哈河会；百六十里有努古台河，东流，会英金河；百五十里有珠尔河，东南流，会英金河；最西北有奇布楚河，东南流，入英金河
左翼旗	介于潢河（西喇木伦河）、老哈河之间，北至锡喇河（即潢河），东南至老哈河、锡喇河

7. 克什克腾部，东界翁牛特及巴林部，西邻浩齐特部及察哈尔正蓝旗牧厂，南界翁牛特部，北接乌珠穆沁界。该部仅有一旗，即克什克腾旗。牧地在围场北，当潢河（西喇木伦河）之源，东南至陀墨达昆兑河，西南至卓克都尔河。旗西四十里有萨里克河，东北流，入潢河；六十里有伊里库窝图河，东北流，入潢河。旗北五十里有白河（蒙古名阿鲁察罕），西流，会塔里齐；二百六十里有土河（西巴尔台），东南入潢河；百六十

里有木锡夏河，东南流，会哈尔达苏台河；百九十里有哈达尔苏台河，东流，入巴林界，会黑河。旗东南二十里有韦里河，东北流，会高凉河；四十一里有春得布河，东流，入老哈河。旗西南五十里有高凉河（蒙古名拜察），东北流，入潢河；又有四道河。旗东北六十里有釜河（蒙古名托灰），北流，入黑河；百五十里有哈尔汉河，东入潢河；五十里有额伯里察罕河，东南流，会拜察河；三百十里有阿尔达图河，西北流，入乌珠穆沁界。旗西北六十五里有依尔都黑河，西流，入萨里克河（今萨岭河）；五十里有塔里齐河，东流，入潢河；百三十五里有格类河，东南流，入潢河；百五十里有碧落河，东南流，会格类河；百九十里有野猪河（蒙古名树尔哈），东北流，入捕鱼儿海；二百二十里有公姑尔河（今公格尔音郭勒），西南流，入捕鱼儿海；二百四五里有锡林河，西流，入阿巴噶左翼界；二百八十三里有吉林河（今伊和吉林郭勒），东北流，入浩齐特界。旗西北百七十里有捕鱼儿海（蒙古名达尔，今达来诺尔），公姑、野猪等四河流入其中。

8. 喀尔喀左翼部，东界科尔沁部，西邻奈曼部，南界土默特部左翼，北界札鲁特及翁牛特部。所部仅有一旗，牧地当养息牧河（蒙古名虎吉尔）源，东至霍吉尔河，南至当道斯河，北至潢河，东南至黑水泺（蒙古名喀喇乌苏）。旗南六十里有库昆河，东流，入土默特界，又东流入养息牧河。旗西北百三十里，老哈河自奈曼流入境，会潢河。

锡林郭勒盟

乌珠穆沁、浩齐特、阿巴哈纳尔、阿巴噶、苏尼特五部十旗为一盟，其盟所为锡林郭尔（今内蒙古锡林浩特市），在阿巴噶左翼、阿巴哈纳尔左翼两旗界内。

1. 乌珠穆沁部，东界黑龙江索伦部，西邻浩齐特部，南接巴林部，北界瀚海（即蒙古高原中部戈壁荒漠地区）。所部下设左、右二旗。

表 7-7　乌珠穆沁部二旗牧地位置与水文状况

旗名	牧地位置与水文状况
右翼旗	牧地中有音札哈（因即汉河）河流入于沙。又有胡芦古尔河（又名秃河），潴于阿达克诺尔。旗东南百五十里有和尔洪河，西流，入鄂尔虎水
左翼旗	牧地当索岳尔济山之西，有鄂尔虎河（又名芦河、乌尔虎河，今乌拉盖河）绕其游牧，汇入和里图诺尔。旗北七十里有锡喇贺赖河。旗东北七十里有色野尔济河，西南流，入鄂尔虎河。旗北九十里有博罗尔济图泊

2. 浩齐特部，东及北邻乌珠穆沁部，西界阿巴噶部，南界克什克腾部。所部下设左、右二旗。

表 7-8　浩齐特部二旗牧地位置与水文状况

旗名	牧地位置与水文状况
左翼旗	牧地滨于大、小吉里河（今伊和吉林郭勒和巴嘎吉林郭勒），南至小吉里河源。东南三十里有大鱼泺（蒙古名札哈苏台），东南五十里有舒图泊，西南二十里有阿禄布里都泊
右翼旗	牧地当锡林河（今锡林郭勒）下游，北潴为达母鄂谟。旗东二十里有白泺（蒙古名柴达木）

3. 苏尼特部，东接阿巴噶部，西界四子部落部，南邻察哈尔正蓝旗牧厂，北界瀚海荒漠。所部下设左、右二旗。

表 7-9　苏尼特部二旗牧地位置与水文状况

旗名	牧地位置与水文状况
左翼旗	牧地有固尔班乌斯克河①。旗南四十里有滚泊（滚诺尔）。旗东南九十里有兔园水（蒙古名努克黑忒），流入呼尔泊。旗东南六十五里有呼尔泊（蒙古名库尔察罕鄂模），横长数十里。旗西南九十里有苇泺（呼鲁苏台）
右翼旗	旗南六十里有泥泺（蒙古名西巴尔台），旗西三十五里有锡喇布禄泊；九十里有长水。旗东南七十里有占木土盐泊

---

① 张穆案语云："旗界有兔园水（蒙古名努克黑忒），有长水（蒙古名乌尔图），固尔班乌斯克则其总名也。……蒙古谓三数曰固尔班，此河总合三水，因纳斯称矣。"

4. 阿巴噶部，东接阿巴哈纳尔部，西邻苏尼特部，南至察哈尔正蓝旗牧厂，北界瀚海荒漠。所部下设有左、右二旗。

表 7-10　阿巴噶部二旗牧地位置与水文状况

旗名	牧地位置与水文状况
左翼旗	牧地环绕锡林河。其河在阿巴噶驻处之西，阿巴哈纳尔驻之东。南至乌苏图土鲁格池。东南一百三十五里有鹤垒斗勒泊，旗西南五十里有锡喇布里都泊
右翼旗	牧地有库尔察罕诺尔，为固尔班乌斯克河所潴之地。旗南三十里有察罕泊（又名白海子、长水海子）；百二十里有噶尔图泊。旗北二十里有金河泊（蒙古名锡喇乌苏），三十里有赤泉。旗东南四十里有郭和苏台河，西流，入白海子；百五十里有奎腾河，自卓索图站流入界，旗西南百二十里有鸳鸯泺（蒙古名昂吉尔图）

5. 阿巴哈纳尔部，东接浩齐特部，西邻阿巴噶部，南界察哈尔正蓝旗牧厂，北至瀚海荒漠。所部分左、右二旗。二旗牧地相同，境内有达里（又名达尔诺尔、达尔泊，蒙古名捕鱼儿海子）、冈爱诺尔（又作冈噶诺尔，与达尔诺尔相连）。旗东南九十里有奎腾河（又名阴凉河），西流，会郭和苏台河，入息鸡淀。旗南四十五里有哈尔海图泉，五十里有息鸡淀（蒙古名哈雅诺尔），七十里有郭和苏台河（又名韭河），西北流，入阿巴噶界。境内达里、冈爱诺尔实际上构成了一个规模较大的地表水体群。如多伦诺尔同知清查册记云："多伦诺尔正北三百五十余里，有池二处、河三道，其最大者名达尔诺尔，周广二百余里，中有岛屿，为水禽聚集之处。东南四十里曰冈噶诺尔，广四十五里，中有细流与达尔诺尔相通。西北为嵩赖河，东北为公古尔河，西南为舒尔噶河，四处之水，分流入达尔诺尔，产鱼最盛。"[①]

东四盟（又通常称为东部蒙古）所在牧地均在大兴安岭以南、以东地区，这些地区包括通常所称松嫩平原、辽河平原等，地势平坦，彼此之间并不存在巨大的分水岭及天然分界线，涉及的河流及较大水体数量繁多，并相互交织在一起，大致可分为东北方

---

① 转引自《蒙古游牧记》卷四。

向的嫩江—松花江水系，主要支流有洮儿河（陀喇河）、绰尔河等，集中于哲里木盟北部；东南方向的东辽河与西辽河水系，主要支流有东辽河、西辽河以及西辽河上游潢河（西喇木伦河）、老哈河、黑河、野鸡河等，分布于哲里木盟东南部、昭乌达盟南部以及卓索图盟西部等；南部的小凌河与大凌河水系，主要集中于卓索图盟中部。昭乌达盟大部与锡林郭勒盟境内则主要集中了数量众多的内陆河与湖泊，如哈古勒河（合河），阿噜坤都伦河，大、小吉里河，达里泊等。

与水道交错、湖泊密布的状况相对应，东部蒙古是蒙古部族分布较为密集的区域。清代蒙古部族的户口统计数字并不完备，然可从佐领的数量窥得一斑。佐领为蒙旗部众管理的基本单位，蒙古语佐领长官被称为"苏木"，"苏木实分治土地人民"[1]。通常，以150丁（相当于150户左右）为一佐领。各旗所辖佐领的数额，直接关系到各旗的规模与户口密度[2]。东部蒙古所属佐领数达912，占六盟总数的72.6%。

河道密布的区域，往往也是佐领数量最为密集的地方，最典型的例子便是卓索图盟，虽只有二部五旗的编制，牧地面积不大，属下却拥有299个佐领，是当时内蒙古地区蒙族部众最稠密的地区之一。这与其境内河道密布的状况形成明确对应关系，颇具说服力。

表 7-11　东四盟佐领数量及密度统计表[3]

部族名称	辖旗数量	佐领数量	各盟佐领合计数量
科尔沁部	6	106	哲里木盟佐领数量为204
扎赉特部	1	16	
杜尔伯特	1	25	
郭尔罗斯	2	57	

---

① 《清史稿》卷五一八《藩部传一》，中华书局 1977 年版，第 14327 页。

② 参见[日]田山茂：《清代蒙古社会制度》，潘世宪译，商务印书馆 1987 年版，第 114—120 页。

③ 佐领数量参见《蒙古游牧记》与《清史稿·藩部传》。

部族名称	辖旗数量	佐领数量	各盟佐领合计数量
喀喇沁	3	122	卓索图盟佐领数量为 299
土默特	2	177	
敖汉	1	55	昭乌达盟佐领数量为 298
奈曼	1	50	
巴林	2	42	
札噜特	2	32	
阿鲁科尔沁	1	50	
翁牛特	2	58	
克什克腾	1	10	
喀尔喀左翼	1	1	
乌珠穆沁	2	30	锡林郭勒盟佐领数量为 111
浩齐特	2	10	
苏尼特	2	33	
阿巴噶	2	22	
阿巴哈纳尔	2	16	
合计	36	912	

西二盟各部及套西二旗地表水文状况

乌兰察布盟

四子部落、喀尔喀右翼、茂明安、乌喇特四部合为一盟，其盟所在乌兰察布，盟地在四子部落境内。

1. 四子部落部，东及北接苏尼特部，西至归化城土默特，南临察哈尔镶红旗牧厂。所部仅有一旗，牧地有锡喇察汉诺尔，锡喇木伦河（又名黄水河，即今四子旗境内的希拉莫日郭勒）潴于其地。

2. 茂明安部，东接喀尔喀右翼部，西邻乌喇特部，南至归化城土默特，北临瀚海荒漠。所部仅有一旗。牧地当爱布哈河源（又名爱必合河）。《水道提纲》称："爱必合河于河套为东北角，阴山之北，源出沙土中，西南流百数十里，有塔尼浑河自东南来会，经察罕和邵西麓、亦洛图山东麓，又西南折而南流，至察罕七老图，歧为二池而涸。"旗南十五里有拜星图泉，西南流，会昆都伦河；六十里有昆都伦河，西流，入乌喇特旗界。旗东北四十里有布鲁尔托海河，北流，会爱布哈河。

3. 乌喇特部，东界茂明安及归化城土默特部，西及南界鄂尔多斯部，北邻喀尔喀右翼部。所部设前、后、中三旗。据《蒙古游牧记》，三旗游牧地相同。当河套北岸，阴山（蒙古名噶札尔山）之南。黄河在旗南五十里，其南岸即鄂尔多斯界。旗东三十里有甜水井（蒙古名赛因），四十里有昆都伦河，西南流，入黄河。旗北八十里有舍特河，西流，入黄河；九十里有苏尔哲河，西流，会舍特河；百里有乌尔图河，西南流，入黄河；百二十里有伊克鄂博河，西流，会齐齐尔哈纳河；百五十里有齐齐尔哈纳河，西南流，会黑河；百七十里有帷山河（蒙古名额古特），西南流，会黑河；百八十里有席勒河，西南流，会哈柳图河；百八十五里有阿尔柴河，西南流，会席勒河；有东哈柳图河，西南流，北为席汗河，又西南入黄河；二百里有黑河（蒙古名喀喇木伦），西南流，入黄河。旗东南百二十里有五达河，西南流，入黄河。旗西北百里有鱼海（蒙古名札哈苏台，又名鱼儿海、鱼海子）；二百里有柳河（蒙古名布尔哈图），西南流，会敖泉，入黄河；有哈柳图河，南流，会席勒河，又西南折，入黄河。

4. 喀尔喀右翼部，东接四子部落部，西界茂明安部，南邻归化城土默特部，北界瀚海。所部仅有一旗，札萨克驻牧塔尔浑河（或称塔噜浑河）。牧地有爱布哈河、塔尔浑河，合流潴为阿勒坦托辉诺尔（今腾格日淖尔）。南至哈达满勒河源。爱布哈河，又名爱毕哈，今艾不盖河。塔尔浑又名他鲁浑。

伊克昭盟

下仅有鄂尔多斯一部七旗，均在河套之内，自为一盟，其盟所在伊克昭（今达拉特旗王爱召），故曰伊克昭盟。东邻归化城（今内蒙古呼和浩特市）土默特，西接阿拉善部，南界陕西内长城，北至乌喇特部，东、西、北三面皆距黄河。

表 7-12　伊克昭盟七旗牧地位置与水文状况

旗名	牧地位置与水文状况
左翼中旗 （郡王旗）	牧地内有纳玛带泊，喀锡拉河出旗界东北，流潴于此。旗东二十五里有紫河（蒙古名乌兰木伦），西南流，入边城；五十八里有喀楚尔河，西南流，会紫河，入神木县，为屈野河；六十二里有鲦额尔吉河，西南流，会喀楚尔河。旗西南三百五十里有清湖（又名青山湖，蒙古名佟哈拉克诺尔），清水河注其内。又有彬草湖、明沙湖等
左翼前旗 （准噶尔旗）	牧地东至湖滩河朔，东北至黄河。旗东五里有克丑河，东南流，会芹河；二十五里有芹河（蒙古名伊克锡喇尔吉台），南流，入边城，为府谷县界之清水川；五十五里有小芹河（蒙古名巴哈锡喇尔吉台），西南流，会芹河；七十里有塔尔奇尔河，东流，入黄河；八十里有布林河，东南流，入黄河；又旗东七十里为大昆兑河入黄河处，八十五里为小昆兑河入黄河处。旗南三十里有西河，东流，会芹河；四十里有苇尔图河，南入边城。旗西三十四里有布喀河，西南流，会紫河；六十里有陀索图河，南流，会布哈河；八十里有苏桂河，南流，会布哈河。旗东南八十里有小昆兑河，东南流，入黄河；八十五里有哈岱河，东南流，入黄河。旗西南百四十里有博罗哈尔吉图河，南流，入边城
左翼后旗 （达拉特旗）	牧地东至黄河冒带津，北至黑水泊。旗西十二里有坎台河（今罕台川），东北流，入黄河；五十里有喀锡拉克河，东北流，入奈马代泊；百十里有渔河（蒙古名折葛苏台），东北流，入捕鱼池；百四十里有蒲河（蒙古名呼鲁苏台），东北流，入蒲池。旗东四十三里有奈马代泊，百十里有捕鱼池，百三十里有蒲池，百四十里有黑水池。旗西二十五里有锡都喇扈河，东北流，入黄河；五十里有喀赖河（今涸为黑赖沟），北流，入黄河；百五十里有柳河（蒙古名布尔哈苏台，今布日嘎斯太沟），北流，入黄河；百二十里有兔毛河（蒙古名滔赉昆兑），西北流，入黄河，二百四十里有小黑河，东流，入黄河。旗西北二百五十里有黑河（蒙古名伊克土尔根），东流，入黄河；三百七十里有车伦木根河，东流，入黄河。又旗西二百四十里为巴尔土尔根河入黄河处

（续表）

旗名	牧地位置与水文状况
右翼中旗 （鄂托克旗）	札萨克驻锡喇布里多诺尔，鄂兰河东流，滔赖河北流，合而潴焉。牧地当宁夏东北腾格里泊。旗南二百九十里有银盘水（蒙古名西黑尔）；三百九十里有清水河（蒙古名佟哈拉克）。旗西五十里有巴哈托苏图河，西北流，会伊克托图苏河，入黄河。旗西南三百三十里有库葛尔黑河，南流入边。旗西北百里有伊克托苏图河（今都斯兔河），西流，会黄河
右翼前旗 （乌审旗）	牧地西至摩多图察罕泊（今毛墩查干淖尔），东北至哈达图泊（今哈达图淖尔）。旗南九十里有席伯尔河，南流，会锡克河，入边城；百七十里有阿尔塞河，西南流，会席伯尔河。旗西南百八十里有哈柳图河（今海流图河），东南流，会细河、金河二水，入榆林边；二百里有细河（蒙古名纳林河），南流，会哈柳图河；二百九十里有金河（蒙古名锡喇乌苏），南流，会哈柳图河；三百六十里石窑川河（蒙古名额图浑），东南流，会数小水，入怀远县
右翼后旗 （杭锦旗）	牧地东至兔毛河。旗南百二十里有滔赉河，百五十里有锡赉泉。旗西百三十里有赤沙河，东北流，入锅底池；百二十里有兔河；九十里有锅底池，周围二十余里，产盐，兔河、赤沙河二水注入其中。旗西南百四十里有黄水河（蒙古名锡喇木伦，今沙日摩仁河），东北流，入固尔班河
右翼前末旗	俗称扎萨克旗，附于右翼前旗游牧

阿拉善额鲁特部

阿拉善额鲁特部在河套以西，故又名西套额鲁特，下仅有一旗，牧地当贺兰山西，龙头山北，东至宁夏府边外界，与鄂尔多斯诸部以黄河为界，南至凉州、甘州二府边外界。旗南有松陕水（即古浪河），自古浪县北流，出边至旗界，潴为泽；有谷水（即三岔河），自凉州府城东，东北流，出边，至旗界，入白亭海子；有水磨川（又名云川），自永昌县西，东北流，出边，至旗界，潴为大泽。

额济纳土尔扈特部

额济纳旧土尔扈特部，在阿拉善旗之西，下有一旗，定牧于额济纳河流域。牧地跨昆都伦河（今额木讷郭勒），西至大戈壁。旗东境有泽，曰大苦水，大苦水之南有二泽，曰骗马湖，湖东南有泽，曰沙枣湖。旗北又有居延海（又名索廓克诺尔，今嘎顺淖尔），额济纳河，又称亦集乃河，为张掖河上游。

西二盟南北相对，大致以黄河为界。乌兰察布盟处于黄河河套与漠北大戈壁之间，除黄河向北的一些支流外，境内水体大多为内陆河与湖泊。伊克昭盟七旗则完全处于黄河河套之内。光绪《蒙古志》称："河套流势颇缓，非若内地黄河之急，故可行舟楫，鄂尔多斯七旗皆牧于套内，套内土田，肥润可耕，随处有引水故道，而年久多淤，然形迹犹存，可考见往昔农事之盛也。"可见，鄂尔多斯各旗处于历史时期的农牧交错地带，自然条件是较为优越的。除了为数不少的黄河支流外，河套之内尚有许多内陆湖泊，一些旗境内甚至称得上湖泊纵横，蒙古部落则大都依附于这些水体周围。

套西二旗所在地域面积相当广袤，然而由于沙漠、戈壁广布，包括今天的腾格里沙漠与巴丹吉林沙漠，河道与湖泊较为稀少，故而成为清代内蒙古地区部族户口最为稀少的区域。套西二旗相当于今天阿拉善盟的阿拉善左旗、阿拉善右旗与额济纳旗三旗，面积大约有 270 243 平方千米，相当于今天内蒙古自治区总面积的 1/4，清代却只有二旗、九个佐领。而与之毗邻的伊克昭盟（相当于今天鄂尔多斯市及下属各旗）面积约 86 731 平方千米，仅为套西二旗的 32.1%，但佐领数量却是套西地区的 30 多倍。造成这种悬殊分布的关键因素当然是双方大相径庭的地表水文资源，具体见表 7-13。

表 7-13　西二盟与套西二旗佐领数量与密度统计表

部族名称	辖旗数量	佐领数量	各盟合计佐领数量
四子部落	1	20	乌兰察布盟合计为 62
茂明安	1	4	
乌喇特	3	34	
喀尔喀右翼	1	4	
鄂尔多斯	7	274	伊克昭盟合计为 274
阿拉善额鲁特	1	8	
额济纳土尔扈特	1	1	
合计	15	345	

结　语

通常，古代文献中关于游牧民族生产与生活活动的最显著特征之一，莫过于游移不定，随水草迁移，正如《史记·匈奴列传》所云："逐水草迁徙，毋城郭常处耕田之业，然亦各有分地。"不过，这里所谓"分地"，不过是游牧民族所占游牧区域的内部划分，往往代表着部落各主要酋长的势力范围，必然会随着大游牧区域的转移而变化。后来，随着对塞外民族生活认识的加深，人们发现游牧区间大都由冬营地与夏营地两大部分构成，但是历史上漫长的南北民族交争时期，塞外民族的游牧区范围似乎无法长久地维持下来，直到清代推行盟旗制度，塞外民族下属各部落的游牧区范围（或称为"游牧圈"）便主要以旗界的形式固定下来。[①]

应该指出，清代蒙古各部游牧地分布格局的形成具有特殊的政治前提，即大一统的专制体制，蒙古各部游牧地的确定都是由以皇帝为首的中央政府直接予以确认，即文献通常所称"赐牧于

---

① 参见王建革：《游牧圈与游牧社会——以满铁资料为主的研究》，《中国经济史研究》2000 年第 3 期。

某地"，而不是自主选择，或部族强弱竞争的结果。但是，这种"钦定"往往是对现实状况的承认与合理调整，其中必然包含了地理基础或生存环境的考虑，否则，这种"钦定"的旗界不可能得到蒙古各部的认同，更不可能长期地服从并维持下来。

"蒙地名多起于水，本来水草是家乡。"[①] 只有具备一定规模的水体或水域，才能为一个部族群体所在地的牧草生长、牧民生活、牲畜生存提供长期而稳定的水源，因此，我们可以看到，拥有相当多部众的部落群体的游牧地之内必有多个水域或水体，而这些水体或水域正是这些部族群体在这些区域长期生活的根本保障，我们对各部牧地水文特征的考察都证明了这一点。可以说，每一个具有相当规模的游牧集团（本文以"旗"为单位）的居留地或游牧圈都是以一个或数个具有相当大面积的水体为依托的，这一水体或水域正是这一游牧集团最基本的生存条件之一。以此为依据，宏观上讲，游牧民族地理分布格局，与地表水系统存在着极为突出的依附或依托关系。或者可以说，游牧民族地理分布格局，在很大程度上取决于水文系统特征。河流湖泊密集，水文条件良好的区域，就会吸引众多部族聚集，相反，河流稀少，水文条件恶劣的地方，部族数量就会大幅减少，甚至绝迹。除内蒙古地区外，清代整个蒙古地区的分布格局都符合这一规律。最突出的例证便是地处内、外蒙古之间的大戈壁（文献中常称为"瀚海"）地区，这一广袤的区域水源极度匮乏，生存环境也非常恶劣，根本无法满足较大规模群体的生存需要，是蒙古高原最为荒凉的地区，因而成为内、外蒙古的天然分界线。

充分了解水资源对于游牧民族生存的价值，充分了解清代蒙古地区部族分布与水文系统的依存关系，对于今天的生态环境特别是水文环境的保护，具有非常重大的意义。河流、湖泊、井泵等水文资源是维系游牧民族在蒙古高原上生存繁衍的"生命线"。如果科学技术的进步，不能够为保护及更有效率地利用宝贵的自

---

① 志锐：《乌里雅苏台竹枝词·卓布哩第二十九台》，《满蒙丛书》第二卷，满蒙丛书刊行会大正八年(1919)版。

然资源服务，而只是为了纵容人类加快对水资源的"巧取豪夺"
与过度滥用，那么可以预见，水资源耗竭之时，在蒙古高原乃至
更广大的地区也就没有了人类的存身之处。在今天人口压力繁重，
牲畜数量庞大的状况下，包括内蒙古在内的广大边疆地区水文资
源安全问题已成为刻不容缓的严峻挑战。

第八章　清代归化土默特地区的移民文化特征

引言　山西移民在塞外地区文化建设中的伟大贡献

清朝作为中国历史上最后一个大一统王朝，在疆域建设及维护民族团结方面作出了不朽的贡献，在空前辽阔的领土上保持着各民族间的和平共处，将许多民族真正统一在中央政权的控制之下。这在长城内外表现得最为突出，南北两大民族长期对抗厮杀的局面从此成为历史。长城以北地区长期以来为游牧民族所据，有大面积可供开垦的荒地，与中原地区合为一体后，耕地资源日趋紧张，迫于生存压力的内地汉族百姓开始涌向塞外地区从事耕商活动，随之出现的便是声势浩大的移民潮。

清代以塞外蒙古及东北地区为主要目标的移民运动，民间称为"走西口"与"闯关东"，其中，山西平民实为"走西口"的主力军。关于这一移民运动以及明清时期这一地区的文化风貌，已有不少研究成果。[①] 但关于外来移民与当地文化建设之间的关系，

---

① 参见[日]田山茂：《清代蒙古社会制度》附录二《汉民族向蒙古移民的沿革》，潘世宪译，商务印书馆1987年版；李辅斌：《清代直隶山西口外地区农垦述略》，《中国历史地理论丛》1994年第1期；肖瑞玲：《明清土默特蒙古地区社会文化风貌的变化》，《内蒙古师大学报》(哲学社会科学版)1994年第4期。

尚缺少深入的论述。本章节仅以归化土默特地区（即清代归化城七厅范围，今内蒙古呼和浩特市及土默特川一带）为中心，探讨山西平民参与"走西口"移民运动的概况以及口外地区移民文化区的主要特征。

"走西口"移民运动述略

山西旧谣有云："河曲保德州①，十年九不收，男人走口外，女人挖野菜。"自清末至民国以来，"走西口"一词流传甚广，尤其在中国北方，为普通百姓所津津乐道。然而，仔细推敲一下，这个词语包含了不同层面的内涵。首先，"走西口"是山西地方戏曲"河曲二人台"中的一出著名传统剧目，在某种程度上来说，正是这一曲目的广泛传唱，才使"走西口"的事迹名扬天下。

······

> 哥哥你走西口，
>
> 小妹妹实难留，
>
> 怀抱上梳头匣，
>
> 给哥哥梳梳头，
>
> ······②

其次，与这一曲目的内容密切相关，"走西口"，即指清朝至民国初年成千上万的山西平民前往口外谋生的现象。早在明代开始，人们已习惯将长城沿线的关隘称为"口"，因此，长城一线各城均有不少"口"。就山西而言，人们常将河北张家口称为"东口"，将张家口以西的各口（特别是杀虎口）称为"西口"。③ 走

---

① 治今山西保德，辖境相当今山西河曲、保德两县。

② 参见《山西戏曲志·山西卷》，中国戏剧出版社 1959 年版。

③ 有时人们又将塞外名城包头称为"西口"，见《中国地方戏曲集志·山西卷·前言》，中国戏剧出版社 1959 年版。

过西口，过了长城，就可到达蒙古草原及河套一带。清代不少北方平民（尤其是山西人）为生活所迫，越过长城，到漠南蒙古及河套等地区佃种土地或从事商业活动。这就是人们常说的"走西口"。

最后，笔者以为，从广义上说，各种原因引起的山西平民向长城以北地区的迁移，都应视为"走西口"的范畴，因此在山西移民史中，"走西口"就应该被视为清代山西人向长城以外地区的迁移过程，因为为数众多的山西人在走过"西口"后，并没有再返回故乡，而是在今天的内蒙古地区定居下来，这些山西移民为北部边疆地区的开发作出了卓越的贡献。

在山西的各个地方，太原以北与吕梁地区"走西口"的人口最多。形成这种局面的首要因素是贫瘠而恶劣的自然环境无法满足当地百姓的生活需求，进而引发生存危机。从农业生产方面而言，太原以北地区的自然条件远不能与晋南各地相比，田地狭小，无霜期长，粮食生产相当落后，这使当地百姓生计非常艰难。生存困境迫使晋北地区的平民离开故乡，出外谋生。民国《偏关县志》卷上《风土》篇记云："晋北土质干燥，气候较寒，山田高耸，无川流灌溉，所凭借者雨泽耳。故晴雨稍有失时，便成灾歉，不独偏关然也。"沟壑纵横，气候寒冷干燥及水利灌溉的极度缺乏，直接导致当地农业生产完全依赖天雨，抵御自然灾害的能力极低。频繁的灾歉必使当地平民的生存受到威胁，而想要摆脱饥馑，只有奔走求食。雍正《阳高县志》卷二《田赋》篇记云："阳高地处北寒，砂碛特甚，高土黄沙，满目低土，碱卤难耕，是以地虽阔而居民稀，土虽多而耕者少。……至我朝车书统同，享王者遍内外，民得安居，始有乐生之心，然地瘠民贫，无所厚藏，一遇荒歉，流离不堪。"阳高县的情况在晋北具有很强的代表性，又如民国《天镇县志·风土记》称："地临边塞，人情朴鲁，机械不生。男务耕牧，女不纺织，天寒地瘠，春冬坐食，民多贫困。……奇寒酷冷，地瘠民贫，变产难售，称贷惟艰，室家鲜保，门户罔顾，舟车商贾不通，仰事俯育无资，故凶年难免流离也。"前面民谣所提到的保德州也是地瘠民贫的典型。唐汝渊在康熙《保德州志》卷首《四修州志跋》中称："保德，故楼烦郡，地僻

万山，壤邻边陲，斥卤崎仄之为田，盗贼戎马之旷野，干泥代食，
盆科列旨，所谓瘠坠穷土非耶？"该志卷三"风土篇"对当地百姓
艰苦的生活作了真切的描述："地偏僻且瘠薄，舟车不通，商贾罕
至，民贫，鲜生理，耕种而外，或佃佣陕西，贸易邻境。……农
勤力作，而土不肥泽，遇丰年差足糊口，荒年冬储蔓青，春以谷
糠，采荼杂而食之不至死，犹愈于明季食干泥。"

与其坐等凶荒的降临，不如走出贫瘠的土地，到外边求生存，
这恐怕是稍具头脑的人们的必然选择。况且，自明代时起，晋北
地区（特别是大同一带）就已成为商贾辐辏、军民混居的繁华之
域，人们的眼界并不闭塞，又因与塞外唇齿相依，习俗相近，这
都吸引着人们去开辟新的生活天地。也许"外边"的生活更加精
彩，出外谋生的人们往往一去不归。曾任天镇知县的张坊作《劝
民歌》五首，其五小引云："边民营生，出外不归，父母门户咸所
阁顾，故出宜早归也。"其诗曰：

> 家园日月委难行，一去他乡各自营。
> 白首慈亲音信断，衰年老子梦魂惊。
> 俯怜妻小知谁主，上宗宗桃忝所生。
> 寄语游人思父母，看儿孙分早回程。[1]

清朝长城内外的统一为山西边地居民的生产生活开辟了崭新
的机遇。如光绪《忻州志》序称：

> 我朝定鼎以来，蒙古慴伏，中外一家，二百余年，从未
> 用兵。忻郡之民如出水火而登衽席，休养生息，户口繁孳。
> 乾嘉之间，习于边情者贸易蒙古各部落及西北口外各城，有
> 无相通，权其子母，获利倍蓰，忻人不但不受近边之害，转
> 受近边之利，以此致富起家者实多。[2]

---

① 民国《天镇县志》卷四《风土记》，第 45 页 b。
② 作者为知州方戊昌。光绪《忻州志·书序》，第 1 页 a。

　　忻州地区应该是整个晋北地区的一个典型。长城内外的和睦为山西人北上贸易提供了必要的保障。乾隆年间曾为忻州知州的窦容邃也精辟地指出："忻郡土满人稠，耕农之家十居八九，贸易商贩者十之一二，惟机杼纺绩之声无闻焉。迩年来，家有余丁多分赴归化城营谋开垦，春季载耒耜而往，秋收盈橐囊而还。予初至，恐其迁徙靡定也，后访得其实，乃知人烟辐凑，食指繁多，分其丁壮于口外，实养其老幼于家中也。"① 当时人们称这种春去秋还的佣工为"雁行客"。到口外从事开垦，当然是救贫之良策，而且大批"雁行客"的出现不仅使塞外农垦面积大幅度增加，有力促进了口外蒙古地区的农业发展，更重要的是，这种"雁行客"实为正式迁民的先驱。在"雁行客"中，携妻儿长期居留者，及不愿回乡者大有人在。另如"二人台"剧种的主要发祥地山西河曲县"走西口"的人数也相当可观。河曲旧志称："河曲人耕商塞外草地，春夏出口，岁暮而归，但能经营力作，皆是糊口养家。本境地瘠民贫，仰食于口外者，无虑数千人。"② 正是他们的艰辛开辟，日后大规模塞外移民才有了可能性。

　　民国《偏关县志·风土篇》就明清两代的鼎革对当地百姓造成的影响作出了较准确的评述："关地开辟较迟，民间犹有淳朴之气，迨有明中叶，益兵增将，络绎于道，营帐星罗棋布，饷用既饶，市易繁盛，商贾因此致富者甚多，起居服物竞尚华靡，习尚为之一变。自满清入主中夏，兵将逐渐裁汰，市易顿衰，逐利日难。故关民多有出口谋生，从此寄籍他所，不再回里者。"这段评价呈现了晋北各地的普遍状况。光绪《左云志稿》的记述更加精彩生动："（本邑）土著之民合伙贸易于邑城者甚少，大半皆往归化城，开设生理或寻人之铺以贸易，往往二三年不归。……且有以贸易迁居，大半与蒙古人通交结，其利甚厚，故乐于去故乡而适他邑也。"③

---

　　① 光绪《忻州志》卷八《风俗物产附》，第 7 页 b。
　　② 转引自张正明：《晋商兴衰史》，山西古籍出版社 1995 年版，第 289 页。
　　③ 转引自卢明辉主编：《清代北部边疆民族经济发展史》，黑龙江教育出版社 1994 年版，第 172 页。

民国《绥远志略》称："绥远（包括归化地区）汉族约占十分之六，多来自山西、河北、山东、陕西、甘肃等省，多于清中叶移来，山西人数居各省之首。"① 在归化土默特地区，山西移民更构成当地汉族居民的主体。如和林格尔"多系口内忻、代等州，祁县、太原、太谷、阳曲、大同、左云、平鲁等县民人租种蒙古地亩，在内居住"②。清水河厅"所有居民并无土著，大抵皆内地各州县人民流寓。而附近边墙之偏关、平鲁二县人为尤多"③。清嘉庆《重修一统志》记归化城六厅户口为"一十二万七百六十六丁"④。如果我们把"丁"理解为汉族男性成年人口的话，那么当时这一地区（即归化城六厅）已入籍的汉族移民应有三四十万人。到光绪年间，归化城内与四乡汉族男女合计超过十万人。⑤ 清水河厅城乡合计男女超过 16 500 丁⑥，正好作为人口众多与人口稀少厅的代表。按其平均值每厅入籍人口应有五六万人，按当时口外十二厅计算，整个归化地区应有六七十万人之多⑦。如果再加上与之相当的未入籍人口，光绪末年，归化城诸厅人口至少达一百万人以上。光绪十年（1884），山西巡抚张之洞倡议将口外客民编入户籍，得到朝廷的批准。⑧ 他在奏疏中提到当地人口概貌为"士农工商数十万户"⑩。按二十万户计，每户五口，也至少有一百万人，与我们的估值正好相吻合。山西口内的移民应占其居民的多数。这仅仅是光绪末年的数字，有清一代山西全省前往口外地区耕商的人数累计起来，应该是一个相当庞大的数字。

---

① 廖兆骏：《亚洲民族考古丛刊》第 5 辑，台北南天书局 1987 年版。

② 咸丰《古丰识略》卷三三《艺文上》附《各厅查裹地方情形》，咸丰十年抄本，第 56 页 a。

③ 光绪《新修清水河厅志》卷十六《风俗篇》，光绪九年刻本，第 1 页。

④ 嘉庆《重修一统志》卷一六〇《归化城六厅》，四部丛刊本。

⑤ 民国《归绥县志·民族志》载光绪三十三年册籍数，民国二十三年铅印本。

⑥ 光绪《新修清水河厅志》卷十四《户口》，光绪九年刻本，第 1—3 页。

⑦ 张鼎彝：《绥乘》卷三《疆域考》，上海泰东图书局 1921 年版。

⑧ 见安颐等辑：《晋政辑要》卷八《户制》，光绪十三年刻本。

⑩ 《张文襄公全集》卷八《口外编籍无碍游牧折》，中国书店 1990 年版，第 202 页。

归化土默特地区移民文化的特征

人不仅是文化的创造者，更是文化最丰富、最活跃的载体，大批移民的北上必然将迁出区的文化因子及模式移入新的居留地。在一个移民区内部，原属同一文化区域的移民数量愈多，原有文化区特色对于该移民区的文化建设影响愈大。关于山西移民对塞外地区文化建设的贡献与影响，笔者仅就文化教育、风俗、语言及民间戏曲等几个方面作简要的说明。

就行政区划而言，从清雍正元年开始到民国初年，归化土默特地区为归绥道，属山西省统辖，与山西口内地区（即今天山西省的范围）处于同一个省级行政区。这种客观状况决定了归化地区的各方面建设与山西省其他地区密切相关，文化教育及学校建设典型地反映了这种关系。首先，一批有文化的山西移民为这一地区文化教育的开创作出了积极的贡献，如归化城著名儒士韩嘉会即为典型的代表。韩嘉会原为"本省朔平府平鲁县恩贡生，因曾祖就馆兹土，遂家焉"。这显然是一个以塾师为业的山西移民家庭。韩嘉会继承祖业，"二十二岁设教于本城玉皇阁"。在科举失意之后，"乃废时艺，博览群书，卒成饱学"。韩嘉会教学有方，成就卓著，获得了极高的声誉。

> 至于教授生徒，不计贫富，不论智愚，但有愤悱，即尽力启发，虽至倦，极少憩。即为讲说，并于"孝""弟""忠""信"数大端，藉篇章为戒劝。晚年从者益众，而勤劳严毅，不异初年。尝自谓曰："岂能尽如人意，但求无愧我心。"总计三十八年，教人子如己子，莫不望其上达，而恶其下流，所以门生中蒙古民人固多显达。①

正是如韩嘉会这些山西移民的努力，塞外文化教育取得了长

---

① 民国《归绥县志·金石志》，《韩亨轩先生德教碑》，第 15 页 a。

足的发展。至光绪年间，山西巡抚张之洞力请增加该地区文武学
额，他在奏疏中讲道："（归化）七厅均无学额，各厅寄居民人多，
有远至百余年及数十年者，现已生齿日繁，其中不乏俊秀之士，
进身无路，未免向隅，改设抚民厅以后，自应设立学额。查归化
厅户口蕃衍，四民辐辏，弦诵日多，近年设有书院，最为口外繁
盛之地。应设文武学额各四名。"① 另据民国《归绥县志》记载，
归化城中著名的古丰书院也由山西移民主持。② 毋庸置疑，正是
山西移民的增多以及文化教育的普及，才促使张之洞提出这项建
议，并最终获得批准。这对于缩小长城内外文化教育方面的差距
具有重要意义。

关于口外蒙古地区风俗特征的历史渊源，民国《归绥县志》
作者的见解可谓一语中的："邑民其先多晋产，亦多晋俗，唐风之
遗，首尚勤俭，迩来居城市者亦稍稍奢靡矣。"既然当地汉民大多
数是山西遗民的后裔，那么当地风俗自然以山西风俗为主，这显
然是顺理成章的事。不过，塞外"晋风"的形成远非一蹴而就，
也是随着当地山西移民的增多而逐步形成的。乾隆《口北三厅志》
卷五《风俗物产志》称：

> 国朝统一区夏，边徼以北尽为牧地，及察哈尔八旗分驻
> 之所，旷土闲田所在皆是。雍正中始募民垦种，坝内以为农
> 田，画井分区，村落棋布。然虽熙穰日繁，而令甲所著耕氓，
> 皆令冬归春往，毋得移家占籍，故其聚散不常，土地著者寡，
> 风俗之成，盖将犹有待也。

清廷"春往冬归"的规定使大批垦荒的农民无法在口外地区
定居下来，形成定居地与耕作区分离的状况，因此口外地区也就
无法形成更大规模的社区，自然影响了当地风俗的定型。时至光
绪年间，随着寄居民户的大量增加，特别是允许客民占籍之后，

① 《晋政辑要》卷二三《礼制·学校二》第27页b。
② 参见民国《归绥县志·教育志》，第6页b。

塞外各厅的风貌随之大有改观。以清水河厅为例，光绪《新修清水河厅志》对此有十分精辟的论断。

> 清水一郡，所属幅员辽阔，至千余里，原系蒙古草地，所有居民并无土著，大抵皆内地各州县人民流寓，而附近边墙之偏关、平鲁二县人为尤多。其风气各就所隶之地以成俗，亦与边外各属不甚相远也。其岨峿阻积之山，凭陵怒嶨，无广川巨流以疏其郁塞，而地处高寒，四时多风，飘振劲烈，盖地气然也，顾以地界蒙古，俗尚质朴，椎野顽钝，尚气少通，无论贫富，总以勤俭为主，或农或商，不事奇技淫巧。夫郡既僻处边鄙，又无桑柘麻枲之利，故其人每艰于衣食，少大姓巨族，即富家产无千金以上者，有则便号称雄魁，乃嗜利孳孳，锱铢必较，且疾病信祈祷，不贵医药，此其弊也。

这段文字大致反映出清末口外蒙古地区风尚之特征，但并不仅限于清水河厅一地，即所谓"与边外各属不甚相远也"。"各就所隶之地以成俗"，更是准确地道出了移民与迁入地风俗特征之间的辩证关系。既然当地偏关、平鲁二县人所占比例最多，那么当地风俗就与山西中北部一脉相承，文中所称列大都是山西中北部州县风俗的写照，如"质朴尚气""勤俭为主""锱铢必较""不贵医药"等，我们都可以在山西中北部找到相应例证。

如果说风俗渊源较为模糊、难以精确定位的话，特别是华北各地风俗内容颇多相似之处，那么口外蒙古地区汉语方言的形成则毫无疑问地确定了山西移民在当地所拥有的优势地位。汉语方言的形成期与稳定期都会持续较长时间，因此，清代归化地区的方言特征，我们可以借助现代方言调查来窥其概貌。早在20世纪50年代，以张清常先生为首的一批语言工作者就致力于内蒙古地区汉语方言的调查及研究工作。调查结果证实了内蒙古各地汉语方言的特征与移民状况有直接关系。

> 从汉语方言的情况看，属于北方方言系统。东部区呼伦

贝尔盟、昭乌达盟、哲里木盟三十三个市旗县的汉语方言，基本上与东北方言同。自治区中部、西部四十五个市、旗县镇的汉语方言，则属西北方言，接近山西及陕北话。外省移民，东部区的人多来自东北、河北、山东等地。中部西部的人多来自山西、陕西、河北、甘肃等地。除掉开发较早的部分农业区外，其他各地由于移民不断增加，各地的家乡话杂揉而相互影响，语言不太巩固。①

这一调查结果虽只描绘出一个大致方言分布区，且对于方言的差异缺乏历史渊源的分析，但留给我们的线索依然是十分可贵的，即内蒙古中部与西部汉语方言与山西陕西方言相近，并提到了与移民的关系。

张清常先生率先对内蒙古西部汉语方言作了多方面、细致的研究，并得出了一些颇具价值的结论，如方言区的范围："所在地区大致西起巴彦淖尔盟，东迄乌兰察布盟，以巴彦浩特、包头、萨拉齐、呼和浩特、丰镇、集宁等地为代表"；构词法的特征："语言情况大致与陕西晋北方言相近"，构词法的特征包括词素颠倒、名词的词素重叠、特殊地加"子"、圪字词的繁多等。② 另外，实地调查显示，某些地方的方言实为山西移民输入，如"萨拉齐的土著汉人绝大多数来自山西北部，少数来自陕北。萨拉齐西湾的话较稳定。该地的汉人自称其祖先是在乾隆年间从山西代州、兴州、河曲、交城一带移来的，据他们说，移来最多的是邬、刘、崔、寇这四个姓"。③ 张先生以语言学家的直觉，已发现萨拉齐话与山西话关系非常密切，但出于谨慎，并没有进一步引申。

当我们清楚地了解清代至民初口外蒙古地区移民背景之后，内蒙古西部方言区的语源问题似乎可以迎刃而解。内蒙古西部地

---

① 张清常：《内蒙古自治区汉语方音概况》，《内蒙古大学学报》1963年第2期。
② 张清常：《内蒙西部汉语方言构词法中的一些特殊现象》，《内蒙古大学学报》1962年第2期。
③ 见张清常：《内蒙古萨拉齐汉语方言词汇一瞥》，《内蒙古大学学报》1963年第2期。

区从明末以来一直是山西移民北上的聚居之处，在当地人口中迁入最早、人数最多，当地方言即由这些移民输入，当地形成的方言特征也以山西方言为主。在今天看来，尽管这种方言有些特征与山西本地方言并不完全相同，但这只是方言在新的语言环境中的自然演化，即使是山西本地方言与明清时期也不会毫厘不爽。因此，现在学者趋向于将内蒙古中西部方言称为"内蒙古晋语"，将其看作晋语的一个分支，笔者以为这一名称与归类是准确而允当的，符合其语源与演变的历史过程。①

与语言现象密切相关，山西地方文化对内蒙古地区影响比较明显的一个方面便是地方戏曲，而这同样是移民的贡献。山西号称"中国戏曲的摇篮"，山西各地百姓更以酷爱戏曲著称，大批"走西口"的山西移民也不例外。现代内蒙古自治区的戏曲剧种有晋剧、二人台、京剧、秦腔、评剧、大秧歌等，其中与山西移民关系最密切的莫过于晋剧、二人台、大秧歌，上述三个剧种流行范围与内蒙古晋语区大致相同。② 现代研究者认为，内蒙古自治区的晋剧实是山西中路梆子，但艺人多是演北路梆子的，因而在中路梆子的唱腔中夹蕴着北路梆子的痕迹，其活跃地区遍及自治区西部。③ 其实，这种分析局限于当时内蒙古晋剧的某些特征，而没有考虑到晋剧自身发展的历史。清咸丰以前，山西中路梆子与北路梆子原为一个剧种，晋北、晋中统称"大戏"，外地统称为山西梆子。④ 清代归化土默特与晋北、晋中同属一个政区，当地艺人在这些地区往来奔波，为广大喜爱晋剧的山西群众服务，正是他们的不懈努力，山西梆子的影响越来越广泛。就内蒙古地区而言，如果没有成千上万的山西移民的支持，晋剧也不会在当地生根发展。有一支歌谣反映了广大艺人们的奋斗历程：

① 关于内蒙古晋语的语言特征，参见邢向东：《论内蒙古晋语的语法特点》，《内蒙古师大学报》1995 年第 1 期。
② 见《内蒙古自治区戏曲剧种分布图》，《中国地方戏曲集成·内蒙古自治区卷》，中国戏剧出版社 1959 年版。
③ 见《中国地方戏曲集成·内蒙古自治区卷·前言》。
④ 见《中国戏曲志·山西卷》"晋剧"词条，文化艺术出版社 1990 年版。

　　　　学戏在忻、代二州，红火在东、西两口。①
　　　　吃肥在水淹包头，临死在宁武、朔州。②

　　大秧歌是清代山西颇为发达又具地方鲜明特色的剧种。其发
轫初期称为"土摊秧歌"，从明末清初开始，山西各地秧歌艺人攒
聚在一起，组成专业班，俗称"攒合班"，有力推动了秧歌这一民
间艺术的发展，从此，土摊秧歌演变成为大秧歌，至清同光年间，
大秧歌已成为晋北地区的主要剧种之一。其中，繁峙大秧歌、朔
县大秧歌与广灵大秧歌并称为晋北"三大秧歌"。③ 大批山西平民
通过"走西口"来到了塞外，大秧歌也随之传到了内蒙古地区，
并成为深受当地百姓喜爱的民间戏曲之一。移民在大秧歌北上中
起到的重要作用，已成为现代研究者的共识。④

　　清代归化土默特地区与今天的山西省原本同属一个行政区，
大批山西移民更使两大地区紧紧联系在一起，也使两大地区的戏
曲发展走过了极其相近的发展道路，故而在两大地区分治之后，
不可避免地产生了一些难以裁决的问题，二人台的起源问题便是
一个较典型的事例。内蒙古、山西两地的戏曲研究者都有较充分
的理由，将二人台定为本地土生土长的地方戏曲。如《中国地方
戏曲集成·内蒙古自治区卷·前言》称："二人台是本自治区土生
土长的剧种，它是在'小曲坐腔'的基础上，吸收了蒙族民歌与
汉族'社火'的歌曲形式而产生的。"而《中国戏曲志·山西卷》
则将二人台径称为"河曲二人台"，不过说法较为委婉："（二人
台）形成于晋西北、陕北、内蒙古西部三省区毗邻地区，后流行
于整个晋北、内蒙古及河北、甘肃、青海的部分地区。"该志同样
明确指出了"走西口"对二人台推广与演变所起到的至关重要的
作用："山西河曲县素有'民歌之乡'之称，清代同光年间，河曲
县有职业、半职业二人台班社三十余个，广泛活动于晋、陕、内

---

　　① 东口即张家口，西口即包头，见原注。
　　② 见《中国地方戏曲集成·山西卷·前言》。
　　③ 见《中国戏曲志·山西卷》秧歌词条。
　　④ 见《中国地方戏曲集成·内蒙古自治区卷·前言》。

蒙古交界地界。随着河曲人大量走西口谋生，一些艺人把二人台作为谋生手段，带到口外各地，吸收融合了不少蒙古族民歌，使之逐渐兼具汉、蒙两个民族的艺术特点，《走西口》即其最成熟的剧目，有'学会《走西口》，到处有吃口'之语。"

　　就二人台这一剧种的自身发展而言，笔者同意上述观点，即它是蒙、汉无数艺人灌浇培植的花朵，是蒙、汉两族人民多年来生活在一块土地上文化结合的产物。半个多世纪以来，二人台深为蒙、汉人民喜爱，民间有句逸话："走不完的西口，打不完的樱桃。"表明群众非常喜欢《走西口》《打樱桃》等百看不厌的优秀剧目。① 但笔者想要强调的是，声势浩大、影响深远的"走西口"移民运动是二人台《走西口》产生与广受欢迎的沃土，正是大批"走西口"的山西移民的存在，《走西口》及二人台才能风行神州大地，散发出永久的艺术魅力。

　　二人台的发展史充分表明，一个优秀剧目对于某一剧种的发展往往起到了至关重要的作用，《走西口》与二人台之间的关系就是很好的例子。在某种程度上，《走西口》已成为二人台的代名词，正是《走西口》广受欢迎，二人台才因此久盛不衰。"学会《走西口》，到处有吃口。"这句熟语精妙地道出了其中的奥秘。因此，要想理解二人台的生命力所在，必须从《走西口》这出剧目的实际内容说起。无论是在山西还是在内蒙古，《走西口》的内容都大同小异。剧目主要内容是咸丰五年二里半村佃农太春新婚不久，但为生活所迫不得不远走口外。妻子孙玉莲苦苦挽留，但最终夫妻二人还是洒泪而别。该剧一开始便是沉浸在新婚喜悦之中的玉莲自诉身世：

> 家住在太原，
> 爹爹孙朋安。
> 生下我一枝花，
> 名叫孙玉莲。

----

① 见《中国地方戏曲集成·内蒙古自治区卷·前言》。

> 玉莲一十六岁整，
> 刚和太春配了婚，
> 好比那蜜蜂见了花，
> 心中喜盈盈。

不料，被逼无奈的太春已决意走西口：

> 去年遭年饥，
> 遍地草不生，
> 没打一颗粮，
> 活活饿死人。
> 官粮租税重，
> 逼得跳火坑，
> 没钱纳钱税，
> 不走西口咋能行？
> 去年遭荒旱，
> 今年又成了婚，
> 官税催得紧，
> 逼得活不成；
> 土地卖了个净，
> 饥荒还没打清，
> 三害归了一，
> 你说不走西口咋能行？！

突如其来的变故使玉莲心如刀绞，涕泪涟涟，哀求太春不要离家远走，可是残酷的现实让太春没有退路，玉莲悲痛欲绝：

> 哥哥走西口，
> 妹妹也难留，
> 止不住伤心泪，
> 一道一道往下流。

正月娶过门，

二月你西口外行，

丢下我一个人，

咋叫人不伤心？

当孙玉莲饱含热泪，对即将远行的太春千叮咛万嘱咐之时，剧情达到了高潮。当太春忍痛走出村口时，依然看到玉莲还在远远地张望：

走出一里半，

扭回头来看，

了见小妹妹，

还在房上站。

《走西口》选取了"离别"的特殊场景，故事情节环环相扣，跌宕起伏，情感表达细致入微。玉莲的悲泣，太春的苦涩，婉转凄绝，回肠荡气，余音萦绕，久久不绝，令观者无不为之掬一把同情的泪水。对于那些与剧中人物有相似境遇的观众来说，《走西口》更使他们回忆起了那段令人心酸的往事，由此产生深刻而强烈的共鸣与震撼。在前述关于"走西口"山西移民的讨论中，我们无法精细还原出当事者真实的心境，而《走西口》这出名剧恰好弥补了这一缺憾。

至此，我们似乎完全明白了二人台《走西口》所独具的艺术魅力。这一剧目深刻表现了无数山西移民生离死别的动人场景，抒发了他们对故乡、对亲人的无限深情，宣泄了他们沉郁胸中的复杂情感，从而激起了强烈的共鸣。从这一点上可以说《走西口》是山西移民之歌，是他们精神寄托的心灵之歌，所有这一切，都是《走西口》艺术魅力的源泉。不明乎这一点，我们就无法理解《走西口》风行华北大地的真实缘由。

结 语

综上所述，数以万计的山西移民越过长城，来到千里塞外，为当地的建设注入了前所未有的勃勃生机。他们不仅将农业生产技术带到了漠南草原，依靠辛勤的劳作开辟了大片大片的良田，创造出"塞外江南"的千古盛事，而且还带来了自己的语言特征、风俗习惯以及戏曲艺术，并孕育出如二人台《走西口》这样的艺术奇葩，形成独具特色的移民文化区。从文化地理角度上讲，归化土默特地区可以说是晋文化区的向北延伸，但这是一个相当特殊的文化亚区，是汉文化与蒙古族文化结合交融的产物。成千上万的山西移民为这一地区的开发作出了不可磨灭的贡献，他们的艰苦努力奠定了"走西口"运动在中国移民史上的重要地位。

秦晋共同体与无定河篇

第九章　先秦至北宋秦晋地域共同体的
形成及其"铰合"机制
——历史时期山陕地域关系研究之一

　　关于历史时期"共同体"的研究，很早便是中外社会史研究者的热门话题，提出不少"共同体"概念，诸如"豪族共同体""村落共同体""水利共同体"以及"地域共同体"等等。但不难发现，从历史地理学角度所进行的"共同体"问题研究，迄今尚没有得到充分的重视与探讨。①

　　在中国历史地理变迁过程中，今天的陕西（简称"秦"）、山西（简称"晋"）两省是两块关系异常密切而复杂的地域。在古今文献中，"秦""晋"常常并举或并称，这当然不是偶然的，而应是一种特殊的地域关系的体现。从历史地理的角度探讨这两大地域之间的特殊关系，对于深入理解这两大地域的发展变迁是十分必要的。秦晋之间的密切关系及其影响，引起了不少研究者的兴趣，与之相关的研究成果也相当丰富。② 在本章节中，笔者尝

---

　　① "共同体"是一个涉及多学科的复杂概念，如英文 Community 便有多种汉语名称，如（动物）群落、（人类）社区、集体、社团、共同体等。地域共同体意指生活在相同或相邻的地域上的、拥有共同的物质利益（或拥有共同的文化遗产，或拥有共同的社会生活方式以及管理机构）的、具有一定数量的人群及其外在组织形式。相同及相邻的地域是地域共同体产生的先决或必要条件之一。

　　② 参见邢向东：《秦晋两省黄河沿岸方言的关系及其形成原因》，《中国语文》2009年第 2 期；《秦晋两省黄河沿岸方言词汇中的语音变异》，《方言》2009 年第 1 期；李岩澍：《从秦晋之好到秦晋交兵——春秋时期的秦晋关系》，《大同职业技术学院学报》2003 年第 2 期；孙卫国：《试论秦晋之好》，《山西师大学报》1988 年第 4 期；等等。

试借用"地域共同体"概念，从长时段及宏观角度揭示秦晋毗邻地域之间关系，以及这种地域关系对区域社会所产生的深远影响。

"秦晋之好"与秦晋方言：
先秦至北宋关中与河东之间密切关系溯源

秦晋地缘与族缘关系溯源

秦晋两国的友好关系源远流长。就族缘关系而言，秦国王族的祖先造父曾被周缪王封于赵城，故造父之族自此以赵为氏，赵城是其重要的发源地之一。"以造父之宠，皆蒙赵城，姓赵氏。"《史记集解》引述徐广之言曰："赵城在河东永安县。"《史记正义》又引述《括地志》之言曰："赵城，今晋城赵城县是，本彘县地，后改曰永安，即造父之邑。"① 赵城遗址在今天山西洪洞县赵城镇东北。至周孝王时，被分土为附庸，得到秦邑，自此始号"秦嬴"之族，至秦襄公时期始以"岐、丰之地"建国。而更多的赵氏族人依然留在了河东，"赵氏之先，与秦共祖"②，即秦国王族与后来三晋之一的赵国王族本为一族，供奉共同的祖先，成为先秦时期人们的共识。从这一角度来看，秦国王可视为河东赵氏家族外迁的一支，这种密切的族缘关系在秦晋关系中也是不可忽视的。

"秦晋之好"的典故，本意是指先秦时代秦、晋两国王族之间密切的联姻关系，而更值得注意的是，这种联姻关系在先秦时期秦、晋两国的政治进程中发挥了重要的作用。秦晋联姻的历史最盛于秦穆公时期。秦穆公四年（前656），"迎妇于晋，晋太子申

① 参见《史记》卷五《秦本纪》及注释，中华书局1997年版，第175—177页。
② 《史记》卷四三《赵世家》，第1779页。

子姊也"①。后来继位的晋国国君夷吾也是秦缪公夫人之兄弟。在之后的秦晋交战中，夷吾被俘，其姊出面恳求，得到秦缪公的首肯。夷吾献出"河西八城"之地，并将太子圉作为人质留居秦国，秦晋两国由此结盟。秦王又将宗女许配给晋太子为妻，后来太子圉逃回晋国，被立为国君，即晋怀公。

其后，秦国迎奉重耳归国，又将子圉之妻等五名妇女许配给重耳。"重耳至秦，穆公以宗女五人妻重耳，故子圉妻与往。"起初，重耳犹以有辱人格，不愿接受，但随臣司空季子劝说道："其国且伐，况其故妻乎！且受以结秦亲而求入，子乃拘小礼，忘大丑乎！"② 因重耳是在秦国的全力帮助下回国执政的，可以说，秦国为晋国的复兴作出了贡献。其后，秦国趁晋文公丧期、晋襄公新即位之时，攻灭晋国之滑，晋襄公发兵回攻秦军，俘虏孟明视等三员秦军，而在晋文公夫人的巧言之下，三将被放归。

地域毗连与交通往来之演进

关中与河东以黄河为界，自先秦时期开始，今天的黄河中游甚至被视为天下区域划分之坐标，著名的"三河"地区即以黄河中游一段为界而划定。实际上，就突出的地位与标识意义而言，黄河中游在很大程度上成了一种无可替代的地理坐标系统，清代学者顾栋高在《春秋大事表》卷八下指出：

> 大抵由河曲以北为秦、晋分界，则谓之西河。从河曲之南折，而东经周、郑之界，则谓之南河，更从南河折而东北，穿入卫、齐界，则谓之东河。左氏于诸国行军朝聘之往来皆以一河为经纬，最明晰有法，今据其可见者，约著其地理如此，使后之读左氏者有考焉。

---

① 《史记》卷五《秦本纪》，中华书局1997年版，第185页。
② 《史记》卷三九《晋世家》，第1660、1648页。

然而，黄河并没有成为大河两岸交通难以逾越的阻隔。① 如秦国建立之初，并没有紧邻黄河，而晋国拥有河西之地。如晋献公时期，"当此时，晋强，西有河西，与秦接境，北边翟，东至河内"②。后来，随着秦国的强大，秦、晋两国以及秦与三晋之间开始了对河西之地的长期争夺。③ 河西之地，又称为"河西八城"。《史记正义》又释之云："谓同（治今陕西大荔县）、华（治今陕西华县）等州地。"④ 如晋国国君夷吾被秦国释放之后，即被迫将河西之地割与秦国。《史记·秦本纪》载云："是时，秦地东至于河。"《史记正义》释云："晋河西八城入秦，秦东境至河，即龙门河也。"也就是说，秦国在夺取河西八城之后，才与晋国以黄河为界，可见，夺取河西之地是秦国向东扩张的必由之路。但是，晋国也进行了相当顽强的抵抗。如至秦出子二年，"秦以往者数易君，君臣乖乱，故晋复强，夺秦河西地"⑤。

三家分晋之后，河东地区及西河等地属于魏国，魏国与秦国及义渠等西戎之国有着相当漫长的边界。"魏有河西、上郡，以与戎界边。"⑥ 魏国成为秦国崛起与东进的巨大障碍。正如商鞅所说："秦之与魏，譬若人之有腹心疾，非魏并秦，秦即并魏。何者？魏居岭阨之西，都安邑，与秦界河，而独擅山东之利，利则西侵秦，病则东收地。"《史记索隐》对此解释云："盖安邑之东，山岭险阨之地，即今蒲州之中条已东，连汾、晋之崤嶵是也。"⑦ 商鞅变法之后，日益强盛的秦国向魏国发起了猛烈的攻势，河东之地逐渐被秦国蚕食。如魏无忌曾指出："异日者，秦在河西，晋国去梁千里，有河山以关之，有周韩以间之。从林乡军以至于今，

---

① 胡英泽：《河道变动与界的表达——以清代至民国的山、陕滩案为中心》，《中国社会历史评论》2006 年。

② 《史记》卷三九《晋世家》，中华书局 1997 年版，第 1648 页。

③ 参见蔡锋：《春秋战国时的秦晋河西之争》，《青海师范大学学报》（哲社版）1988年第 4 期。

④ 参见《史记》卷五注释，中华书局 1997 年版，第 188 页。

⑤ 参见《史记》卷五《秦本纪》，第 200 页。

⑥ 参见《史记》卷一一〇《匈奴列传》，第 2885 页。

⑦ 参见《史记》卷六八《商君列传》本文及注释，第 2232—2233 页。

秦七攻魏，五入囿中，边城尽拔……"《史记集解》云："徐广曰：魏国之界千里。"《史记正义》云："河西，同州也，晋国都绛州，魏都安邑，皆在河东，去大梁有千里也。"

除魏国之外，秦国与韩国之间也有着复杂的疆界之争。如先秦时代的知名辩士范雎指出："秦、韩之地形，相错如绣。秦之有韩也，譬如木之有蠹也，人之有心腹之病也。天下无变则已，天下有变，其为秦患者孰大于韩乎？"① 因此极力劝说秦昭王攻占韩国。又如《史记·秦始皇本纪》载称：秦始皇十三岁当政之时，"当是之时，秦地已并巴、蜀、汉中，越宛有郢，置南郡矣；北收上郡以东，有河东、太原、上党；东至荥阳，灭二周，置三川郡。"实际上已为天下第一强国，具备了一统天下的实力。这也是笔者所要强调的一点，秦国在展开统一全国的战争之前，并非仅靠"雍州"一域，而是以占据的相当广大的地域作为其基础与保障，特别是晋国之地已成为其疆域的一部分了，也就是说在秦始皇统一全国之前，秦晋已经并为一体了。

早在先秦时期，随着交通工具的发展，关中地区与河东地区之间的交流往来已相当便利。如秦穆公时期，晋国曾经发生严重灾荒，秦国全力支援，向晋国输送粮食，"以船漕车转，自雍相望至绛"②。除车、船之后，有意兼并六国的秦国还努力架设河桥，突破黄河之阻碍。如秦昭王五十年（前257），"初作河桥"③。《史记正义》曾释云："此桥在同州临晋县东，渡河至蒲州，今蒲津桥也。"④ 将唐代蒲津桥定为秦时桥，显然有些过于疏阔了。《元和郡县图志》卷二称："河桥，本秦后子奔晋，造舟于河，通秦晋之道，今属河西县。"时至唐代，横跨黄河的桥梁建设达到一个高峰。蒲津桥是最著名的河桥之一，受到人们的高度推重，被视为"天下之要津"与"万代之奇绝"。⑤ 我们虽然无法断然割绝二者

① 《史记》卷七九《范雎蔡泽列传》，中华书局1997年版，第2410页。
② 《史记》卷五《秦本纪》，第188页。
③ 《史记》卷五《秦本纪》，第214页。
④ 《史记》卷五《秦本纪》，第219页。
⑤ 参见《白孔六帖》卷九引《纪异记》，上海古籍出版社1992年版。

之间的联系，但将秦桥与唐桥混为一谈，肯定是不妥当的。①

"河曲"之地是秦、晋两国争夺的关键区域。而有研究者指出："河曲"之地即"河西"之地，可见二者地域相近，难以截然分开。如《史记集解》释"河曲"云："徐广曰：一作西。骃按：《公羊传》曰：河千里而一曲也。服虔曰：河曲，晋地。杜预曰：河曲在蒲阪南。"《史记正义》又加按语云："河曲在华阴县界也。"顾栋高在《春秋大事表》卷八下指出："文（公）十二年，晋、秦战于河曲，河曲为今山西蒲州府。《通典》云有蒲津关，西岸为陕西同州府朝邑县，秦之王城在焉。十三年，秦伯师于河西，魏人在东，是蒲州与朝邑东西相望也，秦晋平日往来多于此。"

应该说，先秦时期秦、晋两国形成了既联合又竞争的密切关系。一方面，秦、晋两国在联姻关系中均得益匪浅，秦国甚至多次挽救晋国于危亡之际；另一方面，"晋之强，秦之忧也"②。相比之下，先秦时代秦、晋两国竞争的结果是秦国占据上风，最后不仅取得了河西之地，而且最终吞并了三晋之地。

文化的相似性与共同性

出于地理及交通的便利，从先秦时代开始，秦、晋两地人员往来及人口迁徙相当频繁，相传《商君书》所录"徕民"政策的对象主要是"三晋之民"，应该是这种状况的真实反映。而在秦国发动兼并战争时期，秦国又频繁实施强迁政策，如"魏献安邑，秦出其人，募徙河东赐爵，赦罪人迁之"③。这种人口迁徙，对于增强秦、晋两地之间的经济联系、促进文化一体化也有不可忽视的作用。

《汉书·地理志》曾转录《风俗》等著作的观点，其中将关中、西河地区指为"秦地"，而河东为"魏地"，笔者以为这种区域判别，过分依赖于先秦时代诸国之间的政治差异，并不能完全

---

① 南宋王应麟在《玉海》卷一七二《桥梁》中对先秦至唐五代的桥梁建设进行了系统的梳理与总结，却单单没有提到秦国的"河桥"，不知何故，待考。
② 《史记》卷五《秦本纪》，中华书局1997年版，第190页。
③ 《史记》卷五《秦本纪》，第212页。

反映秦汉以来文化变迁之趋势。政治区域的划分不仅是地理认知的结果，同样对区域内的文化发展产生重要影响。就政治区域而言，从西汉至魏晋，河东与关中两地均属于司隶校尉部管辖之下，同属于王朝疆域内最核心的区域，这种情况一直持续至唐代。

关于司隶校尉的设置缘起，《汉书·百官公卿表》载："司隶校尉，周官，武帝征和四年初置。持节，从中都官，徒千二百人，捕巫蛊，督大奸猾。后罢其兵。察三辅、三河、弘农。元帝初元四年，去节。成帝元延四年，省。绥和二年，哀帝复置，但为司隶，冠进贤冠，属大司空，比司直。"又《晋书·职官志》云："司隶校尉，案汉武初置十三州，刺史各一人，又置司隶校尉，察三辅、三河、弘农（治今河南灵宝市北）七郡，历汉东京及魏晋，其官不替。属官有功曹、都官从事、诸曹从事、部郡从事、主簿、录事、门下书佐、省事、记室书佐、诸曹书佐守从事、武猛从事等员，凡吏一百人，卒三十二人。及渡江，乃罢司隶校尉官，其职乃扬州刺史也。"据此可见，司隶校尉自汉武帝设置以来，一直存续到西晋与东晋之交，其职权范围并没有较大的改变。司隶校尉部的政区等级相当于一个大州，故而后被冠以"司州"之名，督察的地理范围主要包括"三河"（河南、河东、河内）、"三辅"（京兆尹、左冯翊、右扶风）及弘农郡等七郡。

唐代著名学者杜佑在《通典》卷十九释"司隶校尉"云："督察三辅，隋有司隶大夫，大唐京畿采访使亦其职。"实际上，盛唐在政区建设方面进入了一个全新的阶段，特别是核心区域的建置情况也充分证明了这一点。唐代有大、小"三都"之置，如大三都为西京、东都与北都太原府，小三都是西京、东都与中都河中府（治今山西永济市西南）。就畿辅地区而言，又有京畿、都畿以及中畿等多种区域，数种畿区合而为一，就构成了一个"三角区"。换言之，在唐代，秦、晋、豫三地关系发展到了一个前所未有的高度，笔者称之为"金三角"时代。[①] 关于当时河东与关中

---

① 关于唐代政治地理格局中的"金三角地带"问题，参见安介生：《略论唐代政治地理格局中的"枢纽区"——金三角地带》，载于范世康、王尚义主编：《建设特色文化名城——理论探讨与实证研究》，北岳文艺出版社2008年版。

的关系，唐人元载在《建中都议》中进行了精辟的阐发："长安去中都三百里，顺流而东，邑居相望。有羊肠、底柱之险，浊河、孟门之限。以轘辕为襟带，与关中为表里，刘敬（即西汉大臣娄敬）所谓'扼天下之吭而抚其背'，即此之谓。推是而言，则建中都将欲固长安，非欲外之也……"[①]

北宋迁都汴梁（今河南开封市），标志着中原王朝的政治中心区的整体性东移，关中与河东地区脱离了"京畿路"的范围。但是，在北宋政区建置中，这两个区域又被纳入了同一个高层政区——永兴军路（治今陕西西安市）。永兴军路辖域广大，如《宋史·地理志》记云："永兴军路，府二：京兆、河中。州十五：陕、延、同、华、耀、邠、鄜、解、庆、虢、商、宁、坊、丹、环。军一：保安。县八十三。其后，延州、庆州改为府，又增银州、醴州，及定边、绥德、清平、庆成四军。凡府四，州十五，军五，县九十。"河中府与解州（治今山西运城西南解州）均在河东地区，但不隶于当时的河东路，我们不妨称之为"小河东"，而这一区域与唐代河中府的地域范围基本一致，可以说这种政区组合可以视作唐代政区格局的一种继承或延续。

地域的毗邻与政治区域之整合，无疑大大增加了河东与关中之间的相关性与文化相似性。语言是最活跃且最生动的文化现象之一。如以古代语言学名著《方言》为例，作者扬雄在书中极力突出语言的区域性差异，列举了当时各地大量的方言语汇进行说明（见表9-1），显示了极强的地域差异，其中涉及"秦晋"的语言例证相当丰富，现代研究者对于当时的语言地理问题进行了相当深入的探讨，并形成了关于秦晋方言区的一些重要共识。[②] 如著名语言学家罗常培、周祖谟两位先生就根据《方言》资料把当时汉语方言涉及的地域分为七大区，分别是：（一）秦晋、陇冀、梁益；（二）周郑韩、赵魏、宋卫；（三）齐鲁、东齐、青徐；（四）燕代、晋之北鄙、燕之北鄙；（五）陈楚江淮之间；（六）南

---

① 李吉甫：《元和郡县图志》卷十二，中华书局1983年版，第324页。
② 参见周祖谟、罗常培：《汉魏晋南北朝韵部演变研究》，科学出版社1958年版；赵振铎、黄峰：《〈方言〉里的秦晋陇冀梁益方言》，《四川大学学报》(哲社版)1998年第3期。

楚；（七）吴越。两位先生同时强调："从其中（即《方言》一书）所举的方域来看，有的一个地方单举，有的几个地方并举。依理推之，凡是常常单举的应当是一个单独的方言区，凡是常常在一起并举的应当是一个语言比较接近的区域。"① 后来有学者着重强调了"秦晋"作为一个方言区的重要性："在汉代，以首都长安为中心的秦晋方言是最重要的方言，是当时的共同语'通语'的基础。《方言》中秦总共出现109次，其中的单独出现仅10次，如果包括'秦之旧都''西秦'则为12次。《方言》中秦、晋并举的条目有88次，包括'秦晋之西鄙'。秦晋并举占秦出现总数的81%。晋在《方言》中出现107次，包括'秦晋之故都'，'晋之北鄙''秦晋之际（间）''晋之旧都''秦晋之西鄙''东齐周晋之鄙'。单独出现仅5次，包括'晋之旧都''晋之北鄙'。秦晋并举的88次，占晋出现总数的82%。可见，把秦晋划为一个方言区的理由是充足的。"② 据笔者所查，《方言》之中多次列举"自关以西，秦晋之间"的例证值得更多关注。根据罗、周二位先生提出的划分原则，在当时，"关"是一个重要的政治、经济、文化的分界线，狭义的"秦晋之间"应是共认的语言相同或相似的方言亚区，大致包括原来秦国国都与晋国国都之间的区域，主要集中于关中与河东两个地区。

表 9-1　《方言》秦晋语言相似性例表

序号	例句	资料来源
1	（娥）秦曰娥……秦晋之间凡好而轻者谓之娥……自关而西，秦晋之故都曰妍，好其通语也	《方言》卷一
2	秦晋之间，凡物壮大谓之嘏，或曰夏。秦晋之间，凡人之大谓之奘，或谓之壮	同上

① 周祖谟、罗常培：《汉魏晋南北朝韵部演变研究》（第一分册），科学出版社1958年版，第72—73页。
② 李恕豪：《扬雄〈方言〉中的秦晋方言》，《四川师范大学学报》（社会科学版）1992年第1期。

（续表）

序号	例句	资料来源
3	（虔，刘）秦晋之北鄙，燕之北郊，翟县之郊，谓贼为虔	同上
4	自关而西，秦晋梁益之间，凡物长谓之寻。《周官》之法，度广为寻，幅广为充	同上
5	秦晋之际，河阴之间曰饐饐，此秦语也。郭璞注：今冯翊、合阳、河东、龙门是其处也，今关西人呼食欲饱为饐饐	同上
6	自关而西，秦晋之间，凡物之壮大者而爱伟之，谓之夏	同上
7	自关而西，秦晋之间，凡取物而逆，谓之篡	同上
8	（钊）秦晋曰钊，或曰薄，故其鄙语曰薄努，犹勉努也	同上
9	自关而西，秦晋之间凡大貌，谓之朦，或谓之庬；丰，其通语也	《方言》卷二
10	自关而西，秦晋之间，凡美色或谓之好，或谓之窕……秦晋之间，美貌谓之娥；美状为窕；美色为艳；美心为窈	同上

　　悠久的历史渊源、便利的交通往来、相同的语言环境以及由之营造的共同文化背景，必然会增进关中与河东两地民风之相似性。如宋代著名文学家苏辙在《蜀论》一文中曾将秦晋之民风与蜀地之民风进行了详细的对比与分析。

　　　　秦晋之勇，蜀汉之怯。怯者重犯禁，而勇者轻为奸，天下之所知也。当战国之时，秦晋之兵弯弓而带剑，驰骋上下，咄嗟叱咤，蜀汉之士所不能当也。然而天下既安，秦晋之间，豪民杀人以报仇，椎埋发冢以快其意，而终不敢为大变也。蜀人畏吏奉法，俯首听命，而其匹夫小人，意有所不适，辄起而从乱。此其故何也？观其平居无事，盗入其室，惧伤而不敢校，此非有好乱难制之气也。然其弊常至于大乱而不可救，则亦优柔不决之俗有以启之耳。今夫秦晋之民，倜傥而无所顾，负力而傲其吏，吏有不善而不能以有容也，叫号纷呶，奔走告诉，以争毫厘曲直之际，而其甚者，至有怀刃以

贼其长吏，以极其忿怒之节，如是而已矣。故夫秦晋之俗，
有一朝不测之怒，而无终身戚戚不报之怨也。若夫蜀人，辱
之而不能竞，犯之而不能报，循循而无言，忍诟而不骤发也。
至于其心有所不可复忍，然后聚而为群盗，散而为大乱，以
发其愤憾不泄之气。故虽秦晋之勇，而其为乱也，志近而祸
浅。蜀人之怯而其为变也，怨深而祸大，此其勇怯之势，必
至于此，而无足怪也……①

这段议论最值得关注之处，同样是将秦、晋两地视为民风及
文化的共同体。这种观点不应简单视作苏辙的一己之见，而极可
能是当时一种带有普遍性的观点，即"天下之所知也"。

可以说，关中与河东之间难以分割的密切关系，具有高度的
文化相似性，这也使关中与河东地区（尤其是"小河东"地区）
之间的联系，成为秦晋地域共同体构造中结合最为紧密的部分，
或者可以说所谓"秦晋之间"，正是秦晋地域共同体中最牢固的
"铰合部位"。

先秦至北宋时期秦晋之间"铰合机制"的形成：
基于西河地区政区沿革与民族迁徙的探讨

笔者以为：单凭历史时期关中与河东两地之间的密切关联，
尚不足以将秦晋两大地域整合成一个地域共同体。从先秦至北宋
时期，秦晋地域共同体的形成，并非纯粹依赖自然地理区域的便
利以及部分区域的紧密联系，而在很大程度上有赖于秦晋之间
"绞合机制"的长期作用。笔者所谓"铰合机制"，包含多方面的
内容，主要体现在历史时期秦、晋两地之间政区建置、人口迁徙
等重要事件。

龙门山，即禹门山，是中国上古时期的一个重要的地理分界

---

① 苏辙：《栾城应诏集》卷五,四部丛刊(初编)本。

标志。"鱼跃龙门"的故事广为流传，故黄河中游当时又常被称为"龙门西河"。龙门山，对于秦晋分界又有着特殊的意义，即所谓"龙门一山跨河"①。在古史传说中，上古圣王大禹凿通龙门，黄河之水才得以下泄，即"禹凿龙门通大夏"②。可以说，龙门山原本连接秦晋之地，凿河之后，始分为二。如《史记正义》引《括地志》云："龙门山在同州韩城县（今陕西韩城市）北五十里。李奇云：禹凿通河水处，广八十步。"③ 如唐代颜师古曾注释云："龙门山，其东则在今秦（应为泰）州龙门县（今山西河津县西）北，其西则在今同州韩城县北，而河从其中下流。"④ 可见，古人在龙门山所开"龙门"十分狭窄，宽度仅有八十步。

龙门山在当时经济发展格局上也有标志性意义，正如《史记·货殖列传》所云："龙门、碣石北多马、牛、羊、旃裘、筋角，铜铁则千里往往山出棋置。"故在本章节中，笔者的论述也以龙门山为界将秦晋边界地区分为两个部分，前一部分为关中与河东（实指晋西南汾水以南地区，即笔者所称"小河东"）的关系问题；后一部分便是西河郡问题，涉及秦晋中北部边界地带。

白狄族分布上郡、西河郡的建置

根据历代学者的研究，先秦时期在今天山西吕梁地区及陕西北部的古代先民为白狄。白狄，又称为"白翟"。学界关于白狄的地理分布，有着较为一致的意见。如唐宋时代的学者就关注到先秦时期白狄的问题，南宋王应麟在《通鉴地理通释》中指出："翟，隗姓。白狄，有延安府鄜、丹、绥、廓、银、石州之地。"又如郑樵《通志》卷四一也载称："白狄都西河。白狄与秦同州，今坊、鄜、延、绥间，皆古白狄之地。"其实，王应麟与郑樵等人

---

① 《汉书补注·司马迁传》引齐召南语，商务印书馆 1959 年版，第 4246 页。
② 《史记》卷六《秦本纪》秦二世之语，中华书局 1997 年版，第 271 页。
③ 《史记》卷二《夏本纪》注释，第 67 页。
④ 《汉书》卷六二《司马迁传》注释，中华书局 1997 年版，第 2714 页。

的论述主要依据唐人杜佑所撰《通典》、李吉甫所修的《元和郡县图志》等著作。如《元和郡县图志》分别在绥州（上郡，治今陕西延安市东北）、银州（银川郡，治今陕西横山县东）、石州（昌化郡，治今山西吕梁市离石区）、丹州（成平郡，治今陕西宜川县北）、延州（延安郡，治今陕西延安市）等州分别注明"为春秋时白狄所居"，或"白翟之地"。

古文献中关于先秦时代"白狄"或"白翟"的记载相当阙略。如《国语·齐语》记载齐桓公曾经"西征，攘白翟之地，至于西河"。《史记·匈奴列传》回顾道：晋文公在位时，"当是之时，秦、晋为强国。晋文公攘戎翟，居于河西圁、洛之间，号曰赤翟、白翟"。《史记集解》引徐广之语曰："圁在西河，音银。洛在上郡、冯翊间。"《史记索隐》："西河圁、洛。《三苍》圁作圜。《地理志》云：圁水出上郡白土县西，东流入河。韦昭云：圁当为圁。《续郡国志》及《太康地志》并作圁字也。"《史记正义》引《括地志》云："白土故城在盐州白池东北三百九十里。"又云："近延州、绥州、银州，本春秋时白狄所居，七国属魏，后入秦，秦置三十六郡。洛，漆沮也。"

清代学者在前代学者研究的基础上又进行了较为全面的总结。如顾栋高在《四裔表·叙》中指出："白狄之种有三，其先与秦同州，在陕之延安，所谓'西河'之地。其别种在今之真定、藁城、晋州者曰鲜虞，曰肥，曰鼓。鲜虞最强，与晋数斗争，而肥、鼓俱为晋所灭。盖春秋时戎狄之为中国患甚矣，而狄为最……"①又如清代学者江永在《春秋地理考实》卷一释"白狄"亦云："《传》：'郤缺获白狄子。'杜注：'白狄，狄别种也，故西河郡有白部胡。'今按白狄在西河之西，今陕西延安府地也，《传》云：余从狄君，以田渭滨，则其地南至渭水。又告秦人云：白狄及君同州，是与秦同在雍州也。"

综上所述，我们可能推测出白狄族在先秦时代分布地域有一个十分明显的退缩过程。从广袤的雍州之域，退至所谓"圁、洛

①　《春秋大事表》卷三九《春秋四裔表》，中华书局1993年版，第2160页。

之间"。三家分晋之后，魏国在河西地区有了较大的发展，从而成为秦国东进的主要对手。如秦孝公即位之时，"楚、魏与秦接界。魏筑长城，自郑滨洛以北，有上郡"。《史记正义》对此解释云："楚北及魏西与秦相接，北自梁州汉中郡，南有巴、渝，过江南有黔中、巫郡也。魏西界与秦相接，南自华州郑县，西北过渭水，滨洛水东岸，向北有上郡、鄜州之地，皆筑长城以界秦境。洛即漆沮水也。"① 然而至魏襄王七年，"魏尽入上郡于秦"。至此，秦国的疆域扩展取得了阶段性的成果。《史记正义》引述《括地志》云："上郡故城，在绥州上县东南五十里，秦、魏之上郡地也。按：丹、鄜、延、绥等州，北至固阳，并上郡地。魏筑长城界秦，自华州郑县已北，滨洛至庆州洛源县白于山，即东北至胜州固阳县，东至河西、上郡之地，尽入于秦。"② 很明显，秦国的上郡是继承魏国上郡而来，而《汉书·地理志》记述上郡为"秦置"，似有不合之处，究其实，汉朝的上郡与先秦时期的上郡已有相当大的差异了，班固之意或在于此。

白狄所居之地在西汉初期建置为西河郡。西汉时期的西河郡地域广大，涉及今天陕西、山西及内蒙古二省一区之地，而且横跨黄河两岸。关于西汉时期西河郡的建置情况，《汉书·地理志》载："西河郡（注：武帝元朔四年置，南部都尉治塞外翁龙、埤是。莽曰归新。属并州。），户十三万六千三百九十，口六十九万八千八百三十六。县三十六。"西河郡所辖三十六县简况参见表9-2。

表9-2　西汉西河郡辖县简况表

县名	今地	县名	今地
富昌	内蒙古准格尔旗东南	增山	内蒙古鄂尔多斯市东胜区西北
驹虞	不详	圜阳	陕西神木县南

---

①　《史记》卷五《秦本纪》，中华书局1997年版，第202页。
②　以上引文均见《史记》卷四四《魏世家》，第1848页。

（续表）

县名	今地	县名	今地
鹄泽	不详	广衍	内蒙古准格尔旗西南
平定	陕西府谷县西北	武车	不详
美稷	内蒙古准格尔旗西北	虎猛	内蒙古伊金霍洛旗西南
中阳	山西中阳县	离石	山西吕梁市离石区
乐街	不详	谷罗	内蒙古准格尔旗西南
徒经	不详	饶	不详
皋狼	山西吕梁市离石区西北	方利	不详
大成	内蒙古杭锦旗东南	隰成	山西柳林县西
广田	不详	临水	山西临县东北
圜阴	陕西榆林市东	土军	山西石楼县
益兰	不详	西都	不详
平周	山西孝义市西南	平陆	不详
鸿门	陕西神木县西南	阴山	陕西宜川县东
蔺	山西柳林县北	觬是	不详
宣武	不详	博陵	不详
千章	山西忻州市境内	盐官	不详

　　清代著名学者戴震曾受邀撰写汾州地方志。经过深入研究，他对《元和郡县图志》等著作存在的阙误进行了纠正，特别是对西河郡沿革问题进行了翔实的考订，廓清了不少西河郡沿革中的疑惑。如人们将先秦时期"子夏居西河"与"吴起为西河守"的轶事，都定位于汾州，当地还有不少古迹可资证明。又如不少学者以为魏晋西河郡治于兹氏县。对于这些误解，戴震据理进行了反驳。

　　考之《魏书》，太和八年置西河郡，治兹氏城，是为西河郡治在兹氏之始。道元注《水经》时，西河郡治，新在此地，故于谒泉山及文水、汶水，绝不涉及子夏设教，以此地近汾远河，西河之上不得移而虚加之汾上耳。武侯浮西河而下，中流顾而谓吴起曰：美哉乎山河之固！浮河非浮汾也。道元以浮河事系之夏阳，子夏陵及庙室系之合阳，咸于魏都安邑不远，况古所称西河，未尝以名郡，即吴起为西河守，亦非如后世之郡守，特举龙门西河，该河之左右诸城，魏未失阴晋、少梁已前，其疆土在河西者，南至华阴，西至洛水，北至今榆林府之北鄂尔多斯地，而赵之西边邑与魏邻，不与秦邻，故赵成侯三年，当魏武侯之十五年。《赵世家》云：魏败赵蔺及秦，孝公八年与魏战，取少梁。越四年，当赵成侯之二十四年。《赵世家》始云：秦攻我蔺，其后蔺、离石、中阳屡失于秦，力复之，以守险。魏、秦之攻，赵蔺皆自河西来。汉兹氏县在离石正东，赵地，非魏地。凡以为魏之西河者，谬也。《东观记》：西河郡治平定县，离石在郡南五百九里。吉甫言理富昌县者，徒因《地理志》首列富昌故云。然《后汉书》始云：凡县名先书郡所治也。孟坚作志未有斯例。阎百诗曾论之，如梁国先书砀，而治睢阳。汝南郡先书平舆，而治上蔡是也。百诗于西河郡亦从《元和志》，则偶失检耳。凡以为汉西河郡治富昌者，谬也。《水经》：原公水出兹氏县西芊头山。道元注云：魏黄初二年，西河恭王司马子盛庙碑文云：西河旧处山林，汉末扰攘，百姓失所。魏兴，更开疆宇，分割太原四县，以为邦邑，其郡带山侧塞矣。王以咸宁四年改命爵土。其年十二月丧，国臣太农阎崇、离石令宗群等二百三十四人刊立石碑，以述功德。今案《晋书》，西河缪王斌，字子政，魏中郎武帝受禅封陈，三年改封西河，咸宁四年薨，子隐立，谥字及改封与《水经注》微异。《水经》以碑系之魏黄初二年，尤可致疑。《元和志》云：魏黄初二年于汉兹氏置西河郡，然则黄初二年，实魏置西河郡之始，前此建安十八年省州并郡，废西河郡入太原，至是复分太原之四县置西河郡也。黄初二年下当有记置郡所起者，脱去其文，自黄初二年越二百六十四年，为北魏太和八年，西河郡始治兹氏城。司马斌葬兹氏，故有庙碑在此。吉甫因《水经注》

西河王庙碑系之兹氏，系之黄初，遂以为是时即置郡兹氏。殊疏。《晋书·地理志》西河国领县四，首离石，固用《后汉书》例县名先书郡所治，况碑文言其郡带山侧塞，宜为离石甚明。晋改兹氏曰隰城，碑末称离石，合宗群等不称隰城。魏晋之西河，皆因汉永和五年徙治离石之旧，可据证固不一矣。凡以为魏晋之西河治兹氏者，谬也。①

根据戴震的考订以及与相关文献记载参证，我们对从先秦到东汉乃至北朝西河郡的变迁过程有了一个较为清晰的认识。

首先，北魏太和八年（484），设置西河郡，郡治在兹氏县（今山西汾阳市东南），这也是西河郡治于兹氏县的开始，而在此之前，西河郡的治所并不在于此地。"西河"之名，源自先秦，当属于魏地"河西"之地，因此，之前文献中所称"西河"以及相关故事，实际上与兹氏县及汾州府是不相干的。

其次，根据《东观记》记载，西河郡建置之初，治于平定县（今陕西府谷县西北），而并非《汉书·地理志·西河郡》下首列的富昌县，因为"凡县名先书郡治"的惯例是从《后汉书》才开始的。

最后，在北魏于兹氏县建置西河郡之前，魏晋时代的西河郡均治于离石县，正是继承了东汉西河郡迁治于离石县的结果。在西河郡变迁中最突出的事件，是迁治于离石县。据《后汉书·顺帝纪》，在羌人与匈奴人的联合攻击下，东汉永和五年九月，"丁亥，徙西河郡居离石，上郡居夏阳，朔方居五原"。李贤注云："离石，县名，在郡南五百九里。西河本都平定县，至此徙于离石。"自此，其治所与辖域从黄河之西移到了黄河东岸。"西河"之名已名不符实。同时，辖域也大为缩减。如《续汉书·郡国志》记云："西河郡，十三城，户五千六百九十八，口二万八百三十八。离石、平定、美稷、乐街、中阳、皋狼、平周、平陆、益兰、圜阴、蔺、圜阳、广衍。武帝置。洛阳北千二百里。"从三十六县

①　参见《戴东原集》卷六《答曹给事书（庚寅）》，四部丛刊（初编）本。

到十三城，两汉西河郡的状况真有霄壤之别。

然而，戴震并没能阐明西河郡变迁的真实原因。实际上西河郡的变迁涉及多方面的因素，其中最重要的影响因素之一便是塞外地区非汉民族的南迁，白狄的退却与华夏族人的北上实际为上郡与西河郡的建置创造了条件，而西河郡的东迁，与匈奴及羌族的内迁又有着直接的关系。因此，在谈论先秦至北宋时期秦晋北部地区的历史变迁时，千万不可忽视北方民族南迁的决定性作用与影响。

匈奴南迁与北朝时期的"山胡区"问题

春秋时期的"白狄"族在后来的史籍中神秘消失了，学者们对此作出了不同的解释。如西晋学者杜预的《春秋释例》指出："故西河郡地有白部胡。"而唐代李吉甫的《元和郡县图志》在记述"白狄"的族类源流时指出："《隋图经》云：义川，本春秋时白翟地，今其俗云：丹州白室，胡头汉舌，其状似胡，其言习中夏，白室即白狄语讹耳。近代号为步落稽胡，自言白狄后也。"① 又释云："今步落稽，其胄也。"② 也就是说，北朝以至隋唐初年的步落稽，即稽胡（又名山胡），就是春秋时代"白狄"的后裔。显然，这种简单的论断缺乏说服力，无法反映这一地区民族发展的真实状况。

陕西及山西北部地区很早以前便是非汉民族混居地域，其中包括上郡、西河郡。据《汉书·地理志》："及安定、北地、上郡、西河，皆迫近戎狄，修习战备，高上气力，以射猎为先。"正因为这种地缘的便利性，这些地区自然也成为南迁的北方民族的首选。秦汉时期，塞北最强大且最重要的非汉民族非匈奴族莫属，而出于地缘的便利，山西与陕西北部地区往往是南下匈奴人优先选择入居的地域。如西汉末年，匈奴内部发生内乱，五单于争立，部

---

① 李吉甫：《元和郡县图志》卷三《关内道·丹州》，中华书局 1983 年版，第 74 页注文。

② 李吉甫：《元和郡县图志》卷十四《河东道·石州》，第 398 页。

族混战迫使大量匈奴部众归依于中原政权的保护之下。据《汉书》卷八《宣帝纪》记载，五凤三年，"置西河、北地属国以处匈奴降者"。又如《汉书·冯奉世传》："初，昭帝（应为宣帝之讹）末，西河属国胡伊酉若王亦将众数千人畔，（冯）奉世辄持节将兵追击。"颜师古注释曰："言西河、上郡羌、胡反畔，子明再追击之。"可见，当时入居于西河与上郡地区的羌人、胡（即匈奴人）的数量相当庞大。

东汉初年，南、北匈奴正式分裂。后在北匈奴的威胁下，建武二十六年（50），东汉朝廷一方面照西汉旧例赏赐南匈奴首领；另一方面允许南单于入居云中，徙居西河美稷（今内蒙古准格尔旗西北）。匈奴诸部分别屯居缘边七郡：北地、朔方、五原、云中、定襄、雁门、代郡。同时恢复缘边八郡（再加上谷郡）的建置，派遣汉民北上，这样就形成缘边郡县匈奴族与汉民杂居的状况。

> 南单于既居西河，亦列置诸部王，助为扞戍。使韩氏骨都侯屯北地（治今宁夏吴忠市西南），右贤王屯朔方（治今内蒙古磴口北），当于骨都侯屯五原（治今内蒙古包头市西），呼衍骨都侯屯云中（治今内蒙古托克托北），郎氏骨都侯屯定襄（治今山西左云西），左南将军屯雁门（治今山西代县西北），栗籍骨都侯屯代郡（治今山西阳高），皆领部众为郡县侦罗耳目。①

西河美稷成为南单于庭，在这种状况下，西河地区很自然地成为南迁匈奴的一个核心区，如据《后汉书·光武纪》：建武二十三年（47），"是岁，匈奴薁鞬日逐王比率部曲遣使诣西河内附"。又"（永元二年二月）己亥，复置西河、上郡属国都尉官"。李贤注释云："《前书》西河郡美稷县、上郡龟兹县，并有属国都尉，其秩比二千石。《十三州志》曰：典属国，武帝置，掌纳匈奴降者

---

① 《后汉书》卷八九《南匈奴列传》，中华书局1997年版，第2945页。

也。哀帝省并大鸿胪，故今复置之。"

可以看出，东汉时期，民族迁徙促成了宏观性的区域整合，如朔方刺史部被整合入并州，上郡、朔方、西河、太原均属于并州。而在并州区域的人口构成中，南迁的匈奴人已占有相当大的比重，这也就是所谓的"并州胡"。

南北朝时期，今天山西与陕西北部地区出现了山胡或"稽胡"文化区，而就历史渊源而言，稽胡应该是南迁匈奴与当地其他民族融合而成的一种新的族群类型。如《周书·稽胡传》记云：

> 稽胡，一曰步落稽，盖匈奴别种，刘元海五部之苗裔也。或云山戎、赤狄之后。自离石以西，安定以东，方七八百里，居山谷间，种落繁炽，其俗土著亦知种田，地少桑蚕，多麻布。其丈夫衣服及死亡殡葬与中夏略同，妇人则多贯蜃贝以为耳及颈饰。又与华民错居，其渠帅颇识文字，然语类夷狄，因译乃通……①

与此相印证，乐史的《太平寰宇记》也记述了稽胡分布区的"四至"。

> 离石以西，安定以东，始为所居，约地方七八百里，山谷之间，种落繁炽，其后渐散漫处于邠、晋、鄘、延地，每为边患，周、齐之代，迭攻而灭。②

稽胡区在中国北方地区的形成，应该是中国历史文化发展史中的一项重大研究课题。③ 就稽胡区地理范围而言，学者们的论列是较为一致的，即分布于东至西河、西至安定的广大区域之内。安定即今甘肃泾川县北，离石即今山西吕梁市离石区，显然这种描述过于疏阔。我们发现史料中往往以居留中心地为各地山胡命

---

① 并见杜佑撰：《通典》卷一九七《边防典·稽胡》。
② 乐史撰，王文楚等点校：《太平寰宇记》卷一九四，中华书局 2007 年版，第 3717 页。
③ 参见林幹：《稽胡(山胡)略考》，《社会科学战线》1984 年第 1 期。

名，而这正为我们确定其活动区域提供了方便。这类名号有"离石胡""西河胡""吐京（今吕梁石楼）胡""河西胡""并州胡""上郡胡""汾州吐京胡"等。① 以黄河一线为界，稽胡区可分为东、西两个部分，而东部应为当时中国北方山胡或稽胡居留最集中的区域。这一区域又以离石、吐京为核心，完全覆盖了今天的吕梁地区。居住于黄河以西的稽胡，被称为"河西山胡"。西部稽胡区则涉及今天陕西北部及甘肃东部地区。又据《周书·稽胡传》记载，当时稽胡聚居的河西州县有：夏州（治今陕西靖边县北）、延州（治今陕西延安市）、丹州（治今陕西宜川县东北）、绥州（治今陕西绥德县）、银州（治今陕西横山县东）等，集中于今天陕西省境内。

党项内迁与北宋时期的麟、府二州问题

自唐代前期开始，又有新的非汉民族迁居于黄河中游地区，这就是党项族（包括部分吐蕃族）。党项族原来居住于西部青藏高原边缘地带，后受到崛起的吐蕃王国压迫，持续内迁，到唐朝后期，已广泛分布于西北地区，包括秦、晋北部地区。众所周知，内迁党项人的主体建立了西夏王国，而不少党项及吐蕃族人也进入了北宋境内。

早在唐朝后期会昌六年（846）正月，李德裕即在《请先降使至党项屯集处状》中指出："缘党项自麟、府、鄜、坊，至于太原，遍居河曲，种落实蕃，其间皆有善良，岂敢尽为暴害？"② 又如《新五代史·党项传》较为全面地介绍了党项的早期历史状况。

党项，西羌之遗种，其国在《禹贡》析支之地，东至松州，西接叶护，南界春桑，北邻吐浑，有地三千余里，无城邑而有室屋，以毛罽覆之。其人喜盗窃而多寿，往往至百五

---

① 参见《魏书》诸帝本纪。
② 《李文饶集》卷十六，四部丛刊（初编）本。

六十岁。其大姓有细封氏、费听氏、折氏、野利氏、拓拔氏
为最强。唐德宗时，党项诸部相率内附，居庆州者号东山部
落，居夏州者号平夏部落，部有大姓而无君长，不相统一，
散处邠、宁、鄜、延、灵武、河西，东至麟、府之间，自同
光以后，大姓之强者各自来朝贡……

关于北宋境内内迁党项的分布状况，宋代学者曾公亮在《武
经总要》卷十八上《边防》一节中有论述。

今之夷人内附者，吐蕃、党项之族，居西北边，种落不
相统一，款塞者谓之熟户，余谓之生户。陕西则秦陇、原渭、
环庆、鄜延四路；河东则隰石、麟府二路。其酋长则命之戎
秩，赐以官俸，量其材力、功绩，听世相承袭，凡大首领得
为都军主，自百帐以上得为军主……

曾公亮的论列是十分清晰的，当时北宋边界地区内附的非汉
民族的分布地主要分为两大部分：一是陕西地区所属四路，即秦
陇、原渭、环庆、鄜延；一是河东地区所属隰石、麟府二路，同
样是横跨黄河两岸。对于内附的党项部族，北宋官府给予了相当
优厚的待遇。一是授官赐物，如《宋史·曹玮传》载："降者既
多，因制属羌百帐以上，其首领为本族军主，次为指挥使，又其
次为副指挥使，不及百帐为本族指挥使。其蕃落将校，止于本军
叙进，以其习知羌情与地利，不可徙他军也。"二是赐田。这些优
惠政策对于党项族人的吸引力还是相当大的。

内迁的党项人广布于黄河两岸，除陕西地区外，当时党项族
还横涉黄河，进入黄河东岸地区，以咸平五年（1002）为例，当
时关于向河东地区的徙民安置记载如下。①咸平五年正月，石、
隰州部署言李继迁部下指挥使卧浪己等四十六人来附。诏补军主，
赐袍带、茶彩，令石州给田处之。①②八月甲子，石、隰州副都

---

①　《续资治通鉴长编》卷五一，咸平五年正月。

部署耿斌言河西蕃部教练使李荣等率属归顺。丙戌，石、隰州副
都部署耿斌言河西蕃部指挥使拽浪南山等四百余人来归，赐袍带、
茶彩、口粮，仍令所在倍存恤之。① ③十月，诏河东转运司：河西
戎人归附者徙内地，给以闲田。② ④十二月，石、隰副都部署耿
斌等言：准诏，徙河西投降杂户隶石州平夷等县，给以闲田，今
州界绝无旷土。上（指宋真宗）曰：此辈凡二万余户，虽署以职，
然未有养生之计，虑其失所，宜令转运司籍部下遍民田给之。③

　　在当时的政区建置中，隶属河东运转司及河东道的隰石、麟
府二路，所辖地域横跨黄河两岸，对于秦晋之间关系的维系至关
重要。关于麟府地区的自然风貌与人口状况，宋人上官融在《友
会谈丛》卷下描述道："麟、府州在黄河西，古云中之地，与蕃汉
杂居，黄茆土山，高下相属，极目四顾，无十步平坦……"对于
北宋的西北边防形势而言，麟、府二州的地位极为关键。如庆历
年间，张方平上疏曰："夫麟、府辅车相依，而为河东之蔽，无麟
州则府州孤危，国家备河东，重戍正当在麟、府，使麟、府不能
制贼后，则大河以东孰可守者？故麟、府之于并、代，犹手臂之
捍头目也。而其上议欲弃其地既知才之不足用也。"④

　　其实，从政区建置的实际情况来看，麟（治今陕西神木县
北）、府（治今陕西府谷县）两州的建置，在很大程度上正是这些
外来"蕃部"入居及建设的成果。如宋人张咏《麟州通判厅记》
对于麟州的早期建置情况进行了回顾。

　　　今之通判，古之监郡，郡政之治，佐而成之；郡政之戾，
　　矫以正之，此足以宣天子之风，达穷民之志也。我国家开疆
　　八荒，列郡五百，皇德所被，人用胥悦，皇威所加，罔不震
　　恐，故使一传者，鞭制荒外，何其壮耶！麟州旧壤，实曰新
　　秦，按秦武王转徙东民，以实此土，久用滋富，因以名之，

①　《续资治通鉴长编》卷五二,咸平五年八月。
②　《续资治通鉴长编》卷五三,咸平五年十月。
③　《续资治通鉴长编》卷五三,咸平五年十二月。
④　张方平：《乐全集》卷二〇。

汉隶朔方之郡，唐为胜州之域。匈奴接荒，在河一曲，党项
部卒，汉民杂居。长城基前，屈野川其左右，带楼烦之境，
南偏赫连之乡，惟府由兹，唇齿相辅，开元年中，群藩构逆，
燕公致讨，请城麟州，所以安余种也，显宗之末，刘崇不宾，
杨侯作藩，移垒斯堡，所以护并寇也。①

可见，麟州的建置，完全是为了应对当时多民族混居的复杂
状况。

府州的情况则更为典型。如宋人洪迈在《天池庙主》一文中
指出："河外麟、府两州，为西北屏蔽，国朝相承，用王氏世守
麟，折氏世守府。"② 折氏是羌族及党项族的大姓，现代研究者对
于北宋麟、府地区的豪族政治状况有着较为深入的研究，其中折
氏家族研究甚至是探讨五代及北宋时期北方民族关系的重要课题
之一。③ 又如宋人李之仪在《折公墓志铭》指出："公讳可适，字
遵正，其先与后魏道武俱起云中，世以材武长雄一方，遂为代北
著姓，后徙河西。有号太山公者，因其所居，人争附之，李克用
为晋王，知太山公可付以事，收隶帐下。凡力所不能制者，悉命
统之，而能辑睦招聚，横捍西北二房，封上柱国，以其地为府谷
镇，又以为县，为州，为节镇，更五代皆许之相传袭……"④

关于折民与府州之建置问题，乐史《太平寰宇记》卷三八也
有相当详备的论述："府州，今理府谷县，本河西蕃界府谷镇，土
人折大山、折嗣伦代为镇将。后唐庄宗天佑七年，有河朔之地，
将兴王业，以代北部屡为边患，于是升镇为府谷县。至八年，麟
州刺史折嗣伦、男从阮招回纥归国，诏以府谷县建府州，以扼蕃

① 见张咏：《乖崖集》卷八，清文渊阁四库全书本。
② 洪迈：《夷坚支志》庚卷二，清十万卷楼丛书本。
③ 参见韩萌晟：《麟府州建置与折氏源流》，《宁夏社会科学》（试刊号）；［日］畑地
正宪：《五代、北宋的府州折氏》，日本九州大学主办《史渊》，第 110 期；李裕民：《折氏家
族研究》，《陕西师大学报》1998 年第 2 期；张志江：《世代守边御敌的折氏家族》，《寻根》
1996 年第 3 期；周群华：《折家将与辽、金和杨家将的关系述论》，《社会科学研究》1990 年
第 6 期；等等。
④ 《姑溪居士后集》卷二〇，清文渊阁四库全书本。

界，仍授从阮为府州刺史……"可以说，府州从小镇，至府谷县，至府州，再至府州节镇，每一次的升迁，都是为了满足政区治理的需要。我们在关注部族冲突的同时，也必须承认，大批内迁的非汉民族为中原王朝边疆的拓展与稳定作出了重要贡献，这在黄河两岸表现得尤为突出。

结　语

　　地域关系的研究，在历史地理研究中无疑是非常重要的课题。一方面，任何区域界限与格局的划定，是山川形便、地理认知、政治形势等多方面因素综合作用的结果，其中不可避免地涉及相关区域的关系判别（包括相关性与相斥性研究）；另一方面，任何一种区域划分的格局不是一成不变的，而在区域格局变化中，相关区域的兼并与分离便不可避免，而人群的迁徙往来成为决定这种变迁过程的主要动力。

　　历史时期，秦晋之间的地域关系经历了十分复杂的变迁过程。首先，就行政区划的层级变迁过程而言，今天山、陕两省的分别，实质上是元、明、清以来在行省制度框架下的整合与分割，虽然这种整合与分割带有一定的必然性趋向，但我们也必须承认，从这一点上来看，行省制度之前并不存在秦、晋两大地域的整体性分割，而这种分割的"未完成"或也可称为秦晋地域共同体存在的客观前提之一。其次，既相邻又分割的地理基础是秦晋之间地域关系的主导因素之一，然而如果没有两地人民的主观性营建，或事实上的人为联系，那么"地域共同体"的提法就会显得苍白且空洞。

　　从历史地理学的角度探讨"地域共同体"的关键，在于揭示不同地域之间的共同性、相似性以及联系性，当共同性、相似性与联系性达到一种程度之后，我们就可以认定地域共同体的存在。笔者认为：从先秦至北宋，秦晋之间的地域关系已经上升至地域共同体的高度，而这种地域共同体的形成与维系，并非纯粹依赖自然地理区域的便利以及部分区域的紧密联系，而在很大程度上有赖于秦晋之间"绞合机制"的长期作用。这种"铰合"机制的构成，涉及历史渊源、地域毗邻、交通往来、政区建置、人口迁移以及由之衍生而出的文化共同性等多种复杂的因素，其中政区建置与人口迁徙是其中发挥关键作用的要素。就宏观角度而言，以龙门山为节点，秦晋交界地带可分为"南（关中与河东）"与"北（西河）"两段，其中，便利的交通条件与政区一体化举措形成了强烈的文化同一化趋势，很早便使关中与河东（特别是"小河东"）紧密联系在一起。而在秦晋中北部地域关系演变中还有一个主导因素——民族迁徙，如山、陕中北部的西河地区长期以来是非汉民族聚居区，黄河之水并没有对两岸人民的往来迁徙造成难以逾越的阻隔，在相当长的时间里，一个又一个非汉民族进入这一广大地区生活、繁衍，创造了一个又一个与周边地区差异较大的异文化亚区。这在中国地域文化发展史上肯定是不应被忘却的一页。龙门山南北两段区域之间长期的紧密联系，在事实上形成了两片巨大的"铰页"，将秦、晋两大地域紧紧地聚合在一起，这也就是先秦至北宋"秦晋地域共同体"构造机制的核心所在。因此，笔者想要强调的是，正是有这种内在构成机制的存在，"秦晋"并称，就成为极其特殊的地域关系的精确总结，而绝非简单的地域名称的机械拼凑。

第十章　明代山陕地域共同体的形成
——基于边防、区域经济以及灾荒应对的分析

引　言
——从清初《泽被邻封碑》谈起

笔者收藏有一通《泽被邻封碑》拓片，碑文内容对于解析明清时期的山陕关系具有一定的启示作用。该碑碑文内容如下：

> 余世家山右之平阳，由太学而叨列部曹，以铨次未及暂栖畎亩，时与四方仙客骚人诗酒交游。每有客从关中来，称三辅牧民者多循良君子，其间仁威廉明咸推长邑冯公为最。公讳景夏，字树臣，由浙西孝廉出宰百里，宽厚爱民，严正服物，而擒奸发伏，不事钩距，明决如流。至于饮冰茹檗，又其素志耳！余闻而心志之。今戊戌（康熙五十七年）季冬，余乡人卢其缙等踵门告余曰：缙等列质肆于河南睢州（今河南睢县），有奸人窜身伙伴，旋即窃资而遁，失去所质金珠、蜜蜡、珊瑚以及白镪，共二千余金，以致同计数人或缘资本亏耗，俯仰无赖而忧愤丧躯；或迫势豪勒赎，赔补莫措而系狱抵罪。缙哀恳当事暂释，由归德（府，治今河南商丘市南）

踪迹至西安，猝遇奸人于冯公县治之东，因即声冤冰案。公
一讯即得其实，悯孱弱之被害，不啻拯溺救焚，逾月而追故
物付缙还乡。忧者以解，系者以释，老幼焚顶，思所以图报
而未有得焉。虽公四知自凛，人莫敢干，而缙等身非木石，
情何能已。愿为文以叙其事，勒诸贞珉以志不朽。余闻之，
不禁喟然叹曰："曩者客之所言，不过公之梗概，今而乃得其
实矣！"叙而镂之碑，石列官墙，不特志德一时，且俾公之政
治垂诸永久，以为司牧百世之师，且以著远民刻骨之感云耳。

康熙五十八年岁次乙亥清和月榖旦
候补户部员外刘大成撰文
渭水朱廷琳书

	董　金	李生扩
	李若桧	董国印
山右沐恩商民	卢其缙	王　永
	董　瑀	郭世基
	郭宗义	李枝馥
	李庭显	贾延鼐
	（长安卜兆梦镌）	

该碑镌立于清康熙五十八年（1717），由刘大成撰文，而碑底
落款为"山右沐恩商民"董金、卢其缙等十二人。不难看出，这
是一通表彰长安县令冯景夏功德的颂恩碑。碑文相当生动地记录
了发生于清朝初年颇有戏剧性的商人的故事，故事的主角是卢其
缙等一群山西商人。清代康熙五十七年（1718），这群山西商人在
河南经商时，误与一奸人合伙经营，结果导致大量物品与银两被
盗，损失惨重，以致同伙数人濒于破产，陷于困境。有人甚至忧
愤而死，有的人因不能偿债而被投入监狱。卢其缙等人全力追踪
奸人，没料想在陕西长安县衙附近遇到了奸人。县令冯景夏秉公
执法，很快作出公正判决，并在一个多月之后就追回了赃物，卢
其缙等晋商才得以脱离困境，平安返乡。为了答谢冯景夏的恩德，

他们特地请刘大成撰文，并镂碑以致谢意。

　　表面看来，这通碑文所记属于个案，但其反映的历史地理背景却是耐人寻味的。很多"山右沐恩商民"得到陕西官员的大力保护，已是不争之事实，而这种保护对于山右商人及商业的发展是相当重要的。更应当指出的是，"泽被邻封"应该是相互的，也应该是有普遍意义的，即陕西与山西两地人民之间久已形成了互助互利的密切关系。已有学者指出：明代是山陕商人关系形成的关键时期。① 可以说，对于山陕共同体形成过程而言，明代是一个最为关键的发展或成熟时期。据笔者查证，"山陕"一词的约定俗成以及大量涌现，也正发生于明代，这无疑是"山陕地域共同体"形成的最突出表征之一。而自清代以来，山陕会馆在全国范围内的大量出现，又是"山陕地域共同体"关系后续效应的极好佐证。② 那么，在有明一代，山西、陕西两地在全国政治、经济地理结构中的作用与影响到底如何？是什么促进因素或驱动力将山西、陕西两地更加紧密地结合在一起，形成耐人寻味的密切关系？而所谓"山陕地域共同体"的特殊关系，对于山西、陕西两地经济与社会发展又起到了怎么样的作用与影响？这些都是需要研究者深入思考的问题。

　　近些年来，明清时期山陕商人的研究引起了学术界的极大兴趣，相关研究成果已相当丰富，③ 然而，对于山陕地缘关系及地域共同体的研究迄今仍尚显薄弱。在本章节中，笔者试图结合山

① 参见［日］藤井宏：《明代盐商的考察——边商、内商、水商的研究》，刘淼辑译，《徽州社会经济史译文集》，黄山书社1987年版；田培栋：《山陕商人的合作问题》，载于李希曾主编：《晋商史料与研究》，山西人民出版社1996年版；等等。

② 近年来，山陕会馆研究成果十分丰富，参见李刚、宋伦：《论明清工商会馆在整合市场秩序中的作用——以山陕会馆为例》，《西北大学学报》2002年第4期；宋伦：《明清时期山陕会馆研究》，西北大学博士论文，2008年，（未刊）；宋伦：《明清陕西山陕会馆的特点及其市场化因素》，《西北大学学报》2006年第5期；王俊霞、李刚：《从会馆分布看明清山陕商人的经营活动》，《中国国情国力》2010年第3期；等等。

③ 在这方面较为重要的研究有：田培栋：《山陕商人的合作问题》，载于李希曾编：《晋商史料与研究》，山西人民出版社1996年版；王俊霞：《明清时期山陕商人相互关系研究》，西北大学博士论文，2010年；马静：《明代山陕商人在西北边镇的商业活动及影响》，《延安大学学报（社科版）》2011年第3期；等等。

陕地缘政治、经济及社会发展的客观历史地理背景，对明代山陕地域共同体的形成及演变过程作出较为系统而全面的分析与说明，或许会对解答上述问题提供一些线索。

西北边塞供给需求与山陕地缘共同体的形成

在山西商人研究成果中，日本学者寺田隆信所著的《山西商人研究》显得相当独特。该书对于山西商人本体活动的论列虽不多，但却十分细致详尽地探讨了"九边"与山西、陕西两地的问题。笔者以为这种处理方式无疑是一种富有洞察力的明智之举。因为如果没有深刻认识山西在明代政治版图中的特殊区位及特定的军事地理环境，仅就商论商，则很难解释山西商人在明清时代崛起的缘由。寺田隆信指出："对于山西商人的发展，北部边塞军事地区的存在，是一个重要的前提。"[①] 同时，寺田隆信论著中另一个值得肯定的独到观点是，在山西商人的研究中，一开始就将普通山西百姓与山西商人截然分开，其实是缺乏客观的臆测，也是不可能做到的。

正如日本学者藤井宏等人很早就指出的那样，明代"九边"防御体系建立之后，大批军士戍守边塞地区，形成了一个巨大的边镇消费地带，如何满足边镇军士的物质需求，是摆在明朝官府面前的一个重大任务。[②] 出于地缘的关系，山陕两地百姓无可回避地承担起了边镇粮饷的重任。《山西商人研究》一书对于明代的边饷与民运问题进行了相当细致的阐释与说明，其中特别提到了山西百姓的负担问题。但是，在今天的学者看来，寺田隆信所做的统计、处理及说明工作，均较简略，不全面，往往仅以宣府、大同、延绥三镇为例。其中，最突出的不足在于，寺田隆信在书中并没有明确说明对于供给各边粮饷的负担，各省并不是均摊的，由于地缘关系，山西、陕西两省的责任最为沉重。而这即是笔者

---

① ［日］寺田隆信：《山西商人研究》，张正明等译，山西人民出版社 1988 年版，第 10 页。
② 转引自［日］寺田隆信：《山西商人研究》，第 14 页。

在本书中想要特别强调的一点。

　　根据行政区划的时代特征，明代的山陕地区覆盖的面积相当广大，事实上成为明朝疆域内"西北地区"的代名词，与今天山西、陕西两省的行政辖区范围及地域概念有着很大的差异。如据笔者考证，"山西"地区直到元明时期才逐步完成了完整意义上的省域整合。[①] 而我们能够看到，由于长期受认知习惯的影响，在明朝人士心目中，以大同为核心的雁北地区与山西中南部地区之间的差异还是相当突出的。明代北方各地行政辖区与军事卫所辖区相重合、相交织，山、陕两省也不例外。明朝山西布政使司下辖太原、平阳、大同、潞安四府，泽、汾、沁、辽四州。而山西都指挥使司下领太原左、太原右、太原前、振武、平阳、潞州、镇西七个卫，以及保德州、宁化、沁州、汾州四个所。但与此同时，山西北部又置山西行都指挥使司，下辖大同前、大同后、大同左、大同右、天城、阳和、镇房、玉林、高山、云川、朔州、威远、安东、中屯十四卫，以及山阴、马邑二所。[②]

　　笔者在这里要特别强调的是，明代的陕西地域十分广大，包括陕西布政使司与陕西行都司的辖区，大致包括了今天陕西、甘肃、宁夏二省一区的大部分地区以及青海的部分地区，与今天的陕西省范围有很大差异。如据《大明一统志》记载，明朝在西安城（今陕西西安市）设置陕西等处承宣布政使司，下辖西安、凤翔、平凉、庆阳、延安、巩昌、临洮、汉中八府，又设置陕西都指挥使司，领西安左、西安前、西安后、固原、平凉、庆阳、延安、绥德、榆林、巩昌、临洮、汉中、秦州、兰州、洮州、岷州、河州、宁夏、宁夏中、宁夏前、宁夏后、宁夏左屯、宁夏右屯、宁夏中屯、宁羌二十五卫，以及凤翔、金州、灵州、镇羌四个千户所。与此同时，又在甘州城（今甘肃张掖市）设置陕西行都指挥使司，领甘州左、甘州右、甘州中、甘州前、甘州后、肃州、

---

　　① 参见安介生：《"山西"源流新探——兼考辽金时期山西路》，《晋阳学刊》1997 年第 2 期。

　　② 《大明一统志》卷一九，清文渊阁四库全书本。不同版本的《大明一统志》记载有所不同。

山丹、永昌、凉州、镇番、庄浪、西宁十二卫，以及镇夷、古浪二千户所。

明代"山陕"不仅所辖地域广大，而且在全国边防体系中的地位极为重要。清人万斯同在所撰的《明史·地理志》中对山西的地理价值高度推重。

> 山西居京师之上游，藩篱完固，则堂奥可以无虑。大同斗绝，边陲三面皆险，与宣府互为唇齿，故防维最切。而太原以三关为固，套骑充斥，逾河以东，飞越之途，所在多有。三关不守，而汾晋之间皆战场矣，故太原之防，与大同相埒，而为京师保障，则大同尤首冲矣。

此外，他在《明史·地理志》中也高度评价陕西的山川形势与区位价值："陕西，山川四塞，盖中原之喉吭而天下之肩脊也……据崤、函而拥岍、陇，类可以并吞八荒，鞭捶六合，而西北两边扰我耕牧，户牖之虑，尤岌岌焉。"① 笔者以为，万斯同的评价，不仅是史家之回顾与评述，而且也可视为明代人士对于山陕两地区位价值认知的一个概括性的总结。

其实，山西、陕西两地的重要战略地位，主要体现在明代的"九边"防御体系中。"九边"之中，山、陕诸镇实居其大半，举足轻重。纵观明代边防历史，"九边"之设置与调整，也经历了一个相当漫长的过程。

> 初设辽东、宣府、大同、延绥四镇，继设宁夏、甘肃、蓟州三镇。专命文武大臣镇守、提督之（镇守皆武职大臣，提督皆文职大臣——笔者注）。又以山西镇巡统驭偏头三关，陕西镇巡统驭固原，亦称二镇，遂为九边。弘治间，设总制于固原（今宁夏固原市），联属陕西诸镇。嘉靖间，设总督于偏头（今山西偏关县），联属山西诸镇。又设总督于蓟州，联

属辽东镇戍，益严密焉。①

因此，在所谓"九边"（即九大重镇）之中，山、陕两省实占"六边"之地，即拥有大同、延绥、宁夏、甘肃、山西、固原等六个重镇，如加上宣府，就构成了明代文献中经常提及的"西北七镇"。

"西北七镇"地脉相通，相互倚重，在相当长的时间里，承担了最为严酷的防御重任。如长期奉命驻守陕西边镇的杨一清曾经评述陕西边防形势云："陕西各边，延绥（初在今陕西绥德县，后徙至今榆林市）据险，宁夏（今宁夏银川市）、甘肃（今甘肃张掖市）扼河山，惟花马池（在今宁夏盐池县）至灵州（治今宁夏灵武市）地宽延，城堡复疏。寇毁墙入，则固原、庆阳、平凉、巩昌皆受患……臣久官陕西，颇谙形势。寇动称数万，往来倏忽。未至征兵多扰费，既至召援辄后时。欲战则彼不来，持久则我师坐老……唐张仁愿筑三受降城（在今内蒙古包头市等地），置烽堠千八百所，突厥不敢逾山牧马……国初，舍受降而卫东胜（在今内蒙古托克托县），已失一面之险。其后，又辍东胜以就延绥，则以一面而遮千余里之冲，遂使河套沃壤为寇巢穴。深山大河，势乃在彼，而宁夏外险反南备河。此边患所以相寻而不可解也。"②

而大同镇（在今山西大同市）因突入塞外，防御形势可谓最为凶险。"山西起保德州黄河岸，历偏头，抵老营，二百五十四里。大同西路起丫角山，历中、北二路，东抵东阳河镇口台，六百四十七里。宣府（在今河北宣化市）起西阳河，历中、北二路，东抵永宁四海治，千二十三里。凡千九百二十四里，皆逼巨寇，险在外，所谓极边也。山西老营堡转南而东，历宁武、雁门至平

① 许论：《九边总论》，《明经世文编》卷二百三十二，明崇祯平露堂刻本。
② 张廷玉等：《明史》卷一九八《杨一清传》，中华书局1997年版，第5226—5227页。

刑关，八百里。又转南而东，历龙泉、倒马、紫荆之吴王口、插箭岭、浮图峪，至沿河口，千七十余里。又东北，历高崖、白羊，至居庸关，一百八十余里。凡二千五十余里，皆峻山层冈，险在内，所谓次边也。外边，大同最难守，次宣府，次山西之偏、老。大同最难守者，北路；宣府最难守者，西路。山西偏关以西百五十里，恃河为险；偏关以东百有四里，略与大同西路等。内边，紫荆、宁武、雁门为要，次则居庸、倒马、龙泉、平刑。迩年寇犯山西，必自大同；犯紫荆，必自宣府。"① 关于当时的明代北方的"边地"范围，还有一种"六十一州县（处）"的说法。嘉靖年间，著名大臣高拱在《议处边方有司以固疆圉疏》中特别指出：

> 　　臣惟蓟、辽、山、陕沿边有司，虽是牧民之官，实有疆场之责……臣等查得蓟辽则昌平、顺义、密云、怀柔、蓟州、玉田、丰润、遵化、平谷、迁安、抚宁、昌黎、乐亭、延庆、永宁、保安、自在、安乐等州县；山西则河曲、临县、忻州、崞县、代州、五台、繁峙、定襄、永宁、宁乡、岢岚、岚县、兴县、静乐、保德、大同、怀仁、浑源、应州、山阴、朔州、马邑、蔚州、广灵、广昌、灵丘等州县；陕西则固原、静宁、隆德、安定、会宁、兰州、环县、安塞、安定、保安、清涧、绥德、米脂、葭州、吴堡、神木、府谷等州县，此六十一处，乃是边方，前项事宜惟当行之于此，其它虽是蓟、辽、山、陕所属，不得概以边称。②

　　在上述六十一处"边地"中，山西与陕西便占了四十二处，占总数的69%。可见，"山陕诸镇，乃四夷之防"已成为明代朝野之公论，也就是说，明代边疆地区抵御所谓"四夷"的最重要

---

① 张廷玉等：《明史》卷一九八《翁万达传》，中华书局1997年版，第5236页。
② 高拱撰：《高文襄公集》卷八《掌铨题稿》，明万历刻本。又见徐日久撰：《鹜言》卷十《经制》，明崇祯刻本。

任务，是由山、陕诸镇所承担的。① 明朝大臣杨廷和甚至提出："西北七镇，尽天下地方之半。""西北一半天下。"② 这显然是就"西北七镇"在明朝防御体系中所占据的重要地位而言，而不是严格按其面积而论。

当然，就军饷及粮食供给而言，"西北七镇"的需求量也相当惊人。正如明人所言："西北之边，自大同、偏关，以及宁（夏）、固（原），无处不苦，河套增戍糜饷，国家物力大耗于此矣。"③ 然而，更应该看到的是，身处边塞之地，山西与陕西两省百姓不仅身当兵锋，频遭外来侵袭之苦，同时又因地缘关系，在很大程度上承担了供给西北边镇粮饷的重任。这一点在明朝初年已有较明显的趋势。如洪武九年（1376）三月己卯，朱元璋在"免山西、陕右二省夏秋租税诏"中指出：

> 山西、陕右，地居西北，山河壮丽。昔我中国，历代圣君皆都此，而号召万邦。曩因元主华夏，民无的主，已经百年矣。朕自丁未年，复我中土，继我圣人之位，建都炎方，于今九年矣。其间西征敦煌，北讨沙漠，军需甲仗，民人备之。外有转运艰辛，内有秦、晋二府宫殿之役，愈繁益甚，自平定以来，民劳未息，今始方宁，正当与民同享太平之福。朕于今年三月二十五日敕中书度仓库军有余粮，特将山西、陕西二省民间夏秋租税尽行蠲免，以醒吾民……④

在这份诏书中，朱元璋特别强调了"比年西征敦煌，北伐沙漠，军需甲仗，皆资山、陕"，十分典型地道出了山、陕两地在明代西北地区防御体系建设中的突出位置与贡献。

"山、陕供亿军兴"，长城南北的战争，给山陕民众带来了沉

---

① 明人孙懋之语，见《戒巡幸以安人心惩循默以服公议疏》，《孙毅庵奏议》卷上，明刻本。

② 杨廷和撰：《杨文忠三录》卷三，清文渊阁四库全书本。

③ 引自孙承泽撰：《春明梦余录》卷四三"河套"条，清文渊阁四库全书本。

④ 朱元璋撰：《明太祖文集》卷一，清文渊阁四库全书本。

重的负担，长期以来也成为朝臣关注的焦点问题之一。① 由山陕百姓承担的"民运"，是北方边镇物资供给的最主要方式之一，其作用举足轻重。如明臣庞尚鹏指出："盖九边额供之数，以各省民运为主，屯粮次之，此十例也。而盐粮乃补其不足，亦千百十一耳。"② 崇祯元年（1628），毕自严在《旧饷告匮疏》中也指出："国初，九边主客兵饷，俱有各省民运，以资供亿，后来间发京帑，不过一时权宜之计……"③ 而明朝大臣的奏疏都反复证明，在给边镇的"民运"份额之中，山、陕两地占有相当大的比重（参见表10-1）。又如弘治十五年（1502），韩文在《会计天下钱粮奏》中指出："然洪武年间，供给南京止于湖广、江西、浙江、应天、宁国、太平、及苏、松、常、镇等处而已，供给各边止于山西、陕西，及河南、山东、北直隶等处而已。"④

明代著名学者章潢曾在《屯田盐法总论》中生动形象地描述了山陕百姓在供给边地中所作出的巨大牺牲。

> ……山、陕之民傛牛车，具徒伍，奔走颠踣于风雪山谷之中，而无救于待哺之期会。平时岁丰，室家不相保；一有兵荒之警，上厪宵旰之忧，亟发内帑以济之，乃至无从得粟，则知实边贵豫，济变贵急……⑤

明代朝臣突出反映山陕边民疾苦的奏章还有不少。如弘治八年（1495），马文升在《陈灾异疏》指出："山、陕二西人民供给各边粮料，终岁劳苦，尤甚他方。及今派天下各王府校尉、厨役、斋郎、礼生，每当一名，不数年，必致倾家荡产。且洪武年间，封建诸王，惟秦、晋等十府，规模宏大壮丽，将以摄服人心，以

---

① 吏部尚书林瀚之言，见《明史》卷七八《食货志》，第 1907 页。

② 陈子龙辑：《皇明经世文编》卷三五七《清理盐法疏》。

③ 《御选明臣奏议》卷三九，清武英殿聚珍版丛书本。

④ 《御选明臣奏议》卷十。

⑤ 《图书编》卷九一，清文渊阁四库全书本。

固藩篱，其余诸王府，俱各差减，盖恐费民财而劳民力也。"① 又"……加以湖广征蛮，山、陕防边，供馈饷给军旅者，又不知凡几，赋重役繁，未有甚于此时者也"②。又如马文升在《题会集廷臣计议御房才略以绝大患事》中强调："照得顺天及直隶保定八府，实畿内近地，陕西、山西极临边境，河南、山东俱近京师，凡各边有警，其粮草马匹，一应军需，俱藉四省八府之民，攒运供给，必须生养休息，存恤抚摩，使其财力不匮，缓急之际，方克有赖。"③ 地跨边疆之地，又近邻京畿地区，既受外房之患，又遭边运之苦，山陕两省百姓的处境可谓苦不堪言。

表 10-1　北边各镇民运粮食供给简表（嘉靖十八年［1539］）④

边镇名称	粮饷数额	供给布政司
辽东镇	粮布折银共 123 000 两	山东布政司
蓟州镇	粮食 274 588 石	山东、河南、北直隶
宣府镇	粮食 547 481 石；马草 700 000 束	山东、山西、河南、北直隶
大同镇	粮布折银 473 475 两；马草 2 444 850 束	山西
山西镇	粮食 225 449 石（折银 167.396 两），马草 283 236 束	山西
延绥镇	粮食 291 385 石，马草 556 086 束（另有河南折银 33 000 两）	陕西、河南
宁夏镇	粮食 143 805 石，马草 161 240 束	陕西
甘肃镇	粮食 317 880 石	陕西
固原镇	粮食 225 449 石，马草 283 236 束	陕西

---

① 《御选明臣奏议》卷八，清武英殿聚珍版丛书本。
② 《明史》卷一八二《马文升传》，中华书局 1997 年版，第 4842 页。
③ 陈九德：《皇明名臣经济録》卷十五《兵部二》，明嘉靖二十八年刻本。
④ 明代边镇物资供给，是一个极为复杂的系统工程，此表据赖建诚《边镇粮饷：明代中后期的边防经费与国家财政危机(1531—1602)》一书第 127—132 页整理而成，浙江大学出版社 2010 年版。

关于山西、陕西两省的民运困境，明人毕自严曾在《申饬民运考成疏》中特别提到：

> ……如山西一省，原派宣府、大同、山西三镇民运，本色粮三万一千七百八十余石，折色银一百七万六千九百四十余两，节年相沿，俱隔四五年后，方行查参。案查天启五年十二月内，总督冯嘉会会同山西巡抚柯昌期、山西巡按安伸方始查参天启元年分欠粮官员，大率仅完及八分。嗣是迄今三年，通未举行。其天启二年后，民运通未查参，至宣大抚臣且绝未与闻矣。如此虽谓之不参可也。陕西一省原派延、宁、甘、固四镇民运，本折粮银九十七万七百三十二石两零，内除减等参罚疲敝烟县粮银外，实该征解粮银八十一万七千七百七十四石两零。案查天启七年正月内，总督王之采会同延宁甘固四抚，并参天启二三四年民运未完钱粮［阙］为一疏，崇祯元年二月内总督史永安会同延、宁、甘、固四抚，查参天启五年分民运未完钱粮，大率已完七分以上，未完二分以上，连疲敝扣减通算，则所完仅五六分数耳。边饷逋负，未有甚于陕西者也。查参虽总督出名，其实止准陕西抚院咨及据陕西布政司册，而延、宁、甘肃三抚，直挂空衔耳。山、陕二省并无京运内供钱粮，原令以该省全力注之各边，以扞外卫，内而查参之法既疏，民运之逋滋甚，大非祖制，就近输将之意矣……至民运莫多于山、陕，亦莫欠于山、陕，而查参所不及之地，亦莫甚于山陕，诚不得不变而通之。①

可以看出，山西、陕西二地百姓，需要负担及承运"西北七镇"的粮饷，民运负担极重，以致造成逋负严重，"民运莫多于山、陕，亦莫欠于山、陕"，可谓一语中的。对于山陕百姓而言，边镇的民运已成为不堪承受的巨大包袱了。长期拖欠，势必成常态。

---

① 毕自严：《度支奏议》堂稿卷二，明崇祯刻本。

　　为了保证北方边镇的供给，明朝官府也进行了一系列的调整与改革，但是，边镇供给问题却始终成为山陕百姓无法摆脱的沉重负担。如《明史·李敏传》载云：成化年间，"（李敏）寻召拜户部尚书。先是，敏在大同，见山东、河南转饷至者，道远耗费，乃会计岁支外，悉令输银，民轻赍易达，而将士得以其赢治军装，交便之。至是，并请畿辅、山西、陕西州县岁输粮各边者，每粮一石征银一两，以十九输边，依时值折军饷，有余则召籴，以备军兴。帝从之。自是，北方二税皆折银，由敏始也。"即使在这种状况下，九边缺饷的问题依然十分严重。如时至万历年间，工科给事中王元翰在上疏中指出："……九边岁饷，缺至八十余万，平居冻馁，脱巾可虞，有事怨愤，死绥无望，塞北之患未可知也……"① 也就是说，"折银"也好，"本色"也罢，只要边镇所需粮饷的总额没有改变（甚至会逐年增加），山陕百姓的负担就不会有实质上的减轻。

　　边政持续，边镇的粮饷需求也随之继续，然而，必须看到，山西与陕西两地自然条件并不十分优越，一些年份灾荒频发，甚至有"十年九旱"的说法。山陕地区的农业及粮食生产会受各种主客观因素的影响，一旦发生严重灾荒及饥馑，山陕百姓自身尚无法满足温饱需求，又如何有余力去供给边镇？最后恐怕不可避免地造成"内外双困"的局面。如明人康海明确指出：

　　　　……况今边境之扰，未甚妥帖，前日榆林、大同之役，马死食匮，所费不知几千万，而无用之兵，又坐食于边，山、陕之民，丁运之法，无不备举，老幼妇子，流离移析，外患未除，而内地已困，宁不为可惧邪？②

　　此外，康海又在《送别少司徒张公督饷北还图诗序》中同样痛切地指出：

---

① 《明史》卷二三六《王元翰传》，中华书局1997年版，第4849页。
② 康海：《对山集》卷一，明万历十年潘允哲刻本。

……则天下之饷，莫不仰之河南、山、陕，自戊子至今，频经岁凶，方旱而水，室庐倾覆，禾稼漂没，流移之民，蔽山盈谷，捐弃老稚，哭声遍野，巨村名聚，萧然空堵，廑九重之虑，竭司农之财，匍匐拯救，小得大遗，幸未枕籍郊原而死，如甲辰尔，又能供赋税给边邪?!①

毋庸置疑，如果脱离北方人民生存与生活史的实际，仅从数字上分析与考订明代边镇粮饷问题，根本无法体会到明代山陕百姓为供给边镇地区所作出的巨大牺牲。

由此可见，"九边"的历史，从某种角度来看，实则明代北方沿边地区百姓的负担史。② 关于明代边镇人民的负担与痛楚，我们从明臣何乔新所撰的《大同停征税粮疏》中可以真切感知。

臣愚不能远举古昔，且如成化年间，山西、陕西之饥，比时，朝廷亦发太仓银数十万两出赈，臣愚不知彼时发银之时，各处地方在官者，岂皆在在赢余邪? 亦为当时在官者已竭而后发之银，又未知当时各处地方赈之而仍征税粮与否也……大同之饥，实与之同，而又过之，赈济既已不得，求免税粮又所不允，是大同之民既不得与往日山西、陕西之民比，又不得与今日山东、直隶之民比也。夫边民之苦，较之腹里特为异甚。腹里每亩征草二束，而大同乃每亩四束；腹里税粮，每有轻折，而大同存留之外，皆供王府禄米。此其苦一也。地寒霜早，耕获不得其时，或有虏患，人畜俱亡，此其苦二也。军储缺乏，每每有动调人马，辄搜民间。名虽和买，其实害不可言，此其苦三也。商贩不通，无贸易之利，此其苦四也。州县长吏，举人者少，进士者绝无，惟知科索，不知抚字，而各卫所首领官员，及分守守备内臣，比肩而立，皆须供亿，民少官多。此其苦五也。是以数十年来，村邑萧

---

① 康海：《对山集》卷二十八《序》，明万历十年潘允哲刻本。
② 参见梁淼泰：《明代"九边"的饷数并估银》，《中国社会经济史研究》1994 年第 4 期；梁淼泰：《明代"九边"饷中的折银与粮草市场》，《中国社会经济史研究》1996 年第 3 期。

条，版籍凋落，其视成化、弘治以前，十去六七，此而不恤，必至无民。若苟无民，岂有大同？既无大同，岂复有京师？夫边民者，所以捍御腹里，朝廷恩泽，宜特加优渥。今乃有腹里所无之苦，无腹里所有之恩，何也？[①]

关于"边民之苦"，大同镇的情况，应该是"西北七镇"之中颇具代表性的。"有腹里所无之苦，无腹里所有之恩"。一方面，山陕民运在西北边镇物资供给中占据着举足轻重的地位，但却没有得到什么优惠与体恤。山陕百姓为了保障供给边镇，付出了巨大的牺牲，却没有得到明朝官府的任何认同与赋税上的优免。当然，从另一方面看，笔者以为，这种漫长苦痛的历史，却极大地拉近了两地百姓之间的情感以及彼此的认同。

西北边境贸易发展与"山陕边商"群体

从历史上看，山、陕两地人民从供给边地以营利的做法，从秦汉时期已经开始了。如《史记·货殖列传》载云："及秦文、孝、缪居雍隙，陇、蜀之货物而多贾，献孝公徙栎邑，栎邑北却戎翟，东通三晋，亦多大贾……杨、平阳、陈西贾秦翟，北贾种代，种代，石北也。地边胡，数被寇，人民矜懻忮，好气任侠为奸，不事农商，然迫近北夷，师旅亟往，中国委输，时有奇羡。"可见，早在先秦时期，出于地缘关系，秦晋或山陕两地处在一种十分紧密且特殊的经贸网络关系体系之中。这种经贸关系体系主要体现在两个方面或两种路径：一是秦、晋均地近边界，均有供应边防需要之责任以及与边外民族开展商贸往来之便利；二是秦、晋两省之间因地缘关系，贸易交流同样十分频繁，无论是"东通三晋"还是"西贾秦翟"，秦、晋两地都将对方视为区间贸易、交通的首选目标。

---

① 《皇明经济文录》卷三十六《大同》，明嘉靖刻本。

而边塞盐粮贸易，同样是促进明代山陕商人势力大发展的主动力之一。《明会典·盐法》称："国朝盐课，专以供给边方粮饷。或水旱凶荒，亦藉以赈济，其利甚博。"① 即利用食盐专卖权来解决边塞驻军的粮饷供给，这是明代最重要的经济制度之一。

出于地域毗连的关系，山、陕百姓同样在边境盐粮贸易中发挥着主导作用。如位于晋西南地区的河东盐池，是明朝盐业供给的一大基地，明朝特设河东都转运盐使司，河东盐的行销地主要集中于陕西、河南、山西三省。根据《明会典》，河东盐运司岁办盐的数量达到六千零八十万斤。又河东盐运司每岁办盐四十二万引，存积盐一十二万六千引，常股盐二十九万四千引。② 河东盐的行销地主要有西安、汉中、延安、凤翔、归德、怀庆、河南、汝宁、南阳、平阳、潞安十一府，汝州、泽州、沁州、辽州四州。也就是说，河东盐行销地包括了陕西布政司的大半地区与河南布政司部分地区及山西布政司的南部地区。③

我们看到，尽管山陕两地百姓付出了巨大的努力与牺牲，但边镇的粮饷供给问题依然难以完全解决，召商中盐成为解决边镇粮饷问题的重要方式。如大臣杨一清在题本中指出："查得山陕各镇，自来处置边储，不过曰挖运，曰召商，曰籴买，三者而已。弘治十三年间，大虏在套，动调京军，差大臣督理军储，挖运腹里州县粮草，累民陪补，至于破产鬻儿，今日断不可行，况腹里空虚，亦自无粮可挖，惟有召商、籴买二事可行。……揆今事，势不得不然，惟有召商、报中似为得策。客商射利，虽小必趋，官府储粮，小费何吝。故在客商增一分之价，则官司有一分之益。"④

开中制度是明朝官府召商解决边地粮饷问题的最主要方式之一，而开中制度正是在山西等地开始的。洪武三年（1370）六月辛巳，"立开中盐法，从山西行省请，诏商输米而与之盐，谓之开

---

　　① 《明会典》卷三五,清文渊阁四库全书本。

　　② 《明会典》卷三五。

　　③ 《万历会典》卷三二至三四《课程》"盐法"条,转引自《山西商人研究》,第93—94页。

　　④ 《皇明经济文录》卷三十二《九边》,明嘉靖刻本。

中。其后各行省多召商中盐，以实边储，自五石至一石有差。"①
《明史·食货志》对此进行了详细的解析："有明盐法，莫善于开
中。洪武三年，山西行省言：大同粮储，自陵县运至太和岭，路
远费烦。请令商人于大同仓入米一石，太原仓入米一石三斗，给
淮盐一小引，商人鬻毕，即以原给引目赴所在官司缴之，如此则
转运费省，而边储充。帝从之。召商输粮，而与之盐，谓之开中。
其后各行省边境，多召商中盐，以为军储，盐法、边计，相辅而
行。"明臣庞尚鹏在《清理盐法疏》中指出："窃惟国家经费，莫
大于边储，两淮煮海为盐，岁课甲天下，九边之供亿，实赖之。
先年边计常盈，公私兼利……"② 利用盐引之利，来吸引商贾向
边镇地区贩运粮食，是开中制度的核心，也是这一制度的高明
之处。

　　虽然明代的开中制度经历了一个相当复杂的发展过程，但
"善法"并没有得到善终。③ 应该承认，在相当长的时间里，开中
制度得到了广大商人的响应，获利甚厚，如明代学者章潢在《屯
盐总论》一文中详细描述了当时的情形。

　　　　盖国初供边而以盐利，其制盐利也，盐一引，输边粟二
　　斗五升，故富商大贾，悉于三边，自出财力，自招游民，自
　　垦边地，自艺谷粟，自立堡伍。所以边兵亦藉商财，春耕借
　　为牛种之费，秋成即为售还之资。千里荆榛，尽成沃壤。成
　　化初年，甘肃、宁夏粟一石易银二钱，边方粟无甚贵之时，
　　以其储蓄之富也。④

　　"一石粟易银二钱"，一时成为边塞地区经济富庶的典型体现
之一。又如王德完在《救荒无奇及时讲求以延民命疏》中指出：

---

① 《明史》卷二《太祖纪二》，中华书局 1997 年版。
② 《庞中丞摘稿》，《明经世文编》卷三五七，明崇祯平露堂刻本。
③ 关于开中法的演变过程，参见张丽剑：《明代的开中制》，《盐业史研究》1998 年第
2 期；孙晋浩：《开中法与明代盐制的演变》，《盐业史研究》2006 年第 4 期。
④ 《图书编》卷九一，清文渊阁四库全书本。

"边塞转运甚难，率三十钟而致一石。惟召商中盐纳粟，谓之飞挽，言无转输之劳，而有刍粟之利也。国朝洪武、永乐时，边商引盐一引，止输粟二斗五升，小米不过四斗，商利甚巨。故耕种甚勤，边地大垦，仓廪自实……"① 同样出于地缘的便利，山陕商人积极加入"中盐"的行列，从而成为当时"边商"中的骨干力量，为保障西北边镇的供给发挥了至关重要的作用。如涂宗浚在《边盐壅滞饷匮可虞疏》中所云："延镇兵马云屯，惟赖召商买引，接济军需，岁有常额。往时，召集山西商人承认淮、浙二盐，输粮于各堡仓，给引前去江南投司，领盐发卖，盐法疏通，边商获利，二百年来，未闻壅滞。"② 延绥镇的例子，明白无误地证明了山西商人对于西北边镇供给所作出的重大贡献。

然而，随着时间的推移，从弘治年间开始，开中制度在调整过程中逐渐被废弃，而且在很大程度上影响了边镇地区的粮食供给与盐粮贸易。其转折点就是颇有争议的"叶淇变法"。《明史·食货志·盐法篇》释云："明初，各边开中，商人招民垦种，筑台堡自相保聚，边方菽粟无甚贵之时。成化间，始有折纳银者，然未尝著为令也。弘治五年（1492），商人困守支。户部尚书叶淇请召商纳银运司，类解太仓，分给各边。每引输银三四钱有差，视国初中米直加倍，而商无守支之苦。一时太仓银至百余万两。然赴边开中之法废，商屯撤业，菽粟翔贵，边储日虚矣。"《明史·兵志·边防篇》又云："初，太祖时以边军屯田不足，召商输边粟而与之盐。富商大贾悉自出财力，募民垦田塞下，故边储不匮。弘治时，户部尚书叶淇始变法，令商纳银太仓，分给各边，商皆撤业归，边地荒芜，米粟踊贵，边军遂日困。"叶淇变法，导致"开中法"废弛，对于北方边镇的影响是无法否认的。变法之后，发卖盐引之权收归官府，位于北京的"太仓"成为盐引交易的中心。这样一来，商人只须备足银两赴京购买盐引即可，再无远赴塞上转运粮饷的麻烦了。但是，以盐引专卖来解决边地粮食短缺

---

① 《王都谏奏疏》，陈子龙辑：《明经世文编》卷三百五十七，明崇祯平露堂刻本。
② 康熙：《延绥镇志》卷六《艺文志》，清康熙刻乾隆增补本。

为主要目的的开中制度至此开始走向名存实亡的阶段。

"叶淇变法"不仅导致了边地形势发生变化，还直接导致了北方边镇粮食供给的匮乏。明朝官员对此的批评意见相当多，集中反映了人们对此的痛惜之情。弘治十一年（1498），胡世宁在《陈言时政边备疏》中指出："……今山、陕富民，多为中盐，徙居淮、浙，边塞空虚……"这里的所谓"中盐"，已经不是明初所谓的"开中制度"的概念了。胡世宁对此进行了深入考察："臣查得淮、浙灶丁每盐一引，折纳价银六钱，或四钱。又闻客商中盐边储，每大引不过价银三二钱，是盐课收银比之收盐待中，得利倍也。"① 商贾趋利，势所必然，既然内地盐引交易获利远高于中盐边储，又有谁愿意舍近求远、远赴塞外呢？对于这种变化及其带来的严重后果，更多的官员与学者也进行了相当深入的思考与反思。如《明史·食货志》又称："明初，募盐商于各边开中，谓之商屯。迨弘治中，叶淇变法，而开中始坏，诸淮商悉撤业归，西北商亦多徙家于淮，边地为墟，米石直银五两，而边储枵然矣。"如明人吴甡在《盐粮关系匪细疏》中云：

> 看得盐政，边计最相关切者也。考永乐中，商自输边，每引止上粟二斗五升。当时，内地大贾，赴边垦田，塞粟充盈，盐法通彻，随中随支，价平而息倍，商人乐趋之。自改折之议行，而大商南徙，边储遂匮，不得已招此土著之边商，每引令照时估，纳粟边仓，取偿海上。后因盐法渐壅，边商苦于守支，势不得不卖引于内商，为息渐薄，而边商病，开中者寥寥。至万历三十二年，始定为减四纳六之例，以诱其来，迄于今，相沿日久……②

如果仅将盐引交易作为政府利用专卖权来进行营利、逐利的方式，那么商贾们自然趋利图便，移居江淮产盐之地，就近进行

---

① 胡世宁：《胡端敏奏议》卷一，清文渊阁四库全书本。
② 吴甡：《柴庵疏集》卷十六《抚晋》，清初刻本。

盐引的购销活动，省去了边地屯粮及运粮的种种麻烦。但是，如此一来，边地被遗弃、被淡忘，是自然而然的事了。虽然官府与商贾们都可通过盐引专卖得到丰厚的回报，但是"开中法"想解决的主要矛盾，即边粮供给问题却被抛在了一边。①

但是，边粮供给问题却是不容长期"悬而不决"的，也离不开广大商贾的贸易活动，"叶淇变法"的另一个结果，是"边商"与"内商"的分野。所谓"边商"，就是弘治以后，在大批商人包括山陕及淮商大量内迁至江淮之后，又出现的一批活跃在边塞地区的山陕商人。如明朝人吴易也认为开中制度废弛，始于弘治年间，而大"边商"的出现，则始于嘉靖年间。他指出："商屯行于洪（武）、永（乐），改折于弘治中，其事遂废。虽嘉靖间，山、陕各边多拘土民纳盐粮，号曰边商，然所纳者不过多易粮粟，与官揽兑支，无复有垦田之事。"②万历年间，毕自严在《题遵奉圣谕议修盐政疏》中也对开中问题进行了较全面的分析，其中特别提到了各镇边商的问题。

> 国初，开中盐引，令商轮粟塞下，名曰飞挽。然以二百斤之官盐，而易商人二斗五升之粟米，官征至薄，商获甚厚，是以富商大贾争趋开垦，塞徵殷阜，职此其繇。嗣是，淮引定价五钱，边商赍至，鬻于内商，仅得其本，商无厚利，谁肯输边？盐臣张养深晰其故，议谓商非本色，不许开中，引非边中，不许行盐，稍减余盐之价，少增边引之值，诚足以鼓舞边商，而使之向往矣。臣等窃谓时诎举赢，或不能遽如此议，惟得复设库价，少拯边商之苦，亦足以示招徕之意。查得各镇边商，皆系土著小民，原无两副资本，必卖得本年

① 与明代官员及传统学者的观点有较大不同，现代研究者们对于"叶淇变法"的评价则偏向于支持与赞同，参见刘淼：《明代势要占窝与边方纳粮制的解体》，《学术研究》1993年第3期；高春平：《论明中期边方纳粮制的解体》，《学术研究》1996年第9期；孙晋浩：《开中法与时代盐制的演变》，《盐业史研究》2006年第4期；王团伟：《论明代开中盐法的转变——以叶淇盐法改革为例》，《内蒙古农业大学学报》（社会科学版）2010年第1期；等等。
② 吴易：《客问篇》，清钞本。

引价，始纳得次年盐粮……①

清代学者储大文对明代"开中法"进行了相当深入的思考与研究，他同样高度评价明朝前期开中制度的贡献，如在《开中盐法》一文中，他对开中盐法的演变过程进行了详细分析。

自洪武三年五月，山西行省言：大同粮储，路远费重，若令商人于大同仓入米一石，太原仓入米一石三斗，给长芦、淮盐各一引，引二百斤，则转输之费省，军储易充矣。而开中法实权舆于此，后因边饷不继，户部尚书郁新遂定召商开中法令：商输粟九边塞下，按引支盐，凡盐一引，计准价银八分。若商能捐赀垦荒者，俟成熟，量征其租十之一二，听就附近堡报纳盐粮，军有侵扰者，惩治。永乐时，定盐一引，输边粟二斗五升。成化时，少增至二斗七升二合。粟入引出，引入盐出，费少而利厚，而又非报中于边，率无以牟厚利，故欲卖盐，不得不报中，欲报中不得不积粟，欲积粟不得不耕塞下之田，而米谷羡衍，亦不得不籍之于堡，而粜之于边，此所谓以盐法行屯政者也。军卫屯米六石以赡军，六石以贮仓，其溢十二石外者，官勿与，而又有开中盐法，年例以济之。若间值边警，斗斛阙乏，又有开中先支法以济之常股盐、户盐，以为年例，存积盐以备先支，盐法疏通而引无壅滞，是故，当其时，商未尝有边商、内商之分，内商皆边商也；课未尝有盐课、余盐之分，余盐皆盐课也，而盐亦未尝有河盐、堆盐之分，河盐皆堆盐也。②

可以说，开中法实施之初，由于利润丰厚，全国各地的富商大贾纷至沓来，因此并没有"边商"与"内商"之分，而与开中制度的变化直接相关，商人群体出现了明显的地域性分化。在大

---

① 毕自严:《度支奏议》堂稿卷十五,明崇祯刻本。
② 储大文:《存研楼文集》卷九,清文渊阁四库全书本。

批富商大贾包括山陕及淮商大量内迁至江淮之后，又出现了一批活跃在边塞地区的山陕商贾，留在边区继续从事贸易活动，他们也被称为"边商"，实际上大多为山陕"土著小民"。

正是在这种情况下，当时的商人群体才逐渐出现了"边商""内商"与"水商"不同称谓的区分，即原来的大批从事边贸的商人向江淮地区迁徙，专门从事盐业贸易，是为"内商"。而为了满足边塞物质需求，明朝官府又强迫许多山陕沿边百姓从事盐粮贸易，也就是所谓的"边商"了。不过，总体而言，山陕商人在全国商贸领域中的重要地位却没有得到改变。无论是"边商""内商"还是"水商"，山陕商人都发挥着举足轻重的作用。

> ……于是商遂分而为三，曰边商，曰内商，曰水商。边商多沿边土著，专输纳米，里草束，中盐中己，所在出给仓钞，填勘合以赍投运司，给盐引，官为平引，价听受直于内商而卖之，内商多徽、歙及山、陕之寓籍淮扬者，专买边引，下场支盐。过桥灞上堆候掣，亦官为定盐价，以转卖于水商。水商系内商，自解捆者什一，余皆江湖行商，以内商不能自致，为买引盐，代行官为。总其盐数船数，给水程于行盐地而贩鬻焉。[1]

万历年间，曾担任过山西按察史的郭子章对盐政及屯田问题有着深刻且独到的见解，其所作《屯田盐法议》也是明代大臣中论述此类问题最为翔实的篇章之一，为我们极其生动地展示了明代北方边境经济活动及贸易形势的时代变迁。郭子章本人对于明代边疆地区政策的建议也是独具慧眼的，他极力呼吁恢复弘治以前之盐法政策与屯田制度。[2] 首先，他痛切指出："今国家制用理财之法，常赋正供之外，利莫大于盐法、屯田，弊亦莫大于盐法、屯田，弊尤莫大于沿边之盐法、屯田。盖弘治以前，沿边二法合

---

① 汪砢玉：《古今鹾略》卷五，清抄本。
② 郭子章事迹，参见万斯同撰：《明史》卷三三三《郭子章传》，清抄本。

而为一，嘉靖以后，沿边二法分而为二。盖尝熟历雁门诸边，睹二法而流涕长太息久矣。"在郭子章看来，边疆地区经济开发与粮食供给，与盐法及屯田制度直接相关，如果盐法与屯田制度的关系处理不当，会直接影响边疆的物资供应与稳定。以弘治年间为限，明朝政府前后采取了两种不同的政策，即弘治以前，开中措施与屯田活动合二为一，而在弘治以后，盐法与屯田活动分而为二。这种变化甚至是阻碍边疆地区经济发展的根本原因。

弘治以前，边外屯田原属荒沙，朝廷视之，全不甚惜，捐而给边将养廉者，又捐而为军士之屯种者。原未履亩定赋，特曰：给此不毛之产优边帅边卒耳！但以种地得石则官之石也，得亩则官之亩也。边外人所驻牧帅臣养廉之地，必整队出边而耕。如总兵则率四千兵以耕，参、游则率三千人以耕，守备则率千人以耕。而各边军之屯田，因藉大众出边，通力竭作，弓马器械，无日不戒。遇敌零骑，则以屯田之众而歼之，敌众至，则纠屯田之众而歼之。敌大至，则纠各屯田众而斗之，而边商遂籍出边兵帅耕作之期，亦纠边民备军器、农器依附，以耕屯田之所不及，恣其耕作，官不问之，而夏秋所获，兵帅得之以养生，边商得之以种盐，以故千里莽苍之场，尽成禾黍；万众夏秋之入，尽为粮饷，官富商裕，士饱马腾，遂使石粟，止直一钱，即可种盐二引，买窝卖窝，禁之不止，上粟易引，拒之益至。时则有六便焉：边将富足，号召黑虎，一便；兵有余粟，无待月粮，二便；以边之食，养边之军，三便；户部绝无发银之劳，止操盐引之柄，四便；军士、盐商，出边耕作，屯可为农，阵可为战，即耕作为操练，即力穑为防边，五便；商以荒地之粟，遂获盐引之利，养军之饷，不可胜食，支盐之益，不可胜用，六便；此不可募民，而塞下自充，实不必发银，而边卒自富强。祖宗御敌之法度，越前代万万者，此也。

较之南方地区，西北地区自然条件较为恶劣，边镇土地沙化严重，耕作困难。弘治之前，为了解决边镇粮饷问题，明朝对于边地屯种采取相当开放的态度，以"养廉"之名，对于官兵开垦土地不收任何税赋，激发广大官兵从事耕种活动的热忱。不仅边地官兵大规模从事耕种活动，大批商人也积极参与屯田活动，即所谓"商屯"。而且，官兵屯田与商屯活动所得来粮食都可以换取盐引，利益丰厚，"官富商裕"。郭子章强调：这种"藏富于民"的策略，正是明代前期边镇地区富强、超越前代的成功经验之一。

然而，时至正德、嘉靖之间，情况发生了根本性的改变。一方面，明朝官府垄断盐引发放，以银买引，以银给饷，官府稳操利权；另一方面，不准边官拥有"养廉"地亩，同时加收边外屯田赋税，大大打击了官兵从事屯种的热情。结果导致边地粮价高涨，即使官府发来大宗饷银，仍无法满足边镇的粮食供给所需。

> 正、嘉之际，戴御史者（戴金）忿边商以贱粟，而得贵引，遂定输银之制。若日天下盐引可坐而得银百万，大司农岂不坐得岁百万称富哉，奈何以惠奸商？粟一石得盐二引，此二引者在户部可得一两之利，在奸商不过二钱之费，徒滋买窝、卖窝之扰。以故大司农银益盈，而边将士之粟日缩，而命愈蹙，粟日益贵，甚至发边之银一两，止易粟数斗，何者？养廉、屯田之利废，而大司农岁发边饷二百万，曾不足易百万之粟，而仅足以养十万之兵。朝廷虽有发边之惠，边众殊无养生之资也。寒心矣！不可言矣！而往年，屯田御史不知边外屯田与腹里屯田不同，徒查出荒沙为实田，加报虚科为子粒。今日清边帅养廉之亩，明日给边军占种之田，而造册报命以为功，不知养廉清矣，孰与耕之？占种出矣，孰敢领之？何者？边帅不勒众出边耕作，边卒独驱牛负耒出边，则零敌肉耳。此二法分而二之之弊也。

与大多数学者归咎于"叶淇变法"不同，郭子章针对的人物是所谓的"戴御史"①。在郭子章看来，明代盐法与屯田制度在弘治年间前后有着巨大的差异。弘治之前，明朝朝廷将沿边荒地之耕种权与所获利益均交与沿边官吏与商民，沿边官民与商贾出其力、得其利，边境之地兵强马壮，官富商裕，一片繁盛之象。而在弘治年间之后，戴金等人不思边境官民守边之苦、御寇之险，而只想与之争利，力主由官府垄断盐法之利，结果导致商民屯田活动无利可图，畏葸不前，结果边地粮价飞涨，边防军队粮食供应吃紧。最后，郭子章提出"合二为一"的建议：

> 今宜破拘挛之见，祛近日之害。断自万历十五年，大司农恢复二法于屯田，仍广养廉之土，开占种之禁。如系边外漠地，许令边帅恣意开垦，驱卒出耕，亡有禁令，永不起科则，永不征子粒。于盐法尽复上粟买引之制，严边商纳银之禁，递减户部发边之例。边卒、商人合为一家，屯田、盐法通为一体，如此而户部仍苦发边，边卒仍苦乏食，盐商仍苦贵引。是弘治以前之利当革，而嘉靖以后之弊当因矣。而其几在大司农替一年百万之盐银发边而后可，何则？盖一年救弊，二年兴利，边商边卒，出边耕作，必一年而后，修此，朝廷之入即损一年百万之费，而可以利边卒，利边商，足边修，建万世之长策，何利不为而坐受困，独奈，何不寒心哉？此边说也。故边人有言曰：论盐法于弘治以前，唯恐其买窝；论盐法于嘉靖以后，惟恐其不买窝；论屯田于腹里，唯恐其占种；论屯田于沿边，唯恐其不占种。诚有所激而振长策，善二法者也。司计者试流涕借箸焉。②

郭子章建议的主要依据之一，便是边疆与内地情况相差悬殊，开发边疆经济不应该完全沿用内地所采用的政策与方法。郭子章的解析是相当全面而富有说服力的，"边卒、商人合为一家，屯

---

① 据笔者查证，此戴御史应为戴金。关于戴金的事迹，参见李剑雄：《戴金事迹小述》，《史林》1987年第3期。

② 郭子章奏疏内容，见黄宗羲编：《明文海》卷七八，清涵芬楼钞本。

田、盐法通为一体"的主张更是旗帜鲜明,事理通达,令人钦佩。明代著名学者章潢对盐法、屯田问题的意见与郭子章相同,并对明朝后期的政策趋向进行了更为深刻而尖锐的批评:"善经国者,不与民争利;不与民争利,则藏富于国,即藏富于民也。善养兵者,能以兵自养,能以兵自养,则足食于边,即强兵于边也……"① 可以说,对于极度复杂的明朝边镇供应问题而言,简单的经济学原理或者经济及政治手段是无法解析或彻底解决的,而深切领悟到"藏富于国,即藏富于民"的道理,是十分重要的。很明显,绝大多数的明代上层统治者是缺乏如此智慧与胸襟的。

令人遗憾的是,郭子章的建议并没有得到相应的重视,时至明朝末年,明朝边塞盐法制度与屯田政策并没有根本性的改观,积弊日甚一日。上层统治阶层唯利是图,大肆搜刮,导致内商与边商交困,边疆供给陷于困顿。如毕自严在《复议屯田疏》中指出:"近闻秦晋各边多拘土民,以纳盐粮,号曰边商,如蹈汤火,而边商困矣。淮扬之间,又以浮课横行,官盐壅滞,年来大工搜括,正供逋至百万,而内商困矣。边商既困于徼外,内商复困于水次,此盐法之所以愈坏,而边供之所以愈亏也。"② 他又在《覆宁(夏)镇条议见给边商引价并清厘盐法疏》中强调:"宁镇数万军马之饷刍,除京、民二运外,强半仰给于盐、粮,而地处绝塞,原无富商大贾,不过就山陕客民强派而应盐商,此辈惟利是视,有利则蚁聚,无利则免脱,情势然也。或即无甚大利,而亦不至偏受大害,犹可笼络上纳,而数万盐独不到无着落耳。今信如各商所控称,则利独专于囤户,害偏归于边商。谁为孝子顺孙,谁肯倾家荡产,以徇国事,见今报逃亡告消乏者,月无虚日,而盐粮又难缺额,不得已间,听各商扳报,土著务农稍足之家,以协纳,此辈积蓄几何,安能堪此亏折?"③ 边饷运输以至于无利可图,而所谓的"边商"都是强征来的"山陕客民",依靠这些客民来支撑明代的边防供给,其前景必然是脆弱与充满变数的。简单

---

① 《图书编》卷九一,清文渊阁四库全书本。
② 毕自严:《石隐园藏稿》卷六《疏二》,清文渊阁四库全书本。
③ 毕自严:《度支奏议》山东司卷六,明崇祯刻本。

指责这些"山陕边商"唯利是图既无济于事，也不合情理，难怪毕自严等人为此忧心忡忡。

综上所述，有明一代，西北边疆形势经历了极其错综复杂的变化。这种变化与明朝官府的政策直接相关。明代初年，最高统治者能够考虑到边地形势的凶险程度，因此采取相当宽松的经济及赋税政策，调动边地官兵与商人们的积极性。我们在明人的奏疏中可以清楚地看到，开中制度实施之初，由于政策能带来丰厚的利益，受到全国商人（当然也包括山、陕本地商人）的热烈响应。他们纷纷来到边地，建筑屯堡，从事农业垦殖活动。然而，以叶淇为代表的明朝官员以"利归朝廷"为宗旨，强制改变开中制度，结果却导致边塞空虚、粮饷不足。随着开中制度的废止，盐粮交易由边塞转入内地，于是，大批原来在边地从事商贸及耕垦活动的商人开始内迁，离开了边塞之地，专门从事盐业生产与贸易。而在这种状况下，为了保障边镇的供给，边镇官员又强制边塞地区的居民，即"山陕客民"，从事边地粮食的运输及贸易活动，成为一代新起的"边商"。

无论如何，我们可以看出，自明朝初年实施开中法，大批"山陕商人"开始参与到边镇地区的经贸活动之中。明朝后期，又是大量"山陕客民"主动地或者是被迫地充当"边商"，依旧在西北边地从事盐粮贸易。可以说，山陕商人群体的命运与西北边地的发展是无法分割的，而山陕商人群体在明代的崛起，业已成为古今学者们的一个公论。[①] 可以肯定的是，无论是以往的"盐商"群体还是后来新起的"边商"群体，生活在边塞邻近地区的山、陕两地土著居民都充当着商贾储备军与主力军的角色。有明一代，这些前仆后继的"山陕客民"与"山陕边商"，都是后来驰名天下的"山陕商帮"群体的渊源。

---

① 相关论述参见［日］寺田隆信：《山西商人研究》，张正明、道丰、孙耀、阎荣诚 译，山西人民出版社 1980 年版；张正明：《晋商兴衰史》，山西古籍出版社 1995 年版；黄鉴晖：《明清山西商人研究》，山西经济出版社 2002 年版；等等。

山陕"灾荒共同体"的形成：从"山陕流民"
到"秦晋流寇"

　　山西、陕西两地一衣带水，紧密的地缘关系所形成的相同及相似之处，很真切地反映在社会生活的方方面面，这很早就引起了人们的浓厚兴趣。明朝人士对于山陕两地的相近及相似之处有着不少生动描述，如谢肇淛《五杂组》卷四记云："仕宦谚云：命运低，得三西。三西谓山西、陕西、江西也。此皆论地之肥硗，为饱囊计耳。"此处"三西"之论，恐怕着眼于经济发展与社会富庶程度而言，以及由此带来的政治治理方面的问题。

　　山西、陕西两地同处黄土高原，不仅自然条件颇多相近之处，同时在应对自然灾害方面也有极强的相似性与共同性。例如，山陕两地在自然灾害发生的共时性特征就相当突出。明清两代是历史上的一个灾难高发期，今人称为"明清宇宙期"，山、陕两地同为多灾区域，尤以水、旱灾害最为酷烈。如山、陕两地同时受灾的记载，见于《明史·五行志》。

　　　　洪武四年（1371），陕西、河南、山西及直隶常州、临濠、北平、河间、永平旱。
　　　　宣德二年（1427），南畿、湖广、山东、山西、陕西、河南旱。
　　　　正统四年（1439），直隶、陕西、河南，及太原、平阳春夏旱。
　　　　景泰六年（1455），南畿及山东、山西、河南、陕西、江西、湖广府三十三，州卫十五皆旱。
　　　　成化十八年（1482），两京、湖广、河南、陕西府十五、州二旱，山西大旱。
　　　　二十年（1484），京畿、山东、湖广、陕西、河南、山西俱大旱。
　　　　弘治三年（1490），两京、陕西、山东、山西、湖广、贵州及开封旱。

七年（1494），福建、四川、山西、陕西、辽东旱。

八年（1495），京畿、陕西、山西、湖广、江西大旱。

十年（1497），顺天、淮安、太原、平阳、西安、延安、庆阳旱。

正德十六年（1521），两京、山东、河南、山西、陕西自正月不雨至于六月。

嘉靖七年（1528），北畿、湖广、河南、山东、山西、陕西大旱。

八年（1529），山西及临洮、巩昌旱。

十年（1530），陕西、山西大旱。

二十四年（1545），南北畿、山东、山西、陕西、浙江、江西、湖广、河南俱旱。

二十九年（1550），北畿、山西、陕西旱。

三十四年（1555），陕西五府及太原旱。

三十九年（1560），太原、延安、庆阳、西安旱。

万历三十七年（1609），楚、蜀、河南、山东、山西、陕西皆旱。

崇祯十一年（1638），两京及山东、山西、陕西旱。①

上述记载尽管十分简略，但我们依然可以看到山陕两地灾荒问题的严重性与同步性。因为两地独自受灾或与其他区域同时受灾的记载可谓不可胜数。与上述灾荒记录相对应，不少大臣在上疏中反复强调山陕地区灾荒所造成的严重后果。如早在永乐十九年（1421），朝臣邹缉就上言道："今山东、河南、山西、陕西水旱相仍，民至剥树皮掘草根以食，老幼流移，颠踣道路，卖妻鬻子，以求苟活。"② 时至弘治、成化年间，山陕地区的灾荒问题造成了全国性的影响，引起了朝臣们的高度关注。

① 《明史》卷三十六，中华书局1997年版。
② 见《奉天殿灾疏》，载于陈子龙《明经世文编》卷二十一。

外逃趁食，是传统社会平民抵御灾荒最常见的形式之一。文献中的"逃民"或"流民"，正是这种形式的记录，笔者称为"灾荒性移民"。笔者在以往的研究中指出："至明朝中叶，'山西地瘠民贫，遇灾即逃'，已成为朝野上下的共识。严重自然灾害的记载，也就成为山西各地百姓大量逃亡的标识。"①

明代陕西地区灾荒性移民的状况与山西大致相仿，同样以正统与成化年间为例，陕西地区也是灾荒不断，并引发了大规模的灾荒性移民潮。如正统九年（1444）八月庚戌，镇守陕西右都御史陈镒在上奏中称："陕西州县，数月不雨，麦禾俱伤。民之弱者鬻男女，强者肆劫掠。"② 同年十二月甲戌，陈镒又上奏称："西安等府，华州等州，高陵等县，今年亢旱，人民缺食，流徙死亡，道路相继，甚至将男女鬻卖，以给日用。"③ 至正统十年（1445）八月壬戌，陈镒又在上疏中奏报灾荒情况："陕西安、凤翔、乾州、扶风、咸阳、临潼等府州县旱伤，人民饥窘，携妻挈子出湖广、河南各处趁食，动以万计。"④

在迁入地的选择中，"地缘便利"原则发挥了主导性作用。如河南地区为山西移民首选之地，京师一带则颇受河北、山东移民的青睐，而汉中地区常常聚集了大批来自陕西其他地区的移民。如《明史·于谦传》载：正统年间，"山陕流民就食河南者二十余万，请以河南、怀庆二府积粟廪给之"⑤。成化年间，林俊在《扶植国本疏》中又指出："……陕西、山西、河南连年饥荒，陕西尤甚。人民流徙别郡及荆襄等处，日数万计，甚者阖县无人可者，十去七八。仓廪悬罄，拯救无法，树皮草根，食取已竭。饥荒填路，恶气薰天，道路闻之，莫不流涕。"⑥ 然而，天灾人祸并没有

① 见《明宪宗实录》卷二四四，成化十九年九月户部会官议奏所言，台北"中研院"史语所整理本，第4147页；参见安介生：《明代北方灾荒性移民研究》，曹树基主编：《田祖有神——明清以来的自然灾害及其社会应对机制》，上海交通大学出版社2007年版。
② 《明英宗实录》卷一二〇，第2421页。
③ 《明英宗实录》卷一二四，第2490页。
④ 《明英宗实录》卷一三二，第2630页。
⑤ 万斯同：《明史》卷二百十四《列传六十五》，清钞本。
⑥ 黄训辑：《名臣经济录》卷五《保治（成化）》，清文渊阁四库全书本。

停止的迹象。如林可成在万历十五年（1587）八月所上《水旱异常乞赐轸救疏》又着重提到了山、陕等地相当可怖的灾荒景象："臣又闻山、陕、河南等处连年大旱，今岁益烈。虽山西雨泽近报沾足，而陕西、河南至六月尚未得。灾以继灾，岁复一岁，家室真如罄悬，草树亦已削尽，米珠薪桂，何足以喻！"[1] 时至明朝末年，我们从大臣奏疏中已经明白无误地看到大厦将倾、人心思乱的惨象。

> ……齐谚有之：不忧年俭，但忧连俭。数年以来，灾徵荐至，秦晋先被之，民食土矣。河洛继之，民食雁粪矣。齐鲁继之，吴越荆楚又继之，三辅又继之。老弱填委沟壑，壮者展转就食，东西顾而不知所往……今间阎空矣，山泽空矣，郡县空矣，部帑空矣，国之空虚如秋禾之脉液，将干遇风则速落，民之穷困，如衰人之血气已竭，遇病则难支。以如此事势而值大旱为灾，赈济无策，河流梗塞，边饷匮乏，是岂可不为长虑哉？民既穷矣，既怨矣，亦有穷极怨极而不思乱者否？[2]

可以理解，遭受灾荒最为酷烈的山陕百姓显示出了更强的反抗精神，明朝末年，"秦晋流寇"之名传遍天下。逼迫山陕百姓揭竿而起的首要原因，无疑是严酷的自然灾害，以及明朝朝廷完全放弃赈灾的做法。

> 一日不食饥，三日不食死。
> 坚壁而清野，上策无过此。
> 贼岂生而然，本来皆百姓。
> 必有不得已，一旦逆天命。

明人余绍祉曾为此诗加按语云："流贼起关中，由阉党乔应甲

---

① 朱吾弼辑：《皇明留台奏议》卷十二《民隐类》，明万历三十三年刻本。
② 见《为灾旱异常备陈民间疾苦，恳乞圣明亟图拯救，以收人心以答天戒疏》，陈子龙辑：《明经世文编》卷四百四十。

巡抚陕西，朱童蒙巡抚延绥，贪黩不恤民。又连岁大祲，故王二、王左挂等并起，而饥民及三边饥军皆响应。帝又从给事中刘懋议裁驿站冗卒，山陕游民仰驿糈者，无所得食，皆从贼。"① "山陕流民"与"秦晋流寇"的出现，正是明朝应对灾荒不力的必然产物，实质是暴力化抗灾形式的表现，这种状况在崇祯年间已至无以复加的地步。如崇祯十三年（1640），"是年，山、陕、河南大旱，蝗起。冬，大饥，人相食，草木俱尽，土寇并起"②。而对于"秦晋流寇"产生的渊源，明人陈仁锡的说法相当公允。

　　秦晋流寇，原系饥军饿卒，使九边钱粮皆按月给发，有赏之不窃者，谁肯甘心为盗哉？盗起于饥寒，何如早以军饷还军饷，生灵还生灵，御夷弭寇，悉以足食为本，不大为更张，将来有不忍言者……

　　　　　　　　　　　　　　　　　　　　《纪秦晋流寇》

　　流贼之为毒于秦、晋间也，窃闻其垂二十年于兹矣，而猖獗则自二三年。顾其人先以逃兵惧法，不敢归营，继以饥民逋赋，无从得食，避罪避役，纷纷攘攘，煌惑牵引，蜂屯蚁集，要之，诛之不可胜诛，而又旋灭而旋起，倏集而倏散，集之则为贼，散之则为民，其灭也，既已千百而起也，仍有千百微闻贼之所在，人尽贼也，即被劫者亦半为贼也，驱之者贼也，即驱之而使杀贼者，半又贼也。

　　　　　　　　　　　　　　　　　　　　《流贼》③

　　"秦晋流寇"应该是山陕流民运动，即灾荒性移民潮的一种变异，也是山陕地区百姓抵御生存危机的一种极端表现。在天灾面前，山陕百姓的"抱团"与联合也是不可避免的。清人松滋山人所编《铁冠图全传》第三十二回中有这样的说法："李闯是陕西

---

① 余绍祉撰:《晚闻堂集》卷九,清道光十七年单士修刻本。
② 文秉撰:《烈皇小识》卷七,清钞明季野史汇编前编本。
③ 《无梦园初集》漫集二,明崇祯六年刻本。

人，如今流贼尽是山、陕两省之人，乡亲护乡亲，岂在不顺流贼之理？"① 可以说，在山陕百姓看来，"顺贼"之举虽不合法，但是合乎情理。

古人云："成也萧何，败也萧何。"的确，正如明人乔祺所云："夫天下大势，在东南，浙江为财赋之区；在西北，山、陕为藩篱之地。近年以来，东南民力，罄竭无余；西北兵威，困惫不振，譬之人身，元气索然，强自支持，其不仆者无几。"② 如果结合山、陕两地在明朝军事防御中所占据的重要地位，我们就更容易理解"山陕流寇"兴起及人的反抗精神以及对明王朝稳定的威胁了。"九边"之建设，成为捍卫明王朝疆域安全的坚实后盾，但是，若没有山、陕两地人民供给各大边镇粮饷，各大边镇也不可能长久维持。然而，问题的症结在于，山、陕两地农业生产条件并不优越，且受"土瘠""民贫""役重"等重重压力影响，再加之天灾频仍，抵御能力极其欠缺。种种情况甚至造成了山、陕两地百姓的生存危机，这种生存危机早在明代前期已显露无遗，其主要表征之一便是大量灾荒性移民的出现。外来威胁理应全力防范，而边镇粮饷负担，最终成为山、陕两地人民的"不能承受之重"。久而久之，这种情况形成恶性循环，其结果是区域之败落，民生之凋敝，而这种后果又直接影响到整个王朝之安定。为摆脱这不堪承受的压力与困境，山、陕百姓最终走上武力反抗的道路，明王朝也因此遭到倾覆，这也许是以农立国的传统封建王朝无法避免的历史宿命。

结　语

地域共同体研究的本质，是地域相邻关系问题，因此，"地理学第一定律"（或译为"托夫勒地理学第一法则"）对于我们理解

---

① 《铁冠图全传》，清光绪十年刊本。
② 《收成命以防后患疏》，贾三近：《皇明两朝疏抄》卷四，明万历刻本。

历史时期地域共同体的形成是有很大帮助的，或者可以说，"地理
学第一定律"为历史时期地域共同体形成问题提供了相当有力的
理论支撑，即"任何事物都与其他事物相联系，但邻近的事物比
较远的事物联系更为紧密"①。当然，较之理论阐释，实际地理环
境中的"相邻关系"更为丰富而坚实，意味着相同的气候条件、
相似的土壤与水文特征，以及相近的社会风土人情等等。然而，
就地域共同体形成而言，仅有相邻关系是远远不够的，毗连区域
之间的分与合，都是相对而言的。相邻地域能否形成幅员更为广
大的地域共同体，更取决于时间的维度，即由共同的政治、经济
与社会演化过程所产生的趋向与趋同，而人们的心理认同，在很
大程度上取决于这种趋向与趋同的长期累积。

历史事实证明：明代的山陕两省关系，即"秦晋"或"山陕"
地域共同体，并非只是"想象之共同体"（imagined community）②，
而是结成了真实而难以分割的"地域共同体"（regional community）。
所谓"共同体"，其核心在于二者之间具有高度的同质性与整合
性，而"所谓整合性，不外乎是指多种因素彼此相连，休戚与
共"③。"地域共同体"的基础，正是生活在相近或毗邻地域的人
们在政治、经济及社会生活上的关联度与依存度。④

———————————

① 关于"地理学第一定律"的基本内容及相关问题，参见孙俊等：《地理学第一定律
之争及其对地理学理论建设的启示》，《地理研究》2012年第10期。

② "想象的共同体"一词出自美国学者本尼迪克特·安德森所著《想象的共同体：
民族主义的起源与散布》一书（吴叡人译，上海人民出版社2005年版）。笔者认为，安德
森的论述存在相当明显的缺陷，即仅限于字面的论证。事实上，如果没有长期的共同地
域的生活经历，如果没有人们在长期共同生活中所凝聚的情感认同，以及彼此之间文化
上的共源共生，相互依存，也就不可能出现同一民族或族群的"想象"，更不可能取得其他
人的认可。

③ ［德］格奥尔格·西美尔：《宗教社会学》，曹卫东译，上海人民出版社2003年版，
第116页。

④ 从地理学或地域结构的角度对"地域共同体"或"地缘共同体"问题的理论探索
尚不完善。德国著名社会学家斐迪南·滕尼斯在《共同体与社会——纯粹社会学的基本
概念》一书中指出："地缘共同体直接表现为居住在一起……地缘共同体可以理解为动物
的生活的相互关系，犹如精神共同体可以被理解为心灵的生活相互关系一样。"（北京大
学出版社2010年版，第53页）而这里所说的"动物的生活的相互关系"，如果置于具体的
人类历史环境之中，就应该被更确切地理解为政治、经济、社会、文化等诸种关系的总和。
而笔者所谓"地域共同体"，则建立在一种更为广阔的历史地理学视野之上。

　　明代的"山陕"之地，实则涵盖了今天西北部的大片地区。"山陕地域共同体"在大明王朝历史演变中所占据的地位以及发挥的作用，首先是一个需要特别关注的政治地理问题。山、陕两地在全国政治地理中的地位与作用，在明代人心目中有着明确的定位，正如明臣杨廷和所云："西北七镇，尽天下地方之半。"又"西北一半天下"①。而著名学者顾祖禹引述夏氏的论断同样振聋发聩："夫建都燕京，则不得不重山、陕，山、陕，天下之项背，而京师之头目也。山陕有事，其应之也，当甚于救焚拯溺，一或不备，而祸不可挽矣！"② 这番言论，也应该是主要针对明代的国势而言。这种无与伦比的重要地位，不仅意味着明朝政治发展对于山、陕地区的高度依赖，也有效提升了明代山、陕地区的研究价值。

　　地域或地缘关系，最终还要反映在区域人群关系之上，即人们共同体。因此，就地域共同体形成的过程而言，人为因素的影响则是更为关键的。有明一代，山西、陕西两地人民可谓休戚与共，具有太多的、难以类比的地域共同性与相关性。这些共同性与相关性包括山、陕两地共同的外来威胁，两地共同防御外寇的责任，共同的赋役负担，共同的商贸机遇等。其中，尤以特殊的地域结构，以及共同的经济生活的影响及作用最为显著。再加之共同面对的自然灾难、共同的逃离迁徙以及共同的反抗经历，山、陕两地人民由此融而为一。密切而难以分割的地缘关系、相似的经济生活环境、共同捱过的苦难历史，促成了明代山、陕两地之间难以剥离的紧密联系，换言之，即形成了高度"整合性"。可以说，明代山陕地域共同体的实质，是"边防共同体""商贸共同体"以及"灾荒共同体"的混合体，是真正意义上的"命运共同体"。在这种状况下，作为天下最知名的"命运共同体"之一，"山陕"合称并通晓于天下，山陕地域共同体的出现乃至定型，也

---

①　杨廷和撰：《杨文忠三录》卷三，清文渊阁四库全书本。
②　顾祖禹：《读史方舆纪要》卷九，中华书局 2005 年版，第 397 页。

就成为自然且必然的趋势了。①

　　中国历史悠久，地域广大，区域关系的演变错综复杂，因此，地域共同体的研究，对于中国历史地理研究而言，具有极大的普遍意义。历史时期秦晋或山陕地域共同体的研究，或许可为其他地域分合的研究提供一些启示。

---

　　① 由"秦晋地域共同体"到"山陕地域共同体"，这种名称变化的背景还涉及更大范围的地理结构的变化，其中最突出的就是政治地理结构的变化，即从先前以长安（即今陕西西安市）为核心的政治地理格局，转为以北京（即今北京市）为核心的政治地理格局。这种政治地理格局的重大变化正是在元明时期开始的，其产生的影响是相当深刻与广泛的。地域关系认知上的变化同样反映出这种影响。

第十一章 统万城下的"广泽"与"清流"
——历史时期红柳河（无定河上游）谷地环境变迁新探[①]

1964 年，北京大学的侯仁之先生率领历史地理考察小组对毛乌素沙漠与统万城遗址进行了实地考察，并于 1965 年、1973 年先后发表了《历史地理学在沙漠考察中的任务》《从红柳河上的古城遗址看毛乌素沙漠的变迁》等著名论文，全面开启了关于毛乌素沙地及红柳河地区环境变迁的研究。[②] 而萨拉乌苏河谷"河套人"（或称"鄂尔多斯人"）化石及旧石器时代遗址的发现，在更早的时候就引起了考古界与地质学界的高度关注，著名考古学家裴文中教授等还提出了中国地层分类中的"萨拉乌苏河系"的概念，以取代学术界通用的"萨拉乌苏组"或"萨拉乌苏建造"等概念。[③] 从那时起，地处陕蒙边界的毛乌素沙地（包括十六国时期大夏国都统万城及周边地区）与红柳河（萨拉乌苏河）谷的相

---

① 红柳河为无定河上游，大致在陕西横山县以下河段称为无定河，以上河段称为红柳河。

② 参见朱士光：《开拓统万城研究新领域的一次考察——记侯仁之教授 1964 年夏率历史地理考察小组对毛乌素沙漠和统万城遗址的考察》，《中国历史地理论丛》2003 年专辑《走向世界的沙漠古都——统万城》；侯仁之：《历史地理在沙漠中的任务》，《地理》1965 年第 1 期；侯仁之：《从红柳河上的古城废墟看毛乌素沙漠的变迁》，《文物》1973 年第 3 期。

③ 参见裴文中、李有恒：《萨拉乌苏河系的初步探讨》，《古脊椎动物与古人类》1964 年第 8 卷第 2 期，第 99—118 页。萨拉乌苏为红柳河的蒙古语名称。

关问题研究成为了历史学界、地理学界及考古学界的重要议题，推出的相关学术研究成果也十分引人注目。

关于"广泽"与"清流"问题的讨论，是历史时期统万城附近及毛乌素沙地自然环境研究中的一个重要课题。红柳河（无定河上游）河谷紧毗统万城遗址，其自然环境变迁状况无疑从侧面反映出统万城附近地区水文环境的变迁历程。但是，与毛乌素沙地变迁整体研究相比，目前有关历史时期红柳河（无定河上游）河谷地带自然环境变迁系统而全面的综合研究成果似乎还不多见。这显然与统万城遗址及毛乌素沙地自然环境的总体研究水准是不相称的。在本章节中，笔者试图在总结前人相关研究的基础上，结合历史文献资料与自己实地考察的成果，对红柳河（无定河上游）谷地自然环境变迁进行较系统的评述，以就正于高明。①

"广泽"与"清流"之谜

统万城遗址，为十六国时期夏国首都所在，位于今天陕西靖边县西北白城则（子）村。关于历史时期统万城周边地区自然环境风貌，最出名的记述便是"广泽"与"清流"的典故。这则典故最早出于崔鸿所著《十六国春秋》及《凉州记》等书。因《十六国春秋》与《凉州记》等原书已佚，我们看到的记述，均出于后代著作的转述。如《元和郡县图志》卷四《夏州朔方县》下载：

> 契吴山，在县北七十里。《十六国春秋》曰："赫连勃勃北游契吴，叹曰：'美哉！临广泽而带清流，吾行地多矣，自马领以北，大河以南，未之有也。'"②

---

① 2008 年 3 月下旬，承蒙主任侯甬坚教授的邀请，在陕西师范大学西北环发中心学术交流期间，笔者有幸参加了统万城遗址及红柳河学术考察活动，得到了侯教授与其他师生的热情帮助与照顾，并获赠环发中心编辑整理的多种相关研究资料。这次考察活动正是促发笔者创作此文的关键所在，在此深致谢忱！

② 李吉甫：《元和郡县图志》，中华书局 1983 年版，第 100 页。

　　宋人李昉等人所编《太平御览》也有多卷引述了这则典故，但出处不一，个别字词有异。① 如该书卷五〇引《凉州记》曰："契吴山，在县北七十里，赫连勃勃北游契吴而叹曰：美哉斯阜！临广泽而带清海，吾行地多矣，自岭已北，大河以南，未有若斯之壮丽矣。"又如卷一六四《夏州》载：郦（道）元《水经注》：统万城，[赫连]勃勃蒸土所筑。又曰："朔方县有契吴山，[赫连]勃勃北游登之，叹曰：美哉斯阜！临广泽而带清流，吾行地多矣，自马岭以北，大河以南，未有若此之善者也。"又如该书卷五五五引崔鸿《三十国春秋·夏录》曰："赫连昌发二百里内民二万五千人凿嘉平陵，七千人缮清庙于契吴。初，昌父勃北游契吴，升高而叹曰：美哉斯阜！临广泽而带清流，吾行地多矣，未有若斯之美。昌以勃平昔之意也，故立庙焉。"

　　在以上出处各异的各条记载中，均将"临广泽而带清流"作为契吴山麓的一种景象，那么，契吴山的定位便是后人确定这种景象的关键。据《元和郡县图志》记载，契吴山在（朔方）县北七十里。而唐代朔方县治所即在今天的统万城，故而今天的学者通常以今内蒙古乌审旗境内的苏吉山，其与统万城的距离正好也是七十里。但是，这一考订并不是没有疑问的。如《太平寰宇记》卷三七《夏州朔方县》载："契吴城，在县北一百二十五里，赫连昌因山所筑。"又"乌水，旧名黑水，以周太祖讳名曰乌水，源出县北平地，亦契吴之麓"②。关于乌水（或黑水）的位置，学者通常认为是统万城北部的海流图河（或称海柳图河，或称哈柳图河等）。而查《魏书》卷九五《铁弗刘虎传》记载：北魏太武帝亲统魏军进攻夏国，"车驾次于黑水，去城三十余里"。从一百二十五里，至七十里，再到三十余里，契吴城、契吴山以及黑水到统万城的距离并不十分明确。

　　与"临广泽而带清流"的记载可相互印证，关于统万城周边地区山水自然环境风貌的另一个评价，便是"背名山而面洪流"，

　　① 李昉编纂，夏剑钦校点：《太平御览》，河北教育出版社 1994 年版。
　　② 乐史撰：《太平寰宇记》卷三七，中华书局 2007 年版，第 785—786 页。

语出赫连勃勃大夏国秘书监胡义周所作的《京都颂》。

> ……乃远惟周文，启经始之基；近详山川，究形胜之地。遂营起都城，开建京邑，背名山而面洪流，左河津而右重塞。高隅隐日，崇墉际云，石郭天池，周绵千里。其为独守之形，险绝之状，固以远迈于咸阳，超美于周洛……①

如果说《十六国春秋》所记景象是以契吴山麓为中心，而胡义周赋文所描述的场景则可以肯定是统万城下的自然景观。所谓"独守之形"，即指统万城三面环水，"背名山而面洪流"，即谓统万城后有名山作为倚靠，而前有"洪流"（即流量较大的河道）作为阻隔，"石郭天池"也谓统万城外既有连绵不绝的山峦，又存在巨大的天然水体。

文献记载中关于"广泽""清流""洪流"的景观描述，本身似乎并不复杂，然而，现代学者对于"广泽""清流"景象与统万城周边地区的环境变迁之间的关系，却有着非常不同的解读。这也就引出了笔者所称的"广泽"与"清流"之谜问题的探讨。对于目前学术界关于"广泽"与"清流"问题探讨的进展情况，侯甫坚教授曾有相当全面而系统的总结与归纳，参见表 11-1②。

表 11-1　对于"临广泽而带清流"句的诸种解释

年　代	原文论述提要	文献出处
1973 年	这种记载说明"在统万城初建之时，附近一带非但没有流沙的踪影，而且还是一片水草丰美、景物宜人的好地方"	侯仁之：《从红柳河上的古城废墟看毛乌素沙漠的变迁》，《文物》，1973 年第 3 期

---

①　参见房玄龄等撰：《晋书》卷一三〇《赫连勃勃载记》，中华书局 1997 年版，第 3221 页。

②　侯甫坚：《统万城遗址：环境变迁实例研究》，《统万城遗址综合研究》，三秦出版社 2004 年版，第 211—222 页。笔者对原表格内容略有增补。

（续表）

年　代	原文论述提要	文献出处
1981 年	"现在毛乌素沙地中的那泥河、海流兔河、榆溪河等都依靠泉水或地下径流补给。由于这些泉水流过沙地或在基岩和沙丘交接处流出，因而流入河床的泉水均很洁净……因此，'广泽'与'清流'不一定就是优美的草原，而也有可能是沙漠地区的现象。"[1] "我认为赫连勃勃说契吴山'临广泽而带清流'也有可能是沙漠地区的现象。"[2]	（1）赵永复：《历史上毛乌素沙地的变迁问题》，《历史地理》创刊号，上海人民出版社 1981 年版，第 46 页 （2）赵永复：《再论历史上毛乌素沙地的变迁问题》，《历史地理》第七辑，上海人民出版社 1990 年版，第 179 页
1987 年	"可见在统万城初建之时，其附近是一片水草丰美、景物宜人的地方。"	王尚义：《历史时期鄂尔多斯高原农牧业的交替及其对自然环境的影响》，《历史地理》第五辑，上海人民出版社 1987 年版
1993 年	"大约在第四纪以来已有小块沙地存在，而面积不大，其间尚分布有草原、沼泽与灌丛。"	邹逸麟编著：《中国历史地理概述》，福建人民出版社 1993 年版
2000 年	赫连勃勃登临的契吴山应该位于古代的云中地区的云中川，因而所谓"临广泽而带清流"的自然景观不存在于毛乌素沙漠之中[1] "契吴位于黄河东岸大黑河与浑河之间，勃勃所赞叹的应是云中川而非鄂尔多斯高原。"[2]	（1）牛俊杰等：《关于历史时期鄂尔多斯高原沙漠化问题》，《中国沙漠》2000 年第 1 期 （2）任世芳等：《关于南北朝至隋唐黄土高原北部的土地利用方式》，《中国历史地理论丛》2001 年增刊
2001 年	"实际上从区域分异的角度去分析历史文献，这些关于统万城周围生态环境的记载并不矛盾。这些看似矛盾的自然景观是可以同时存于毛乌素沙地内的。" "今天统万城北部约 70 里的地方，正是（内蒙古）乌审旗桃利庙苏木的桃利滩。赫连勃勃所叹美的广泽与清流，也正与今天桃利滩东部的苏吉山周围的自然景观相符合。"	邓峰：《从统万城兴废看人类活动对生态环境脆弱地区的影响》，《中国历史地理论丛》2001 年第 2 期

不难看出，为了破解"广泽"与"清流"这一谜题，众多研究者付出了艰苦的努力，而学术界对于这一问题的认识也变得愈加清晰起来。这场争论的起因就在于：今天统万城周围的景象与"临广泽而带清流"景观无法对应起来，即在大多数研究者眼里，今天统万城内外荒沙遍布的景象，与文献中相当美好的景象不但不相符合，甚至可以说对比非常悬殊。对于这样一个历史时期环境变迁的典型例证，人们有理由不懈地探寻其中的原因，从而为今天的环境与生态保护提供有价值的参照。

然而，笔者以为：如果仔细分析表 11-1 中所列各种观点，对于统万城下"广泽"与"清流"问题的探讨而言，仍然存在着以下几方面的问题。

首先，根据地理定位的不同，目前学者们的观点可以分为两大类：一类是指"广泽"与"清流"正在统万城下，是与统万城密切相关的自然景观，因此，"广泽"与"清流"的消失，必然意味着统万城的自然环境发生了重大变迁；另一类观点则是有意将"广泽"与"清流"景观与统万城本身进行剥离，则"广泽"与"清流"并不在统万城下，而是存在一定的距离，因此，"广泽"与"清流"的存在与统万城遗址附近的遍地荒沙并不矛盾。第二类观点虽然看起来言之成理，但仍然留给我们许多疑问。因为如果将"广泽"与"清流"景观与统万城进行剥离，那么其存在与否，都与统万城附近的自然环境没有直接的相关性，这样无疑会大大削弱这些景观的研究价值。另外，即使"广泽"与"清流"不在统万城下，但"背名山而面洪流"与"石郭天池"等景象则肯定在统万城下，同样与统万城自然环境变迁有着紧密的关联，也是无法回避的。

其次，无论是"临广泽而带清流"还是"背名山而面洪流"，其核心部分都是水体及水文景观，因此，探求"广泽"与"清流"之谜的真相，关键在于弄清楚历史时期统万城附近地区水体与水文环境的变迁状况。如果历史上统万城四周确实存在"广泽""清流""洪流"等水体及水文景观，那么"广泽"在哪里？"清流"与"洪流"又是指哪条河流？更为重要的是，这些自然景观又是如何变化的？是否已经完全消失？如果已经消失，那么又是在什么时代消失的？导致其消失的真正原因是什么？时至今日，"广泽"与"清流"的遗迹又在哪里？

最后，我们看到，距离今天统万城遗址最近且最重要的水系，便是以红柳河为主干的无定河上游水系。位于陕蒙边界地区的无定河，在中国古代史上是一条相当出名的河流，不乏文献记载。当然，古文献中所记载的红柳河及无定河水文景观，与今天无定河的现状也存在着巨大的反差。根据地质勘测及卫星图片可知，红柳河地处毛乌素沙地边缘，为高原深切曲流，名为"无定"，其实该河上游主河道下切赤色基岩较深，可以推知其河道形成的时间相当漫长，河床较浅而易形成漫流情况主要表现在无定河下游河段。① 可以说，红柳河谷地的演变与统万城遗址的环境变迁之间有着难以剥离的依存关系，如果想要了解统万城附近水体及水文环境的变迁，那么对于红柳河谷地全面而系统的研究就是不可或缺的必要前提。

综上所述，笔者认为：探求统万城下"广泽"与"清流"之谜的目的，就在于揭示历史时期统万城地区水体与水文环境的变迁实况，而最重要的途径之一，则是全面而准确地揭示红柳河（无定河上游）的河道变迁与周边自然环境的变化。在没有全面揭示红柳河及无定河谷地古今水文状况变迁的情况下，我们就难以令人信服地断定历史时期（包括南北朝时代）统万城附近地区根本不存在"广泽""清流"及"洪流"景观，或者推定这些水文景观在今天已经完全消失。

"迷失"的红柳河（无定河上游）之历史探寻

研究者通过对比后指出，无定河水系是历史时期鄂尔多斯水

① 参见董光荣、李保生、高尚玉：《由萨拉乌苏河地层看晚更新世以来毛乌素沙漠的变迁》，《中国沙漠》1983年第3卷第2期，第9—14页。

文系统中变化最大且最为复杂的部分。① 历史时期陕、蒙、晋交界地带水道众多，干流与支流相互交错。由于缺乏准确的勘测，这些河流在古代文献中往往存在指代上的淆乱局面，这也是历史时期地理认知局限性上的一种体现。一个典型的事例是"圁水"到底是指哪条河，即使经过古今学者们的反复考订，依然存在两种说法：一为秃尾河，一为窟野河。事实上，古文献中"圁水"指代的并不只是这两条河流，如在相当多的古代文献中，圁水也可指代无定河或无定河的另一条支流——芦河。② 然而，古文献中出现的各种指代在一定程度上代表了一段时期普遍性的看法，并非后世学者单纯辨别正误的问题。

笔者发现：由于支流较多，无定河上游水系（包括红柳河）在历史时期的认知中不仅存在明显的"张冠李戴"问题，而且红柳河主干在相当长一段时间里出现了令人惊讶的"迷失"及"断裂"现象。所谓"迷失"或"断裂"现象主要表现在两个方面：一方面，我们发现，历史时期对于红柳河及无定河上游的直接记载是相当稀缺的，出于各种主客观因素，甚至在相当长的时段内很难找到关于红柳河的直接记述；另一方面，在很多古文献中记载的红柳河水道，与今天水道非但存在矛盾的问题，而且在相当长的时间里，红柳河干流本身就是中断的、互不连接的。

为了明确对比出古代河道的缺失状况，我们有必要将今天已测定的红柳河水道情况作一简要说明。红柳河，即无定河的上游，蒙古语称"萨拉乌素高勒"，意为黄水河，发源于陕西靖边县西南白于山北麓，北流进入内蒙古乌审旗境内，流经统万城下，后再重新流入陕西境内。在靖边县境流长七十五公里，在乌审旗境内流长九十公里，其间有多条支流如芦河、海流图河等汇入。摸清今天的无定河水系状况，是我们鉴别文献中古代水道演变的基础。

---

① 参见罗凯、安介生：《清代鄂尔多斯地区水文系统初探》，侯甬坚主编：《鄂尔多斯高原及其邻区历史地理研究》，三秦出版社 2008 年版。
② 参见刘济南、曹子正等纂修：《横山县志》卷一"圁水"条，民国十八年石印本。

无定河在早期史籍中有"奢延水""生水""朔方水"等多种别称。郦道元《水经注》有关奢延水的记载，也是历史时期关于红柳河水系最全面、最细致的记载之一。如《水经·河水注》卷三称：

> （奢延水）水西出奢延县西南赤沙阜，东北流。《山海经》所谓"生水出孟山"者也。郭景纯曰：孟或作明。汉破羌将军段颎破羌于奢延泽，虏走洛川，洛川在南。俗因县土谓之奢延水，又谓之朔方水矣。东北流，径其县故城南，王莽之奢节也。赫连龙昇七年，于是水之北，黑水之南，遣将作大匠梁公叱干阿利改筑大城，名曰统万城……则今夏州治也。奢延水又东北，与温泉合源。西北出沙溪，而东南流，注奢延水。奢延水又东，黑水入焉。水出奢延县黑涧，东南历沙陵，注奢延水。奢延水又东，合交兰水。水出龟兹县交兰谷，东南流，注奢延水。[①]

这段记载明确记述了北魏时代统万城周边的水系状况，十分重要。在这段记载中，我们可以对无定河水系情况及其与统万城的关系有一个较系统的了解。但在《水经注》之后，相关的文献记载变得十分疏略。如《元和郡县图志》卷四《夏州朔方县》下："无定河，一名朔水，一名奢延水，源出县南百步。赫连勃勃于此水之北，黑水之南，改筑大城，名统万城。今按州南无奢延，惟无定河，即今奢延水也，古今异名耳。"[②]又如《太平寰宇记》卷三七《夏州朔方县》下："无定河，一名朔方水，亦曰奢延水，源出县南，即汉李陵失利于此河之外。"[③]

统万城是识别红柳河最重要的标识之一，而在以上各条记载中，最值得关注的是奢延水的发源问题。如《水经·河水注》指

① 郦道元注，杨守敬、熊会贞疏：《水经注疏》卷三，江苏古籍出版社 1989 年版，第 256—259 页。

② 李吉甫：《元和郡县图志》卷四，中华书局 1983 年版，第 100 页。

③ 乐史撰：《太平寰宇记》卷三七，中华书局 2007 年版，第 786 页。

其"西出奢延县西南赤沙阜",即谓赤沙阜是奢延水的源头。[①] 奢延县为汉县,北魏时已废,而其故县治就在统万城,由此可以判定,赤沙阜应位于统万城西南方向不远处。赤沙阜,即为红色沙地高丘,根据今天的地理知识可以判知,奢延水由沙丘里流出,为较典型的沙漠潜水发源而来。而《元和郡县图志》与《太平寰宇记》两书进一步将无定河源定在奢延县南,或"县南百步",这与《水经注》记载不仅不矛盾,而且更明确。而唐代朔方县治正在统万城,可以说,当时的奢延水正发源于今天统万城南面不远的地方。这与我们今天所熟知的红柳河发源于白于山北麓的状况,有着相当大的差距。

从唐代以后,到清代之前,文献中关于统万城下红柳河(即无定河上游)较详细的记载是相当稀少的,笔者所称"断裂"与"迷失"的现象最为突出。北宋时期,文献中记载的无定河大都为今天横山县以东的中游河道;而时至明代,统万城与红柳河主干河道均在边墙之外,因此,汉文文献的记述与图示资料不免出现空白与中断。如据明代章潢《图书编》所附舆图(图 11-1)[②],在怀远堡、波罗堡(均在今榆林市横山区)对应的边墙外,标示有"白城子",但中间并没有河流连接。另外,明人张雨在所著《边政考》卷二所附《榆林镇图》(图 11-2)[③] 里,也没有标记有任何河流在流经白城子后,再进入边墙之内。而在嘉靖《陕西通志》所附《河套图》(图 11-3)[④] 里,编绘者标示出有河流进入怀远堡、响水堡、波罗堡附近边墙,却没有标示出这条河流是否流经白城子。在该书卷十《河套山川》中,也没有提到奢延水或无定河等河流内容。

---

① 清代学者熊会贞曾在此加按语云:"《水道提纲》,无定河西源曰额图浑河,古奢延水也,出河套右翼前旗贺通图山。则此山即赤沙阜矣。孙星衍乃谓今榆林县北有江山,即赤沙阜,失之。"《水经注疏》,第 257 页。关于贺通图山,其实,熊会贞的认定也是错误的,准之地理方位,额图浑河实为无定河的另一条支流芦河,同样流经今天靖边县。请见下文笔者对于《水道提纲》内容的分析。

② 参见《图书编》所附地图图录(上),明万历四十一年(1613)刻本,选自王自强编:《明代舆图综录》,星球地图出版社 2007 年版,第 274 页。

③ 张雨撰:《边政考》卷二《榆林镇图》,明嘉靖刻本影印本。

④ 马理等纂,董健桥等校注:《陕西通志》卷十,三秦出版社 2006 年版,第 477 页。

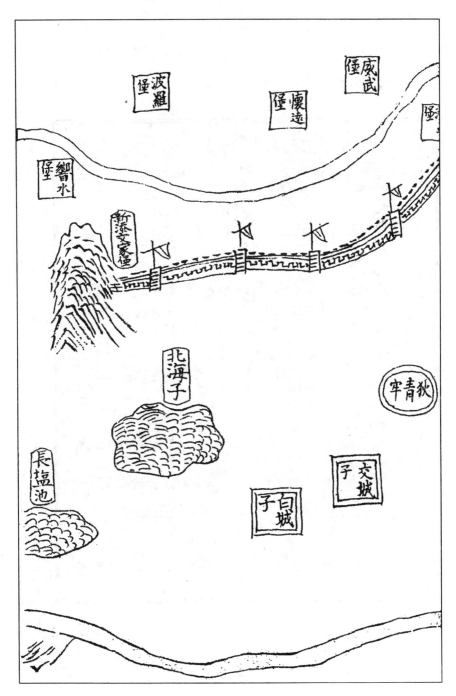

图 11-1　《图书编》所附《河套图》

图 11-2 《边政考》所附《榆林镇图》

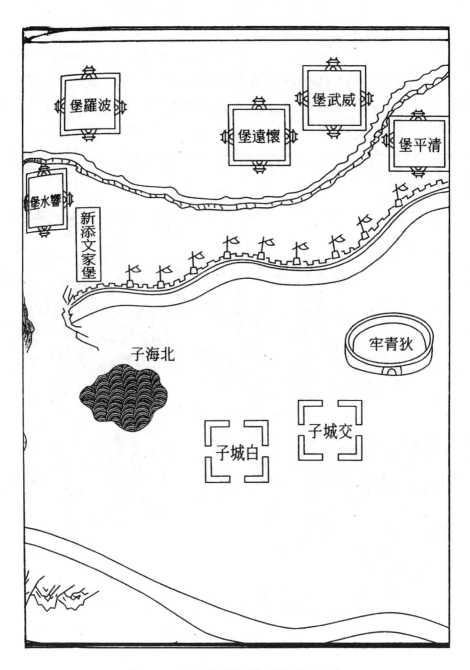

图 11-3　嘉靖《陕西通志》所附《河套图》

除了这些过分简略的舆图外，所幸的是，现存的另外一些明代文献图示资料如《广舆图》（图 11-4）①、《三才图会》（图 11-5）②，为我们提供了一些较有价值的线索。根据这些图示资料可知，当时在边墙外白城子遗址旁边有个较大水体——"北海子"，而流入怀远堡（在今榆林市横山区）的无定河正是源出这

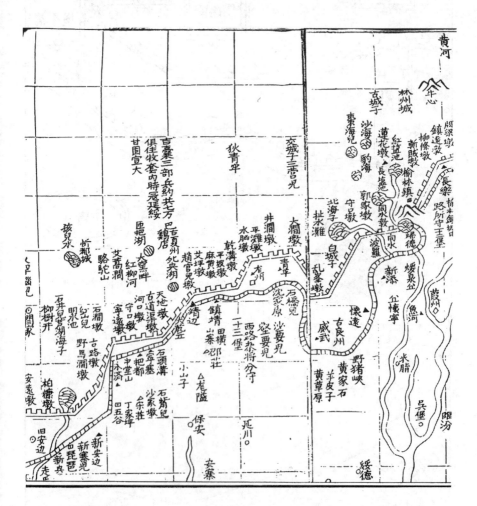

图 11-4　《广舆图》所存《榆林镇图》

　　① 朱思本原绘，罗洪先增纂：《广舆图》卷一《榆林边图》，清嘉庆四年(1797)章学濂重刊增补本。
　　② 王圻纂集：《三才图会》卷三《榆林边图》，第 165 页。

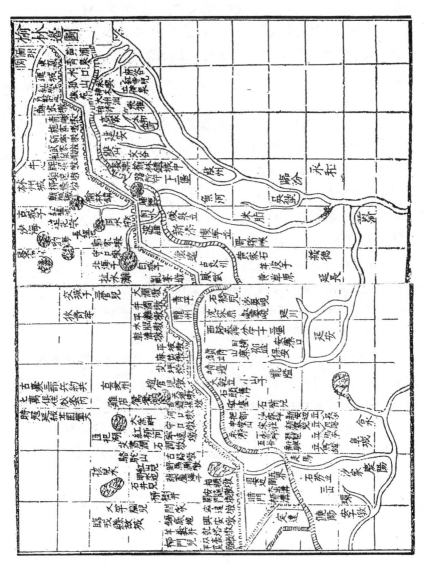

图 11-5 《三才图会》所存《榆林边图》

个"北海子"。同时，在这些示意图中，编绘者并没有进一步标示出在北海子更上游的来源。可以证明，当时的人们认为这个白城子旁边的"北海子"，就是无定河的源头。这种认知，与唐宋以前的记载更为接近，而与今天红柳河的发源状况依然难以吻合。

明末清初的著名学者梁份在《秦边纪略》中提到了无定河的问题，其记述也为我们的讨论提供了宝贵的证明。该书卷一二"龙州城"条下称：

> 边墙在北五里，延安府在南三百里，堡在平地，不若鸭儿巷为险。圁水出塞外之白城儿，至此与堡之慌忽都河水合，南流，益大，谓之无定。河中水之沙，人马践之，如行幕上，多陷没之患，浅深不一，故名无定。且水急流之际，或逆上如海潮，唐人诗人皆至此也。①

梁份在这段记载中提到的"圁水"与龙州堡（在今靖边县境内）之慌忽都河（即今芦河）相汇，显然不是通常所指的"窟野河"或"秃尾河"，而可确定为今天的红柳河。这份记载同样清晰地证明"圁水"（即红柳河）发源于塞外之白城儿，即今统万城遗址。这与唐宋时代的记载以及一些明代舆图十分吻合，但依然过于简单，无法解答我们更多的疑问。

直到清代大规模地理勘测工作实施之后，红柳河"迷失"的状况才出现明显改观，然而，无定河水系的"断裂"问题却由此显得相当突出。清代著名水道名著——齐召南所著的《水道提纲》，在很大程度上总结了康雍乾时期全国性地理勘测的成果，因而对各个水系的记载更为翔实与准确。如该书卷五注释称：

> 榆林无定河有二源，西源曰额图泽河，古奢延水也，出河套右翼前旗贺通图山，东南流。有一水自西来，一水西南自苏海阿鲁山来，俱会，东入怀远堡边城，为潢呼都河。又

---

① 梁份：《秦边纪略》卷一二，复旦大学图书馆所藏《秦边纪略》清抄本。

折东北至波罗营，与北来海留图河会，海留图即东源，古黑
水也，亦名齐纳河，出前旗呼喇呼之地，东南流，与西北来
之纳林河出托里泉，及西喇乌苏河出磨呼喇呼平地者会，东
南入榆林边，于波罗营北而西源来会，又受北来之塔喇布拉
克水，东流曰清河口，又东南经榆林南境，有榆溪西河，北
自卫城西，东南流，来会榆溪西河，源曰清活河，潜出右翼
前旗南平地，南流曰西伯尔河，合克绸及阿尔塞二水，东南
入雄石峡口边城，经卫城西南，曰三垒河，又东南至归德堡
西，有一水自东北来会，又东南入无定河。无定河又东南，
经渔河、镇川二堡南……①

　　齐召南所述无定河系的内容，正好可与乾隆《内府舆地图》
(图 11-6)② 的图示相互印证。额图泽（应为浑）河，《内府舆地
图》称为"额图浑必拉"，即潢呼都河、黄糊涂河、滉呼都河，即
今芦河，是无定河上游另一条重要支流。这段资料最重要的一点
内容，便是提到了西喇乌苏河，《内府舆图》称为"西拉乌苏必
拉"。西喇乌苏河，即今萨拉乌苏河（红柳河在内蒙古境内的一段
河道），在此条记载中，齐召南明确指出萨拉乌苏河（红柳河）发
源出于磨呼喇呼平地。
　　与《水道提纲》相印证，著名学者张穆在《蒙古游牧记》卷
六中也对这一带水系状况进行了十分细致的梳理。

　　（鄂尔多斯右翼前旗）旗西南百八十里有哈柳图河（今海
流图河），源出磨瑚拉琥之地，东南流，合细河、金河二水，
入榆林边，至波罗营，会西南之额图浑河，为无定河。《一统
志》：按此即榆河，无定河之别源，古黑水也，亦名吃那
河……二百十里有细河，蒙古名纳林河，源出橐里泉，南流，
会哈柳图河。二百九十里有金河，蒙古名锡喇乌苏，源出磨

①　齐召南：《水道提纲》卷五，清文渊阁四库全书本。
②　乾隆二十五年版"九排西一"，民国二十一年重印本。

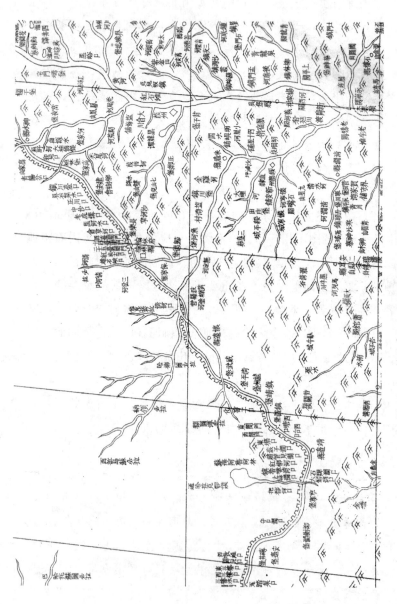

图 11-6　乾隆《内府舆地图》所存《榆林边图》

瑚拉琥之地，南流，会哈柳图河。三百六十里有石窑川河，蒙古名额图浑，古奢延水也，源出贺佟图山山北平地，东南流，合数小水，入怀远县边，为恍忽都河，又折，东北至波罗营，会哈柳图河，为无定河。[①]

齐召南与张穆所记，在《陕西全省舆地图》所附《黄河套图》（图 11-7）[②] 水系标示中也有印证，代表了当时较为权威的观点，如将额图浑河定为古奢延水，乾隆《内府舆图》所标示的内容可相互印证。金河，即锡喇乌苏河，或西喇乌苏河，出于磨瑚拉琥之地。磨瑚拉琥，或磨呼喇呼，今地无考。同时，从张穆的《蒙古游牧记》中，我们还可以了解到，平地涌出潜水，在历史时期鄂尔多斯地区的水文系统中并不少见。

历史时期红柳河"迷失"及"断裂"状况的更重要的证明，就是文献中萨拉乌苏河源并未与上一级源流（如把都河）相连。综合各种资料分析，古文献中的把都河，为今天红柳河水系上源之一支，是较为确定的。但到清朝初年，其与红柳河水系之间的关系尚未确定。把都河水因流经把都河堡而得名，把都河堡（或称为把都河旧城子）便是确定把都河水的地标。而根据清代前期的文献记载，把都河北流进入沙地后，或消失变成沙漠潜水，或潴为内陆湖泊，没有与下面的红柳河水道相连。如雍正《陕西通志》卷十引述《县册》资料称：

> 把都河，在县西南九十里，源出柳树涧，至宁塞堡，北合倪家沟水，出边，径宁塞塘，至红柳桥，入沙（县册）。[③]

这无疑是关于把都河早期变迁的一条极为重要的资料。可证当时的把都河水在流至名为"红柳桥"的地方时，变为沙漠潜水或潜河。又如乾隆《大清一统志》卷一八二记载：

---

① 张穆：《蒙古游牧记》卷六，《中国边疆丛书》第一辑，台北文海出版社 1965 年版。
② 魏光焘等编修：《陕西全省舆地图》所附《黄河套图》，光绪二十五年石印本。
③ 雍正《陕西通志》卷十，清文渊阁四库全书本。

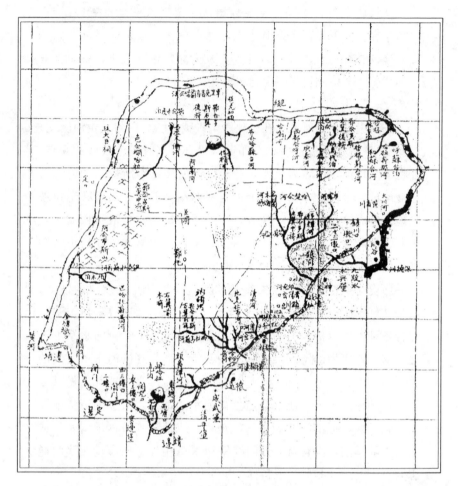

图 11-7 《陕西全省舆地图》所存《黄河套图》

　　把都河：在靖边县西南九十里，一名金汤川河，源出柳
树涧，北流，至宁塞堡北，合倪家沟水，出边，径宁塞塘，
至红柳桥，入于沙河。①

《嘉庆重修一统志》卷二三三《延安府》下又记载云：

　　把都河：在靖边县西南九十里，一名金汤川水，又名金

————————————————

① 乾隆《大清一统志》卷一八二，清文渊阁四库全书本。

鼎山水，北流出边，潴为通哈拉克泊。《通志》：源出柳树涧，
北流，至安塞堡北，合倪家沟水，出边，径安塞塘，至红柳
桥，入于沙河。①

　　乾隆《大清一统志》的记载应该来源于雍正《陕西通志》，却
将"沙"改成了"沙河"。而《嘉庆重修一统志》虽然也引述了
《陕西通志》的内容，但加入了新的内容。这使得水道记载发生了
很大的改变，如将"入于沙"变成了"潴为通哈拉克泊"。
　　与《嘉庆重修一统志》记载相印证，《舆图要览》所附《榆林
边图》（图 11-8）②、乾隆《内府舆图》与《陕西全省舆地图》所
附《黄河套图》的标示都确认：把都河在流出边墙后，潴为通哈
拉克鄂谟或延哈拉克泊。③
　　直到光绪二十五年（1899）印行的《靖边县志稿》所描述的
无定河上游情况，才与今天测定的水系状况基本吻合。如该书卷
一《舆地志》"诸水"条下载：

　　　西北红柳河，其源有三：
　　　一出宁塞堡东南四十里清水沟迤西，北流三十里，有碾
盘湾水自东入之。又五里，马家圪子水自西入之。北行十五
里，至大岔。
　　　一出宁塞十里乔家南沟，北流十里，有黄家岘水自东入
之。又北十里，马家崾崄水于小河畔自西入之。又北十五里，
莺儿窝水自西南入之。又北十五里，亦会于大岔。
　　　一出把都河旧城子，北流二十里，罗家涧、斜路梁二水
自西入之。又折东二十里，过子规沟，俗呼鸥怪沟。

---

① 《嘉庆重修一统志》卷二三三，四部丛刊本。
② 参见顾祖禹：《读史方舆纪要》第十二册，中华书局 2005 年版，第 6090—6091 页。
③ 参见谭其骧主编：《中国历史地图集》第八册《清时期》之"陕西"，中国地图出版
社 1987 年版，第 26—27 页。通哈拉克泊又作"佟哈拉克湖"。这幅"陕西"地图主要根据
乾隆《内府舆图》等资料编绘，较为客观地反映了红柳河道"迷失"与"断裂"的状况。但是
在《中国历史地图集》前几册（包括南北朝时期）的编绘中，却直接将红柳河与白于山麓河
源区贯通起来，前后不一致，令人有些费解。

至大岔，三水合流，《府志》所谓红柳河是也。又北流十里，水分为洲，中有土阜，高数丈，阜上坦平如砥，阔数十亩，俗名无定寨。又北流十里，至小桥畔，有官桥，西距梁镇十五里。又北流十五里，至石底子，亦名朔水。又北流四十五里，抵怀远界白城子，又名生水，又迤东过张鸿畔，径怀远波罗堡，至二石科，即无定河也。[①]

综上所述，从南北朝时期到清末，红柳河水系之所以出现"迷失"与"断裂"的现象，特别是统万城附近水系状况长期缺乏明确认定，原因当然是多方面的。据笔者分析，以下几个方面的因素起到了较为重要的影响。

首先是古今河道认知上的困难。无定河上游（即今靖边县、乌审旗及榆林市横山区河段）水系较为复杂，地处陕蒙边界农牧交错地带，地理位置偏僻，交通不便，地旷人稀。这给历史时期认定水系状况的工作带来了相当大的困难。我们不妨以道光二十一年（1841）怀远县（今陕西榆林市横山区）知县何丙勋的实地调查为例，这次考察被推崇为关于统万城遗址的首次学术性认定。何丙勋在文中描述其路途时称：

蒙询夏州城故址在怀邑之西八十余里，黑水之南，朔方水之北（朔方水即无定河）等谕，兹于月之九日，携带罗盘、纸、笔、随步定向，从县城外之围水西渡，出边墙，又西渡蘑菇河，又西渡黑水河，又西渡无定河，登城二里许，至旧日相传之白土城。细加相度，在县城（即怀远堡）正西九十里。[②]

我们看到，不仅无定河发源处是数条河道合流而成，中间水系也较复杂。如从距离最近的怀远县城到白城子遗址，其间虽然

① 丁锡奎、白翰章等纂修：《靖边县志稿》卷一《舆地志》，光绪二十五年铅印本。
② 杨江撰：《河套图考》所附《夏州城考》，《关中丛书》，陕西通志馆印民国刊本。

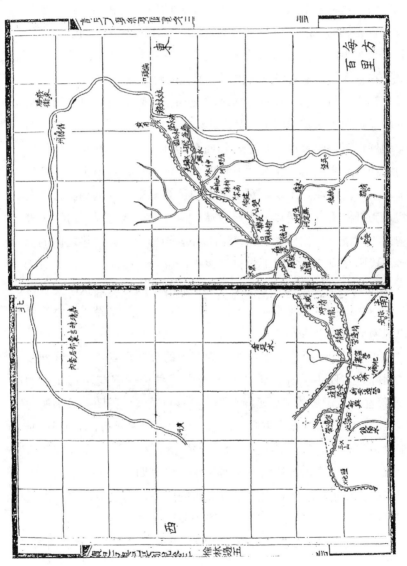

图 11-8　《舆图要览》所附《榆林边图》

只有九十里左右，但中途却有圁水（应为今芦河）、蘑菇河、黑水
河、无定河等数条河流横亘阻隔。更为复杂的是，这数条河流不
是互不相干，而是殊途同归，都属无定河上游支流，最终都汇入
无定河。这种复杂状况给认定工作带来的困惑是相当大的。如果
没有较先进的测绘手段与准确的定位，要想明辨这些河道的源流
是相当困难的，古文献中的不足与局限性主要缘于此。而这一切
又是在古今河流面貌没有发生明显变化的前提下。

其次，与红柳河谷自然地理状况相比，政治因素对于历史时
期的无定河道认知起到了更突出的阻碍作用。从唐朝中后期开始，
党项族进据西北及河套地区，到西夏之创立，统万城及周边地区
由党项族人所占据，北宋时所提及的无定河均指自横山、绥德以
下之中下游河段，于是，对于上游的认知只得付之阙如。时至明
代，为抵御蒙古人侵袭而大修边墙，内外以边墙为界，边墙之外
均视为"蒙界"，因此，从把都河以下，至横山县怀远堡之间的上
游河段因在边外，认知工作自然也无法进行。而汉族士大夫对于
古代文献中的河道认知也自此局限于边墙之内，这种状况一直持
续到清代中晚期。到乾隆《大清一统志》所记陕蒙界线依然主要
以长城即明代边墙为界。

再次，在地理认知上存在较为客观的自然阻隔，正是这种自
然阻隔，才使古人在河道认知上产生了种种迷惑与不确定。如
《水经注》所记载的"奢延泽"与"赤沙阜"、《广舆图》等书所记
载的"北海子"、《嘉庆重修一统志》所记载的"通哈拉克泊"、光
绪《靖边县志稿》所记载的"无定寨"等，都可谓是在红柳河道
上曾经出现的重要自然阻隔。即使在历史时期，红柳河干流之间
很早已存在暗流潜通，但这些较突出的阻隔，则很容易地让古代
的人们在河道认知上产生迷惑乃至误解。

最后，通过上述资料分析，红柳河出现的"迷失"及"断裂"
现象，很难完全归咎于地理认知的局限性以及史料中存在的种种
的矛盾。根据史料记载，笔者大胆提出一个推定：从南北朝到清
末，红柳河河道本身也发生了较显著的变化。具体而言，历史时
期红柳河谷地及无定河上游水系应该存在一个缓慢但又较为显著

的冲沙造河过程。正是通过这个显著的冲沙造河过程，才慢慢消除了在河道里存在的种种自然阻隔，无定河上游水道才逐渐由隐蔽迂回走向显著通畅，最终演变成今天所见的河道形态。①

关于历史时期无定河上游这个冲沙造河过程，直接的文献记载是较为罕见的，但是，我们可以从中下游河道的记载中窥见一二。因为自今天横山县以下的无定河中下游因地处明代边墙之内，水道的认知没有多大问题，记载也较为丰富，我们从这些关于中下游的记载中可以推知无定河上游河道演变中的部分特征。

一是流量丰富。根据现代测量资料，白于山河源区平均海拔1 600～1 823 米，形成自然跌水。红柳河河道平均比降 4.82‰，多年平均径流量为 20 326 万立方米②，但河流流量并不均衡，随季节变化而暴涨暴落。在夏季汛期内洪水补给，水大流急，最大洪流量达 1 080 立方米/秒。③ 据文献参证，北宋时期，无定河下游一带水势汹猛，河面开阔，对地处低洼的城池造成严重威胁。如魏泰所著《东轩笔录》称："太宗时，钱若水言绥州（治今绥德县）不可城，以其下有无定河，岁被水害。今绥州建于山上，不惟水不能害，而控制便利，甚得胜势。元丰中，收葭芦、米脂等寨，亦据山而城。及城永乐，徐给事禧坚欲于平地建筑，未就为

---

① 关于红柳河（萨拉乌苏河）的形成过程，现代研究者已做出了极具开创与启发意义的研究成果，如证明萨拉乌苏河系由古湖泊演化而来，而其演变时间则限定于古地理时代更新世晚期与全新世。对于新石器时代以后的演变则略而不述。参见裴文中、李有恒：《萨拉乌苏河系的初步探讨》，《古脊椎动物与古人类》1964 年第 8 卷第 2 期，第 99—118 页。也有研究者注意到了"新近时期"萨拉乌苏河系的演变趋势，如董光荣等人指出："新近时期鄂尔多斯和黄土高原的整体抬升，连同该河（即萨拉乌苏河）在内的许多河流'回春下切'，河床固定。随着河水下切侵蚀、溯源侵蚀和侧蚀、侧积作用的发展，逐步形成像现在这样由陡峭凹岸与平缓凸岸、离堆山所形成的高原深切曲流。"（《由萨拉乌苏河地层看晚更新世以来毛乌素沙漠的变迁》，《中国沙漠》1983 年第 3 卷第 2 期，第 13 页。）可以说，历史时期红柳河的演变完全符合这种变化趋势。考古学者与地质学者往往主要利用静态的地层剖面进行叠加分析工作，但河流发育是一个动态过程，水源与来水（包括洪水泛滥与地下潜水补给）的巨大作用是不可忽视的。上游来水不仅带来丰富的水流，而且其巨大的冲击力还会对沿线泥沙起到搬运与扩散作用。在本章节中，笔者主要依据文献记载与地图资料，以及实地考察的认知，力求更清晰地、更生动地展现历史时期红柳河河道的变化状况。

② 《伊克昭盟志》，第 556 页。

③ 《靖边县志》，陕西人民出版社 1993 年版，第 55 页。

西戎所陷。"当时，无定河每年洪水肆虐，竟然迫使下游绥德县城建筑于山梁之上，可见当时河水流量之猛是相当惊人的。而红柳河毗连统万城附近，属于靖边县北部风沙滩区，地势低洼，因此，可以推定这一区域于历史时期无定河泛滥时期会受到更明显的影响。

时至清代，无定河水患严重的状况没有丝毫的改变。如雍正《陕西通志》卷十八引《延安府志》称：宁塞堡"西面枕山，东南北俱平川，逼近红柳河，岁多水患，有分防守备"。又《绥德州志》称："无定河经米脂、绥德而势益大，积沙惊浪，行人苦之，为古战守要地。"①

二是携带泥沙量较大。总体而言，红柳河携带泥沙状况有着明显的阶段性差异。红柳河发源区为黄土地带，覆盖数十至百余米的黄土层，由于梁顶与谷底落差较大，因而，暴雨冲刷造成的水土流失相当严重。这也就是红柳河在进入内蒙古境内被称为"黄水河"或"金河"的缘故。然而，无定河在流经毛乌素沙地时，在泥沙沉淀以及地下潜水补给等多重作用下，径流泥沙含量大为减少。然而无定河在重新入塞以后，途经黄土地带，再加上芦河等多条支流的汇入，而这些支流本身就来自黄土地带，泥沙含量相当高，合流之后，水流湍急，含沙量增大之趋势非常明显。

早在北宋时期，无定河中下游河道淤沙严重的状况，已为当时人们所认识，如《宋史·崔遵度传》卷四四一称："三抵绥州（治今绥德县）。涉无定河，河沙与水混流，无定迹，陷溺相继，遵度悯之，著铭以纪焉。"又见《宋史·夏国传》载称："以河东军度无定河，循水北行，地皆沙湿，士马多陷没。"时至明清时期，无定河中下游泥沙淤积的状况依然十分突出。如清代学者梁份在《秦边纪略》卷一二《龙州城》称："（无定）河中水之沙，人马践之，如行幕上，多陷没之患，浅深不一，故名无定。且水急流之际，或逆上如海潮，唐人诗人皆至此也。"② 清人吴景旭所

____

① 见雍正《陕西通志》卷一三引，清文渊阁四库全书本。
② 梁份：《秦边纪略》卷一二，复旦大学图书馆所藏清抄本。

撰《历代诗话》卷五三又云:"无定河,何燕泉(即明人何孟春)
曰:陈陶诗'可怜无定河边骨,犹是春闺梦里人',少读其诗,谓
无定者,指河边骨之飘流莫收耳。比奉命过银州(治今横山县
东),见沙河一带,延迤边塞,问之,人曰无定河也,地皆沙水,
冲徙不常,故以得名。"

历史文献中关于无定河泥沙的描述并不少见,给观察者留
下了较深的印象,这也引来一些学者的思考,其中最出名的论
述当属著名学者沈括《梦溪笔谈》里的相关记述,该书卷三称:

> 《唐六典》述五行有禄命、驿马、溼河之目,人多不晓溼
> 河之义。予在鄜延见安南行营诸将阅兵,马籍有称过范河损
> 失。问其何谓范河,乃越人谓淖沙为范河,北人谓之活沙。
> 予尝过无定河,度活沙,人马履之,百步之外皆动,颎颎然如
> 人行幕上,其下足处虽甚坚,若遇其一陷,则人马驰车应时
> 皆陷,至有数百人平陷无孑遗者。或谓此即流沙也。又谓沙
> 随风流谓之流沙。溼,字书亦作堲(蒲滥反)。按古文,堲,
> 深泥也,术书有溼河者,盖谓陷运,如今之空亡也。[1]

溼(音半)河,即俗称的"烂泥河",这应该是无定河下游携
带泥沙最形象的概括。又谭吉璁为清初《延绥镇志》的撰著者,
曾长期在榆林当地为官。关于无定河泥沙问题,如《延绥镇志》
卷六《艺文志》收录了谭吉璁《答刘敬义论无定河沙书》云:

> 来教云:朱子《楚辞注》引沈括《笔谈》言:在延安,
> 渡无定河,其沙急流,人马如行幕上,多陷没之患,为流沙
> 千里之注,似矣。及考诸书礼注流沙者不然,则无定河之沙,
> 非弱水之流沙也明甚。顷从波罗(堡)转饷归,涉谎忽河,
> 谎忽者,即无定河之上流也,得李将军先以人马往来于河中
> 数巡而后敢渡,犹必蹢躅而行,稍失足即堕陷矣。居人名之

---

① 沈括:《梦溪笔谈》,上海涵芬楼影印明刊本,四部丛刊(续编)本。

为溃沙。唐《舆地广记》注云：无定河即圁水也。后本朝人
因溃沙急流深浅不定，故更今名，较为详实。每读宋史，见
王中正以河东军渡无定河，循水北行，地皆沙泾，士马多陷
没。窃谓中正奄人，躁妄冒进，以取溃败，亦犹足下所云朱
子之注者。然而今历其地，乃知沙在水中，而非地也，益见
沈括之有据矣。岂非古所云"千闻不如一见"者乎？若《北
史》刁邕表中称：薄骨律镇道多深沙，轻车载谷二十石，必
至陷滞，则今之榆林城外及清平堡一路皆是，而尽名之为流
沙也可乎!?[1]

　　沈括所涉历的河道为延安附近的无定河下游，而谭吉璁所经
过的则是无定河的上游支流——谎忽河，即今芦河。虽然分别是
两条支流，但其泥沙状况是十分相似的，均为河道之中淤积的泥
沙，因累积时间不长，故而踩踏便有陷没的危险。而据谭吉璁所见，
当时榆林城外及清平堡（在今横山与靖边县之间）一带均有淤积的
浮沙，但未指明这些浮沙是否全与无定河的泛滥及冲刷有关联。

　　在近代沙漠形成理论的研究中，关于河流造成沙漠的结论是
一个标志性的进展，如在非洲的撒哈拉大沙漠与中国的塔里木沙
漠的形成过程中，河流的剥蚀搬运作用都是极为重要的因素。[2]
今天靖边境内毛乌素沙地的形成，与无定河本身所携带的泥沙之
间关系，也是一个非常值得关注的问题，但目前的研究者似乎对
这一问题考虑较少。在无定河上游长期冲沙造河过程中，河流经
过沙地时侵蚀与携带的大量泥沙，必然会大量淤积于河流谷地及
河谷两侧地区，而红柳河河谷两侧均属于今毛乌素沙地的范围。

　　最后，关于红柳河河谷风貌变迁的另一个重要问题，便是所
谓的"清流"问题。赵永复先生曾指明"广泽"与"清流"是沙
漠中的特有现象，却没有提到红柳河。红柳河，蒙古语称为萨拉
乌素，意谓黄水河。可以肯定，红柳河发源于黄土塬地带，季节

① 谭吉璁等纂修：《延绥镇志》卷六《艺文志》，康熙十二年抄本。
② 参见竺可桢：《改造沙漠是我们的历史任务》，《人民日报》1959 年 3 月 2 日。

性的强降水冲刷黄土覆盖的山梁，造成较严重的水土流失。当其北流进入沙漠地带之时，径流所携带的泥沙量是相当可观的。这是其与较单纯地来源于毛乌素沙地潜水的那泥河（那林河）、海流兔河（海柳图河）、榆溪河最大的不同之处。泥沙在流经沙地的同时，必然会产生淤积，光绪《靖边县志稿》所提到的"无定寨"，实为黄土淤积而成的巨大土阜。今天我们考察统万城附近的红柳河河道时，也可以经常看到在河道中间形成的小型沙洲。经过数十公里的沉淀与过滤，红柳河在流经统万城附近时，完全可以呈现出一带"清流"的景象，并可与直接来自黄水地带的水系形成清浊分明的对照。

　　更为重要的是，作为同处于沙地的河流，红柳河与那泥河（那林河）、海流兔河、榆溪河又有很大的相似之处，即同样得到非常丰富的沙漠潜水的补给，换言之，红柳河水，并非完全依赖上游白于山区的来水，而中间汇入的沙漠潜水是相当丰富的，特别是春秋枯水季节，这也是笔者在考察活动中所得到的最重要的收获之一。笔者在考察时，发现有众多来自河谷西侧沙地的潜水注入红柳河，且清澈透明，含沙量极低。而偶见个别来自东侧黄土塬的地表径流，却相当浑浊。这种状况也得到了现代地理勘测成果的充分印证（参见表 11-2）。

表 11-2　无定河上游地表径流地下水补给量简表①

河流名称	观测站名	地下水补给流量（立方米/秒）	年平均流量（立方米/秒）	地下水补给径流占总径流百分比（%）
无定河 1	赵石窑	17.40	21.20	82.10
无定河 2	川　口	33.20	48.80	68.00
海流兔河	韩家峁	3.28	3.36	97.60
芦　河	横　山	2.71	3.58	75.70
榆溪河	榆　林	11.40	11.70	97.40

---

①　参见陕西省水文总站《陕西水文图集》(1975 年)，转引自陕西师范大学地理系编写组：《陕西省榆林地区地理志》第五章《河流与地下水》，陕西人民出版社 1987 年版，第101 页。

又据民国年间的考察资料（如《绥蒙辑要》），鄂尔多斯乌审旗内地下水位较高，掘地数尺，即可见水。根据现代地质学者所作的地层剖面分析可知，红柳河谷地往往分为几层台地，主河道在蒙古沙砾台地数米之下，这种地势为地下潜水源源不断地汇入红柳河创造了条件。

"广泽"的"退隐"与现代水利改造

统万城下"广泽"问题的探究，即谓历史时期统万城附近是否存在可以称为"广泽"的较大水体或较大面积的沼泽湿地，无疑是推知统万城周边地区自然环境（特别是水环境）的重要途径之一。综观古今文献可知，我们可以对此给出肯定的答案。

深入研究"广泽"演变问题之前，有必要对"广泽"或"大泽"之古义作一简要诠释。"泽"之本义较复杂，古人之释义也相当多样。简而言之，可分为三类景观形态：一类是指典型的沼泽湿地景观，如《风俗通·山泽》云："水草交厝，名之为泽者，言其润泽万物以阜民用也。"一类为水体及湖泊景观，如《国语·周语》："泽，居水也"。《释名·释地》："下而有水曰泽。"《尚书·武成》："水钟谓之泽"。一类是与河道或水系直接相关的水体景观。《左传·宣公十二年》载："川壅为泽。"又如《山海经·海内北经》："泽，河边溢漫处。"《易象下传》："泽者，卑下流潦归之。"①

可见，在古人眼中，泽的含义是较为宽泛的。"广泽"与"大泽"既可以指大面积、浩瀚的内陆湖泊，也可以指水草丰茂的沼泽湿地，也可以指河流、水系的潴留漫漶之处。笔者认为：与本章节主题相关，上述所列"泽"字的第三类含义，即与水系及河流相关的水体景观，特别值得注意。而这类"广泽"在陕西北部地区并不罕见，如绥德州之葭芦川，据雍正《陕西通志》卷一三记载："自合真乡川抵通秦寨，流石峡中，下汇为广泽，名滴水

---

① 参见阮元编：《经籍纂诂》卷一百，成都古籍书店 1982 年版，第 995 页。

坑。又南合五女川至州城西山下约一百八十里东入黄河。"这个"广泽"便为河水淤积而成，俗称"滴水坑"。

据郦道元《水经注》记载，奢泽县境内有"奢延泽"。现代研究者通常将"奢延泽"等同于后世记载的"长泽"，即清代之"通哈拉克泊"，相当于今天内蒙古乌审旗境南端的城川古湖泊群。但是，通过对文中的红柳河水道考订之后，笔者对于这种说法不得不表示怀疑。这主要是因为在漫长的历史时间里，红柳河水道本身并没有贯通，也就是说，直到清代前中期，当时人们仍然没有意识到：奢延水（无定河）与上游注入通哈拉克泊的把都河是一条河。[①] 如果郦道元已经知道红柳河直通通哈拉克泊，那又为何只提到"奢延水"出于"赤沙阜"呢？

清代学者顾祖禹引述元代胡三省的说法认为："奢延泽即奢延水。"[②] 但从地貌考察情况及上述训诂学解析来看，"奢延水"与"奢延泽"，二者在外在形态上不应该完全混同，不分彼此，而郦道元在讲述"奢延水"时特意提到"奢延泽"，那么，这种看法就意味着当时"奢延水"与"奢延泽"密切相关。胡三省、顾祖禹的看法正基于此。而根据《元和郡县图志》与《太平寰宇记》的记载，奢延水就发源于统万城附近地区，那么，这个"奢延泽"便极有可能位于统万城下奢延水流经的地方。

根据明清诸多图志记载与标示，明清时代自榆林镇到靖边堡的陕北边墙之外地区存在着相当多的内陆湖泊，参见表11-3。

表 11-3　主要湖泊、水体

湖泊、水体名称	文献出处
红盐池、沙海、枣海、豹海、北海子、匝把湖、兜央湖	《广舆图》卷一

---

① 前文注释已提到，《中国历史地图集》第四册（东晋十六国、南北朝时期）《雍、秦、豳、夏等州地图》（第54—55页）的编绘中，直接将奢延水贯通至白于山麓，与第八册"清时期"之《陕西地图》（第26—27页）中红柳河与把都河中断情况不符，前后不一致，似乎有悖常理。

② 顾祖禹：《读史方舆纪要》卷六一，中华书局2005年版，第2930页。

（续表）

湖泊、水体名称	文献出处
红盐池、长盐池、北海子、鸳鸯湖、咂把湖	嘉靖《陕西通志》卷十
沙海、枣儿海、豹海、长盐池、北海子、咂把湖	《边政考》卷二
咂把湖（在定边县北套内）、彬草湖（在靖边县宁塞堡西北套内）、青山湖（在宁塞堡塞外）、荍麦湖（在定边县砖井堡塞外）、牛毛湖（在定边堡北塞外），大海子脑（在牛毛湖西南）、明沙湖（在盐场堡北塞外赤木墩西）、佛堂寺沟（在鸳鸯湖东）、神水滩（在靖边县东北套内）	雍正《陕西通志》卷十三

笔者以为：在上表中所列的湖泊中，最值得关注的是"北海子"，可谓其中记载最多的一个湖泊水体。据嘉靖《陕西通志》卷十《河套山川》下载："北海子在白城子东。"《河套古迹》下载："白城子在北海子西。"① 可见，这个"北海子"是距离统万城较近的一个较大水体。在该卷所附《河套图》中清晰地标示出了"白城子"与"北海子"的方位。与之相印证，明代人所著图籍如章潢《图书编》、罗洪先《广舆图》、张雨《边政考》、王圻《三才图会》等清晰地标示出了"北海子"。前面已经提到，《广舆图》《三才图会》等图籍甚至明确将白城子之东的"北海子"作为无定河的水源地。

时至清代前期，"北海子"等位于今天靖边县及横山区边墙之外湖泊及河流依然相当引人注目。如《延绥镇志》载称：

> 白城子、红城子、交城子之东有北海子水、佛堂寺沟水、鸳鸯湖水、卯孩水、紫河水，皆混（浑）涛历峡，东注于河。②

当然，历史时期的地貌景观不可能一成不变，像"广泽"

---

① 顾炎武：《天下郡国利病书》"九边四夷备录""河套"条，四部丛刊（三编）本。
② 《延绥镇志》卷一《地理记》附记。

之类的湖泊湿地类景观也会受到气候、降水等自然因素影响而发生外在形态的变化。据研究者推论："由于水蚀沟谷系统的形成、发展，地下水位不断下降，地表湖沼水体大量疏干，特别是受17—19世纪世界小冰期气候波动之影响，本区（即萨拉乌苏河流域）又一次出现干冷多风的荒漠化环境。"① 在明末清初之后，我们已很难在文献中见到"北海子"的踪迹，这正与17—19世纪世界小冰期的气候波动情况相呼应，因而绝非偶然。当然，这其中的原因应该是多方面的，很难断定这一湖泊已告干涸，因为陕蒙边境的湖泊季节性变化较大，"北海子"地处边墙之外，一旦水体面积缩小，汉族文士在相关著述中忽略不计，也在情理之中。明代榆林镇城附近保宁堡的撤废也是类似的情况。据《延绥镇志》卷一载："保宁昔称水泽之区，年来潴水渐涸，马无所饮。倘保宁日就凋疲，则归德之饷道可虞。"我们在后来的方志中确实很难找到保宁堡的踪迹，极有可能是因缺水问题而被撤废。又有研究者指出，由于自然变迁及人为影响，有史以来，（榆林地区）湖泊渐趋枯竭，仅榆林县（今榆林市榆阳区）唐代以来有80多个海子干枯，成为干滩。② "北海子"的变迁可谓一个相当典型的例证。

历史时期红柳河谷地周边地区曾经存在较大面积的湖泊与沼泽湿地，从现存地貌形态也能得到较充分的证明。根据现代地理测绘成果，包括靖边县在内的榆林地区湖泊，大多为古湖盆或废弃河床堆积残留的沙质洼地汇聚地下渗水和天然降水而成。而根据测量，统万城遗址所在的白城则村海拔1 123米，为靖边全县地势的最低点，具有淤水成泊的天然条件。③ 根据20世纪80年代编辑的《榆林地区志稿》第二卷《地理》提供的资料，今天靖边县的海子滩正好属于毛乌素沙带淡水海子群。这

① 董光荣、李保生、高尚玉：《由萨拉乌苏河地层看晚更新世以来毛乌素沙漠的变迁》，《中国沙漠》1983年第3卷第2期，第13页。
② 参见榆林地区地方志办编：《榆林地区志稿》第二卷《地理》，复旦大学图书馆藏稿本，第46页。但文中没有列举相关证据与论著成果。
③ 《靖边县志》，陕西人民出版社1993年版，第43页。

类海子以沙漠潜水补给为主，海子滩地处最东端，海子数量最多，达 40 个，且这一带滩地低洼，与内蒙古的大片滩地相通，似滩似涧，海子密集，逶迤相连。统万城遗址所在的白城则（子）村便隶属海子滩地区，而统万城遗址正处在海子滩地区之西部。

在古代文献中，"海"或"海子（则）"与"滩"有着不同的含义。如雍正《陕西通志》卷十一引《延绥志》称："凡水之所会，渟而不流者，边人通谓之海，水不大而海之者，渟之盛也。"从训诂学意义来看，俗称"海子"，完全可归为一种类型的"广泽"。又光绪《靖边县志稿》称："治北蒙地多平沙，俗呼为滩。"此处"滩"明显指河边沙滩之地。"海子滩"之名，极典型地反映了这一地区由成片水体渐次干涸，并裸露出大片滩地的过渡状况。笔者推断，据方位及地名所指，今天的海子滩区很可能就是明清时期"北海子"之所在。①

然而，我们今天来到靖边县海子滩等地考察时，会发现海子滩地带地貌已发生了重大的变化。笔者以为：历史时期靖边县境内特别是红柳河谷沿线存在面积相当可观的沼泽与滩涂地带，而今天所见滩涂大为缩减的最重要原因在于现代水利改造。20 世纪中期以后，改善无定河的大中型水利工程不断兴建。据 1993 年出版的《靖边县志》记载，截至 1989 年，全县共建成中、小型水库 140 座，总容量为 9.63 亿立方米，池塘 135 座，总蓄水量 600 万立方米。其中在红柳河流域有新桥水库、金鸡沙水库、水路畔水库等，此外还有数量众多的节水坝体（见图 11-9 及表 11-4）。与此同时，内蒙古乌审旗地区也积极修建水库，如著名的巴图湾水库就建设在红柳河上。

---

① 王北辰先生曾经指出：今天海则（子）滩沼群，应该是古代奢延泽的遗迹，颇有见地，可惜王先生没有做进一步的论证与说明。参见《毛乌素沙地南沿的历史演化》，《中国沙漠》1983 年第 3 卷第 4 期，第 13 页。

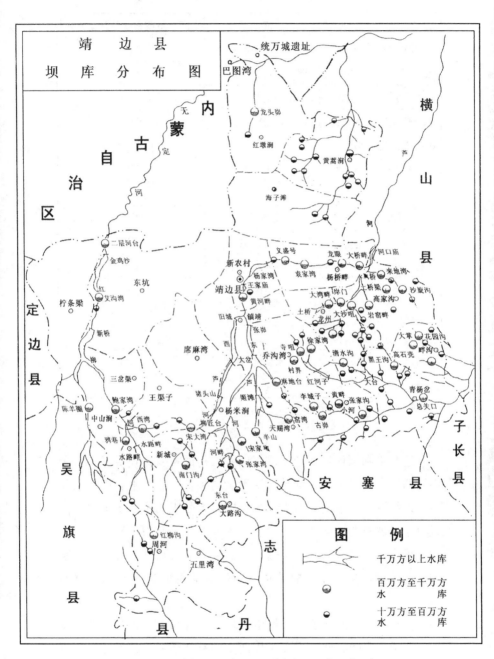

图 11-9 《靖边县志》所附《靖边县坝库分布图》

表 11-4　红柳河流域所建中小型水库情况简表

水库名称	规模类型	所属地域	水库容量或蓄水量（立方米）
巴图湾水库	中型	内蒙古乌审旗河南乡	9 350 万
新桥水库	中型	陕西靖边县东坑乡	4 400 万
金鸡沙水库	中型	陕西靖边县东坑乡	2 775 万
水路畔水库	中型	陕西靖边县水路畔乡	2 540 万
陈羊圈水库	小一型	中山涧乡	100—1 000 万
鲍家湾水库	小一型	中山涧乡	下同
龙头峁水库	小一型	红墩涧乡	下同
二层河台	小一型	东坑乡	下同
艾家沟湾	小一型	柠条梁镇	下同
西　湾	小一型	水路畔乡	下同
鸦　巷	小一型	水路畔乡	下同
三岔沟	小二型	红墩涧乡	10—100 万
小桥畔	小二型	东坑乡	下同
马家沟	小二型	水路畔乡	下同
刘　渠	小二型	水路畔乡	下同

资料来源：①《伊克昭盟志》；
　　　　　②《靖边县志》，陕西人民出版社1993年版。

　　这些水利工程是新中国成立以来取得的重要建设成就，对于沿河两岸人民来讲，无疑是功德无量的福祉。这些水利措施不仅极大地缓解了洪水泛滥对沿岸的影响，有效阻遏了水土流失，而且对于发展农业，推动经济发展，改善人民生产与生活条件更是功不可没。"水利是农业的命脉"，如果没有对红柳河及周边水系的水利改造，这些年来陕蒙边界地区农业发展势必受到严重的阻碍。

　　但是，维护河谷地带自然生态环境系统与人工水利改造、发展农业生产之间必然存在着难以两全的复杂矛盾。也就是说，原始自然生态环境并非全是有利于农业发展的因素，水利改造最直接的目的，正是要扭转或改善这些不利因素。这不可避免地对原来的自然生态系统产生干扰、影响，甚至是破坏。对于红柳河谷及其两岸自然生态环境而言，长期水利改造的负面影响也是不可忽视的，主要表现在以下几个方面。

1. 节制干支流之来水，直接阻断了红柳河谷地的自然发育过程。红柳河发源地——白于山麓地区每年所降暴雨可谓红柳河水系最重要的水源之一，众多水库的兴建几乎将发源地的大部分自然降水截留，由此流向红柳河干流以及谷地的水量大大减少，从而直接导致无定河中游及下游的流量大大减少，甚至在枯水季节出现断流及干涸的状况。因此，今天我们可以看到，在众多水利工程的制约下，春秋枯水季节，从统万城遗址下流经的红柳河的流量都是非常有限的。

2. 水库截流同样在很大程度上阻断了红柳河谷地周边（包括统万城周边地区）内陆湖泊与沼泽地貌的发育过程。除了天然降水与地下潜水补给之外，应该说，每年暴雨季节白于山河源地发生的定期泛滥，对于红柳河谷地及周边湖泊沼泽地貌的发育是极为重要的。截断了来自上游泛滥的洪水，仅凭天然降水与地下水的补给，要想在陕蒙边界这样的干旱与半干旱地区维持沼泽湿地面貌，应该是相当困难的。

当然，修建水库，对于提高水库所在地周围区域地下水位起到了重要的影响。如新桥水库建成以后，周围5公里的范围内，地下水位提高了5～16米。[1] 但是，此消彼长，红柳河谷地其他地段地下水位就必然会有下降的问题。据当地林业局干部的回忆，时至20世纪七八十年代靖边县地下水位还相当高，北部风沙湖滩区域内沮洳低洼的滩涂面积还相当可观，至少要比现在大得多。

3. 上游来水量锐减，导致河床裸露，沼泽地干涸，进一步刺激了沿河两岸侵河造田的趋势。这种趋势会促使河道狭隘的状况加剧，流量锐减。由于水源便利，土壤肥沃，毗邻红柳河谷地的土地很早就为两岸农民所青睐。经过多年的辛勤开发，无论是在

① 《靖边县志》，陕西人民出版社1993年版，第153页。

陕西境内还是在内蒙古境内，红柳河河谷两岸都已成为重要的粮食作物产地。

然而，必须看到，红柳河水系对于维持沿河地区自然生态环境是极为重要的，而大面积的农田改造，势必大大削弱红柳河谷地面积，对于河谷环境的影响是极为不利的。

可以说，现代大规模的水利改造，在很大程度上已经直接破坏了无定河水系的自然补给循环系统，必然对河谷面貌产生重要而直观的影响。因此，可以肯定，今天我们所实地观测到的红柳河谷风貌，已与文献记载中的、较少人为干扰与改造的无定河水系状况相差甚远。以此为基础的实地探查，如若无法排除现代水利改造的影响因素，而直接归之于历史时期的农牧业发展的后果，当然难得要领，无法得到符合历史实际的结论。

最后，笔者还想指出的是，如以今天白城子遗址为基准，古代文献中统万城下的"广泽"应在常人视野所见的范围之内，因而，这个"广泽"不会仅仅指距离统万城遗址还有一段距离的"海子滩"湖沼群，统万城周边红柳河谷地内也应存在过一个规模可观的水体或水域，并与海子滩湖沼群逶迤相连。这也就是《水经注》中"奢延水"与"奢延泽"相通的最关键原因。现代地理工作者已经证实，红柳河（无定河）上游沿线谷地多有牛轭湖[1]。通过实地调查得知，统万城下红柳河谷中原来一直存在一片面积可观的类似牛轭湖的水体。而这片规模可观的水体的消失，则是20世纪70年代白城则村水利改造的直接结果。笔者以为，对于统万城遗址附近地区自然生态环境而言，这次水利改造的影响是不能轻易忽略的。

这次影响重大的水利改造，是指1974年白城则村所进行了一次河梁爆破事件。在此之前，在今天白城则村所在地原名为渡口台，此处有一个宽约400米的红砂岩石梁横截河床，实际上形成了一个规模不小的牛轭湖，类似一个天然水库，谷地宽广，常年积水。

---

[1]　陕西师范大学地理系编写组：《陕西省榆林地区地理志》第五章《河流与地下水》，陕西人民出版社1987年版，第97页。

当时以渡口台为中心，形成了沙柳湾（前湾）、大河湾、索罗布湾、小河湾等几个河湾。如渡口台北岸的东侧红柳河河谷为"沙柳湾"。而红柳河北岸正对着统万城遗址的谷地，被称为"大河湾"。从这些地名可以看出，这些河湾共同构成了统万城前的巨大水体。更应注意的是，这一水体由一条由南而北的红柳河的支流——圪洞河（又称小河），与海则滩湖沼群相连接。正由于这条支流的分划，红柳河南侧谷地遂被称为"小河湾"（原名"索罗布湾"）。

但是，这种自然地貌很不利于当地居民的生产与生活，由于河谷水位较高，周边人被迫居住于沙岸与黄土山梁之上，可耕地很少。如白城则村的居民大部分还居住在于统万城遗址的城墙上开凿的窑洞中，今天我们还可看到这些窑洞的遗迹。1974 年，为了改善农业落后的状况，提高百姓的生活水平，白城则村老支书高振亮决定炸开红石梁，下泄潴留于河湾的积水。通过多次爆破与人工开凿，最终完成一条宽四五米、深七米、长约四百米的石槽。于是河湾淤水迅速排走，河谷水位下降，河湾内的湿地裸露成可耕垦的土地，居住于统万城及山梁上的居民也逐步向下搬迁。此举在很大程度上改变了当地人民的生产生活状况，村民从统万城遗址中搬出，另建村落，有利于统万城遗址的保护。[①] 但是，从今天维护统万城遗址周边地区生态环境的角度来看，渡口台石梁的炸毁与牛轭湖的消失仍然让人不免有些遗憾。

不过，在实地考察红柳河河谷现状后，我们还是有些惊喜地发现：自然生态伟力之顽强，真是令人惊讶不已，即使在这长达半个多世纪的人工改造之后，在红柳河（无定河）的某些河谷地段内依然能见到季节性的美景，其与古文献中"临广泽而带清流"的景象十分近似。另如在内蒙古乌审旗境内的萨拉乌素沙漠大峡谷以及巴图湾水库等都已成为具有强烈吸引力的旅游景点，其中，距离统万城遗址不远的巴图湾水库中碧波千顷的景象，令我们不难想象当年统万城下湖沼相连的情形。

---

① 关于 1974 年白城则村炸开石梁事件的详细情况，参见李令福：《2000—2003 年统万城遗址考察记》，载于《走向世界的沙漠古都——统万城》一书，《中国历史地理论丛》2003 年专辑，第 95—105 页。

结　语

　　"广泽"与"清流"问题之研究，不仅直接关系历史时期统万城周边地区水环境变迁历程，而且也是研究红柳河水系与河谷地带水文景观的核心内容。通过以上较系统的分析，我们对红柳河水系及统万城周边地区的水环境变迁问题可得出一些较有价值的认知。

　　1. 文献记载中赫连勃勃所称"临广泽而带清流"，与胡义周所记"背名山而面洪流"，均应指统万城周边以及红柳河谷地曾经存在的面积可观的河流、湖泊等水体与沼泽滩地景观。探求"广泽"与"清流"之谜，可被引申为对统万城下及红柳河河谷地带水环境与水文系统变迁过程的探讨。

　　2. 历史时期红柳河水道曾经出现较长时段的"迷失"与"断裂"现象，除记载及认知问题之外，历史时期的红柳河水道并不是一成不变的，本身存在一个漫长而显著的冲沙造河过程。历史文献证明，无定河中下游河系水势汹猛，含沙量较大。从一个侧面反映出红柳河的变化过程。因此，在历史时期毛乌素沙地的扩展过程中，无定河所携带泥沙的作用也应引起研究者的关注。

　　3. 历史时期陕蒙边界地区曾存在面积广大的低地沼泽区，在雨量充沛时期，河水流量及沼泽湿地面积较大。统万城下一带也有"北海子"等较大水体，且与红柳河河谷发育有着密切的关联。从17世纪开始，与世界范围的气候变化相呼应，陕蒙边界地区的湖沼群出现较明显的干涸化迹象。今天靖边县北部明代边墙外海则滩一带的风沙湖滩区，便是由当年的水体及沼泽湿地演化而来。

　　4. 由于河源区来水、支流汇入、地下水补给以及自然降水等多重水源供给，红柳河谷内的水体（包括统万城下的"广泽"与"清流"）景观并没有迅速消失，而是在相当长的时间里保持着相对稳定的状态。"清流"的存在，一方面是由于红柳河沿线的地下潜水补给；另一方面毛乌素沙地的过滤作用也是重要的因素。如果没有流经沙漠地区的沉淀与过滤,那么来自黄土塬地带的无定河是不可能变为"清流"的。

5. 最后,今天人们所面对的统万城下红柳河谷地与海子滩现状,实际形成时间并不长,其中既然有气候总体变迁趋势的影响,更有人为因素的作用。自 20 世纪 50 年代以来,在红柳河水系上实施的大规模现代水利设施(如水库、水坝群等)的建造发挥了相当重要的作用。强调保护性的开发,重视与恢复红柳河水系在维护沿河地区自然生态环境中所发挥的调剂功能,应为今天统万城遗址保护工作的重要课题。

第十二章　从古今图籍看历史时期无定河（红柳河）之河道变迁
——兼论古今河道编绘原则

引　言

　　无定河地跨陕蒙边界地带，为黄河的一条重要支流，也是中国历史上一条相当出名的河流，其上游为红柳河，又称萨拉乌苏河。中外现代学术界很早就开始了无定河流域的研究，其中，无定河流域发掘出的早期旧石器时代考古研究，以及与毛乌素沙漠变迁有关的环境问题等，是学术界长期以来高度关注的焦点。①

　　然而，历史时期无定河河道变迁较为复杂，特别是上游红柳河（萨拉乌苏河）的河道变迁。这不仅由于河道自然形态的变迁，而且直接与历史时期的认知与舆图绘制水平相关，因相关文献记载的缺失与疏忽，再加之后人研究的局限性，导致现代古地图研究与历史舆图的编绘存在一些问题。因此，正本清源的工作在历史时期河系水道研究中显得十分必要，即使是像无定河这样著名

---

① 参见裴文中、李有恒：《萨拉乌苏河系的初步探讨》，《古脊椎动物与古人类》1964年第8卷第2期；董光荣、李保生、高尚玉：《由萨拉乌苏河地层看晚更新世以来毛乌素沙漠的变迁》，《中国沙漠》1983年第2期；王北辰：《毛乌素沙地南沿的历史演化》，《中国沙漠》1983年第4期；等等。

的河流也是如此。

在本章节中，笔者在前人及个人研究的基础上，试就古今图籍中的不同记载，对历史时期无定河河道变迁问题进行一个较为系统的梳理与考订，并就历史地图的编绘原则提出相应的个人观点。①

古文献中的无定河道及水文景观：
"奢延水"与"无定河"之辨

明末清初大学者顾祖禹曾指出："水道迁流，最难辨晰。"②就历史时期无定河河道的研究与辨析而言，最大的困惑之一，便是记载中不同支流之间的混淆不清。确定古文献中河道记载的真实内涵，往往是相当困难的，也是我们研究古代河道的首要任务。

关于确定河道的困难，不仅在于古代水道自身的变化与迁徙，更在于历代人们对于河道命名差异导致的混淆。对河道及水系的命名，在很大程度上取决于不同时代对河流本身的认知水平，不同的认知水平与河道命名的内涵有着直接的联系。

"无定河"之名出现较晚，如中国古代水系研究的集大成之作——北魏郦道元所撰《水经注》，其中并无"无定河"的名称，但最早全面记载了"奢延水"的状况。古今研究者大多将"奢延水"认定为"无定河"，由此，《水经注》的这些记载也就成为后人研究无定河以及统万城历史最早、最关键的记载。

> 水西出奢延县西南赤沙阜，东北流。《山海经》所谓"生水出孟山"者也。郭景纯曰：孟或作明。汉破羌将军段颎破羌于奢延泽，虏走洛川，洛川在南。俗因县土谓之奢延水，

① 笔者关于历史时期无定河河道前期研究成果，参见罗凯、安介生：《清代鄂尔多斯地区水文系统初探》，侯甬坚主编《鄂尔多斯高原及其邻近地区历史地理研究》，三秦出版社 2008 年版。

② 顾祖禹：《读史方舆纪要》卷首《凡例》，中华书局 2005 年版，第 6 页。

又谓之朔方水矣，东北流，径其县故城南，王莽之奢节也。
赫连龙昇七年，于是水之北，黑水之南，遣将作大匠梁公叱
干阿利改筑大城，名曰统万城……则今夏州治也。

这段文字出自《水经·河水篇》中"（黄河）又南过离石县
西，又南，奢延水注之"下的注文，由此可以判定，早期文献如
《水经》及《水经注》等关于奢延水河道的叙述，通常是将奢延水
作为黄河的一条支流，自下游而上溯来进行叙述及认定的，即自
奢延水在离石一带注入黄河的入河口开始认知的。

最早确定"无定河"与"奢延水"关系的地理总志，为唐代
李吉甫的《元和郡县图志》。根据《元和郡县图志》的记载，"无
定河"就是"奢延水"，源出于夏州朔方县南，流经德静、儒林等
县。如《元和郡县图志·夏州朔方县》载："无定河，一名朔水，
一名奢延水，源出县南百步。赫连勃勃于此水之北，黑水之南，
改筑大城，名统万城。今按（夏）州南无奢延水，惟无定河，即
奢延水也，古今异名耳。"[1] 而乐史的《太平寰宇记·夏州朔方
县》中的释文基本沿袭了《元和郡县图志》的说法，如云"无定
河，一名朔方水，亦曰奢延水。源出县南，即汉李陵失利于此河
之外"[2]。据此可以看出，自北朝至北宋前期，学者们对于无定河
的认知与讨论并没有多大进展。

实际上，在五代及北宋时期，西夏崛起，石州（治今陕西横
山区东北）、夏州（治今统万城）、宥州（今内蒙古鄂托克前旗东
南城川古城）等数州均为西夏所占据，无定河上游实际处于西夏
的疆域之内。由于地处边界要塞之地，无定河的地位及影响在当
时大大提升，对于无定河的相关记载较为丰富，但是，而相关记
载集中于无定河中段，即银州以下的河道（见图12-1）。

（北宋真宗咸平五年夏四月辛未）钱若水上言：绥州顷为

---

[1] 李吉甫：《元和郡县图志》卷四，中华书局1983年版，第100页。
[2] 乐史：《太平寰宇记》卷三七，中华书局2007年版，第786页。

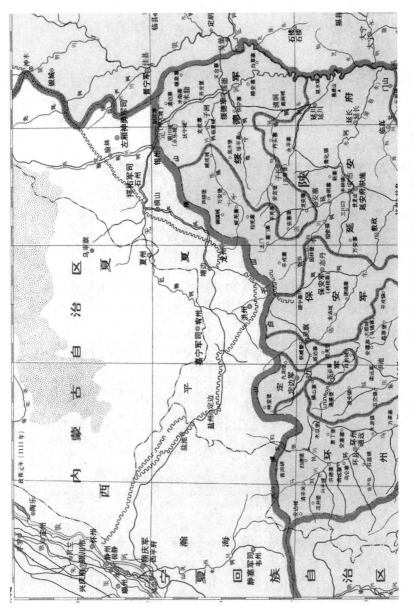

图 12-1　北宋时期无定河图(选自《中国历史地图集》第六册《永兴军路》图)

内地，民赋登集，尚须旁郡转饷。自赐赵保忠以来，户口凋残。今欲复城之，用工计百余万，又须广屯戍兵，倍于曩日。且刍粮之给，全仰河东，其地隔黄河及大、小铁碣二山，又城下有无定河，缓急用师，输道艰阻……①

北宋绥州治今陕西绥德县，地处宋夏交界地带，成为两方争夺之要塞。然而，绥州一带兵民粮饷供给十分困难，无定河河道险阻，没有基本的漕运条件，无法开展漕运，宋神宗与王安石曾专门讨论这一问题而无果。② 又如太平兴国八年（983），崔遵度为运输刍粮，三抵绥州，涉无定河，见到"河沙与水混，流无定迹，陷溺相继，遵度悯之著铭以纪焉"③。显然，这段河道形态变化无常，对于漕运及涉河都造成了极大困难。

另外，北宋与西夏因银州展开了激烈的争夺。银州原治于陕西横山县东党盆，元丰四年（1081），北宋收复银州，次年，银州治所迁至永乐城（在今陕西米脂县西北马湖峪）。元丰初年，北宋军队曾经修筑永乐寨，意欲长期驻守，但是，同样遇到了不小的麻烦。

> （神宗元丰五年秋七月）戊子，鄜延路计议边事徐禧等言："银州故城形势不便，当迁筑于永乐埭上。盖银州虽据明堂川、无定河之会，而城东南已为河水所吞，其西北又阻天堑，实不如永乐之形势险要。窃惟银、夏、宥三州陷没百年，一日兴复，于边将事功，实为俊伟。军锋士气，固已百倍。但建州之始，烦费不赀，盖有不关御戎利害而徒费供馈者。城坚守备，则贼不敢攻；兵众将武，则贼不敢战，固不以州城、军寨遂分轻重。今若选择要会建置堡寨，名虽非州，实已有其地，旧来边寨，乃在腹里，他日建州，亦未为晚……"④

---

① 《续资治通鉴长编》卷五一，中华书局 2004 年版，第 1123 页。
② 《续资治通鉴长编》卷二一四。相关记载参见《宋史》卷二六六《钱若水传》。
③ 《宋史》卷四四一《崔遵度传》，中华书局 1985 年版，第 7895 页。
④ 《续资治通鉴长编》卷三二八，中华书局 2004 年版。

　　而时至元丰五年（1082）八月，永乐寨最后仍为西夏军队所占据。如据《东轩笔记》记载："太宗时，钱若水言绥州不可城，以其下有无定河，岁被水害。今绥州建于山上，不惟水不能害，而控制便利，甚得胜势。元丰中，收葭芦、米脂等寨，亦据山而城。及城永乐，徐给事禧坚欲于平地建筑。未就为西戎所。"① 在这种状况下，北宋时期，汉族士人也就失去了深入认知无定河上游河道状况的基本条件。这种状况一直持续到元代，元代诗人耶律铸曾有《过无定河》一诗云：

> 一自扬鞭过上州，若为痴绝漫迟留。
> 为怜此水浑无定，引得龙泉也乱流。
> 何许颓波是上流，若然洄沇几时休。
> 如今浅地仍依旧，漫潓东西到处流。
> 几临沙步驻骊虬，甚欲穷源问水头。
> 有底奔波无定在，忽东流了便西流。②

　　诗人在注文中称："无定河在龙河（为州之误）。唐绥州，理龙泉县，隋曰上州。是余前此三年过无定河，因附之于此。"所谓上州，即唐代绥州（今陕西绥德县）。也可以说，当时知识阶层对于无定河道的观察认知，往往局限于绥德及绥德以下的无定河段。

　　时至明代，明朝军队长期与北元蒙古部落以长城一线为界，南北对峙，统万城与红柳河主干河道均在边墙之外，因此，汉文文献的记述与图示资料不免出现空白与中断。如长期奉命驻守陕西边镇的杨一清曾经评述陕西边防形势云：

> ……今河套即周朔方，汉定襄，赫连勃勃统万城也。唐张仁愿筑三受降城（在今内蒙古包头市等地），置烽堠千八百所，突厥不敢逾山牧马。古之举大事者，未尝不劳于先，逸

① 魏泰撰：《东轩笔录》卷一五，清文渊阁四库全书本。
② 耶律铸：《双溪醉隐集》卷五，清文渊阁四库全书本。

于后。夫受降城据三面险，当千里之蔽。国初舍受降而卫东
胜（在今内蒙古托克托县），已失一面之险。其后又辍东胜以
就延绥（初在今陕西绥德县，后徙至榆林市），则以一面而遮
千余里之冲，遂使河套沃壤为寇巢穴。深山大河，势乃在彼，
而宁夏外险反南备河。此边患所以相寻而不可解也。①

也就是说，河套地区已全部为蒙古部族所占据，而延绥镇成
为独当一面的重镇。因此，明代对于边墙外的无定河上游情况知
之甚少。

又如《大明一统志》记载："无定河，在青涧县（即陕西清涧
县）东六十里，南入黄河，一名奢延水，又名银水。《舆地广记》：
唐立银州，东北有无定河，即圁水也。后人因溃沙急流，深浅不
定，故更今名。"又如王士性《广志绎》卷三载："无定河，河名
也，此地浮沙善陷，舆人急走急换足，不则陷矣。故名。"② 显
然，这样的认知较之以往不但没有推进，反而大大简单化了。

其实，长期以来，有一个重要问题并没有得到很好的解决，
即"奢延水"是不是后世所谓的"无定河"或红柳河。如果抛开
统万城遗址不谈，"奢延水"的命名，应与奢延县治所位置有着直
接的关系，正如《水经注》所云："俗因县土，谓之奢延水。"因
此，确定奢延县的治所与地域范围，对于奢延水道的确定至关
重要。

根据白城子遗址的发现，现代学者对奢延县治所即"奢延故
城"的位置似已有明确的结论，即今内蒙古乌审旗西南无定河南
岸。但是，古代学者对于奢延故县的考订并非如此。

明末清初著名学者梁份在《秦边纪略》中提到无定河的问题，
其记述也为我们的讨论提供了可贵的证明。该书卷一二《龙州
城》称：

---

① 《明史》卷一九八《杨一清传》，中华书局 1997 年版，第 5226—5227 页。
② 王士性著，朱汝略点校：《广志绎》卷三，浙江古籍出版社 2013 年版，第 271 页。

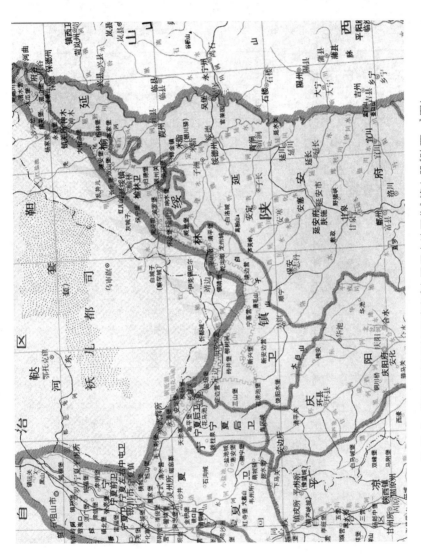

图 12-2　明代无定河地图[选自《中国历史地图集》第七册《陕西一》图]

边墙在北五里，延安府在南三百里，堡在平地，不若鸭
儿巷为险。圁水出塞外之白城儿，至此与堡之慌忽都河水合，
南流，益大，谓之无定。河中水之沙，人马践之，如行幕上，
多陷没之患，浅深不一，故名无定。且水急流之际，或逆上
如海潮，唐人诗人皆至此也。①

梁份在这段记载中提到的"圁水"，与龙州堡（在今靖边县境
内）之慌忽都河相汇。这两条河流均为无定河之重要支流。其中，
"圁水"（即红柳河）发源于塞外之白城儿，即今统万城遗址，故
此处之"圁水"可以确定为今天的红柳河无疑。慌忽都河，也是
流经靖边、怀远等县的无定河支流，即今芦河。

清代关于无定河的认知进入了一个新的阶段。清代前期著名
学者齐召南在《水道提纲》中十分详细地叙述了无定河系的状况。

榆林无定河有二源。西源曰额图泽［浑？］河，古奢延水
也，出河套右翼前旗贺通图山，东南流。有一水自西来，一
水西南自苏海阿鲁山来，俱会，东入怀远堡边城，为潢呼都
河。又折东北，至波罗营，与北来海留图河。海留图即东源，
古黑水也，亦名齐纳河，出前旗呼喇呼之地，东南流，与西
北来之纳林河、出托里泉，及西喇乌苏河，出磨呼喇呼平地
者会，东南入榆林边。于波罗营北而西源来会，又受北来之
塔喇布拉克水，东流曰清河口。又东南，经榆林南境，有榆
溪西河，北自卫城西，东南流，来会榆溪西，河源曰清活河，
潜出右翼前旗南平地，南流曰西伯尔河，合克绸及阿尔塞二
水。东南入雄石峡口边城，经卫城西南，曰三垒河，又东南。
至归德堡西，有一水自东北来，又东南，入无定河。无定河
又东南，经渔河、镇川二堡南。又东南，经米脂县城西南，
又东南，圁水自东北来，折而南流，至绥德州东北，有大理
河西北自山中合数水东南流，经州城北，而东注之。又南，

_____
① 梁份：《秦边纪略》，复旦大学图书馆所藏清抄本。

> 经州东南，有怀宁河，西自田庄堡东流，南合九里山水，东
> 注之，又东南，奢延川自北来会，又东南，经山麓，入
> 黄河。①

以《水道提纲》为例，时至清代初年，对于无定河道的认知
进入了一个新的阶段。上述文献中出现的"西喇乌苏河，出磨呼
喇呼平地者"记录，其中的"西喇乌苏河"，与今天萨拉乌苏河名
称一致，因此可以确定为今天红柳河无疑，而汉语古文献中的"红
柳河"却与今天的红柳河并不完全重合。更值得注意的是，齐召南
将无定河西源额图泽（应为额图浑）指定为古奢延水。又如贺长龄
所著《陕西水道图说》同样指出："无定河上源曰额图浑河。自鄂
尔多斯右翼前旗东流。经榆林府边外，合西拉乌苏河、纳领河、
哈柳图河、他克拉布河。入边，合榆林河。又经绥德州，合怀宁
河。入黄河。"② 这些记载都表明，当时学者均认为额图浑河（即
今芦河）为古奢延水，而并非西喇乌苏河（即今萨拉乌苏河）。

齐召南等人的说法实际上是当时最具权威及代表性的一种观
点。乾隆《大清一统志》指出："按奢延水，即今榆林之无定河及石
窑川河，（鄂尔多斯）旗西南哈柳图、额图浑河，即古奢延县（河？）
也。"③《嘉庆重修一统志》对奢延水进行了更为简明扼要的说明。

> 奢延水，在怀远县北，上源曰额图浑河，自鄂尔多斯右
> 翼前旗东流，经县北边外，合西拉乌苏河、纳领河、哈柳图
> 河、他克拉布河，入边，合榆溪水，径榆林县西南，入绥德
> 州米脂县界，即无定河。④

作者在此对奢延水的认定，是以怀远县治为坐标，并将额图
浑、西拉乌苏、纳领河、哈柳图河相并列。与此相关联，清代学

---

① 齐召南：《水道提纲》卷五，清文渊阁四库全书本。
② 参见《皇朝经世文编》卷一百十四《工政二十·各省水利一》引《会典》之文。
③ 《大清一统志》卷四〇八《奢延故城》下，清文渊阁四库全书本。
④ 《嘉庆重修一统志·榆林府》下"山川"，四部丛刊（续编）本，第2310页。

者们即将古奢延县的治所定位于怀远县。又如《嘉庆重修一统志·榆林府》载："秦上郡地，汉置奢延县，属上郡，后汉因之。魏省，晋属赫连氏。后魏置岩绿县，为夏州及化政郡治，西魏为宏化郡治。隋为朔方郡治。唐贞观二年，改曰朔方，为夏州治。宋没于西夏。元为米脂县地。明天顺中，置怀远堡，属榆林卫。本朝雍正二年，改属绥德州，九年，置怀远县，属榆林府。"这段文字十分明确地将汉奢延县治指定为怀远县，即今横山区。

雍正《陕西通志》《关中胜迹图志》与《靖边志稿》等地方志则更明确地将奢延水指定为芦河，即文献中所记的渨忽都河、莜麦河等。雍正《陕西通志》卷八《无定河》注明：

> 即《水经注》之奢延水，一名渨忽都河。无定河，源出龙州堡南宜家畔，合靖边城西之红柳河，城东之莜麦河水，东流出塞，至怀远县之清平堡东北，又入边墙，右合清平水、柳儿泉、狄青原诸水，又东径威武堡北，合海棠河水，又东，径怀远县北，复出塞，合塞外之圁水、及打狼河、石窑川水，至波罗堡北，复入，而东南流。黑木头沟水东流，会之。又径响水堡东，东南入榆林界……

龙州堡在今靖边县东北龙州堡村。清代的靖边城比之今天靖边县城，有较大迁移，而这里出现的"红柳河"，流经靖边县故城之西，与莜麦河一样，都是今天芦河之支流。又如《陕西通志》卷一一《怀远县山川》也注明："无定河，即生水，一名朔水，一名奢延水，俗名渨忽都河。"又引《延绥志》云：

> 渨忽都河，出龙州堡南宜家畔，合城北乌龙洞泉，及城西水，东流，四十里，清平水北注之。又东，柳泉儿水北注之。又东，狄青原水北注之。又过响铃塔、威武堡，暗门水出其东。又海棠河及东、西二河，俱出镇靖堡塞外，东流注之。又东过怀远堡，苦水川合圁水会之，为无定河……
>
> 其圁水，出清平堡外白城儿，东流合夏河儿，入波罗堡，

与滉忽都河会……

在上述两段文字中，塞外之"圆水"，源出清平堡外白城子，即应为流经统万城之红柳河。而根据《怀远县册》所记，怀远县境内又有蒇麦河、把都河等。

关于红柳河最早、最完整的记载，来自光绪《靖边县志稿》。如该书卷一《舆地志》"诸水"条下载：

> 西北红柳河，其源有三：一出宁塞堡东南四十里清水沟迤西，北流三十里，有碾盘湾水自东入之。又五里，马家圪子水自西入之。北行十五里，至大岔。一出宁塞十里乔家南沟，北流十里，有黄家岘水自东入之。又北十里，马家崾岭水于小河畔自西入之。又北十五里，莺儿窝水自西南入之。又北十五里，亦会于大岔。一出把都河旧城子，北流二十里，罗家涧、斜路梁二水自西入之。又折东二十里，过子规沟，俗呼鸥怪沟。至大岔，三水合流，《府志》所谓红柳河是也。又北流十里，水分为洲，中有土阜，高数丈，阜上坦平如砥，阔数十亩，俗名无定寨。又北流十里，至小桥畔，有官桥，西距梁镇十五里。又北流十五里，至石底子，亦名朔水。又北流四十五里，抵怀远界白城子，又名生水，又迤东过张鸿畔，径怀远波罗堡，至二石科，即无定河也。[①]

这段记载对于确认历史时期红柳河河道变迁至关重要。如这段记载明确了红柳河的源头，即今天红柳河的上源是宁塞堡附近二水及把都河。这也为我们正确指认文献记载中的红柳河源头问题提供了佐证。而在该部县志中，所云"红柳河"与以往记载已有较大不同，而"怀远奢延河（即今芦河）"与"红柳河"是并列的。由此，也可以证明，当时学者仍然认为古代奢延水是今天的芦河，

---

① 丁锡奎、白翰章等纂修：《靖边县志稿》卷一《舆地志》，光绪二十五年铅印本。

当然，芦河与红柳河都是无定河的重要支流。

古今舆图所见无定河河道之变迁

就文献记载而言，现存古地图以及历代图籍中所附地图，对于历史时期河道外在形态的研究有着更大的优势，对于无定河河道研究也是如此。在笔者看来，这些地图甚至可以与现代勘测结果相媲美。从这些舆图中，我们可以感知历史时期人们对于无定河河道认知历程的时代特征。

正如前文所述，《水经注》提供了关于无定河道最早的全面记载，清末民初学者杨守敬等所撰《水经注疏》为传统时代《水经注》研究的集大成之作，而《水经注图·全貌总图》就是杨守敬等根据《水经注》记载所编绘的地图（见图12-3）。根据图示特征，我们可以看出，其标识的"奢延水"，实为今天的芦河，即古文献所称"额图浑河"。熊会贞曾在按语中称："《水道提纲》：无定河西源曰额图浑河，古奢延水也，出河套右翼前旗贺通图山，则此山即赤沙阜也。"① 显然，这正反映了清代学者对于古代奢延水及无定河上源河道认知的总体水平。

虽然明代对边墙之外的无定河河道知之甚少，但是，明代遗存至今的不少图籍仍为我们了解当时的河道情况提供了一些线索。如著名学者陈组绶辑记的《皇明职方地图》在中国历史地理学史上占有重要的地位，不仅舆图制作精致，且标注文字内容丰富，具有重大研究价值。② 其上卷《陕西地图》，图上注文曰："无定河，即圁水、奢延水合流。"图中奢延水与吃那河、圁水在夏州城南合流，然后经过银川、银州、米脂、绥德汇入黄河。此处的"圁水"与上文梁份所述之"圁水"是一致的。

---

① 郦道元注，杨守敬、熊会贞疏：《水经注疏》卷三注文，江苏古籍出版社1998年版，第257页。
② 参见赵永复：《陈组绶》，谭其骧主编《中国历代地理学家评传》，山东教育出版社1990年版。笔者参照复旦大学图书馆藏崇祯乙亥至丙子(1635—1636年)刊本。

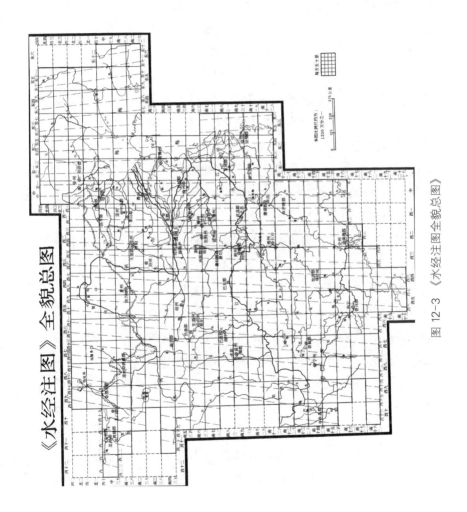

图 12-3　《水经注图全貌总图》

　　该部舆图中卷有《榆林边镇图》（图 12-4），记载地名十分繁富。其中记载有奢延水，源出奢延故城（又称为忻都城）之南，其下河段又标有"红柳河"名称，至匝把湖之地与吃那水合流，又流经"唐夏州"之南，然后又流入边墙，流经龙州城（今靖边县龙洲镇）之北，在怀远县之南。当时白城子位于怀远边墙之外，而当时把都河在靖边县西南宁塞堡之旁及靖边堡之西南，其流向并没有绘出。显然，时人对于"唐夏州"治所的定位与今人的考订有很大出入，但所绘"奢延水"与今天的芦河相一致。

　　《广舆图》又是一部享有盛誉的明代地图集，其中所存《延绥镇图》（图 12-5）也描绘出了无定河一带的状况，但内容相当简单。其边处地区有"白城子"的记载，也有忻都城、匝把湖、古夏州、红柳河等字样，却没有绘出河道，不知何故。其所存《榆林边图》（图 12-6）也是如此。[1]《三才图会》是一部影响较大的明代图籍著作，其所存《榆林边图》（图 11-5）[2]，为我们提供了一些有价值的线索。

　　根据这些图示资料可知，当时在边墙外白城子遗址旁边有个较大水体——"北海子"，而流入怀远堡（在今横山区）的无定河正源出这个"北海子"。同时，在这些示意图中，编绘者并没有进一步标示出北海子更上游的来源。这表明当时的人们认为这个白城子旁边的"北海子"，就是无定河的源头。这种认知，与唐宋以前的记载更为接近，而与今天红柳河的发源状况却不相吻合。

　　康熙年间《皇舆全览图》的测绘，被誉为世界测绘史及制图史上的一件大事，其精度与成就备受推崇。[3] 而当时所编绘的图集有多种，其中康熙《皇舆全览图》（见图 12-7）为满汉双语标注，如边墙之外用满文标注，边墙之内用汉语标注。在这张地图中，把都河源出宁塞堡附近，边墙之上又有"红柳河口"的字样。

---

① 朱思本原绘，罗洪先增纂：《广舆图》卷一《榆林边图》，清嘉庆四年章学濂重刊增补本。
② 王圻纂集：《三才图会》卷三《榆林边图》，第 165 页。
③ 参见汪前进：《康熙、雍正、乾隆三朝全国总图的绘制》，汪前进、刘若芳整理：《清廷三大实测全图集》，外文出版社 2007 年版。

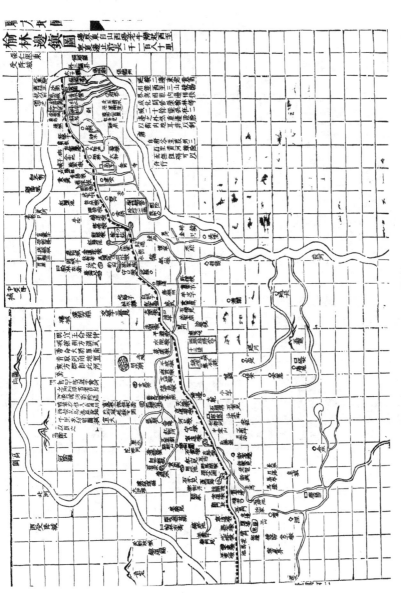

图 12-4　《皇明职方地图》所见《榆林边镇图》

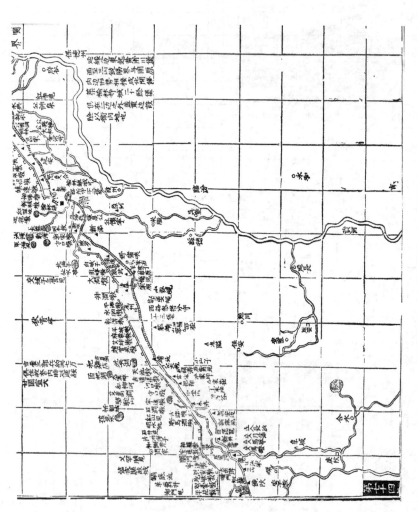

图 12-5 《广舆图》所见《延绥镇图》

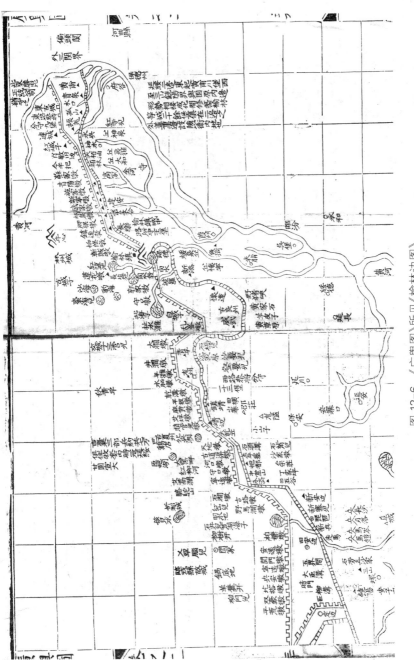

图 12-6　《广舆图》所见《榆林边图》

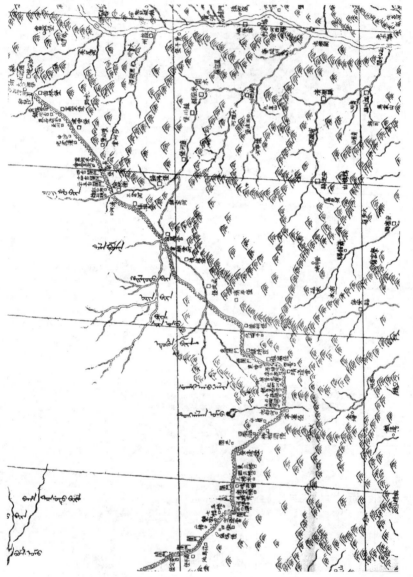

图 12-7　康熙《皇舆全览图》之一部分

边墙外数条支流合流后，注入边墙，经过怀远堡（今横山区），被称为"黄糊涂河"。与今图相印证，这条"黄糊涂河"又流出边墙，与边墙外数条河流汇聚而成的一条大河，于波罗堡（今横山县波罗镇）附近重新流入边墙之内，图上标为"无定河"。又有康熙刻本《内府舆图全书》也是当时所编制图集之一，其中有《延绥镇图》（图 12-8），虽然用汉文标注，但是边墙以外部分文字说明完全删去，保持了一种神秘性。

与康熙《皇舆全览图》一样，乾隆《内府舆图》同样受到学术界的高度推重。① 然而，比较而言，乾隆《内府舆地图》（图 11-6）更为规整，汉文说明更为全面清晰，如注明把都河流出边墙后，潴为"通哈拉克鄂谟"，即通哈拉克湖。几条支流汇成额图浑必拉（即额图浑河），从威远堡附近注入边墙后，即所谓的"黄糊涂河"。最为重要的是，该图标识文字明确指明，西拉乌苏必拉、纳领必拉这些记述，显然与齐召南《水道提纲》的内容完全一致。

雍正《陕西通志》所存《靖边县图》（图 12-9）明确洗练，表达的信息也非常清楚。如把都河源出宁塞堡附近，显然是今天红柳河的正源，与另一条上源合流后，北向流入边墙以外地区。这与该书的文字记载是相符合的。如该志卷十引述《县册》资料称："把都河，在县西南九十里，源出柳树涧，至宁塞堡，北合倪家沟水，出边，径宁塞塘，至红柳桥，入沙（县册）。"② 这无疑是关于把都河早期变迁的一则极为重要的资料，也可证明当时的把都河水在流至名为"红柳桥"的地方时，变为沙漠潜水或潜河。而与乾隆《内府舆图》相印证可知，把都河在流出边墙后，潴为"通哈拉克鄂谟"，即通哈拉克湖。

《1874 年鄂尔多斯七旗地图》③（图 12-10）受到了不少学者的关注，该图关于河道水系的绘制则显得较为随意。图中把都河与红柳河汇合后，流入一个边墙外的较大湖体。而由暖泉、细河、

---

① 笔者所据《内府》乾隆二十五年版"九排西一"，民国二十一年重印本。
② 雍正《陕西通志》卷十，清文渊阁四库全书本。
③ 参见《伊克昭盟志》附录地图，现代出版社 1994 年版，第 203 页。

延 绥 镇 图

图 12-8　康熙刻本《内府舆地全图》所见《延绥镇图》①

① 参见康熙刻本《内府舆地全图》，国家图书馆藏本，国家图书馆出版社 2009 年版《中华再造善本》丛书。

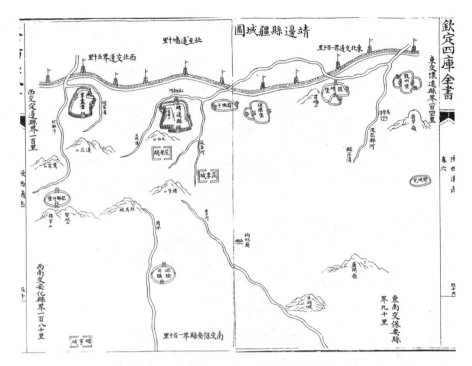

图 12-9　雍正《陕西通志》所见《靖边县图》

黄水泉合并而成的敦叠河注入边墙后，流经怀远堡（即今横山区）旁边，显然是无定河。

　　时至清代光绪年间，当时士人对于红柳河的认知，已相当全面，以光绪《靖边县志稿》的内容最为翔实。而光绪《靖边县志稿》编绘了《县境总图》（图 12-11）与《边外总图》（图 12-12）。在这两图中，与文字记载相印证，红柳河的三个水源十分清晰。三源合流后，红柳河北向流，进入沙漠地区。而今天的芦河被明确称为"奢延河"，其有两条源头：一为小红柳河，源出于新城堡附近，即后来靖边县治所；二源合流后，在同样北注入边外地区。

　　民国时期，地图编绘技术已有较大提高，地图精度已非以往可比，但又惊奇地发现，一些地图的编绘又回到了康乾时代的水平。如由参谋本部制图局于民国三年至四年编绘的《榆林地图》中，无定河上游的河道形态竟然与乾隆时期如出一辙，让人颇感惊讶。

图 12-10　《一八七四年鄂尔多斯七旗地图》

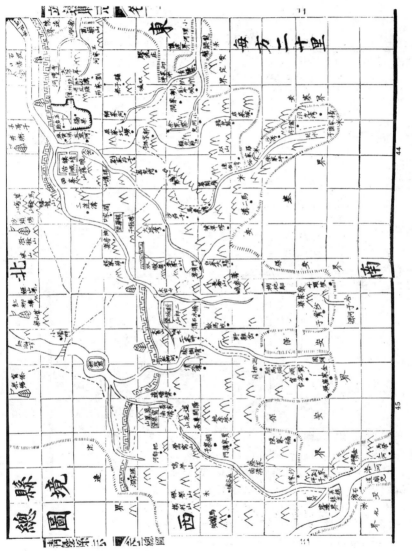

图 12-11　光绪靖边县《县境总图》

图 12-12　光绪靖边县《边外总图》

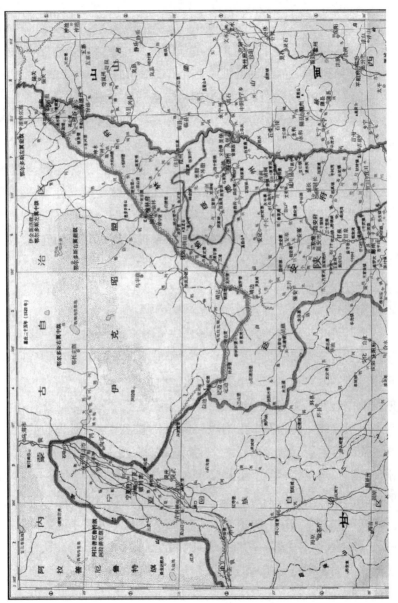

图 12-13　《中国历史地图集》之《清代陕西地图》(局部)

结　语

　　今人如何编绘历史时期的河道地图，涉及相当复杂的处理原则。不同的取向、不同的处理原则会出现不同的结果。毋庸置疑，今人编绘历史时期舆图的根本原则，当然是最大限度地复原历史之真实。然而，这样无可指摘的原则在具体实施中会遇到不小的挑战。

　　一种取向是通过古代文献的记述来复原古代河道之走向与面貌。但是，这种取向所遇到的挑战便是文献记载的模糊性与解析的多样性，因此必然导致不同作者编绘的地图出现较大的差异。另一种取向是根据现代勘探与编绘技术来推定历史时期的河道状况，这种取向相较而言更为合理与科学，但是，古今河道在外在形态及路径往往会出现较大变迁与差异，其间的跨越，但靠想象或推测是难以弥合或补救的。

　　谭其骧先生主持编绘的《中国历史地图集》，为当代历史舆图编绘之典范，然而对于历史时期的无定河河道也面临着处理原则选定的难题。如在《中国历史地图集》前几册（包括南北朝时期）的编绘中，对于无定河道的编绘，基本依照了今天无定河路径与形态进行绘制，并没有考虑当时河道的真实形态与当时人们的认知。而在第八册《清时期》之"陕西地区"（图 12-13)①　中，无定河之河道却主要参照了康熙《皇舆全览图》与乾隆《内府舆图》等资料及相关文字说明进行编绘。在同一种地图册中，出现了前后不同的处理方式，表明了编绘者的无奈。因为康熙《皇舆全览图》、乾隆《内府舆图》的准确性与价值已得到学术界的公认，必然为舆图编绘者所参照。但是，关于历史舆图编绘的疑问与遗憾无法由此得到释解，既然清代无定河道已与今天的河道形态有着

---

　　①　参见谭其骧主编：《中国历史地图集》第八册《清时期》之"陕西"，中国地图出版社 1987 年版，第 26—27 页。

如此明显的差异，那么，上溯至北魏及唐宋时代，无定河上游，简单用今天的河道形态进行套用，肯定是不太妥当的。然而，在缺乏文献与舆图资料旁证的情况下，如果不参用今天的勘测结果，我们对于古代河道的编绘恐怕难以脱离困顿之境。

第十三章 "奢延水"与"奢延泽"新考

引 言

　　关于"奢延水"与"奢延泽"的研究，对于揭示陕北及鄂尔多斯地区历史时期自然环境变迁的重大影响，具有非凡价值。然而，关于古代文献中"奢延水"与"奢延泽"的方位考订，却是学术界一个长期争论的问题，古今不少学者参与了其中的讨论，成果丰富。目前较为通行的观点便是，"奢延水"即是无定河，蒙古语称之为萨拉乌素（苏）河。① 而"奢延泽"则在内蒙古鄂尔多斯南缘城川古城东西一带的沼泽及古湖残迹。② 如果用心梳理历史文献资料，即可得知历史时期无定河上游（又称为红柳河，包括"奢延水"与"奢延泽"）水系变化极为复杂，对已有的认知有进一步深入探究与分辨的必要。

　　笔者以为，历史时期"奢延水"与"奢延泽"的研究，不仅

---

　　① 参见王北辰：《公元六世纪初期鄂尔多斯沙漠图图说——南北朝、北魏夏州境内沙漠》，《中国沙漠》1986 年第 6 卷第 3 期；武沐、王希隆：《"吐延"、"奢延"为匈奴语南北考》，《中国边疆史地研究》2002 年第 4 期；等等。
　　② 参见侯仁之：《从红柳河上的古城废墟看毛乌素沙漠的变迁》，《文物》1973 年第 1 期；朱士光：《内蒙城川地区湖泊的古今变迁及其与农垦之关系》，《农业考古》1982 年第 1 期；等等。

与陕蒙边界地区自然环境的变迁相关,而且也与历史时期人们对于无定河水系的认知过程直接相关。历史时期对于无定河上游水系的认知经历了一个相当复杂且曲折的过程,很难一概而论,这一认知过程也理应是无定河流域历史地理研究的重要组成部分。近年来,笔者结合史料文献及实地考察见闻,对于统万城周边环境及无定河水系问题进行了一番较为系统的梳理与分析,对于无定河上游水系演变过程以及人们对于无定河的认知等问题提出了自己的看法。在本章节中,笔者在以往研究的基础上,对于古文献中"奢延泽"与"奢延水"的地理方位、古奢延县治,以及其与无定河上游另一条重要支流——芦河水系变迁之间的关系作一番梳理与分析。

清代以前有关"奢延水"与 "奢延泽"的记载与定位

"奢延水"与"奢延泽"的记载出现于两汉时期,在唐代之前,中国古文献中关于"奢延水"与"奢延泽"的相关记载是相当有限的。这在很大程度上说明人们对于"奢延水"与"奢延泽"的认知,在相当漫长的时期里停留在一个较为简单及模糊的层面上。

我们知道,"无定河"之名出现较晚,而其前身便是古文献中所记之"奢延水",而"奢延水"之名,出于两汉时期的上郡奢延县。两汉时期,"上郡"下均置有"奢延县",但《汉书·地理志》与《续汉书·郡国志》关于此县情况并没有任何特殊注释。"奢延泽"同样与奢延县有关,最早记载出现于《后汉书·段颎传》中。

> (建宁元年,168)……拜颎破羌将军。夏,颎复追羌出桥门,至走马水上。寻闻虏在奢延泽,乃将轻兵兼行,一日

一夜二百余里。晨及贼，击破之。余虏走向落川……①

对于这段文字里的"奢延泽"，唐代李贤注文仅云："即上郡
奢延县界也。"意谓"奢延泽"在奢延县境内，确定了"奢延泽"
与奢延县的从属关系。② 而对于《后汉书·段颎传》的相关内容，
司马光《资治通鉴》里的记述则稍有不同："段颎将轻兵追羌，出
桥门。晨夜兼行，与战于奢延泽、落川、令鲜水上……"③ 元代
学者胡三省对于"奢延泽"的注解也只是重复了李贤的观点，并
以郦道元《水经注》中的相关内容为旁证："贤曰：即上郡奢延县
界也。《水经注》：'奢延水出奢延县西南赤沙阜，东流入于河。'
洛川，在奢延水南。"④ 关于"奢延泽"的方位，胡三省还在《通
鉴释文辨误》卷三着重指出："奢延泽，在上郡奢延县西南。"⑤
这些考证可以说明，在早期文献记载及相关考订中，唯一可以达
成共识的，就是两汉时期上郡奢延县、奢延泽与奢延水之间的联
结关系，但也留下了更多的疑问：两汉时期上郡奢延县治在哪里？
其地域范围如何？《水经注》中所云奢延县，是否就是两汉时期奢
延县的故治？

奢延县既然属于上郡，那么确定秦汉时期上郡的治所与地域
范围，对于"奢延泽"的方位考订就十分重要了。《元和郡县图
志·绥州》考释云："按秦上郡城在今州理东南五十里上郡故城是
也。自后汉末已来，荒废年久，俗是稽胡。及赫连勃勃都于统万，
上郡之地，又为赫连部落所居。"⑥ 又据《史记正义》释云："《括
地志》云：'上郡故城，在绥州上县东南五十里，秦之上郡城

---

① 范晔，李贤注：《后汉书》卷六五，中华书局 2012 年版"廿四史合订本"，第 2149—
2150 页。

② 范晔，李贤注：《后汉书》卷六五，第 2150 页注文[二]。

③ 司马光编著，胡三省音注：《资治通鉴》卷五六，中华书局 1997 年版，第 1806 页。

④ 司马光编著，胡三省音注：《资治通鉴》卷五六，第 1806 页释文。

⑤ 胡三省撰：《通鉴释文辨误》卷三，《景印文渊阁四库全书》"史部·编年类 70"，台
湾商务印书馆 1986 年版，第 244 页 b。

⑥ 李吉甫：《元和郡县图志》卷五，中华书局 1983 年，第 102 页。

也．'"① 据此可知，由于周边民族的大举内迁，秦汉时代的奢延县至东汉末年已被废弃，而成为非汉民族部众的聚居之地。到北朝前期，该地又为赫连勃勃所占据。唐代绥州治所多次迁徙，最后定治于上县（即龙泉县），即今陕西绥德县。然而，更多的现代学者对于《元和郡县图志》及《括地志》关于上郡故城的定位并未达成共识，提出了所谓的"榆林说"，即汉代上郡治于肤施县，治所就在今榆林市东南鱼河堡之地。② 上郡治所的确定，并不能解决奢延县治的方位，而古今学者对于奢延县治的确定，均依据郦道元的《水经注》。

清代以前，关于"奢延水"情况最翔实的文字记载，应出自北魏郦道元《水经注》卷三《河水》中的释文。《水经》原文有曰："（黄河）又南过离石县西。"下有注文云："……又南，奢延水注之。水西出奢延县西南赤沙阜，东北流。《山海经》所谓生水出孟山者也。郭景纯曰：孟或作明。汉破羌将军段颎破羌于奢延泽，虏走洛川。洛川在南，俗因县土，谓之奢延水，又谓之朔方水矣。东北流，径其县故城南，王莽之奢节也。赫连龙昇七年（413），于是水之北，黑水之南，遣将作大匠梁公叱干阿利改筑大城，名曰统万城……则今夏州治也。"③ 这段记载的核心是"奢延县故城"，即统万城，俗称"白城子"。清代以来，统万城的研究取得重大进展，确认赫连勃勃所筑统万城为今天陕西靖边县西北之白城子遗址。④

笔者以为，在这段重要的记载中，有几点内容值得高度关注。首先，文献中提到："俗因县土，谓之奢延水，又谓之朔方水矣。"奢延水之得名，就是因为其在奢延县。这已成为研究者之共识。其次，在古今学者对这段记载的分析中，大多忽略了一个重要的

---

① 《史记》卷六《秦始皇本纪》，中华书局1997年版，第259页注释。

② 参见普慧：《秦汉上郡治所小考》，《唐都学刊》2008年第1期。

③ 郦道元注，杨守敬、熊会贞疏：《水经注疏》卷三《河水三》，江苏古籍出版社1989年版，第255—259页。

④ 参见侯甬坚：《道光年间夏州城故址（统万城）的调查事由》，《陕西师大学报（哲学社会科学版）》2003年第4期。

差异之处——统万城乃是"奢延县故城",而不是当时的奢延县,王莽时期（即新莽）改称"奢节",后来成为北魏时期夏州之治所,但这与郦道元所在北魏时期的奢延县已有一定的距离。又根据魏收《魏书·地形志》记载,赫连勃勃所都之夏州,为统万镇,治所称"大夏",下领四郡、九县,而首郡为化政郡,下领革融、岩绿二县,均非"奢延县"。① 清代学者张穆所撰《魏延昌地形志》中的"夏州"目录为何秋涛所补辑,何秋涛也没有注意到这个问题,只是沿用了《魏书·地形志》及《隋书·地理志》的相关内容,而未加入"奢延县"的记载。② 唐代的夏州直接承继赫连勃勃之夏州,治于统万城,也是"奢延县故城",而非郦道元时期的奢延县。最后,也是最为关键的,奢延水的发源地是"赤沙阜",位于当时奢延县之西南,是一处具有独特地理风貌特征的景观。这也成为后人辨识"奢延水"及"奢延泽"最主要的依据之一,而古今学者在考证中很少提到这一点。

因此,笔者以为,上述文献十分明确地指出统万城的治所"大夏"为"奢延故城",而并非当时北魏时期奢延县的治所——即奢延水之发源地"赤沙阜"西北一带,即事实上已存在着两个"奢延县城":一是位于统万城的"奢延县故城",一是郦道元时期的奢延县城。这一重要差异被大多数研究者所忽略。③ 如果已经确定"奢延县故城"的方位,那么北朝时期的奢延县治所及"赤沙阜"又在哪里?这显然为一大疑点。魏收所撰《魏书·地形志》实为东魏之地理志,无法全面反映北魏时期的政区地理状况,故而没有"奢延县"的记载,也属正常。④

① 魏收:《魏书》卷一〇六《地形志下》,中华书局1974年版,第2628页。
② 参见张穆著,安介生辑校:《〈魏延昌地形志〉存稿辑校》,齐鲁书社2011年版,第27页。
③ 现已有学者注意到这一点,参见王乃昂、何彤慧、黄银洲:《〈水经注〉所记无定河上游湖泽水系与古城址研究——兼论统万城与朔方郡的关系》,侯甬坚、刑福来、邓辉等编:《统万城建城一千六百年国际学术研讨会文集》,陕西师范大学出版社2015年版,第26页。
④ 参见张穆著,安介生辑校:《魏延昌地形志·自序》,《〈魏延昌地形志〉存稿辑校》,齐鲁书社2011年版,第5页。

为了更好地了解北魏时期这一地区的地理环境，以及明确两个"奢延城"的差异，我们有必要对周边水系及相关县治进行更细致的观察与分析。同样根据《水经注》记载，当时已知有多条支流注入奢延水，这些支流有温泉水、黑水、交兰水、镜波水等。

> 奢延水又东北，与温泉合。源西北出沙溪，而东南流，注奢延水。奢延水又东，黑水入焉。出奢延县黑涧，东南历沙陵，注奢延水。奢延水又东，合交兰水。水出龟兹县交兰谷，东南流，注奢延水。奢延水又东北流，与镜波水合。水源出南邪山南谷，东北流，注于奢延水。奢延水又东，径肤施县。帝原水西北出龟兹县，东南流。县因处龟兹降胡著称。又东南，注奢延水。又东，径肤施县南。秦昭王三年置，上郡治。①

首先，我们看到，与当时奢延县治、奢延水、奢延泽关系最密切的支流，无过于黑水。"黑水"一名，在中国古文献中记载甚多。而上述黑水，源出当时奢延县境内之黑涧。这又是一条判定北魏时期奢延县治所的重要依据。清代学者胡渭曾云："雍州自《禹贡》黑水而外，有十黑水焉。一在今榆林卫西北，废夏州界。《水经注》云：黑水出奢延县之黑涧，东流，合奢延水入河。赫连勃勃统筑万城于黑水之南是也。"② 首先，通过明清榆林卫（治今榆林市），可以确定"黑水"正是《水经注》所记"黑水"，因《水经注》中"黑水"与榆林卫相接近。其次，当时与奢延水系最为密切的县治，除了奢延县，还有龟兹与肤施两县。龟兹县治所在今榆林市西北，而肤施县正是秦代上郡之附郭县，县治在今榆林市东南无定河北岸。因此，根据今天实际地望推测，《水经注》所记之当时的奢延县治，应该是北魏废弃统万城之后所建新城，大致处于废夏州治所（即统万城）与龟兹县、肤施县（今榆林市）

① 郦道元注，杨守敬、熊会贞疏：《水经注疏》卷三《河水三》，江苏古籍出版社1989年版，第259—260页。
② 胡渭著，邹逸麟整理：《禹贡锥指》卷十二，上海古籍出版社2006年版，第407页。

相邻不远的地域。

时至南北朝后期，"奢延水"之名也逐渐为无定河所替代，因此，"奢延县""奢延水"之名，成为一个历史名词，大多仅出现于古籍注释文字之中，已不是一个正式的政区名称。如《元和郡县图志·夏州朔方县》释文就提及无定河（即奢延水）及乌水（即黑水）："无定河，一名朔水，一名奢延水。源出县南百步，赫连勃勃于此水之北，黑水之南，改筑大城，名统万城。今按州南无奢延水，唯无定河，即奢延水也，古今异名耳。"又"乌水出县黑涧，东注奢延水，本名黑水，避周太祖讳，改名乌水。"① 正如作者所言，之所以将"无定河"定名为"奢延水"，是因为当时夏州之南面，只有无定河，并无名为"奢延水"的河流，因此推定为"古今异名"。

笔者以为，正是在这些不甚明确的文字为后世学者广泛引用之后，奢延水的方位问题出现了混淆。通过简单对比可知，李吉甫所指"无定河"，与郦道元所称"奢延水"存在很大的差异，难以简单等同。②《元和郡县图志》的这一定位引发了长久的认知问题，后来《太平寰宇记》等重要舆地著作的相关记载，基本都是以往记载的重复，没有呈现更多的细节，仅在引述中删去了"百步"二字。③

隋、唐两代在今天榆林市及靖边县设置了朔方郡及夏州。笔者以为，当时朔方郡及夏州境内的"宁朔县"值得特别关注，因为其与北魏时代的奢延县方位相近。《隋书·地理志》载明：朔方郡即北魏之夏州所在，而将"岩绿县"作为附郭县。"宁朔县"下

---

① 李吉甫：《元和郡县图志》卷四，中华书局1983年版，第100页。

② 笔者注：《水经注》称当时奢延水"水西出奢延县西南赤沙阜，东北流"，与当时奢延县治所之间存在一定的距离。同样，《水经注》载明统万城建造于奢延水之北，应该二者之间也存在一定的距离。而李吉甫所指"无定河"源出县城以南百步之处，也没有类似"赤沙阜"的标志性景观。笔者在前面章节中已经指出：统万城前的"广泽清流"景观是影响无定河源定位的重要因素。清代以前，研究者并没有确认无定河与其正源——红柳河的关系。

③ 参见乐史撰，王文楚等校注：《太平寰宇记》（二）卷三七，中华书局2007年版，第786页。

仅注云:"后周置。"① 唐代夏州治于统万城,而宁朔县与朔方县关联密切,有多次兼并与置废的记载。如《旧唐书·地理志》载云:"夏州都督府,隋朔方郡。贞观二年(628),讨平梁师都,改为夏州都督府,领夏、绥、银三州。其夏州,领德静、岩绿②、宁朔、长泽四县。其年,改岩绿为朔方县。"③ "朔方县"下记云:"朔方,隋岩绿县,贞观二年,改为朔方县。永徽五年(654),分置宁朔县。长安二年(702)废,开元四年(716)又置,九年(721)又废,还并入朔方。"④ 可见,宁朔县由朔方县中分出而置。"宁朔"下又记云:"隋县。武德六年(633),于此置南夏州。贞观二年(628)废。"⑤ 很显然,"南夏州"就是要区别于"夏州",正如北魏"奢延县"区别于奢延县故城。既然宁朔县在唐朝初年被设置为"南夏州",就应该与"夏州"有着相关密切的关系。那么,宁朔县方位又在哪里呢?又《元和郡县图志》记云:"宁朔县(中下,西北至州一百二十里),本汉朔方地。周于此置宁朔县,属化政郡。隋罢郡,以县属夏州,皇朝因之。贺兰山,在县东北三十里。秦长城,在县北十里。"⑥ 这段记载为我们判定宁朔县治所的方位提供了重要坐标:一是贺兰山,一是秦长城。据此记载推定,宁朔县治应在夏州的治所统万城西南一百二十里之地,在秦长城以南十里。

而根据清代学者们的考订,他们大多将北朝时期的岩绿县、宁朔县及北魏时期奢延县治所确定于今天榆林府怀远县(即今横山县)的范围内。⑦ 如雍正《陕西通志》卷四、卷五均有按语称:

① 房玄龄等:《隋书》卷二九《地理志上》,中华书局1973年版,第812页。
② 笔者注:根据中华书局校勘记,各本"绿"大多作"银"。参见《旧唐书》卷三八,中华书局1975年版,第1461页校勘记。
③ 《旧唐书》卷三八《地理志一》,第1413页。
④ 《旧唐书》卷三八《地理志一》,第1414页。
⑤ 《旧唐书》卷三八《地理志一》,第1414页。
⑥ 李吉甫:《元和郡县图志》卷四《关内道四》,中华书局1983年版,第101—102页。
⑦ 参见李兆洛:《历代地理志韵编今释》,扬州广陵古籍刻印社1992年版,第109页。

"按岩绿在今怀远县界（即今榆林市横山县）。"① 又 "按宁朔在今榆林县界（即今榆林市界）"②。清代学者毕沅所撰《关中胜迹图志》卷二四《地理》又指出："谨按：德静废县，在榆林县西。宁朔废县，在榆林县南。唐李益《登长城诗》：汉家今上郡，秦塞古长城。有日云长惨，无风沙自惊。当今圣天子，不战四夷平。"③如果他们的考释成立的话，古文献中所谓"奢延水"与"奢延泽"也应更靠近今陕西榆林市境内，与统万城遗址存在一定的距离。更重要的是，乾隆《钦定大清一统志》有两处"奢延故城"的记载，分别在"内蒙古鄂尔多斯"条与"陕西榆林府"条，与笔者所谓"奢延故城"有两处认知结论相吻合。"内蒙古鄂尔多斯"下"奢延故城"释云："奢延故城，在右翼前旗西南，汉置属上郡，后汉因之，晋省。《水经注》：奢延水出奢延县西南赤水（'沙'字之误——笔者注）阜，东北流，径其县故城南。按奢延水，即今榆林之无定河及石窟川河，旗西南哈柳图河、额图浑河，即古奢延县也。"④ 按作者这样的解释，榆林地区无定河、石窟川，以及内蒙古鄂尔多斯右翼前旗西南哈柳图河、额图浑等河流覆盖的范围，即今无定河及其支流所覆盖的上游地区，都应属于"古奢延县"的地域范围，其治所即为统万城（白城子），在鄂尔多斯右翼前旗西南。

又乾隆《钦定大清一统志·榆林府》将"奢延故城"与"夏州故城"并列，其释文云："奢延故城，在怀远县。西汉置属上郡，晋省。《水经注》：奢延水出奢延县西南，东北流，径其县故城南。"⑤ 这一考释进一步将后来的奢延县故城放在了怀远县（即今横山县）境内，是奢延水之发源地。又"夏州故城"下云："在

---

① 雍正《陕西通志》卷四《岩绿县》，《景印文渊阁四库全书》"史部 309·地理类"，第551 册，第 162 页 a。

② 雍正《陕西通志》卷四《宁朔县》，第 184 页 b。

③ 毕沅：《关中胜迹图志》卷二四《古迹（郊邑）秦长城》，《景印文渊阁四库全书》"史部 346·地理类"，第 588 册，第 785 页 b。

④ 乾隆《钦定大清一统志》卷四〇八《鄂尔多斯古迹》，《景印文渊阁四库全书》"史部 241·地理类"，第 483 册，第 487 页 a。

⑤ 乾隆《钦定大清一统志》卷一八七《榆林府古迹》下，第 487 册，第 260 页 a。

怀远县西,本汉奢延故地……"① 显然,"奢延故城"有两个,难以合二为一。一为两汉时期的奢延县治,两晋时期省并,即《水经注》所云"奢延故城",后来被改建为统万城,成为夏州之治所,即"夏州故城",位置在清代榆林府怀远县以西;另一个"奢延故城"则在隋唐时期的宁朔等县境内,很可能是由北魏奢延县之旧治所改置,其方位在清代榆林府怀远县境内,大约在今榆林市横山县西南的芦河沿岸。②

可以看出,不少清代学者已明确意识到《水经注》中两个"奢延"的明显区别,即北魏奢延县治与秦汉奢延故城。上述文献无一例外都可证实,统万城(即秦汉奢延县治)建于奢延水之北,而其发源之地附近的"奢延县治"有一定的距离。如果没有分清这一点,那么对于"奢延水"与"奢延泽"的考订则不免陷于混淆。如清代学者胡渭在注释"奢延水"时又云:"水西出奢延县西南赤沙阜,东流合黑水,又东合走马水,又东入于河。离石,今永宁州。奢延故城,在废夏州西南。"③ 奢延故城与废夏州,显然不是同一地方。其判定奢延故城在废夏州西南,正是因为《水经注》有奢延水"东北流"经统万城的记载。又如雍正《陕西通志》卷三载云:"奢延,奢延水,出奢延县西南,东北流,径其县故城南,王莽之奢节也(原注:《水经注》)。奢延故城,在废夏州西南(原注:《禹贡锥指》。按在今榆林府怀远县)。"④ 按《水经注》之本文,统万城为两汉时期奢延县之故城,而胡渭等清代学者所指的"奢延故城",即在废夏州西南,应是北魏时期的奢延县城所在,接近奢延水之发源地"赤沙阜"附近,在清代榆林府之怀远县(治今横山县)境内。而《水经注》中所记"黑水"则被清代

---

① 乾隆《钦定大清一统志》卷一八七《榆林府古迹》下,《景印文渊阁四库全书》"史部236·地理类",第478册,第260页a。

② 参见《中国历史地图集》第五册《关陇诸郡》,中国地图出版社1987年版,第7—8页。

③ 胡渭著,邹逸麟整理:《禹贡锥指》卷一三,上海古籍出版社2006年版,第419页注释。

④ 雍正《陕西通志》卷三《建置三·汉奢延》条下注释,《景印文渊阁四库全书》"史部309·地理类",第551册,第131页b。

学者们认定为怀远县境内的石窑川河。如乾隆《钦定大清一统志》记云:"石窑川河,在怀远县北,即黑水也。……《通志》:黑水,今名石窑川河。在威武堡北塞外,东南流。径怀远,为乱窑川河。又有打浪河,自于塞外,南流,径怀远入焉。又东南,径波罗堡,入溤忽都河。按此水在边外名哈柳图河,会数派入边,为石窑川,即黑水,亦无定河之别源也。"① 《钦定大清一统志》的记载来源于雍正《陕西通志》,而雍正《陕西通志》又主要依据当时的《县图》与《县册》的记载。②

毋庸讳言,无定河上游横穿长城内外,长城的阻隔以及长城持续不断的南北战争,极大地影响了历史时期人们对于长城沿线地区地理状况的认知。从唐代以后直到明朝时期,人们关于塞外的无定河及相关区域的记载陷于事实上的"空档期",认知相当模糊,并没有超过《水经注》的水准。以明代图籍为证,《广舆图》是明代著名的地图集之一,由朱思本、罗洪先、胡松等多位著者完成,其中所编《延绥镇图》为我们提供了相当丰富的边外情况。③ 但是,由于塞外记载与地点标记大多不甚清晰,甚至随意性标记,很难简单与今天陕西北部的水系及地点对应起来,缺少考证的价值。如在靖边堡西北方向的塞外地区存在一组古城与水泊景观,分别标注着"古夏州""匝把湖""红柳河""忻都城"等等。这组古城与水泊景观并没有任何水系相互连接,也无水系进入塞内,因此未展示出无定水系的完整性与连续性。陈组绶编绘的《皇明职方地图》是明代最重要的地图集之一,编绘水平与价值也非同一般,受到学者们的高度评价。其中所绘《榆林边镇图》④ 标注无定河系的内容较为丰富。榆林镇一带的无定河分为南、北两个支流,均源自边墙之外。北面支流自榆林镇附近进入,

① 《钦定大清一统志》卷一八七《榆林府山川石窑川河》下,《景印文渊阁四库全书》"史部236·地理类",第478册,第258页 b。

② 雍正《陕西通志》卷十一《山川四·榆林府怀远县石窑川》条下,《景印文渊阁四库全书》"史部309·地理类",第551册,第603页 a。

③ 朱思本原绘,罗洪先、胡松增纂:《广舆图》,国家图书馆出版社2012年版,第74页。

④ 陈组绶编:《皇明职方地图》卷中"边镇47",复旦大学图书馆藏明刻本。

其源头分别指向长盐池与红盐池；西向一条支流标注甚为复杂，源头水之一标有"吃那水"（即黑水）、"里水"，源头之二标注有"奢延水""红柳河"等。两个源头水之间标注有"奢延故城"。两股源头水在匝把湖附近合流，合流处以北标注有"唐夏州"，其水东流，在龙州堡以北地方入塞。我们可以清楚地看到，怀远堡以外地区标注有"白城子"，即统万城，与这两条水系均没有关联。

上述明代图籍资料为我们提供了十分珍贵的佐证，这些图籍资料呈现了当时的山川水系、故城遗址等情况，但是，塞外情况可能大多源自口耳相传，不是实地考察与勘验的结果，因而形成了特殊的文化现象，与客观真实的情况有不小的差距，难以考实，也无法简单地与古籍中的相关记载对应起来。

清代至民国前期有关"奢延水"与"奢延泽"的记载与定位

从清代到民国前期，长城南北的统一与和睦，为边塞地区地理环境的认知创造了新的条件。而进入陕蒙边界地区的大量开发性移民，不仅促进了农业及粮食生产，也必然在一定程度上推进了区域地理认知的进步。与此同时，西方测绘技术的输入，又在较大程度上提高了地图河系标注的精确度。因此，清代至民国时期关于无定河（包括奢延水）水系情况的认知，出现了一个质的飞跃。然而，由于缺乏统一标准的地理测绘技术，以及对于已有河流水系知识的普及推广工作不足，清代至民国时期对于无定河的认知过程仍然是复杂而曲折的。学者们的认知不仅存在时段性的差异，而且在同一时段也有不同的解释与判定。

笔者在研究中发现，早在清代前期，对于无定河上游水系的研究与判定，曾经出现过两种或两类并不完全一致的叙述及解释系统：一种是"塞外派"的解释，以齐召南《水道提纲》及康熙、乾隆两朝《内府舆图》为代表；另一种则可称为"本地派"或"内地派"的解释，以《延绥镇志》、雍正《陕西通志》、乾隆《钦定大清一统志》及其他地方志为代表。

齐召南的《水道提纲》为塞外派的代表，其特点便是从源头及水系构成整体出发，梳理无定河水系的脉络。如《水道提纲》卷五《黄河》条关于"奢延水"释云："榆林无定河有二源，西源曰额图泽（应为'浑'之误——笔者注）河，古奢延水也，出河套右翼前旗贺通图山，东南流，有一水自西来，一水西南自苏海阿鲁山来，俱会，东入怀远堡边城，为潢呼都河。又折东北，至波罗营，与北来海留图河会。海留图，即东源，古黑水也，亦名齐纳河，出前旗呼喇呼之地，东南流，与西北来之纳林河，出托里泉，及西喇乌苏河，出磨呼喇呼平地者会，东南入榆林边，于波罗营北，而西源来会……"①齐召南所云，可以说是康熙、乾隆两朝《内府舆图》内容的解说词。齐召南认为额图浑（即塞内潢呼都河）为古奢延水，为无定河之西源。而今天我们认定无定河上游经过统万城，则是文中所提"西喇乌苏河"。又对照康熙《内府舆图》陕北长城部分（图 13-1），可以看出，清代前期榆林府下与无定河相关的河流水系分为三个部分或三支，与《广舆图》等明朝地图还是较为接近的。最北一支是自榆林府城以北之地流入塞内，河源标有"清河必拉"及"清河口""三岔河"等。中间一支最为复杂，又由三股水流组成，中间一股为"西拉乌苏必拉""纳领必拉"及"哈柳图必拉"合流而成，北面一股水流为"他克拉必拉"，南面一股为"额图浑必拉"，三股水源在清河水合流入塞。最南一支从宁塞堡发源，经过"把都河口"，最终潴于通哈拉克鄂漠，实为今天无定河真正的上源——红柳河。

另外，清代的一些官方典籍对于无定河的记述，也与齐召南所述大同小异。如《钦定大清会典图》释文云："无定河上流，曰额图浑河，一曰奢延河，又名渑忽都河。自鄂尔多斯右翼前旗东流，入界，经怀远县北，东流，右纳子坊沟水、波罗堡水，左纳硬地梁水，折东南，右纳黑木头河、柿子河水，经府治南鱼河堡，

---

① 齐召南:《水道提纲》卷五《黄河下》注文,《景印文渊阁四库全书》"史部 341 · 地理类",第 583 册,第 58 页 a。

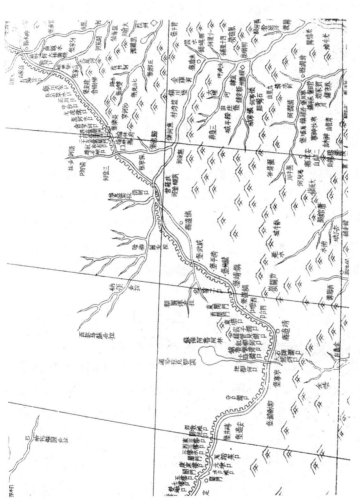

图 13-1 清初陕北长城地区地图（选自《内府舆地全图》①）据国家图书馆藏清康熙刻本影印，《中华再造善本》据国家图书馆藏清康熙刻本影印，第 5 册。

① 《内府舆地全图》，国家图书馆出版社 2009 年版，《中华再造善本》据国家图书馆藏清康熙刻本影印，第 5 册。

清水河（一名西河，即榆林河）自边墙流入，经府治西北，合三岔河、芹河，经治南，合驼山水、冯家沟、张家沟、小沙河、董家湾、白家沟水，东南流，注之。又东合数小水，经镇川堡东南，流入米脂县界。"① 又如《陕西水道图说会典》记云："无定河上源，曰额图浑河，自鄂尔多斯右翼前旗东流，经榆林府边外，合西拉乌苏河、纳领河、哈柳图河、他克拉布河，入边，合榆林河，又经绥德州，合怀宁河，入黄河。"② 《清史稿·地理志·鄂尔多斯右翼前旗》也记云："西南：金河，蒙名西喇乌素，源出磨虎喇虎地，南流，会哈柳图河，东南流，合细河、金河二水，入榆林边，至波罗营，会西来之额图浑，为无定河。细河，蒙名纳林河，源出托里泉，南流，亦会哈柳图河。石窑川河，蒙名额图浑，源出贺佟图山北平地，东南流，合数小水，入怀远边，为恍忽都河，又折而东北，至波罗营，会海克图河，为无定河。"③ "塞外派"解释系统的最大特点是从塞外到塞内，统观长城内外，视野开阔，以边墙之外的额图浑为无定河（即古奢延水）的正源，其出于河套右翼前旗，东流，与海留（流）图河、西拉乌苏河、纳林河等水合流后入塞。

另一派解释系统——"内地派"或"本地派"则以塞内地方情况为主导。如关于无定河上游的源流状况，乾隆《钦定大清一统志》载云："无定河，自边外流入怀远县北，又东南，径榆林县西南，流入米脂县界，即奢延河。……无定河，俗名滉忽都河，源出龙家堡南宜家畔，合静（靖）边城西之红柳河，城东之蓓（莜）麦河，东流出塞，至怀远县之清平堡东北，又入边墙，右合清平水、柳儿、狄青原诸支水。又东径威武堡北，合海棠水，又东径怀远县北，复出塞，合塞外之圁水及打狼河、石窑川水，至

① 昆冈、刘启瑞等：《钦定大清会典图》卷二〇七《舆地六九》，中华书局1991年影印本，第715页a。
② 贺长龄、魏源等编：《清经世文编》卷一一四《工政二十·各省水利一》，中华书局1992年版，第2763页a。
③ 赵尔巽等撰：《清史稿》卷七七《志五十二·地理二十四·内蒙古》，中华书局1977年版，第2420页。

波罗堡，复入，而东南流，黑木头沟水东流，会之。又径响水堡东，东南入榆林界。"① 上述文字对无定河水系的描述分为两个部分：一为古文献记载的引述，一为当时河道状况的阐释。第二部分的价值无疑代表了清代前期关于无定河河道状况的最新认知。当时将无定河干流认定为"滉忽都河（即《水道提纲》之潢呼都河——笔者注）"，源出于龙家堡（龙洲堡）宜家畔，然后与靖边城西之红柳河、城东之菽麦河合流，东流出塞（参见图12-9）。我们必须注意到，这里并没有提到塞外的白城子，即统万城。也就是说，无定河的起源还没有与统万城联系起来。关于"黑水"，乾隆《钦定大清一统志》也作了相当详尽的解释："石窑川河，在怀远县北，即黑水也。……黑水，今名石窑川河，在威武堡北塞外，东南流，径怀远，为乱窑川河。又有打浪河自于塞外南流，径怀远入焉。又东南，径波罗堡，入滉忽都河。按此水在边外名哈柳图河，会数派入边，为石窑川，即黑水，亦无定河之别源也。《延绥镇志》谓之圁水，误，辨见神木县。"雍正《陕西通志》卷八《榆林府》卷十一《怀远县（下）》都有无定河水系的记载，与乾隆《钦定大清一统志》的记载大同小异，应来自同一资料源（即《县册》）。

根据雍正《陕西通志》的附注，以及毕沅《关中胜迹图志》的解释，上述关于无定河上游水系情况的记载，均来自《延绥镇志》。而今本《延绥镇志》关于无定河的记载相当简略，如云："无定河，河源出清平堡塞外白城儿，东流，合夏河儿，白波罗（应为"自波罗堡"）入边，合滉忽都河，南折，自米脂县历绥德州东关外，流入清涧县界，又东八十里，入黄河。"② 毕沅等人应该另有所本。《关中胜迹图志》卷二四《地理》记云："无定河，在怀远县北，《通志》：即生水，俗名滉忽都河……《延绥志》：滉忽都河，出龙州堡南宜家畔，合城北乌龙洞泉，及城西水，东流

---

① 乾隆《钦定大清一统志》卷一八七《榆林府下》，《景印文渊阁四库全书》"史部236·地理类"，第478册，第258页a—b。

② 郑汝璧等纂修，陕西省榆林市地方志办公室整理：《延绥镇志》卷二《山川》下，上海古籍出版社2011年版，第116页。

四十里，清平水北注之。又东，柳泉儿水北注之。又东，狄青原水北注之。又过响铃塔威武堡，暗门水出其东，又海棠河及东西二河，俱出镇靖堡塞外，东流注之，又东，过怀远堡，苦水川合圁川会之，为无定河。至波罗堡，北折而南流，黑木头水、鲍家寺水东注之。又过响水堡，东入榆林界。其圁水出清平堡外白城儿，东流，合夏河儿，入波罗堡，与滉忽都河会。"① 上述数则文献可以说明，对于明、清两朝前期关于无定河上游水系情况的认知程度，有以下几点值得关注。

首先，当时大多数著作认定无定河俗名为"滉忽都河"，源出于龙州堡宜家畔。滉忽都河，又称为恍忽都河、慌忽都河、黄糊涂河、潢呼都河等，其名应起于明朝后期。如明代茅大方有《塞门至银州关道中》一诗云：

> 银州②西下忽都河，戍卒东来唱旧歌。
> 星散诸营连斥堠，云屯万里蔽沙陀。
> 自嗟出塞春光少，谁道临关月色多。
> 顾我鹤形非燕颔，立功万里定如何？③

其次，文中又提出了"圁水"的问题。"圁水"在古文献中经常出现，实为今天陕西北部之秃尾河。将奢延水称为"圁水"，正如这里将无定河（奢延水）称为"滉忽都河"，都曾经是学界的主流意见，尽管与今天的认知不同，但这正是无定河认知史的真实状况。如《大明一统志》即称："无定河，即古圁水，以溃沙急流，深浅不定，故名。"而雍正《陕西通志》在"秃尾河"下专门进行了考释："按《唐志》云：银州东北无定河。即圁水，而后人遂皆谓奢延水为圁水。然考《水经注》，圁水在东北，奢延水在西南，各自入河。源流迥别，故有谓秃尾河即圁水者，揆之汉魏地

---

① 毕沅：《关中胜迹图志》卷二十四《地理》，《景印文渊阁四库全书》，第588册，第782页a—b。
② 银州，治今榆林市东南。
③ 朱彝尊编：《明诗综》卷十八，中华书局2007年版，第759页。

里、郡邑、方位，皆相吻合，当非臆断，从之。"①《关中胜迹图志》的作者毕沅也曾专门考订云："臣谨按：圁水在葭州，今名秃尾河。其以奢延水为圁水，误自欧阳忞《舆地广记》始。前明人地志往往承之。近时谭吉璁撰《延绥镇志》亦不知辨，但此出清平堡外之水，本无他名，今仍其文而辨正之如此。"而"此出清平堡外之圁水"，正是我们今天所知的无定河正源——红柳河，但当时连正式名称都没有。

　　将"圁水"称为"无定河"正源，正是在无定河水系的认知历史中不得不提的插曲，也是从宋代到清朝中期不少学者坚持的观点。如清代学者梁份在《秦边纪略·龙洲堡》的注文中称："圁水出塞外之白城儿，至此于堡之荒忽都河合，南流益大，谓之无定河。水中之沙人马践之，如行幕上，多陷没之患，浅深不一，故名无定。且水急流之际，时或逆上如海潮然，唐人诗中皆指也。延绥西路止于此堡。堡有把总，兵五十名。明制：兵五百六十名。"②又如光绪年间县人高增巽曾经撰写《无定河源流考》一文，也坚持认为圁水就是无定河，其文中云："惟按《榆林府志》：清平堡塞外白城儿，即古白土县地，圁水出焉，东流入塞内乌龙口，又东至砖场口，北流，出塞外，径塞地梁，三岔河与夏河合，入无定，复入塞内，此圁水之源流也。《延安府志》：无定河源出靖边县，俗名滉忽都河。《榆林府志》：滉忽都河出龙州南宜家畔，东北流，出长城，至三岔河，合圁水、夏河，东至塞内，入怀远境，又东南流，入榆林米脂县、绥德、清涧境，即纳诸州县各小水，入黄。此无定河之源流也。三岔河以上名圁水，名滉忽都河，三岔河以下名无定河，并无奢延水之名。又按《禹贡锥指》：今米脂县有汉圁阴故城。《榆林府志》：鱼河堡、响水，皆古圁阴县地。水北为阳，则其地当在无定河西南岸，今之白土儿城，即古之白土县，与《水经注》所载亦相符合，是今之无定河，即古之圜水，无可疑议……古今异名，不能臆定，姑存阙疑，以俟后之考古者。"[1] 应该说，明末清初，因为人们无法确定今天的红柳河是无定河之正源，因此当时的人们对于无定河的源流还倾向于两种说法：一是将无定河之正源确定在统万城（即白城子）下，似与古代圜水相接近；二是更多的学者将靖边县境内的滉忽都河作为无定河的源头。此处应注意，滉忽都河出自龙州南宜家畔，圜水与"滉忽都河"汇集之后，才形成完整的无定河。

清代中期以后对于奢延水的认知情况，可以道光《榆林府志》为代表。如道光《榆林府志》卷四载云："无定河，俗名滉忽都河。一名朔水，一名奢延水，一名生水（县册），在怀远县北。……《（延绥）镇志》：滉忽都河，出龙州堡南宜家畔。又《延安府志》：无定河，源出靖边县东酸茨沟，俗名滉忽都河，疑即生水之源，水东箭竿岭，或即孟山。其水东北流，荍麦、红柳二河水，东流，注之。按箭竿岭在龙州堡南，由龙州东北流，出长城，至怀境塞外，黑河、打狼河、石窑川诸水入之。至三岔河，合圜水、夏河，东至塞内波罗堡西，大川口水入之。（……）入清涧县境，又东南，径两河口，入黄河。按无定河、奢延水、圜水，各志俱未确互，详圜水注。"又"圜水，在怀远县西北，《水经注》：圜水出上郡白土县圜谷，径其县南，又东径圜阴县南，流注于河。按白土，即今白儿城，一作白城儿。圜水源出清平堡塞外白城儿，东流，入塞内乌龙口，又东流，清水河、柳泉儿、狄青河诸水注之。又东，至砖场沟，北流出塞外，径寨城梁，至三岔河，与夏河合，入无定河，流入塞内。按圜水与无定河，异源同流，未合时名，不可混，合流后，俱可互称，并可名奢延水"[2]。据相关记载，道光《榆林府志》中《怀道水道图》为何丙勋所编绘。关于奢延各水的编绘，李熙龄曾与何丙勋进行过讨论，讨论内容正与《府志》内容相印证。如李熙龄在《与怀远令何保如书》中指出："承绘《怀远水道图》，甚为明晰，但以无定河为怀境北

① 严建章：民国《米脂县志》卷九，民国三十三年铅印本，第38页a。
② 李熙龄等撰：道光《榆林府志》卷四，清道光二十一年刻本，第20页b。

条水，圁水为怀远南条水，又以无定河不得为奢延水。细考之，俱未确。盖圁水源出白儿城，入塞内乌龙口，固在怀境西北，而无定河源出龙州堡，南流，出长城，亦在怀境西北，所谓异源也，至三岔河合流，所谓同流也。未合时名，不可混，合流后，俱可互称，并可为奢延水。兹分详本条水注外，附考案一条，统希垂鉴。"何丙勋在《答榆林李太守书》中表示赞同："……无定河、奢延、圁水，历来各志俱误，谨阅掷下考辨，涣然冰释，仰瞻斧藻，曷胜钦佩！"① 李熙龄的见解十分清楚地反映在书中所附《怀远县疆域图》② 中，其中标示出无定河源在龙州堡附近，与源出于靖边堡的菠麦河及红柳河合流后，称为无定河。而圁水源出于白儿城（即白城子），入塞后，又与狄青河、清水河等合流。

　　笔者在以往的文章中已经反复强调，传统文献中关于红柳河最准确、最完整的记载，当属光绪《靖边县志稿》。如该书卷一《舆地志·诸水》载："……西北红柳河，其源有三：一出宁塞堡东南四十里清水沟迤西，北流三十里，有碾盘湾水自东入之。又五里，马家圪子水自西入之。北行十五里，至大岔。一出宁塞十里乔家南沟，北流十里，有黄家岘水自东入之。又北十里，马家崾嶮水于小河畔自西入之。又北十五里，莺儿窝水自西南入之。又北十五里，亦会于大岔。一出把都河旧城子，北流二十里，罗家涧、斜路梁二水自西入之。又折东二十里，过子规沟，俗呼鸥怪沟。至大岔，三水合流，《府志》所谓红柳河是也。又北流十里，水分为洲，中有土阜，高数丈，阜上坦平如砥，阔数十亩，俗名无定寨。又北流十里，至小桥畔，有官桥，西距梁镇十五里。又北流十五里，至石底子，亦名朔水。又北流四十五里，抵怀远界白城子，又名生水，又迤东，过张鸿畔，径怀远波罗堡，至二石科，即无定河也。"③ 这段记载对于确认历史时期红柳河河道变迁是至关重要的。如这段记载明白无误地确认了红柳河的源头，

---

　　① 李熙龄等撰：道光《榆林府志》卷四十二，清道光二十一年刻本，第 11 页 b。

　　② 李熙龄等撰：道光《榆林府志》卷一，第 56—57 页。

　　③ 丁锡奎、白翰章等纂修：《靖边县志稿》卷一《舆地志》，光绪二十五年刻本，第15 页 a。

即今天红柳河的上源是宁塞堡附近二水及把都河。这些描述与我们今天所知的无定河发源状况最为接近，自然也为我们正确指认文献记载中的红柳河源头问题提供了佐证。但是，在该县志中，所云"红柳河"与以往记载又有较大不同，而"怀远奢延河"（即今芦河）与"红柳河"是并列的。由此足以证明，当时学者仍然认为古代"奢延水"是今天的芦河，而不是经流统万城附近的红柳河。当然，芦河与红柳河都是无定河上游的重要支流。

再次，光绪《靖边县志稿》提出了"怀远之奢延河"的说法。而与其他文献相参证，"怀远县之奢延河"，又被称为"圁水"，即今天芦河上游之一支。芦河横穿靖边、横山二区县，为无定河最重要的支流之一（参见图13-2）。民国《横山县志》卷一《地理志·河流》记云："圁水，俗名芦河，源出靖边，有东、西二河。西河源，出新城堡西南石头沟茇麦城。其东河源，在新城堡东南二十里之门汉岩。均东北流，环绕镇靖城北相会，又五里出边，迤北十五里，过张家畔。再流五十里，至清平堡边外之乌龙口。折而南流，入边。南至祁家园子，与西来之龙州堡寺湾河相合，经清平堡北，东流，有清水河、柳泉儿、狄青河诸水来注。再东四十里，野人沟（芦沟河）、圪奔沟、石窑川水先后来会。经威武堡、响铃塔，复东会苦水沟、马英沟诸水，绕横水城北，东至砖厂沟，北流，出塞，经寨城梁，至三岔河，与西来之夏河合，入无定河。"《横山县志》作者考释云："按芦河，命名失考。查威武堡北有芦沟，靖边新城河源有芦子坪，疑系因此得名。《延绥镇志》以滉忽都河出龙州堡南宜家畔。考龙州堡寺湾之水，为圁水支流，非正源也。其误指圁水为滉忽都河（即无定河）源，非是。"[1] 该《横山县志》成书于民国十八年（1929），显然，这样的考证是认知进步的成果。芦河作为地跨陕北边墙的无定河支流，古文献中记载与干流相混，实在是当时地理认知局限的问题。

---

[1] 曹子正等撰：民国《横山县志》卷一《地理志》，民国十八年刻本，第 8 页 a。

最后，既然上述文献都将龙州堡（图13-3）作为奢延水（无定河）之河源地，那么我们就有必要对龙州堡的沿革情况作一番探究。乾隆《河套志》卷三载称："龙州城，汉之龙州地，宋之（夏州）石堡寨也。范文正于此置马营。境有龙城关，北近边堵，南为延安城，乃延境首冲。今鸦儿巷脑四面天险，建城堡以扼吭喉，足资保障。城南有宜家畔慌忽都河，乃无定河上流也。堡之沟涧良多，善用之，则为险，不善用之，则为害。东三十里为清平堡矣。"① 原书有注释，已模糊不清，嘉庆《定边县志》卷十二《边备志》引述了上述内容，并加按语云："按堡在平地，不若鸦儿巷之险。圁水出塞外之白城儿，至此，与堡之滉忽都河水合，南充益大，谓之无定河，水中沙流不定，人马践之，如行幕上，或逆流如海潮，故名。"② 乾隆《河套志》与嘉庆《定边县志》关于龙州堡的记载，应来自清代学者梁份所著《秦边纪略》，其原文云："龙州城，汉之龙州，宋之石堡寨也，范文正于此置马营。境有龙城关，北近边绪，南有延安城，乃延境首冲。今鸦儿巷脑，四面天险，建城堡以扼吭喉，足资保障。城南宜家畔，有荒忽都河，无定河之上流也。堡之沟涧良多，善用之则为险，不善用之，则为害也，地利岂有常胜哉？东三十里则清平堡。（原注文略）"③ 由多份文献互证可知，梁份的记述更为翔实。

在靖边县诸河流（特别是滉忽都河）中，发源于龙州堡地区的寺湾河及其支流，正是所谓"奢延水"之上源，特别值得关注。《靖边县志稿》卷一《舆地志·诸水》记载："（靖边县）东有寺湾河，在龙州（堡）西北城下，水源出里许，即名寺湾河。河岸有红石崖，崖半有窟有盏，水自盏出，击盏声渊渊如匏鼓，下有小潭，清澈见底。冬温夏凉，中有鳅鱼……又东二里，会鸦儿河水。

---

① 乾隆《河套志》卷三，乾隆七年刻本，第10页b。
② 嘉庆《定边县志》卷十二《边备志》，嘉庆二十五年刻本，第11页a—b。
③ 梁份著，赵盛世、王子贞、陈希夷等校注：《秦边纪略》卷五，青海人民出版社2016年版，第448—449页。

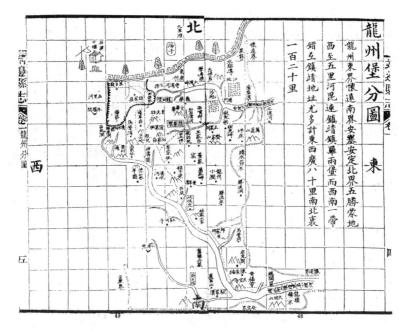

图 13-3　龙州堡地形示意图（选自光绪《靖边县志稿》①）

鸦儿河乃瀑布飞泉，下有怪石参差，阻滞水性，怒声如雷。又东流三里，草沟湾水自北入之。又东十五里，阎家峁子水自北入之。又迤东南十里，至暗门，会入王家河。查王家河源出长嘴红石沟，东、西、北岔皆有水，中亦多鱼，合流，五里，阎家寨、刘家峁儿诸水自西入之。又东流五里，名王家河，会寺湾河，二水合流，十里，小岘水自南入之。又东十里，至三道河，水脑儿沟水自北入之。又东流五里，过惠家桥，亦入怀远之奢延河。距镇靖城九十里。"② 据此可知，靖边县西部，又有一组河流水系的聚合，重要的主干有寺湾河与王家河，其支流又有鸦儿河水、草沟湾水、阎家峁子水、阎家寨水、刘家峁儿水等。这组水系有两大点特别值得关注。一是龙州堡是寺湾河与王家河的发源地。寺湾河出于龙州堡城下，而王家河出于长嘴红石沟，故地图中又称"红石沟

---

① 丁锡奎、白翰章等纂修：光绪《靖边县志稿》卷一《舆地志》，光绪二十五年刻本，第4页b至第5页a。

② 丁锡奎、白翰章等纂修：光绪《靖边县志稿》卷一《舆地志》，第16页a。

水"，两河合流后，成为奢延河的上源。二是红石崖与红石沟一带，正位于今天靖边县西南龙洲区丹霞赤砂石地貌景观地带。作为芦河上游水系的组成部分，这一带水系位置及地理特征，与《水经注》《元和郡县图志》中关于"奢延水"出于奢延故城南"赤沙阜"的记述，极为吻合。而根据笔者的实地观察，赤砂岩地区河流发源地广谷深川，在古代水源丰沛时期很可能存在不少面积相当可观的湖泊沼地，而这极可能是古文献所谓的"奢延泽"之所在，"赤沙阜"也就成为丹霞地貌景观的早期记载。

结　语

不同时代，关于山川方位的判别与认定存在巨大差异，其出现的背景与原因是较为复杂的，很难用简单的对错进行判定。而不同时代认知水平的差距，不可避免地导致历史时期水系考证工作陷入相应的困境，即古代文献中记载内容相对简略，而现实中的水系构成又是相当复杂的，甚至存在时段性的变异。这样一来，用古代文献中相对简略、模糊的记述来对应及匹配后世相当复杂的状况，显然就会变成一种不可能完成的工作。

奢延水与奢延泽的考订，揭开了历史时期关于无定河上游地区认知的曲折历程。历史记载中所呈现的认知状况，与现代勘测所知的实际情况存在很大差距。如直到明代，当时人们只知无定河来自边墙之外，而不知其与今天的靖边县境东部红柳河为同一河流。也就是说，无定河在塞外是中断的，这种状况直到清代也没有改变。在这种背景下，对于无定河上游水系情况的"曲解"与"误解"都无法避免。历史上关于"奢延水""圁水"等问题的考订都突出地反映了这个问题。

我们从以上研究、分析中可以得出以下结论。第一，奢延水与奢延泽均因所在地而得名，故其方位之考订，离不开对于"奢延城"方位的确定。从《水经注》等典籍文献记载中，可以确定存在两个奢延城的差别，即废夏州城（即统万城、秦汉时代奢延县故城）与古奢延城（即北魏时代的奢延县）。统万城（即白城子）位置确定无疑，而古奢延城则应在今天榆林市横山区附近地区。第二，历史时期缺乏对于无定河上游水系完整而系统的认识，原因是多方面的：一是因其流经北方边塞南北，跨越农牧业分界线地带，而历史时期农业区与游牧区长期处于对立乃至冲突的状况，自然影响了人们的认知；二是无定河水系复杂，本身支流甚多，而对干支流及各河段的命名工作又限于各个时代的认知水平，缺乏系统与统筹规划；三是无定河本身仍处于变化之中，曾经出现的沼泽、湖泊淤塞之处不少，又影响了人们的认识。第三，无定河上游水系复杂，"奢延水"与"奢延泽"的命名，代表了无定河最初阶段的认知。长城沿线地区河泊、水系并不少见，在"奢延水"与"奢延泽"之后，对于无定河水系的认知存在"空档期"，明清不少图籍资料充分证明了这一点。第四，至清代前期，奢延水与无定河并未完全等同，无定河又常被指定为"圁水"。确认源于今天靖边县西部的红柳河是无定河正源，已是很晚的事情。因此，历史时期"奢延水""奢延泽"，更多地是指今天无定河的主要支流之一——芦河，即所谓额图浑河、浞忽都河等，而不是流经统万城（白城子）的红柳河主干。原因并不复杂，因为芦河近边，河道穿插于长城内外，发源于龙州堡的芦河上游水系在明长城以内的范围，更多地为塞内汉族士民所熟知。

综上所述，笔者以为，古人之所以将龙州堡一带作为"奢延水"及"奢延泽"（即芦河）的发源地，更多地因为其地处靖边县丹霞地貌地区，正好与古文献所记之"赤沙阜"相印证。与之相接近，"奢延泽"则可能在龙州堡地区芦河上游所经的河谷之中。

松潘地区篇

第十四章　西南潘州考——兼论历史时期边疆政区的时效性与设置路径

任何时代政区之建置，必具客观之地理与社会基础，以及现实之政治需求与可能性等主客观条件。中国地域广大，各地的地理状况千差万别，民族、社会、文化特征又各具特色，政治上之需求更会随着时间的变化而产生较大的差异。这些复杂的变数或影响因子往往可能成为影响政区建置的关键性因素。而正是因为这些变数或影响因子的存在与持续作用，历史时期中国政区的建置呈现出复杂多变的形态，沿与革，置与废，政区的时效性也由此凸显出来。笔者所谓"政区时效性"，就是指各种政区自建置之后，并非一劳永逸，历久不变，而是随着主客观情况的变化而出现置、废、复、改等变化。这种变化与当时的社会历史以及环境变迁存在密切的关联性。在现存方志文献中，留存有大量废置政区的记载，这无疑是研究历史时期政区演变问题的无尽宝藏。

历史时期边疆政区的建置过程，较之内地，更为曲折复杂，同时也显示出一些独特性。最突出的表现之一，就是边疆政区的稳定性明显低于内地政区，因而在时效性上，历史时期的边疆地区更具敏感而易变的特征。此外，边疆政区的设置通常不是自发产生，其设置过程与治所选择，往往与当时中央政权边地建设策略、周边其他民族政权的影响力、边疆经济开发程度、经贸关系、交通建设状况等多种因素相关联，形成较为明确的地理方位上的路径指向。笔者且将多种影响因素形成的、带有明确地理方位指向的时空过程，称为边疆政区的"设置路径"。

古文献中主要有两个"潘州"：一个是岭南潘州，即"南潘"或"南潘郡"；一个是西南潘州。岭南潘州，即今天广东茂名市，[①] 而西南潘州大致位于古文献中的松潘地区，大致在今天四川阿坝藏族羌族自治州若尔盖县境内及附近地区。历史时期松潘地区地处偏远的川西高原草地，政区建置过程复杂而微妙，与西南边疆地区的自然地理及交通状况、历代中央王朝的治理政策、边疆地区经济文化开发水平及民族关系等主客观因素有直接关联，而其中"潘州"的设置过程尤其具有典型性与代表性。[②] 研究历史时期松潘以及西南"潘州"的政区建置及相关问题，是笔者在本章节集中讨论的内容，在边疆政区建置研究中也具有较为重要的参考价值及意义。

松潘地区政区设置路径考辨与潘州的早期记载

欲了解潘州之建置过程，有必要全面回顾与总结整个松潘地

---

① 关于岭南潘州的记载较多，其政区沿革情况，参见张伟然：《唐代岭南潘州的迁徙与牢、禺二州的由来》，《岭南文史》1996 年第 3 期。

② 据笔者检索，目前关于松潘及附近地区史地考证的论著主要有：［日］山口瑞凤：《松区的地理位置》，《西藏研究》1990 年第 3 期；［日］山口瑞凤：《松域 Sum-yul 地理位置考》，《兰州学刊》2009 年第 11 期；艾小惠：《太平天国革命运动时期松潘羌民起义》，《新史学通讯》1956 年第 11 期；冉光荣：《略述明王朝在松潘藏区的统治措施》，《中国历史博物馆馆刊》1986 年；周群华：《松潘古城考》，《四川文物》1991 年第 6 期；任树民：《明代松潘卫"番人"略考》，《西藏研究》2001 年第 1 期；张云：《元代吐蕃地方行政体制研究》，南京大学博士论文，1993 年；刘复生：《岷江上游宋代的羌族羁縻州》，《中国边疆史地研究》1997 年第 1 期；郭声波：《川西北羌族探源——唐宋岷江西山羁縻州部族研究》，《中南民族大学学报》（人文社会科学版）2002 年第 4 期；邓前程：《明代藏地施政的特殊性：古代中央王朝治理藏区的一种范式研究》，四川大学博士论文，2003 年；陈晨：《明代松潘卫研究》，青海师范大学硕士论文，2011 年；邹立波：《明代川西北的卫所、边政与边地社会》，《西藏大学学报》（社会科学版）2012 年第 1 期；庄春晖：《阿坝州"茶马古道"形成的缘由及其保护利用路径》，《西藏艺术研究》2010 年第 4 期；赵亚辉：《松潘——千年古城》，《传承》2008 年第 13 期；王娜、李再强：《明朝对阿坝州的土司制度》，《乐山师范学院学报》2008 年第 7 期；郑芹：《松茂古道沿线聚落探析》，西南交通大学硕士论文，2012 年；等等。

区的政区建置历史。松潘地区虽然地处偏远，但面积广大，其核心区相当于今天阿坝藏族羌族自治州的地域范围。历史时期中央王朝在这一地区的政区设置措施，可追溯到秦汉时期，这表明其重要地位早已为当时人所知。作为中国西部民族地区的重要"界域"之一，松潘地区的政区设置过程，十分典型地反映出历史时期处于东西部交界地区的非汉民族区域在政治、经济以及社会发展中的重要性与特殊性。[1]

松潘地区早期政区沿革情况相当复杂，出现过不少郡县设置。古今文献及学者在著述中对这些郡县设置过程提出了不少看似彼此矛盾却又似乎可以轻易否定的说法。但是，笔者以为，对于这些相沿已久的政区沿革记载，简单判定对错，并不能从根本上解决问题，有必要对其产生的历史地理背景及显现的发展趋向进行全面而客观的梳理与辨析。这对于我们深入研究历史地名沿革状况及趋势（即笔者所谓"设置路径"）是十分必要的。以下即为笔者试就各种说法所作的梳理、对照以及分析。

一为"河关郡"。《大明一统志》卷七三《松潘等处军民指挥使司·建置沿革》记云："古氐羌地，西汉始置护羌校尉，属河关郡，晋属汶山郡。宋、齐因之。后周置龙涸郡及扶州，治嘉城县。"[2] 河关郡，在《汉书·地理志》及《续汉书·郡国志》中并没有记载，而《汉书·地理志·金城郡》有"河关县"之设。因此，笔者怀疑所谓"河关郡"，应为"金城郡河关县"之误。关于"河关县"的区位特征，《汉书·地理志》载云：

> 河关，积石山，在西南羌中。河水行塞外，东北入塞内，至章武（县，治今河北黄骅市西北）入海。过郡十六，行九千四百里。[3]

---

[1]　关于"界域"问题的研究，参见安介生：《历史民族地理之"界域"研究——以地处川、青（藏）、甘之交的松潘地区为核心》，徐少华主编：《荆楚历史地理与长江中游开发——2008年中国历史地理国际学术研讨会论文集》，湖北人民出版社2009年版。

[2]　《大明一统志》卷七三，三秦出版社1990年影印本，第1138页（内容同清文渊阁四库全书本《大明一统志》卷七三相关记载）。

[3]　《汉书》卷二八《地理志下》，中华书局1997年"二十四史"合订版，第1611页。

很显然，"河关"与"河源"即与黄河源头有关。据此，黄河之水是从河关县塞外东北方向流入河关县塞内的。河关县境内最显著的自然景观为积石山，此山坐落于西南"羌中"。积石山实为历史时期羌族分布区（即"羌中"）最重要的地理标志之一。积石山的地理方位是相当明确的，如根据唐朝李贤等人的注释："积石山，在今鄯州龙支县南，即《禹贡》云'导河积石'是也。"①唐朝龙支县，在今青海省民和回族土族自治县东南。

"羌中"，又称为"羌地"，应指当时西北地区的羌族聚居地。《后汉书·西羌传》云："西羌之本，出自三苗，姜姓之别也。其国近南岳，及舜流四凶，徙之三危，河关之西南羌地是也。滨于赐支，至乎河首，绵地千里。赐支者，《禹贡》所谓析支者也，南接蜀汉徼外蛮夷，西北鄯善车师诸国。"据此可以推知，河关县设置于"羌地"，而当时的"羌地"即羌族分布区地域十分广袤，"绵地千里"，北接于西域，南至于蜀汉徼外"蛮夷"地区，即今天松潘等地所处的川西地区。《续汉书·郡国志·金城郡》中并无"河关县"，因此，河关县的确切治所难以考订，推测在今青海黄河源区的东北方向。另外，关于护羌校尉的治所，《汉官仪》曰："武帝置，秩比二千石，持节，以护西羌。王莽乱，遂罢。时班彪议宜复其官，以理冤结。帝从之，以牛邯为护羌校尉，都于陇西令居县。"②东汉时期的陇西郡令居县，治在今甘肃永登县西北。此处所记，虽是东汉复置之治所，但其与西汉护羌校尉治所不会相距太远。因此，将河关与川西松潘相联系，并非没有理据，因为它们同处于历史上曾十分广袤的羌族分布区。

二为"湟中郡"。关于湟中郡的设置，清代雍正《四川通志》的撰述者③曾在卷一七的卷末按语中指出：

---

① 参见《后汉书》卷七《孝桓帝纪》，中华书局1997年"二十四史"合订版，第307页注文。

② 《后汉书》卷一下《光武帝纪下》，第55页注文。

③ 雍正《四川通志》的撰著者有：总裁黄廷桂等、总纂张晋生等及分纂洪元遵等，清文渊阁四库全书本。

　　松茂道属，周、秦为西羌所居。自汉武帝募民耕塞下，以代转输，设河西五郡，以洮州、岷州、河州、扶州、潘州、松州隶湟中郡。后赵充国设金城十二屯政，统十五万之众，分十二屯营开设，松州，亦在屯营之一。屯兵一万有零，置护羌校尉。迨后屯政废弛，转运不给，始分洮州、岷州、河州属秦；松州、潘州、扶州属蜀。至汉季、晋、魏，或设或失，边防不复可考。至隋，改设县治，名曰交川（在今红花屯一里），又设翼州，即今叠溪所在，汉时名蚕陵县，皆属松潘地方。唐贞观间，总天下之屯，开府兵九百九十有奇，设立松州，亦属府兵之一，设一都督府统之，至一易而为旷骑，再易而为戍兵。松州驻扎数万之众，以防御吐番。①

　　这段考释文字回顾了早期松潘地区政区建置的历史，但是表述颇为粗略，甚至不乏混乱、误解、错误之处，经不起基本的对勘考证。如该文作者将松潘政区建置，即松州与潘州的起源，上溯至汉代河西五郡之一的"湟中郡"之设，但并没有较充分的根据。古文献中并无"湟中郡"之名，而有"湟水县"。唐李贤注曰："湟，水名，在今鄯州湟水县。"② 又注云："湟中，月氏胡所居，今鄯州湟水县也。"③ 又"湟，水名。据《前书》：出金城临羌县，东至允吾，入河，今鄯州湟水县，取其名也。一名乐都水④"。元胡三省注释云："破羌县，属金城郡。（李）贤曰：故城在今鄯州湟水县西，宋白曰：湟水县，本汉破羌县地，后魏得羌地，于此置西都县，隋改为湟水。"⑤ 隋朝湟水县的治所，在今青海海东市乐都区。

　　湟水县最明显的地理方位特征，即处湟水之滨，因水而名。湟水，又被为湟河、乐都水。如《旧唐书·地理志·陇右道鄯州》

①　雍正《四川通志》卷一七《边防上》，清文渊阁四库全书本，第 53—54 页。

②　《后汉书》卷七《孝桓帝纪》注文，中华书局 1997 年"二十四史"合订版，第 315 页。

③　《后汉书》卷一六《邓训传》注文，第 610 页。

④　《后汉书》卷二四《马援列传》注文，第 836 页。

⑤　《资治通鉴》卷四二《汉纪三十四》胡注，中华书局 1997 年版，第 1371 页。

记载云："湟水，汉破羌县，属金城郡。汉破匈奴，取西河地，开湟中处月氏，即此。湟水，俗呼湟河，又名乐都水，南凉秃发乌孤始都此，后魏置鄯州，改破羌为西都县，隋改为湟水县，县界有浩亹水。"① 关于"湟中"方位，元代学者胡三省又注释云："河西武威、张掖、酒泉、敦煌四郡，本匈奴昆邪、休屠王地，武帝开之，置郡县，羌与匈奴隔远，不复得通。湟中，湟水左右地也。其地肥美，故斥逐诸羌，不使居之。《水经注》：金城郡临羌县，西北至塞外，有西王母石室、仙海盐池。北则湟水所出，东流，径湟中城北，故小月氏之地也。又东径临羌、破羌、允街、枝阳、金城，而合于大河。"② 又"湟水，源出西海盐池之西北，东至金城允吾县入河，夹湟两岸之地，通谓之湟中。又有湟中城，在西平、张掖之间，小月氏之地也。故谓之小湟中。"③ 湟中，即指湟水两岸之地。

"河关"与"湟中"之地，与今天的四川阿坝藏族羌族自治州所属松潘之地相距遥远。无论是"河关郡"还是"湟中郡"，都是古代研究者试图将松潘的早期沿革缘起归于河湟地区的说法，但这些说法显然是站不住脚的。因此，胡三省曾经辨正云："史炤《释文》曰：'滇良，益州西夷。'余按：《后汉书·西羌传》：'羌无弋爰剑玄孙研居湟中，最豪健，羌中号其种为研种。研之十三世孙烧当复豪健，更以烧当为种。'号滇良者，烧当之玄孙也，世居河北大允谷。既破先零，夺居大榆中地，此所谓湟中羌，去益州甚远，乌得谓之益州西夷乎？"④ 但是，笔者以为，历史时期政区之考订，如果只作"单线条"式的硬性对接，或简单而直接的是非判定，那就是把复杂的问题过于简单化了。因为一种说法提出的背景，往往有着相当复杂的历史地理背景，前代学者之所以进行如此的溯源考索，不可简单判断为偶然之巧合，或认知上的

① 《旧唐书》卷四〇《地理志三》，中华书局 1997 年"二十四史"合订版，第 1633 页。
② 《资治通鉴》卷二五《汉纪十七》胡注，第 836 页。
③ 《资治通鉴》卷六七《汉纪五十九》胡注，第 2133 页。
④ 胡三省：《通鉴释文辩误》卷二，清嘉庆二十一年鄱阳胡克家覆刻元兴文署刻本，第 14 页 a。

个人偏失，而应该具有较为广泛的代表性与时代特征。松潘之地，无疑为中国西部羌族聚居区之一，因此，溯其源头，必然以羌族发展源流为主要线索之一，而"河湟之地"，确为古代羌族之发祥地，且覆盖面积广大。所谓"羌中"或"羌地"之南界，确已涉及"蜀汉徼外"。松潘之地，同样切近黄河之发源地。而对于羌中与"河湟之地"内部更为确切的地理状况，当时学者还十分模糊。可以说，将松潘的早期沿革，跟羌族的起源地——河湟地区联系起来，是相当长的时间里古代学者们较为一致的认知，我们从《元和郡县图志》与《太平寰宇记》等史地著作关于"松州"地区相关沿革记述中都能发现如此类似的论点。①

就松潘地区早期政区设置的路径而言，"河关说"与"湟中说"可归之为"河湟路径"。

三为"汶山郡"。就松潘地区沿革而言，与"河关郡"及"湟水郡"相比较，文献中"晋属汶山郡"的说法，则是一种更值得重视的线索。将松潘之地与"汶山郡"相关联的说法，最早可上溯至宋代乐史所撰的《太平寰宇记》，该书卷八一《松州》载称："……在晋内附，以其地属汶山郡，宋、齐亦得之，后为西魏所有。"② 这里将松州内附的历史，上溯至晋代汶山郡，这显然与其他文献的说法有很大不同。

关于史载中"汶山郡"的设置时间，通常有几种说法。如最早出现的汶山郡，始置于西汉武帝时期。《史记·西南夷列传》载称：汉朝平定南越之后，"西南夷"部族请求内属。于是，"冄、駹为汶山郡。"《史记集解》引应劭曰："今蜀郡岷江。"③ "汶"与"岷"相通，汶山即"岷山"，可见，汶山郡，是依"岷山"与"岷江"所置。无疑，"岷山"与"岷江"之考订，是确定汶山郡沿革的最主要依据。汶川郡，《汉书》作"文山郡"，如武帝元鼎

————————

　　① 参见李吉甫：《元和郡县图志》卷三二《剑南道中·松州》，中华书局 1983 年版，第 809 页；乐史撰，王文楚等点校：《太平寰宇记》卷八一《剑南西道十·松州》，中华书局 2007 版，第 1629—1630 页。

　　② 乐史撰，王文楚等点校：《太平寰宇记》卷八一《剑南西道十》，第 1630 页。

　　③ 《史记》卷一一六《西南夷列传》，中华书局 1997 年"二十四史"合订版，第 2997 页。

六年（前111），"定西南夷，以为武都、牂柯、越嶲、沈黎、文山郡"。颜师古注引应劭曰："文山，今蜀郡崏山，本冉駹是也。"①宣帝地节三年（前67）十二月，"省文山郡，并蜀"。颜师古注曰："以其县道隶蜀郡。"②

关于"冄（冉）駹夷"与"汶山郡"的地理特征与人文状况，《后汉书·南蛮西南夷列传》有着更为详细而全面的记述。

> 冉、駹夷者，武帝所开，元鼎六年，以为汶山郡。至地节三年，夷人以立郡赋重，宣帝乃省并蜀郡，为北部都尉。其山有六夷、七羌、九氐，各有部落。其王侯颇知文书，而法严重。贵妇人，党母族，死则烧其尸。土气多寒，在盛夏冰犹不释，故夷人冬则避寒，入蜀为佣；夏则违暑，反其（聚）邑。皆依山居止，累石为室，高者至十余丈，为邛笼……其西又有三河、槃于虏，北有黄石、北地、卢水胡，其表乃为徼外。灵帝时，复分蜀郡北部为汶山郡云。③

首先，上述记载解释了《汉书·地理志》中没有记载"汶山郡"的原因，即遭到当地夷人的反对与抗拒，至地节三年，汶山郡被省并到蜀郡中，设为北部都尉。而这种省并也让我们认识到蜀郡与汶山郡之间密切的地域关系。其次，《后汉书》关于"西南夷"（包括"冉駹夷"）的风俗特征记载对于当地民族演变的历史研究颇有价值。汶山郡境内的夷人，又被称为"汶山夷"，如《史记·西南夷列传》又称："莋都夷者，武帝所开，以为莋都县，其人皆被发左衽，言语多好譬类，居处略与汶山夷同。"④ 又根据《晋书·地理志》的记载：汶山郡复置于东汉末年，下辖汶江、蚕

---

① 见《汉书》卷六《武帝纪》注释，中华书局1997年"二十四史"合订版，第188—189页。

② 《汉书》卷六《宣帝纪》，第250页。

③ 《后汉书》卷八六《南蛮西南夷列传》，中华书局1997年"二十四史"合订版，第2857—2859页。

④ 《后汉书》卷八六《南蛮西南夷列传》，第2854页。

陵、广柔三县。"及后汉明帝以新附置永昌郡,安帝又以诸道置蜀、广汉、犍为三郡属国都尉,及灵帝,又以汶江、蚕陵、广柔三县立汶山郡。"①

　　然而,根据古今学者的考订,汶山郡的治所并没有设置在今天的松潘县境内。如《水经·江水注》云:"汉武帝元鼎六年,分蜀郡北部置汶山郡以统之。县(即氐道县),本秦始皇置,后为升迁县也。"②《华阳国志·汶山郡》注云:"汶山郡,本蜀郡北部冉、駹都尉。孝武元封四年(前107,当作元鼎六年)置。旧属县八,户二十五万,去洛三千四百六十三里,东接蜀郡,南接汉嘉,西接凉州酒泉(生羌),北接阴平……"③ 又如《通典》释"汶山夷"云:"汶山夷,在蜀郡西北,即冉駹也,今通化郡。"④唐朝通化郡,后改为茂州(治今四川茂县),同样在今阿坝藏族羌族自治州境内。又如《太平寰宇记》释"冉駹国"云:"今为茂州。"⑤ 即指今天四川茂县境内。又如元代学者胡三省指出:

　　　　应劭曰:今蜀郡崏山,本冉駹地。宣帝地节四年,省崏山郡并蜀,今茂州诸羌之地是也。《华阳国志》:汶山,南接汉嘉(郡,治今四川雅安名山区北),西接凉州酒泉(郡,治今甘肃酒泉市),北接阴平(县,治今四川江油市北),皆其地也。唐置茂州汶山县,注云:有岷山。《类篇》:汶,音岷。又据《史记·夏纪》引《禹贡》"岷、嶓既艺"及"岷山之阳"及"岷山导江"之岷,皆作汶,盖汉时古字通用也。⑥

　　① 《晋书》卷十四《地理志上·益州》,中华书局1997年"二十四史"合订版,第438页。
　　② 郦道元著,陈桥驿校证:《水经注校证》卷三三,中华书局2007年版,第765页。
　　③ 常璩著,任乃强校注:《华阳国志校补图注》卷三《蜀志》,上海古籍出版社1987年版,第184页。
　　④ 《通典》卷一八七《边防三·南蛮上》"笮都"条下注文,中华书局1988年版,第5058页。
　　⑤ 乐史撰,王文楚等点校:《太平寰宇记》卷一七九《南蛮四》,中华书局2007年版,第3424页注文。
　　⑥ 《资治通鉴》卷二〇《汉纪十二》胡注,中华书局1997年版,第672页。

四为"湔氐道"。应该指出,将湔氐道作为后来松潘县之建置起始,是目前学术界最受推重的一种说法,也可视为清代学者及现代学者所认可的一个代表性观点,如谭其骧先生主编的《中国历史地图集》即采用了这种说法。①

"湔氐道"的设置,最早可上溯至《汉书·地理志》《水经注》等经典著作。如《汉书·地理志·蜀郡》下有"湔氐道",释文云:

> 湔氐道,《禹贡》岷山,在西徼外,江水所出。东南至江都入海,过郡七,行二千六百六十里。②

又如《续汉书·郡国志·蜀郡》中也有"湔氐道":"湔氐道,岷山在西徼外。"李贤注引《蜀王本纪》曰:"县前有两石,对如阙,号曰彭门。"又注云:"《山海经》曰:岷山,江水出焉,东北注于海,中多良龟,其上多金玉,其下多白珉,其兽多犀、象、夒。郭璞曰:今蜀山中有大牛,重数千斤,曰夒。《蜀都赋》注曰:岷山特多药,其椒特多好者,绝异于天下之好者。"③

这类释文对我们确定湔氐道的方位造成了很大困惑。无疑,岷山是湔氐道最突出的地理标志,而岷山为长江上源之所出。但是,岷山所及,面积广袤,正如古代研究者指出:"蜀以山近江源者,通为岷山,连峰迭岫,不详远近,青城、天彭诸山之所环绕,皆古之岷山。青城乃其第一峰也。"④ 不过,很多古代研究者仍然将《汉书·地理志》所记湔氐道的方位,作为判定岷山地理位置的重要依据。"《禹贡》岷山,在西徼外",即指岷山在湔氐道徼外,那么湔氐道应在岷山之东部边缘。明末清初著名学者顾祖禹

① 参见谭其骧主编:《中国历史地图集》第二册《秦西汉东汉时期》,中国地图出版社 1982 年版,第 53—54 页。
② 《汉书》卷二八上《地理志上》,中华书局 1997 年"二十四史"合订版,第 1598 页。
③ 《后汉书·志》卷二三,第 3509 页。
④ 引自朱鹤龄撰:《禹贡长笺》卷八《岷嶓既艺》释文,清文渊阁四库全书本,第 10 页 b。

曾对湔氐道的沿革情况进行了考订，认为湔氐故县即位于茂州
（今四川茂县）西北："汉为湔氐道，属蜀郡。惠帝三年，湔氐反，
讨平之，即此。后汉仍为湔氐道，蜀汉属汶山郡，晋废。《汉志》：
岷山，在湔氐西徼外是也。"①

　　然而，与顾祖禹的考订有所背离，后世学者都知道，松潘县
为长江（岷江）源头之所在。如果湔氐道被判定为江水所出之地，
自然与松潘县的方位相吻合。如清乾隆《大清一统志》则直接将
"湔氐道"置于清代松潘厅下，并引述《水经注》中的相关内容为
依据。该志"松潘厅"下所列"古迹"中有"古湔氐道"，其下释
文云："古湔氐道，在厅西北，秦置，晋改升迁县，宋省。《水经
注》：江水东径氐道县北，县本秦始皇置，后为升迁县。"② 将松
潘县与湔氐道联系起来的关键线索就是长江（岷江）源头。如
《水经》云："岷山，在蜀郡氐道县，大江所出，东南过其县北。"
而《水经注·江水》引《益州记》云：

　　　　《益州记》曰：大江泉源，即今所闻，始发羊膊岭下，缘
　　崖散漫，小水百数，殆未滥觞矣。东南下百余里，至白马岭，
　　而历天彭阙，亦谓之为天彭谷也。秦昭王以李冰为蜀守，冰
　　见氐道县有天彭山，两山相对，其形如阙，谓之天彭门，亦
　　曰天彭阙。江水自此已上，至微弱，所谓发源滥觞者也。汉
　　元延中，岷山崩，壅江水，三日不流。扬雄《反离骚》云：
　　自岷山投诸江流，以吊屈原，名曰《反骚》也。江水自天彭
　　阙，东径汶关，而历氐道县北。汉武帝元鼎六年，分蜀郡北
　　部，置汶山郡以统之，县本秦始皇置，后为升迁县也。③

　　据此分析，湔氐道后应隶属汶山郡，其与汶山郡，同在蜀郡
之北部，天彭阙及汶关之南。与乾隆《大清一统志》撰著者相似，

齐召南、杨守敬等学者认定《水经注·江水》中的氐道县，就是
湔氐道，即脱漏一"湔"字，而湔氐道就是松潘县前身。因此，
将天彭阙与汶关均定位于松潘境内，① 但这种考订过于粗率。② 首
先，虽然《水经注》本身并没有完全确认湔氐道的方位，但是，
《水经注》卷四十《禹贡山水泽地所在》明确记载："岷山，在蜀
郡湔氐道西。"③ 即确认湔氐道隶属蜀郡，而处于蜀郡之北，岷山
之东，后属于汶山郡。其次，天彭山、天彭阙在古代舆地典籍中
早有记载，而且是连续的，并有明确定位。如据《元和郡县图志》
卷三二记载，天彭阙，在彭州导江县之灌口山西："又灌口山西岭
有天彭阙，亦曰天彭门，两石相立如阙，故名之。"④ 导江县治在
今四川都江堰市东，而灌口山在导江县之西北二十六里。《太平寰
宇记》同样将天彭山置于"导江县"下："天彭山，扬雄《蜀记》
云：李冰以秦时为蜀守，谓汶山为天彭阙，号曰天彭门，云亡者
悉过其中，鬼神精灵数见。"⑤ 又据《舆地广记》记载：

> 垂拱二年（686），置彭州，以天彭山为名。汉湔氐道有
> 天彭山，两山相对，其形如阙，谓之天彭门，亦曰天彭阙，
> 江水径其间，今在茂州，特取其名耳。⑥

毫无疑问，唐宋时期的彭州，治今四川彭州市，天彭山也应
在其辖境内及边缘区域。而根据上引《益州记》内容，江水经过
天彭阙之后，才经历氐道县北，因此，可推知湔氐道县、升迁县
以及汶山郡，均应该在蜀郡（治今成都市）之西北的茂州（即今

① 参见《水道提纲》卷八（清文渊阁四库全书本）与《水经注疏》卷三三《江水》下相关释文。
② 参见罗开玉：《秦汉三国湔氐道、湔县考》，《四川师院学报》1985年第3期。
③ 郦道元著，陈桥驿校证：《水经注校证》卷四十《禹贡山水泽地所在》，中华书局2007年版，第954页。
④ 李吉甫：《元和郡县图志》卷三二，中华书局1983年版，第773页。
⑤ 乐史撰，王文楚点校：《太平寰宇记》卷七三《剑南道二·彭州》下，中华书局2007年版，第1494页。
⑥ 欧阳忞撰：《舆地广记》卷二九《成都府路上·彭州》下，四川大学出版社2003年版，第839页。

茂县）一带，即今天阿坝藏族羌族自治州之东南部边缘。

关于"湔氐道"方位的考订，很早就有不同的说法。如关于"湔氐道"转为"升迁县"之说，现代学者任乃强先生曾有相关驳斥。① 任乃强先生强调："今考蜀地秦县，属于岷江上游者，秦世极于绵虒，汉世尽于蚕陵。过此即非当时之农地。"又"由上条理据，知蜀汉平康县，即今松潘县，当岷江最上游农牧交界处。汉魏县治，只可能推展至此，两千年来西陲边防，亦惟能推展至此。岷江上游，入此县界后，即平坦高旷，故蜀取名为平康也"②。绵虒在今汶川县西南绵虒镇，蚕陵在今茂县北叠溪北。任乃强先生关于政区设置与区域开发循序、循地而进的观点是值得高度重视的，也是笔者提出"设置路径"的重要理论依据。如按地理方位言之，如果将汶山郡定在茂州的话，那么秦汉时期隶属于蜀郡的湔氐道，不可能设于茂州更北的松潘之地。

茂州之地，历史上同为汉羌风俗区分界之地。如《方舆胜览》卷五五记其"风俗"云："夷俗耐饥寒，叠石为磄，毡裘杂揉。盛夏凝冻。"又转引《图经》云：夷俗"叠石为磄以居，如浮图，数重门内，以梯上下，货藏于上，人居其中，畜圈于下，高二三丈者，谓之笼鸡，《后汉书》谓之邛笼，十余丈者谓之碉，亦有板屋、土屋者。自汶州以东，皆有屋宇，不立碉磄，豹岭以西，皆织毛毯，盖屋如穹庐。……故夷人冬则避寒入蜀，庸赁自食。夏则反茂避暑，习以为常，蜀人谓之筰氏"③。也可以说，时至宋代，茂州之地为华蕃交界之地。而茂州地处岷山群山之中，岷山也成为民族分布区的界标之一。如清人蒋廷锡《尚书地理今释》云："岷山跨古雍、梁二州，自陕西巩昌府岷州卫以西，大山重谷，谿豀起伏，西南走蛮箐中，直抵四川成都府之西境。凡茂州之雪岭，灌县（治今都江堰市）之青城，皆其支脉，而导江之处，

---

① 常璩著，任乃强校注：《华阳国志校补图注》，上海古籍出版社1987年版，第192页注文。

② 常璩著，任乃强校注：《华阳国志校补图注》，第193页注文。

③ 《方舆胜览》卷五五，中华书局2003年版，第981页。

则在今松潘卫北西番界之浪架岭，《汉志》所云在湔氐道西徼外是也。"①

"汶山郡"说与"湔氐道"说，都从蜀郡向西北，直到茂州之地，之后，再深入松潘之地。我们从中又可以看出另外一条区域开发与当地对外交通之路径，即沿岷江溯流而上，笔者称为"岷江路径"。

五为"龙涸郡"（嘉诚县）。《水经注·江水》引《益州记》云："自白马岭回（南）行二十余里，至龙涸，又八十里至蚕陵县，又南下六十里，至石镜。又六十余里而至北部，始（广？）百许步，又西百二十余里，至汶山故郡，乃广二百余步，又西南百八十里，至湿坂，江稍大矣……"② 《元和郡县图志·松州》云："……后周保定五年（565），于此置龙涸郡。天和元年（566），改置扶州，领龙涸郡。隋开皇三年（583），废龙涸郡，置嘉诚镇，与扶州同理焉。大业三年（607），改扶州为同昌郡，领嘉诚县。隋末，陷于寇贼。武德元年（618），陇蜀平定，改置松州。贞观三年（629），置都督府，后但为州。""嘉诚县，本周旧县也，武帝天和元年置，属龙涸郡，隋开皇三年罢郡，属扶州，武德元年，改属松州。"③ 据此可知，北朝后期至隋唐初期，是松潘一带政区建置发生频繁变动的时期。

然而，学者们关于龙涸地望的考订并不一致。清代学者沈炳巽所撰《水经注集释订讹》释云："晋之升迁县，后周置龙涸郡，今为四川松潘卫。"④ 而赵一清却指出："龙涸，亦曰龙鹤。《华阳国志》云：蜀时以汶山险要，自汶江、龙鹤、冉駹、白马、匡明，皆置戍守，即龙涸也。周天和元年，置龙涸郡。《元和志》云：故城在翼州卫山县北十一里，城之北境旧为土（吐）谷浑所居，故

① 蒋廷锡：《尚书地理今释》，清皇清经解本，第 7 页 a。
② 郦道元著，陈桥驿校证：《水经注校证》卷三三《江水》，中华书局 2007 年版，第 765 页。
③ 李吉甫：《元和郡县图志》卷三二《剑南道中》，中华书局 1983 年版，第 809—810 页。
④ 参见《水经注集释订讹》卷三三《江水一·龙涸》下注文，清文渊阁四库全书本，第 2 页 a。

曰防浑城，盖亦氐羌别种之名号也。又曰龙鹄。《通鉴·齐纪》
'永明三年，仇池镇将穆亮帅骑三万军于龙鹄'是也。'鹄''鹤'
字通，又曰'龙格'。《晋纪》：义熙四年，桓谦至成都，谯纵疑
之，置于龙格。胡三省曰：即今成都府广都县龙爪滩之地。"① 广
都县，治今四川双流县东南。松潘县与双流县之距离还是相当远
的。然而，不少古代研究者强调，嘉诚县之治所确实在松潘县境
内，如据《大明一统志》，明代松潘等处军民指挥使司下有"古
迹"："嘉城废县，在司城内，后周置嘉诚县，隋属扶州，唐改曰
嘉城，于县置松州。"②

　　六为"松州"。松州之说，其实可与"龙涸郡"说相合并，最
早可推至南北朝后期。《旧唐书·地理志·松州》又记云："嘉诚，
历代生羌之地，汉帝招慰之，置护羌校尉，别无州县。至后魏，
白水羌象舒活自称邓至王，据此地。其子舒彭遣使朝贡，乃拜龙
骧将军、甘松县子，始置甘松县。魏末大乱，又绝。后周复招慰
之，于此置龙涸防。天和六年（571），改置扶州，领龙涸郡，隋
改甘松为嘉诚县，属同昌郡。武德元年，于县置松州，取州界甘
松岭为名。"③ 这段记载对于研究松州的政区建置而言，是极为重
要的。因为记述时间与事件发生时间相对接近，故而其记载的真
实性是相当高的。据此可知，北朝后期及隋朝时期的甘松县及嘉
诚县，是松州建置的直接来源，而松州最重要的地理标志为境内
的甘松岭。

　　以甘松岭进入文献记载为标志，时至隋唐时期，对于松潘地
区的认知进入了一个新的阶段。松潘地区境内山脉纵横，最早、
最著名的山脉则非甘松岭莫属。甘松岭，又名松桑岭、甘松山。
据《隋书·地理志》，甘松岭（山）在汶山郡通轨县，而通轨县治
今黑水县北，更需要强调的是，甘松岭曾经作为唐朝与吐蕃之间
重要的分界点。如《新唐书·吐蕃传》记云：

① 吴士鉴,刘承幹:《晋书斠注》卷七十四《桓彝》,民国嘉业堂刻本,第20页b。
② 李贤等撰:《大明一统志》卷七三,三秦出版社1990年影印本,第1139页。
③ 《旧唐书》卷四一《地理志四》,中华书局1997年"二十四史"合订版,第1700页。

吐蕃又请交马于赤岭，互市于甘松岭。宰相裴光庭曰：甘松，中国阻，不如许赤岭。乃听以赤岭为界，表以大碑，刻约其上。

赤岭，在今青海湖东日月山。《太平寰宇记》又载云："甘松岭，按《山海经》云：甘松岭，亦谓之松叶岭，即江水发源于此，土人谓之松子岭。"应该说，甘松岭作为松潘地区的著名地理标志，于南北朝后期出现于史籍文献之中，为我们的政区沿革研究提供了宝贵而可靠的线索，如《元和郡县图志》记载："甘松岭，在（嘉诚）县西南十五里。"① 然而，四川西北部地区山脉纵横，面积广大，准确定位某一山岭的位置，难度相当大。正如唐代大诗人杜甫诗句所云："华夷山不断，吴蜀水相通。"据原注云："（宋人王）洙曰：西山有松州，当吐蕃要冲也。赵（次公）曰：雪岭西山也。在今威州之外，冬夏常雪。"② 威州，即维州所改置，治今四川理县东北薛城镇。

唐朝时期，是西部边疆民族地区发展的重要转折时期，松潘地区的政区建置也发生了巨大的变化。如唐代松州以及松州都督府之设置，无疑是松潘地区建置史的一个重要时期。《元和郡县图志》记载，松州，治嘉诚县，其四至范围大致为："南至翼州（治今茂县北叠溪）一百八十里，东北至扶州（治今九寨沟县东北）三百里，西南至当州（治今黑水县）三百里，北（南?）至茂州三百里三十。"③ 而唐代松州都督府辖境广大，成为当时为归附羌族所设置之最大且最有影响的羁縻府州之一。如《旧唐书·地理志》记载云："松州下都督府，隋同昌郡之嘉诚县。武德元年，置松州，贞观二年（628），置都督府，督崌、懿、嵯、阔、麟、雅、丛、可、远、奉、严、诺、峨、彭、轨、盖、直、肆、位、玉、璋、佑、台、桥、序二十五羁縻等州。永徽（元年，650）之后，生羌相继忽叛，屡有废置。仪凤二年（677），复加整比。督文、

---

① 李吉甫：《元和郡县图志》卷三二《剑南道中》，中华书局 1983 年版，第 810 页。
② 《分门集注杜工部诗》卷一六《严公厅宴同咏蜀道画图》，四部丛刊本，第 18 页 a。
③ 李吉甫：《元和郡县图志》卷三二《剑南道中》，中华书局 1983 年版，第 810 页。

扶、当、佑、静、翼六州，都督羁縻三十州……据天宝十二载
（753）簿，松州都督府一百四州，其二十五州有额户口，但多羁
縻逃散，余七十九州皆生羌部落，或臣或否，无州县户口但羁縻
统之。天宝元年（742），改松州为交州郡。乾元元年（758），复
为松州。据贞观初，分十道，松、文、扶、当、悉、柘、静等属
陇右道，永徽之后，据梁州之境，割属剑南道也。"①

松州之地，先归陇右道，后又改属剑南道，这种改动颇值得
玩味。笔者以为，这显然与松潘地区地跨南北、贯通黄河源头与
长江源头的特殊区位有直接关系。

七为"潘州"。潘州之设，相传始于唐朝后期，是在松州陷于
吐蕃之后。唐朝中期以后，松潘一带实际归入吐蕃的行政辖区之
内。《太平寰宇记》卷八一《松州》下有三县：嘉城、交州、平
康。其所记松州都督府羁縻州情况，不过是抄录新旧《唐书》的
相关内容。② 关于松州陷于吐蕃的情况，据《旧唐书·代宗纪》
载云：广德二年（764）七月，"是月，吐蕃大寇河、陇，陷我秦、
成、渭三州，入大震关，陷兰、廓、河、鄯、洮、岷等等州，盗
有陇右之地"。十二月，"吐蕃陷松州、维州、云山城、笼城"。③
也就是说，当时，松州是随着河陇及西蜀等地一同被吐蕃所攻
占的。

如《舆地广记》卷三〇记载"成都府路化外州"有"下都督
府松州"，释文云："本诸羌之地，后周置扶州及龙涸郡，隋隶同
昌、汶山二郡。唐武德元年（618），置松州，以地产甘松为名。
天宝元年（742），曰交川郡，东至扶州，南至翼州，西北接吐
蕃。"④ 而根据当时边境情形，宋朝的松州只能是虚设遥封的"化
外之州"而已。如据《宋史·神宗本纪》记载：熙宁十年

---

① 《旧唐书》卷四一《地理志四》，中华书局 1997 年"二十四史"合订版，第 1699 页。

② 乐史撰，王文楚等点校：《太平寰宇记》卷八一《剑南西道十》，中华书局 2007 年
版，第 1631—1637 页。

③ 《旧唐书》卷一一《代宗本纪》，中华书局 1997 年"二十四史"合订版，第 273—
274 页。

④ 欧阳忞撰：《舆地广记》卷三〇《成都府路化外州》，四川大学出版社 2003 年版，
第 874 页。

(1077)，"十一月庚午，以西蕃邈川首领董毡、都首领青宜结鬼章为廓州（在今青海境内）刺史，阿令骨为松州刺史"①。又据《续资治通鉴长编》载云："（熙宁十年十一月）庚午，以西蕃邈川首领董毡、都首领青宜结鬼章为廓州刺史，阿里骨为松州刺史，大首领巴藏党令结等四人并与郎将，小首领一人与副军主，特用进奉首领赴阙例也。"② 阿令骨与阿里骨应为一人，只是名字译音不同。又《宋史·五行志》记载：

> （绍熙二年）时上流西蕃界古松州江水暴溢，龙州（治今四川平武县东南）败桥阁五百余区，江油县（治今江油市）溺死者众。③

因为松州在宋代已长期处于"西蕃界"之内的"化外之州"了，故又称"古松州"。现今文献记载中关于潘州之设置内容，大多出于后世之追溯。如万历《四川总志》记述松潘地区沿革时称：

> ……（唐）广德初，陷于吐蕃，五代诸羌自据其地，宋崇宁，取邦、潘、叠三州。初属吐蕃首领潘罗支。元符取湟州。元时始内附，属吐蕃宣慰使司。④

同时期明代学者曹学佺《蜀中广记》卷三一《边防记·川西》所记援引了上述说法，并有所引申：

> 《通志》曰：潘州者，唐广德初年（763—764），松州陷于吐蕃。五代诸羌各据其地。宋崇宁（1102—1106），取邦、潘、叠三州。初属吐蕃首领潘罗支，此潘州之名所由起也。元属吐蕃宣慰司。

---

① 《宋史》卷十五《神宗本纪二》，中华书局 1997 年"二十四史"合订版，第 294 页。
② 《续资治通鉴长编》卷二八五（第十二册），中华书局 1992 年版，第 6991 页。
③ 《宋史》卷六一《五行志一上》，中华书局 1997 年"二十四史"合订版，第 1334 页。
④ 万历《四川总志》卷十八《郡县志》，明万历刻本，第 11—12 页。

　　清初著名学者顾祖禹在"废潘州"条目中也提到宋朝崇宁年间邦、潘、叠三州归附的记载："宋崇宁三年，秦凤招纳司言：'阶州生番纳土，得邦、潘、叠三州。'"① 据《宋史·徽宗本纪》载：崇宁四年正月，"丁酉，秦凤蕃落献邦、潘、叠三州。以内侍童贯为熙河兰湟、秦凤路经略安抚置制使"②。阶州治今甘肃康县西，在地域关系上确实毗连四川西北阿坝藏族羌族自治州北部，即文献上广义"松潘"的地域范围。阶州属秦凤路，据《宋史·地理志》载云："本唐武州，陷西戎，后复其地，改置焉。"阶州下有二县：福津、将利；一砦：故城，并无邦、潘、叠三州的记载。③ 据《舆地广记》记载，陕西路"化外州"中只有叠州（治今甘肃迭部县）。④ 应该说，此处"潘州"还是相当可贵的，应该是指今天川甘交界广袤的地区。但是，这次归附纳土的实际效果颇为可疑。如据宋人陈均所撰《九朝编年备要》卷二七有"阶州羌纳土"条目云：

　　　　秦凤招纳司言：阶州生蕃纳土，得邦、潘、叠三州，计二千五百里，大小首领一百二十人。诏本路经略胡宗回加枢密直学士，渭州郭景修为西上合门使。所奏皆妄诞也。⑤

　　正如上文所云，潘州是因吐蕃首领潘罗支而定名。潘罗支，应该是宋元时代一位颇有声望的西北民族首领，相传当地人又称他为潘洛子。⑥《宋史》等典籍中曾经多次出现的"潘罗支"，但是，我们在汉文文献中很难找到其与潘州设置直接关联的证据。另据日本藏学家山口瑞凤的研究，潘罗支，按藏语意为"潘州之

① 顾祖禹：《读史方舆纪要》卷七三《四川八》，中华书局 2005 年版，第 3434 页。
② 《宋史》卷二十《徽宗本纪》，中华书局 1997 年"二十四史"合订版，第 373 页。
③ 《宋史》卷八七《地理志三》，第 2157 页。
④ 欧阳忞撰：《舆地广记》卷四《皇朝郡国》，四川大学出版社 2003 年版，第 61 页。
⑤ 《九朝编年备要》卷二七，宋绍定刻本，第 3 页 b。
⑥ 四川省若尔盖县地名领导小组编：《四川省阿坝藏族自治州若尔盖县地名录》（1986 年），第 57 页。

王"，显然并非一个人名，而可能是一个家族获得的尊称。①

与松州、茂州相仿，唐代维州（治今四川理县东北薛城镇），也是西部民族分布区界线的重要标志地之一，如维州同是由羌人内附而设置的羁縻州。《旧唐书·地理志》载：

> 武德元年，白苟羌降附，乃于姜维故城置维州，领金川、定廉二县。贞观元年（627），羌叛，州县俱罢。二年（628），生羌首领董屈占者请吏，复立维州，移治于姜维城东，始属茂州，为羁縻州。麟德二年（665），进为正州，寻叛羌，降为羁縻州。垂拱三年，又为正州，天宝元年（742），改为维川郡，乾元元年（758），复为维州。上元元年（760）后，河西陇右州县皆陷吐蕃。赞普更欲图蜀川，累急攻维州，不下，乃以妇人嫁维州门者，二十年中，生二子，及蕃兵攻城，二子内应，城遂陷，吐蕃得之，号无忧城，累入兵寇扰西川。②

可以说，唐朝后期，由于吐蕃政权的强盛及沿边羌人的内侵，维州一线成为两方交相争夺的边防重镇。又如"维州，即古西戎地也，其地南界江阳，岷山连岭，而西不知其极。北望陇山，积雪如玉，东望成都，若在井底。地接石纽山，夏禹生于石纽山是也。其州在岷山之孤峰，三面临江，天宝后，河陇继陷，惟此州在焉。吐蕃利其险要，二十年间，设计得之，遂据其城，因号曰无忧城，吐蕃由是不虞卭蜀之兵"③。因此，我们不难理解，直到两宋时期，中朝人士对于长江与岷山的认识，也还主要局限于茂州汶川县及附近地区。如宋朝人戴侗所撰《六书故》记述长江源头情况时云："《禹贡》：岷山道江。岷山绵亘千里，自今茂州，东距峡州。江出茂州汶水县（应为汶川县）徼外，历梁、益、荆，

---

① 参见［日］山口瑞凤：《松区的地理位置》，《西藏研究》1990年第3期；［日］山口瑞凤：《松域 Sum-yul 地理位置考》，《兰州学刊》2009年第11期；等等。

② 《旧唐书》卷四一《地理志四》，中华书局1997年"二十四史"合订版，第1690页。

③ 《旧唐书》卷一四七《杜佑传》。

至今通州江阴军（治今江苏江阴市）入于海。"①

元代时，松州与潘州并立，一同归属于宣政院下松潘宕叠威茂州等处军民安抚使司。如据《元史·百官志》记载："宣政院，秩从一品，掌释教生徒及吐蕃之境而隶治之。"即宣政院辖地，已成为广义的吐蕃及"蕃族"分布区之范围。《元史·百官志》又记云：

> 松、潘、宕、叠、威、茂州等处军民安抚使司，秩正三品，达鲁花赤一员、安抚使一员、同知一员、金事一员、经历、知事、照磨各一员，镇抚一员。威州保宁县、茂州文（汶）山县、文（汶）川县皆隶焉。②

又据《元史·武宗本纪》记载，安抚使司后改为宣抚司。至大二年（1309）"（七月）壬辰，宣政院臣言：武靖王搠思班与朵思麻宣慰司言：松潘叠宕威茂州等处安抚司管内，西番、秃鲁卜、降胡、汉民四种人杂处。昨遣经历蔡懋昭往蛇谷陇迷招之，降其八部，户万七千，皆数百年负固顽犷之人。酋长令真巴等八人已尝廷见。今令真巴谓其地邻接四川，未降者尚十余万，宣抚司官皆他郡人，不知蛮夷事宜，才至成都灌州（治今都江堰市），畏惧即返，何以抚治？宜改安抚司为宣抚司，迁治茂州，徙松州军千人镇遏，为便。臣等议，宜从其言。诏改松潘宕叠威茂州安抚司为宣抚司，迁治茂州汶川县，秩正三品。以八儿思的斤为宣抚司达鲁花赤，蔡懋昭为副使，并佩虎符"③。据此可知，对于中央王朝而言，元代在川西地区的政区改制，显然是一种畏难退却的态度，一方面，如此广大区域仅设宣抚司，必然会大幅削弱施政力度；另一方面，迁治汶川县，距离松潘之地更为遥远，中央王朝又如何施治安抚呢？

---

① 《六书故》卷六《地理三》，清文渊阁四库全书本，第 10 页 a。
② 《元史》卷八七《百官志三》，中华书局 1997 年"二十四史"合订版，第 2197 页。
③ 《元史》卷二三《武宗本纪二》，第 513 页。

就设置起因与路径而言，龙涸郡（嘉诚县）与松州的最初设置，均因西部羌族的归附，而潘州之设置则因吐蕃的实际占据。因此，从地理方位来看，这几种政区设置过程便昭示着一种自西向东的路径，可称为"青藏路径"。

综上所述，县级政区之设置，是政治管理、经济开发及文化发展的一种重要标志。而县级政区的设置过程，既是一个时间过程，又是一个空间过程。就时间过程而言，历史时期松潘地区的政区建置的地域范围主要以今天四川阿坝藏族羌族自治州辖境为限，松潘地区自西汉到明清时期，如仅据历代地理志记载，其建置表面上也似乎呈现出一种"单线条"的历程（表 14-1）。如西晋以前可谓"汶山郡"时期，南北朝时期可谓"嘉诚县"时期，唐至五代可谓"松州"时期，两宋与元代可谓"松州"与"潘州"并立时期，明代为松潘卫时期，民国为松潘县时期等。

表 14-1　自西汉至宋元松潘地区沿革简表

朝代	相关政区名称
西汉至西晋	河关县、湟水县、汶山郡、湔氐道
南北朝（包括隋朝）	龙涸郡、嘉诚县
唐	松州都督府
宋	羁縻化外之松州、潘州
元	松州、潘州

其实，松潘地区多种不同政区的设置，表明其出现的历史地理背景的复杂性。边疆政区设置往往不是自发的，对于边远边疆地区而言，其管理与开发问题在很大程度上取决于交通的进展状况。笔者所谓"设置路径"，主要指空间过程。就松潘政区建设的空间过程而言，就有"河湟路径""岷江路径"以及"青藏路径"等。除设置路径之外，还表现一种推进中的阶段性。如隋唐之前，中央王朝在今天四川、青海、甘肃及西藏交界地区设置郡县，只

是徘徊在河湟及岷山边缘一带。而唐代的松州属于羁縻州县性质，也无法完全确认其治所与政区范围。史籍记载的空疏，也表明关于内部情况认知的不足。宋元时期松州与潘州的设置，实际上与唐代松州治理情况没有太大区别，也同样反映出边疆政区建设的复杂性与艰巨性。

笔者以为，面对历史时期相当复杂且矛盾的建置记载，必须从时间过程与空间过程两个方面进行梳理与解析，才会得到较为合理通达的认知。应该说，在松潘的政区建置过程中，最终还是"岷江路径"占了上风。因此，明清时期的松潘卫及松潘县，均归属于四川管辖。实际上，在松潘地区的开发过程中，松潘草地交通与贸易往来最主要的方向之一，就是四川盆地，所以，"岷江路径"的最终胜利也是势所必然的了。①

明清时期松潘政区建置与潘州地区范围

明代是松潘地区政区建置与社会发展的一个极为重要的转折时期。曾任松潘县知事的民国时人张典指出："松潘建置自明始，明以前羁縻之而已。"② 即松潘是自明代开始正式设置政区的，以往只是羁縻之地。而一些传统史志的作者甚至据此称松潘地区至明代已归为"内地"，虽然与今人所称的"内地化"概念不同，但明代在松潘地区发展历史上的重要地位却是不容置疑的。

松潘古城之建立，为松潘地区行政区划的确定问题提出了一个清晰而稳定的坐标。据记载，松潘县城始建于洪武十二年（1379），"于崇山下筑城，西缘山麓，东临江岸，江水北来，傍东门穿入，迤西出城，折而南流，故土城十七年始甃以砖"。正统年间，拓展城址，跨踞西岷山。③ 自明代建成后，松潘古城作为松

---

　　① 关于松潘地区与四川盆地之间交通与贸易问题的分析，参见王成敬：《四川盆地与松潘草地间之商业与交通》，《地理》1942 年第 2 卷第 3、4 合期。

　　② 民国《松潘县志》卷一《建置》后按语，民国十三年（1924）刊本，第 1 页 b。

　　③ 民国《松潘县志》卷一《城池》，第 2 页 a。

潘治所一直延续至今。另外，笔者认为，茂州（治今四川茂县）处于松潘与成都之间，长期以来也是四川西部一个重镇，紧邻松潘，与松潘开发的历史息息相关。关于明朝以前松潘一带的沿革与政区建置情况，我们也可以从茂州的建置历程中窥得一斑，如《明史·四川土司传》载云：

> 茂州地方数千里，自唐武德改郡会川，领羁縻州九，前后皆蛮族。向无城郭。宋熙宁中，范百常知茂州，民请筑城，而蛮人来争。百常与之拒，且战且筑，城乃得立。自宋迄元，皆为羌人所据，不置州县者，几二百年。洪武十一年（1378），平蜀，置迭溪右千户所，隶茂州卫，而置威茂道，开府茂州，分游击以驻迭溪，规防始立。然东路生羌白草最强，又与松潘黄毛鞑相通，出没为寇，相沿不绝云。其通西域要路为桃坪，即古桃关（在今四川茂县东北）也。

既然茂州自宋代至元朝已成为羌人聚居区，在近两百年的时间没有建置州县，那么，处于更西北的松潘之地，自然也就非汉族的地盘了，这种情况至明代有了根本性的变化。与茂州设置年代相一致，明代松潘地区始有"松潘卫"之设。对于明代松潘的政区设置，万历《四川总志》卷二二《经略》载云："松叠威茂，皆氐羌居之，自汉以来，叛服靡定。国朝洪武十一年（1378），平羌将军丁玉克服其地，设松州、潘州、茂州三卫，叠溪、威州二千户所。洪武二十年，并松、潘二卫为松潘卫为军民指挥使司。"① 又据同书卷一八《郡县志》所载，松潘等处军民指挥使司隶属四川都司，又分隶川西道。松潘卫及松潘等处军民指挥使司的建立，是松潘地区一个飞跃性发展。明代松潘卫辖域广大，据当时的记载，我们可以较为清楚地了解明代松潘卫统辖的地域范围。

> （其地）东西广六百七十里，南北衮一千六十里。东至龙

---

① 万历《四川总志》卷十八《郡县志》，明万历刻本，第12页a。

州（治今四川平武县东）界一百九十里，西至牟力结吐蕃草地界四百八十里，南至叠溪守御千户所（治今四川茂县西北）界二百里，北至陕西洮州卫（治今甘肃临潭县东）界八百六十里，至省城（成都）七百六十里。①

松潘地区在明朝西部防御体系中的地位至关重要，如云：

> 按松潘乃西蜀之重镇，诸番之要区。东连龙安，南接威茂，北抵胡虏，西尽吐蕃，西北又与洮岷连壤，镇城、衙门、关堡之外，四面皆番，故经略者谓蜀之各镇，惟松潘纯乎边者也。②

为此，明朝在松潘地区设置了相当完备的军事建置。"……又自松潘以上谷粟屯堡、高屯子堡（疑为高子屯堡）、羊裕屯堡、唐舍屯堡、谭（邪）屯堡、障腊屯堡，抵吐蕃洮河界，以上关、堡并墩台，共八十七处，戍守主客官军、舍余、游兵，共一万一千六百八十四员。"③又松潘卫本身所辖土司数量众多，下领一个守御千户所：小河守御千户所；四个安抚司：八郎安抚司、麻儿匝安抚司、阿角寨安抚司、亡儿者（又作芒儿志）安抚司；十七个长官司：占藏先结簇、白马路簇、山洞簇、阿昔洞簇、白定簇、麦匝簇、者多簇、牟力结簇、班班簇、祈命簇、勒都簇、包藏簇、阿昔簇、思曩儿簇、阿用簇、潘干寨（原文列十六个长官司）。④又据《蜀中广记》卷三一《边防记》记载：明朝对待这些土司"各降符印，列为守土焉。复立番僧二人为国师，曰商巴，曰绰领，二人为禅师，曰黎巴，曰完卜，亦皆佩银章也"。这些资料应该是《明史·土司传》等记载的主要依据，只是我们无法确定这些土司中哪些属于旧潘州管辖。

---

① 万历《四川总志》卷十八《郡县志》，明万历刻本，第11页。
② 万历《四川总志》卷二二《经略四》，第3页b。
③ 万历《四川总志》卷二二《经略四》，第3页b。
④ 万历《四川总志》卷十八《郡县志》，第12页。

　　不过，时至明朝初年才归并的潘州依然在明朝史籍里留下了明确的印迹。万历《四川总志》卷一八《松潘等处军民指挥使司》下有"潘州河"条目称："司治西北六十里。"而《大明一统志》也有同样的记述："潘州河，在司城西北六十里。"① 《大明一统志》与万历《四川总志》关于"潘州河"方位的记载，对于我们现今的考订有很大的助益。此外，明代万历年间撰定的《续文献通考》卷十三《田赋考》也有关于"松潘有潘州河"的记载。所谓"潘州河"，就是岷江。顾祖禹曾释"松潘卫"下"岷江"云："在卫西……《一统志》：司西北六十里，有潘州河，即岷江矣。河东、河西诸蛮以江为界云。"② 岷江上源支流较多，松潘卫境内同样河溪众多，潘州河应为其中从西北而来的一支。雍正《四川通志》卷二四引《松潘卫志》及《旧志》称：

　　《卫志》：松潘河，源出西夷哈吗鼻浪架岭，又岷江源发草地，自北而南，灌城而出。松潘多被水患。《旧志》：潘州河源出西夷哈吗鼻浪架岭，分二派：一派西南流，合出灶沟；一派东南流，历东砦，至尖橐，合滴漏水。出滴漏山岭，亦分二派：一派西南流，出灶沟，入西番界；一派东流，经恶落村，至尖橐，与浪架水合流，入黄胜关下。又四十里，至虹桥关，北流漳腊河。其河源出生番弓杠。其山岭水亦分二派：一派东流入上羊峒生番界；一派西南流，至漳腊境，又南流四十里，经漳腊城西南，合波漓泉。又十里至虹桥关北，与潘州河合流，又曲流二十八里，至松潘城东，入城，出城西，而南折，又东南流一百八十里。合众山溪水，过平番营，入叠溪营界。

　　万历《四川总志》卷一八又有"潘州故城"条目，更为我们的考订提供了可贵的佐证："司治北七百五十里，汉武帝时逐诸

①　李贤等撰：《大明一统志》卷七三，三秦出版社1990年影印本，第1138页。
②　顾祖禹：《读史方舆纪要》卷七三，中华书局2005年版，第3435—3436页。

羌，渡河产湟居塞外，筑此城，置护羌校尉以御之。宋时分上、中、下潘三州。合阿夫寨（应为"阿西寨"之误）即上潘州，班班簇即下潘州，界二州之间，则中潘州也。其地辽远无际，渐北，山渐平夷。"① "三潘州"再加上松州，就形成了松潘境内"原有四州"的说法。

> ……（松潘卫境）有四州，三近障（漳）腊，今阿失寨，即上潘州，班班簇则下潘州，二州之间，则中潘州，去松不二三日，故城遗址尚存。惟松州今为卫，城，军、屯、堡与障（漳）腊诸番犬牙相参，原隰之利颇丰。②

在《蜀中广记》所引《古迹志》中，对潘州故城以及潘州沿革的记述基本上引述了万历《四川总志》的说法，并有所引申。"潘州故城，在卫北七百五十里，汉武帝时逐诸羌，渡河湟居塞外，筑此城，置护羌校尉以御之。宋时，分上、下、中潘三州，今阿失寨，即上潘州，班班簇，即下潘州，界二州之间，则中潘州也。其地愈北山愈平夷，旧漳腊之设，在下潘州。"③ 雍正《四川通志》作者同样将上述记载进行了综合处理，并有所说明。

> 松潘旧有四州，三近漳腊，今阿失寨即上潘州，班班簇即下潘州，二州之间即中潘州，去松不过二三日，故城遗址尚存。今设潘州、达建二营，亦属松潘管辖，与漳腊诸番犬牙相参，自松达茂，三百余里路，循河岸，夷碉棋布山岩，视之如蜂房……故经略者谓：松潘，乃西蜀之重镇，诸番之要区，东连龙安，南接威、茂，西距吐番，北抵洮岷。镇城、关、堡之外，四面皆番……④

---

① 万历《四川总志》卷一八《郡县志》，明万历刻本，第 14 页 a。
② 万历《四川总志》卷二十二《经略志》，第 2 页 b。
③ 参见《蜀中广记》卷三一所引，顾炎武《天下郡国利病书》（四部丛刊本）与清人许鸣磬《方舆考证》卷六八（清文渊阁四库全书本）也有同样的引述内容。
④ 雍正《四川通志》卷一七《边防》，清文渊阁四库全书本，第 55 页 b。

　　对照上节记载内容，这里将潘州故城的缘起上溯至汉武帝时的护羌校尉治所，显然与其他文献记载不符，然而，这里反复认定了宋代有上、下、中三个潘州的说法，又十分引人关注，并注明：阿失寨为上潘州，班班簇为下潘州，其间为中潘州，而漳腊堡之地属于下潘州。如此，根据今天的地望与方位分析对照，文中上潘州阿失寨应为今若尔盖县阿西乡及阿西茸乡，下潘州班班簇应在今包座乡。

　　此外，曹学佺关于漳腊堡原设在下潘州的说法，也是有充分根据的。漳腊堡，是松潘地区的一个著名要塞，据《蜀中广记·四夷考》云："漳腊堡，设在河东，去城三十八里，松州之背也。旧制驻札（扎）守备一员，管辖上、下关堡，为寒盻口、上、中潘州，上、下羊洞等隘口。自漳腊北去，辽廓幽远，一望无际，盖万骑可从容矣。近改设游击一员以镇压之，良审所重也。"①漳腊，位于今天松潘县漳金乡驻地，距离松潘县治二十公里。明代漳腊堡曾设置守备、游击等军事将领，管理松潘西北地区的关堡，其中也包括了上潘州与中潘州等大片地域。曾在松潘地区任职的明人罗绮明确认定古潘州就在漳腊，其在《漳腊新记》一文中对潘州地区在明代的沿革状况进行了较系统的说明。

　　　　距松卫治之北百里，曰漳腊，即古潘州也。城之故趾尚在，其下有岩穴，空洞幽邃，广可容列骑，深亦不知几许。旁有玻璃泉，冬夏渊然不涸。其土地膏腴，山川秀丽，盖自唐盛时所开拓，虽隶版图，而土蕃酋长犹然窃据，所谓但羁縻之而已，宋元以来，无复中国有。我朝混一华夏，极天极地，莫不臣服。洪武十一年（1378），王师始下潘州，入与编民赋役无殊，乃于其地建置屯堡，使士卒且耕且守，累数十年，足食足兵，边人安堵。宣德丁未（二年，1427），守将失驭，氐羌蜂起，梗我饷道，燹我关塞，而潘州复为所据者，凡二十有八年。景泰辛未（二年，1451），予奉命来镇兹土，

————————

①　曹学佺：《蜀中广记》卷三一《边防记一》，清文渊阁四库全书本，第 14 页 b。

不揣思欲平复之，乃大集诸酋，陈以逆顺祸福，无不稽颡听命。于是复增置城池楼橹，凡战守之具，视昔有加焉。不殚一石之粟，不劳一人之力，而数千百顷沃饶之地，遂复为我有。又晏然置城于其间，俾兵农杂居，累岁丰获，边人安枕，实朝廷威德所及，予何功之与焉。或者以潘州之城，与唐世筹边楼相颉颃后先，予亦岂敢多让，景泰六年（1455）记。①

若按道里计，罗绮所称"古潘州"在松潘卫城以北百里之地，就不应为今天的漳腊，而应为今天九寨沟县（原南坪县）治所以西之漳扎镇，即达基寺所在地。②《蜀中广记》的作者曹学佺本人也曾在松潘地区任职，故而对当地变迁状况十分熟悉。他特别指出：

> 今之漳腊，去松州一舍而遥，非百里外之漳腊矣。前张后弛，势使然也。予以庚戌（万历三十八年，1610）署潘司事，料松边兵食。闻鞑虏住牧于漳腊城内，有百五六十帐，殊骇听闻。乃檄漳腊游击何奋武，得回牒云。谨按漳腊一镇，五隘、九屯，一十八墩堡，延袤二百余里，襟带山河，杂居夷虏，所由来〔久〕矣……③

可见，明朝时期漳腊镇与后来所云"漳腊堡"有很大的区别。原来之漳腊镇广袤达二百余里，镇治距离松潘古城有百里以上的距离，管辖众多隘、屯、墩、堡等。这也就是所谓"下潘州"的核心地域范围，而漳腊以北则是当时非汉民族的聚居之地。如《明史·土司传》载称："松潘以孤城介绝域，寄一线馈运路于龙州，制守为难。洪武时欲弃者数，以形胜扼险，不可罢。乃内修屯务，外辑羌戎，因俗拊循，择人为理。番众相安者垂四十余年。

---

① 曹学佺：《蜀中广记》卷三一，清文渊阁四库全书本，第16—17页。

② 《中华人民共和国地名词典·四川省》，商务印书馆1993年版，第656页"达基寺"条。

③ 曹学佺：《蜀中广记》卷三一《边防记一》，第17—18页。

及宣德初，调兵启衅，致动干戈，自是置镇建牙，宿重兵以资弹压，亦时服时叛。自漳腊以北，即为大荒，斯筹边者之所亟图也。"①

对于漳腊营的迁徙以及与潘州的关系，其他清代四川所修各总志及方志也都有一些相关记载。如"漳腊堡，在松潘卫西北四十里，即潘州城故址也。洪武十一年建，宣德二年为羌番所据。景泰六年，复收其地。《旧志》：漳腊，延袤二百余里，襟带山河，杂居夷番，其最要者有上、下羊洞等隘口。自漳腊北去，辽廓幽远，一望无际矣，今为漳腊营"②。又如"漳腊营，在厅北四十里。明初，置于下潘州，后徙而南。明嘉靖二十年（1541），于此筑城堡，置官军。本朝改为漳腊营，设游击驻防。旧管远近番寨数十，今辖商巴、寒盼、祈命等十六寨及新抚之上中下阿坝、上中下郭罗克，上中下阿土树等十一寨，余分属松潘中、左二营及潘州，城周一里有奇，雍正七年（1729）重修"③。

清代，松潘依然是攸关西部边疆安危的重镇，为此，清朝官府屡次增兵驻守。虽然在明代就有合并之举，然而直到清朝前期，潘州的建置依然发挥着显著的作用，如川陕总督岳钟琪在上疏中就松潘地区的防御问题进行了详细的讨论。根据笔者查证，岳钟琪的奏疏也是清代总志与方志相关记载的主要来源，其内容对于确认潘州的位置与地域范围提供了十分珍贵的佐证，参考价值极高，因此有必要进行一番细致的分析与解释。岳钟琪奏疏的主要内容可分为以下几个部分。

一是潘州地区重要的战略地位与军事价值。在西部地区军事大布局中，潘州与河州（治今甘肃临夏县）以及松潘形成了"掎角之势"，扼形势之要。如果潘州不派驻守军，那么西宁与松潘就有可能声息相隔，难以往来，因此，正如奏疏引述四川提督黄廷

---

① 《明史》卷三一一《四川土司一》，中华书局 1997 年"二十四史"合订版，第8031 页。

② 雍正《四川通志》卷四《关隘》，清文渊阁四库全书本，第 14 页 b。

③ 乾隆《钦定大清一统志》卷三一九《松潘厅》，清光绪二十八年（1902）上海宝善斋石印本。

桂所言：

> 潘州一境，东北遥通洮州（治今甘肃临潭县东）、河州，
> 其间横绕杂处者，有竹利、铁布、鹿哨、甘家等番。西通归
> 德、西宁，中有合坝、上下作革、播下等番，及插汉丹津等
> 部落住牧。西南有阿坝、郎堕、郭罗克、毛儿革等种悍夷，
> 是潘州实为边塞重地。若潘州无兵，不但西宁、松潘由草地
> 一路声息相隔，即各处番夷，或久经内附，或剿抚方新，悉
> 隶于漳腊一营管辖，诚恐鞭长莫及。且松潘譬之内户，黄胜
> 关譬之堂奥，潘州譬之门庭，而专事堂奥，非计之得。①

因此，岳钟琪提出兵力重新布署的建议："请于潘州设副将一
员，守备二员，千总四员，把总八员，兵丁一千二百名，两河口
设守备一员，把总一员，兵丁三百名。令潘州副将兼辖松潘镇总
兵，统辖每年粮饷，照松潘之例折给。其潘州安设官兵之处，实
为一方屏障，似应仍照原议。"据此可以看出，在清朝初年四川西
北边缘的防御体系中，潘州之地位更胜于松州，故潘州副将兼辖
松潘镇总兵。

其次，岳钟琪在奏疏中反复提及的潘州方位与建置问题，对
于我们今天的考证工作弥足珍贵，如云："惟两河口去黄胜关仅二
十里，而距潘州三百八十余里，中横羊膊岭，路属迢遥，前议于
两河口安设官兵，似与潘州声息尚觉隔越。"松潘县与若尔盖县交
界处属川北草地，河流纵横，两河口应指两条河流交汇之地。就
距离而言，两河口距离黄胜关仅有二十里，而距离潘州有三百八
十余里，那么，黄胜关距离潘州应有四百里之遥。又奏疏中称：
"查包坐之达建寺地方，距潘州一百八十余里，距黄胜关二百二十
里，为潘州、黄胜关适中之地。且达建寺绕东北，由挖药而至羊
峒，仅一百二十余里，似应将议设两河口官兵改设达建寺，声息
乃为联络，并开辟达建至挖药羊峒路道，安设塘汛，以资控驭。"

---

① 引自雍正《四川通志》卷二二中《兵制》，清文渊阁四库全书本，第35—36页。

正是鉴于如此形势，岳钟琪建议对松潘一带的军力布署进行较大的调整。

> 查文县（今甘肃文县）等处去潘州，计程祇七八日，即至将来潘州营制设立之后，商民趋利奔集，其米粮食物自有担负贩运而来者，再为相地屯种，其及时设法积贮，自可接济兵食。至黄胜关系漳腊、潘州之咽喉，查黄胜关原额设有漳腊营之汛兵五十名，未免单弱，须增兵以资声援。今潘州达建寺既已安设，则漳腊旧管之包坐五寨，并新抚之阿细巴细、上下作革、合坝、屋藏、甲凹、播下、辖漫、铁布等处地方，自应统归潘州就近管辖，再将漳腊营分防流沙、东胜、雄溪、红花、羊裕、塘舍、坛邪、谷粟、高地等处塘汛兵丁，尽行抽撤，添拨一百五十名，归黄胜关，合之黄胜关原额，设兵丁五十名，共足兵丁二百名。将漳腊营守备移驻黄胜关内，可为松潘之屏蔽，外可为达建、潘州等营之犄角。①

根据文中"包座之达建寺"与"潘州达建寺"的称谓，达建寺应在潘州境内的包座河流域之内，具体方位似在今天若尔盖县治所在地达扎寺镇。

然而，时至康熙年间，潘州之地曾一度为朝廷所弃，成为非汉民族游牧之地，如云"康熙三十七年（1698），松潘黄胜关外川柏等寨，系潘州故址，久没番地，番目绰尔济等夷抢去占住，屯牧人畜"②。松潘之地处于清代西部防卫体系中极为关键的位置，西北可达青藏地区，东北可抵甘宁地方，东南则直抵蜀中，其重要性不言而喻。因此，清朝雍正八年（1730）又在此重新建置了潘州营。

---

① 引自雍正《四川通志》卷二二中《兵制》，清文渊阁四库全书本，第37页。
② 雍正《四川通志》卷一七《边防》，第32页 a。

　　潘州营，在（松潘）厅北四百八十余里，即潘州故址。东北通甘肃之洮、河二州。有竹利、铁布、鹿哨、甘家等番，西通归德、西宁。有合坝、上下作革，播下等番，及插汉丹津部落。西落有阿坝、郎堕、郭罗克、毛儿革等悍夷，杂处其间，为松潘之屏障。本朝雍正八年，创设官兵，驻防统辖附近番夷。其南一百八十余里地名达（建?）寺，寺距黄胜关一百二十里，为潘州、黄胜适中之地，亦设官兵戍守。①

　　又据乾隆《大清一统志》记载：松潘厅"东至小河营界八十七里，西至生潘界一百九十里，南至叠溪营界一百九十里，北至漳腊营界三十里，东南至平番营七十六里，西南至杂谷土司界二百里，东北至南坪营界三百里，西北至黄胜关草地界八十里"。可见，黄胜关以北地区，均属"草地"的范围。

　　另外一个难以忽略的重要问题，即潘州与松潘卫城（即今松潘古城）之间的距离。古文献中关于道路距离的记载往往存在较大的主观成分，简单地一概而论。如明代的史籍万历《四川总志》《蜀中广记》都将潘州与松潘古城的距离记为"七百五十里"，而乾隆《大清一统志》则记为"四百八十余里"。又如关于潘州营的废置过程，雍正《四川通志》卷二七松潘卫"古迹"下记云：

　　废潘州，在卫北七百五十里。相传汉武帝逐诸羌，渡河湟，居塞外，筑此城。置护羌校尉御之。唐广德初，松州以北皆没于吐蕃，宋时分置上、中、下三州，今阿尖寨即上潘州，班班簇即下潘州，界二州之间，即中潘州也。元属吐蕃宣慰司，明初设松州、潘州二卫后，并为松潘卫。其地愈北，愈平旷远无际，雍正七年，改隶龙安（治今四川平武县）。

　　文中所记"在卫北七百五十里"，显然是照抄明代的文献记载，而与前引乾隆《大清一统志》所记"四百八十里"有很大的差距。相比之下，嘉庆《卫藏通志》卷四《程站》所记路程就较为准确，如"两河口至旧洮州，计四十站，共程九百三十里"下记："两河口七十里至杂牛洞，八十里过狼架岭雪山至柏香林，五十里至大草场，四十里至答建寺（即达建寺），五十里至下包座，六十里至潘州，八十里至龙溪头。"① 同据该书记载，黄胜关距两河口有六十里之路（岳钟琪曾指"两河口去黄胜关仅二十里"），而黄胜关距松潘卫城又有七十里的距离。虽然时过境迁，不少古文献中的地名都很难确认了，但潘州之地在当时交通地理上的重要地位不可忽视。只要简单相加，就可以知道从松潘卫北方的黄胜关至潘州之地，大约路程为四百九十里，与乾隆《大清一统志》中的"四百八十里"相近。从"七百五十里"到"四百八十里"，应该不能完全归咎于口耳相传或粗略估算的失误，更可能是其间有近路或捷径可行。

　　嘉庆时期推出的《重修大清一统志》对于"潘州"的考订，基本沿袭了以往的说法，但是，也至少可以证明，时至嘉庆前期，潘州营的建置依然存在。如"潘州营"条云："在（松潘）厅北四百八十余里，即潘州故址，东北通甘肃洮、河二州，有竹利、铁布、鹿哨、甘家等番，西通归德、西宁，有合坝、上下作革、播下等番，及插汉丹津部落，西南有阿坝、郎堕、郭罗克、毛儿革等夷，杂处其间，为松潘之屏障。本朝雍正八年，设官兵驻防，统辖附近番夷。其南一百八十余里地名达建寺，距黄胜关一百二十，为潘州、黄胜适中之地，亦设官兵戍守。"② 据此，潘州营的位置，恰好就是旧潘州的治所。

―――――――――――

　　① 嘉庆《卫藏通志》卷四《程站》，清光绪渐西村舍刻本，第 313—314 页。
　　② 嘉庆《重修大清一统志》卷四一九《松潘直隶厅》，四部丛刊续编景旧抄本，第 11 页 b。

表 14-2　潘州营所辖土司寨落分布、数量及纳贡简表

土司名称	驻牧之地	寨落及属民数量	纳贡钱粮情况
双则红凹寨土千户	双则红凹寨	7 寨，310 户	无认纳税银粮马
川柘寨土千户	川柘寨	332 户	无认纳税银粮马
上包坐佘湾寨土千户	佘湾寨	9 寨，226 户	无认纳税银粮马
下包坐竹当寨土千户	竹当寨	10 寨，187 户	无认纳税银粮马
谷尔坝那浪寨土千户	那浪寨	7 寨，256 户	无认纳税银粮马
上撒路土百户	上撒路	阙	每岁认纳青稞七石七斗四斗五升，解潘州完纳，兑支兵食
中撒路土百户	中撒路	阙	每岁认纳青稞九石八斗，解潘州完纳，兑支兵食
下撒路土百户	下撒路	阙	每岁认纳青稞十七石四斗，解潘州完纳，兑支兵食
崇路土百户	崇路	阙	每岁认纳青稞四十二石三斗，解潘州完纳，兑支兵食
作路土百户	作路	阙	每岁认纳青稞十石一斗，解潘州完纳，兑支兵食
上革凹土百户	上革凹	阙	每岁认纳青稞十一石八斗，解潘州完纳，兑支兵食
下革凹土百户	下革凹	阙	每岁认纳青稞十五石，解潘州完纳，兑支兵食
阿细土百户	阿细	阙	每岁认纳青稞十六石八斗，解潘州完纳，兑支兵食
巴细土百户	巴细	阙	每岁认纳青稞二十七石四斗，解潘州完纳，兑支兵食
班佑土百户	班佑	阙	每岁认纳青稞一石八斗，解潘州完纳，兑支兵食

土司名称	驻牧之地	寨落及属民数量	纳贡钱粮情况
甲凹土百户	甲凹	阙	每岁认纳贡马一匹，解潘州交纳，牵领营马
阿革土百户	阿革	阙	每岁认纳贡马一匹，解潘州交纳，牵领营马
上作革土百户	上作革	阙	每岁认纳贡马二匹，解潘州交纳，牵领营马
合坝夺杂土百户	夺杂	阙	每岁认纳贡马二匹，解潘州交纳，牵领营马
辖漫土百户	辖漫	阙	每岁认纳贡马二匹，解潘州交纳，牵领营马
下作革土百户	下作革	阙	每岁认纳贡马二匹，解潘州交纳，牵领营马
物藏土百户	物藏	阙	每岁认纳贡马二匹，解潘州交纳，牵领营马
热当土百户	热当	阙	每岁同磨下土百户共认纳贡马一匹，解潘州交纳，牵领营马
磨下土百户	磨下	阙	见上

资料来源：雍正《四川通志》卷十九，清文渊阁四库全书本。

　　根据记载，松潘地区的大多数土司有义务向驻军交纳钱粮及马匹，潘州营所属寨落均将钱粮、马匹等物交纳至潘州（见表 14-2）。嘉庆年间，关于川西土司地区的调查与记述更为翔实，然而，检索嘉庆《四川通志》卷九六《武备志·土司》部分的相关内容，原来潘州营所属土司寨落，大都已归漳腊营直接管辖，因而不见"潘州营"的记录（见表 14-3）①。这足以证明，时至嘉庆后期，潘州营已经被裁撤，其辖下土司寨落重新归并于漳腊营之中了。根据记载，原来潘州营所辖土司寨落直接归并于漳腊营

――――――――

　　① 常明等纂修：嘉庆《四川通志》卷九六《武备志·土司一》及注文，巴蜀书社 1984 年版。

管理之后，大体上可分为三大类：一是上包坐、下包坐、川柘、谷尔坝、双则红凹五个土千户："所辖番民住牧口外，性情、风俗与羊峒、踏藏等处同，有夷情，该寨自行办理。"二是上撒路、中撒路、下撒路、崇路、作路生纳、上勒凹、下勒凹七个土百户："所管番民住牧口外，性情刁悍，打牲、种麦，有夷情该寨自行办理。"三是班佑等十四个土千户及土百户："所管番民住牧口外草地，黑帐房，逐水草而民，迁徙无定，不分寒暑。六月飞霜，五谷不生。游牧、打牲、织毡、食茶，性情刁悍。有夷情，土司及合寨剖断。"①

表 14-3　原潘州营所辖土司寨落分布、数量及纳贡简表

土司名称	驻牧之地	寨落及属民数量	纳贡钱粮情况
上包坐佘湾寨土千户	上包坐佘湾寨	9寨，266户	无认纳税银粮马，隶松潘镇漳腊营管辖
下包坐竹当寨土千户	下包坐竹当寨	10寨，187户	无认纳税银粮马，隶松潘镇漳腊营管辖
川柘寨土千户	川柘寨	7寨，332户	无认纳税银粮马，隶松潘镇漳腊营管辖
谷尔坝那浪寨土千户	谷尔坝那浪寨	7寨，256户	无认纳税银粮马，隶松潘镇漳腊营管辖
双则红凹寨土千户	双则红凹寨	7寨，310户	无认纳税银粮马，隶松潘镇漳腊营管辖
上撒路木路恶寨土百户	上撒路木路恶寨	8寨，77户	每年纳青稞七石七斗，交松潘镇漳腊营征收，折充兵米
中撒路木路恶寨土百户	中撒路木路恶寨	8寨，98户	每岁纳青稞九石八斗，交松潘镇漳腊营征收，折充兵米
下撒路竹弄寨土百户	下撒路竹弄寨	14寨，174户	每年纳青稞十七石四斗，交松潘镇漳腊营征收，折充兵米

①　参见常明等纂修：嘉庆《四川通志》卷九六《武备志·土司一》注文，巴蜀书社1984年版。

（续表）

土司名称	驻牧之地	寨落及属民数量	纳贡钱粮情况
崇路谷谟寨土百户	崇路谷谟寨	24寨，423户	每年纳青稞四十一石，交松潘镇漳腊营征收，折充兵米
作路生纳寨土百户	作路生纳寨	8寨，101户	每年纳青稞十石一斗，交松潘镇漳腊营征收，折充兵米
上勒凹贡按寨土百户①	上勒凹贡按寨	6寨，118户	每年纳青稞十一石八斗，交松潘镇漳腊营征收，折充兵米
下勒凹卜顿寨土百户	下勒凹卜顿寨	6寨，150户	每年纳青稞十五石，交松潘镇漳腊营征收，折充兵米
班佑寨土千户	班佑寨	1寨，18户	每年纳青稞一石八斗，交松潘镇漳腊营征收，折充兵米
巴细蛇住坝寨土百户	巴细蛇住坝寨	17寨，274户	每年纳青稞二十七石四斗，交松潘镇漳腊营征收，折充兵米
阿细柘弄寨土百户	阿细柘弄寨	10寨，168户	每年纳青稞十六石八斗，交松潘镇漳腊营征收，折充兵米
上作尔革寨土百户	上作尔革寨	1寨，57户	每年纳马价银四两五钱六分，交松潘镇漳腊营征收，备补倒毙马匹
合坝夺杂寨土百户	合坝夺杂寨	1寨，66户	每年纳马价银五两二钱八分，交松潘镇漳腊营征收，备补倒毙马匹
辖漫寨土百户	辖漫寨	1寨，124户	每年纳马价银九两九钱二分，交松潘镇漳腊营征收，备补倒毙马匹
下作革寨土百户	下作革寨	1寨，113户	每年纳马价银九两零四分，交松潘镇漳腊营征收，备补倒毙马匹

———

① "上勒凹"在雍正《四川通志》中作"上革凹"，"下勒凹"作"下革凹"。

（续表）

土司名称	驻牧之地	寨落及属民数量	纳贡钱粮情况
物藏寨土百户	物藏寨	1寨，41户	每年纳马价银三两二钱八分，交松潘镇漳腊营征收，备补倒毙马匹
热当寨土百户	热当寨	1寨，72户	每年纳马价银五两七钱六分，交松潘镇漳腊营征收，备补倒毙马匹
磨下寨土百户	磨下寨	1寨，21户①	每年纳马价银一两六钱八分，交松潘镇漳腊营征收，备补倒毙马匹
甲凹寨土百户	甲凹寨	1寨，54户	每年纳马价银四两三钱二分，交松潘镇漳腊营征收，备补倒毙马匹
阿革寨土百户	阿革寨	1寨，60户	每年纳马价银四两八钱，交松潘镇漳腊营征收，备补倒毙马匹
鹊个寨土百户	鹊个寨	4寨，261户	每年纳马价银五两八钱八分，交松潘镇漳腊营征收，备补倒毙马匹
郎惰寨土百户	郎惰寨	8寨，143户	每年纳马价银十一两四钱四分，交松潘镇漳腊营征收，备补倒毙马匹
合计		142寨，3 964户	

资料来源：常明等纂修：嘉庆《四川通志》卷九六《武备志·土司一》，巴蜀书社1984年版。

　　可以理解，随着清朝西部边疆地区的稳定，潘州营的撤防也在情理之中。时间一长，当时遗留下的断垣残壁已然无法引起人们的兴趣，以至于我们在后来的文献及地图记录中很难找到"潘州"或"潘州营"的踪迹了。

　　时至民国年间，位于松潘县西北的黄胜关，依然是松潘地区民族分布区的一个分界标志，而黄胜关以西、以北地区，也就是

---

　　①　原书漏记寨数，权当1寨计。

广义的"旧潘州"的所在地，地域广袤，是所谓草地"番族"的主要分布地。如据县志记载，黄胜关在"县西北隅七十里，为汉夷分界之处，过此关外，尽属草地"①。

> 又"县西属土司，无屯堡，由县分两路……一由漳腊营城，过福善桥，西折出黄胜关三十里，关以西，即五十二部落生番地，偏北达甘肃之洮、岷、西宁，西北达青海，西南达藏、卫。两路皆属草地，南北会通，纵横数千里，平原旷野，难以道里计，维是接壤辽远，番族星罗……"②

从上述考察不难推定，从漳腊城及以西、以北地区，这也就是所谓广义"潘州"的主要辖地，而其范围也主要集中于今天松潘县西北方向的若尔盖县，以及松潘县西北部地区。因此，当代史地研究者甚至直接判定，今天的若尔盖县县治所在地，也就是文献中所称的"上潘州"③，或将"潘州营"直接定位于若尔盖县求吉乡潘州寨。④ 其实，根据古今地名对勘与分析，我们可以得到更为合理的推论。广义的"潘州"覆盖了今天松潘县西北及若尔盖县的范围，如今天的若尔盖，即文献中"作革"或"作尔革"的另译。若尔盖县旧有阿西部落，又改为阿西公社、阿西乡，应该与"阿失寨"相对应，也就是文献中的"上潘州"，而阿西乡以南的达扎寺镇（即若尔盖县治），应为清代之达建寺。"班班簇"应为今天"包座"之旧译，今天"包座乡"所在之地，应为明代"中潘州"之所在。⑤ 今天的古潘州遗址就在包座河西岸的求吉乡。而从包座河向东向南，直至松潘县北部黄胜关及漳腊镇，这大片的地域应该就是文献中所谓"下潘州"所辖之地了。

---

① 民国《松潘县志》卷一《关隘》，民国十三年(1924)刻本，第1页a。
② 民国《松潘县志》卷一《里镇》，第3页。
③ 参见《中华人民共和国地名词典·四川省》，商务印书馆1993年版，第669页。
④ 参见史为乐主编：《中国历史地名大辞典》(下)，中国社会科学出版社2005年版，第2885页。
⑤ 参见四川省若尔盖县地名领导小组编：《四川省阿坝藏族自治州若尔盖县地名录》(1986年)，第57页。

虽然清代中后期以后，西南"潘州"之名逐渐淡出了人们的视野，不过，现当代研究者对松潘地区的关注与研究已经超过了以往。虽然绝大多数历史地名辞典并没有列出"潘州"或"潘州营"的条目，但历史的过往是难以抹煞的，经过一番努力，我们还是可以从地方志文献及相关典籍记载中找到西南"潘州"所留下的印迹，相当全面地复原这一地区政区建置的时空过程。更值得一提的是，历史的痕迹依然清晰地镌刻于当地居民的记忆之中，今天在若尔盖县求吉乡不仅有"潘州"的地名，而且古潘州城墙遗址已成为一处小有名气的地方名胜了。[①]

结　语

西南潘州之建置，在很大程度上属于松潘地区政区建置历史的一部分。松潘地区的政区建置虽有不断推进之迹象，但是步履迟滞，举步维艰。以今天四川阿坝藏族羌族自治州辖境来说，根据相关史地文献，我们不难勾画出一条"单线条"式的沿革轨迹，如西汉到西晋，可谓"汶山郡"时期；南北朝时期，可谓"嘉诚县"及"平康县"时期；唐至五代，可谓"松州"时期；两宋与元代，为"松州"与"潘州"并立时期；明代为松潘卫时期；民国为松潘县时期。实际上，对于面积广大的松潘地区而言，其政区沿革及区域开发经历了相当曲折复杂的时空过程。不同名目的政区，不仅有着明确的时效性，同时也往往代表着不同的设置路径。

政区建置史，同时也是区域开发史与民族认知史。松潘地区的政区建置历史，也可视为西南藏族羌族聚居区的开发与认知的历史的一部分。从汶山郡到松州，再到松潘卫及松潘县时期，松潘地区的政区建置历史相当复杂曲折。"西南潘州"位于面积广

---

　　① 　关于古潘州贵遗址实地调查情况，参见庄春辉:《展读若尔盖》,《中国西藏》(中文版)2003 年第 5 期,第 73—74 页。

衰、地形复杂、人烟稀少的江河源地区，长期以来，政区建设都面临巨大的阻力或障碍。或者可以说，政区建立的必要性与可能性都成为其中主要的影响因素。然而，从设置路径来看，为了稳定西部及西南部地区，中原王朝还是进行了多方努力与尝试。松潘地区的重要政治与军事地区价值，是中原王朝重视在这一地区的主要因素之一。明清时代松潘地区建置成功，正是这种努力的结果。

边疆政区的设置过程与治所选择，往往是与当时中央政权建设策略、边疆经济开发程度、交通建设状况等多种因素相关联。从起源来看，西南潘州的建置出现于吐蕃占据时代，而客观困难又使建置过程曲折且反复。从一个侧面来看，西南潘州之建置，可谓一种历史时期边疆政区建置失败的典型，而其置废过程带给我们的启示却是极有价值的。与内地相比较，边远及边疆地区的政区建置面临种种困难与挑战，以西南潘州地区建置过程为例，我们关于历史时期边疆政区问题可以得到一些有价值的认识。

其一，边远地区自然地理条件恶劣，人文环境也更为复杂，这对于政区建置的稳定及持续显然是相当不利的。历史时期边疆政区的创建及其成熟，往往要经历漫长的时间，受自然环境与社会发展的影响较严重。因此，对于边疆政区设置的研究，必须要全面而系统地研究影响其设置的自然地理及社会发展的多方面因素。其二，就松州与潘州的建置起因而言，虽然无法否定经贸活动与区域开发方面的促进作用，但更多、更直接的动力是民族活动所引发的政治地理格局的再平衡。此外，民族迁徙的作用也是无法忽视的。其三，在影响松潘地区政区建置的各种因素中，既有不同民族及文化生活方式的差别，又有自然环境的艰险阻隔，其中，自然条件的复杂与艰险，应该是最主要的影响因素。松潘地区地处岷山之中，生活于当地的藏族与羌族属于典型的高山民族，外来民族要想进入这一地区，其面临的困难与威胁是相当大的。其四，边疆政区地名的分析与确认，在很大程度上有赖于对周边环境与相关地点的全面考察，简单判定对错，并不能真正解决问题。历史地名的研究过程,因而也可以视为对不同时期某一特定区域自然与社会环境变迁的一种全面的考察过程,这也正是历史地理诠释学与传统地名学研究的最大差异之一。①

———————————

① 关于"历史地理诠释学"的基本理念,参见安介生:《"瀚海"新论——历史时期对蒙古荒漠地区认知进程研究》,安介生、邱仲麟主编:《边界、边地与边民——明清时期北方边塞地区部族分布与地理生态基础研究》,齐鲁书社 2009 年版。

第十五章 政治归属与地理形态
——清代松潘地区政治进程的地理学分析

　　清代是中国边疆地区政治体制产生重大变化的阶段，最典型的表征之一便是土司地区的改土归流，也被不少学者称为"内地化"①。这一变化过程在不同地区遇到的问题、采取的措施以及最终产生的客观形态也存在较大的差异，而不同自然环境以及人文地理特征势必对这一进程产生极其显著的影响。地处四川、甘肃与青藏高原交界地带的松潘地区也经历了这样的过程，从明代的松潘镇，到清代逐步出现的松潘卫、龙安府松潘厅、松潘直隶厅，无疑为民国初年松潘县的建立作了较充足的准备。松潘地区独特的地理及人文环境对这一政治进程产生了不可忽视的影响。

　　本章节论及的"松潘地区"，主要指清代松潘厅的地域范围，相当于今天阿坝藏族羌族自治州北半部以及青海省黄河以南的部分区域。近年来，关于松潘地区的研究受到不少学者的关注，这

---

　　① 笔者按："内地化"一词，基于所谓的"内外之别"，是传统"内华夏外诸夷"思维的延续，显然并不是特别严谨的学术词汇。因为边疆地区与中部及东部地区在地理环境、生产生活方式等诸多方面存在巨大差异，因此，古文献中所谓"内地化"更多地体现在政治体制的"一体化"中。关于松潘的"内地化"问题，民国《松潘县志》曾明确指出：明代卫所戍守制度建立之后，"其地遂属于内矣"。显然，这里所说的"内"，只是归属中央王朝辖，与所谓的"内地化"还有较大差距。见《松潘县志》卷三《边防篇·边防总论》，民国十三年(1924)刻本。

与其自身的研究价值以及现存较丰富的史料分不开。① 在本章节
中，笔者将结合古文献与现代实地调查成果，在以往研究的基础
上，从地理学角度对有清一代松潘地区的政治发展过程进行更为
深入的系统化探讨。②

松潘地理特征与部族认知

松潘地区自然地理特征与内部分域

　　松潘地区位于青藏高原的东部边缘，平均海拔较高，且地貌
形态复杂，地势变化较为悬殊，自然地貌特征相当突出。前人对
此已有相当生动丰富的描述，如云"松潘地势绝高，英人白斯氏
之图说谓出海面三万四千七百二十七英尺"③；"松潘毗连边塞，
据岷江上游，北望河、湟，南通汶、灌，广袤数千里"④。清代的
松潘厅辖域幅员辽阔，大致与今天四川阿坝藏族羌族自治州的面
积相当，超过 83 200 平方公里⑤。为便于分析与研究，有必要进
行细致的内部分区。根据自然地貌特征与传统习惯，松潘地区原
有三种内部分域方式：①口内与口外（关内与关外）；②北路、东
路、南路、西路；③江左、江右。而根据现代地理勘测的结果可
知，"（阿坝藏族羌族自治州）地势分东、西两部分，大体西北高，
东南低，成为岷江、嘉陵江（东部斜面）和大金川的上游（西部

---

　　① 这方面比较突出的是台湾学者王明珂先生的研究，王明珂先生不仅整理了以往
学者的相关成果，例如《川西民俗调查 1929》，此外，还多次亲自前往这一地区进行实地考
察，所推出的一系列著作也均与松潘地区有着直接而密切的关联，对于这一地区的史地
研究作出了突出的贡献。这些著作包括：《羌在汉藏之间：川西羌族的历史人类学研究》
（中华书局 2008 年版）、《寻羌：羌乡田野杂记》（中华书局 2009 年版）等。
　　② 参见安介生：《历史民族地理之"界域"研究——以青藏川甘交界地带的松潘地
区为例》，徐少华主编：《荆楚历史地理研究与长江中游开发——2008 年中国历史地理国
际学术研讨会论文集》，湖北人民出版社 2009 年版。
　　③ 见傅樵斧：《松潘游记》，民国四年(1915)刊本，第 81 页。
　　④ 民国《松潘县志》卷三《边防篇·边防总论》，民国十三年(1924)刻本，第 1 页。
　　⑤ 参见尹嘉珉主编：《四川省地图册》，中国地图出版社 2008 年版；《中华人民共和
国地名词典（四川省）》，商务印书馆 1993 年版。

斜面）地区。中间则在弓杠岭、邛崃山脉以北形成广阔的草原"。

全区地势构成三个斜面，两个水系。①东部斜面的嘉陵江、岷江流域都是山岳地带，河谷的海拔一般在 2 500 米以下。②西部的大金川上源，其海拔一般在 3 000 米左右，阿坝、壤塘、壤口地区为高原草山，绰斯甲则为山岳。③草原地区只有起伏的小丘陵，山的相对海拔只在 100 米以下，坡度较小，环绕成大小草坝，其海拔一般为 3 000 米左右。①

就清代松潘厅所辖地域而言，最重要的地理分界标志有：黄胜关、岷山、岷江等。

从自然地理风貌角度出发，松潘地区通常分"关外"与"关内"，或者是"口内"与"口外"两大部分。这个"关"或"口"就是位于今天松潘县城西北约三十五公里的黄胜关，黄胜关也是松潘地区最重要的分割节点及地标之一。"（黄胜）关在（松潘）厅西北漳腊西北四十里，关外即西夷地，大江由此流入，今有官兵戍守。"② 黄胜关以西、以北地区称为"口外"，黄胜关以东及以南地区为"口内"。③

"口内"与"口外"的自然地貌形态上存在着巨大差异。如西部"口外"地区主要为高原草地，"其境域东起黄胜关，西至果洛，南起壤口，北至纳摩尔底寺。东西相距 500 余公里，南北相距约 250 公里，其中草原约占 2/3，河谷约占 1/3"④。在缺乏现代地理学知识的前人眼中，草地仿佛是广袤无垠的，"草地面积凡数

① 四川省编辑组：《四川省阿坝州藏族社会历史调查》，民族出版社 2009 年版，第 6—7 页。

② 嘉庆《重修大清一统志》卷四一九《松潘直隶厅》，四部丛刊续编景旧抄本，第 10 页 b。

③ 参见黎光明、王元辉著，王明珂编校：《川西民俗调查 1929》，台北"中研院"历史语言研究所史料丛刊 2004 年，第 27 页。

④ 参见四川省编辑组：《四川省阿坝州藏族社会历史调查》，民族出版社 2009 年版，第 7 页。

十万方里"①。如民国《松潘县志》卷一称："县西属土司，无屯堡。由县分两路，一由牟尼中寨偏西山行二百里，至毛儿革番部，迤南即三阿坝、三阿树、三郭罗克生番地，南达川边之康定、德盖地方；一由漳腊城过福善桥，西折出黄胜关三十里，以西即五十二部落生番地，偏北达甘肃之洮岷、西宁，西北达青海，西南达藏、卫两路，皆属草地，南北会通，纵横数千里，平原旷野，难以道里计。维是接壤辽远，番族星罗。"若与现代四川所属县域相对应，则"今阿坝藏族羌族自治州的若尔盖、红原、阿坝三牧业县，合称草地"②。在这三个县的面积之外，如与清代松潘县的范围相对应，松潘县的草地面积还要加上今天青海省果洛藏族自治州的达日县、班玛县、久日县的范围。③

"口内"部分，即东南地区，为山岳地带。"松潘居岷山之阴，高山大谷，汉番杂处。"④ 岷山是一个位于青藏高原东缘的巨大山系，松潘地区山脉众多，大多从属岷山山系。

> 岷有东、西二山，大江在其中，江以内，东岷也，延袤九百余里。自西夷界浪架岭，绵亘千余里，入川为松之雪栏，茂之铁豹，汶之玉垒，灌之灵崖，彭之丹景，什之莹华，绵之五都，龙安之天台，石泉之石纽，随地易名，总之曰岷山。江以外，西岷也，出皂以西，众山延蔓，诸番千里未极……⑤

松潘境内群山集中于东部与南部。如位于县城东五十里的雪山，地势极高，俨然东部与南部群山之翘楚。"山势起伏，横亘东西，积雪不消，嚼如玉笋，俗呼雪宝鼎，亦岷山所宗也。自风洞关盘旋而上，石径嵚崎，行者喘息，东南万山，如拜如伏，如儿

① 参见傅樵斧：《松潘游记》，民国四年(1915)刊本，第90页。
② 四川省编辑组：《四川省阿坝州藏族社会历史调查》，民族出版社2009年版，第70页。
③ 参见张红主编：《青海省地图册》，中国地图出版社2006年版。
④ 民国《松潘县志》卷六《宦绩篇·南廷铉传》，民国十三年(1924)刻本，第15页a。
⑤ 民国《松潘县志》卷一《山川篇》，第20页b。

孙焉。"① "东南万山"一词，十分精到地反映了东南部的地貌特
征。如民国《松潘县志》卷一《山川篇》详列了境内有名山岭的
基本情况，共计 117 座，而就其分布方位而言，位于县城西面
（包括西北、西南）的仅有寥寥 10 余座，如岷山、甘松岭等，而
在东部（包括东北、东南）的著名山岭有 70 余座。

其实，在东西分部之外，还有一个特殊区域需要关注，如松
潘地区在自然地理系统中的另一大特征，即其境内河流纵横，且
毗邻三江源地区，即黄河、长江之发源处，岷江纵贯全境。除黄
胜关外，松潘地区另一条极为重要的自然地理分界线，便是从北
至南贯穿全境的岷江。齐召南《水道提纲》卷八提到："（松潘）
卫西北重山杂沓，自黄胜关外不断，皆曰岷山。"可见，岷江由岷
山得名。明人所著《寻江源县记》云：

> 松州平康县羊膊山下有二神湫，乃大江始发之所，自羊
> 膊岭散漫，始未滥觞，东南百余里至白马岭，回行二千余里
> 至龙涸，水障始于是也。《志》曰江发源于临洮之木塔山，至
> 山顶分东西流者，即岷江也。由草地甘松岭八百里，至漳腊，
> 其水渐大。漳腊由镰刀湾达松潘，于下水关入红花屯达垒溪
> （应为叠溪）。至穆肃堡，黑水从南合之，入深沟，经茂州，
> 南至于威、汶……

因此，岷江及其支流河谷地带，是松潘地区又一个极为关键
的区域。此地河道曲折复杂，分支众多，如清人徐荆船《江源考》
云："今按羊膊岭铁豹岭，当北纬三十四度。江自徼外流入，合众
山小水，至岭麓西岳庙，经白马岭，历天彭关，即黄胜关。东有
漳腊营，河西有潘州，共三大支合于乃楮山下，而水渐大，即
《禹贡》导江之原也。又曲流至龙涸县，共行七百余里，即松潘
县，称曰岷江。又南至石河横桥，合东胜河，至安顺关，合窗河，
至归化堡，西合云昌沟，至镇江关，左合热雾沟。至金瓶岩，右

---

① 民国《松潘县志》卷一《山川篇》之"雪山"条，民国十三年(1924)刻本，第 6 页 b。

受一水，至镇坪，东合白洋河，至靖夷堡，左右又受一水，至长宁堡，西合黑水河，而来源遂大。"[1]

　　松潘地区以高山大谷为突出特征的自然地貌状况，对这一地区的对外交通造成了巨大的阻碍，纵横交错的河流并无航运功能。早在明代，就有官员就指出："松潘天寒地瘠，物产不多，负贩者以险远难致。东路自江油县入山，七百余里，如猪儿嘴等处甚险。"[2] 民国初年，傅樵斧指出："（松潘）僻在边远，距成都七百五十里，所属草地，凡数千里，番砦数十处，通青海及藏卫，居成都之西北，距岷江之上游，实岷山发脉、岷江发源之奥区也。入松者行路艰难倍于蜀栈。天生险阻，胜于剑门，所谓一蛮掷石，人不敢过；一夫当关，万夫莫御也。"[3]

　　松潘地区处于西部交通的咽喉要道，连接四川、陕西、青海诸省，岷江一线，不仅是松潘地区的交通线，更是这一地区的生命线与发展线。沿江道路是松潘与外界联系的最重要路线，大宗贸易均从此线而来。清人刘绍攽在《于迈草》中指出：松潘一带"沿江为路，于山腰凿孔，横受木架，板旁立木以支，空其下。古云栈阁，俗呼偏桥。夏秋水涨，飘没不可寻，攀岩越趄而已……其地唯沿江一道，通行旅者，属中国。两旁山上虽声教所及，而隶于蛮。松潘亦一城，城外四围皆蛮，真所谓一线望中原者"[4]。又如《松潘游记》称："沿岷江之右行，尽日水声喧阗，直至松潘，皆如此境，盖溯岷江行也。"又云："古云：由茂州（治今四川茂县）至松潘三百里，山嘴险恶，一蛮掷石，人不能过。其路随江曲折，蛮人下山抢劫甚易，当不可以无制御。然以今证之，由茂入松，用独路一条，途中抢案极少，因绝地也"。又"沿江干行，荆棘弥漫，右依山，左沿江"。江、山之间的路途崎岖坎坷，然而独路一条，别无选择。

　　移居这一地区的各民族所形成的聚落主要聚集于沿江及沿河

---

①　民国《松潘县志》卷一《山川篇·岷江》下，民国十三年(1924)刻本，第31页。

②　民国《松潘县志》卷一《山川篇·水草坝》下所引刘洪之言，第25页a。

③　见傅樵斧：《松潘游记·序言》，民国四年(1915)刊本，第1页。

④　《于迈草》，乾隆刻本，第5页。

地带，其民族与文化构成的复杂性引起了人类学研究者的高度关注。如以著名学者费孝通先生为代表的现代民族学者提出了西南地区"民族走廊"的观点，研究者已经确认："岷江河谷正处这一民族走廊的东北部，自古以来就是多民族交会之处。""在历史上，游牧文化南下，农业文化北进，在岷江河谷相遇，互相融合适应，在经济上形成农牧兼有的混合型产业；在文化上则同中有异，形成多种民族文化类型。"① 就民族结构而言，除藏族、羌族之外，汉族与回族等民族也很早迁入松潘地区，为这一地区的经济开发与文化发展作出了巨大贡献。②

松潘地区民族人口构成与地理分布

关于松潘地区民族种类及其文化特征，以往学者已有相关分析与说明。虽然松潘地区地处偏远，但民族构成却随时间的推移经历了较大的变化。即使清代以后，这一地区在民族构成上也出现了相当明显的改变，因此需要进行细致的梳理。

就民族大类而言，清代松潘地区的居民分为汉族与非汉族两大部分。就这一地区分类的困难而言，主要集中于非汉民族的认知与区分上。民族语言无疑是民族分类的一项重要指标，但是在松潘地区非汉族分类中，这一指标却没有太大的帮助。如清代官方将这一地区的部族称为"西番"，清代四译馆中特设"西番馆"，专门负责"西番"地区文字的整理与翻译工作。现存《西番译语》中又分九种译语，即松潘译语、象鼻高山译语、木坪译语、打箭炉译语、木里译语、白马译语等。据现代学者分析与实地调查，这些译语与现代语言之间的对应关系已基本确定，松潘译语整体可归为藏语安多方言（农区话），也就是说，松潘地区总体上属于一个方言亚区。《松潘译语·序言》称：

---

① 徐平:《文化的适应与变化——四川羌村调查》,上海人民出版社 2006 年版,第 230—233 页。

② 参见马勇:《松潘回族源流考》,《西南民族大学学报》(人文社科版),2005 年第 6 期。

　　四川松潘镇、松茂道、镇标中左右、漳腊、叠溪、平番、南坪等营、松潘同知各所辖包子寺、拈佑、热雾、毛革、麦杂蛇湾、峨眉喜、七布、阿思洞（或作峒——笔者注）、下泥巴、元坝、寒盼、商巴、祈命；口内羊峒、大小姓、松坪、云昌寺、丢骨、呷竹寺；口外上下包坐、上下勒凹、上下作革、川柘、谷尔坝、双则、崇路谷谟、作路生纳、班佑、阿细、合坝独杂、辖慢、物藏、热当、磨下、甲凹、阿革、鹊个、朗惰、上中下撒路、上中下阿坝、上中下郭罗克、上中下羊峒、上中下阿树、小阿树等，西番字、语皆同。①

　　单凭传统语言资料来进行更为细致的分类，显然是不够的。因为根据乾隆年间的《皇清职贡图》，松潘镇境内的非汉民族就有："西番（含生番）""番猓""氐羌裔"等数种。雍正《四川通志》卷一九《土司志》也明确指出："按松茂一带，环绕皆番戎，种类不一，有大姓、小姓、西番、吐蕃、黑帐房土人之各异……随意立姓、以类为族。"嘉庆《四川通志》卷一六《武备志》下"土司篇"将松潘镇所辖土司分为"西番种"与"猓夷种"两大类，其中"西番种"占了绝大多数，只有峨眉喜等四寨及呷竹寺土司属于"猓夷种"。这种分类显然过于简单，根本无法反映清代松潘地区复杂的民族构成与文化风貌。

　　其实，细绎历史文献，在上述分类之外，还可以找出另外一些更有价值的线索与依据。如曾任地方官的汤兴顺在上言中讲到：

　　查松潘镇属各营所管番夷，地方辽阔，人有四种，话有四类：松中所属牟尼、拈佑、热雾、漳腊属三寨一类之话，系吐番一种，松中属七布、徐之河，接连叠溪平番属小姓，大小耳别（应为"别耳"——笔者注）；六关松坪连接维州，属五屯、四土等处一类之话，系博保子一种；松中属九关、东

---

　　① 聂鸿音、孙伯君编著：《〈西番译语〉校录及汇编》，社会科学文献出版社 2010 年版，第 66 页。

坝、腊枚、大寨，龙安属果子坝、黄羊关、白马路、火溪沟，松左、漳腊、南坪属上中下羊峒、和约后山，界连甘肃杨布等处一类之话，系氐羌一种；漳腊属口外三十七部落一类之话，系西戎一种，而字同音不同。有出家为僧道，约分四教：不蓄发，帽用黄者为正教；不蓄发，帽用白者为道教；有蓄发，帽用红者为花教；长发结成毡絮者为巫教。唵佛口号有嘛芝嘛仑之说，手持转轮，有逆转、顺转之名，皆地方前创何（应为"之"字之误——笔者注）教，后人因之喇嘛、和尚之名，无论老幼，俱甚信服。又朝过西藏者，俗尊重之。①

　　因为时代及认知上存在的局限性，古文献中的民族分类与现代民族分类有着较大的差异。根据上述各类总结，我们可以认定：松潘地区至少应有藏族（吐番、西戎）、羌族（氐羌）、彝族（博保子）三个非汉民族的先民。这样的分类不仅出于实际观察，而且参照了族源、语言、宗教文化等多种指标。虽更为可信，但也并不全面。

　　如说到清代松潘地区的民族人口构成，绝不可忘却当地的汉族人口。有清一代，汉族人口在松潘地区的增长是十分引人注目的。如据乾隆《大清一统志》卷三一九记载：当时松潘厅下登记入册的户口为："三千零九户，人丁一万零二十四。"嘉庆《四川通志》记载松潘直隶厅的户口状况是："原额增添共一万五百五十四户，男二万七千二百三十三丁，妇二百四千七百七十二口，共男妇五万二千五丁口。"而据嘉庆《大清一统志》的记载，松潘地区登记的户口又有大幅增长："原额人丁一万二十四，今滋生男妇，共七万九千二百五十八名口，计一万六千八十三户。②仅以户数计，松潘地区登记的户数增长已有数倍之多。又据民国《松潘县志》记载："嘉庆元年（1796）以后，松潘直隶厅报部户口全

_____

①　参见民国《松潘县志》卷三《边防篇》所附《汤兴顺上川督骆秉璋恢复松潘四条》，民国十三年（1924）刻本，第 53 页 b。

②　嘉庆《重修大清一统志》卷四一九《松潘直隶厅》，四部丛刊续编景旧抄本，第 2 页 a。

数于原额增一万五百五十四户，男二万七千二百三十丁，女二万四千七百七十二口，共男女五万二千零二丁口。宣统二年(1910)，具报松潘厅汉民五千七百八十七户，男女三万三千五百二十八口。"①

当然，还必须指出，登记在籍"汉民"人口并不仅仅包括今天意义上的汉族人口。又据方志文献记载印证，清代松潘境内建有多座清真寺，当地回族人口同样相当可观。如民国《松潘县志》记载："清道咸间，松潘回民二千余户，迭遭兵燹，今只千余户。县城有礼拜寺三：一在中街；一在鼓楼西巷上坡；一在北关外，其来久矣。"② 如以嘉庆年间户数为准，至道光、咸丰年间，松潘地区的在籍户口应接近二万户，那么，回民人口至少占在籍户口的十分之一。

至于松潘地区的"番族"人口总量，民国《松潘县志》的作者曾总结历代《四川通志》暨寨堡粮册等资料，得出结论："综计松潘全境部落七十二，土司七十二，番寨七百四十九，番户一万六千九百五十五，男女丁口四万四千二百零五。"又注明称："若在今日，其数当不止此。"如果我们将这一数字同样视为嘉庆年间数量，那么对比而言，嘉庆年间的"汉民"户口数量已超过了所谓的"番民"数量。

另就松潘地区的聚落形态而言，根据历史文献以及现代实地调查的验证，明清以来，松潘地区非汉民族区域的基本社会组成形式是部落制，而各个部落又主要以"寨"为聚居单元及计量单元。据清代官吏实地调查云："川番部落皆以寨名，并无族名，部中有案可稽。"③ "一个部落由若干个大小寨子组合而成，生活在一定的地域缘范围之内。"④ "每一部落都有一定的地域与

---

① 民国《松潘县志》卷二《户口篇》，民国十三年(1924)刻本，第1页。文中注明："以上全系汉民，番民另载《土司志》。"

② 民国《松潘县志》卷五《宗教篇·回教》，第23页 b。

③ 民国《松潘县志》卷三《边防篇·川甘番案始末记》，第74页 a。

④ 四川省编辑组：《四川省阿坝州藏族社会历史调查》，民族出版社 2009 年版，第10页。

百姓，任何部落不能使用其他部落的草山、牧场、森林和土地。"① 这种社会组织及聚居特征为我们进行民族地理研究提供了很好的条件。

雍正《四川通志》、嘉庆《四川通志》、民国《松潘县志》卷四《土司志》等相关文献对非汉民族各部落的分布都有详细记载，为我们今天了解松潘境内非汉民族的地理分布状况提供了帮助。当然，原有分类也存在着明显的不足。如首先是分区过细，民国《松潘县志·土司志》将县境内所有部落分为十三个部分，组与组之间方位及相邻关系并不整齐；其次是旧有通志与方志的地理方位指定，往往以松潘卫、厅、县治所，即今天松潘县城为核心，缺乏区域整体性。因此有必要进行重新分区、分类以及户口分布统计。

笔者认为，松潘地区根据政区治所及部族分布状况的实际情况，可大致分为四个部分：①治所附近地区；②东部地区；③西部地区；④口外地区。下面，笔者分别就四个部分的自然地理特征、部族部落及户口状况进行分析与说明。

1. 治所附近部落及户口

松潘县治所附近的寒盼、商巴、祈命三部落，均为"西番"部落，居住地距县城北行四十余里漳腊附近住牧。民国时期共有31寨，450户，1 500丁口。旧文献中的"丁口"，应该是指成年男妇，而不包括未成年的。

表 15-1　治所附近部落及户口

土司名称	雍正时期户口数量	嘉庆时期户口数量	民国方志所载户口数量	四至规模
北路寒盼寨土千户	9寨，160户	9寨，160户	9寨，共161户，550丁口	四至六十里
北路商巴寨土千户	10寨，177户	10寨，177户	11寨，共117户，440丁口	四至四十里

① 四川省编辑组：《四川省阿坝州藏族社会历史调查》，民族出版社2009年版，第15页。

（续表）

土司名称	雍正时期户口数量	嘉庆时期户口数量	民国方志所载户口数量	四至规模
祈命寨土千户	11寨，172户	11寨，172户	11寨，共172户，510丁口	四至八十里
合计	30寨，509户	30寨，509户	31寨，450户，1 500丁口	

2. 东部部族户口

东部地区面积相当广阔，大致可分为以下几个部分。

（1）阿思、和药、下坭（泥）巴三部落，均为"西番"部落，居住地距县城东北百数十里。风俗与牟尼、包子等寨相同。民国时期有29寨，共有388户，1 270丁口。

表15-2 阿思、和药、下坭（泥）巴三部落及户口

土司名称	雍正时期户口数量	嘉庆时期户口数量	民国方志所载户口数量	四至规模
阿思峒大寨土千户	128户	11寨，197户	12寨，139户，390丁口	四至一百二十里
三舍羊峒和药寨土百户	阙	9寨，234户	9寨，120户，540丁口	四至三百八十里
下坭巴寨土百户	阙	7寨，50户	8寨，129户，340丁口	四至一百零五里
合计		27寨，481户	29寨，388户，1 270丁口	

（2）羊峒等八部落，后山五部落，均为"西番"部落，居住地距县城北行偏东二百余里。至民国时期，这些部落共有38寨，2 167户，4 691丁口。

表 15-3 羊峒等八部落及户口

土司名称	雍正时期户口数量	嘉庆时期户口数量	民国方志所载户口数量	四至规模
中羊峒踏（塔）藏寨土目	3 寨，169 户	3 寨，169 户	3 寨，共 169 户，380 丁口	四至二十五里
上羊峒阿按寨土目	4 寨，158 户	4 寨，158 户	4 寨，共 158 户，390 丁口	四至一百二十里
上羊峒挖药寨土目	3 寨，81 户	2 寨，81 户	2 寨，共 31 户，110 丁口	四至一百三十里
押顿寨土目	2 寨，190 户	2 寨，190 户	2 寨，共 110 户，330 丁口	四至二十五里
中羊峒中岔寨土目	3 寨，176 户	3 寨，176 户	3 寨，共 116 户，308 丁口	四至二十五里
郎寨土目	3 寨，168 户	3 寨，168 户	3 寨，共 118 户，304 丁口	四至二十五里
竹自寨土目	3 寨，87 户	3 寨，87 户	3 寨，共 87 户，112 丁口	四至二十五里
中羊峒臧（藏）咱寨土目	3 寨，160 户	3 寨，160 户	3 寨，共 11 户，300 丁口	四至二十五里
东拜王亚寨土目	2 寨，295 户	2 寨，87 户	2 寨，共 110 户，320 丁口	四至三百八十里
达弄恶坝寨西南土目	1 寨，258 户	2 寨，212 户	2 寨，共 111 户，500 丁口	四至一百四十里
香咱寨土目	10 寨，537 户	7 寨，537 户	7 寨，共 537 户，573 丁口	四至七十里
咨马（玛）寨土目	2 寨，324 户	2 寨，324 户	2 寨，共 324 户，682 丁口	四至三百七十里
八顿寨土目	2 寨，285 户	2 寨，285 户	2 寨，共 285 户，382 丁口	四至六十里
合计	41 寨，2 888 户	38 寨，2 634 户	38 寨，共 2 167 户，4 691 丁口	

（3）平番营所辖大姓丢骨等部落，分属三个土千户，均为
"西番"部落，住牧之地距离县城东南二三百里不等。与中、左两
营所管"番民"同俗。至民国时期，这些部落共有 85 寨，
925 户，2 808 丁口。

表 15-4　平番营所辖大姓丢骨等部落及户口

土司名称	雍正时期户口数量	嘉庆时期户口数量	民国方志所载户口数量	四至规模
南路丢骨寨土千户	15 寨，72 户	24 寨，260 户	24 寨，184 户，480 丁口	四至三百七十里
南路呷竹寺寨土千户	1 寨，160 户	32 寨，360 户	32 寨（内 14 寨改土归流，360 户，1 200 丁口；18 寨，100 户，318 丁口	四至五百九十里
西路云昌寺寨土千户	1 寨，112 户	24 寨，240 户	29 寨，281 户，810 丁口	四至一百五十五里
合计	17 寨，344 户	80 寨，860 户	85 寨，925 户，2 808 丁口	

（4）南坪营所辖的隆康、芝麻、中田、勿谷、边山等部落，
民族构成较为复杂，住牧地距离县城东北大约三四百里。至民国
时期，这些部落共有 32 寨，660 户，2 841 丁口。

表 15-5　南坪营所辖的隆康、芝麻等部落及户口

土司名称	嘉庆时期户口数量	民国方志所载户口数量	四至规模
中羊峒隆康寨寨首土司	32 寨，360 户	7 寨，124 户，698 丁口	四至五百九十里（四至三百一十五里）
下羊峒黑角浪寨寨首土司	12 寨，249 户	早经改土归流，与南坪城乡一体查照汉制办理	四至共四百五十里
芝麻寨土司（杨生荣）	阙	5 寨，86 户，303 丁口	四至三百一十里

（续表）

土司名称	嘉庆时期户口数量	民国方志所载户口数量	四至规模
中田寨土司（杨观成）	阙	4寨，72户，317丁口	四至三百六十里
勿谷寨土司	阙	8寨，196户，782丁口	四至二百八十里
边山寨土司	阙	8寨，182户，741丁口	四至二百五十里
合计		32寨，660户，2841丁口	

综上所述，民国时期，东部所覆盖的部族地区共有184寨，共有4140户，11610丁口。

3. 西部部落与户口数量

就"口内"区域而言，西部部落可分为以下二部。

（1）拈佑、热务、牟尼三部落，均为"西番"种类，居住地距县城西南数十百里不等。至民国时期，这些部落有31寨，共有496户，1190丁口。

表15-6　拈佑、热务、牟尼三部落及户口

土司名称	雍正时期寨落数量与户数	嘉庆时期户口数量	民国方志记载数量	四至规模
拈佑阿革寨土百户	7寨，35户	7寨，45户	7寨，91户，200丁口	四至三百八十里
西路热雾寨土百户	15寨，106户	17寨，134户	17寨，279户，680丁口	四至四百二十里
西路牟尼包子寺寨土千户	13寨，106户	6寨，56户	7寨，126户，310丁口	四至一百三十里
合计	35寨，247户	30寨，235户	31寨，共496户，1190丁口	

（2）峨弥（眉）、七布、麦杂、毛革四部落，为所谓"倮夷"部落，居住地距县西南二三百里不等。情性驯良，打牲种麦，衣

毡，住碉房或板房，亦有住帐房游牧者。

表 15-7　峨弥（眉）、七布、麦杂、毛革四部落及户口

土司名称	雍正时期户口数量	嘉庆时期户口数量	民国时期方志记载户口数量	四至规模
西路峨弥（眉）喜寨土千户	13 寨，271 户	15 寨，833 户	15 寨，共 526 户，1 460 丁口	四至三百里
西路七布徐之河土千户	11 寨，164 户	11 寨，282 户	8 寨，共 145 户，420 丁口	四至三百八十里
毛革阿按寨土千户	阙	17 寨，347 户	18 寨，共 468 户，1 200 丁口	四至八百里
麦杂蛇（佘）湾寨土百户	阙	15 寨，289 户	15 寨，共 583 户，1 300 丁口	四至四百一十里
合计		58 寨，1 751 户	56 寨，共 1 722 户，4 380 丁口	

综上所述，民国时期"口内"地区的西部部落共有 87 寨，合计 2 218 户，5 570 丁口。如果将以上三个部分都归为"口内"区域，至民国时期，口内部族地区共有 302 寨，合计 6 808 户，18 680 丁口。

4. 口外部落及户口数量

（1）口外包坐等五部落，均为"西番"种类，居留地距县城西北行三百余里，与甘肃洮州属杨土司连界。至民国时期，这五个部落有 40 寨，1 351 户，2 424 丁口。

表 15-8　口外包坐等五部落及户口

土司名称	雍正时期户口数量	嘉庆时期户口数量	民国方志记载户口数量	四至规模
上包坐佘（蛇）湾寨土千户	9 寨，226 户	9 寨，266 户	9 寨，266 户，332 丁口	四至九百里
下包坐竹当寨土千户	10 寨，187 户	10 寨，187 户	10 寨，187 户，382 丁口	四至七百里

（续表）

土司名称	雍正时期户口数量	嘉庆时期户口数量	民国方志记载户口数量	四至规模
川柘寨土千户	（7寨）332户①	7寨，332户	7寨，322户，554丁口	四至三百四十里
谷尔坝那浪寨土千户	7寨，256户	7寨，256户	7寨，265户，524丁口	四至八百里
双则红凹寨土千户	7寨，310户	7寨，310户	7寨，311户，632丁口	四至四百八十里
合计	40寨，1311户	40寨，1351户	40寨，1351户，2424丁口	

（2）口外铁布撒路等七部落，均为"西番"部落，住牧地距县城西北四百余里，与甘肃洮州属扬土司连界。

表 15-9 口外铁布撒路等七部落及户口

土司名称	嘉庆时期户口数量	方志所载户口数量	四至规模
上撒路木路恶寨土百户	8寨，77户	8寨，77户，240丁口	四至四百里
中撒路杀按杠寨土百户	8寨，98户	8寨，98户，280丁口	皆荒山，无里数
下撒路竹弄寨土百户	阙	14寨，174户，480丁口	四至四百四十里
崇路谷谟土寨土百户	24寨，423户	24寨，423户，880丁口	四至八十五里
作路森（生）纳寨土百户	8寨，101户	8寨，101户，220丁口	四至二百二十里
上勒凹贡按寨土百户	6寨，118户	6寨，118户，280丁口	四至四百五十里

---

① 雍正《四川通志》漏载寨数，据补。

（续表）

土司名称	嘉庆时期户口数量	方志所载户口数量	四至规模
下勒凹卜顿寨百户	6寨，150户	6寨，150户，300丁口	四至五百一十里
合计		74寨，1 141户，2 680丁口	

（3）漳腊营所管辖的口外班佑上十二部落及鹊个、郎惰二部落，均为"西番"部落，住牧之地距离县城西北，远近不等，大约七八百里，与甘肃洮州桑杂各番地相连界。纵横三百余里，游牧草地，逐水草而居，迁徙无定。

表 15-10　漳腊营所管辖的口外班佑等部落及户口

土司名称	嘉庆时期户口数量	民国方志所载户口数量	四至规模
班佑寨土千户	1寨，18户	1寨，18户，45丁口	四至四百里
巴细蛇住坝寨土百户	17寨，274户	17寨，274户，652丁口	四至二百九十里
阿细柘弄寨土百户	10寨，168户	10寨，168户，352丁口	四至五百八十里
上作尔革寨土百户	1寨，57户	1寨，57户，210丁口	四至四百五十里
合坝独杂寨土百户	1寨，66户	1寨，66户，210丁口	四至五百七十里
辖漫寨土百户	1寨，124户	1寨，124户，390丁口	四至五百里
下作革寨土百户	1寨，113户	1寨，113户，380丁口	四至七百里
物藏寨土百户	1寨，41户	1寨，41户，男女130丁口	四至八百五十里

（续表）

土司名称	嘉庆时期户口数量	民国方志所载户口数量	四至规模
热当寨土百户	1 寨，72 户	1 寨，72 户，男女 250 丁口	四至七百五十里
磨下寨土百户	1 寨，21 户	1 寨，21 户，78 丁口	四至七百八十里
甲凹寨土百户	1 寨，54 户	1 寨，54 户，220 丁口	四至共六百八十里
阿革寨土百户	1 寨，60 户	1 寨，60 户，260 丁口。	四至三百九十里
鹊个寨土百户	4 寨，261 户	4 寨，261 户，410 丁口	四至四百四十里
郎惰寨土百户	8 寨，143 户	8 寨，143 户，690 丁口	四至四百三十里
合计	49 寨，1 742 户	49 寨，1 472 户，4 277 丁口	

（4）口外三阿坝部落，均为"西番"部落，住牧距县城西南约八百里，与甘肃黄河沿边各番地及维州卓克基连界，纵横一千五里余里。一半游牧，迁徙不定；一半种麦，居住于土碉房。

表 15-11　口外三阿坝部落及户口

土司名称	嘉庆时期户口数量	民国方志所载户口数量	四至规模
上阿坝甲多寨土千户	37 寨，1 158 户	37 寨，1 158 户，3 311 丁口	四至五百七十里
中阿坝墨仓寨土千户	46 寨，1 749 户	46 寨，1 794 户，3 720 丁口	四至四百一十里
下阿坝阿强寨土千户	39 寨，882 户	39 寨，882 户，2 110 丁口	四至五百五十里
合计	122 寨，3 789 户	122 寨，3 789 户，9 141 丁口	

（5）口外三郭罗克部落，均为"西番"部落，住牧距县城西南约千余里，纵横千五百余里，居住于高石碉房屋，以所谓"打牲"为业。

表 15-12　口外三郭罗克部落及户口

土司名称	雍正时期户口数量	嘉庆时期户口数量	民国方志所载户口数量	四至规模
上郭罗克车木塘寨土百户	9 寨，287 户	10 寨，251 户	10 寨，251 户，1 510 丁口	四至七百里
中郭罗克插落寨土千户	16 寨，483 户	17 寨，485 户	17 寨，485 户，1 640 丁口	四至三百十里
下郭罗克纲卡寨土百户	29 寨，318 户	29 寨，330 户	29 寨，333 户，1 110 丁口	四至四百五十里
合计	54 寨，1 088 户	56 寨，1 066 户	56 寨，1 069 户，4 260 丁口	

（6）口外三阿树部落，其实有四个部分，均为"西番"部落，其住牧距县城西南约百八百余里，纵横千里。

表 15-13　口外三阿树部落及户口

土司名称	雍正时期户口数量	嘉庆时期户口数量	民国方志所载户口数量	四至规模
上阿树银达寨土百户	34 寨，254 户	35 寨，257 户	35 寨，257 户，810 丁口	四至四百二十里
中阿树宗个寨土千户	27 寨，482 户	27 寨，488 户	27 寨，488 户，1 020 丁口	四至四百八十里
下阿树郎达寨土百户	26 寨，224 户	26 寨，240 户	26 寨，240 户，870 丁口	四至四百三十里
小阿树寨土百户	黑帐户 124 户	1 寨，136 户	1 寨，136 户，532 丁口	四至四百八十里
合计	87 寨，1 084 户	89 寨，1 121 户	89 寨，1 121 户，3 232 丁口	

综上所述，"口外"不仅地域广袤，部族聚落与人口数量也非常可观，至民国时期，口外部族共有 430 寨，合计 9 948 户，26 014 丁口。

以上各时代部落、寨落、户口数量的统计资料并不十分完备，但是，也能从一个侧面反映出这一地区当时聚落规模与民族人口的发展状况。首先，松潘地区列入户口汇总的部族前后有较大差别，这直接反映了部族户籍管理的进展状况。其次，有清一代，登记中的松潘地区不少部族的寨落、户口数量变化不大，这恐怕与当时民族户口的汇报制度有直接的关系。比较而言，民国方志所载数量较为全面完整，为较准确的统计工作提供了条件。再次，相对于口内地区（有 302 寨，合计 46 808 户，18 680 丁口）而言，口外虽然在寨数、户数及丁口数量上都占较大优势，但是，考虑到"口外"地区的面积广大，"口内"与"口外"在户丁密度上并没有太大差别。可以说，松潘地区部族分布的总体特征是地广人稀，无论是"口外"草地还是"口内"山地。这也是我们在研究松潘地区民族治理与行政区划变迁时所必须面对的客观状况。地域广大且户丁密度小，为行政管理带来的难度是相当大的。

此外，还必须指出的是，在本章节的户口统计中，我们提到了汉民、回民以及部族户口，但是，并未提及有清一代松潘地区非民籍户口，即戍卫军士及其眷属的数量。显然这是不全面的。因为清代在松潘地区建立起了相当完备的营汛体制，因此，有清一代，长期驻守于当地的军士及其眷属的数量并不少。如乾隆四十一年（1776），"军机大臣议准将军阿桂等会奏：金川地方设镇安屯，条款内令兵丁携眷居屯。查建昌、松潘、维州等处兵丁男妇皆能习勤苦，如有情愿携眷者，初至垦种，于应得钱粮外给与盐菜口粮，俟生计已成，再行停止"①。同样，在当时松潘地方治理问题上，也无法忽视戍卫制度所发挥的重要作用。

---

① 《皇朝文献通考》卷十一《田赋考·屯田》，清文渊阁四库全书本，第 43 页 b。

松潘边地归属与机制调适

从松潘镇到松潘厅

对于明、清两代的西部疆域建设而言，松潘地区的战略及军事地位举足轻重。如松潘地区对于四川首府成都一带的安全至关重要，"松潘乃西蜀之重镇，诸番之要区。东连龙安，南接威茂，北抵胡虏，西尽吐蕃。西北又与洮岷连壤，镇城、卫门、关堡之外，四面皆番，故经略者谓：蜀之各镇，惟松潘纯乎边者也"①。又明朝官员周洪谟在所著《西岷保障图记》一文中对此进行了相当精到的说明。

> 又（茂汶）其西乃为松潘。松潘之西北为吐蕃，东南杂氐羌。种落既繁，险阨弥固。群夷据岩嶂，以为卭笼碉碟，善制坚甲劲弩，走崖壁捷如猿猱。凡蜀民之转输松潘者，常掠于道，其为蜀患从来旧矣。然而松潘之所以深入而垒者，盖以据群夷之奥室，而杜其门户，故群夷之不敢觊觎成都者，以有松潘也。②

正基于此，明代在松潘地区建立起了相当完备的防御体系，其时已有松潘镇之设。北方及西北"九边"之设，形成了一个相当庞大的边防体系，而松潘镇，是明代西部边防体系中一个重要环节。

鉴于重要的地理位置，清朝在西部疆域建设中同样重视对松潘地区的经营。"松潘在岷江上游，距成都西北七百余里，全川之屏蔽，甘陇之要冲也。阶、文、洮、岷暨黄河沿岸川、甘番地，疆界毗连，黄胜关内外，五十二部落番夷环绕，种类复杂。"③康

---

①　《天下郡国利病书》卷六五《四川一》，蜀南桐花书屋薛氏家塾，清光绪五年(1879)刻本，第5页。
②　《全蜀艺文志》卷四十，清文渊阁四库全书本，第15页a。
③　民国《松潘县志》卷三《边防篇·川甘番案始末记》，民国十三年(1924)刻本，第71页b。

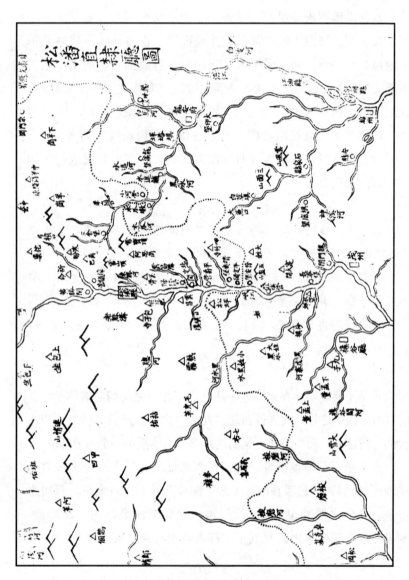

图 15-1　松潘直隶厅图（选自嘉庆《四川通志》）

熙、雍正时期，清朝在松潘地区政区建置之初，虽然遭到当地部分土司的抗拒与抵制，但是清朝对松潘地区的进据过程还是较为迅速的，也取得了相当明显的成效。"若建昌、松潘诸卫，及永宁、石砫、酉阳诸司，或升为府，或置厅州，因地制宜，已全革其狂獠之俗，至于崇冈复嶂之表，杂处诸番，火种刀耕，各安生业，亦皆兼帱而并覆之。"① 如康熙十年（1671），松潘之地奉旨改镇。"设松潘镇中、左、右三营，游击三员，守备三员，马步兵二千四名。迨康熙二十七年（1688），改松威道为松茂道，只设松潘镇，马步兵二千名，仍管龙、茂、漳、迭、小河、平番、南坪等营各属要害，分兵汛守。"② 又据载："雍正二年（1724）甲辰，下羊峒凶番拔那刚、让笑等复猖獗不法。松潘镇总兵张元佐率领游击刘屏翰、邱名扬进剿，擒获首恶，余寨投诚，番目牵慢、甲个、札实太等率各寨番，皆愿为编户，辟地二百四十里，得番民三十七寨，建城于南坪坝，为南坪营，川陕道路始通。"③ 由此可见，松潘地区处于川陕交通之要路，其安危直接影响到当时四川与陕西两大省份的交通往来，对于西南地区政治版图的重要性不言而喻。

表 15-14　清代松潘地区土司归属情况表

各营名称	所辖土司名称	土司数量
松潘镇中营	包子寺寨土千户、峨眉喜寨土千户、七布寨土千户、拈佑喀亚寨土百户、热务（雾）寨土百户、毛革阿按土千户、麦杂佘（蛇）湾寨土千户	5 个土千户、2 个土百户
松潘左营	阿思峒土千户	1 个土千户
平番营	九关云昌寺寨土千户、六关呷竹寺寨土千户、丢骨寨土千户	3 个土千户

① 《皇朝文献通考》卷二八六《舆地考·四川省》，清文渊阁四库全书本，第 2 页。
② 雍正《四川通志》卷一七《边防》，清文渊阁四库全书本，第 55 页 b。
③ 雍正《四川通志》卷一七《边防》，第 34 页 a。

（续表）

各营名称	所辖土司名称	土司数量
漳腊营	商巴寨土千户、寒盼寨土千户、祈命寨土千户、香咱寨土百户、押顿寨土百户、羊峒阿按寨土百户、羊峒挖药寨土百户、羊峒塔藏寨土百户、羊峒郎寨土百户、羊峒竹自寨土百户、羊峒藏咱寨土百户、羊峒中岔寨土百户、拜王亚寨土百户、达弄阿坝寨土百户、咨玛寨土百户、八顿寨土百户、上阿坝甲多寨土千户、中阿坝墨仓寨土千户、下阿坝阿强寨土千户、郎堕安出寨土百户、鹊个寨土百户、上郭罗克车本塘寨土百户、中郭罗克押落寨土千户、下郭罗克纳卡寨土百户、上阿树银达寨土百户、中阿树宗个寨土千户、下阿树郎达寨土百户、小阿树土百户	8个土千户、20个土百户
漳腊营潘州	上包坐佘湾寨土千户、下包坐竹当寨土千户、川柏寨土千户、谷尔坝那浪寨土千户、双则红凹寨土千户、上撒路木路额寨土百户、中撒路散安寨土百户、下撒路竹弄寨土百户、崇路谷谟寨土百户、作路生纳寨土百户、上勒凹贡按寨土百户、下勒凹卜顿寨土百户、班佑寨土千户、阿细柘弄寨土百户、巴细佘任坝寨土百户、合坝独杂寨土百户、辖漫寨土百户、上作革寨土百户、下作革寨土百户、物藏寨土百户、热当寨土百户、磨下寨土百户、甲凹寨土百户、阿革寨土百户	6个土千户、18个土百户
合计		23个土千户、40个土百户

资料来源：《皇朝文献通考》卷二八六，清文渊阁四库全书本。

　　根据《皇清职贡图》诸书的记载，松潘地区各部族归属中央官府管辖的时间不尽相同，这表明这一地区建立行政体制的复杂性与艰巨性。《皇清职贡图》一书于乾隆十六年（1751）至二十六年（1761）奉敕撰修，书中记录了相当多的松潘镇所管辖的边地部族情况。其中大部分部族于顺治与康熙年间归属清朝朝廷。如东坝阿思洞大小十一寨于顺治十五年（1658）归属，北坝、元坝、下泥巴大小七寨于康熙元年（1662）归属，口外三郭罗克部落于康熙六十年（1721）归属，甲凹、鹊个、郎惰、阿坝十二部落于雍正元年（1723）归属等。

除军事及战略地位之外，松潘地区在清代西部地区经济贸易上的地位也不可低估。早在青海准噶尔叛乱被平定后不久，松潘黄胜关便被确立为对蒙古部族两大交易市场之一。这种重要的政治、经济区位价值为松潘地区的发展带来了巨大的机遇，当然也对当地的治安状况提出了更高的要求。如雍正三年（1725）四月，奋威将军岳钟琪就"青海诸部互市地"问题上奏称：

> 大将军年羹尧前奏称：每年青海与内地定于二、八月贸易，以那喇萨喇为交易所。经议政大臣议改令四季交易，甚便。按亲王察罕丹津公拉察卜等诸台吉部落并居黄河之东，迫近河州（治今甘肃临夏县），去松潘不远。向在河州、松潘二处贸易。今若定于那喇萨喇，恐黄河东、西两翼蒙古所居有无不足供给，不如仍于河州、松潘贸易为便。河州定于土门关附近双城堡，松潘定于黄胜关之西河口，二地并有城堡、房屋，地形宽阔，水草丰好，可为永远互市之所。①

岳钟琪的奏议得到了雍正皇帝的批准。据此可知，河州土门关与松潘黄胜关由此成为官府批准的、青海境内各部族与东部各民族贸易往来的两大关市，大批来自东部地区的商人与货物云集于此，与西部各部落进行商品交易，其规模与影响相当可观。松潘地区也由此成为西部商贸重镇之一。

对于清代及民国初年松潘地区的商业贸易状况，民国《松潘县志》进行了一个全面的总结：

> 商货分输出、输入两种：输出品购自成都、温、崇、彭、灌、江、彰、安、绵各县者，以大小茶包为大宗，绸缎、绫绉、洋广匹、头毛绸、花线土布次之，铜、铁、瓷器暨各杂货、各食品又次之。运外关外南北番部售销；输入品易自关外生番部落者，以羔羊皮、野牲皮、羊毛为大宗，香茸、贝

母、大黄、松虫各药材次之，牛羊牲畜又次之。运入本省暨
直隶、河南、上海及沿江、沿海各埠售销。交易时期，每岁
汉番运货联队行走。大抵六七月，皮庄登市；八九月鹿茸、
贝母、大黄、甘松、牛羊登市；十月以后，羊毛登市。麝香、
杂药暨各山货则无定时。商帮有草地帮、西客帮、河南帮、
陕帮、渝帮之别。

　　显而易见，以松潘为贸易核心所构建起来商贸网络，其涉及
面是相当广阔的，所涉及的贸易城市不仅包括四川省内的成都、
温、崇、彭、灌、江、彰、安、绵各县，更包括直隶（今河北）、
河南、上海及沿江、沿海各大商埠。如茶叶是边地贸易中的重
要物资，松潘地区是重要的茶叶贸易中转站。据雍正《四川通
志·茶法篇》记载，其中以松潘地区为茶叶发卖地的州县有：
成都县、华阳县、新津县、灌县、南江县、彭县、什邡县、江
津县、彭水县、广元县、平武县、石泉县、直隶嘉定州、峨眉
县、丹稜县、大邑县、合江县、安县、绵竹县、直隶茂州、汶川
县等。

　　重要的军事及商贸地位，对清代松潘地区治安与治理等相关问
题提出了更高的要求。清代承继了明代松潘镇的建置，即依旧保持
军镇体制，而松潘镇总兵就驻扎于松潘城之内，统辖十二营。关于
松潘地区的治理，著名大臣年羹尧在《条奏青海善后事宜十三条》
中提出"西番部人宜属内地管辖"的方针，得到了清廷的支持。

　　凡陕西所属甘州、凉州、庄浪、西宁、河州，四川所属
松潘、打箭炉、里塘、巴塘，云南所属中甸等处，并西番所
在驻牧地，自明以来失抚治之道，或为喇嘛耕种地，或为青
海属人交纳租税。但知有蒙古而不知有厅、卫、营、伍诸官。
今西番归化，悉为内民，应相度地势，增设卫所，以抚治之。
择番人头目心服于我者，给予土司千百户、土司巡检等衔，
令分管之，并令附近道厅及增设卫所诸官管辖。其应纳粮草
较前所纳数请减之，以示宽大。至近边居帐屋逐水草游牧者，

仍许其游牧。均应如所请。①

　　松潘地区非汉部族人口繁盛，于明、清两代均属土司体制所覆盖的地区。年羹尧谏言的核心，便是在西部土司民族地区建立健全土司管辖体系之外，同时增设建置营汛戍守体制加以管辖。故而营汛统辖之下土司管理体制，便成为松潘等地区的治理的最主要行政管理方式。松潘地区的这种管理体制，在《皇清职贡图》中有着十分明确的体现。

表 15-15　《皇清职贡图》中松潘镇所辖边民情况简表

边民名称	居住地域	民族种类②	输纳情况
松潘镇中营辖西坝包子寺等处番民与番妇	包子寺拈佑喀亚寨、热雾作坝寨、毛草阿按寨、麦杂蛇湾寨	氐羌裔	输粮赋
松潘镇中营辖七步峨眉喜番民与番妇	峨眉喜大小十五寨、七步徐之河大小十一寨	西番、猓种	输青稞充兵食
松潘镇左营辖东坝阿思洞番民与番妇	东坝阿思洞十一寨	西番种	输纳青稞充兵米
松潘镇右营辖北坝元坝泥巴等寨番民与番妇	北坝、元坝、下泥巴大小七寨	西番种	输纳青稞充兵米
松潘镇属龙安营辖象鼻高山等处番民与番妇	象鼻、高山、黄羊关等寨	吐蕃裔与松潘平番族同类	无贡税
龙安营辖白马路番民与番妇	白马路十八寨	吐蕃裔	无赋税
石泉县青片白草番民与番妇	青片白草四十二寨	氐羌裔	输米为兵食
松潘镇属漳腊营辖寒盼祈命等处番民与番妇	寒盼、祈命、商巴三寨	氐羌裔	阙

―――――――――――

　　① 《平定准噶尔方略》前编卷十四，清文渊阁四库全书本，第 11—12 页。
　　② 关于清代边民的民族识别，参见李泽奉、刘如仲编：《清代民族图志》，青海人民出版社 1997 年版。

(续表)

边民名称	居住地域	民族种类②	输纳情况
漳腊营辖口外甲凹鹊个寨等处番民与番妇	口外甲凹鹊个寨惰阿坝十二部落	氐羌裔	以青稞为赋
漳腊营辖口外三郭罗克番民与番妇	三外三郭罗克	氐羌裔	岁输马
漳腊营辖口外三阿树番民与番妇	口外阿树	氐羌裔	阙
松潘镇属叠溪营辖大小姓黑水松坪番民与番妇	河东大姓八寨、马路小关七族、河西小姓六寨、黑水松坪	熟番	各输青稞充兵食
松潘镇属平番营辖上九关番民与番妇	上九关、云昌寺、丢谷（骨）寨	西番	岁输青稞
平番营下六关番民与番妇	下六关呷竹寺等寨	与上九关同	输青稞充兵米
松潘镇属南坪营辖羊峒各寨番民与番妇	羊峒中、下峒三十四寨	生番	输青稞充兵米

资料来源：《皇清职贡图》卷六，广陵书社 2008 年版。

表 15-16   嘉庆时期松潘厅部族户口归属简表

营名	所辖土司数量	番民数量
松潘镇中营	拈佑阿革等寨土千户七员	1 986 户
左营	阿思峒、羊峒二千百户	431 户
右营	下泥巴寨土百户	50 户
漳腊营	寒盼等寨土千百户三十九员	10 442 户
	羊峒踏藏等寨土目十三名	2 634 户
平番营	丢骨、云昌寺、呷竹寺三土千户	860 户
南坪营	中羊峒、隆康寨、下羊峒、黑角郎寨二寨首	638 户
叠溪营	大姓等寨土千百户六员	1 665 户
龙安营	龙安府土通判知事	375 户
	杨地隘口长官司	342 户

（续表）

营名	所辖土司数量	番民数量
松潘厅合计		19 423 户

资料来源：嘉庆《四川通志》卷六五《食货志》。

　　随着时间的推移，松潘地区的管理机制在清代也发生了不小的变化。如雍正九年（1731），裁卫，改为抚民厅，移龙安同知（抚民同知）驻此，松潘地区由此隶属于龙安府。乾隆二十七年（1762），又改为松潘直隶厅，隶属于四川布政司。[①] 至民国初年，松潘厅始改制为松潘县。可以说，有清一代，松潘地区的管理体系经历了由军镇转向县制的历程，进而从根本上完成了由边地向内地的转变。

　　笔者以为：在这一转变过程中，松潘地区的营汛体制与体系的建设功不可没，甚至可以说，营汛体制和体系的建设，对松潘地区最终完成行政体制转型发挥了极为关键的保障作用。而我们发现，松潘地区营汛体系成功的关键，就在于合理而全面地利用了当地的地理地貌条件。因此，揭示营汛体系与地理环境之间的密切关联，是理解清代松潘地区政治演变的重要切入点之一。

营汛体制建置的地理形态

　　关于松潘地区营汛体制的建置过程，雍正《四川通志》卷一七编者按语云："康熙十年（1671）奉旨，改遵义为协，松潘为镇，设松潘镇中、左、右三营，游击三员，守备三员，马步兵二千四名。迨康熙二十七年（1688），改松威道为松茂道，祇设松潘镇，马步兵二千名，仍管龙、茂、漳、迭、小河、平番、南坪等营，各属要害，分兵汛守。松潘旧有四州，三近漳腊，今阿失寨即上潘州，班班簇即下潘州，二州之间即中潘州，去松不过二三日。故城遗址尚存，今设潘州、达建二营。亦属松潘管辖，与漳

[①]　参见民国《松潘县志》卷一《建置篇》，民国十三年（1924）刻本，第1页b。

腊诸番，犬牙相参。""各属要害，分兵汛守"之语，十分清晰地
道出了营汛体系建置的指导思想，即戍守之地均选在军事及战略
上相当重要的地点。而"犬牙相参"也表明了各个据点之间的密
切呼应关系。

　　但是，由于极为独特的自然地貌条件，要想在松潘地区建立
稳定而持久的戍守体系，相当困难。如清人所撰《择形势筑炮台
说》指出："松潘孤悬边徼，距省城七百余里，一片危城，羌傈窥
伺，且附郭环山岭，寨落交错，负险碉居。一有峰警，辄占据要
险，扼我咽喉，全城如困釜底。"① 此外，当地藏羌居民独特的建
筑聚落形态——碉楼，在军事上具有易守难攻的特点，对于外来
军队的进驻也会产生严重的威胁。"自松达茂三百余里，路循河
岸，夷碉棋布山岩，视之如蜂房。"② 为此，为了有效防止道路劫
掠，从明代开始，甚至沿途建筑夹路墙。傅樵斧就指出："自平夷
堡上至镇江关、北定、安化等关，下至镇平、镇番、靖夷等堡，
沿途及叠溪、漳腊、小河一带，明都督何卿于两旁夹道皆筑墙垣，
防番人劫掠也，故入松之路，夹道甚多。"③

　　有清一代，松潘地区的营汛布置格局并非是一蹴而就，而是
经过了一个相当曲折的建设与调整过程。如早在雍正年间，时任
松茂道长官的郑其储率众"修松潘城，自黄胜关以西，至潘州，
皆请设塘汛，以资防守"④，为当地营汛体系的建设打下了基础。
而在这一过程中，曾任四川提督的黄廷桂、川陕总督的岳钟琪
（后人称为岳大将军）等人更是发挥了举重轻重的作用。如岳钟琪
在《议复布置防兵疏》中指出：

　　　　案准提督四川黄廷桂咨称：潘州一境，东北遥通洮州、
　　　河州，其间横绕杂处者，有竹利、铁布、鹿哨、甘家等番。
　　　西通归德、西宁，中有合坝、上下作革、播下等番，及插汉

①　民国《松潘县志》卷一《城池》，民国十三年(1924)刻本，第 2 页 b。
②　雍正《四川通志》卷一七《边防》，清文渊阁四库全书本，第 56 页 a。
③　傅樵斧：《松潘游记》，民国四年(1915)刊本，第 60 页。
④　光绪《荆州府志》卷四七《郑其储传》，清光绪六年(1880)刊本，第 34 页 a。

丹津等部落住牧，西南有阿坝、郎堕、郭罗克、毛儿革等种悍夷，是潘州实为边塞重地，若潘州无兵，不但西宁、松潘由草地一路声息相隔，即各处番夷，或久经内附，或剿抚方新，悉隶于漳腊一营管辖，诚恐鞭长莫及。且松潘譬之内户，黄胜关譬之堂奥，潘州譬之门庭，而专事堂奥，非计之得。其潘州安设官兵之处，实为一方屏障，似应仍照原议。

惟两河口去黄胜关仅二十里，而距潘州三百八十余里，中横羊膊岭，路属迢遥。前议于两河口安设官兵，似与潘州声息尚觉隔越。查包坐之达建寺地方，距潘州一百八十余里，距黄胜关二百二十里，为潘州、黄胜关适中之地，且达建寺绕东北由挖药而至羊峒，仅一百二十余里。似应将议设两河口官兵改设达建寺，声息乃为联络，并开辟达建至挖药羊峒路道，安设塘汛，以资控驭。而两河口虽逼近黄胜关，但系四通要隘，应即于黄胜关设驻扎之兵，酌量分防布置，更属周密。查文县等处去潘州计程只七八日，即至将来潘州营制设立之后，商民趋利奔集，其米粮食物自有担负贩运而来者，再为相地屯种，其及时设法积贮，自可接济兵食。

至黄胜关系漳腊、潘州之咽喉，查黄胜关原额设有漳腊营之汛兵五十名，未免单弱，须增兵以资声援。今潘州达建寺既已安设，则漳腊旧管之包坐五寨，并新抚之阿细巴细上下作革、合坝，屋藏、甲凹，播下、辖漫、铁布等处地方，自应统归潘州就近管辖。再将漳腊营分防流沙、东胜、雄溪、红花、羊裕、塘舍、坛邪、谷粟、高地等处塘汛兵丁尽行抽撤，添拨一百五十名归黄胜关，合之黄胜关原额设兵丁五十名，共足兵丁二百名。将漳腊营守备移驻黄胜关，内可为松潘之屏蔽，外可为达、建、潘州等营之犄角。

其龙安营虽属内地，但查该营地方辽阔，且东北接壤阳、平、阶、文，实为秦蜀之扼塞。必得参将弹压，似不宜议请移驻漳腊。再查南坪地方险要，番人出没不常，似应增兵稽查防范。

而小河地方虽汛防二百余里，界在内地，无庸重兵，应如所请，将小河营游击带兵一百五十名，移驻南坪，合之南坪现设兵三百名，共四百五十名，以资弹压者也。再查漳腊营与松潘镇中、右两营向日所辖营汛，参错不便统辖，应分别就近管束，以专责成。

　　如漳腊营分防之流沙关汛，距松潘镇中营较近，应归并松潘镇中营管辖，而流沙关汛旧管之牟泥、拈佑、热雾、七布、峨眉喜，及新抚之毛儿革、蛇（佘）湾等处，一并归之松潘镇中营管辖，似属利便。其漳腊营旧管雄溪、红花、东胜、谷粟、高地、羊裕、塘舍、坛邪等堡，以及元坝、泥巴等寨，去漳腊稍远，远则稽查地方，约束蛮番，恐有不周，莫如就近归于汛少之松潘镇右营管辖，易于为力。其漳腊旧管之寒盼、商巴、祈命并新附之鹊个、阿坝、郎堕（惰）、郭罗克仍隶漳腊管辖，以资控制。如此则弹压各得其便，军势倍觉联络，于边防似有裨益。[1]

　　这份奏疏相当全面地分析了清代前期松潘地区的防御形势及其应对调整，对于我们认识当时松潘地区的军事建置具有重要价值。首先，北部军事要塞首推潘州治所（即今天若尔盖县一带），毗邻青海、甘肃，当地民族构成复杂，治理难度相当大。因此，潘州成为影响整个松潘地区安危的"边塞重地"。黄胜关地处咽喉之地，同样是防御的"重中之重"，有必要较大幅度地增加驻防兵力。其次，这份奏疏对于当时营汛体系的基本结构也作了明确的说明。如各营所辖之基本单位，既有汛，又有堡。而各汛堡均可以直接管理部族事务。

　　松潘旧有四州。今阿迭砦即上潘州，斑斑簇则下潘州，二州之间，则中潘州。其一惟松州。北路屯堡阿思峒诸砦，与漳腊寒盼、商巴，南坪隆康、黑角，犬牙相错。西北远通黄河、青海，附背之番族繁多，而虹桥庆、靖虏墩、弓杠岭、

---

[1]　雍正《四川通志》卷二二中《兵制》，清文渊阁四库全书本，第35—39页。

黄胜关、两河口、红土坡等处，统扼口外北房及毛革、郭罗诸番关隘。东路通龙、绵右臂，而三舍堡、小河城、木瓜墩、铁龙桥统扼果子、白马、羊峒诸番关隘。松南叠、茂、威、灌，咽喉所寄，而麻答崖、蒲江关、石门堑、撒喇墩、永镇堡等处统扼丢骨、云昌、黑水诸番关隘。平番、小河设营以防东南，漳腊、南坪设营以防西北，据其险而遏其冲……①

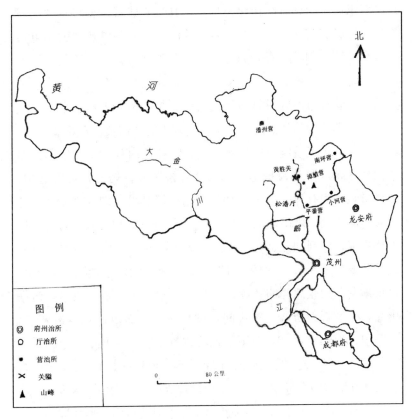

图 15-2　清代松潘地区各营分布简图

随着时间的推移，松潘地区的防御策略与任务也有所调整与变化。清代前期至清代中后期，松潘地区防御结构的一大转变，

---

① 民国《松潘县志》卷三《边防篇·边防总论》，民国十三年(1924)刻本，第 2 页。

是旧潘州逐步地被废弃，而松潘卫城成为防御核心。所谓"松潘
旧有四州"，即指在原有政区格局中，松潘地区分为四个部分，即
上潘州、下潘州、中潘州与松州。上潘州治今若尔盖县，上、中、
下潘州均在黄胜之外的草地之内。而随着来自青海蒙古诸部威胁
的减弱，潘州地区的防御功能渐弱，而松潘卫城成为防御体系的
真正中心。

虽然前后也有一些显著变化，但是，进入清代中后期，松潘
地区营汛体系的总体结构保持稳定，其核心建置主要包括"松潘
厅城，漳腊、南坪、小河、平番、叠溪营城五"以及"大小屯堡
一百余所"①。其实，叠溪营已在后来的松潘厅之外，清代松潘地
区的驻防体系的核心便是松潘厅城与四座营城。我们发现，这五
座城的空间分布可以说是多年经营的结果，很好地利用了这一地
区自然地理结构的特点，达到了相当理想的防御及治安效果。

首先，为了适应当地自然环境，松潘境内各营及屯堡也大多
依山建城，尽可能占据地利。如"查松属各营居万番巢穴之中，
山势崚嶒，间有包山城"②。如清代的松潘县城（即今松潘县所驻
古城）建筑在西岷山之上。如清代松潘人罗德舆有诗描述云："群
山环拱卫，罗列如儿孙，突兀西岷秀，昆仑嫡派孙。"③又如《西
岷城防要隘记》云："西岷，即松城包围之崇山而建大西门者也，
最得地利。明耿忠经略边陲，以松城不包岷顶，遇有战争，贼据
山巅，全城胥为所制。正统间，御史寇琛乃筑城跨山，造营垒，
设防卫，扼厥冲要。"④其下属各营亦各具特色。如：

① 小河营城。营地在今天松潘县小河乡驻地丰河，距离松潘古
县城190里（距今进安镇51公里），营地包有大崖山、翠屏山、牛
心山、石砚山、古松山、青龙山等。"小河营包山（指翠屏山）为
城，城上林木耸翠，拱卫如屏，夕阳西下，樵歌远出。"⑤明朝于洪

① 民国《松潘县志》卷三《边防篇·书庚申番变事》，民国十三年(1924)刻本，第48页b。
② 民国《松潘县志》卷三《边防篇》所录汤兴顺《上川督鹿传霖边防策》，第78页b。
③ 民国《松潘县志》卷一《山川篇》附录，第2页a。
④ 民国《松潘县志》卷一《山川篇》所引，第1—2页。
⑤ 民国《松潘县志》卷一《山川篇》，第13页a。

武十一年，在此地置小河千户所。"与松潘卫同置。在卫东百九十里。宣德四年，调成都前卫后所官军实治之，仍隶松潘。按小河之地，古名涪阳，以水出松潘分水岭入涪江也，地在涪水之阳矣。"①

② 平番营城。平番城"在厅南一百二十六里，地名黄沙坝。其地宽平，可容千骑，为四十八砦番夷出入之地。明万历十四年，建城堡，周一里有奇。今有都司驻防，管辖丢骨寨、呷竹寺、云昌寺等三土千户"②。傅樵斧《松潘游记》亦云："平番营，原名黄沙坝……（明万历时）都督李应祥擒喇嘛湾仲占柯，营于黄沙坝，改名平番营。其地宽平，可容千骑，为四十砦番人出入之地。明万历十四年建城，周一里有奇，清设都司一员，管丢骨寨、呷竹寺、云昌寺等土司千户。"

③ 南坪营城。南坪城原名南坪坝，在今天九寨沟县（原名南坪县）城关镇。在松潘厅东北，其地为番夷出没之所，最为险要，雍正七年筑城，周一里半，设守备驻防，管辖羊峒、芝麻、隆康等各番民，附近又有会龙、隆康二关，雍正七年筑城，各周一百四十丈，皆有官戍守。南坪营城附近一带同样山峰林立，如有西山、东山、朱家岭、杨家山、马家山、南岸山、达盖山、蓝家山等。

④ 漳腊营城。漳腊营是防卫体系中的"重中之重"。漳腊营，在厅治以北四十里，明初置于下潘州，后徙而南。明嘉靖二十年（1541）于此筑城堡，置官军。本朝改为漳腊营，设游击驻防，城周一里有奇，雍正七年重修。如"乾隆五十七年，春正月甲寅，赏赉松潘镇属各土司。四川松潘镇总兵官路振扬疏言：松潘所属黄胜关无斥堠，向于漳腊营设一游击，统兵六百四十驻札，管辖杂番。"③"漳腊营包山（观音山）为城，上有观音庙。《要隘记》：'漳腊城东北隅跨山。明万历间筑，包山为城，山半有观音庙，山顶有靖虏礅，城周四百余丈。'"④ 营城附近还有琉璃山、锦屏

---

① 《天下郡国利病书》卷六五《四川一》，蜀南桐花书屋薛氏家塾，清光绪五年（1879）刻本，第 3 页 a。

② 嘉庆《大清一统志》卷三一九，四部丛刊续编景旧抄本，第 11 页 a。

③ 《平定准噶尔方略》前编卷四，清文渊阁四库全书本，第 33 页 a。

④ 民国《松潘县志》卷一《山川篇》，民国十三年（1924）刻本，第 17 页 a。

山、笔架山、石牙床山、压玉岭、西天山等。

其次，清代四川地区的驻军体制主要分为营——汛（堡）二级，一营之下设有数汛。如雍正《四川通志·兵制篇》云："凡蜀中要隘，安营置汛，莫不权其险易，而轻重布之，大小相维，远近相应，洵疆隅永固，而民生世世安堵矣。"在这种体制之下，各地守军兵力主要分为两大部分：一部分留守各营驻地，另一部分分布于各汛的位置。

表 15-17　清初至嘉庆年间松潘地区守军驻守变化情况简表

营名	兵力调整	分汛情况
中、左、右三营	原有马战守兵 1 995 名，后减为 1 500 名	三岔伏汛（13 名）、流沙关汛（10 名）、羊角溪汛（10 名）、三舍关汛（45 名）、望山关汛（15 名）、谭邪汛（14 名）、风洞关汛（13 名）
漳腊营	原有守兵 640 名，后减至 560 名	黄胜关汛（43 名士兵）、柏木桥汛（27 名士兵）、踏藏汛（37 名士兵）
平番营	原有守兵 250 名，后减至 210 名	南路正平汛（41 名士兵）、北路归化汛（56 名士兵）
小河营	原有马步守兵 200 名，后减为 185 名	南路汛（60 名士兵）、北路汛（40 名士兵）
南坪营	原有马战守兵 400 名，后减为 340 名	隆康堡汛（52 名）、会龙汛（60 名）、黑河汛（38 名）

资料来源：嘉庆《四川通志》卷八六《武备篇》。

表 15-18　清朝末年松潘地区守军驻守情况简表

营卫名称	驻扎地	下辖汛名	兵士数量
松潘中营	松潘城	岷山、伏羌、三舍、羊角溪、流沙关、望山、雪栏、红岩、塘舍、羊芊、谭邪、小河上、小河小、小河外	537 名
松潘左营	松潘城	老熊沟、谷粟屯、防风洞关、雄鸡屯、东胜堡、红花屯	420 名

（续表）

营卫名称	驻扎地	下辖汛名	兵士数量
松潘右营（南坪营）	松潘城（南坪城）	会龙、隆康、黑河、汤珠河、四道城	278 名（马兵 48 名，战兵 104 名，守兵 188 名）
漳腊营	漳腊城	黄胜关、柏木桥、踏骂、虹桥关、大石头	560 名（马兵 65 名、战兵 165 名、守兵 339 名）
平番营	平番城	北路归化、南路镇坪、白羊	210 名
小河营	小河城	南路、北路	马兵 20 名，战兵 50 名，守兵 112 名

资料来源：① 嘉庆《四川通志》卷八六《武备志·兵制》；
　　　　　② 民国《松潘县志》卷二《兵制》。

　　其三，从明代开始，松潘地区的汉人守军主要集中于岷江一线，可以说，岷江一线是营卫控御的核心部分，守军及其眷属所居屯堡均沿江展开。如早在明代，建昌兵备道邓贵就在《直陈建南地势以便防御》一文中指出：

　　　　窃谓历建南者然后可以谈建南，亦必备知今日建南之情形者，然后可以治建南，殆未可以耳谈也。以蜀边而论，如松潘与番隔河为界，又苦寒不宜屯种，故城堡之外，并无汉人邨落，是以营屯一，固事体归一，亦便防守也。至遵义，先年播州之役，已改设郡县，尽为编户，至于善后，又加派兵饷一十三万，经十年而始减，故力完而守易也。乃建南然乎哉？彼建夷负固一隅，蛮烟瘴疠，自大渡河起，至金沙江止一千五百六十里，皆高山峻岭，而五卫八所，各据要领，又皆与西番、东保百十余寨为邻，汉人所藉以往来者，止有一线鸟道，回绕屈曲，殆三千余里。以三千余里之鸟道，经百十寨夷之隘口，虽有营堡，稀若晨星，岂能保无疏虞？此其无月无日，无时无刻而皆当为防。[1]

---

① 雍正《四川通志》卷十八下《边防篇》附录，清文渊阁四库全书本，第 10—11 页。

此段议论涉及建南、遵义、松潘等地，特别是松潘与建南，同处于四川西部，地理形态及防卫需求具有很大的相似性。所谓"建南"，即明代建昌上南道之简称，管辖范围相当广袤，包括雅州府、灯宁远府、嘉定府、眉州与邛州，覆盖四川西部与西南部。而松潘厅处于西北部，与雅州府接境。当时松潘境内之岷江称为大金川，为大渡河的主要支流之一。大金川沿岸的自然地貌特征与岷江一线十分相似，高山峻岭，一线鸟道，防御任务极具挑战性。但是，经过长期的营建，在厅城、营城拱卫之下，松潘地区的屯堡体系达到了相当完备的程度，甚至被清代人士称为"松潘之例"。

> 其一切经商官道，俱仿"松潘之例"：每十里筑土堡一座，周围约一里五分以资护卫；每五里筑土墩一座，周围仍筑土堡约阔七分，以便兵民同住，共相守望。①

如为了配合这一建设，当时还建有"五里牌"。据《松潘游记》目击所见，"过一界牌石，垒在路左，名五里牌，自此（安顺关）以上，凡五里即有一石垒，为界牌，仍行夹道中"。清人刘绍攽曾经到过松潘，在仔细观察当地形势之后，很有感触。其中当地关隘建置状况给他留下了相当深刻的印象，他在《镇江关》一诗中写道：

> 驿骑千山里，征尘各异方。
> 人烟重瘴雾，里籍杂蛮羌。
> 过午添风色，回波漾水光。
> 邻边真要地，十里一关防。②

此处所云"十里一关防"的景象，正是"松潘之例"的明确

---

① 雍正《四川通志》卷十八下《边防》，清文渊阁四库全书本，第9页b。
② 嘉庆《四川通志》卷三十《舆地篇·关隘》下引，嘉庆二十一年（1816）刻本，第28页a。

证据。当然，应该承认，所谓"松潘之例"并非清代地方官员前无古人的创造，文献资料证明，清代松潘地区的许多关堡、关隘是直接承前代的墩、屯等建置而来。

表 15-19　清代松潘地区关隘（关堡）分布简表

关堡方位	关堡名称及沿革地理情况	数量
东路	望山关（在厅东七里，旧设松蓬墩）、东胜堡（在厅东金蓬山后十里，东路关堡之首也）、文山关（在厅东小河营北二十里师家山麓）、雪栏关（在厅东二十二里雪栏山上，旧设大石墩）、风洞关（在厅东三十七里，旧设仙足墩）、黑松林关（在厅东五十七里，地多松林，因名，一名松林堡，旧设镇远墩）、红崖关（在厅东七十二里，一名红岩堡，旧设宁边墩）、伏羌堡（在厅东九十七里，旧设镇宁墩）、三舍关（在厅东一百十七里，一名三舍堡，旧设高桥墩）	9
东南路	镇远堡（在厅东南一百二十七里，旧设仰止墩）、小关堡（在厅东南一百四十二里，旧设威远墩）、松垭堡（在厅东南一百五十七里，旧设镇番墩）、三路堡（在厅东南一百六十七里，旧设石关墩）、师家堡（在厅东南一百七十七里，旧设漆树墩）、四望堡（在厅东南一百八十七里，旧设甘沟墩，又东二十里即小河营也）、峰崖堡（在小河东南十五里，旧设石险墩）、木瓜堡（在小河东南三十里，旧设铁索桥）、叶堂堡（在小河东南四十里，旧设蛮墩，又东四里接平武县界马营堡）、涪阳戍（即小河营址，在厅东一百九十里）	10
南路	西宁（平）关（在厅南二十五里，有踞虎墩）、红花堡（在厅南五里，有八角平坝墩，南路关堡之首也）、雄溪堡（一名熊桢屯、在厅南十五里）、云屯堡（在厅南三十五里）、安化关（在厅南四十五里，有凝冰墩）、百胜堡（在厅南五十五里，有炮脑墩）、新镇关（在厅南七十里，亦名新塘关，有风惊墩）、净江堡（在厅南八十里，一名龙韬堡，有石阿墩）、归化关（在厅南九十里，有威信墩，自厅南至叠溪之永镇堡，此为适中之地）、北定关（在厅南一百五里，有横梁墩）、镇江关（在厅南一百二十里，旧名蒲江关，有撒呐墩，又南六里即平番营也）、黄沙坝（即平番营，在厅南一百二十六里）、平夷关（在厅南平番营南十里，亦名平夷堡）、金骈堡（在平番南二十里）、镇平堡（在平番南三十里）、镇番堡（在平番南四十五里）、靖夷堡（在平番南五十五里）、平定堡（在平番南六十五里，设关，又南八里接叠溪界永镇堡边界）	18

关堡方位	关堡名称及沿革地理情况	数量
西路	流沙关（在厅西十里外，旧设玉门、御寇等墩，通毛儿革生番地）	1
北路	净沙堡（在厅北五里）、虹桥关（在厅北二十八里，其地有落虹桥，长二十丈，为饷道必经之地）、南坪营（在厅东北，本朝雍正十年置巡司，附近又有会龙、隆康二关）、羊裕堡（在厅北六里羊裕屯）、塘舍堡（在厅北十六里塘舍屯）、谭庤堡（在厅北三十里谭庤屯）、漳腊堡（在厅西北四十里，即漳腊营址）	7
西北路	黄胜关（在厅西北漳腊营西北四十里，关外即西夷地，大江由此流入，今有官兵成守）、镇卤堡（在厅西北漳腊营北十八里，其后为天险墩，前为观化墩，东接襄台、西制卤台）、谷粟堡（在厅西北十里谷粟屯）、高屯堡（在厅西北二十里高屯）	4

资料来源：① 嘉庆《大清一统志》；
②嘉庆《四川通志》卷三十《关隘篇》。

松潘至茂州三百里之间，应该是该地区防御布置的核心区域。民国四年（1915），新任松潘知县傅樵斧根据从成都前往松潘上任途中的见闻，撰成《松潘游记》，详细记录了沿线的地理风貌与人文景观，对我们了解清末民初松潘地区的地理及交通状况有很大的帮助。其中记载了他所见到了沿途聚落与屯堡遗址，其中，从茂州至松潘三百里的距离间分布的聚落及屯堡有：

茂州——（五里）茶关——（十里）石榴桥——（十里）渭门关——（十里）小沙湾——（十里）沟口砦——（十二里）插耳岩——（三里）陈家坝——（七里）长林——（五里）两河口——（五里）木苏堡——（四里）石大关——（六里）鹦哥嘴——（四里）大定（城）——（五里）纪子坪——（五里）玛瑙顶——（三里）水沟寺——（五里）黄草坪——（二里）小关子——（十里）叠溪（营城）——（二里）校场坝——（十里）平桥沟——（五里）沙湾——（十里）普安（关）——（五里）杨柳桥——（五里）太平

（城）——（十里）永镇（关）——（十里）靖夷堡——（十里）水塘——（十里）正平（城堡）——（十里）金平砦——（十里）平夷堡——（五里）格大坝——（五里）平番营——（五里）镇江关——（十三里）北定关——（十七里）归化（城）——（十里）隆昌堡——（十里）新塘关——（十三里）德顺堡——（七里）安顺关——（十里）云屯堡——（十里）西宁关——（二里）鸳鸯桥——（八里）石河桥——（十里）红花屯——（十里）松潘县城

上述地名中有不少营卫型聚落名称，如关、堡、砦、城、营、屯等。屯、堡、关、城等名称，不少名称常常相互通用，足见其功能的相似性。聚落建置相当规整，聚落之间距离维持在五里至十五里之间，这显然是一种刻意的、有计划进行的建设。与"十里一关防"的描述非常一致，十分客观地反映了清代营汛建置的成果。

当然，我们也看到，松潘地区在营卫制度的建立及维持的过程中，也不可避免地遇到了很大的阻力。最突出的问题之一便是兵粮问题。驻军需要粮食补给，但是，松潘本地农业生产水平较低，所产粮食无法自给自足，而对外交通不便，粮食运输十分困难。因此，清朝初年开始，归服的当地部族通常以青稞作为赋税，直接目的便是供给当地驻军食用。然而，仅靠数量有限的赋税粮食，无法完全解决当地兵食问题。乾隆年间，潘绍周任松潘镇总兵，就遇到了兵食不裕的难题，为此他进行了一番较大的调整。

> 初，雍正间，松潘置恩济仓，贮青稞二千五百零三石四斗五升。额例每年以一千一百七十七石四斗存仓，以一千三百二十六石于四月时借给兵食，每斗扣饷银一钱四分五厘。后向各番寨采买还仓。绍周计松潘兵多，每年仅以一千三百二十六石按给，兵食尚不甚敷。详请预将米折银两隔年采买青稞，与恩济仓同时散给，兵食始裕。[1]

---

[1]　民国《松潘县志》卷六《宦绩篇》，民国十三年（1924）刻本，第 17 页 a。

一方面，这类记载依然无法证明松潘地区的兵食问题得到了根本性的解决；另一方面，我们看到，尽管缴纳的兵米数额看起来相当有限，但是相对于当地贫瘠而恶劣的自然环境而言，这些粮食供给还是给当地部族百姓造成了相当沉重的负担。清代中后期松潘地区出现的一些"番乱"，在很大程度上与上缴粮食争端有关。

表 15-20　松潘部族缴纳兵米情况简表

部族名称	兵食种类	收纳营名	每年上缴兵米数量
牟尼包子寺土司	青稞	中营	八石三斗
峨眉喜寨土司	青稞	中营	五石
七布徐之河土司	青稞	中营	四石
麦杂蛇湾寨土司	青稞	中营	四石
毛革阿按寨土司	青稞	中营	三十一石
阿思峒大寨土司	青稞	左营	九石
下坭巴寨土司	青稞	左营	七石七斗
上撒路木路恶寨土司	青稞	漳腊营	七石七斗
中撒路杀按杠寨土司	青稞	漳腊营	九石八斗
下撒路竹弄寨土司	青稞	漳腊营	十七石四斗
崇路谷谟寨土司	青稞	漳腊营	四十二石三斗
作路森纳寨土司	青稞	漳腊营	十石零一斗
上勒凹贡按寨土司	青稞	漳腊营	十一石
下勒凹卜顿寨土司	青稞	漳腊营	十五石
班佑寨土司	青稞	漳腊营	一石八斗
巴蛇细住坝寨土司	青稞	漳腊营	二十七石四斗
大姓丢骨寨土司	青稞	平番营	五石，贝母银十八两
大姓云昌寨土司	青稞	平番营	五石，贝母银十八两

（续表）

部族名称	兵食种类	收纳营名	每年上缴兵米数量
呷竹寺寨土司	青稞	平番营	不详（咸同以来已设保甲）
中羊峒隆康寨土司	麦	南坪营	每户一斗（共 124 户）
下羊峒黑角浪寨土司	麦？	南坪营	咸同以后改土归流
芝麻寨土司	麦	南坪营	每户一斗（共 86 户）
中田寨土司	麦	南坪营	每户一斗（共 72 户）
勿谷寨土司	麦	南坪营	每户一斗（共 196 户）
边山寨土司	麦	南坪营	每户一斗（共 182 户）

资料来源：民国《松潘县志》卷四《土司篇》。

　　清代营卫体制在松潘地区的建立与完善，对于稳定边区及地方治理起到了十分显著的效果，应该说是相当成功的。如光绪四年（1878）五月，著名大臣丁宝桢在《松潘番民改土改流折》中指出："……臣查松潘柴门关内外番民自雍正年间受抚，涵濡圣泽，百数十年，倾心向化，咸愿改土归流，与附近汉民均自同治十年（1871）起，各照内地之例，输纳粮赋，年清年款，毫无蒂欠，实属情出至诚……"[1] 可以说，时至光绪年间，当地部族百姓"改土归流"的意愿已较为强烈，这无疑是当地各族民众长期和睦相处，文化趋同的结果。又如当地学者汤兴顺指出："清初，置卫所，复建厅、营，层层节制，法良意美，二百年来，汉番相安无事。"[2] 还应强调的是，当地的发展成效并没有因为后来在这一地区发生的所谓"番乱"而功亏一篑。

　　"松潘自清康熙间征服，建设营卫，宁谧几二百年。"但至咸丰十年（1860），出现边民反叛的重大事变，这一事变被称为"庚申番变"。这次事变的直接起因是"尖斗之争"。驻扎于松潘中右与左营于所管各砦秋收交粮之时，用"尖斗"收粮，大大增加了

---

① 《丁文诚公奏稿》卷十四，光绪十九年刻光绪二十五年补刻本，第 56 页。
② 民国《松潘县志》卷三《边防篇·上川督鹿传霖边防策》，民国十三年（1924）刻本，第 77 页 a。

边民的负担，引起强烈不满，"番众苦之"。咸丰九年（1859），内
地发生叛乱，松潘守军奉命内调，守备大为空虚。当时不少部族
民众又提出豁免"尖斗"的要求，依然得不到解决，于是引起变
乱，最后造成重大人员伤亡。"凡逆番攻陷松潘厅城一、漳腊、南
坪、小河、平番、叠溪营城五，大小屯堡二百余，所过扰害，损
失财产不可胜计……"① 在这场空前的惨剧中，精心维系起来的
松潘防卫体系被完全破坏，但是，在当时的特殊情况下，我们不
能将这场惨剧归咎于防卫体系的缺陷。又如宣统三年（1911），松
潘地区又出现"番变"，其主要原因便是四川总督决定裁兵节饷，
结果造成松潘镇兵力缩减，"松潘、漳腊、南坪、平番、小河，口
内外数千里地仅留三营驻防，此计之疏也"②。显然，所谓"番
变"，本身无一例外地由社会矛盾所激发，而恰恰在当时，原有的
营汛驻防力量及体系又被较大程度地削弱。不过，这也从一个侧
面明确表明，单靠军卫体制是无法彻底消除内乱隐患的。

结　语

　　政治进程与地理环境之间的互动关系，是政治地理学研究的
核心课题之一。历史时期边疆地区与内地一样，也经历了漫长的
发展过程。边远及边疆地区民族构成相当复杂，经济发展水平与
内地相差悬殊，因而，政治进程必然与内地变迁呈现出显著不同
的面貌。同时，边远及边疆地区政治治理难度很大，而治理之成
败，直接关系到边疆及领土安全与政治稳定。清代在边远及边疆
地区治理与疆域维护方面作出了巨大的贡献，全面复原并深入分
析了清代边疆地区的发展变迁过程，这无疑对今天边疆史地研究
及边疆治理工作具有极高的参考价值。
　　还应该承认，有清一代在边疆地区自然地理与边疆民族的认

---

　　①　参见民国《松潘县志》卷三《书庚申番变事》，民国十三年（1924）刻本，第48页b。
　　②　参见民国《松潘县志》卷三《书辛亥番变事》，第54页a。

知方面也取得了巨大的进展，而这种认知上的进展，也为政治管理体制的建立与完善奠定了基础。本书所探讨的"松潘之例"，便是清代西南边疆地区治边实践的一个重要范例。出于松潘地区特殊的地理位置与战略地位，明、清两代中央及地方官府都无一例外地予以高度关注。清朝初年，当地部族较早的归服，为当地行政管理体系的建立铺平了道路。全面系统的部族状况及户口数量的记载，说明清朝官府为了解这一地区人文及自然地理状况进行了艰巨的努力。

众所周知，明清时期中国边疆地区政区管理体制的一大飞跃，是所谓的"改土归流"。而我们看到，"改土归流"的真正实现，绝不是一个简单的皇帝诏令或强制的行政举措所能达到，而是经过了相当复杂而漫长的转变过程。不同区域之间存在着较大的差异。在不少边远及边疆民族区域里，出于疆域维护、治安保障与民族和睦的需要，清代建立了营汛驻防体制，而这种驻防体系实际上成为民族地区行政管理体制建立及完善的基础与保障。军事驻防体制的建构，需要了解与适应各地地理环境的特征与条件。是否充分利用与发挥了地理环境的特点及优势不仅会在很大程度上影响营卫体制的实际效能，而且也从根本上决定着营汛体制的成效与可持续性。

第十六章 清代至民国时期户籍管理与民族人口——以川西松潘为例

历史时期非汉民族人口问题，长期以来成为中国人口史研究中的一大难点。其原因在于不仅留存的人口数据较为稀少，而且相关记载与数据的准确性也备受质疑。这种局面有着极为复杂的历史背景。首先，历史时期的各个政权既没有高度重视当代学术界所谓的"民族"问题，也没有开展全面而严格的民族识别工作，甚至对于族群的命名与介绍也往往模糊不清，没有确立统一的规则与划分标准。

> 只有统一确定了民族名称和民族成分的国家和地区，才有可能对民族人口进行系统的规范的研究，即有可能对每个民族的人口数量、分布、生育、死亡、平均预期寿命、文化程度、职业构成、生活质量、人口预测等进行总体的、宏观的、动态的研究。①

其次，中国地域广阔，而多数非汉民族居于边远地区，地广人稀，交通不便，为人口统计工作带来巨大困难。可以说，统计技术与客观条件的局限性，在非汉民族人口统计工作中表现得异

---

① 参见张天路编：《民族人口学》，中国人口出版社 1998 年版，第 8 页。

常突出。最后，中国历代中央王朝对于边远非汉民族人口数量常常忽略不计，其主要原因还在于缺乏征收赋役的助动力，边远非汉民族通常采用"纳贡"的方式代表赋税征收，对于中央王朝的财政支持影响甚微。诸如此类多种因素，造成历史时期中国非汉民族人口数据残缺不全，甚至完全缺失。这对后来的中国人口史与社会史研究者提出了巨大的挑战，甚至于被研究者无奈地付之阙如。[①]

历史时期民族人口数量的变化，固然与民族人口自身的发展关系最为密切，即民族人口的真实数量肯定在不断变化。而与此同时，文献记载中的民族人口数量也与当时户籍管理制度有密切关联，即谓在不同的户籍管理制度下，户口数量也有较大的差异。中国古代户籍管理制度，即谓历代官府是如何认知、计算与管理户口的，通常主要包括"里甲制"与"保甲制"两种。里甲制通过户籍编审以征收赋税为主要目标，保甲制则主要是为了维护社会治安。而两种制度都将"编查户口"作为必不可少的重要内容之一。本书通过多年的梳理与分析后发现，从清代开始，民族人口研究出现了前所未有的条件与机遇。清朝官府不仅更重视户籍制度在边远地区的推行，而且在边疆地区军政管理中非汉族民户也承担了类似赋役的义务。时至民国，边疆及民族问题被高度重视，国民政府在各地大力推行保甲制度，保甲制在中国整个户籍管理制度体系中占据了越来越重要的地位。这自然影响到对汉族以及其他非汉民族人口的统计工作及数据质量。与此同时，随着西方社会学、民族学与统计学等研究方法的传入，许多民族研究者深入边区进行实地调查访谈，掌握了较为丰富的边远民族人口数据。

在本章节中，笔者试图在以往的研究基础上，首先对清代至民国时期户籍管理制度的变化趋势进行简要的总结与说明，进而以川西地区的松潘地区为例，通过搜集、整理、比较留存下来的

----

① 参见葛剑雄:《中国人口史》第一卷《导论》,复旦大学出版社 2002 年版,第112 页。

不同时期各个民族的户口资料及相关记载，对这一地区民族户口数量的前后变化进行分析解读，由此获取关于这一地区民族人口的发展状况更为明晰的认识与理解。

清代至民国户籍管理制度之演变特征

在中国传统文献中，"户口"与"户籍"存在明显的区别，户籍制度的本质是人户属地化管理制度。① 研究者业已指出：清代户籍制度经历了一番错综复杂的变革，其中最重要的一个趋势，便是保甲制逐步取代里甲制。如清朝历代皇帝均十分注意户籍管理制度的建设。特别是为了征收赋税以及地方治安的需要，"编审人丁"与"保甲之法"成为清代户籍管理制度的核心内容。如据相关记载，早在顺治初年，清朝官府已在京畿地区推行保甲制度。

> 顺治元年（1644），令州县编置户口牌甲。是时，王师初入关，百户危列宿上言：天津到海避乱之民，万有一千余户，宜谕有司抚绥安插。兵部侍郎金之俊亦请谕各镇道臣招徕土寇，有率众归顺者，令州县编置牌甲，俱见采用。凡保甲之法，州县城乡，十户立一牌头，十牌立一甲头，十甲立一保长，户给印牌，书其姓名丁口，出则注其所往，入则稽其所来。寺观亦给印牌，以稽僧道之出入，其客店令各立一簿书，寓客姓名、行李、牲口及往来何处，以备稽查。②

时至康熙四十七年（1708），清朝政府重申保甲制度的施行，保甲制度进一步完善。"（康熙）四十七年，申行保甲之法。部臣议奏：弭盗良法，无如保甲，宜仿古法而用以变通。一州一县，城关各若干户，四邻村落各若干户。户给印信纸牌一张，书写姓

---

① 参见闻钧天：《中国保甲制度》，台湾商务印书馆 1971 年版，第 225 页。
② 参见乾隆朝《皇朝文献通考》卷十九《户口考一》，清光绪八年（1882）浙江书局刻本，第 5 页 b。

名、丁男口数于上。出则注明所往，入则稽其所来……十户立一牌头，十牌立一甲头，十甲立一保长。村落人少，户不及数，即就其少数编之。无事递相稽查，有事相互救应……"① 如果说研究者对于顺治元年确立保甲制的记载尚有怀疑的话，那么康熙四十七年"保甲之法"的施行却是确定无疑的了。

在中国古代赋役征收史上，清朝康熙五十一年（1712 年）提出以五十年丁册为准，以后"盛朝滋生人丁，永不加赋"政策，无疑是一次里程碑式的变革。此后，雍正年间推出的"摊丁入亩"政策，又极大地削弱了编审人丁制度的经济功能。这样一来，以征收赋役为目的、以户口编审为核心的里甲制趋于衰落，而以维护地方治安为核心的保甲制则取而代之，受到更多的关注与重视，这是清代户籍管理制度上的一次重大改变。②

但是，我们不难发现，直至乾隆初年，编审及保甲制度对于以非汉民族为主体地区的户口数量还是采取忽略不计的做法。

　　乾隆五年（1740）议定：直省督抚于每年十一月，将各府州县户口增减缮写黄册俱奏，仍将奏明数目报部查覆汇奏。又题准：造报民数，每岁举行为时，既近而自通都大邑，以及穷乡僻壤，户口殷繁，若每年皆照编审造报，诚恐纷烦滋扰。直省各州县设立保甲、门牌，土著、流寓一切胪列，原有册籍可稽，若除去流寓，将土著造报，即可得其数目。令该督抚于每年仲冬将户口实数与谷数一并造报，以免纷扰。至番疆苗界向来不入编审，不必造报。③

又如乾隆二十七年（1762）闰五月，江西布政使富明安在上

---

　　① 乾隆朝《皇朝文献通考》卷二四《职役考》，清光绪八年（1882）浙江书局刻本，第 14 页 b。

　　② 参见全汉昇、王业键：《清代的人口变动》，《"中央研究院"历史语言研究所集刊》第 32 本，1961 年。

　　③ 《皇朝政典类纂》转引会典事例内容，见于沈云龙主编：《近代中国史料丛刊续辑》第 88 辑，第 875 册，文海出版社有限公司印行。

奏中建议废除户口按期编审制度，保留保甲编查即可，并得到了
朝廷的初步认可。当时，富明安在上奏中指出：

> 五年编审大典，今昔情形迥异。丁粮但据康熙五十年丁
> 册为额，永不加赋。又雍正五年将丁银摊入地粮内征收，愚
> 氓咸知，不至加纳，何须隐避？况查部议通行保甲规条，立
> 有户口册籍。凡一户之男女老幼，残废丁仆，靡不具载。又
> 设循环二簿，令保甲随时登载，按季交官。时届编审，本可
> 按册而稽，乃地方官沿习故套，传唤粮里头人，率领乡民，
> 赴县听点。徒使老幼奔驰守候，更易滋胥役勒索之端。请将
> 一切故套，概为省除。惟严督州县，平日力行保甲，临时按
> 册编丁……①

至乾隆三十七年（1772），五年一次定期编审、上报人丁数量
的制度最终被废止。"（乾隆）三十七年，上以户口实数已按年登
册报部，则五年编审之例，似属虚文，且滋纷扰，著令停
止。"② 又：

> （乾隆）三十七年谕：编审人丁旧例，原因生齿繁滋，恐
> 有漏户避差之弊，是以每届五年查编造册，以备考覆。今丁
> 银既皆摊入地量，而滋生人户，又钦尊康熙五十二年皇祖恩
> 旨，永不加赋，则五年编审，不过沿袭虚文，无裨实政。况
> 各省民谷细数，俱经该督抚于年底专折奏报，户部覆实具奏，
> 付之史馆记载。是户口之岁增繁盛，俱可按籍而稽，更无稽
> 五年一次，另行查办。嗣后编审之例，著永行停止。③

必须指出，停止定期编审上报，并不意味着清朝官府不再重
视户籍数量的准确性，利用保甲制度来管控户籍状况，成为清朝

---

① 《清高宗实录》卷六六二，中华书局 1986 年影印版，第 409 页。
② 参见《皇朝通志》卷八五《食货略五》，清光绪八年(1882)浙江书局刻本，第 6 页 a。
③ 《钦定大清会典事例》卷一五七《户部九八一》，光绪石印本，第 5 页 b。

官府新的工作重心。如我们所见，雍正皇帝在位时期就大力推行保甲制度，并有意将保甲制度向边远非汉民族地区推广。如雍正四年（1726）四月甲申，他谕示大学士等官员称：

> 弭盗之法，莫良于保甲。朕自御极以来，屡颁谕旨，必期实力奉行。乃地方官惮其繁难，视为故套，奉行不实。又有籍称村落畸零，难编排甲。至各边省，更藉称土苗杂处，不便比照内地者。此甚不然。村落虽小，即数家亦可编为一甲。熟苗、熟壮（獞），即可编入齐民。苟有实心，自有实效。嗣后督抚及州县以上各官，不实力奉行者，作何严加处分？保正、甲长及同甲之人能据实举首者，作何奖赏？隐匿者，作何分别治罪？其各省通行文到半年以内，被举盗犯，可否照家长自首之例……①

乾隆二十二年（1757），清代保甲制度建设发生了一次重大转变，其转变的倾向之一，就是在全面完善保甲制度的同时，将适用范围更进一步向非汉民族地区推广。如保甲法适用范围首先体现在顺天府与直隶省各州县乡村。

> 乾隆二十二年，更定保甲之法：一、顺天府五城所属村庄，暨直省各州县乡村，每户岁给门牌，十户为牌（奇、零、散处通融编列），立牌长，十牌为甲，立甲长。三年更代；十甲为保，立保长，一年更代，士民公举诚实识字及有身家之人，报官点充，地方官不得派办别差，凡甲内有盗窃、邪教、赌博、赌具、窝逃奸拐、私铸、私销私盐踞、趋贩卖硝磺，并私立名色、敛财聚会等事，及面生可疑，形迹诡秘之徒，责令专司查报户口，迁移登耗，责令随时报明，于门牌内改换填给。②

---

① 《清世宗实录》卷四三,中华书局 1985 年影印版,第 635—636 页。

② 乾隆朝《皇朝文献通考》卷十九《户口考一》,清光绪八年(1882)浙江书局刻本,第 32 页 a。

　　当时推行的户籍管理政策对于编查的对象或编查标准进行了具体的说明，如"绅衿之家与齐民一体编列"。更应指出，乾隆二十二年（1757）"保甲之法"改革最重要的部分，或最重要的突破，在于确立了对于非汉民族户籍的编查内容，而也正是由于这个原因，一些边远省份民数汇报中才包含了部分非汉民族人口数量。[①] 当时"保甲之法"中关于民族地区保甲编查的具体规定如下：

　　　　一、旗民杂处村庄一体编列，将旗分户名并所隶领催屯目注明旗人，民人有犯，许相互举首，地方官会同理事、同知办理。至各省驻防营内商民贸易居住，及官兵雇用人役，均另编牌册，仍报明理事厅查核。

　　　　一、边外蒙古地方种地民人设立牌头、总甲及十家长等，如有偷窃、为匪及隐匿内地逃人者，责令查报……

　　　　一、苗疆等籍内地久经编入民甲者，照民人一例编查，其余各处苗瑶，责令千百户及头人、峒长等稽查约束。

　　　　一、云南省有夷人与民人错处者，一体编入保甲，其依山傍水，自成村落及悬崖密箐内搭寮居处者，责令管事头目造册稽查……

　　　　一、甘肃省番子土民，责成土司查察，系地方官管辖者，令该管头目编查，地方官给牌，另册造报。其四川省改土归流各番寨，责令乡约、甲长等教化番民，稽查奸匪，均听抚夷掌堡管束……[②]

　　通过上述文献可以看出，当时涉及的非汉民族种类及分布区域还是相当可观的，如有"（八）旗（之）民"，外蒙古地方的汉民，苗疆地区之苗、瑶诸族，云南之"夷人"，甘肃之"土民"以

————————

　　① 关于乾隆年间民数汇报的进展情况，参见侯杨方：《乾隆时期民数汇报及评估》，《历史研究》2008 年第 3 期。

　　② 乾隆朝《皇朝文献通考》卷十九《户口考一》，清光绪八年（1882）浙江书局刻本，第 32—34 页。

及四川之"番民"等等。然而，上述文献已特别指出：以四川为例，列入保甲编查管理的非汉民族，通常是已"改土归流"的"各番寨"。

当然，随着时间的推移，清代保甲制度的实施也难以逃脱"法久而弊"的怪圈。可以说，保甲制度的实施效果，与各个时期最高统治者的态度有着很大的关系。然而，不可否认的是，坚持保甲制度，逐渐成为日后清朝最高统治者们的不二选择，保甲制度也由此成为清朝后期最主要的一种户籍管理制度，为后来各位皇帝所重视，常常严加督促。如嘉庆十五年（1810）四月己酉，嘉庆皇帝在上谕中指出：

> 御史甘家斌奏请实行编户成法等因一折。向例：各州县乡镇村庄设立门牌保甲，俾其互相指认稽察。原所以诘奸究而弭盗贼，而每岁编户审丁，录册报部，间遇水旱偏灾，发帑赈恤，按册而稽，自不至于浮冒，立法最为详密。而奉行既久，竟同具文，不但容留匪犯，无人举发，致令日久浅匿，恣为不法。而偶遇偏灾散赈，则奸吏、蠹胥浮开户口，较岁报丁册往往增多，任意蔽混，殊不成事体。嗣后，各省督抚于编设户甲一事，务须饬属实力举行，俾奸匪不得潜藏，即申报晴雨及约收、实收分数等事，并与编审丁册认真稽察，则户口多寡、年岁丰歉，随时覆对，不致浮混，亦可杜捏灾冒赈之弊。①

当然，在边远民族地区全面推行保甲制度，其难度相当大，其推行标准、方式与细则自然也有所不同。我们也注意到，在编查过程中，一些更加细致的户籍编查标准在清代后期逐渐确定下来，如据嘉庆朝《大清会典》所载云："边民计以户。回、番、黎、苗、瑶、夷人等，久经向化者，皆按丁口编入人民数。"② 后

---

① 《清仁宗实录》卷二二八,中华书局 1986 年影印版,第 66—67 页。
② 《大清会典》卷十七,清光绪石印本,第 2 页 b。

又提到："四川各土司所属'番子'七万二千三百七十四户。""又有土司番夷人等，但报明寨数族数，不计户者，及外藩人丁编审隶理藩院者，不与其数。"这其中应该涉及川西地区。又如光绪《钦定大清会典》（光绪二十五年进呈）卷十七重新申明了上述制度内容："腹民计以丁口，边民计以户。"又"番、回、黎、苗、瑶、夷人等，久经向化者，皆按丁口编入民数……至土司所属番夷人等，但报明寨数、族数。不计户者及外番人丁编审隶理藩院者，不与其数"①。

上述典章记载对于边远民族的户籍研究而言极为重要。首先是确定了户籍编查标准民族之间的差距。"腹民计以丁口"，即谓内地（即"腹地"）民户统计的单位为"丁口"（成年男女），而"边民计以户"，即谓边远民族的人口统计以"户"为单位，这一特征也可以说是清代边疆地区非汉民族户籍编查制度上最突出的特征之一。其次，中国边远地区面积广袤，各地情况错综复杂。一些非汉民族早已完成了"内地化"的转变，在各个方面已与汉民无异，因此，这些民户编入户籍管理系统，也是应该的。最后，条文中特别规定，对于土司所属的非汉民族户口，只要申报寨数与族数即可。另外，隶属于理藩院所管理的非汉民户，也不会被编入户籍系统之中。而事实证明：这一切户籍统计原则在包括川西松潘在内的广大边远民族地区得到了较为全面的实行，而川西松潘地区则可以称为户籍编查的典范区域。

早在康熙年间，地处四川西部的松潘地区已被免除了人丁编审的约束。"康熙二十八年（1689），免四川松、建等卫所，地处极边，屯丁无几，建、叙二厅所辖，山多土瘠，旧例银米并征人丁，载在银米之内，与云南等省卫所不同，亦与四川各州县大异，免其编审。"② 这种举措无疑对日后提高当地户口统计工作的准确性有很大的助益。又乾隆十九年（1754）六月辛亥，四川总督黄廷桂在奏疏中提出了四川边远地区建置保甲的意见，并得到了朝

---

①　《清会典》卷十七《户部》，中华书局 1991 年影印版，第 140—141 页。
②　参见乾隆朝《皇朝文献通考》卷十九《户口考一》，清光绪八年（1882）浙江书局刻本，第 11 页 b。

廷的认可。他指出："前任督臣策楞题准，杂谷善后事宜案内，以各番改土归流，应照内地编连保甲，牌头、保正。其各寨旧有之寨首，改为乡约，派差之中书科改为差头等因。番民一寨之中立有守备、千把、外委，今复设乡约、差头各名目，俱得免徭。是在官人多，应差人少，番民禀称不便。至旧有寨首，半系苍旺私人，百姓素不悦服。今若改为乡约，令其管束众人，未免大失民望等语。应如所请，将寨首仍循其旧，止令催纳粮赋，遣派差事。另选素为众番悦服之人，拔为乡约，教化番民，调处词讼。旧有之外保，改为甲长，令其稽查奸匪。寨首、乡约、甲长均听抚夷掌堡管束。其差头、牌头、保正等名目请一并裁汰。"① 黄廷桂的建议是否得到全面实施，无从考订，而笔者以为：对于松潘地区而言，延续明朝以来的、以卫所形式实行的军事管制体系在非汉民族地区治理中发挥了更为重要的影响。

　　雍正《四川通志》之《土司志》序言称："蜀中三面环夷，凡松潘、建昌与叙、永、重、夔之所钤辖峒长山瑶，罔不洗心革面，输赆贡毳之恐后，则夫按其山川，道其习俗，稽其户口、徭赋之数，亦可以备职方之考也。作《土司志》。"② 即谓松潘等处土司态度恭顺，因此，四川地方官府较为顺利地完成了"稽其户口、徭赋之数"的工作。因此，雍正《四川通志》与嘉庆《四川通志》的《土司志》都相当详尽记载了土司所辖寨落住牧之地四至、户数以及交纳税赋的情况，成为我们了解当时边远地区社会发展的珍贵资料。

　　其实，清朝军队进入四川之初，就着手在川西土司地区建立了军事管理体系。"康熙十年（1671），奉旨改遵义为协，松潘为镇。设松潘镇中、左、右三营，游击三员，守备三员，马步兵二千四名。迨康熙二十七年（1688），改松威道为松茂道，只设松潘镇马步兵二千名，仍管龙（安）、茂（州）、漳（腊）、迭（叠溪）、小河、平番、南坪等营，各属要害，分兵汛守。"不过，这样的军

---

① 《清高宗实录》卷四六六，中华书局 1985 年影印版，第 1037 页。
② 雍正《四川通志》卷一九《土司志》，清文渊阁四库全书本，第 1 页。

事管理体制在相当长的时间里遇到了当地土司势力的强烈抵抗。经过数十年相当惨烈的军事对抗，川西土司势力最终归服清朝。

> ……始皆倾心向化，于康熙四十二年（1703 年），经总兵周文英宣布，朝廷威德，加意抚赏，西北两路土目情愿每年输纳青稞、贝母听充正项。[①]

即谓部分归服后的松潘土司有义务向当地驻军交纳青稞、贝母等物，以充赋税。这样一来，当时非汉民族的规模与驻军的物资供给就直接发生了关联。这种类似性的赋役义务，必然促使当时军政官员十分关注当时非汉民族的寨落规模与户口数量了。

时至嘉庆十七年（1812）九月，四川总督常明又提出了《编查汉民私佃夷地章程》，也得到了朝廷的认可，其章程的重点就在于解决汉族进入边远地区在编查保甲中所产生的矛盾与问题，只是我们无法找到在松潘地区推行保甲的直接证据。

> 查夷地在万山之中，佃耕汉民各自成家，相距数里、十数里不等，势难编连十甲一牌。但所佃之地，各有业主，如系土司地方，即以土司为纲，列佃耕汉民于后，夷人地方即以夷人为纲，列佃耕汉民于后，各以道里远近，挨顺编连，将户口填入牌内。如有在彼窝匪滋事者，同牌之人赴地方官呈首，倘该佃民情愿搬回内地，责成土司夷人投明立案，准其退佃注册，但不准其所佃之地转佃他人，土司夷人亦不得将所退之地再招汉佃，违者照私入夷地例治罪，夷人一律究惩，若土司有蹈前项情弊，更当从严惩治。[②]

民国初期，对于边远非汉族地区的民族人口的管理问题并没有实质性的飞跃，如民国《松潘县志》撰著者所指出："宣统、辛

---

① 雍正《四川通志》卷十七《边防》，清文渊阁四库全书本，第 32 页。
② 《清仁宗实录》卷二六一，中华书局 1986 年影印版，第 545 页。

亥之变，逮民国恢复，觐典饷需，均经停止，抚夷之术，浸见荒疏，所望筹边者设法以善其后也。"① 然而，对于松潘地区而言，行政管理体制的改革产生了决定性的影响。民国三年（1914），松潘厅改为松潘县，后又与川西北各县归为屯区，归国民政府第二十八军节制。② 虽然表面上延续了明清以来的军事管理体制，不过，改置县制本身就意味着户籍管理制度的一场革命。关于其背景，笔者则以为：民国初年，松潘地区改行县制最主要的推动力之一，是当地民族人口构成的显著变化，包括汉族、回族民户的大量迁入等。因此，民国时期松潘县在户籍制度上不可避免地实行"多轨制并存"的管理方式，因为其境内既有汉族人口的"民数"，也有土司所辖的"番寨"；既有藏传佛教的僧侣，也有信奉伊斯兰教的"回民"。针对不同人群实行不同的户籍管理制度，也就顺理成章了。

　　众所周知，在民国相当长的时间里，出于"反共""剿共"的需要，在南京国民政府的统一训令与督导下，保甲制度在中国很多地区得到复兴。③ 研究者指出：保甲制度复兴的"根本原因是中国一家一户的自给自足的自然经济占主体地位的封建经济基础，虽然经历了鸦片战争以来近百年的时间，但并没有得到根本改变，也就是保甲制度建立的根基仍然牢固地存在着。"④

　　民国时期，全面推行保甲制度，始于民国二十一年（1932）《"剿匪区"内各县编查户口条例》，其目的在于"严密民众组织，彻底清查户口"⑤。据研究者分析，民国时期，四川地区推行新县制，多次开展保甲编制工作，是当时国民党统治区保甲编制最完备的一个省。⑥ 多次保甲编查的一个重要成果，便是保存了一批保甲数量数据。如四川省政府先后制定了《四川省保甲各县整理

---

　　① 民国《松潘县志》卷四《土司篇·土司总论》，民国十三年（1924）刻本，第1页b。
　　② 《川边屯区（松潘、茂县、懋功）》，《四川月报》1932年第1卷第4期，第95页。
　　③ 参见王云骏：《民国保甲制度兴起的历史考察》，《江海学刊》1997年第2期。
　　④ 冉绵惠、李慧宇：《民国时期保甲制度研究》，四川大学出版社2005年版，第60页。
　　⑤ 参见闻均天：《中国保甲制度》，商务印书馆1936年版，第550页。
　　⑥ 冉绵惠、李慧宇：《民国时期保甲制度研究》，四川大学出版社2005年版，第122页。

办法》《四川省各县编查保甲户口规程》《四川省各县整编保甲清查户口实施办法》《四川省各县整编保甲清查户口实施程序》等地方性政策条例，多次在全省范围内开展保甲编查工作，最后也得到了大量保甲数据资料。① 从这些保甲数据中，我们可以了解到当时户籍人口的大概规模。②

　　但是，遗憾的是，民国时期保甲制度实施的重点对象，仍然局限于汉族人口，对于非汉民族户口依然采取相当粗略的统计方式，这自然直接影响到当时非汉族户口数据的收集及其准确性，一些户籍资料甚至照抄清代《四川总志》的数据。如 1938 年 1 月颁布的《整理川黔两省各县保甲方案》第二章第五条规定："各县保甲以按十进制编组为原则，其编组方式除依《保甲条例》第六条各款之规定办理外，所有未同化之其他土著及居民畸零不足一保或一甲之处，得编为特编保或甲。矿场附近及滨江、滨河流动非常之居户，得编为临时保或甲。"其下具体规定："与汉族居处隔离，风俗言语不同之种族，应编为特编保或甲，其与汉族杂处，互相往还者，仍混合编组之。"为此，该方案还特别指出，此项设计取资了贵州省的经验。

　　　　黔省各县各族杂处。其居近汉族者固多同化，与汉族隔离者，则风俗、言语迥不相同，且遍地皆山，零户多而距离远。虽同属汉族，亦少往还。此种特殊情形，川省边区各县亦大率同类。是若概依普通保甲编组，则拘于条例，格于事势，取舍分合，均感受困难。黔省曾拟定编查保甲补充简则，将种族不同及畸零居户编为特编保与甲，颇切实用，本条五、六两款，即系采用此项办法。③

---

　　① 参见高孟先：《四川保甲之今昔》，《北碚月刊》1937 年第 1 卷第 8 期；蔡天石：《现阶段之四川保甲》，《服务（重庆）》1939 年第 2 期；冉绵惠、李慧宇：《民国时期保甲制度研究》，四川大学出版社 2005 年版；等等。

　　② 参见冉绵惠：《民国时期四川保甲制度与基层政治》，社会科学文献出版社 2010 年版。

　　③ 参见冉绵惠、李慧宇：《民国时期保甲制度研究·附录二》，第 213—214 页。

　　各次编查保甲数量，实际编查政策与方法有着密切的关系。事实上，四川地方官府向边远地区推行保甲之行动在实际上遭遇了挫败。因此，我们无法获得松潘地区特编保甲的资料或数据，而留存的保甲数都是针对汉族居民以及回民的统计。

表 16-1　民国松潘地区保甲数量简表①

编查时间	联保（乡镇）	保	甲	户	口
1937 年	14	68	526	阙	阙
1938 年	11	61	526	5 354	22 538
1940 年	11	49	431	阙	阙
1945 年	11	60	559	阙	阙
1946 年	11	60	559	阙	阙
1947 年	11	60	559	5 194	26 941

　　当然，民国与清代之间的时代差异还是相当显著的，大批接受过新式教育的人士，或者那些热心边疆建设的有志之士纷纷来到松潘地区进行实地调查，得到大量松潘地区经济、生活以及环境方面的实测数据。② 其中也包括了各民族户籍与人口变动方面的资料，为我们现今的研究提供了相当珍贵而可靠的依据。因此，在民国时期边疆民族户籍人口研究中，应该充分重视当时的实地考察与社会调查所收集的资料与数据。

清代至民国时期松潘地区民族户口数据之归类分析

　　与其他边疆地区民族户籍资料相当缺乏形成鲜明对照，经过

---

　　①　参见冉绵惠、李慧宇：《民国时期保甲制度研究》相关表格内容。1947 年（民国三十六年）数据由笔者据《四川统计月刊》1948 年第 2 卷第 2 期所载《四川省各县市局乡镇保甲户口数》所加。

　　②　这方面的论述及成果相当丰富，参见徐近之：《西宁松潘间之草地旅行》，《地理学报》1934 年创刊号；沙铁帆：《松潘县概况调查》，《现代读物》第 2 卷第 29—30 期；谢竹勋：《川北松潘草地视察记》，《申报月刊》第 4 卷第 2 号；等等。

多年的搜集与整理，笔者十分幸运地发现了较为丰富的从清代至
民国时期川西松潘地区的民族户口资料，其中，民国户籍资料之
丰富，尤为突出。这些资料不仅为我们了解当时边民社会提供了
翔实而生动的例证，也为深入而全面地进行民族户口统计分析奠
定了良好的基础。总体而言，与松潘地区户籍管理"多轨制"
相匹配，民国时期民族人口资料的来源也趋于多元化。一方面，
民国伊始，松潘地区即改行县制，这无疑是行政体制的一次重
大转变，与之相适应，当地户籍管理与户口统计方式须有根本
性的转变。因此，官方对于非汉民族人口的调查与统计工作也
取得了十分显著的成果，为我们提供了不少官方统计资料。另
一方面，随着西方社会科学思想的传入，社会科学研究者重视
实地调查的工作方式。民国时期，中华民族处于生死存亡之际，
西部边疆地区的研究受到了广大研究者的关注，而松潘地区地
处边远地区，在总体上从属于西部边疆地区。因而，不少热心
的研究者来到松潘之地，进行调查与走访。这种实地调查研究
结果也同样留下了珍贵的民族户籍资料。因此，民国时期松潘
地区民族地区户籍资料，就其来源来言，可分为两个部分：一
是官方统计资料；二是私人调查及专门著述。相比之下，官方
的资料似乎更有系统性与权威性，而私人的调查与著述则更显得
生动而具体。

官方的统计资料分析

在以往的松潘区域研究中，笔者曾经根据清代雍正《四川通
志》、嘉庆《四川通志》以及民国《松潘县志》提供的数据，对于
松潘境内的民族人口数字进行了初步的梳理与统计。① 据记载，
清代松潘地区的户籍统计，始于雍正六年（1728）。"雍正六年，
奉行清丈，新收松潘卫、彰明县，共四县一卫，新旧实在承粮花

---

① 参见安介生：《历史民族地理》，山东教育出版 2007 年版；安介生：《历史民族地
理之"界域"研究——以地处川、青、藏、甘之交的松潘地区为例》，徐少华主编：《荆楚历史
地理与长江中游开发》，湖北人民出版社 2009 年版。

户七千七百五十户。"① 所载"承粮花户"应为汉族民户，只可惜为合计数量，并没有单独的统计数字。有清一代，松潘地区汉民户口的增加十分显著。如据乾隆《大清一统志》卷三一九记载：当时松潘厅下登记入册的户口为："三千零九户，人丁一万零二十四。"而据《嘉庆一统志·松潘厅》所载户口情况为："原额人丁一万二十四，今滋生男妇，共七万九千二百五十八名口，计一万六千八十三户。"② 而嘉庆《四川通志》记载松潘直隶厅的户口状况则稍有不同："原额增添共一万五百五十四户，男二万七千二百三十三丁，妇二百四千七百七十二口，共男妇五万二千五丁口。"无论如何，仅以户数计，从乾隆年间到嘉庆年间，松潘地区登记的汉民户数的增长已有数倍之多。又据民国《松潘县志》转载："嘉庆元年（1796）以后，松潘直隶厅报部户口全数于原额增一万五百五十四户，男二万七千二百三十丁，女二万四千七百七十二口，共男女五万二千零二丁口。宣统二年（1910），具报松潘厅汉民五千七百八十七户，男女三万三千五百二十八口。"③ 很明显，松潘地区在清朝后期经过数次所谓"番乱"之后，到宣统年间汉族居民的数量已有明显的下降。

对于松潘地区土司及其他非汉民族户口进行较为全面统计整理的工作，也应始于清代雍正年间。正如前文所指出，经过康熙年间的军事冲突之后，清朝官府与松潘土司之间的关系已大为缓和，绝大部分土司已归服清朝官府的管辖，由此，清朝地方官府以及驻军对于松潘地区的情况也有了更为深切的了解。凑巧的是，雍正年间，也是清朝官府最早将保甲制度向边远地区推进的时期。雍正《四川通志·土司志》记载了不少当地土司寨落的户口状况，十分珍贵，只是事属草创，缺漏较多，户籍统计资料极不完整，难以进行全面的归纳统计。

① 雍正《四川通志》卷五上《户口》，清文渊阁四库全书本，第6页b。
② 嘉庆《重修大清一统志》，四部丛刊续编景旧抄本，第2页a。
③ 民国《松潘县志》卷二《户口篇》，民国十三年（1924）刻本，第1页。文中注明："以上全系汉民，番民另载《土司志》。"

表 16-2　雍正时期土司寨落户口状况

土司名称	雍正时期户口数量
拈佑阿革寨土百户①	7 寨，35 户
热雾寨土百户	15 寨，106 户
峨眉喜寨土千户	13 寨，271 户
七布寨土千户	11 寨，164 户
包子寺寨土千户	13 寨，106 户
阿思峒寨土千户	128 户
寒盼寨土千户	9 寨，160 户
商巴寨土千户	10 寨，177 户
祈命寨土千户	11 寨，172 户
挖药寨土目	3 寨，81 户
押顿寨土目	2 寨，190 户
臧咱寨土目	3 寨，160 户
东拜王亚寨	2 寨，295 户
达弄恶坝寨土目	285 户
香咱寨土目	10 寨，537 户
上包坐佘湾寨土千户②	9 寨，226 户
下包坐竹当寨土千户	10 寨，187 户
川柘寨土千户	332 户
谷尔坝那浪寨土千户	7 寨，256 户
双则红凹寨土千户	7 寨，310 户
丢骨寨土千户	15 寨，72 户
云昌寺寨土千户	112 户
呷竹寺土千户	160 户

清代川西土司地区在相当长的时间里延续明代卫所形式，实

---

① 《清史稿·土司传二》作"拈佐阿革寨土百户"。
② 《清史稿·土司传二》作"上包坐佘湾寨土目"。

行军事管理体制，故而，嘉庆《四川通志》将土司部族内容置于《武备志》之下。因为很多土司有着向当地驻军交纳粮赋及马匹的义务，因此，嘉庆《四川通志》中关于当地土司资料内容最为翔实，较之雍正《四川通志》的内容又有了本质性的飞跃。如笔者据嘉庆《四川通志·武备志》提供的资料初步统计，该厅境内共有土千户、土百户等土司 67 员，下辖 727 个寨或寨落，共有"番民"约有 17 342 户（见表 16-3）。

与清代相比，民国时期对于民族人口统计工作给予了更多的关注，川西松潘地区也不例外。成书于民国十三年（甲子年，1924）的《松潘县志》，是一部制作相当精良的县志，其卷二《户口》对于境内汉族户口资料进行了梳理与整理，其记载最早的户口数据可上溯至嘉庆以后：男女合计共"五万两千零二丁口"。其后，宣统二年具报的松潘厅汉民数量为"五千七百八十七户，男女三万三千五百二十八丁口"。其后特别注明："以上全系汉民，'番民'另载《土司志》。"关于非汉族户口状况，民国《松潘县志》卷四《土司总论》称："兹合全境二千余里，照《四川通志》所载次第，调查部落为七十二土司，亦七十二（部落？），管辖番寨若干，番户若干，男女丁口若干，逐一详列，庶无差讹。"可见，《松潘县志》所列户籍数据，一方面是根据《四川通志》的成果；另一方面又结合了当时调查所得情况，因而数据相当完备。当时总体民族户籍总数为："综计松潘全境部落七十二，土司七十二，番寨七百四十九，番户一万六千九百五十五，男女丁口四万四千二百零五。"当时户籍统计的基本单位是户与"男女丁口"，"丁口"为基本计量单位。所以，我们有理由怀疑这份统计只包括了成年男女，而并非所有人口。更应注意的是，该县志作者特别注明："以下各类悉照旧有《四川通志》暨寨堡粮册钞录，若在今日，其数当不止此。"也就是说，民国《松潘县志》撰著之时，也没有着手对于当地民族户口进行全面的调查与统计，只是照抄了原来清代《四川通志》等资料的数据，很难反映当时民族人口的真实情况。

不过，通过对比，民国《松潘县志》所提供的资料详列了各土司所辖寨落的名称，户口数量也有很大的不同，这表明，当时所积累的各种户籍资料并非一种。关于这些资料的流传及价值，民国《松潘县志》的作者称："按《松潘土司志》依据前清嘉庆年间重修《四川通志》，暨道（光）、咸（丰）、同（治）、光（绪）以来旧有成案，编纂成书。凡土司、土目授职年代、'番部'寨落、疆界里数，逐一祥（详）细载明。虽时局变更不常，而因革损益案究有本源，讲边防者慎勿忽诸！"可见，民国《松潘县志》的编撰者们的态度还是非常严谨的，其主要目的还是着眼于边疆地区的安全与稳定。

表 16-3　嘉庆时期与民国早期土司寨落户口对比

土司名称	嘉庆时户口数量	民国初年寨数与户口数	民国二十三年寨数与户口数
拈佑阿革寨土百户 ①	7 寨，45 户	7 寨，91 户，200 丁口	7 寨，91 户，300 人
热雾寨土百户	17 寨，134 户	17 寨，279 户，680 丁口	17 寨，279 户，680 人
峨眉喜寨土千户	15 寨，833 户	15 寨，526 户，1 460 丁口	15 寨，526 户，1 460 人
七布（徐之河）寨土千户	11 寨，282 户	8 寨，145 户，420 丁口	8 寨，245 户，420 人
麦杂蛇湾寨土千户	15 寨，289 户	15 寨，583 户，1 300 丁口	15 寨，583 户，1 300 人
毛革阿按寨土千户	17 寨，347 户	18 寨，468 户，1 200 丁口	18 寨，468 户，1 200 人
（牟尼）包子寺寨土千户	6 寨，56 户	7 寨，126 户，310 丁口	7 寨，126 户，310 人

---

① 《清史稿·土司传二》作"拈佐阿革寨土百户"。

（续表）

土司名称	嘉庆时户口数量	民国初年寨数与户口数	民国二十三年寨数与户口数
阿思峒（大）寨土千户	11 寨，197 户	12 寨，139 户，390 丁口	12 寨，139 户，390 人
（三舍）羊峒（和约）寨土百户	9 寨，234 户	9 寨，120 户，540 丁口	9 寨，120 户，540 人
上泥巴	阙	阙	19 寨，388 户，940 人
下泥巴寨土百户	7 寨，50 户	8 寨，129 户，340 丁口	8 寨，129 户，340 人
寒盼寨土千户	9 寨，160 户	9 寨，161 户，550 丁口	9 寨，161 户，550 人
商巴寨土千户	10 寨，177 户	11 寨，117 户，440 丁口	11 寨，117 户，440 人
祈命寨土千户	11 寨，172 户	11 寨，172 户，510 丁口	11 寨，172 户，510 人
羊峒踏（塔）藏寨土目	3 寨，169 户	3 寨，169 户，380 丁口	3 寨，169 户，380 人
阿按寨土目	4 寨，158 户	4 寨，158 户，390 丁口	4 寨，158 户，390 人
挖（娃）药寨土目	2 寨，81 户	2 寨，31 户，110 丁口	2 寨，31 户，110 人
押顿寨土目	2 寨，190 户	2 寨，110 户，330 丁口	2 寨，110 户，330 人
中岔寨土目	3 寨，176 户	3 寨，116 户，308 丁口	3 寨，116 户，310 人
郎（朗）寨土目	3 寨，168 户	3 寨，118 户，304 丁口	3 寨，118 户，300 人
竹自寨土目	3 寨，87 户	3 寨，87 户，112 丁口	3 寨，87 户，120 人

土司名称	嘉庆时户口数量	民国初年寨数与户口数	民国二十三年寨数与户口数
臧咱寨土目	3 寨，160 户	3 寨，110 户，300 丁口	3 寨，110 户，300 人
东拜王亚寨	2 寨，87 户	2 寨，115 户，320 丁口	2 寨，115 户，320 人
达弄恶坝寨土目	2 寨，212 户	2 寨，111 户，500 丁口	2 寨，110 户，500 人
香咱寨土目	7 寨，537 户	7 寨，537 户，573 丁口	7 寨，537 户，570 人
咨马寨土目	2 寨，324 户	2 寨，324 户，682 丁口	2 寨，324 户，680 人
八顿寨土目	2 寨，285 户	2 寨，285 户，382 丁口	2 寨，285 户，380 人
上包坐（佐）佘（蛇）湾寨土千户①	9 寨，266 户	9 寨，266 户，332 丁口	9 寨，226 户，350 人
下包坐（佐）竹当寨土千户	10 寨，187 户	10 寨，187 户，382 丁口	10 寨，187 户，380 人
川柘寨土千户	7 寨，332 户	7 寨，322 户，554 丁口	7 寨，322 户，550 人
谷尔坝那浪寨土千户	7 寨，256 户	7 寨，265 户，524 丁口	7 寨，265 户，530 人
双则红凹（垭）寨土千户	7 寨，310 户	7 寨，311 户，632 丁口	7 寨，311 户，630 人

———————

① 《清史稿·土司传二》作"上包坐佘湾寨土目"。

（续表）

土司名称	嘉庆时户口数量	民国初年寨数与户口数	民国二十三年寨数与户口数
上撒路木路恶寨土百户	8 寨，77 户	8 寨，77 户，240 丁口	7 寨，77 户，240 人
中撒路按桢寨土百户	8 寨，98 户	8 寨，77 户，240 丁口	7 寨，98 户，280 人
下撒路竹弄寨土百户	14 寨，174 户	14 寨，174 户，480 丁口	14 寨，174 户，480 人
崇路谷谟寨土百户	24 寨，423 户	24 寨，423 户，880 丁口	24 寨，423 户，880 人
作路生纳寨土百户	8 寨，101 户	8 寨，101 户，220 丁口	8 寨，102 户，230 人
上勒凹（垭）贡按寨土百户	6 寨，118 户	6 寨，118 户，280 丁口	5 寨，118 户，280 人
下勒凹（垭）卜顿寨土百户	6 寨，150 户	6 寨，150 户，300 丁口	6 寨，150 户，300 人
班佑寨土千户	1 寨，18 户	1 寨，18 户，45 丁口	1 寨，218 户，460 人
巴细蛇住坝寨土百户	17 寨，274 户	17 寨，274 户，652 丁口	17 寨，24 户，650 人
阿细柘弄寨土百户	10 寨，168 户	10 寨，168 户，352 丁口	10 寨，168 户，350 人
上（尚）作尔革寨土百户	1 寨，57 户	1 寨，57 户，210 丁口	1 寨，57 户，210 人

土司名称	嘉庆时户口数量	民国初年寨数与户口数	民国二十三年寨数与户口数
合坝夺（独）杂（扎）寨土百户	1寨，66户	1寨，66户，210丁口	1寨，66户，210人
辖漫寨土百户	1寨，124户	1寨，124户，390丁口	1寨，124户，390人
下（夏）作革寨土百户	1寨，113户	1寨，113户，380丁口	1寨，113户，380人
物藏寨土百户	1寨，41户	1寨，41户，130丁口	1寨，41户，130人
热当寨土百户	1寨，72户	1寨，72户，250丁口	1寨，72户，250人
磨下（夏）寨土百户	1寨，21户	1寨，21户，78丁口	1寨，21户，80人
甲凹（垭）寨土百户	1寨，54户	1寨，54户，220丁口	1寨，60户，260人
阿革寨土百户	1寨，60户	1寨，60户，260丁口	1寨，60户，260人
鹊个寨土百户	4寨，261户	4寨，261户，410丁口	4寨，261户，410人
郎惰（驼）寨土百户	8寨，143户	8寨，143户，690丁口	8寨，143户，690人
上阿坝甲多寨土千户	37寨，1 158户	37寨，1 158户，3 311丁口	37寨，1 158户，3 310人
中阿坝墨仓寨土千户	46寨，1 749户	46寨，1 794户，3 720丁口	46寨，1 794户，3 720人
下阿坝阿强寨土千户	39寨，882户	39寨，882户，2 110丁口	39寨，882户，2 110人

（续表）

土司名称	嘉庆时户口数量	民国初年寨数与户口数	民国二十三年寨数与户口数
上郭罗克车木塘寨土百户	10 寨，251 户	10 寨，251 户，1 510 丁口	10 寨，250 户，1 510 人
中郭罗克插落寨土千户	17 寨，485 户	17 寨，485 户，1 640 丁口	17 寨，485 户，1 640 人
下郭罗克纳卡寨土百户	29 寨，333 户	29 寨，333 户，1 110 丁口	29 寨，333 户，1 110 人
上阿树银达寨女土百户	35 寨，257 户	35 寨，257 户，810 丁口	35 寨，257 户，810 人
中阿树宗个（崇简）寨土千户	27 寨，488 户	27 寨，488 户，2 020 丁口	27 寨，488 户，1 020 人
下阿树郎达寨女土百户	26 寨，240 户	26 寨，240 户，870 丁口	26 寨，240 户，870 人
小阿树寨土百户	1 寨，136 户	1 寨，136 户，542 丁口	1 寨，136 户，540 人
大姓丢骨寨土千户	24 寨，260 户	24 寨，184 户，480 丁口	24 寨，184 户，480 人
大姓云昌寺寨土千户	24 寨，240 户	29 寨，281 户，810 丁口	29 寨，281 户，810 人
呷竹寺寨土千户	32 寨，360 户	18 寨，100 户，318 丁口①	18 寨，100 户，320 人

---

　　①　呷竹寺寨户口状况较为复杂，如民国《松潘县志》卷四称：呷竹寺寨"四至共五百九十里，管辖三十二寨，内十八寨，六关小姓沟管辖，其余十四寨改土归流，居民三百六十户，男女一千二百丁口。六关小姓寨土司，其寨主土千户所管辖十八寨，即旧通志呷竹寨属境内"。表中所列，正是未改土归流的十八寨的数量。

（续表）

土司名称	嘉庆时户口数量	民国初年寨数与户口数	民国二十三年寨数与户口数
中羊峒隆康寨首	12 寨，249 户	7 寨，124 户，698 丁口	7 寨，124 户，700 人
下羊峒黑角郎寨首	22 寨，389 户	已改土归流，阙	12 寨，270 户，530 人
芝蔴寨土司	阙	5 寨，86 户，303 丁口	5 寨，86 户，300 人
中田寨土司	阙	4 寨，72 户，317 丁口	4 寨，72 户，320 人
勿谷寨土司	阙	8 寨，196 户，782 丁口	8 寨，196 户，780 人
边山寨土司	阙	8 寨，182 户，741 丁口	8 寨，182 户，740 人
合计	727 寨，17 342 户	749 寨，16 955 户，男女 44 205 丁口	746 寨，17 397 户，45 510 人

　　民国二十三年（1934），松潘地区行政体制面临又一次重大转变。根据《四川月报》所刊载的《松潘七十二土司状况》一文称："松潘县境位于四川之极西，与甘肃、青海接壤。幅员辽阔，蛮荒草地甚多。计有夷民七十二部落，即七十二土司，均归政府管辖，而笃远之区，时有夷乱。兹闻松理茂懋汶屯殖署，拟将屯区内所有土司，一律归流。特令县府调查松境内土司等之管辖地，及夷民户口如次。"① 将松潘所有土司全部改流，无疑是边地行政管理体制上的一个重大飞跃，其困难程度可想而知。而为了配合当时的改土归流工作，有必要对当时的番寨户籍状况进行全面的调查核实。

　　应该承认，这份统计资料是相当完备的，寨落名称与户口数据十分完备，较之以往缺漏情况已有很大的改善。寨落名称似乎

① 《松潘七十二土司状况》，《四川月报》1934 年第 5 卷第 3 期，第 193 页。

更为口语化，与原始调查的资料更为接近，不像其他资料有人为修饰的痕迹。如"上泥巴"的数据，就填补了嘉庆《四川通志》与民国《松潘县志》的缺漏。

不过，这份统计资料的精确性依然是令人遗憾的。如户数是十分明确的，但是户口数量仍以"男女"为单位，且为约数，不禁令人怀疑其中是否包括了"老幼"。更令人怀疑的是，这份统计资料距离民国《松潘县志》的成书已有十年之久，但是，当我们将之与民国《松潘县志》卷四中的土司资料相比对时发现，不仅调查统计番寨的顺序基本一致，其中大部分数据也具有高度重合性。只是少量数据进行了一定的修订，而一些稍有差别之处，又极可能是转抄之误（见表16-3）。这说明，这份资料不会是独立调查的成果，依然是抄录以往统计资料的结果，然而，比较而言，这份资料是以往民族户口统计资料抄录最为细致与完备的一种。

1936年，《民间意识》杂志刊登了记者采编的《四川松潘地区七十二华族人口调查统计》一文，较为全面地记载了松潘地区非汉民族户籍人口情况。与上述资料相比对，我们发现其内容高度一致，特别是统计总量，显然是来自同一种调查资料。有些数据不同，估计是抄写之误。如牟尼包子寺与峨嵋喜两部落均只有26户，应该是126户之讹。不过，最值得注意的是，这份统计资料擅自将原来资料中的"户数"变成了"人户数"，"男女数"变成了"人口数"。这种改变涉及统计的实质问题，擅自改变有涉粗率。①

之后，《四川月报》多次刊载了松潘的户口数据，其来源也应该是官方数据。早在1932年《四川月报》第一卷第四期的"川边"栏目就推出"松潘"的调查报告，其中关于"种族"一节载云："全县种族，极为复杂；除汉、回两族外，夷族之中又分为'生番''熟番''薄猓（保）子'芙（羌）人四种。除峨嵋喜五十砦、七布七砦、毛格（革）十八砦，丁口约四千人，概为薄猓

---

① 参见《四川松潘县七十二华族人口调查统计》，《民间意识》1936年第3卷第5期，第35—36页。

（猓）外，余皆'西番'，与康、藏相种。又东路尚有羌人一种，现存者仅百十人，白马路、猓（猓）子坝两处，亦有猓（猓）人三百余户……回人多业商，汉人各业均有。两族人民共五千八百八十七户，男女凡三万三千五百二十八人。全县土司共七十二部落，共辖'番民'四万三千余人，番砦七百三十四座。"1937年，《四川月报》又刊载了"松潘之户口与面积"一文，提供了新的数据："松潘属地辽阔，为全川各县所不及。夷、汉、回相间杂处，语言既殊，习俗各异，于调查统计工作，恒难得一正确数字。兹就政府已经调查及统计所得，志之于次：松潘直辖三区，人口男一二七四一人，女一○七○○口，已入学者五九五人，农户三二四七户，而面积共一五○○○○方里。其人口密度六方里有奇，方有一人。"① 又《松潘黄胜关外草地夷民统计》一文又载："松潘县属黄胜关外之草地，纯是平原，共有夷民七十二落，即七十二土司。近据官方调查，该七十二土司之管辖地，共占面积一万六千二百四十方里，共有夷民男女四万五千五百人，共能耕作之地，而现在荒芜者甚多，望政府迅速设计，移民开垦，不但增加生产，且可巩固边防。"② 不过，从户口总数而言，这份报告的内容似乎仍然是在转抄以往的资料，即松潘地区所谓"夷民"人数在45 000人左右。

不过，时至1943年，《边政通讯》第1卷第8期又刊登了"四川十六区种族户口"一文，其中有"四川十六区各县散居之各种夷民调查一览表""松潘各寺院调查概况表""松潘境内回教清真寺及其教民概况调查表"等几份极为珍贵的松茂地区民族人口统计资料，又以当时松潘县的调查资料最为完整与全面。因此，我们可以对松潘地区的户口状况进行一番较为合理的分析。可以看出，当时的户口调查是以民族、宗教这两项最重要的指标进行调查统计的。关于这些资料的来源与可靠性，作者进行了简要的解释："四川十六行政区管理区域广袤，人口稀疏，而种族极为复

---

① 载于《四川月报》1937年第11卷第3期。
② 载于《四川月报》1937年第10卷第3期。

杂，兹根据专员公署户口概况调查如下表。"也就是说，文中各表主要源自专员公署提供的户籍资料，这些数字是当时较为可靠的第一手资料。户口数字往往是许多政务工作的依据，这些数字得到承认，也应该是得到过一些验证。

表 16-4　四川十六区各县散居之各种夷民调查一览表（松潘）①

种　别	户口数	住在地	生　活	礼　俗
西番	30 000 余户（男 35 000 余人、女 37 000 余人）	黄胜关外十二部落河坝、阿罗、毛儿革等处	垦牧、游牧	崇奉佛教，而公、分红、黄、黑、白，黄教多数，黑教最少，语言、文字均如西藏
羌	5 000 余户（男 8 000 余人、女 7 300 余人）	分居松潘上、下三寨及南坪一带	垦牧	稍近汉化、崇奉佛教，与西番相似
白倮（博倮）	约 3 000 余户（男 5 000 余人、女 5 200 余人）	分居松潘西南黑水一带	垦牧（劫掠、种烟）	无宗教、文字，生性剽悍，与汉人鲜能往来。传为滇边倮罗，移此已二百余年
合计	约 38 000 余户（男 48 000 余人，女 49 500 余人，合计 97 500 余人）			

很明显，这份资料提供的所谓"夷民"数量较之以往有了很大幅度的提升，如户数已达 38 000 余户，男女人数合计接近 10 万人，几乎是以往记载数量的一倍以上。我们有理由相信，这份调查数据更接近当时真实的民族人口状况。

宗教人口之统计，也应该是民国时期户籍人口统计工作的一种突破。松潘地区的主要宗教有藏传佛教、道教以及回教（即伊斯兰教），宗教人员众多，理应是当地人口构成的重要组成部分。

---

① 《边政通讯》1943 年第 1 卷第 8 期。

藏传佛教影响最大，因此，《松潘各寺院调查概况表》就为我们提供了一系列较为珍贵的藏传佛教寺院的数据（见表 16-5）。

表 16-5　松潘各寺院调查概况表

寺院名称	地　点	教　别	僧侣人数（单位：人）
林波寺	漳腊附近	白	150
川主寺	虹桥关	白	110
黄龙寺	雪宝顶	道教	10
商巴寺	祁命	白	220
噶昧寺	小西天	白	100
甲丽寺	元坝寺	白	100
泥巴寺	寒昐，漳腊附近	白	100
纳密寺	火寨，雪宝鼎以南	白	60
后　寺	毪牛沟，松潘西 20 余里	黄	110
雪布寺	安顺关，松潘南 40 里	黄	200
上泥巴寺	雪栏关，松潘东 15 里	白	100
求古寺	毛儿革	白	300
三周寺	小型沟	白	100
莲灯寺	蛇湾	白	40
达古寺	滔藏	白	50
热河寺	羊峒	白	40
三阎寺	上包坐	白	40
白衣寺	白衣	白	320
七戒寺	七戒	红	540
额香寺	额香	白	36
阿西宜巴寺	阿西	红	72
降苍寺	上阿西	白	53
卓苍寺	卓藏	黄	350
雷格寺	包座	不详	42

（续表）

寺院名称	地　点	教　别	僧侣人数（单位：人）
鄂匆寺	鄂匆	黄	35
康洒寺	阿达	黄	120
达摩寺	十二部落	黄	470
聪赤寺	同上	黄	380
鄂俄寺	同上	黄	110
热风寺	同上	黄	500
大杂寺	都马	黄	320
锁藏寺	十二部落	黄	510
浅格英院	黄河沿	黄	540
蚕旅寺	同上	黄	220
浅格番寺院	同上	黄	210
大龙寺	同上	黄	380
毛儿革寺	毛儿革	黄	510
墨洼寺	墨洼	红	1 100
俺雀寺	俺雀	黄	560
骨摩寺	上阿坝	黄	330
旷塞寺	上阿坝	黄	110
曾达寺	下阿坝	黄	120
合则寺	同上	黄	640
坎达寺	同上	红	130
坎溪寺	同上	黄	45
格达寺	同上	黄	520
涩寺院	阿坝河北	红	150
郎驿寺	中阿具（坝）	白	320
多德寺	同上	白	130
跻蹬寺	同上	黄	550
郎迦寺	同上	黄	62

寺院名称	地　　点	教　　别	僧侣人数（单位：人）
老杂寺	下阿寺（坝）	红	32
龙络寺	同上	白	26
牖咯寺	同上	红	240
爵录寺	同上	白	120
白衣寺	上阿罗克	红	130
昂堂寺	贡马颖	红	530
封河寺	漳腊	白	100
合　计			13 493

　　该表后附释文云："松潘境内号称一百〇八寺院，比较著名者大致均调查如上。"虽然表面看起来，松潘地区大多数寺院僧侣人数并不很多。但是，如上表所计，在地广人稀的松潘地区，当地寺院中僧侣人数依然是相当惊人的，占到了当地居民总人口相当大的部分。

表 16-6　松潘境内回教清真寺及其教民概况调查表

寺　名	地　点	统率户数	统率人数
北　寺	城　外	100 户	约 500 人
上　寺	城　内	150 户	约 700 人
下　寺	城　内	150 户	约 700 人
漳腊清真寺	漳腊城	100 户	约 500 人
南坪清真寺	南　坪	20 户	约 100 人
斜　坡	斜　坡	40 户	约 200 人
东城（1）	施家堡	50 户	约 200 人
东城（2）	三舍驿	8 户	约 40 人
南路（1）	红花屯	8 户	约 40 人

（续表）

寺　名	地　点	统率户数	统率人数
南路（2）	石河桥	10 户	约 50 人
南路（3）	安　顺	15 户	约 70 人
南路（4）	得胜堡	20 户	约 100 人
南路（5）	归化营	20 户	约 100 人
南路（6）	镇江关	30 户	约 150 人
北路（1）	火烧屯	30 户	约 150 人
北路（2）	右所屯	20 户	约 100 人
北路（3）	大屯子	5 户	约 20 人
合　计		776 余户	3 720 余人

　　如依据以上表中合计数项，我们可以推断出当时松潘境内的人口大概规模，即非汉民族、寺院人口以及回教人口等合计约为114 713 人。

　　然而，当时报刊统计的人口数据有时会存在相当大的差距。如在 1942 年《突崛》杂志刊登了苏德宣的文章《四川松潘县穆民概况》。作者主要根据吴克明口述，估计出松潘当地的穆斯林民众的人口规模（见表 16-7）①。与《边疆通讯》所刊载的数量相比，这篇报道的数量出于口述，因而在准确性方面值得怀疑。

表 16-7　松潘穆斯林人口规模

地方名称	穆民数量	清真寺数量
松潘县城内外	1 200—1 300 户	3
漳腊	300 余户	1
镇江关	100 余户	1

　　① 参见苏德宣:《四川松潘县穆民概况》,王正儒、雷晓静主编:《回族历史报刊文选》(社会卷·调查)(下),宁夏人民出版社 2012 年版,第 149—150 页。

（续表）

地方名称	穆民数量	清真寺数量
归化乡	40 余户	1
靖夷铺	数户	无
红花屯及安顺关二处	50 余户	1
南坪乡	300 户	1
大坝山	30 余户	无
某地（距县城十余里）	80 余户	无
沙湾	30 余户	1
总计	2 200 户	9

　　《边政通讯》第一卷第九期在《边政资料》栏目又刊登了"四川十六区各部落人口及其分布概况调查表"，共分"县别""种族""分布区域"等几项内容，应该是最新的民族户口调查数据，其中也有松潘县的内容。表中直接列出了人数，较前而言，其精确度是相当明显的。关于其数字来源，原文注云："材料来源：1. 得自实地考察；2. 参阅十六区专署各部落调查统计。"

表 16-8　四川十六区各部落人口及其分布概况调查表（松潘县）①

种族	分布区域	现有人数	转徙来源
西番	毛牛、色（包）子等 7 寨②	320	青海
	拈佑、阿革寨	200	同上
	热雾沟	690	同上

---

　　① 　《边疆通讯》1943 年第 1 卷第 9 期，参见马大正主编：《民国文献资料丛编·民国边政史料续编》（第一册），国家图书馆出版社 2010 年。

　　② 　笔者注：原文误为"色子寺"，今更正。

（续表）

种　族	分布区域	现有人数	转徙来源
博俅 （猼猓）	峨眉喜寨	1 470	凉山
	茨木林寨	650	同上
	七布徐之河寨	430	同上
	麦雅蛇湾寨	780	同上
	毛儿革寨	1 250	同上
	毛儿革幸帐房	250	同上
西番	阿思峒大寨	410	青海
	三舍羊峒和药大寨	550	同上
	下坭巴寨	360	同上
	寒盼寨	560	同上
	山巴寨	220	同上
	巴县寨	230	同上
	祁　寨	520	同上
	踏藏寨	390	同上
	阿按寨	390	同上
	控絜寨	110	同上
	押顿寨	330	同上
	中岔寨	310	同上
	郎隋寨	300	同上
	藏咱寨	300	同上
	竹自寨	120	同上
	东绎五亚寨	300	同上
	达异恶坝寨	510	同上
	香咱寨	570	同上
	咨马寨	710	同上
	八顿寨	390	同上
	上包座金坝寨	370	同上

种　族	分布区域	现有人数	转徙来源
西番	下包座竹当寨	310	同上
	川柘寨	560	同上
	谷河坝那浪寨	520	同上
	双则红巴寨	640	同上
	上撒路木路恶寨	250	同上
	中撒路杀按掼寨	210	同上
	下撒路竹弄寨	490	同上
	崇路公谷漠寨	880	同上
	作路森纳寨	220	同上
	勒凹亥按寨	260	同上
	下勒凹卜顿寨	310	同上
	班佑寨	400	同上
	巴蛇住稳寨	650	同上
	阿细柘弄寨	350	同上
	上作尔格寨	100	同上
	合坝独杂寨	210	同上
	辖漫寨	390	同上
	下作尔格（革）寨	380	同上
	物藏寨	130	同上
	热当寨	250	同上
	磨下寨	70	同上
	甲凹寨	220	同上
	阿格寨	260	同上
	鹊个寨	410	同上
	郎惰寨	600	同上
	上阿坝中多寨	1 410	同上
	中阿坝里颡寨	3 850	同上

（续表）

种 族	分布区域	现有人数	转徙来源
西番	墨洼下阿坝阿强寨	4 100	同上
	上阿罗克木塘寨	310	同上
	中阿罗克捶落寨	1 640	同上
	下阿罗克纳长寨	1 200	同上
	上阿树银达寨	810	同上
	中阿树空个寨	1 000	同上
	下阿树郎达寨	880	同上
	小阿树	540	同上
	大姓丢骨寨	480	同上
	小姓丢骨寨	800	同上
	呷竹寺寨	180	汉人，已改为保长
	中羊岗（峒）隆康寨	690	同上，已编保甲
	下羊岗（峒）黑角浪寨	200	同上
	芝蔴寨	300	同上
	中田寨	300	同上
	勿谷寨	790	同上
	边三寨	740	同上
合 计		43 280	

同书又转载了《四川第十六区各县汉人（回民在内）男女概
况表》，其中记载松潘县汉人有男 14 228 人，女 12 560 人，合计
为 26 788 人。如与非汉民族人口合计，应为 67 888 人。这个数字
中可能少了藏传佛教寺院人口。[①]

相较而言，民国时期松潘地区官方统计工作出现了较大矛盾。
虽然编制保甲没有在民族地区全面推广，但是相关调查与统计工
作还是取得了较大进展。客观上讲，户籍统计属于官方行政管理

[①] 载于《边疆通讯》第 1 卷第 9 期。

权限，并非一般私人调查能力所及，而且各种数据之间有相互转抄之嫌疑，但是，应该说，其数据来源还是较为可靠的，其权威性与不少成果、统计数据还是值得肯定的。而这些官方成果，正是大多数私人调查者与研究者的重要依据。

私人调查资料与专门著述

民国时期，前往西北地区进行调查研究，受到学术界的高度重视，其中包括川西松潘地区。[①] 这类调查工作为我们留下了不少松潘地区的实地调查报告，成为我们了解当时松潘地区社会各方面情况的珍贵佐证。如谢竹勋的调查报告《川北松潘草地视察记》将主要关注点集中在"夷人"所居住之草地。通过实地走访，谢竹勋对于松潘草地民族问题有一较为深切的认知，也表达了对于边地治理问题的担忧："松潘所属'番人'在有清一代，分为七十二部落，各部土官或为土千户，或为土百户，或为土目，授职有差。管辖部落，原有定数。朝觐贡赋，以及颁给土饷，亦有定章。并设文武专管，为之镇摄。以是汉夷绥和，边境靖安。政变以还，国家多故，川省亦常有战事，无暇问及边务。加以松镇既撤，汉部亦废，仅一松潘县府，实有鞭长莫及之感。遂致各寨'番目'互争雄长，或以强凌弱，或以小兼大，疆域视实力以为区分，人民亦罔知有政府，部落之数，自与十余年考察所得，大有不同。甚或喇嘛寺院，藉以横行，侵略'番寨'，剥削人民，亦时有所闻。倘不从事清厘，设法抚绥，吾感'番情'，将不可究诘！而边陲亦因之多事，殊非国家之福，更何经营之足言耶？"[②] 不过，报告中虽列有一些部落户数，但很简略，无法全面统计，更无法确知其数据来源。

沙铁帆所撰《松潘县概况调查》一文发表于《现代读物》第29、30两期，是一篇值得称道的详尽的社会调查报告，内容丰富，涉及松潘地区政区建置、自然地理等诸多方面情况，极具参考价值。其中，关于松潘地区保甲制度问题，沙铁帆在文中进行

[①] 参见徐益棠:《到松潘去》,《青年中国季刊》第2卷第1期。

[②] 《川北松潘草地视察记》,《申报月刊》第4卷第2号。

了较为系统的说明。他指出："民国廿四年（1935），川政统一，
乃于县府之下，分区设署，共辖十三联保，六十二保，四百九十
六甲。"又关于当地的人口状况，沙铁帆又指出：

> 本县地毗"西番"，汉夷杂处，全县人口，尚无确实之调
> 查统计，兹据此编组各地保甲之（数?）：第一区现有一七五
> 八户，男四○一四丁，女三七七五口，合计七七八九人。第
> 二区现有二五三六户，男六七二六丁，女五二三七口，共一
> 一九六三人。第三区现有一○四二户，男二一八二丁，女
> 一八九九口，合计四○八一人。共计全县现有二三八三三人。
> 因地形限制，共编四九六甲。计每甲约四十八人，与内地各
> 县相差甚远。至未编查之各"番寨"，据《川边季刊》所载估
> 计之，"熟番"约三万余人，生番约五万余人，共计全县"汉
> 番"约十二万余人。

沙铁帆文中的这些数据相当典型地展现民国时期边远地区户
籍管理工作的特征与成果。其户籍管理的主要特征便是以保甲制
度为核心，并非全面的户籍调查统计。因此，已编入保甲的民户
数据较为准确，而对于未编入保甲的"番族"而言，依然是取其
估计之约数。户口数据之精度，较之清代并无太大提升。

署名"一能"所撰《松潘调查记》发表于《统一评论》第1
卷第4期，其中提到了当地民族人口数量，但大多为估计的数量：
"松潘地毗'西番'，汉、回、夷杂处，汉人仅占十分之一二。全
县人口，尚无确实调查统计，大约汉人四千余户，人口三万余，
多居住于县属樟纳（漳腊）、南坪及小河营等地，生熟'番夷'七
百二十余寨，'熟番'二千余户，约二万余人；生番约七千余户，
约四五万人，散住于内外部落。"又如《农友》杂志1936年第4
卷第5期发表了一篇《松潘社会调查》，其中记述当地居民情况，
与一能所撰《松潘调查记》几乎一致，显然是转引了同一份资料。

又如王健民所撰《松潘之纵横面》一文则对松潘地区的发展
历史倾注了更多的思考。如关于"种族、宗族与出产"问题，他

指出："松潘人种，主要者为汉、回、藏三族。四川汉人，多来自湖广，惟松潘汉人，则大部系自甘肃移入者。回人亦无从证明其为回族，不过信仰回教而已。以松潘全境言：藏人多于回人，回人多于汉人。合计号称二十万。据估计：汉人占总数之百分之十，回人百分之二十，藏人占百分之七十，然均无确切数字。"[1] 显然，这样的估计数字，对于我们的统计分析没有多少助益。

相比之下，郝明国所作《神秘之松潘草地》一文，则专门对松潘部落状况进行了全面而细致的梳理。关于以往户籍数据问题，他明确指出："《四川通志》载土司七十二，人丁户口，俱有统计，赏赐朝贡，悉有定章。然年湮代远，添设者有之，省并者有之，所谓七十二部落者，殆历史之名词而已。"[2] 应该说，郝明国之文，正是为了修正以往资料之不足。为此，他对松潘部落按地理分布进行了重新划定，较之以往或其他作者，其对于部落地区之认知，确有过人之处。不过，他所提供的户籍资料，也主要以户数为主，且又以约数称之，难称精确。然而，文中所提名称，较之以往有不小的改变，应该是反映了松潘部落情况的真实变化，其价值应该得到肯定。

表 16-9 松潘部落情况

分部	部落名称	户籍数量
关内七寨	牦牛沟	1 200 余户，3 500 余人
	大寨（阿思峒）	200 户，丁口 500 余人
	下泥巴	100 余户，300 余人
	大姓	3 000 余丁口
	三巴	200 余户，约 600 人
	寒盼	100 余户
	祈命	约 200 户

① 载于《现代精神》1941 年第 4 卷第 4 期。
② 《神秘之松潘草地》（续），载于《边政公论》1944 年第 4 卷第 2、3 期。

（续表）

分部	部落名称	户籍数量
包座七族	上包座	200 余户
	下包座	100 余户
	过瓦寨	100 余户
	勾洼寨	约 300 户
	阿西茸	300 余户
	白西	约 300 口
	黄宅	100 余户
若尔盖十二部落	班佑	80 余户
	夺马	约 200 户
	唐昆	100 余户
	辖曼	200 余户
	崇禄	70 余户
	喀七卡	100 余户
	模物藏	100 余户
	兰哇	100 余户
	阿西	300 户
	隆搓与赘挖	100 余户
三阿坝	上阿坝	1 000 余户
	下阿坝	1 000 户
	中阿坝	1 200 户
三俄落（郭罗克）	果穆颡	3 000 余户
	康干	2 000 户
	康索	1 000 户
黑水及毛儿盖	上黑水	7 000 余户
	小黑水	2 000 余户
	毛儿盖	200 余户
	三让口	150 余户
墨吐及恒昌马	不详	不详
合计		27 000 余户

民国时期，一些学者已开始对于川西地区社会状况展开专门性的研究，并完成了一些专门著作，实际上开创了现代边地人口研究之先河，理应受到后人的高度重视。如1941年成都书生书店印制的、华阳傅双无编著的《四川边区各民族之人口数字》一书，就是一种较为全面的边疆民族人口专著，书中编辑出不少户口编籍数据表，应该是当时户口数据的一次汇总，资料的价值相当高。① 关于当时西南地区民族人口的研究状况以及该书资料之来源，傅双无指出："至于本书主要之来源，为《四川通志》，为《松茂屯政纪要》，为《雷马屏峨调查记》，为《宁属调查录》，为《西康统计》，为《边区考察记》，为《羌民族研究》，为《倮㑩之历史——川康考察团报告书》。至于《盐源夷人调查》一篇，则《木里记》作者傅述尧先生昔日所赠寄之稿也。"② 其中，有关松潘地区户口数字的表格有：《本区（松懋）初期各族户口之统计》《松懋边区民族户数调查表》《松懋边区四屯民族人口调查表》《松茂边区各族人口调查表》《松茂边区屯土各族数量概况表》等。

关于松茂地区的地位与人口调查情况，傅双无又指出："松、理、茂、汶之地，不特为四川奥区之主脑，而且于汉族及东方其他各民族导源发展之过程，具有莫大之关系，其奥区之价值，早已越其他一般边僻之地而过之矣。中国历史上至伟大之夏禹，亦诞生于此地，尤为至堪注意之事件。此间各民族，在数千年前，早已由此发祥，分道扬镳于各方，其余滞留此区，或迁徙而之各族，吾人从伟大之历史意义观之，尤足引起研讨上之莫大兴趣。吾人综论四川边区民族人口，故首章即走笔及此。其地以番、羌两民族之留演为主，汉族、回族次之。惟其新旧数字，率多出于估计，尚难免于粗略。不过此间边区官吏过于在一种力（量?）体系支配之下，经营多年，绝少更异，故其数字形态，在彼区所摄数县之中，大体尚称完备，而无较大之缺略，所惜者，未能尽计

---

① 傅双无编著：《四川边区各民族之人口数字》，载于王晓莉、贾仲益主编：《中国边疆社会调查报告集成》第1辑，广西师范大学出版社2010年版。

② 见傅双无：《四川边区各民族之人口数字》（自序），第1页。

丁口偏入于精（密）之一途耳。"① 可见，松茂地区的户籍数字，虽然也有粗略之弊，但是，与其他区县比较而言，户籍数字在总体上还是较为完备的，自然为我们的讨论奠定了良好的基础。

关于历史时期松茂地区各民族变化之趋势，傅双无也进行了一番回顾："本区土著原为羌人，唐宋以还，青藏番族由西、北两面侵逼，使其内窜，而汉族又自东、南两方堵剿，遏其越扰，其势遂浸微弱，迄今仅栖息茂、理、汶一带高山中矣。至于青藏番人，则散布于草地，及关内各屯土（著?）部落，户口数量，甲于各族。汉人虽随历代之兵威迫，岷江及大金山流域，生聚日蕃，且多住于交通便利之城市，有深入理番之五屯、四土及草地各部落者，以无组织，又多与番族同化。若夫回民及其他各族，户口甚少，就区域言，次之松潘，懋功又次之矣。"②

表 16-10 松茂边区民族户数调查表（清嘉庆二年，松潘部分）

地域名称	土官职别	族 别	户 数
拈佑阿革	土千百户	番	1 986
阿思峒	土千百户	番	431
泥巴寨	土百户	番	10 422
羊峒	土目	不详	2 634
丢骨	土千户	番	860
中羊峒	寨首	番	638
叠溪	土千百户	番	1 665
龙安营	土通判	番	375
杨地隘口	长官司	番	372
维州	宣慰司	番	800

———————

① 参见《四川边区各境轮廓之展望》，《四川边区各民族之人口数字》，载于王晓莉、贾仲益主编：《中国边疆社会调查集成》第1辑，广西师范大学出版社2010年版，第2页。"密"字缺，据意补。
② 参见《松理懋汶边区民族之散布》，《四川边区各民族之人口数字》，第3页。

（续表）

地域名称	土官职别	族　别	户　数
校磨	宣慰司	番	1 900
卓克基	长官司	番	1 790
杂谷脑	守备	番	3 000
合计			26 873

　　此表原文注释云："户口数目均据《四川通志》所记之数目，列入本表。"然而，观其内容，地域广大，实则超过了清代松潘县地范围，且表中资料显然过于简略，根本没有全面利用《四川通志》的户口数字，可资参照的价值并不大。

表 16-11　松茂边区（松潘县部分）各族人口调查表（民国五年）

民族支别	面积（平方里）	户　数	男　数	女　数	男女合计
（蛮）汉族	38	4 887	20 316	12 142	32 458
戎　族	21	1 574	5 266	4 054	9 320
羌　族	111	3 410	12 262	9 132	21 394
倮　族	5	2 039	10 424	5 664	16 088
俚　族	5	200	599	508	1 107
合计	180	12 110	48 867	31 500	80 367

　　此表原书为表 3，在表格数据中，首列"蛮族"，显然有误，因为松潘境内自古少有蛮族之记载，各族之中没有"汉族"户口数字，故推断"蛮族"应为"汉族"之误。又据表四《松茂边区各族数量表》（民国二十一年，1932），松潘县共有汉族 5 787 户，33 528 口；番族 16 955 户，44 205 口，合计为 22 742 户，77 733口。两相比较，后者汉族户口数量，与前表"蛮族"数量非常接近，更印证了笔者的判断，故予以更正。

表 16-12　松潘屯土各族数量概况表

名称	官寨地点	种族	辖寨数	户数	口数
拈佑土百户	阿革寨	西番	7	91	200
热雾土百户	热雾	同上	17	279	680
牟尼土千户	包子寺	同上	7	126	310
峨眉土千户	峨眉喜	博倮	15	526	1 460
七布土千户	徐之河	同上	8	145	420
麦杂土千户	蛇湾	同上	15	583	1 300
毛革土千户	阿按	同上	18	468	1 200
阿思土千户	嗣大	西番	12	139	390
三舍土百户	草峒和药	西番	9	120	540
尼巴土百户	下尼巴	同上	8	129	340
寒盼土千户	寒盼	同上	9	161	550
商巴土千户	商巴	同上	11	117	440
祈命土千户	祈命	同上	11	172	510
羊峒土司	羊峒踏藏	同上	3	169	380
阿案土目	阿案	同上	4	158	390
挖药土目	挖药	同上	2	31	110
押顿土目	押顿	同上	2	110	330
中岔土目	中岔	同上	3	116	308
郎寨土目	郎寨	同上	3	118	304
竹自土目	竹自	同上	3	87	112
藏咱土目	藏咱	同上	3	110	330
东拜土目	王亚	同上	2	115	320
达弄土目	恶坝	同上	2	111	500
香咱土目	香咱	同上	7	537	573
咨马土目	咨马	同上	2	324	682
八顿土目	八顿	同上	2	285	382
（土）上包座土千户	佘湾	同上	9	266	332

（续表）

名称	官寨地点	种族	辖寨数	户数	口数
下包座土千户	竹当	同上	10	187	382
川柘土千户	川柘	同上	7	122	554
谷尔坝土千户	那浪	同上	7	265	524
双则土千户	红凹	同上	7	311	632
上撒路土千户	木路恶	同上	8	77	240
中撒路土千户	杀按杠	同上	8	98	280
下撒路土千户	竹弄	同上	14	174	480
崇路土千户	峪谟	同上	24	423	880
作路土千户	森纳	同上	8	101	220
上勒凹土百户	贡按	同上	6	118	280
下勒凹土百户	卜顿	同上	6	150	300
班佑土千户	班佑	同上	1	18	45
巴细土百户	色既坝	同上	17	274	652
阿细土百户	柘弄	同上	10	168	352
上作革土百户	上作革	同上	1	57	210
合坝土百户	独杂	同上	1	66	210
辖漫土百户	辖漫	同上	1	124	390
下作革土百户	下作革	同上	1	113	380
物藏土百户	物藏	同上	1	113	380
热当土百户	热当	同上	1	72	250
磨下土百户	磨下	同上	1	21	78
甲凹土百户	甲凹	同上	1	54	220
阿革土百户	阿革	同上	1	60	260
郎惰土百户	郎惰	同上	8	143	690
鹊个土百户	鹊个	同上	4	161	410
上阿坝土千户	甲多	同上	37	1 158	6 111
中阿坝土千户	麦颡	同上	46	1 794	3 720

（续表）

名称	官寨地点	种族	辖寨数	户数	口数
下阿坝土千户	阿强	同上	29	882	2 110
上俄罗克土百户	木塘	同上	10	251	150
中俄罗克土百户	插落	同上	17	185	1 640
下俄罗克土百户	纳卡	同上	29	333	1 110
上阿树土百户	银达	同上	35	257	810
中阿树土百户	宗个	同上	27	488	1 020
下阿树土百户	郎达	同上	26	240	870
小阿树土百户	小阿树	同上	1	136	542
丢骨土千户	丢骨	同上	24	184	480
云昌土千户	云昌	同上	29	281	810
呷竹寺土千户	呷竹寺	不详	18	100	318
中羊峒土司	隆康	西番	7	124	698
下羊峒土司	黑角浪	同上	阙	阙	阙①
芝麻寨土司	芝麻寨	不详	5	86	303
中田寨土司	中田寨	同上	4	72	317
勿谷土司	勿谷	同上	8	196	782
边山寨土司	边山	同上	8	182	741
小姓寨土司	小姓	同上	18	阙	阙
分类小计	62 个土司	西番	633	16 597	37 364
	4 个土司	博倮	56	1 722	4 380
	6 个土司	不详	61	636	2 461
合计	72 个部落		750	18 955	44 205

　　此表原书为表 5，注明：“右表为最高之调查，据二十二年
（1933）谢培筠之调查，则有次之变迁……”然而，文中所提及的
变化对于户口数字似乎没有明显影响。而通过对比，表中数据竟

---

　　①　原注云：已经改土归流。

然后与民国《松潘县志》的相关内容完全一致，显然是转抄而来。
这也突出地反映了私人著述的局限性。

时至 20 世纪 50 年代，新中国建立以后，川西民族地区也发
生了巨变。单县体制已完全不能适应行政管理的需要，因此，在
清代松潘县的地域范围里先后建立了南坪（今九寨沟）、若尔盖及
包座、阿坝等县级行政区。众所周知，为了尽可能地保留民族原
始状况的资料，在中央政府的大力支持下，广大民族工作者深入
边区，对于边远非汉民族地区进行了大规模的实地调查活动，收
集及保存了一批珍贵资料，其中也包括了不少部落户口数据。其
可信度无疑大大超过以往历史文献的记载。

表 16-13　民族调查藏族人口（包括寺院）概况表（1952 年）①

所属地区	藏族户约数	藏族人口约数	藏族所占比例	部落数量	部落名称	部落户约数
阿坝地区	7 800	40 000	100%	18	上阿坝	650
					中阿坝	2 600
					下阿坝（安羌）	900
					麦尔马	500
					甲诺	300
					墨洼	1 200
					麻柯河十一部落	2 000
					查理寺安曲	270
合计						8 420
若尔盖、包座地区	5 900 户	32 455	100%	12	辖曼	500
					唐克	205
					多玛	150
					班佑（万衣）	100
					阿西	300

①　参见《四川省阿坝州藏族社会历史调查》，民族出版社 2009 年版，第 2—6 页。
前后数字有估计成分，故而合计数量有所误差。

（续表）

所属地区	藏族户约数	藏族人口约数	藏族所占比例	部落数量	部落名称	部落户约数
若尔盖、包座地区	5 900 户	32 455	100%	12	嫩洼（上、中、下）	230
					热当坝	250
					幕	715
					降扎	268
					热瓦	260
					热尔、卡基卡	948
					崇尔	506
					求吉	300
					各尔科（俄尔孔）	90
					下包座	120
					上包座	300
					阿西茸	357
					黄寨	223
					苕希、卓藏寺	90
合计						5 912
松潘	2 944	18 892	35.3%	8	牟尼沟	1 000
					大姓	600
					大寨	300
					下尼巴	200
					祈命	300
					商巴	300
					寒盼	200
					毛尔盖	544
合计						3 444
南坪	1 860	10 000	50%		后山五寨	250
					羊峒八寨（合约九寨）	347
					芝麻五寨	120

（续表）

所属地区	藏族户约数	藏族人口约数	藏族所占比例	部落数量	部落名称	部落户约数
南坪	1 860	10 000	50%		隆康五寨	200
					中田四寨	80
					勿角八寨	200
					边山七寨	150
					达舍一寨	20
					额里、琪舍、绕纳三寨	30
					关外草地沟三寨	30
					斜坡三寨	300
合计						1 727
总计	18 504	101 347	100%			19 503

结　语

　　边远及边疆地区民族人口研究，是中国人口史与中国民族史研究中不可或缺的重要内容。户口统计是户籍管理工作中的一个核心部分，统计数字也是户籍管理工作的一项重要成果。历史时期中国缺乏科学性的户口统计工作，户籍管理与户口统计往往完全服务于王朝政治与经济目的，民族地区的户口统计往往忽略不计，遗存数据非常缺乏。长期以来，这一领域的研究难以取得有效拓展，其症结即在于此。这种情况到清朝时期有了明显改变，非汉民族人口逐渐编入户籍管理系统，而民国时期民族人口的调查与统计工作则出现了飞跃性的进步。

　　"编查保甲一事，诘暴安良，最为善政。"① 户籍管理制度从里甲制度向保甲制度的转变，是中国户籍制度自清代以来最主要的发展趋势之一，保甲制度兼有治安监察与户口核查之功能，对于户籍管理的促进作用理应得到公允的评价。乾隆以后，清朝致力于向边远及边疆地区推行保甲之制，进而又确定了"边民计以户"的政策，大量非汉民族编入了户籍统计之中，这也是中国户籍制度发展的一大突破。民国时期同样大力推行保甲制度，大大加强了对民户的行政控制，同时也积累了大量户籍调查资料。此外，民国时期，大批有志之士深入边远民族地区从事调查工作，撰写了内容丰富的调查报告，为我们今天了解当时的社会发展状况提供了珍贵的佐证。

　　当然，清代至民国时期，中国边远及边疆地区始终没有实行全面而准确的民族识别工作，更没有建立起完善而彻底的户籍管理与统计机制，户口数据不可避免地存在"估计""约数"以及数据重复转抄的问题；然而，现存的户口资料已使我们对于大量民族地区人口的发展得出一些较前更为清晰而准确的认识。

　　首先，无论实行里甲制度还是推广保甲制度，从清朝至民国时期，内地省份户口编查的基本单位为所谓"男女丁口"，而在边远及边疆民族区域，则将以户数为主，即所谓"边民计以户"。这种状况一直持续到 1949 年新中国建立之后的一段时期。虽然没有精确到人口数，但是这种进步还是值得肯定的。

　　其次，历史时期民族人口数据的取得，往往需要通过特殊的需要或形式来获取。就松潘地区而言，其遗存下来户籍数据较为完备与丰富，出于多种原因。如明清时期采用卫所形式，对于边远民族地区实行军事管理制度，而不少部族非汉边民担负着向驻军上交赋税的义务。民国时期松潘改置县制，必须着手全县范围的户籍管理工作。另外，民国时期，地处西部民族区域的松潘之地引起大批研究者的注意，也自然成为促进其地方史研究的有利

————————————

　　① 嘉庆十九年十月辛巳谕示内阁之言，《清仁宗实录》卷二九八，中华书局 1986 年影印版，第 1100—1101 页。

因素。

表 16-14　清朝至新中国建国初期松潘地区部落户口
产品总数前后变化对比简表　　　（单位：户）

年代	总户数	男女丁口总数
清嘉庆时期	17 342 户	阙
民国《松潘县志》数据（1924 年）	16 955 户	男女 44 205 丁口
《四川月报》数据（1934 年）	17 397 户	45 510 人
沙铁帆报告数据（1937 年）	阙	全县"汉番"约 120 000 余人
《四川月报》数据（1937 年）	阙	45 500 人
《边政通讯》数据（1943 年）	约 38 000 余户	97 500 余人
郝明国数据（1945 年）	27 000 余户	阙
1950 年代	18 504（19 503）	101 347 人

　　再次，限于主客观条件，大量民族户口的数据出于估计之约
数，同样见证了时代的局限性。这种状况在私人调查报告中尤为
突出。以川西松潘地区为例，尽管自清代至民国时期，各界对户
口统计工作倾注了不小的努力，但是，限于客观条件，户口数据
大都还是以估算为主，不是非常精确。保甲制度也最终无法全面
推广于非汉民族地区，同样影响到非汉民族人口的统计问题。

　　最后，通过较为丰富的户口数据，我们看到，自清代至民国
时期，松潘地区民族人口数量出现了较大的波动。一方面，尽管
户籍数据质量混淆不清，不过，应该明确，较之清朝，民国时期
松潘地区的民族人口还是出现了较大幅度的增长；另一方面，民
族人口本身在相当长的时间里保持了相当低的增长率，这也从一
个侧面反映出西部地区民族人口发展的特点与趋势。

后　记

"大漠孤烟直，长河落日圆。"

"男儿何不带吴钩，收取关山五十州。"

也许是阅读中国古代文献较多的缘故，长期受到传统文化的熏陶，笔者的"关塞情结"可谓郁积已久。在很长的时间里，笔者执着于关塞问题的研究，也许就是一种特别的纾解方式吧！如果说学术著作是一位学者学术历程的"纪念"，那么，《遥望关河：中国边塞环境与历史文化》一书可以说是笔者二十余年来从事边疆史地研究工作的一个"最好的纪念"了。

对于边塞研究的关注，应该始于笔者有关山西移民史与地方史地的研究工作。山西地区北接长城及蒙古草原，历史时期就属于"边塞"的重要组成部分，内、外长城一起更是构成了山西雁北地区的一道特殊的"景观带"。作为硕士、博士论文的研究主题，历史时期山西地区人口迁徙问题曾经是笔者多年思考及努力工作的核心。在这一研习过程中，笔者搜集并研究了很多塞北地区的文献，对于边塞地区的情况也越来越熟悉，而且取得了重大"发现"：在明清之前，山西地区最活跃的人口迁徙活动，正是北方非汉民族的迁入与迁出。这其实也构成了笔者博士论文以及后来的著作——《山西移民史》（山西人民出版社1999年初版、三晋出版社2014年再版）所要表达的主要观点之一。

山西移民史与地方史地的研究工作对于笔者日后研究领域的

拓展助益极大。如在研究山西移民史的同时，笔者开始关注蒙古高原与长城南北地区的生态环境问题，以及其与部族分布之间的关系问题。又如蒙古高原河流水系问题的研究以及关于"瀚海"问题的思考等。而其后笔者发表的一系列相关文章，大体上就可以列入"边塞环境史"的研究范畴，这些文章更重要的意义是将笔者引入了对于"环境史"研究更深刻的思考。例如清代以来的山西"走西口"移民的北上，不仅仅是区域间人口的移动，更是相关的生活生产方式的北移。这种生产生活方式的改变，对于蒙古地区生态环境影响是相当巨大的。因此，在环境史的研究中，人的主观作用以及区域社会与环境间的相互适应问题，都是不可忽视的重要研究内容。

在山西移民史的研究过程中，笔者对于涉及民族迁徙问题的大量典籍文献进行了细致的爬梳、整理与分析。这一过程一方面催生了几篇有质量的学术论文，另一方面也引起了笔者对于传统时代中国民族迁移乃至民族地理研究的强烈兴趣。因此，在毕业留所工作后不久，在导师葛剑雄先生以及所里邹逸麟、张修桂等教授的支持下，笔者提出并开设了"历史民族地理"课程，同时致力于相关研究工作。在总结多年研究成果的基础上，笔者出版了《历史民族地理》（山东教育出版社，2007年）一书。

在历史民族地理的教学与科研过程中，对于川藏交界地带松潘地区的深入考察可以说是笔者最大的收获之一。对于中原地区来说，松潘地区较为偏远，也较少受到关注。但是，在中国历史民族地理格局中，松潘地区却占据相当特殊的地位。近年来台湾学者王明珂先生关于松潘地区的人类学研究，就引起了不少学者的兴趣，便是明证。而笔者则是依据历代文献资料，从历史地理学的角度对于松潘地区的变迁问题进行了多种维度的探索。

为学而无师、无友，那肯定是相当遗憾的事。笔者对于陕北无定河地区的历史地理研究，就主要得益于陕西师范大学侯甬坚教授的引领。起初，侯教授热情邀请笔者参与其主持的鄂尔多斯高原研究项目，笔者也因此有幸参加了陕西师范大学西北环发中心的实地考察活动。实地考察活动彻底改变了笔者以往对于无定河地区的印象，也激发了重新研究的热情。此后，笔者陆续发表了多篇关于无定河及周边地区环境问题的研究文章，对于推动学术界的相关研究起到了一定的作用。在此，笔者要对侯甬坚教授表达深切的感谢之情。

学者的成长，既有个人的执着与努力，也得益于适时的客观环境及助力因素。在这方面，笔者要特别感谢教育部相关科研项目的持续支持。2005 年，笔者有幸入选教育部"新世纪优秀人才支持计划"，并获得了相应科研经费支持，这对于一位初出茅庐的青年学者而言，真是莫大的鼓舞。经过数年的努力工作，笔者推出了《历史地理与山西地方史研究》（山西人民出版社，2008 年）一书，总结了个人十余年来在历史地理方面，特别是边塞地区研究的成果。2006 年，笔者提出的研究项目——"明清北方边塞地区部族分布的地理及生态基础研究"得到复旦大学哲学与社会科学创新基地（俗称"985"工程）管理部门的批准与资助。笔者在项目研究过程中，有幸得到一批知名学者及学界好友的热情支持与襄助，最终出版了与好友邱仲麟教授（台湾"中研院"史语所研究员、傅斯年图书馆馆长）共同主编的《边界、边地与边民——明清时期北方边塞地区部族分布与地理生态基础研究》（齐鲁书社，2009 年）一书。2007 年，笔者有幸主持教育部重点研究基地重大项目"前现代中国的治边实践与边陲的社会历史变迁"。同样在专家及朋友们的支持下，2014 年出版了与邱仲麟教授共同主编的《有为而治——前现代中国治边实践与边陲社会变迁研究》（三晋出版社，2014 年）一书，全书达 75 万余字。

回顾个人在边疆史地领域的研究历程，《中国边疆史地研究》主编李大龙先生对于笔者的帮助与支持，是丝毫不敢忘怀的。李大龙先生不仅积极鼓励而且参与笔者主持的边疆史地研究项目工作，并且多次慨允为最终成果作序，倾情支持，不遗余力。在这部文稿的编撰整理过程中，李大龙先生不仅热情推荐本书申请出版基金，还在阅读完文稿的校样后，及时寄来《序言》，其中颇多溢美之词，让笔者十分惭愧。对于李大龙先生的感谢之情，难以用笔墨表述。

　　要将多年的成果整理成一部高质量的专著，自然是要花费大量心血的。在这方面，笔者还要感谢博士生陶正桐、占磊、何少飞、何俊宇、任富龙在书稿出版过程中认真核查文献资料，为保证文稿的质量尽心尽力，功不可没，在此一并致以深切的谢意。

　　是为后记。

安介生

2023 年初夏

于海上寓舍